한국학술진흥재단 학술명저번역총서

● 서양편 ●

한국학술진흥재단 학술명저번역총서
서양편 ● 62 ●

랑그도크의 농민들 1

에마뉘엘 르 루아 라뒤리 지음 | 김응종 · 조한경 옮김

한길사

Les paysans de Languedoc

by Emmanuel Le Roy Ladurie

◆ 이 책은 (재)한국연구재단의 지원으로 (주)도서출판 한길사에서 출간 · 유통을 한다.

이 도서의 국립중앙도서관 출판시도서목록(CIP)은
e-CIP 홈페이지(http://www.nl.go.kr/cip.php)에서 이용하실 수 있습니다.
(CIP제어번호: CIP2009003866)

1956년 2월 동해(凍害)로 죽은 올리브나무(생 루 봉우리 기슭, 1958년 촬영)

19세기 중반만 해도 올리브나무는 5년이나 적어도 7, 8년에 한 차례씩 한파로 피해를 입었다. 그러나 1892년부터 1955년 사이 프랑스에서 올리브나무는 1905년, 1914년, 1929년 단 세 차례만 동해를 겪었다. 한파 주기가 과거보다 약 서너 배는 늦게 찾아오는 셈이다.

생 마티외 드 트레비에의 버려진 농가에 있는 옛날 쟁기의 모습

랑그도크의 농기구는 북부의 농기구에 비해 기술적으로 뒤떨어져 있었다. 목제 쟁기는 조립이 손쉬워서 쇠로 된 보습과 나무로 된 나머지 부품 세 개만 있으면 만들 수 있었다. 그러나 그만큼 쉽게 부서졌기 때문에 아주 작은 쟁기도 한 철에 여러 개의 보습을 소모했다.

코스 뒤 라르자크에 있는 옛 저수지와 사라진 주거지 풍경(성전기사단의 기사령 라 쿠베르투라드)

코스 뒤 라르자크는 마시프 상트랄 남쪽에 있는 커다란 석회질 고원이다.
지금 이곳은 폐허가 되어 사람이 살고 있지 않다. 그러나 남아 있는 주거지와 곡물창고에서
16세기 랑그도크 지방의 농촌생활에 대한 정보를 여러 가지 얻을 수 있다.

생 장 뒤 가르 부근(가르道)에 있는 버려진 계단식 경작지

랑그도크의 농민들은 땅을 비옥하게 유지하기 위해 돌담을 이용해 거대한 계단식 밭을 만들었다. 계단식 밭은 비바람에 잘 부서져서 평지에 있는 밭보다 인력을 많이 소모했다.

생 장 드 뷔에주(에로道)의 작은 계곡 마을

에로도의 계곡에는 충적토와 석회석 절벽이 교차하는 경사면이 있다.
이곳에 사는 농민들은 계단식 밭을 이용해 포도와 기타 작물을 재배했다.

마텔 부근(에로道)의 파괴된 노새용 다리

1550년부터 1620년 사이, 제보당 · 블레 · 루에르그 등 산간 지방의 노새들은 랑그도크 전 지역에서 명성을 얻었다. 18세기부터는 해마다 푸아투 · 리무쟁 · 생통주 · 오베르뉴의 노새가 무더기로 들어왔다. 집시, 유대인, 랑드의 상인들은 에스파냐와 남부 프랑스까지 이 노새를 몰고 가서 땅을 갈고 수레를 끌었다. (본문 229쪽 참조)

비올 르 포르 부근의 올리브-곡물 혼합 경작지

인구가 증가하자 지중해지역 사람들은 유실수 재배로 반격했다. 윤작이 잘 되지 않고, 건초와 비료가 부족하며, 대체로 관개가 되지 않던 지중해지역에서 유실수 재배는 유일한 집약 농업이었다. 16세기 지중해지역에서는 우선 밭에 올리브나무를 심었고, 경우에 따라 밀과 같은 곡물과 함께 올리브를 혼합 재배했다.

몽페랑의 성과 생 루 산봉우리(에로道)에 있는 황야 입구

발 드 몽페랑은 몽펠리에 북부에 자리한 광활한 황야 지대다. 오늘날 이곳은 사람이 살지 않는 불모의 마을이지만, 16세기 중엽까지만 해도 개간사업과 건축 붐이 일었다. 당시 경작지를 개간했던 이유는 인구가 점진적으로 증가하는 것에 대처하기 위해서였다.

랑그도크의 농민들 1

에마뉘엘 르 루아 라뒤리, 현대 역사학의 증인*

김응종 충남대학교 사학과 교수

머리말

이 글은 에마뉘엘 르 루아 라뒤리의 역사 세계를 조명해본 것이다. 그의 역사 세계는 1960년에 제출한 박사학위 논문 『랑그도크의 농민들』에서 최근의 『생-시몽 또는 궁정 체제』에 이르기까지 다양한 면모를 보여준다. 우선 짐작할 수 있듯이, 연구 대상이 집단에서 개인으로 바뀌었으며, 연구 방법론도 계량적인 분석에서 질적인 분석으로 바뀌었다. 한마디로 그의 역사 세계에서는 우리가 사회사, 인류학적 역사, 문화사라고 부르는 것들이 파노라마처럼 전개된다. 이 글은 그의 주요 작품들을 소개하는 형식을 취할 것이지만, 작품들간의 균형을 맞추려고 애쓰지는 않았다. 이 글에서 처음 소개하는 『랑그도크의 농민들』을 제외한 다른 작품들, 예컨대 『몽타이유』 『로망의 사육제』 『자스맹의 마녀』 『플라터 부자의 세기』 『랑그도크 지방에서의 돈, 사랑, 죽음』 등은 다른 지면에서 이미 소개한 적이 있다.[1)] 중복되는데도 그의 주요 작품들을 이렇게 한자리에 모아놓은 것은 그의 개인적인 역사 세계의 변화가 그대로 현대 역사학의 변화를 보여주고 있다고 생각했기 때문이다.

이데올로기의 차원에서도 변화가 두드러진다. 제2차 세계대전 이후

---

* 이 해제는 『프랑스사 연구』 10, 2004에 발표한 글이다.

1) 『랑그도크 지방에서의 돈, 사랑, 죽음』은 『경기사학』, 2003에, 『플라터 부자의 세기』는 『프랑스사 연구』 8, 2003에, 나머지 책들은 김응종, 『아날학파의 역사 세계』, 아르케, 2001에 소개되어 있다.

에 마르크스주의의 지적 세례를 받고 역사학에 입문했던 역사가들과 마찬가지로, 르 루아 라뒤리 역시 마르크스주의자 심지어는 스탈린주의자로서 시작했으나, 1956년 흐루시초프의 스탈린 비판과 헝가리 침입 이후에는 당과 정치를 떠나 역사학에 매진했다.[2] 이 같은 이데올로기적인 변신이 그의 역사학에 반영되는 것은 당연하다. 따라서 르 루아 라뒤리의 역사 세계를 조명하려면 먼저 그의 이데올로기적인 이력부터 살펴볼 필요가 있다.

탈(脫)스탈린주의

르 루아 라뒤리는 1929년 프랑스 북서부 노르망디 지방의 대농 집안에서 태어났다. 그의 아버지는 1942년 비시 정권 하에서 농업 · 식량보급 장관을 지냈기 때문에 당시 어린 르 루아 라뒤리는 모든 프랑스인이 비시 정권에 호의적인 것으로 알고 있었다. 그러나 다음 해에 아버지가 레지스탕스에 가담하자, 그도 독일과 비시 정권에 비판적인 태도를 취했으며, 열다섯 살이라는 어린 나이로 레지스탕스 운동을 하기도 했다.[3]

해방 후에 르 루아 라뒤리는 파리의 앙리 4세 고등학교에서 에콜 노르말(Ecole normale) 입학을 준비했다. 가톨릭 수도자들이 운영하는 콜레주에서 종교적인 교육을 받았던 시골 소년에게 파리 생활은 문화적 · 정치적 충격이었다. 그는 가톨릭 서클에 속해 있었으며(당시 이 집단의 리더는 알랭 투렌이었다), 좌익 친구들에게는 극우파로 분류되었다. 그러나 그는 피상적이긴 하지만 트로츠키즘에 관심을 가지고 있었고, 중국이 공산화된 1949년, 공산당에 가입했다. 그리고 그해 9월 에콜

---

2) H. J. Kaye, 양효식 옮김, 『영국의 마르크스주의 역사가들』, 역사비평, 1988. 영국의 도브, 홉스봄은 당에 남았고, 힐튼, 힐, 톰슨은 당을 떠났으나 여전히 공산주의를 견지한 데 반해(톰슨은 자신을 "민주주의적 · 자유의지론적 공산주의자"라고 말했다), 르 루아 라뒤리는 마르크스주의마저 버린 듯한 인상을 준다.

3) 여기에 소개한 르 루아 라뒤리에 대한 정보는 그의 자서전적인 저서 *Paris-Montpellier. P.C.-P.S.U. 1945~1963*, Gallimard, 1982를 참조한 것이다.

노르말에 입학했다. 당시 에콜 노르말 학생 4~5명 가운데 한 명은 공산당원일 정도로 공산주의 위세가 대단했다. 르 루아 라뒤리는 모리스 아귈롱의 뒤를 이어 학생 생디카(syndicat)를 맡을 정도로 적극적이었으며, 소르본 세포를 이끌던 프랑수아 퓌레와도 자주 접촉했다. 그 무렵 자크 르 고프가 체코에서 돌아와 스탈린 체제의 실상을 전했지만 아무도 귀담아 듣지 않았다. 그들은 스탈린이 지상천국을 건설한다고 믿었던 것이다.

1953년, 이 젊은 스탈린주의자는 교원자격시험(아그레가시옹)을 통과했으며, 병역 의무를 마치고, 1955년부터 몽펠리에의 한 리세(중등학교)에서 교편을 잡았다. 1956년 흐루시초프 보고서는 스탈린주의와 결별할 것을 재촉했다. 르 루아 라뒤리는 그해 11월 소련의 헝가리 침입 소식을 듣고 공산당원증을 반납했다. 그후 통합사회당(P.S.U.)에 가입하여 활동했으나, 브로델의 추천으로 1963년에 고등연구원(Ecole pratique des Hautes Etudes) 제6국의 조교수로 옮겨가면서 탈퇴했다. 이렇게 '페탱주의,' 스탈린주의, 사회주의 등의 정치 이력을 마감한 후 그가 몸담은 '영토'[4]는 역사학이었다.

전체사의 모험

1955년, 르 루아 라뒤리는 지리학자인 레몽 뒤그랑의 권유를 받아들여 랑그도크 지방에 많이 남아 있는 콩푸아라는 토지대장을 가지고 학위논문을 작성하기로 결심했다. 토지의 집중과 분할 과정을 추적함으로써 자본주의의 기원을 밝힐 수 있으리라는 기대 때문이었다. 토지 집중이 뚜렷하게 나타난 시기는 페스트로 인구가 격감한 14세기 중엽 이후

---

4) 이 표현은 르 루아 라뒤리의 논문 모음집인 『역사가의 영토』(*Le Territoire de l'historien*, Gallimard, 1973)에서 따온 것이다. 이 책은 4부로 구성되어 있는데, 각 부의 제목 자체가 이 역사가의 영토를 잘 보여준다. "컴퓨터 가까이: 역사에서의 계량적 혁명," "밭에 있는 역사가: 새로운 농촌사," "인간의 무게: 생물학과 심성 사이: 역사인구학," "인간이 없는 역사: 기후, 클리오의 새로운 영역."

15세기 말까지다. 이 기간에 중간 크기 소유지들이 많이 늘어났다. 그러나 그것은 자본주의적 토지 집중이 아니라 인구 감소에 수반된 토지 통합이었을 뿐이다. 16세기 초부터 인구는 급증하기 시작하여 그 추세는 대체로 1680년까지 계속된다. 토지대장상에는 중간 크기 소유지들이 양극 분해되어 소토지들이 크게 늘어나는 가운데 대토지도 늘어나는 모습을 보여준다. 이 기간에 자본주의적 통합이 나타나지만 그것은 '신생 농촌자본주의'에 불과했다. 도시민들에 의해 이루어진 토지 집중은 1680년 이후의 총체적 경제 침체를 겪고 난 18세기의 현상이었다.

이렇게 토지대장을 통해서 자본주의적 토지 집중을 밝히려는 최초의 의도는 충분히 달성되었다. 그러나 5년간의 짧은 연구 기간 후에 모습을 드러낸 『랑그도크의 농민들』은 경제사라는 좁은 테두리에 갇히지 않았다. 그의 말을 직접 들어보자.

> 나는 처음에는 토지대장에 있는 단위와 헥타르를 더하는 것으로 작업을 시작했으나, 연구의 마지막에는 살아 있는 사람들이 행동하고 다투고 생각하는 것을 바라보기에 이르렀다.
>
> 왜냐하면 물질적이고 계량적인 역사 그 자체는 비록 그것이 아무리 완벽하고 엄격할 수 있다 할지라도 나를 완전히 만족시키지 못했기 때문이다. 그것은 필요불가결하기는 하지만 아직은 거친 골조를 공급할 뿐이었다.
>
> 나는 팽창이 부딪치는 맬서스적인 한계는 물질적인 것만이 아님을 평범한 지식으로도 알고 있었다. 나는 심성(心性)이라는 거대한 장애물을 사전에 감지하고 있었다. 나는 모든 장애물 가운데 가장 구속력이 강한 불가시적인 정신적 한계를 간파했다. 조금씩 조금씩 나는 희망 없는 반란의 이야기를 통해 그리고 농촌 지역의 종교들이 가지고 있는 피비린내 나는 역사를 통해 그것을 알게 되었다.
>
> 가용 수단의 범위 내에서, 그리고 인간 집단의 제한된 테두리 내에서, 나는 전체사라는 모험에 뛰어들었다.

르 루아 라뒤리의 목표는 '전체사'였다. 전체사란 무엇일까? 전체사는 인간 생활의 모든 영역을 빠짐없이 다루어야 한다. 그러나 이렇게 정의된 전체사는 현실적으로 불가능하다. 따라서 몇 개의 층으로 나누는 것이 불가피하다. 그것은 상부구조와 하부구조일 수도 있고, 브로델식으로 구조–국면 변동–사건일 수도 있으며, 단순히 경제–사회–정치–문화일 수도 있다. 인간 생활의 제반 영역을 나눈 다음 중요한 것은 각 층간의 상호 관계를 밝혀내는 것이다. 이렇게 해서 인간 생활의 제반 영역이 하나의 유기체처럼 재구성될 때 비로소 미슐레가 꿈꾸었던 '과거의 총체적인 소생'이 실현될 것이다.

따라서 르 루아 라뒤리는 어떠한 영역들을 다루고 있는지 먼저 살펴볼 필요가 있다. 이 책에는 프랑스 남부 랑그도크 지방에서 15세기 말부터 18세기 초까지 약 2세기 반 동안 살아온 농민들의 삶이 펼쳐진다. 농민들의 생활은 토지 위에서 이루어진다. 그리고 토지는 기후의 지배를 받기에 역사가는 '기후의 자극'에서 시작한다. 그는 포도수확일자의 변화를 통해서 기후의 변화를 추적한다. 이렇게 '지리적 서론'을 마친 다음 모든 농촌 생활의 근본을 이루는 '생물학적 기초'에 관심을 가진다. 그의 '진정한 농업사'는 기초 작물인 밀과 관련된 윤작의 리듬, 공동 방목, 경작지의 형태 등을 묘사하는 것으로 그치지 않는다. 그는 랑그도크 지방에서 재배되었던 온갖 종류의 토종 작물과 외래 작물을 추적한다. 밀, 포도, 과일, 채소(마늘, 양파, 잠두콩, 아티초크, 상추, 배추, 멜론, 호박, 가지……), 개자리, 옥수수, 감자…… 그리고 농민들이 이러한 작물들을 경작하는 데 사용했던 '기술'(낫, 쟁기, 불, 물)이 뒤이어 등장한다.

그다음은 사람이다. 그러나 아직 랑그도크의 농민들은 아니다. 랑그도크 지방을 떠돌아다녔거나 이주해 들어온 사람들이 먼저 나온다. 거지, 유랑민, 북부 이주민, 보헤미아인, 무어인, 마라노, 외지인 장인, 농촌 상인, 떠돌이 사제, 떠돌이 교사, 목축업자들 그리고 그들과 함께 말 · 양 · 소 등의 가축…… 식물들이 남쪽에서 북쪽으로 이동했던 것과는 달리, 동물들은 북쪽에서 남쪽으로 내려왔다. 이 같은 이동은 문명과 문화의 교류를 의미한다. 그것은 심지어 인간의 신체에도 변화를 일으켰다. 북부형의 금발과 단두(短頭)가 랑그도크 지방에 나타난 것에 대한 르 루아 라뒤리의 '신체인류학'적 기술은 대단히 흥미롭다. 그가 그리는 랑그도크 지방은 식물과 동물과 사람들의 이동으로 분주한 '움직이는' 세계다.

랑그도크의 환경은 이러했다. 그다음에야 비로소 농민들에 대한 이야기다. 농민들의 생활 터전은 토지다. 경작지의 면적은 인구의 증감과 함수관계에 있다. 인구가 증가하면 일인당 경작지 면적이 줄어들고, 인구가 감소하면 일인당 경작지 면적이 늘어난다. 15세기 후반은 위기, 페스트, 전쟁 등의 충격으로 '인구가 드물던 시기'였다. 사람들은 당연히 넓은 토지를 경작했다. 그러나 인구가 장기적으로 증가하면서 농민들의 드라마가 시작되었다. 인구가 증가하던 17세기 말(정확한 임계점은 1680년)까지는 토지 분할이 진행되었다. 그런데 어떤 토지들이 감소하고 어떤 토지들이 늘어났는가? 토지 분할 과정에서 희생되었던 토지는 대체로 중간 크기 토지였다. 중간 크기 토지가 소토지로 분해되는 가운데 일부 대토지가 늘어났다. 이 같은 토지 소유의 양극화가 바로 근대화 과정이었다. 근대화는 중간 크기 토지를 가진 농민들의 희생 위에서 진행된 비극적인 과정이었다. 랑그도크 지방에서의 토지 집중은 영국이나 다른 지역에 비해 미미했으며 그나마 부르주아나 영주가 아니라 농촌 유지들이 주도했다. 도시민들에 의한 통합은 18세기에나 이루어진다.

농민들의 생활수준은 어떠했을까? 경작지의 크기만으로 농민들의 생활수준을 말할 수는 없다. 농민들은 교회에 십일조를 내야 하고, 차지농(借地農)으로서 지대를 내야 하며, 토지 소유자로서 국가에 세금을 내야 하고, 농업노동자에게는 임금을 지불해야 했기 때문이다. 이처럼 농민들은 십일조-지대-세금-임금이라는 복잡한 망 속에서 살고 있었다. 또 가격의 변화라는 외부적인 요인도 만만치 않았다. 아울러 농민들의 실질 생활 수준을 파악하려면 명목가치를 실질가치로 환원하는 복잡한 과정을 거쳐야 한다. 르 루아 라뒤리는 콩푸아, 타유세 대장, 십일조 관련 증서, 곡물시세표 등의 온갖 자료를 계량적으로 처리하여 농민들의 생활수준을 가늠해본다. 결론을 내리면 15세기 후반은 임금, 즉 농업노동자들의 시대였으며, 16세기는 이익, 즉 농업경영자의 시대였고, 그다음 세기는 지대, 즉 지주들의 시대였다. 이들은 제로섬 게임을 벌였는데, 그것은 기본적으로 그 시대의 생산성이 한계를 넘어서지 못했기 때문이다. 진정한 성장을 의미하는 '이륙'은 18세기의 특권이었다.

경작지가 줄어들고, 납부하는 세금이나 십일조나 지대의 액수가 증가해도, 농업생산성이 높아졌다면 농민의 생활수준이 낮아지지 않을 수 있다. 그러나 산업화 이전의 사회는 농업생산성의 향상이 이루어지지 못한 사회였다. 사회는 늘어나는 인구를 감당할 수 없었다. 이 같은 상황에서 벗어날 수 있는 방법은 인구 감소, '사혈'(瀉血)뿐이었다. 17세기 말, 인구는 지난 2세기 동안의 증가 이후 다시 감소세로 접어들었다. 인구 감소는 수요 감소, 가격 하락, 생산 감소, 이익 감소, 지대 감소 등의 악순환을 낳았다. 게다가 전쟁으로 인해 조세 부담은 늘어났다. 사회 전체가 총체적인 파국으로 떨어졌다. 르 루아 라뒤리의 유명한 표현에 따르면, '맬서스의 저주'가 내렸던 것이고, 브로델의 구조주의적 표현을 빌리면, 농업생산의 정체라는 구조의 '감옥'에 갇혀 있었던 것이다.

르 루아 라뒤리가 그린 근대 초 랑그도크 지방의 풍경화는 어둡다. 인구 증가로 인한 토지의 분할과 빈곤화, 그리고 결국에는 사혈 …… 그렇지만 농민들은 체념하지 않았다. 그들은 '사회적 투쟁'을 전개했다. 종교전쟁의 와중에서 농민들은 십일조 납부를 거부하거나 반란을 일으켰다. 그러나 계몽사상의 세례를 받지 못한 농민들의 반란은 합리적이지 못했다. 그들의 반란은 16세기 말 『로망의 사육제』에서 나타났듯이 민속적인 성격을 띠었을 뿐만 아니라 18세기 초 세벤의 광신자들에게서 나타났듯이 경련적이고 예언적인 히스테리를 동반했다.

이렇듯 '랑그도크의 농민들'이 십일조-지대-세금-임금의 경제적인 관계 속에서만 살았던 것은 아니었다. 오로지 기술적 부동성과 사회적 부동성만이 그들을 내리누르고 있었던 것은 아니었다. 연구의 마지막에서 르 루아 라뒤리는 출발점에서 감지했던 '심성이라는 거대한 장애물'의 존재를 재확인한다.

사실, 그 같은 기술적 부동성은 온갖 종류의 문화적 차단물들로 싸여 있거나 들려 있었다. 1960년, 피에르 빌라르는 자원의 '자연적' 한계에 대해 말한 적이 있다. 그러나 여기서 말하는 '자연'은 문화다. 그것은 습속, 생활양식, 심성(mentalités)이다. 그것은 기술지식, 가치체계, 사용 수단, 목적 등으로 이루어지는 총체다. 팽창을 구부러뜨리고, 제동을 걸고, 최종적으로는 꺾어버리는 이 같은 힘은 엄격한 의미의 경제적 힘만이 아니라 넓은 의미에서의 문화적 힘이며, 심지어 어떤 의미에서는 정신적 힘이다. 특히 정신적인 힘의 크기를 수량화하는 것은 불가능하다. 그러나 그것의 구속력이 존재함은 분명하다.

이렇게 볼 때 『랑그도크의 농민들』에는 지리, 경제, 사회, 정치, 문화, 심리 등의 제반 층위가 총망라되어 있다. 이제 살펴보아야 할 것은 상관관계다. 각각의 영토는 상호 차단되어 있는가 아니면 교류하고 있는가. 『랑그도크의 농민들』에는 상관 관계를 말해주는 언급들이 많다. 상호성을 주장하려면 먼저 일체의 결정론을 배격해야 한다. 우선 기후결정론이 배격된다. 포도 수확 일자가 변하는 것은 기후적인 이유 때문인가 아니면 인간의 결정인가? 르 루아 라뒤리에게 기후적인 요인은 단기적인 요인에 불과하다. 장기적으로는 인간적인 요인, 다시 말해 소비자들의 요구와 함수관계에 있는 포도재배자들의 마음이 결정적이다. 그러면 경제결정론은 어떠한가? 비록 스탈린주의에서 벗어났다고는 하지만, 그는 학위논문 지도교수인 에르네스트 라부르스 같은 마르크스주의자들의 영향을 받아 유물론적이며 경제결정론적인 성향을 보여주지 않았을까? 콩푸아와 타유세 징세 대장 등에 대한 지극히 계량적인 연구는 이 같은 혐의를 받기에 충분하다. 그러나 르 루아 라뒤리에게는 경제적인 모델이나 숫자가 하나의 '필수적인 추상화'에 지나지 않았다. 『랑그도크의 농민들』에 나오는 엄청난 양의 통계와 도표들, 기후의 변화와 토지의 분배, 농가의 실질 생산량에서 노동자들의 칼로리 섭취 등에 이르기까지의 신경제사적 숫자들은 결국 하나의 '수사학'이었다. 그가 진정으로 관심을 가졌던 것은 통계 숫자 뒤에 숨어 있는 '살아 있는 사람들'이었다.[5] 그는 경제적인 동기를 무시하지 않았지만 경제적인 동기에 갇히지 않았다. 일례로 농민 반란에 대해 그는 다음과 같이 말했다. "반란자들을 단순히 곡물과 조세 사건만으로 축소시키는 것은 그것의 의미를 빈약하게 만드는 것이 아닐까?" 그에게는 문화적인 차원, 심리적인 차원 또한 중요했던 것이다.

프롱드 난을 '밀의 비극'으로 보는 것, 17세기에 진행되었던 종교적 발전의 기저에는 농민들에게서 징수가 늘어났다는 경제적인 현실이 놓여 있었다고 보는 것, 종교개혁이 랑그도크 지방에 뿌리내린 시기가 대림절과 사순절 같은 배고픈 계절임에 주목하는 것, 사바트를 농민들의 저항, 다시 말해 진정한 해방의 시도가 불가능해지자 벌인 악마적 반란의 모험으로 보는 것 등은 모두 사회사적 설명이요 구조적인 설명이다. 식탁에서 돼지비계를 사용하는 요리가 줄어들고 식용유를 사용하는 요리가 늘어난 것은 인구 증가로 인한 개간 사업 때문에 떡갈나무 숲이 파괴되어 돼지의 먹이가 줄어들었기 때문이라는 인류학적인 설명은 참으로 흥미롭다. 인구 증가는 요리 문화에까지 영향을 주었던 것이다. 한마디로 "거대한 농업 사이클의 물질적 측면은 그것의 문화적 측면과 분리되지 않았다. 둘은 서로를 지탱해주고 서로를 강화시켜 주었다." 이렇게 르 루아 라뒤리의 설명은 상호적이라는 점에서 그의 전체사 모험은 성

5) 이러한 유연한 자세는 브로델의 자세와 비슷하다. 브로델 역시 온갖 종류의 계량화를 시도한 다음, 다음과 같이 말했다. "우리는 접근하기 어려운 거대한 덩어리들을 상호적인 관계 속에 자리매김하기 위해 데생을 한 것이며 또 그것은 필요했다. 자, 이제 페이지를 넘겨 이러한 실망스러운 계산 방법을 버리도록 하자"(『지중해』 I, 419쪽).

공적이라는 평가를 내릴 수 있을 것 같다. 결론에서 놀랍게도, "문화는 예고하며, 심지어 결정한다고까지 말할 수 있다"[6]고 주장한 것 역시 문화결정론을 제창하는 것이 아니라 상호성을 강조한 것으로 이해해야 할 것이다.

르 루아 라뒤리가 관심을 가진 것은 자본주의의 기원, 본원적 축적, 농민 반란이라기보다는 농민들이었다. 다시 말해 물질이 아니라 인간이었다. 17세기의 반조세적인 농민 반란에 대해 기술한 다음, 그는 다음과 같이 말하지 않았던가. "이 같은 반란 이상으로 우리의 관심을 끄는 것은 반란자들 자신이다." 르 루아 라뒤리는 십일조, 지대, 세금 등에 시달리면서, 동시에 생산성의 한계와 문화적 한계라는 세기적인 구조에 짓눌리면서, 영주와 국가에 대해 저항하던 농민들의 모습을 그려주었던 것이다.

'전체사'가 그의 발명품은 아니었다. 브로델은 『지중해』에서 더 큰 규모의 전체사를 시도했으며, 르 루아 라뒤리에게 랑그도크의 농민들에 대한 연구를 권했다.[7] 다음과 같은 언급은 매우 브로델적이다. "요컨대 인구사가들은 밀 품귀, 빵값 상승, 단기적 위기로 인과관계를 설명했다. 우리는 그들의 여전히 유효한 분석에다가 다음 사항들을 더할 것이다. 총생산의 전체, 중상주의적이고 자연적인 전반적인 경제, 마지막으로 장기지속." 아울러 프랑스의 지리학자들이 가꾸어온 '생활양식'이라는 개념,[8] 그리고 그들이 개척한 지방지리, 그리고 역사가들이 이어받은 지방사 역시 『랑그도크의 농민들』에서 계승되었다.[9]

---

6) 이 언급은 18세기 초의 침체기에서 벗어나는 데 문화(구체적으로는 교육)의 선도적인 역할을 강조한 것이다. "여기에서 문화를 결정한 것은 경제가 아니었다. 왜냐하면 경제가 결정했다면 대중교육은 쇠퇴했을 것이기 때문이다. 반대로 생산이 완전 침체 상태에 빠져 있을 때 장차의, 예컨대 1720년부터 찾아올 경제 발전, 물질적인 성장의 회복을 예고한 것은 문화였다. 문화는 예고하며, 심지어 결정했다고까지 말할 수 있다."

7) *Paris-Montpellier*, 222~225쪽.

8) 같은 책, 120쪽.

계량사 역시 선구자들이 있었다. 『랑그도크의 농민들』에서 여러 차례 인용된 뫼브레는 가격의 역사의 선구자였고, 구베르는 역사인구학의 개척자였으며, 학위논문 지도교수인 라부르스는 18세기의 가격 동향을 밝힌 역사가였다.[10] 피에르 빌라르에 대해서는 각별히 다음과 같이 말한다.

> 피에르 빌라르와 함께 우리는 드디어 다시 땅에 발을 디뎠다. 우리, 말하자면, 프랑스 공산당 당원인 젊은 역사가들(프랑수아 퓌레, 장 니콜라, 드니 리셰, 클로드 멜리앙, 자크 오주프)은 17세기에 대한 빌라르와 뫼브레의 강의를 들었다. 우리는 피에르 구베르가 루이 14세 시대 보베의 인구에 대해 1952년에 『아날』에 발표한 첫번째 논문을 읽었다. 빌라르는 마르크스 사상의 핵심으로 들어갔다. 의도는 아닐지라도 편견만큼은 배제한 분석, 사회적 층위, 경제적 층위, 정치적 층위 등 모든 층위에서 이루어지는 분석, 그리고 경우에 따라서 양적인 작업과 질적인 작업을 병행하는 분석.[11]

물론 맬서스도 있었다. 15세기 말부터 18세기 초까지의 농업사에 대한 경험적인 연구는 "그 자신도 그의 동료들도 그때까지는 별로 관심을 기울이지 않았던 토머스 맬서스 목사의, 극히 고정론적인 사상"[12]으로

---

9) 이 지방사의 대표적인 작품으로는 페브르의 『펠리페 2세와 프랑슈-콩테』(1911), 구베르의 『보베와 보베지』(1960), 배렐의 『바스-프로방스』(1961) 등을 들 수 있는데, 이 책들은 모두 『랑그도크의 농민들』에서 인용되고 있다.

10) 르 루아 라뒤리가 공산당에서 멀어지던 무렵, 흥미롭게도 그의 지도교수는 공산당에 더욱 가까워졌다. 같은 맥락에서, 르 루아 라뒤리의 부인도 공산당원이었으나, 남편과 같은 해가 아니라 1963년 남편이 파리로 옮겨갈 무렵에 공산당에서 탈퇴했다는 사실도 흥미롭다.

11) *Paris-Montpellier*, 119쪽. 이 같은 계량사가 마르크스주의의 영향을 받은 것임은 부인할 수 없다. 그러나 르 루아 라뒤리에 따르면, 계량사는 역사적 의지주의(volontarisme)에 빠져 있었으며 인간보다는 운동, 예컨대 노동자보다는 노동운동에 더 관심이 많던 공산당에서 벗어나는 길이기도 했다.

그를 인도했다. 르 루아 라뒤리가 보기에, 랑그도크의 농민들을 지배했던 것은 마르크스주의가 아니라 맬서스주의였다. 인구와 식량의 불균형이라는 문제에 직면하여 인구 감소라는 비인간적인 처방을 제시한 맬서스는 마르크스주의자들의 반감을 샀다.[13] 그러나 르 루아 라뒤리는 인구라는 요소가 특정 시대(즉 근대)의 역사 변동을 지배했다는 사실을 확인할 수 있었다. 그는 스탈린주의자에서 벗어나 맬서스주의자가 된 것이다.[14]

역사인류학

르 루아 라뒤리는 1960년에 박사학위 논문을 발표하고, 1963년 고등연구원 조교수로 파리에 올라왔다. 1968년에는 새롭게 개편된 『아날』의 공동 편집인이 되었으며, 1970년에는 소르본 대학 교수, 그 이듬해에는 파리 7대학 교수가 되었다. 그리고 1973년에는 브로델의 뒤를 이어 콜레주 드 프랑스의 근대문명사 담당 교수가 되었다. 취임 강의 제목인 「움직이지 않는 역사」(l'histoire immobile)[15]는 역사학의 본질과 관련해 많은 논쟁을 불러일으켰다. 그러나 그것은 역사 자체가 움직이지 않는다는 반(反)역사적인 언급이 아니라, 인구적 관점에서 볼 때 근대 초 프랑스의 역사가 움직이지 않았다는 역사적인 확인이었다. 브로델의 계승자로서 『랑그도크의 농민들』에서 발견된 '맬서스적인 한계,' 브로델의 '거의 움직이지 않는 구조'를 더욱 강하게 말한 것이었다. 『랑그도크

---

12) 앞의 책, 217쪽.

13) 1953년 이전에 공산당은 '신맬서스주의'적인 선전을 담고 있는 미국 서적의 판매를 방해하라는 지시를 당시 젊은 공산당원들에게 내렸다(같은 책, 217쪽 주 참조).

14) 르 루아 라뒤리는 이른바 '신자본주의 이행 논쟁'에서 마이클 포스탄과 함께 인구론적 해석의 대표자로 여겨지고 있다. 이 논쟁에 대해서는 R. 브레너 외 지음, T. H. 아스톤 · C. H. E. 필핀 엮음, 이연규 옮김, 『농업 계급 구조와 경제 발전: 브레너 논쟁』, 집문당, 1991 참조.

15) 이 논문은 김응종, 『아날학파의 역사세계』, 398~433쪽에 번역되어 있다.

의 농민들』에서 이미 "문화가 예고하며 심지어는 결정한다"고 말한 적이 있는데, 이 자리에서도 그는 14세기에서 18세기까지 경제는 주인이라기보다는 '하인'이었음을 강조하고 있다.

브로델의 은퇴는 전체사의 은퇴를 뜻하는 것이었다. 1970년대에 들어, 피에르 노라의 말대로, 전체사가 '폭발'하기 시작했다.[16] 그후 역사가들의 관심이 옮겨간 곳은 역사인류학이었다. 그동안 사회사의 학문적 파트너였던 사회학이나 경제학 대신 인류학이 역사학의 파트너가 된 것이다. 민중문화, 신화, 축제, 결혼, 성, 광기, 죽음 등 소위 인류학적인 주제들이 역사가들의 새로운 영토가 되었다. 학문적 실험이라는 사명을 부여받은 콜레주 드 프랑스의 교수가 새로운 이 분야를 천착한 것은 당연하다. 게다가 그는 이미 『랑그도크의 농민들』에서 인류학적 역사를 시도한 적이 있다. 예컨대 농민 집안의 실내 가구를 비교하여 생활수준을 가늠한다든지, 음식 칼로리를 비교하여 가난한 농민들의 영양 상태를 가늠한다든지, 북부인의 이주가 가져온 신체인류학적인 변화에 주목한다든지, 인구 감소를 극복하기 위한 수단으로서의 부권적 확대가족의 출현에 주목한다든지, 그리고 마지막으로, 앞에서 언급한 식용유를 사용한 음식의 증가에 주목한 것 등은 모두 '인간'에 관심을 가지고 있던 역사가의 후속 영토를 예고하는 것이었다. 역사인류학과 관련된 르 루아 라뒤리의 작품으로는 『몽타이유』[17]와 『로망의 사육제』[18]가 대표적이다.

몽타이유는 피레네 산맥 기슭 해발 1,300미터 고지에 있는 조그만 마을이다. 브로델에 따르면 "산은 자유, 민주주의, 농민공화국의 도피처"인데, 13세기 말에 카타르파 '이단'들이 이 산골 마을로 숨어들었다. 1244년 카타르파의 최후의 보루인 몽세귀르가 함락된 후 이 지역에서

---

16) 이 현상에 대해서는 프랑수아 도스, 김복래 옮김, 『조각난 역사』, 푸른역사, 1998; 전수연, 「아날학파와 역사학의 파편화?」, 『학림』 17, 1996.

17) *Montaillou, village occitan de 1294 à 1324*, Gallimard, 1975.

18) *Le Carnaval de Romans. De la Chandeleur au mercredi des Cendres, 1579~1580*, Gallimard, 1979.

는 여러 차례 카타르파에 대한 정벌이 진행되었다. 특히 1308년 카르카손의 이단재판관은 몽타이유 마을 주민 전원을 검거한 바 있다. 1312년에는 파미에르의 주교인 자크 푸르니에가 카타르파의 잔당을 소탕하기 위해 1318년부터 1325년까지 교구 이단재판소를 개설했다. 전체 피의자는 114명으로 귀족 사제, 공증인도 몇 명 있었지만, 대다수가 농민, 장인, 영세상인이었으며, 여자는 48명이었다. 그런데 그중 25명이 몽타이유 사람이었다. 당시 몽타이유에는 250명 정도가 살고 있었기 때문에 전체의 10분의 1이 이단재판을 받은 셈이다. 심문이 있은 후 성지 순례, 재산 몰수, 감금, 노란색 십자 표시 부착 등 여러 가지 벌이 내려졌으며, 5명의 이단자(4명은 발도파 교도이고, 1명은 몽타이유의 카타르파 교도인 기욤 포르)가 화형을 당했다. 『몽타이유』는 바로 이들에 대한 이단재판 기록을 재구성한 것이다. 이단재판이라는 불행이 몽타이유인들을 역사적으로 소생시켜준 것이다.

『몽타이유』의 내용은 이미 소개했기 때문에 여기에서는 목차를 중심으로 책의 골격을 간단히 살펴보려 한다. 이 책의 목차는 지방사 연구자들이 모델로 삼을 수 있을 정도로 포괄적이라는 평가를 받았는데[19] 모두 2부 26장으로 구성되어 있다. 제1부 「몽타이유의 생태학: 집과 목동」; 제2부 「몽타이유의 고고학: 몸짓에서 신화로」.[20] 「몽타이유의 생태학」에서는 몽타이유를 지배하던 권력 구조를 다루고 있다. 외부 권력으로는 푸아의 영주, 카르카손에 거주하는 이단재판관, 파미에르의 주교 그리고 마지막으로는 멀리 떨어져 있는 프랑스 국왕이 있다. 몽타이

19) Natalie Zemon Davis, "Les conteurs de Montaillou," *Annales E. S. C.*, 1979, 61쪽.

20) 필립 카라르는 이 책의 구성이 인류학자인 Evans-Pritchard의 고전 *The Nuer: A Description of the Modes of Livelihood and Political Institutions of a Nilotic People*을 모방했다고 말한다(Philippe Carrard, *Poetics of the New History. French Historical Discourse from Braudel to Chartier*, The Johns Hopkins University Press, 1992, 39쪽). 목차는 균형적이지 못하다. 제1부에는 7개의 장이, 제2부에는 21개의 장이 들어 있다.

유의 내부 권력을 장악한 사람은 영주의 대리인과 사제직을 독차지하고 있던 클레르그 집안이었다.

「몽타이유의 고고학」에서는 말 그대로 몽타이유인들의 의식 세계를 파고들어간다. 대략 성(性), 결혼, 문화, 사회성, 종교적 실천, 윤리, 죽음과 사후 세계에 대한 인식 등이 두꺼운 층을 이루고 있다.[21] 중세 농민들의 성에 대한 독자들의 관심은 이 전문 학술서를 베스트셀러로 만들었는데,[22] 여기에서는 중세 농민들의 성에 대해서만 살펴보자. 마을의 권력자인 클레르그 신부에게는 적어도 12명의 정부가 있었다. 그는 자기와 사촌간인 그라지드의 묵인 하에 그녀의 딸과도 관계를 맺었다. 당시 열네 살짜리 소녀의 증언은 당시 사회의 성 모럴에 대해 알려준다.

> "내가 너와 관계를 맺을 수 있겠니" 하고 그가 말했습니다. 나는 그에게 "좋아요" 하고 말했습니다. 그때 나는 처녀였습니다. 나이는 열넷이나 열다섯 살이었을 겁니다. 그는 짚이 깔려 있는 곳간에서 나의 처녀를 빼앗았습니다. 그렇지만 그것은 강간이 아니었습니다. 그는 이듬해 1월까지 나와 육체적인 관계를 맺었습니다. 그 일은 언제나 어머니의 집에서 이루어졌습니다. 어머니도 그 일을 알고 있었으며 허락했습니다. 그 일은 주로 낮에 있었습니다.

이 증언은 사제의 권력이 얼마가 강력했나를 보여주지만, 한편으로는

21) 각 장의 제목은 다음과 같다. 몸짓과 성(눈물과 기쁨, 예절과 인사, 이잡기와 위생, 감정에서 사랑으로, 동성연애); 클레르그 집안 사람들의 본능; 일시적인 결합; 결혼과 사랑놀이; 결혼과 여성의 위치; 아이들에 대한 감정과 세대; 이 마을에서의 죽음; 문화의 망과 사회성의 구조: 책과 저녁 모임; 사회성의 구조: 여자들, 남자들, 젊은이들; 선술집, 미사, 파벌; 심성적 도구: 시간과 공간; 자연과 운명에 대한 느낌; 마술과 구원; 성모마리아와 성인들; 종교적 실천; 일탈자와 선한 신도; 부끄러움과 범죄; 가난함, 헌금, 노동; 무덤 저편과 저세상; 집과 그 바깥.

22) 이 책은 1989년 현재 프랑스에서만 18만 8,540권이 판매되어 역사서로는 갈리마르 출판사에서 수위를 차지했다.

소녀의 당찬 모습을 보여주기도 한다. 그녀는 클레르그와의 관계가 자기의 동의 하에 이루어진 것이기 때문에 강간이 아니라고 말했으며, 죄악이라고도 생각하지 않았다.

르 루아 라뒤리가 소생시킨 몽타이유의 농민들에게도 나름대로의 문화가 있었다. 그들은 인생의 목적, 삶과 죽음에 대해 숙고하고 토론했으며, 저녁 모임이나 구전을 통해 문화를 수용했다. 그들은 문맹이었지만 무지하지 않았다. 다른 한편, 그들은 낭만주의자들이 예찬하는 순박한 사람들과도 거리가 멀었다. 그들은 자기의 이익을 지키기 위해 배신, 고발, 협박 등을 마다하지 않는 사람들이었다. 이 점에서는 카타르파의 완전자인 벨리바스트도 마찬가지였다. 그는 자기의 정부가 임신한 것을 알자 완전자로서의 체면을 지키기 위해 그녀를 선량한 목동인 피에르 모리와 결혼시키려 했다.[23] 이렇듯 역사가가 몽타이유의 농민들에 대한 이단재판 기록을 통해 소생시킨 것은 그들의 카타르파 교리가 아니라 농민들의 실제적인 삶이었다.

『몽타이유』가 랑그도크의 농민들을 다루고 있다면, 『로망의 사육제』는 랑그도크의 도시민들을 다루고 있다. 르 루아 라뒤리는 『랑그도크의 농민들』에서 이미 로망인들의 '민속적' 반란을 다룬 적이 있다. 이것을 별도의 단행본으로 출판했다는 사실은 '전체사의 폭발'을 상징하는 것이 아닐까? 『몽타이유』에 비해, 여기에서는 반란에 참여한 사람들에 대한 사회사적 분석이 두드러진다.

1580년 2월 로망에서의 사육제는 예년과 달리 직조공들의 '왕국'과 부르주아들의 '왕국'의 충돌 속에 3일간 지속되었다. 도시에서는 모두 26명이 죽임을 당했으며 농촌에서는 수개월간 진압이 계속되어 천여 명의 희생자가 났다. 희생자들은 어떤 사람들이고 가해자는 어떤 사람들

23) 벨리바스트는 카타르파 완전자의 전형적인 모습일까? 아니면 예외적인 모습일까? 미시사는 이 질문에 답을 줄 수 없을 것이다. M. D. Lambert, *Medieval Heresy. Popular Movements from Bogomil to Hus*, Edward Arnold, 1977, 138쪽에 따르면 벨리바스트는 쇠퇴기의 인물이다.

인가? 1578년 로망에는 1,304가구가 있었다. 가구당 식구를 4.5명으로 계산하고, 여기에 세금을 내지 않는 특권 신분과 빈민들을 더하면, 당시 로망의 인구는 7천 명 정도로 추산된다. 1등급과 2등급의 사람들, 그중에서도 특히 상위 10퍼센트에 속하는 사람들이 '질서파'를 구성했고, 3등급과 4등급의 사람들, 특히 상위 10퍼센트에 들지 못하는 사람들이 '반란파'를 구성했다. 도시와 농촌의 관계도 마찬가지였다. 도시 부르주아지는 농촌 귀족과 연대했고 농민들과 직조공들은 '반란파'에 가담했다. 로망의 사육제는 계급투쟁의 면모를 드러낸다.

동시에 이 사건에는 민속적인 요소가 많이 들어 있었다. 인류학자들에 따르면 전통 사회에서 시간은 시계추 운동을 하는데, 사육제는 시계추가 빠른 속도로 되돌아와 새로운 정상적인 출발을 준비하는 기간이다. 따라서 사육제에서는 '거꾸로 하기', 즉 전도(顚倒)가 행해진다. '거꾸로 하기'는 중세 말부터 19세기 전반까지 민중들에게 친숙했던 주제다. 예컨대 남편이 아내에게 얻어맞고, 쥐가 고양이를 괴롭히고, 늑대가 양을 지키고, 아들이 아버지를 때리고, 수탉이 알을 낳고, 물고기가 낚시꾼들을 낚는 것 등이 바로 그것이다. 사육제 기간에 탐욕, 탐식, 성적 방탕, 폭력 등과 같은 반기독교적인 행위가 벌어지는 것 역시 거꾸로 하기에 해당할 것이다. 더 직접적으로, 1580년의 로망에서 부자들이 빈자들을 조롱하기 위해 선포한 거꾸로 된 가격표가 바로 그것이다.

또 빈자들이 부자들의 시체를 식용으로 바꾼 것, 자기의 여자를 버리고 부자들의 여자를 취하는 것, 그리고 종을 발에 달고 춤을 추는 것 등도 이러한 거꾸로 하기에 속한다고 볼 수 있다. 이러한 사육제의 몸짓들은 원래 사순절을 깨끗하게 맞이하려는 자기 정화의 노력이었다. 이러한 의미에서 사육제는 사회의 정상적인 운행을 담보하기 위한 안전밸브의 기능을 하는 것이다. 그러나 1580년의 사육제는 그러한 기능을 하지 못했던 것인데, 그 이유는 사회경제적인 불안 요소가 심각했기 때문이다. 사육제라는 안전밸브로는 기대했던 사회의 정상적인 진행을 확신하지 못한 부자들에 의해 사전 진압된 1580년의 사육제는 잠재적인 사회적 투쟁의 강도가 얼마나 심각했는지를 잘 보여준다.

역사와 문학

20세기 말에 유행한 포스트모던 역사 이론에 따르면, 역사학은 본질적으로는 하나의 픽션이다. 역사학의 사실성을 부정하는 이 같은 이론이 역사학자들에게 충격을 주었으리라는 것은 두말할 필요도 없다. 그러나 냉정하게 생각해볼 필요가 있다. 르 루아 라뒤리가 『몽타이유』에서 바랐듯이, 역사가들은 과거 사람들의 생생한 육성을 듣고 싶어한다. 그러나 현실적으로 역사가들은 사료라는 매개체를 통해서만 과거와 만날 수 있다. 그런데 사료 자체가 '만들어진 것'이기 때문에 역사가가 역사적 실재를 접한다는 것은 불가능하다. 그뿐만 아니라 역사가 역시 나름의 관점을 가지고 사료를 읽기 때문에 결국 과거의 사건은 이중적인 굴절을 면할 수 없다. 따라서 역사는 역사가가 만든 지적 구조물(픽션)일 수밖에 없다. 이런 의미에서 역사학은 과학화를 위해 노력했지만 본질적으로는 문학의 영역에 속한다.

그렇지만 '역사와 문학'의 대화가 이 같은 포스트모던 역사 이론의 재확인에 그친다면 그것은 메타역사적인 차원에서는 생산적일지 모르지만 순수역사학적인 차원에서는 그렇지 못하다. 역사와 문학의 대화가 인식론적인 차원에서만 전개되어야 하는 것은 아니다. 그것은 과거 사회를 이해한다는 차원에서도 전개될 수 있다. 문학작품을 사료로 간주하여 읽고, 그것을 통해 그 시대의 문화 속으로 들어가는 것이다. 바꿔 말하면, 역사학이 허구임을 확인하는 것이 아니라 허구 속에서 사실을 찾아내는 것이다.

이 점에서 르 루아 라뒤리의 최근 연구가 돋보인다. 그는 포스트모던 역사 이론에 대해 자기의 입장을 개진하지 않았다. 메타역사가들이 역사학의 허구성에 대해 말하고, 과학적인 역사학의 종언을 선언하고, 역사학에 문학성을 가미해야 한다고 권할 때, 그는 문학에서 역사를 읽어내는 가능성을 모색했다. 『자스맹의 마녀』[24]와 『랑그도크 지방에서의 돈, 사랑, 죽음』[25]이 바로 그것이다. 『자스맹의 마녀』는 자스맹의 시(詩) 「프랑수네토」(Françouneto)를 통해 구체제 시대의 문화, 구체적으로는 마녀의 모습을 살펴보았으며, 시인의 이야기가 역사적인 사실성을 가지고 있음을 밝혀냈다. 『랑그도크 지방의 돈, 사랑, 죽음』은 파브르(Jean-Baptiste Fabre, 1727~83)의 소설 『장 롱 프리』(*Jean-l'ont-pris*)를 통해 근대 초 랑그도크 지방의 사랑과 결혼 문화에 대해 살펴본 것이다.

르 루아 라뒤리는 이 소설의 구조를 다음과 같은 사각형으로 도식화한다.[26]

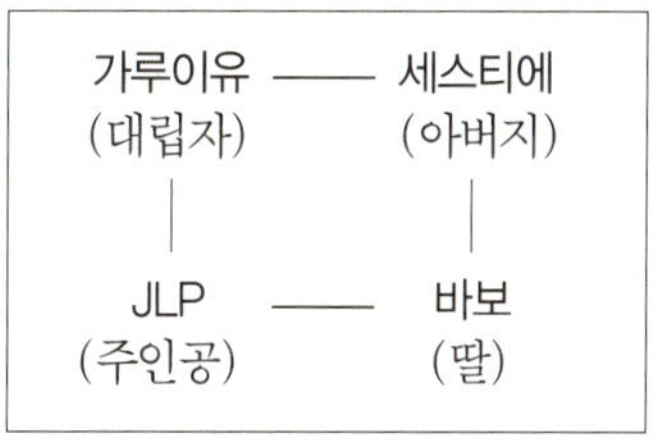

르 루아 라뒤리는 1575년에서 1790년에 랑그도크 지방에서 씌어진 65편의 연애 문학작품(필사본 포함)에서 이 같은 '사랑의 사각형'을 발견했다. 따라서 위의 모델은 『장 롱 프리』만의 특별한 모델이 아니라 바로 '랑그도크 지방의 사랑의 사각형'이었던 것이다. 이 모델의 오른쪽 축은 아버지와 딸이다. 일반적으로 딸은 젊고 예쁘다. 딸은 많은 지참금

24) *La sorcière de Jasmin*, Seuil, 1983.

25) *L'argent, l'amour et la mort en pays d'oc*, précédé du roman de l'abbé Fabre *Jean-l'ont-pris*(1756), Seuil, 1980.

26) 주인공 장 롱 프리(Jean-l'ont-pris: 이하 JLP)의 아버지 트뤼케트는 모직물 꾸러미를 훔친 죄로 붙잡혀 교수형에 처해졌는데, 동네 사람들이 어린 장에게 아버지 어디 갔냐고 물으면 장은 "그들이 잡아갔어요"(Ils l'ont pris)라고 대답했다. 그의 기묘한 이름은 바로 여기에서 나온 것이다. 장은 세스티에의 상속녀인 바보(Babeau)와 결혼하려 했다. 장은 가루이유가 자기의 아이를 가졌다는 이유로 그녀와 결혼했으나, 가루이유는 사실 세스티에의 아이를 가졌다.

을 가지고 있기에 부유하다. 그러나 딸은 주체라기보다는 객체이기 때문에 무대에 별로 등장하지 않는다. 아버지는 딸의 재산, 몸, 결혼 등 딸의 운명을 지배한다. 관습법이 지배하던 북부 지방에 비해 로마법이 지배하던 남부 지방에서 아버지의 권한은 특히 강했다. 왼쪽 아래에 있는 주인공은 대체로 젊고 미남이며 가난하다. 그는 부모의 개입 없이 스스로의 일을 대담하게 결정해나간다. 왼쪽 위에 있는 대립자는 주인공의 시도를 방해하는 인물이다.

사랑은 사랑으로 끝나기도 하지만, 결혼을 목적으로 하기도 한다. 랑그도크의 사랑의 사각형에서 중요한 것은 결혼이다. 주인공은 어떻게 결혼하는가? 어떻게 결혼 승낙을 얻어내는가? 그것은 대체로 돈(재산, 사회적 지위, 명예)을 찾아냄으로써 이루어졌다. 사랑이 결혼을 목적으로 한다는 것 자체가 랑그도크 지방에서는 새로운 현상이었다. 중세에는 '결혼 사각형'이 적용되지 않는다. 11세기 말 남부 프랑스의 음유시인들(troubadours)이 사랑한 여자는 처녀가 아니라 귀부인, 즉 기혼녀였다. 그들의 사랑은 결혼을 목적으로 하는 것이 아니라 사랑 자체를 위한 것이었다. 귀부인의 신분이 높으면 높을수록 그 사랑은 더욱 숭고했고 비감했다. 15~16세기의 문학은 종교적인 문제에 관심을 기울였다. 결혼을 목적으로 하는 '사랑의 사각형'이 나타나는 것은 16세기 말이다.

그러면 그 모델은 언제 사라지는가? 사실 가난한 사람이 죽은 부모의 누더기 속에서 숨겨진 재산을 발견한다는 것은 일상생활에서는 거의 불가능한 일이었기 때문에, 이 모델은 애초부터 취약했다. 여기서도 프랑스 혁명이 분수령이 된다. 프랑스 혁명 이후 제정된 새로운 상속법으로 아버지의 권한이 약해지면서 '결혼 사각형'이 흔들린다. 결혼 사각형의 오른쪽 축에 있는 아버지와 딸의 관계가 변하는 것이다. 이 모델은 1850년 이후에는 완전히 사라진다. 1850년 이후가 되면 17~18세기의 계급사회는 힘을 잃어버리게 되어 사회적으로 상승하기가 훨씬 쉬워진다. 이런 상황에서 작가들은 가난한 남자를 부자 여자와 결혼시키기 위해 트릭을 만들어낼 필요가 없었다. 이제 소설은 주인공이 사랑과 결혼에 매달리는 것이 아니라 자살하거나, 혁명가가 되거나, 여주인공이 고독 속에서 죽거나 하는 식으로 전개되었다. 소설에서나 현실에서나 합리적인 방법으로 사회적 신분 상승이 가능해진 것이다.

'결혼 사각형'은 17~18세기 랑그도크 지방의 문학작품을 대표하는 60여 편의 작품 속에 내재되어 있다. 이 모델에서 여자는 객체였다. 그리고 객체는 주체에게, 여자는 남자에게 제공되었다. 이 같은 모델이 다른 문화에서 항상 나타나는 것은 아니다. 객체는 신(神), 영혼의 구원, 평화롭게 죽을 안식처, 성배, 왕관 등 다양했기 때문이다. 그러면 랑그도크의 문학작품이 이렇게 사랑에 매달린 이유는 어디에 있을까? 르 루아 라뒤리는 정치적인 설명을 제시한다. 지리적으로 프랑스 남부는 국가를 형성하지 못한 지역이었기 때문에 이곳의 문학은 사랑과 야심 가운데 사랑에 매달렸다는 것이다.

『장 롱 프리』에 나타난 결혼 모델은 당시의 문화와 민속에 뿌리내리고 있음이 증명되었다. 역사가는 문학사의 세계에 들어가, 다음과 같은 독창적인 문제를 제기한다.

> 지난 2세기 이래 이 문제는 제기된 적이 없다. 그렇지만, 나의 주장, 이것은 랑그도크 지방의 문학사에서 매우 새로운 것인데, 그것은 『장 롱 프리』는 랑그도크 지방의 결혼 이론과 관련된 문화적 스테레오타입의 수많은 표현들 가운데 하나일 뿐만이 아니라는 것이다. 내 생각에 따르면, 파브르의 소설은 『죽음의 대자 또는 죽음-대부』(*le Filleul de la Mort ou la Mort-parrain*)라는 기담(奇談)에서 나왔다.[27]

르 루아 라뒤리는 『장 롱 프리』의 모태로 두 가지를 제시하고 있다. 하나는 공시적인 것으로서 앞에서 살펴본 그 시대의 문화이고, 다른 하나는 통시적인 것으로서 소설적인 계보다. 이 기담의 주인공 이름은 장 드

27) *Jean-l'ont-pris*, 178쪽.

트로(Jean-de-trop, 넘치는 장이라는 뜻. 이하 JDT로 줄임)이다.[28] 역사가의 치밀한 추적에 따르면 『죽음-대부』는 1300년에서 40년경 독일 지역에서 처음 생겨나 스위스를 거쳐 1755년에서 56년경 프랑스 남부에 퍼졌다. 당시는 바로 파브르가 소설을 구상하던 시기였다. 파브르는 이 이야기의 원본이나 이에서 파생된 랑그도크 지방의 온갖 이본(異本)들을 받아들이고 변형시켜 『장 롱 프리』를 창조했다는 것이다.

『장 롱 프리』는 두 층, 두 문화체계가 서로 교차되는 접점에서 생산된 것이다. 우선 『장 롱 프리』는 결혼을 중심 문제로 삼고 있는 문화체계 속에 포함된다. 더 구체적으로 말하면, 가난하지만 재능이 있는 젊은이가 결혼하는 데 필요한 돈, 땅, 재산 등을 어떻게 마련할 것인가? 여자의 아버지에게서 어떻게 사전 동의를 얻을 것인가? 어떻게 경쟁자를 물리칠 것인가? 어떻게 그의 자본을 이용할 것인가? 여기다가 '죽음'이라는 초자연적인 존재를 담고 있는 문화체계가 덧붙여졌다. 주인공은 초자연적인 존재(이 경우는 '죽음')와 협약을 맺어 자기에게 필요한 자본을 구하는 것이다. 『죽음-대부』는 그 같은 문화를 대변한다. 『장 롱 프리』는 이 두 문화의 결합으로 탄생한 것이다.

이렇게 르 루아 라뒤리는 소설의 '활주로'를 이륙하여 랑그도크 지방

28) 이 기담의 줄거리는 다음과 같다. 이미 5명의 아이가 있는 가난한 집에 한 아이가 또 태어났다. 대부를 서주는 사람이 아무도 없었다. 이들 부부가 빵 한 조각을 준 사람(실제로 그는 우리 주 예수 그리스도였다)이 대부를 섰고, '죽음'(la Mort)이 대모를 섰다. '죽음'은 200년간 죽지 않고 부자가 되는 비법을 가르쳐주었다. '죽음'의 요구에 따라 JDT는 의사가 되었다. '대모'가 침상에 숨어, 병명을 진단해주고 치료법을 가르쳐준 덕분에 JDT는 의사로서 유명해졌다. 마침 공주가 병에 걸렸다. JDT는 공주의 병을 고쳐줄 테니 대신 공주와 결혼시켜줄 것을 요구했다. 왕은 승낙했고, 결국 둘은 결혼했다. 그러나 공주는 JDT처럼 오래 살 수 있는 운명이 아니었다. JDT는 공주와 헤어지는 것이 싫었다. 그래서 그는 공주도 자기처럼 오래 살 수 있게 해줄 것을 대모에게 부탁했다. 대모는 거절했다. 그러자 JDT는 대모를 유인하여 조그만 호리병에 집어넣은 다음 자기의 부탁을 들어주면 꺼내주겠다고 말했다. '죽음'이 호리병 속에 갇혀 있는 8일 동안 사람이 죽지 않는 문제가 심각해졌다. 결국 '죽음'은 그의 부탁을 들어주고 말았다.

의 역사 세계를 비행했다. 그의 연구는 문학작품이 역사를 연구하는 데 유용하게 사용될 수 있음을 보여준다. 상식적인 차원에서도, 문학작품은 작가의 표현이고, 그 표현은 작가의 시대적인 체험의 산물이므로 문학작품은 그 시대 문화의 가시적인 기호다. 이 기호를 통해 그 아래 감추어져 있는 그것의 모태, 즉 문화를 엿보려는 것은 방법론적으로 전혀 문제될 것이 없다. 단지 그동안 문학작품이 역사가들의 외면을 받아왔던 것은 그것이 사실적이지 못하다는 데 있었다. 르 루아 라뒤리의 연구는 허구 속에서 사실을 찾아내고 문학에서 역사를 읽는 가능성을 제시한 것이다. 물론 이 같은 작업을 르 루아 라뒤리가 시작한 것은 아니다. 그러나 르 루아 라뒤리의 문학작품 활용은 전체적이었다는 점에서 사학사적인 의미를 지닌다. 그것은 포스트모더니즘의 도전에 대한 역사학자의 응전이었던 것이다.

역사학과 사회과학

대표적인 아날리스트로서 르 루아 라뒤리는 역사학과 인접 과학과의 대화에 충실했다. 『랑그도크의 농민들』을 위시한 그의 주요 작품들에서는 경제학, 사회학, 인류학 이론들이 폭넓게 검토되고 있다. 『생-시몽 또는 궁정 체제』[29]에서는 엘리아스의 '문명화 과정론'에 대한 역사학적 검증이 체계적으로, 매우 비판적으로 이루어지고 있다.

엘리아스는 예법서나 회화, 문학작품 같은 역사적인 자료들을 광범위하게 분석하여 유럽인들의 행동양식이 중세 후기에서 18세기에 이르는 동안 '문명화'되었다고 주장한다. 원래 봉건 귀족들은 지방의 영지에서 왕처럼 살고 있었다. 그러나 중앙의 왕이 점차 권력을 독점해감에 따라 지방의 귀족들은 권력을 상실하고 결국에는 국왕의 거대한 궁정에 들어가 살게 되었다. 전에는 자유분방하게 행동하던 귀족들이 궁정에 들어

---

29) *Saint-Simon ou le système de la Cour*, Fayard, 1997. 이 책에 대한 상세한 소개로는 김응종, 「문명화 과정의 명암(明暗)」, 2003 경북대학교 인문과학연구소 학술심포지엄 "지방, 그 의미와 정체성을 찾아서," 2003 참조.

가서는 예의범절을 배우지 않을 수 없게 되었다. 국왕의 환심을 사려고 귀족들은 본능과 충동을 억제하고 사교적인 대화술을 연마하게 되었으며, 세련된 예절을 익히기 시작했다. 이렇게 처음에는 외부적인 압력으로 문명화 과정에 들어섰지만 곧 귀족들의 심리 속에 초자아가 형성되어 내부적인 통제로 전환되었다. 궁정은 문명화의 학교였다.

이러한 과정을 거쳐 탄생한 문명인은 자신의 감정과 충동에 더 이상 예속되지 않고 오히려 그것을 통제할 수 있는, 그래서 이성적으로 행동할 수 있는 사람이다. 이런 의미에서 문명화 과정은 곧 합리화 과정이다. 엘리아스가 보는 문명화의 주체는 시민계급이 아니라 궁정 귀족층이다. 그는 합리화나 문명화 과정은 물리적 폭력에서 벗어난 평화적 공간(즉 궁정)이 전제되어야만 하는데, 궁정 사회는 중세의 전사들을 길들여 온순한 궁정인으로 만들었으며, 이 모범적인 모델이 시민계급에게 영향을 주었다는 것이다. 궁정 사회는 갈등 해결을 위해 결투나 전투 같은 폭력적인 수단이 아닌 문명화된 수단을 요구하고 배양해주는데, '궁정적 합리성'이 바로 그것이다. 엘리아스가 자주 언급한 생-시몽처럼 처세술과 사교적 수완, 자기 절제 능력이 있는 궁정인은 이성적 인간의 전형이다.

그러면 엘리아스의 말대로 생-시몽의 시대에 귀족들은 순화되었나? 르 루아 라뒤리의 비판을 직접 들어보자.

> 엘리아스의 뒤를 이어 에할트는 엘리아스가 순화되었고 합리화되었다고 말한 대귀족들의 탈군사화(démilitarisation)를 과장했다. 실제로 루이 14세 주위에 모여 있던 주요 가문 출신 궁정인들은 그들 나름대로 그리고 군주의 명백한 의지에 따라서도 여전히 전사(戰士)들이었다. 그들은 결투를 하기도 했다. 특히 그들은 젊은 근위기병으로서, 다음에는 여러 계급의 장교로서 1688년에서 1713년의 피비린내 나는 전쟁에 적극 참전했다. 따라서 그들의 궁정화는 비폭력으로 이어지는 근대적인 이행 과정이 아니었다.[30]

르 루아 라뒤리의 생각은 단호하다. 그는 궁정 귀족이 순화되었음을 부정한다. 루이 14세 시대의 귀족들은 여전히 군사적인 가치를 숭배하고 있었으며, 대부분 전선에서 죽었다. 그들은 르네상스기의 비궁정 귀족들보다 훨씬 더 호전적이었다. 그리고 생-시몽은 불평등을 정상(正常)이라고 생각했던 실천적 이론가였다는 점에서, 엘리아스가 말한 근대인과는 거리가 먼 사람이었다.

이렇게 생-시몽이나 당시 사회나 모두 엘리아스가 말한 문명화 과정 속에 있지 않았다. 르 루아 라뒤리는 다니엘 고든의 주장[31]에 의거하여 자유로운 대화, 평등주의, 사회성(sociabilité) 등은 엘리아스가 말한 궁정 사회, 즉 위계적이고 규율적인 사회에서가 아니라 17~18세기의 평등주의적이고 비정치적인 살롱이나 아카데미 등지에서 움텄다고 주장한다. 다시 말해 베르사유가 아니라 파리, 그리고 18세기부터 이미 파리의 문화를 받아들인 지방에서 생겨났다는 것이다. 그런데 우리는 이미 『랑그도크의 농민들』에 이 같은 생각이 배양되어 있음을 발견한다.

르 루아 라뒤리는 경제적인 침체에도 불구하고 17세기에는 "진정한 성장의 씨앗"이 발아하고 있었다고 말하면서, 그 증거 가운데 하나로 초등교육의 확산을 들었다. 그 결과 "근대 세계의 중요한 자질인 자제력"이 크게 늘어났다. 여기에서 르 루아 라뒤리는 엘리아스와 만난 것이다. 그러나 문명화의 기원은 다르다. 엘리아스에게 문명화란 곧 궁정화였던 데 비해, 르 루아 라뒤리에게 문명화란 도시화를 의미했다. 도시 주변부터 문맹, 원시적 폭력, 종교적 광신에서 벗어났던 것이다.

이렇게 르 루아 라뒤리의 역사 세계는 다양하다. 그 영토는 전체사, 사회경제사, 역사인류학, 문화사, 정치사, 전기 등에 넓게 '열려 있다.'[32]

---

30) 앞의 책, 44쪽.

31) Daniel Gordon, *Citizens without Sovereignty. Equity and Sociability in French Thought, 1670~1789*, Princeton University Press, 1994.

32) '열려 있다'는 표현은 *L'histoire grande ouverte. hommages à Emmanuel Le Roy Ladurie*, Fayard, 1997에서 따온 것이다.

방법론적으로 그는 사회경제적인 분야뿐만 아니라 인류학적인 분야에서도 가능하면 계량적인 분석을 가할 정도로 계산하기를 좋아했다. 그는 언제나 구체적인 사료에서 출발했다. 『랑그도크의 농민들』에서는 콩푸아가, 『몽타이유』에서는 푸르니에의 심문 기록이, 『플라터의 세기』에서는 플라터 형제의 여행기가, 그리고 『랑그도크 지방의 돈, 사랑, 죽음』에서는 소설이 그의 출발점이었다. 마지막으로 그는 이론적이며 논쟁적이었다. 그는 역사가들의 이론뿐만 아니라 사회과학적인 이론들을 폭넓게 검토했다. 르 루아 라뒤리가 예고한 『노르베르트 엘리아스를 위한 무덤』이라는 제목의 책이 기대된다.

맺음말

지금까지 우리는 『랑그도크의 농민들』에서 최근의 『생-시몽 또는 궁정 체제』에 이르기까지 르 루아 라뒤리의 역사 세계를 조망해보았다. 이 역사가의 역사 세계를 한마디로 말할 수 있을까? 앞에서 살펴보았듯이, 르 루아 라뒤리의 역사 세계는 사회경제사에서 인류학적 역사 그리고 문화사로 이행하는 모습을 보여주고 있기 때문에, 이 역사가를 어느 한 조류의 역사학 속에 가두기는 어렵다. 르 루아 라뒤리의 역사 세계를 이해하는 데는, 역사가 자신의 의도를 존중하여, 전체사라는 차원에서 접근하는 것이 좋지 않을까 싶다. 『랑그도크의 농민들』은 바로 전체사의 모험이었으며, 후속 작품들은 그것의 계속적인 보완이었다. 인류학적인 역사(구체적으로는 『로망의 사육제』), 문학에서 역사 읽기, '문명화 과정' 등은 이미 모두 『랑그도크의 농민들』에서 배양되고 있었기 때문이다. 따라서 이 역사가는 전체사의 모험으로 역사학을 시작하여 그것의 완성을 향해 나아갔다고 볼 수 있을 것이다. 르 루아 라뒤리의 역사 세계가 '열려 있다'는 평가를 받을 수 있는 것은 이 때문이 아닌가 한다. 그리고 이런 점에서 그는 '현대 역사학의 증인'으로 불릴 수 있을 것 같다.

르 루아 라뒤리의 후기 작품이 인류학적인 역사나 문화사의 모습을 띠지만, 그것이 결코 가볍다고 생각되지 않는 것은, 사회경제사적인 토대 위에 굳건히 서 있기 때문이다. 그리고 이러한 사실은 우리에게 하나의 교훈을 준다. 문화사니 미시사니 하는 새로운 사조들이 사회경제사나, 사회사나, 정치사나, 제도사 등과 결합하지 못하고 떠돌아다닐 때 그것은 단지 감각적인 흥미만을 제공할 뿐 진정으로 한 시대와 인간을 이해하는 데는 미치지 못한다. 그러한 미시사와 문화사는 '부분사'에 불과하다. 그런데 뤼시앵 페브르도 말했지만, 역사는 기본적으로 전체사가 아닌가? 전체사가 아닌 미시사나 문화사는, 이렇게 본다면, 역사가 아닌 것이다.

프랑스 역사학계를 지배했던 '문명화 과정'에 대한 비판(『생-시몽 또는 궁정 체제』)은 역사학의 사명이 어디에 있나를 생각하게 해준다. 포스트모더니즘의 광풍 속에 역사학마저 '사실'이 아니라 '허구'로 전락해 버렸고, 그리하여 참과 거짓의 경계가 흐려지고 있는 시대에, 그래도 역사학은, 그 본질에 대한 시비를 떠나, '사실 지킴이'로서의 임무를 떠맡아야 하지 않을까 싶다. 최근 한국 사회에서 논란이 된 고구려 역사 문제도, 역사학자들의 접근 통로는 바로 '사실 확인'이어야 할 것으로 생각한다. 그동안 우리에게 주입된 역사 교육은 민족주의 역사 교육이었고, 민족주의는, 홉스봄도 말했듯이, 역사 왜곡을 서슴지 않기 때문이다.[33] 고구려사는 우리의 역사다 아니다 하는 시대착오적인, 민족주의적인, 허구적인 논쟁을 하기에 앞서, 고구려사를 고구려사로서 바로 볼 시점이 아닌가 한다. "……식의 해석은 중국에게 유리하기 때문에, ……식의 해석은 일본에 유리하기 때문에 받아들일 수 없다"는 식의 반응들은 그 얼마나 비역사적인가? 중국의 고구려사 왜곡을 비난하기에 앞서, 우리가 고구려사에 덧붙인 왜곡을 벗겨낼 때다.

---

33) 에릭 홉스봄, 강성호 옮김, 『역사론』, 민음사, 2002.

화폐 가치와 도량형

프랑스의 계산 화폐

1리브르(livre)=20수(sous)

1수(sou)=12드니에(deniers)

프랑스의 계산 화폐는 투르(Tours)의 시스템인 투르누아(tournois)와 파리(Paris)의 시스템인 파리지(parisis)가 있는데, 파리지는 투르누아의 125퍼센트 가치를 지닌다. 즉 4파리지(드니에, 수, 리브르)=5투르누아(드니에, 수, 리브르)다. 국제적으로 통용된 시스템은 투르누아다. 이 화폐 가치와 오늘날의 화폐 가치를 비교하는 것은 불가능하지만, 식품과 주거지 같은 항목에 대한 구매력을 중심으로 대략 비교해보면 1957년도 미국 달러 가치로 1드니에는 약 1.5센트, 1수는 약 15센트, 1리브르는 약 3달러다.[1)]

---

1) Montaigne, *Essay · travel Journal · Letters*, newly translated by Donald M. Frame, Stanford University Press, 1957, 866쪽.
그러면 1957년도 당시 1달러의 구매력은 현재 어느 정도일까? 1961년부터 2001년까지의 각종 물가지수를 기준으로 달러의 가치를 계산해보면(1950년대 후반에는 화폐 가치가 대체로 안정된 상태였다), 달러의 가치는 대략 5분의 1로 떨어졌다.

기타 화폐(같은 이름의 화폐라도 가치가 다양하다)

그로(gros): 성 루이 시대에 주조된 은화. 십자가가 새겨져 있다.

두젠(douzaine): 12드니에에 해당하는 은화.

뒤카(ducat): 베네치아의 대공(duc)이 새겨진 금화.

뒤카통(ducaton): 5~6프랑 은화.

레알(real): 에스파냐의 작은 은화로 1/4페세타, 약 4~5수.

리라(lira): 약 8.5수.

바요코(baiocco): 약 6드니에.

바츠(batz), 바첸(batzen): 약 2.3수.

스퀴도(scudo): 2.5리브르.

앙줄로(angelot): 성 미카엘이 용을 때려눕히는 모습이 새겨진 금화.

에퀴(écu): 성 루이 시대에 주조된 금화. 방패(écu)가 새겨져 있다. 1641년 이후에는 3리브르 가치의 은화.

지울리오(giulio): 약 5수.

카롤뤼스(carolus): 샤를 8세 시대에 주조된 은화. 11드니에.

콰트리노(quattrino): 1.2드니에.

탈레르(thaler): 독일의 옛 은화로 약 9수.

테스통(teston): 군주의 초상(tête)이 새겨진 화폐. 루이 12세 시대에 주조된 은화로 10수 2드니에에서 19.5수까지 가치가 다양하다.

플로랭(florin): 13세기 피렌체에서 주조된 금화. 약 2리브르.

피나텔(pinatelle): 15~16세기에 남부 프랑스에서 주조된 은화.

피스톨(pistole), 피스톨레(pistolet): 에스파냐, 이탈리아에서 주조된 금화로 루이 13세 시대에 만들어진 루이 금화와 동량. 1652년에 10리브르 가치의 프랑스 계산 화폐로 확정되었다.

도량형

리(lieu): 약 4킬로미터.

모자드(mojade): 0.82헥타르.

뮈(muid): 곡물과 액체를 재는 옛 용량 단위로, 술의 경우는 268리터, 곡물이나 소금의 경우는 1,872리터.

바리크(barique): 200~250리터들이 통.

샤르주(charge): 무게의 단위로 한 짐(나르본에서는 186리터).

세스테라드(cestayrade): 4헥타르.

세테레(sétérée): 1스티에의 밀을 뿌릴 수 있는 면적.

소마드(saumade): 프랑스 남서부 지방의 단위로 나귀 한 짐, 약 150킬로그램.

소메(saumée): 남부 프랑스에서 사용된 곡물 용량 단위. 또는 이 양으로 파종한 면적(구체적인 수치는 미상).

스티에(setier): 고대 로마의 용적 단위로 0.55리터, 옛날의 단위로 뮈의 36분의 1.

에민(émine): 60미터.

카르테라드(carteirade): 0.4헥타르.

카르트(quarte): 액체 용량 단위로 1카르트는 2핑트(pinte), 1핑트는 0.93리터.

캥탈(quintal): 100킬로그램.

팡(pan): 0.25미터.

피프(pipe): 포도주나 기름을 담는 큰 통을 뜻하며, 약 402리터.

약어표

AC: Archives communales(코뮌 고문서)

ACM: Archives communales de Monpellier(몽펠리에의 코뮌 고문서)

ACN: Archives communales de Narbonne(나르본의 코뮌 고문서)

AD: Archives départementales(도 고문서)

ADH: Archives départementales de Hérault(에로 도 고문서)

AHGM: Archives de l'hôpital général de Monpellier(몽펠리에 종합병원 고문서)

An: Annexe(부록)

AN: Archives nationales(국립 고문서)

Aude: Archives départementales de l'Aude(오드 도 고문서)

B.A.G.F: *Bulletin de l'Association des géographes français*(『프랑스 지리학회지』)

B.S.H.M: *Bulletin de la Société d'histoire moderne*(『근대 사학회지』)

B.S.H.P.F: *Bulletin de la Société de l'histoire du protestantisme français*(『프랑스 개신교회사학회지』)

B.S.L.G: *Bulletin de la Société langudocienne de géographie*(『랑그도크 지리학회지』)

E.N.A Monpellier: Ecole nationale d'agriculture de Monpellier(몽펠리에 국립 농업학교)

F.H.L.M.R: Fédération historique du Languedoc méditerranéen et du

Rousillon(지중해 지역 랑그도크와 루시용 역사 연맹)

Gard: Archives départementales du Gard(가르 도 고문서)

Gr: Graphiques(도표)

H.C.M: Histoire du commerce de Marseille(마르세유 상업사)

H.G: Archives départementales de la Haute-Garonne(오트 가론 도 고문서)

H.G.B: Archives départementales de la Haute-Garonne, série B(오트 가론 도 고문서, B 계열)

L.d.t: Livre de tailles(rôle de tailles)(타유세 대장)

Mét: *La Météorologie*(『기상학』)

N.M.R: La Nouvelle Maison rustique(Liger, éd. 1743)(『새로운 농촌 주택』)

'P.R.': 'Prétendu réformé'('자칭 개혁파')

P.V: Procès-verbaux des Etats de Languedoc(랑그도크 신분회 보고서)

R.H.E.S: *Revue d'histoire économique et sociale*(『경제사회사지』)

R.H.M.C: *Revue d'histoire moderne et contemporaine* (『근현대 역사지』)

'R.P.R.': 'Religion prétendue réformée'('자칭 개혁파 종교')

T.C: *Thèse complémentaire de l'auteur*(지은이의 보충논문)

Vfct. 1734: Vérification des compoix, par les commissaires des Etats de Languedoc, en 1734(registres non cotés, conservés dans la série C des Archives départementales de l'Hérault)(1734년 랑그도크 신분회 조사관의 콩푸아 검증. 에로 도 고문서의 C 계열로 분류 보관된 자료이지만 정리번호가 매겨지지는 않은 자료)

일러두기

1. 이 책은 Emmanuel Le Roy Ladurie, *Les Paysans de Languedoc*(Paris, Mouton, La Haye, 1966)를 번역한 것이다.

2. An., Gr. 등으로 표기된 것은 각각 '부록'과 '그래프'를 뜻한다.

3. 본문에 나오는 역사적인 사건이나 인물, 용어 등에 대해서는 *로 표시하고 옮긴이주를 붙였으며, 자주 반복되는 지명, 화폐, 도량형 등에 대해서는 책의 앞 부분에 따로 모아두었다.

랑그도크의 농민들 1

제 2 부 맬서스의 부활

랑그도크의 농민들 2

제5부 역류

결론

서문

1955년에, 레몽 뒤그랑은 나에게 랑그도크 지방의 토지대장인 콩푸아(compoix)에 대해 처음으로 이야기하면서, 그것에 대한 연구를 권했다. 그에 따르면, 콩푸아는 물적(物的) 타유세*를 징수하던 지역에서만 작성된 오래된 토지대장이다. 그것들 가운데 가장 오래된 것은 14세기까지 거슬러 올라간다. 거기에는 토지 소유주들의 재산이 면적, 종류, 가치별로 상세히 기록되어 있기 때문에, 그것은 토지 소유에 대한 장기 지속적인 연구를 가능하게 해준다. 따라서 그것들은 오래전부터 진행된 자본에 의한 토지의 정복에 대해, 달리 말하면 자본주의 탄생의 핵심적 측면들 가운데 하나에 대해 결정적인 빛을 비추어줄 수 있다.

작업은 어려운 것처럼 보였다. 도(道) 고문서보관소나 촌락 고문서보관소에는 질릴 정도로 두꺼운 콩푸아가 적어도 수백 개는 있었기 때문이다.

---

* 물적 타유세: 타유세(taille)는 서기 1000년경 봉건제의 등장과 함께 시작된 직접세로서, 상급 영주들이 카롤링 시대의 조세에 덧붙인 세금이다. 그후 얼마 지나지 않아, 타유세는 자의적인 과세의 성격을 상실하고 1년에 한 번 총괄적으로 부과되었다. 12세기부터 대체로 영주의 후견과 과세에서 벗어난 도시는 자체 방어와 치안을 위해 주민들에게 과세했다(코뮌 타유세tailles communes). 타유세는 가장(家長)들의 명백한 권한 때문에(인적 타유세taille personnelle), 또는 남부 지방의 경우에서처럼, 재산의 모든 요소가 기록된 토지대장 덕분에(물적 타유세taille réelle), 원칙적으로 부(富)에 비례하여 가장들에게 부과되었다. 14세기에 근대적인 국가가 등장하면서 타유세는 군주나 대제후의 독점물이 되었다.

그러나 나는 젊었다. 나는 지척에 있는 몽펠리에에서 교편을 잡고 있었고, 중학교 1학년을 맡아서 시간이 많았다. 나는 농촌의 역사와 지중해 지방의 풍광을 좋아했으며, 자본주의의 기원에 매료되어 있었다. 나는 친구의 권유를 받아들이기로 결심했다.

최초의 연구 결과들은 나의 기대를 저버리지 않았다. 우선 나는 콩푸아에서 내가 찾던 것, 즉 페브르, 블로크, 메를, 라보, 브나르 등 여러 학자들이 이미 말한 바 있는 자본주의적 토지 집중자들의 고전적인 행위를 발견했다. 유지들의 도시인 몽펠리에 교외의 라트는, 16세기와 17세기에 진행된 도시민에 의한 토지 정복이라는 오래되었지만 여전히 유효한 도식을 놀랄 만큼 잘 보여주었다. 그러한 도식이 농촌사의 핵심이 되지 않았던가? 나는 그것에 대해 1956년에 논문 한 편을 썼다.[1)]

그러나 조금씩 조금씩, 이 같은 행복한 확신은 전혀 부정확한 것은 아니지만 그러나 충분치 않은 것으로 드러났다. 콩푸아에 대한 자료를 조사하면서 나의 계량적인 방법은 더욱 완벽해졌고, 익숙해졌으며, 더욱 철저해졌다. 나의 조사는 토지 집중자들이 거주하는 소도시를 벗어나, 거의 순수하게 농민적인 평원지방으로, 산간지방으로 멀리 확대되었다. 그리하여 새로운 현상들——전통적인 도식에서, 최초의 작업 가설에서 벗어난——이 나의 관심을 자극했다. 토지 집중 과정은 직선적인 단순성을 상실했다. 나는 거의 완전한 토지 세분화의 세기(世紀)적인 국면들이 그 윤곽을 드러내는 것을 보았다. 농민들의 소유지는 여러 세대 동안 붕괴된 것 같았다. 반면에, 토지 소유자들의 수는 어지러울 정도로 늘어났으며, 그들이 소유한 토지의 크기는 대부분 작았다. 냉혹하게 진행된 그 같은 분할은 귀족, 부르주아, 마을 유지 등 토지 집중자들의 노력——어쨌든 끈질긴——을 종종 무색하게 만들었다.

시간이 지나 국면이 바뀌면, 토지 소유는 힘을 결집시켰고, 타유세 납세자들의 수는 급격히 줄어들었다. 토지 집중이 대략 한 세기 정도의 기

1) 1957년, *Annales E.S.C.*에 발표된 논문.

간에 승리를 거둔 것 같았다. 그러나 그 같은 집중은 돌이킬 수 없는 것도, 최종적인 것도 아니었다. 또다시 토지 분할이 자신의 권리를 되찾고, 토지대장에 등록된 토지 소유자의 수가 다시 늘어났다. 반면에 평균 토지 소유 면적은 줄어들었다…… 나는 수세기에 걸쳐 진행된 이 같은 거대한 움직임을 뜨거운 관심을 가지고 관찰했다. 그리고 나는 사회 구조의 커다란 숨소리를 들었다고 믿었다.

그후 나는 순수한 농민사(農民史)의 한복판으로 던져졌으며, 처음에 나를 사로잡았던 '자본주의의 기원'에서 멀어졌다. 그것은 전형적인 불상사였다. 나는 젊었을 때의 확신을 해독해줄 문서를 붙잡고자 했다. 그러나 오히려 문서가 나를 붙잡았고, 자기의 리듬, 자기의 연대(年代), 자기의 특별한 진실을 나에게 불어넣었다. 최초의 가설들은 고무적이었지만, 이제는 뒤로 처졌다.

조금씩 조금씩, 하나의 시대구분이 분명히 드러났다. 그것은, 정상적인 예외가 있었지만, 백여 개가 넘는 피나주*에 의해 압도적으로 확인되었다. 그런데 19세기와 20세기에 관해서는, 콩푸아와 타유세 대장 대신, 제1제정과 제2제정, 납세자 군주정** 그리고 공화국들의 토지대장과 토지세 대장이 자료로 사용되었다. 명백히, 그 시대구분은 농촌사의 장기지속에 새겨졌다.

우리의 출발점인 15세기 중엽이나 말엽에는 상대적으로——이전 시대(1350년 이전)와 이후 시대(1500년 이후)에 비해 상대적으로——토지가 집중되어 있었다. 십중팔구, 그것은 자본주의적 토지 재통합의 일시적인 단계가 아니라, 위기와 페스트와 전쟁 때문에 농민들이 수적으로 감소한 결과였다. 그 같은 인구 감소는 14세기 전반기에도 여전했던 기존의 토지 세분화를 종식시켰다.

---

* finage: 본당 사목구나 재판 관할 구역 또는 일부 지방에서는 코뮌 구역.

** monarchie censitaire: 1815년 왕정복고 이후 1848년 제2공화정 전까지의 군주정. 하원의원의 선거권과 피선거권을 납세액으로 제한했기 때문에 이러한 별칭을 얻었다.

그렇지만 토지 세분화는, 중세 말의 일시적인 폐색과 졸증의 단계를 거친 후 1500년부터는 한층 더 활기 있게 재출발하여, 16세기에는 아주 강력하게 진행되었다. 그리고 그것은 17세기의 상당 기간 비록 훨씬 느리기는 했지만 지속되었다. 그것은 토지 세분의 일종의 임계점까지, 포화점까지, 충혈점까지 지속되었는데, 일반적으로 1680년에 그 지점에 도달했다.

그러자 진행 과정은 멈추고, 매우 서서히 반대 방향으로 전환되었다. 토지 집중이 새롭게 시작된 것이다. 그것은 가장자리의 땅뙈기들을 몰아냈으며, 재통합을 위해 가장 적합하거나 가장 부유하거나 가장 운이 좋은 토지 소유자들을 선발했다. 그것은 살아 남은 유산 상속자나 도시의 토지 집중자들을 이롭게 만들었다. 그것은 수많은 소액 타유세 납세자들을 죽인 다음, 그들의 유해를 가지고 중(中)·대(大) 타유세 납세자들을 늘려놓았다.

1750년에서 70년 무렵, 새로운 굴절, 아니 차라리 새로운 역전이 일어났다. 새로운 토지 세분화는 인구 증가로 자극을 받고, 포도재배(단위 소득을 증가시켰고, 토지 수익성의 문턱을 낮춘)로 촉진되었다. 토지 세분화의 마지막 공격은 과거의 모든 기록을 무너뜨렸다. 그것은, 포도나무 뿌리 진드기에 의해 붕괴될 때(1870~73)까지, 그리고 농촌 탈출의 서막이 올라가기까지 한 세기 이상 지속되었다.

그때, 오늘날의 재통합이 서서히 조심스럽게 시작되었다. 세분된 토지들은 지금도 여전히 많이 남아 있다. 재통합은 아직 끝나지 않았다.

*

이렇게 간략하게 요약해본 토지 소유의 역사는, 세기적인 현상을 밝혀주는 역할을 하지 않았다면, 해당 사회의 장기지속적인 역사에 대해 직접적으로 알려주지 않았다면, 그 자체로는 법제적이거나 순수기술(技術)적인 관심만을 불러일으켰을 것이다.

나의 연구가 대규모 경작이 지배적인 북프랑스의 농촌에 대한 것이었다면, 연대(年代)뿐만 아니라 토지 현상의 의미 자체까지도 달라졌을 것이다. 그러나 소규모 경작과 압도적으로 많은 소토지를 특징으로 하는 프랑스 남부에서, 세분된 토지 소유의 밀물과 썰물은 높은 수준의 증거가치가 있다. 그것은 사회 전반의 난점들을 뚜렷이 보여준다. 그것은 다른 유형의 장기지속적인 움직임들과 부분적으로 일치한다. 마지막으로 그것은 남부의 농업이 도달한 '한계'상황을 되풀이해 보여준다.

세 차례에 걸쳐, 랑그도크의 농민 사회는 오랜 확장기의 마지막에 가서 이러한 형태의 한계에 부딪혔던 것처럼 보인다. 그것이 수세기(11~19세기)에 걸쳐 서서히 진행된 농촌의 성장을 완전히 중지시킨 것은 아니다. 단지 그것의 굴절을 표시해줄 뿐이다.

첫 번째는, 아마도 14세기에, 페스트와 백년전쟁으로 상징되는 대파국의 전야에 일어났다.

두 번째는, 루이 13세나 루이 14세가 통치할 때, 즉 앞으로 자세히 살펴보겠지만, 국지적으로는 경우에 따라 1630년부터, 전반적으로는 1675년에서 80년경에 위치한 17세기의 나쁜 관절기에 일어났다.

세 번째는, 1873년에서 76년에 일어났는데, 이 시기는 루이 15세에서 제2제정에 이르는 포도재배의 장기적인 팽창이 종착점에 달한——포도나무 뿌리 진드기에 의해, 그러나 또한 경제적인 침체에 의해——시기다.

이 책은 기본적으로 두 번째 한계, 즉 르네상스 이래 시작된 농업의 발전을 17세기의 마지막 4분기에 종식시킨 그 한계의 제반 문제들을 중심으로 구성되어 있다.

사실, 콩푸아와 토지대장이 제공하는 초장기지속적인 정보를 빠짐없이 활용하는 것은 불가능했다. 일단 장기적인 연대가 드러나면, 일단 시간상의 중요한 굴절점들이 확정되면, 역사의 한 토막을 잘라 선택해야만 했다. 썰물과 밀물의 세 단계의 거대 국면이 연구 대상이 되었다. 중세적 국면(11~15세기); 근대적 국면(15세기 말, 18세기 초); 현대적 국면(1750년에서 1950년까지).

세 번째 국면은 랑그도크의 역사가, 지리학자, 농학자 들 덕분에 대체로 꽤 분명하게 잘 알려져 있다. 거기에 정확성을 더할 수는 있으나 새롭게 발견될 것은 거의 없다. 사실 이 국면기에 랑그도크의 농민들 가운데 대다수는 이제 더 이상 다종 경작과 가내 소비를 특징으로 하던 전통적인 농민이 아니었다. 그들은 이제 근대적인 포도재배자가 되어 식량을 구매하며, 오로지 시장을 위해서 생산했다.

첫 번째 국면(중세)에서는 정반대였다. 이 국면을 이해하기는 쉽지 않다. 왜냐하면 콩푸아가 드물었을 뿐만 아니라 뒤늦게(빨라야 14세기) 나타나기 때문이다.

따라서 나는 중세에 있었던 팽창과 그것을 종결지은 토지의 위기가 제기한 문제들은——꼭 필요한 경우의 간결한 고찰을 제외하고는——배제시켰다. 나는, 15세기 말에 랑그도크의 농촌 사회가 폐허를 딛고 다시 일어나 활기를 되찾고 근대로 진입한 두 번째 국면을, 전략적으로, 선택했다.

*

루이 12세에서 루이 14세에 이르는, 성장에서 후퇴로 이어지는 이 긴 국면의 한계는 콩푸아에 나타나 있다. 그것은 기본적인 연대를 정해주고, 몇몇 확실한 굴절을 드러내준다. 그러나 그것이 모든 것을 다 밝혀줄 것을 요구할 수는 없다.

전통 사회의 팽창과 그 팽창이 필연적으로 만나는 한계가 제기하는 문제들은 다각적인 접근, 그리고 매우 다양한 문서와 계열화를 요구한다. 왜냐하면, 문제는 토지대장에서 추출된 자료를 뛰어넘어 실제적인 흐름에 도달하는 것이기 때문이다.

따라서 나는 1958년 이후, 토지 소유의 역사를 뒤로하고, 토지 구조 너머에 있는 그밖의 상수(常數)와 변수(變數)를 밝히는 일에 착수했다.

상수: 역사가인 나는 한 인접 학문의 게으름 때문에 랑그도크의 지리

적 테두리를 미숙하게나마 기술하지 않으면 안 되었나? 다행히 그렇지 않았다. 전문 지리학자인 뒤그랑이 1963년에 제출한 훌륭한 박사학위 논문 덕분에 나는 이 작업을 면제받았다. 나는 단연코 그것을 참고했다.[2)]

따라서 나는 자유롭게 역사가 본연의 작업을 수행할 수 있었다. 나는 몇몇 인류학적인 상수들을 끄집어낼 수 있었다. 본문에서 밝혀지겠지만, 그것은 역설적이게도, 이동성 속에, 옛날 사람들의 일정한 방향으로 옮겨가는 이주 속에, 가축들의 이동 속에, 작물의 이동 경로 속에 뿌리 내리고 있다.

상수 다음에는 변수: 그것들의 변화무쌍한 연혁, 그것들의 부단한 상호관계는 내 책의 기본 골격을 구성한다. 나는 농업사에 중요한 기후적 변수를 빠뜨리지 않았다. 그것은 수확의 불규칙성과 공급의 변덕을——기본적으로 단기적인 시간 속에서——이해하는 데 도움을 준다.

그러나 특히 나의 관심을 끈 것은, 장기적인 경향들의 경우, 지속적인 굴절성과 세기적인 동향을 띨 수 있는 주요 변수들이다. 인구, 다양한 생산과 국지적인 총생산, 명목가격과 금속가격,* 총명목소득과 총실질 소득, 지대, 십일조, 세금, 고리대, 이익 또는 경영 소득, 화폐 임금, 현물 임금, 혼합 임금 등과 같은 개별 소득 또는 선취액. 그리고 여전히 추상적이기는 하지만 결코 응고된 것은 아닌 이러한 카테고리를 넘어서, 나는, 대장정의 마지막에, 랑그도크의 농민들과 그들의 사회 집단들, 즉 사람들을 발견했다.

나는 처음에는 토지대장에 있는 단위와 헥타르를 더하는 것으로 작업을 시작했으나, 연구의 마지막에는 살아 있는 사람들이 행동하고 다투고 생각하는 것을 바라보기에 이르렀다.

왜냐하면 물질적이고 계량적인 역사 그 자체는 비록 그것이 아무리

---

2) Dugrand, 1963.

* 순은의 무게로 계산된 가격.

완벽하고 엄격할 수 있다 할지라도 나를 완전히 만족시키지 못했기 때문이다. 그것은 필요불가결하기는 하지만 아직은 거친 골조를 공급할 뿐이었다.

나는 팽창이 부딪치는 맬서스(Malthus)적인 한계는 물질적인 것만이 아님을 평범한 지식으로도 알고 있었다. 나는 심성(心性, mentalités)이라는 거대한 장애물을 사전에 감지하고 있었다. 나는 모든 장애물 가운데 가장 구속력이 강한 불가시적인 정신적 한계를 간파했다. 조금씩 조금씩 나는 희망 없는 반란의 이야기를 통해 그리고 농촌 지역의 종교들이 가지고 있는 피비린내 나는 역사를 통해 그것을 알게 되었다.

가용 수단의 범위 내에서, 그리고 인간 집단의 제한된 테두리 내에서, 나는 전체사의 모험에 뛰어들었다.

제1부 힘의 자장

제1장 기후의 자극

근대 토양학의 창시자인 도쿠차예프는 자신의 연구 주제인 토양을 다음과 같이 유명하고 재미있는 공식으로 정의했다. '토양=기후+유기물질+암반……'[1] 기후의 우수성에 관한 한 프랑스의 어느 지방도 남부 지중해 지역보다는 못하다. 그 불타는 땅의 '농촌사의 기본 성격'*에 대한 묘사는 한없이 다양한 암석보다는 절대적인 하늘의 지리에 대한 언급을 함으로써 시작해야 한다. 가장 단순한 경험의 수준에서, 그리고 매년 여름 리옹과 마르세유 사이에 있는, 클레르몽-페랑과 몽펠리에 사이에 있는 이 진정한 지구물리적 경계를 모르는 사람이 어디 있겠는가. 북쪽의 두 도시가 '모든 높이에서 한랭기단에서 연유한 저기압권에 속해 있을 때', 다시 말해 '극 전선'에 휩싸여 있을 때, 남부의 두 도시는 이미 '아열대성 기후의 특징인 따뜻하고 안정된 대기권 속에' 잠긴다. 북쪽에서 내려오는 차가운 대기, 즉 비를 머금은 '차가운 공기방울들'은 랑그도크, 프로방스 그리고 리옹 만(灣)에 영향을 주지 않은 채 여름에 아키텐 지방이나 포 강**의 평원으로 미끌어져 내려가며, 일반적으로 고기압권이 형성되어 있는 프랑스 남동부 지역을 살짝 스쳐 지나간다.[2]

따라서 겨울의 따뜻함과 여름의 뜨겁고 건조함이 프로방스-랑그도

---

1) Faucher, 1949, 22쪽 참조.

* 마르크 블로크의 저서인 『프랑스 농촌사의 기본 성격』에서 따온 표현이다.

** 이탈리아 북부를 흐르는 강.

2) Billaut, Birot, Cavalier, Pédelaborde, 1956, 39쪽 참조.

크의 특징적인 기후를 결정한다.

19세기와 20세기에 관광지도를 그리게 한 것도 그 기후며, 세잔의 예술이나 르누아르와 반 고흐가 프로방스 지방 그림에 강한 색조를 입힌 것도 그 기후 때문이다. 기후는 도회지 사람들의 여가와 취미생활을 결정했다. 특히 그것은 오래전부터 농사를 지배했고, 농지의 구조를 다양하게 만들었으며, 포 강과 가론 강* 유역에서 접하는 좀더 습하고 여러 면에서 흡사한 두 문명들 사이에, 남부 알프스에서 몽타뉴 누아르**에 이르는 건조한 지역을 하나의 구석처럼 들어서게 했다. 지나치게 건조한 여름 때문에 옥수수는 그곳에서 잘 자라지, 아니 전혀 자라지 못한다. 소나무, 떡갈나무, 포도나무, 올리브나무 같은 건생(乾生)관목과 수목들이 그 지방의 자연식물군 또는 재배식물군의 근간을 이룬다. 건조한 기후와 강한 햇볕 때문에 봄 작물을 너무 늦게 파종하거나 수확하면 농사를 망친다. 또한 2년 윤작——겨울 밀, 휴경——을 피할 수 없다.

결국, 겨우 조금 있을 뿐인 초원을 뜨겁게 달구는 여름은 가축들이 시원한 산속의 풀을 찾아 이동하지 않을 수 없게 한다. 모든 농경-목축 복합 구조는 지역적 기후 조건이 결정한다.

이런 사실은 모두 평범하며 잘 알려져 있다. 역사가의 본분은, 그런 명백한 사실을 세부적으로 다소 풍부하게 한다고 해도 그것들을 반복하는 데 있지 않다. 역사가의 임무는 다른 데 있다. 그것은 농업사를 이해하려는 사람들을 위해 지중해 지역의 기후 역사를, 변덕스럽고 무서우면서도 한결같은 그 인물〔기후〕의 역사를 구체적으로 기술하는 것이다. 그 일은, 이 책이, 궁핍에도 풍요에도 취약하며 수확물의 변화와 기상의 급변에 특히 민감한 옛날의 전통 사회를 다루기 때문에 더욱더 필요하다.

그렇지만 분명히 말해둘 것은, 여기서 문제되는 것은 엘즈워스 헌팅턴이 새로운 삶을 불어넣으려 한, 어리석은 기후결정론이라는 시체를

---

* 프랑스 서부 보르도 지방을 흐르는 강.

**Montagne Noire: 토레 계곡을 내려보는 중앙 산악 지대(Massif central)의 남부 가장자리에 있는 검은 산.

소생시키는 데 있지 않다는 것이다.[3] 인간들은 나름대로 역사를 만들어왔다. 그들은 기후가 지시하는 그대로가 아니라 인간의 목적에 따라 자유로운 존재로서 역사를 만들어왔다. 인간의 노력은, 특히 농민들의 보잘것없는 일은 몇 년 몇십 년 동안 기후의 갑작스런 변화에 저지당하거나 좌절당하는가 하면 자극받기도 했다. 나의 의도는 한 특정 지역에서 인간의 역사와 기후의 역사가 보여주는 간섭효과를 밝히는 데 있기 때문에 차후 이 문제를 재론하지 않을 것이다. 물론 프랑스 남부 랑그도크 지방의 농업사에 대한 지리적, 더 정확하게 말해서 '역사지리적'[4] 서론은 하나의 서론에 지나지 않는다. 그것은 문제를 해결한다기보다 더 많은 문제를 제기한다.

I. 여름과 포도수확

1500년부터 1800년까지의 포도수확일자를 연구하는 것은 랑그도크와 프랑스 남부지방의 기후에 대한 정확한 지식에 접근하는 첫 번째 길이다. 다른 연구 방법을 배제하는 것은 아니지만 나도 우선 이 방법을 체계적으로 사용하겠다.

*

이 첫 번째 선택을 정당화시킬 필요가 있을까? 포도수확에 대한 연구도 그렇지만, 생물계절학적 방법들은 기후 변화의 주요 요소들 가운데 하나인 기온에 대해 단번에, 어느 모로 보면 선택적으로, 알게 해주는 장점이 있다.[5] 파리에서는 식물의 성장기에 날씨가 더웠느냐 추웠느냐에 따라 라일락, 마로니에, 딱총나무, 아카시아가 다소 일찍 또는 늦게

---

3) Huntington, 1907.
4) F. Braudel, 1949.
5) Garnier, 1955.

꽃이 피거나 열매를 맺었다.[6] 두 현상 사이의 상관관계는 아주 크다. 서부 유럽의 포도밭을 대상으로, 앙고[7]가 오를레앙 지역에서 검은 숲*까지, 그리고 스위스에서 샹파뉴까지 퍼져 있는 50개 관측소를 통해 조사한 바에 따르면 1800년과 1879년 사이에, 4월에서 9월까지의 기온이 정상보다 높으면 포도수확이 빨랐고, 반대의 경우는 포도수확이 늦었다. 마른 강과 루아르 강 유역의 포도재배자들의 경험적 관찰은 파리 기상관측소 관측관들의 엄격한 관측 내용과 크게 다르지 않다. 즉 기온과 생물계절학적 변화 곡선은 유사하다. 아직 쓸 만한 기상학 자료가 없던 프랑스의 18세기에 대해서는 1698년과 1800년 사이의 영불 해협 저편의 자료에서 확인할 수 있듯이, 런던의 기온(3~9월)과 대륙의 포도수확시기는 상세한 부분까지도 유사한 곡선을 그린다.[8]

프랑스 남부의 포도밭을 대상으로 몽펠리에 국립포도농업학교가 실시한 최근의 연구도 유사한 결론에 도달했다. 피에르 브라나는 포도가 익는 데는 '복합 태양열'이 결정적인 역할을 했음을 증명했다. 어느 한 해의 여름에 햇빛이 많고 더울수록 그해의 수확이 이르다는 것이다. 그 역도 마찬가지다.[9] 대표적인 포도묘목인 아라몽이 추위가 늦게까지 지속되었던 어느 해(1932)에 보인 반응을 살펴보자. 2월에서 9월까지의 긴 태양열 부족 현상은 우선은 성장을, 그다음에는 발화를, 마지막으로는 수확을 늦게 했다. 생장기가 지나면 지날수록 부진 현상은 더 심했으며 그 영향도 컸다.[10] 1957년도 마찬가지였다. 봄 서리에 이은 전반적으로 낮은 기온은 봄뿐 아니라 여름까지 영향을 미쳤는데, 그러한 모든 것이 몽펠리에 지방에서의 수확과 포도주 공동 지하저장고의 개방일을 정상적인 해보다 보름 정도 늦게 했다. 일반적으로 프랑스 남부의 포도

---

6) Samson, 1954; Lindzey, 1956.

7) Angot, 1883.

* Forêt-Noire: 독일 서남부의 삼림지대.

8) Manley, 1953; Le Roy Ladurie, 1960의 도표; Gr. 1.

9) Branas, 1946.

10) Montarlot, a.

밭에서는 여름 기온과 포도수확일 사이에 긴밀한 관계가 있는데, 고다르와 니공이 몽펠리에의 농생기후학 관측소에서 수행한 작업들이 바로 그것을 증명해준다.[11]

그렇다면 포도수확일을 근거로 작성한 곡선과 봄여름의 기온 곡선이 정확하게 일치한다는 말인가? 그것은 개략적인 것이기 때문에 그렇게 추측하는 것은 불합리하다. 포도수확일자 곡선은 하나의 결과다. 다시 말해 그것은 여러 요인들을 총합한다. 어떤 것들은 기상학적 차원의 요인들로 일반적으로 곡선의 1년 또는 10년의 굴곡을 결정한다. 다른 요인들은 포도재배자들의 장기적인 심리 상태와 관계있는 것으로 포도재배자들이 장소와 시기에 따라 어떤 때는 안전(이른 포도수확)을, 어떤 때는 질(늦은 포도수확, 고귀한 부패*)을 추구하게 한다. 오래전부터 증명된 것으로서, 프랑스 북부의 포도밭에서는 이러한 심리 상태의 변화가 세기적 상승과 하강 곡선의 근본 원인이기 때문에 그것을 기후 탓으로 돌리는 것은 잘못이다.[12] 차후의 모든 연구는 이 두 차원의 요인, 즉 기후적 요인과 인간적 요인을 구분한 다음, 첫 번째 요인을 따로 떼어놓는 방향으로 진행할 것이다.

첫 번째 질문은 출처에 관한 것이다. 앙고가 1883년에 수행한 대규모 조사는 1750년까지의 프랑스 남부 포도밭을 모호한 채로 남겨두었다. 그래서 나는 120개 관측소에서 얻은 미공개 자료를 기초로 일련의 지방 자료를 구성해냈는데,[13] 그것이 이 연구의 토대다. 랑그도크의 고문서, 특히 코뮌**의 고문서들은 푸짐하다. 해마다 많은 마을 공동체에서 시

---

11) Godard, Nigond.

* pourriture noble: 포도의 가을 늦건이로 보트리티스 시네레아 곰팡이에 감염된 포도송이의 부패. 이 균은 포도알을 빨리 부패시켜 당도를 높여주기 때문에 유익하고 고귀한 부패라는 데서 'noble'이 붙었다.

12) Angot, 1883; Le Roy Ladurie, 1959.

13) 이 일련의 자료들은 나의 박사학위 보충논문에 부록으로 실었으며, 이를 약어로 *T.C.*라고 표기했다.

** commune: 프랑스 행정의 기초 단위로 우리의 읍, 면에 해당한다.

행정관들*과 '정치위원회'는 트럼펫을 불어 포도수확을 공시했으며, 꼼꼼한 서기는 그것을 장부에 기록해뒀다.[14] 몽펠리에에는 특별 공무원 자격이 있는 포도수확 재판관이 있을 정도였는데, 1729년에는 그 직책에 있는 사람이 노쇠하자 즉석에서 다른 사람으로 대체했다.[15]

마을 행사이기 때문에 포도수확에는 항상 '프뤼돔'이라고 하는 조정위원의 전문가적 검토와 평가가 선행했다. 조정위원들은 포도밭을 다니면서 포도송이를 만져도 보고 냄새도 맡아보고 맛도 보면서 끝도 없이 트집을 잡아댔다. "잘 안 익은 것 같아. 특히 저 아래쪽 것들은" "안 익었어, 특히 사향포도가 말이야" [……] 그런 다음 하루하루 어조가 달라졌다. "다음 주 초면 완전히 익겠어" "잘 익었어, 하지만 군데군데 말라가고 있네." 마을은 그러면 최적의 날을 선포한다. "7일 후 월요일" "성 십자가(성 십자가 축제일인 9월 14일) 다음 토요일."[16]

가장 중요한 자료를 제공해준 코뮌 고문서 외에 교회 영지나 개인 소유지의 수확 시기에 대해 알려주는 사적인 회계서들이 있다. 1689년 10월 2일, 포도재배자인 성당참사회원은 기록 중에 이렇게 마음 아파했다. "우리 포도가 많이 썩고 있다. [……] 포도를 따기 위해 생-시니앙에 사는 여자애들을 기다리는 중이다."[17] 참사회원과 여자애들은 그해

---

* consul: 중세 남부의 자치도시에서 행정(넓은 의미의)을 담당하던 행정관으로 이들의 수는 시기와 지역에 따라 2명에서 24명으로 다양했다. 구체적인 예를 들면 1578~81년 로망에는 4명의 시행정관이 있었고, 두 개의 시위원회(24명으로 구성된 소위원회와 40명으로 구성된 대위원회)가 이들을 보좌했다. 4명의 시행정관은 귀족, 상인, 장인, 농민층에서 각각 1명씩 1년 임기로 선출되었다. 시행정관을 시장으로 번역할 수도 있지만, 이들의 수가 복수(複數)라는 점을 고려하여 여기서는 시행정관으로 옮겼다.

14) 코뮌 고문서의 BB, FF, HH 계열 자료 참조.

15) AC Montpellier, HH 20, 3-9-1729.

16) AC Montpellier, HH 20; AC Montpeyroux, BB 1(1705)과 BB 3, 6-10-1713: "많지 않은 일조량 때문에 포도가 제대로 익지 않음"; AC Fabrègues, BB 3, 2-10-1742: "어떤 사람들은 포도를 수확하려고 하지만, 아마도 포도주 대신 식초를 생산하게 될 것이다", 10월 8일 이전에는 수확 금지; AC Mauguio, 회의록, 1-10-1755.

의 수확일자, 양질의 포도주 애호가인 베지에의 성직자들이 포도를 수확한 날짜를 알려준다. 수확일자의 공포가 전혀 확인되지 않는 16세기에는 포도수확 관련 회계장부의 생물계절학적 내용이 유일한 정보원이다. 예컨대 1524년 9월, 베지에의 성당참사회원들은 일꾼들에게 정어리 두 통과 신선한 생선을 먹거리로 제공해서 포도주 통을 수선하게 했다. 9월 5일에 포도수확을 시작했다. 6명의 일꾼이 이 일을 맡았다.[18)]

평범한 포도수확에 대한 사적인 회계서인 이런 자료는 가까운 지역의 유사 자료를 통해 지원받고 검증받을 필요가 있다. 태양은 세상 사람 모두를 위해 비추기 때문이다. 바-랑그도크 지방의 포도수확이 이르면 인근 콩타 브네생*의 포도수확도 마찬가지다. 포도재배에는 행정 경계선이 의미가 없다. 타벨 또는 쉬스클랑의 랑그도크 특산주 또는 샤토 뇌프 뒤 파프의 콩타 특산주는 남부 코트 뒤 론의 유명한 포도주라는 범주에 속한다.[19)] 어느 하나로 연구를 제한하여 다른 것들을 무시할 필요는 없다. 그래서 나는 쇼보(Hyacinthe Chobaut)가 오늘날의 보클뤼즈 도에 보관되어 있는 코뮌, 교회 또는 가족 고문서들을 기초로 작성한 미간행 지방 자료들을 나의 연구 속에 포함시켰다.[20)] 나는 또한 내 고장의 서쪽에 있는 기엔과 케르시 지방의 포도밭들을 이용했다. 보르도 지방의 쥐라드**는 몇몇 날짜들을 제공해주었다. 그밖의 다른 자료들은 교회에서 나온 것이다. 사실 남프랑스의 서부지방에서는 대체로 종교 공동체가 관할 구역의 포도밭에 대해 진정한 영주권을 가지고 있었다. 보

---

17) ADH, G 967.

18) ADH, G 882.

* 오늘날의 보클뤼즈 도의 일부분에 해당하는 옛 지방.

19) Marres, 1950, 103~110쪽.

20) 쇼보 자료집, 5961, 칼베(Calvet) 박물관 도서관, 아비뇽.

** Jurade : 1199년, 잉글랜드의 실지왕(失地王) 존(Jean sans terre)이 부여한 특허장으로 생-테밀리옹의 부르주아들은 코뮌의 행정과 상업 관리 권한을 부여받았다. 이 지역은 포도주 생산이 경제의 중심을 차지했기 때문에 그후 그들의 권한은 포도주 생산 관리에 집중되었다. 이들 부르주아들이 결성한 단체를 쥐라드라 한다.

르도의 생 쇠랭 참사회는 "누군가를 오게 하여 포도밭을 돌아보게 하고 그들의 의견에 따라 주민들에게 포도수확일자를 정해주었다."[21] 몽프자드 케르시의 주민들은 매년 참사회의 압착기를 사용한 대가로 십일조에 해당하는 포도를 바쳤다. 장부에 기록된 압착기 개봉일이 바로 수확 개시일이다. 예컨대 1549년 9월 11일 또는 그레고리안 달력으로[22] 9월 21일, "사람들은 우리 압착기에 수확한 포도를 가져오기 시작했다."[23] 이러한 미간행 자료들에다, 오래전에 앙고가 간행한 남부 10개 지역(그 중 셋은 랑그도크 자료다) 자료들을 보탤 것이다. 그중 하나만 1750년으로 거슬러 올라간다(피숑 롱그빌). 나머지 9개는 19세기에 관련된 것이다. 마지막으로 정치적 경계선은 고기압이나 저기압과 무관하기 때문에, 나는 베나사르가 1499년에서 1800년 사이의 바야돌리드의 문서에서 수집한 이베리아 반도의 자료들을[24] 내 자료에 보탤 것이다.

이탈리아와 카탈루냐의 포도수확은 자료를 구할 수 없어서 뺐다. 이렇게 해서 기옌 지방에서 레옹 지방까지의 대서양 연안 남부 지역을 폭넓게 탐사했다.

*

120개 관측소, 수천에 이르는 수확일자. 방대한 자료가 랑그도크와 남부 프랑스의 기후 역사가에게 제공되었다. 자료는 사용하기 전에 확실성을 보증받는 것이 중요하다. 이런 점에서 볼 때 일치성 실험은 아주 중요하다.[25] 이미 북부의 포도밭은 설득력 있는 실험 결과를 보여주었

21) AD Gironde, G 1122(16세기 말, 정확한 날짜는 기록에 없음).

22) T. C.에 표기된 모든 날짜는 그레고리안 달력 날짜며, 1582년 이전도 마찬가지다.

23) AD Tarn과 Garonne, G 846; 같은 자료, G 847: "1595년 9월 22일, 사람들은 우리 압착기에 수확한 포도를 가져오기 시작했다."

24) 베나사르가 친절하게 보내준 미간행 자료.

25) E. Labrousse, 1943.

다.[26] 그러면 남부는 어떤가?

남부의 경우, 지역 내부간의 일치성은 대단히 강하다. 1710년에서 1726년 사이, 바-랑그도크의 네 군데 포도밭을 보자.[27] 우리는 거기에서 수확이 일된 해(1718, 1719) 또는 늦된 해(1725)에 따라 하강하고 상승하는 네 개의 포도수확일자 곡선을 얻을 수 있다. 연도별 곡선 방향과 기울기가 거의 같다. 즉 곡선들이 서로 유사하다.[28] 여기에 놀랄 필요가 있을까? 지중해 연안 랑그도크 지방같이 넓은 지역의 포도밭은 기후의 변화에 동일하게 반응하는 거대하고도 촘촘한 하나의 식물계와 같다. 이는 의심할 여지가 없다. 이러한 공통 현상은 지역의 자료들에 한결같이 나타난다.

랑그도크와 콩타 같은 상이한 지방의 곡선들이 일치하는 것이 특히 돋보인다. 1672년과 1680년 사이에, 페른*의 아우구스티누스 수도원 회계 자료에서[29] 쇼보가 집어낸 날짜들과 마르시아르그**[30]의 포도수확 공시일에 근거해서 내가 기록한 날짜들을 대조해보자. 포도수확이 늦은 날짜들(1673, 1675)과 이른 날짜들(1672, 1676, 1680)의 지역간 일치가 완벽하다. 텍스트에 나오지는 않지만 페른에 빠져 있는 1677년의 날짜를 끼워넣을 수 있을 정도다. 1677년의 수확일은 9월 21일 또는 그날에 아주 가까운 어느 날이었을 것이다. 랑그도크와 기옌을 비교하면서 실험을 더 확대할 수 있다. 프롱티냥과 보르도의 두 포도밭은 증인 역할을 한다. 1746년과 1752년 사이,[31] 두 자료는 두 관측소 사이의 거리를 감안한 사소한 차이를 제외하면 완전한 일치를 보여준다. 이것은

---

26) Le Roy Ladurie, 1959.
27) Aniane, Marsillargues, Montpellier, Lunel.
28) Gr. 1.
* 콩타 지방에 위치.
29) 보클뤼즈의 페른.
** 몽펠리에 서쪽에 있는 마을.
30) 에로의 마르시아르그; 이 비교에 대해서는 An. 2 참조.
31) An. 2.

동일한 영향이 보르도 지방 쥐라드의 부르주아들의 결정과 프롱티냥의 의회를 장악하고 있는 포도재배자들의 결정을 조절하고 있었음을 증명하지 않는가? 달리 말하면, 랑그도크의 포도밭뿐만 아니라 기엔에서 콩타에 이르는 프랑스 남부의 포도밭 전체가 전반적인 상황에 집단적으로 반응했다는 것이다. 기온의 변화는 긍정적이든 부정적이든 남부 프랑스에 영향을 주었다. 이렇듯 기온의 변화는 프랑스 남부의 생물계절학적 변화 곡선을 모두 같은 방향으로 유도했다.

기저에 놓인 이 같은 기후의 일치는 방법론 채택에 중대한 영향을 미친다. 그것은 자료의 전체적 통합, 남부 프랑스의 포도수확일자들을 대표하는 단일 곡선의 작성을 정당하게 해준다.

이 곡선을 어떻게 그려낼까? 평균과의 편차를 구하는 것이 가장 합리적이다. 포도밭마다 고찰 기간(1599~1791)에 확인된 포도수확일자의 산술적 평균, 다시 말해서 표준 날짜를 구해보자. 그렇게 해보니 아니안의 포도밭은 1559년과 1791년 사이의 평균 수확일이 9월 26일이다.[32] 이 날짜는 17~18세기 이 마을의 고문서보관소에서 확인한 54개 수확 공시일을 근거로 계산한 평균치다.[33]

그런데 1675년에는 아니안의 수확이 10월 14일에야 겨우 시작된다. 평균에 비해 +18일이다. 남부의 다른 포도밭, 적어도 우리가 그해의 포도수확을 알고 있는 꽤 많은 수의 포도밭에서, 동일한 방법으로 계산된 평균과의 편차는 1675년에 다음과 같다. +17일(보클뤼즈에 있는 페른의 아우구스티누스 수도원), +17일(보클뤼즈의 비장), +19일(아비뇽 지방의 코랑보), +21일(타른의 코르드), +24일(타른의 카스트르), +17일(오트 잘프의 가프), +15일(에로의 마르시아르그), +8일(에로의 뤼넬), +18일(바야돌리드), +30일(몽프자 드 케르시).

이 편차들은 아주 강하게 플러스로 나타나는데, 11개의 숫자를 평균

32) Hérault.

33) AC Aniane, série BB; *T. C.* 참조.

해보면 +19다. 이러한 결과가 의미하는 것은 오트 프로방스에서 레옹에 이르는, 그리고 랑그도크의 어느 지점을 중심으로 한 방대한 남부의 포도밭에서 1675년의 포도수확은 대체로 표준 날짜보다 19일 늦게 시작되었다는 점이다. 내가 남부 프랑스의 평균편차라고 부르는 이러한 차이가 우리가 고찰 대상으로 삼은 기간(1599~1791)에는 매해 어떻게 나타나는지 동일한 방법으로 계산해보았다. 계산은 지루하고 힘들지만, 원리는 아주 단순하다. 그 작업이 끝나면 2세기에 걸친 숫자와 도표가 그려진다.[34)]

이 도표는 방대한 기초 자료에 근거한 꼼꼼한 작업이지만 보충 확인과 검증이 필요하다. 앙고와 뒤쇼수아가 아주 오래전에 수집하여 출판한 북부의 포도밭에 대한 방대한 자료도 마땅히 동일한 작업을 해야 할 것이다.[35)] 이 북부의 자료들은, 여러 번에 걸쳐[36)] 내적인 일치성과 견고성이 입증되었지만, 단일 연구 대상으로 철저히 규명된 바가 없다. 브뤼크너가 그 일을 시도했지만 중도에 포기했으며, 역사가의 시각에서 보면 아주 중요한 매해의 변화는 무시한 채 5년마다의 평균을 계산해내는 데 그쳤다.[37)] 『역사와 기후』[38)]에 발표된 곡선이 있는데, 그 곡선은 앙고가 조사한 지역 자료들 가운데 6개만을 대상으로 하고 있다. 사실 그것들은 가장 대표적이고 연속적인 자료들이다(디종, 살랭, 퀴른바흐, 로잔, 라보, 오본).

그래서 나는 프랑스 남부에 적용한 방법들을 북부에 적용해보았다. 나는 매년 부르고뉴 지방, 스위스, 레난 지역, 일-드-프랑스 지방…… 한마디로 프랑스 북부 옛 골(Gaule) 지역의 포도밭에 유효한 북부의 평균편차를 구했다. 북부 여러 지방의 1675년의 포도수확일자와 1599~

---

34) An. 1; Gr. 1.

35) Angot, 1883; Duchaussoy, 1934.

36) 같은 두 책과 더불어, Garnier, 1955.

37) Brückner, 1890.

38) Le Roy Ladurie, 1959.

1791년의 지방 평균 날짜와의 편차는 다음과 같다. +17일(퀴른바흐), +18일(디종), +29일(살랭), +30일(롱 르 소니에), +19일(부르주), +20일(일-드-프랑스, 뒤쇼솨 계열), +30일(오본), -1일(로잔), +25일(라보). 한 지역을 제외한 나머지 9개 지역은 수확이 아주 늦은데, 9개 지역의 포도수확일자를 근거로 계산해보면 북부의 평균편차 +19일이 쉽게 나온다. 이 숫자는 남부의 숫자와 정확하게 일치한다. 이 일치는 서부 유럽에서 여름이 가장 시원했던 1675년의 여름에 대해 우리가 알고 있는 사실을 다시 한 번 확인시켜준다. 브르타뉴 지방의 세비녜 부인과 프로방스 지방의 그리냥 부인은 '이상 추위'와 '불규칙한 태양과 계절'에 대해 불평하면서 그 '좋은 계절'을 화롯가에서 보냈으며,[39] 지루한 장마에 놀란 콜베르는 수확을 위한 공개 기도회를 개최할 정도였다.[40] 알프스의 포도재배자들은 이른 겨울 탓에 서리 맞은 포도를 수확해야 했다.[41] 유럽 전체가 신포도주를 마실 수밖에 없었다.[42]

대단한 일치다. 이 일치 때문에 나는 계속 조사해서 17세기와 18세기 모든 해의 북부 평균편차를 계산해내고, 구해진 자료를 토대로 남부 프랑스를 위해 앞에서 그린 도표와 같은 도표를 최종적으로 그려낼 수 있었다.[43]

그렇게 하여 두 곡선, 북부의 곡선과 남부의 곡선을 대비해보았다. 두 곡선의 놀라운 일치는 수년, 수십 년이 지나면서 서로에게 유효하게 작용했고, 이제까지 포도재배에 대한 생물계절학적 연구에서 결여됐던 국가 차원의 일치성 여부를 남부의 자료로 시험해볼 수 있게 해주었다. 우선 연간 일치를 보자. 라인 강, 손 강, 센 강을 한편에, 론 강, 가론 강을 다른 편으로 갈라서 포도재배지를 크게 두 지역으로 나누어보면, 한 해

39) Sévigné, 1675년 6월 28일, 7월 3일, 7월 24일 편지.
40) Lavisse, 1911, VII-1, 215쪽.
41) AC Gap, 1675년 10월~11월 회의록.
42) Angot, 1883(포도수확이 좋은 해와 나쁜 해에 대한 기술이 들어 있음).
43) An. 1; Gr. 1.

의 수확에서 다른 해의 수확으로 가면서 두 평균편차 곡선은 방향이 동일하고 증감 폭이 유사함을 보여준다. 남부 프랑스의 조기 수확(1599, 1603, 1611, 1616, 1624, 1630, 1631, 1637, 1645, 1676, 1686, 1704, 1706, 1718, 1719, 1724, 1726, 1734 등등)은 매번 또는 거의 매번 북부에서도 나타난다. 늦은 수확도 마찬가지다. 남부 곡선의 특징적인 뾰족점(1601, 1606, 1614, 1621, 1627, 1628, 1642, 1649, 1673, 1675, [……] 1725, 1770 등등)에 북부 곡선의 똑같은 변화가 매번 뚜렷하게 일치하며 화답한다. 물론 예외가 있음을 최근의 예로 알 수 있다.

1959년은 여름의 불볕더위가 노르망디 지방의 목초지를 달구고, 브르타뉴 해변의 해수욕객들의 피부를 '태운' 반면, 남부에 집중된 저기압권은 남부 프랑스를 온통 서늘하고 습하게 했고, 포도나무와 관광객들을 소나기로 공격한 해였다. 이와 유사한 반대의 경우들이 우리의 도표상에도 분명히 나타난다. 예컨대 1629년의 경우, 북부에서는 아주 이른(편차: -14일) 반면 남부에서는 상당히 늦다(+5일). 그러나 이런 예외들은 통칙을 확인해줄 뿐이다. 즉 매해의 일치가 전체적일 수는 없지만, 그럼에도 그 일치는, 사실 이 점이 중요한데, 압도적이라는 점이다.

또 한 가지 의미 있는 사실은 두 곡선의 '연간'(年間) 변화에 있어서의 집중이다. 예를 들어 1624년에서 1676년에 이르는 반세기를 살펴보자. 우리는 쉽게 남부와 북부에서 몇 해씩의 특징적인 그룹을 볼 수 있다. 어떤 해는 일되고(1636~39, 1659~61, 1668~71), 어떤 해는 늦되다(1625~28, 1640~43, 1647~50, 1672~75).

마지막으로 10년 단위의 박동도 거의 일치한다. 늦된 10년(1590~1602, 1687~1703, 1740~52, 1765~77)과 일된 10년(1676~86, 1778~84)은 부르고뉴와 랑그도크에서 일시에 나타난다. 이 일치에도 특별히 놀랄 것은 없다. 우리를 놀라게 하는 것은 오히려 불일치다. 20세기의 무더운 여름은 1930년경에 시작되었고 40년대에 최고조에 달했는데, 어찌 그 사이클이 지역을 불문하고 프랑스 전체에, 심지어 유럽의 대부분에 영향을 미치지 않을 수 있겠는가?[44)]

전체적으로 볼 때 일치성 테스트는 놀라운 결과들을 보여준다. 그 결과들이 어찌나 고무적인지 한 걸음 더 나아가 상관관계에 대한 고전적인 계산법을 통해 아주 엄밀하게 표현해보고 싶을 정도다. 1599년에서 1791년 사이, 북부 프랑스와 남부 프랑스 두 계열의 포도수확일 사이에 나타나는 상관관계의 계수 r은 아주 높게 나타난다.[45)]

$$r = 0.78$$

일치하는 정도를 넘어서 국가적 상관관계는 북부와 남부의 쌍둥이 곡선을 가까이 접근시키고 있다. 이 정도로 충분할까? 이 분야는 아주 새로운 만큼 엄격한 객관성, 과학적 정직성을 중시하는 기후 역사가에게 포도재배지나 국경 너머까지 가능한 검증을 해볼 것을 권유한다. 모든 생물계절학적 도표에 공통적인 파동들이 기후의 자극에 대한 포도의 반응을 나타내는 것이라면, 18세기 유럽의 3월에서 9월까지의 직접적인 기상관측 자료에서도 유사한 변화를 찾아볼 수 있어야 할 것이다. 이는 결정적인 테스트로서, 긍정적인 결과를 얻는 경우 이 테스트는 지금까지의 이야기에 대해 기후학적 객관성을 인증하는 것이고, 부정적인 결과로 나타나는 경우는 앞의 이야기를 기발하기는 하지만 쓸모없는 사변으로 전락케 할 것이다.

프랑스 국토 내부에서조차 이러한 검증은 시기적으로 제한을 받는다. 물론 관측은 오래전부터 있었고, 그 수가 많았다. 그럼에도 그들의 노력은 아쉬움을 남긴다. 1760년 어떤 관측자는 온도계를 일정한 보호막 아래 두었고, 20년 뒤 어떤 사람은 온도계를 그냥 창에 걸어놓았다…… 때 아니게 너무 '덥다'거나 '춥다'거나 하는 것은 바로 거기에 이유가 있다. 그런 차이를 제거하고 제대로 된 기상학적 경향을 비슷하게나마 되

---

44) Pédelaborde, 1957, 410쪽과 삽화 405, 곡선 3 C; Hustich, 1950~51; Bénévent, 1948.

45) 정확히 말하면 상관계수 $r = 0.77533$이다.

찾으려면 세심하고 체계적으로 몇 가지를 바로잡으면 그만이었을 것이다. 그런데 그런 일이 행해지지 않았다. 잘못이 바로잡히지 않는 한, 18세기에 르누가 작성한 파리(Paris)의 자료는 쓸모없는 것으로 남는다.[46)]

18세기 프랑스의 기상학 자료에 대해 우리가 기대할 수 있는 것은 짧은 기간에 대한 검증, 그것도 같은 사람이 같은 조건에서 매일 같은 시간에 실시한 동일한 관측 속에서 직접적으로 얻은 검증뿐이다. 그래서 나는 몽펠리에의 훌륭한 관측자인 장 앙투안 바동이 1769년부터 80년까지 기록한 노트를 사용했다.[47)] 이 기간에 바동이 관측한 기온(5~7월)과 남부지방의 포도수확일자 사이에는 만족스러운 상관관계가 존재한다.[48)]

그러나 11년은 자료로 사용하기에는 아주 짧으며 너무 부족하다. 18세기의 포도수확일자를 테스트하려면 세기에 걸친 양호한 기상학 자료를 찾아나서야 하지 않을까? 하지만 그런 것들은 외국에나 가야 있다. 그래서 나는 영국의 자료를 선택했다(1698~1953).[49)] 영국의 자료는 고든 맨리가, 간행되지 않았거나 간행된 방대한 일일 관측 자료들을 가지고 정성스럽게 작성한 것으로, 그는 개별적인 관측군을 꼼꼼하게 비판적으로 검증한 다음 자기의 작업에 포함시켰다.

프랑스 남부의 포도수확만을 영국의 기온과 비교하는 것은 현명하지 못하며, 지리학적이지 못한 일이 될 것이다. 비교가 설득력이 있으려면 아주 폭넓은 차원에서, 말하자면 국가 대 국가 차원에서 이루어져야 한다. 그래서 나도 영국의 봄~여름 기온이 보여주는 단일 곡선에 대항할 만한 자료를 만들어내기 위해 프랑스 남부와 북부의 양대 지방 포도수확일자를 하나의 국가적 자료로 통합해냈다. 이어 나는 3년마다의 이동평균수치를 이용해 약간의 수정을 가한 후 영국과 프랑스의 기본적인

---

46) Garnier, 1955의 비판 참조.
47) ADH, D 141과 142.
48) An. 3.
49) Manley, 1953.

두 도표들을 포개봤다.[50)]

두 도표가 어디에서 온 것인지 그 이질성을 생각하면 결과는 놀라웠다. 그것들은 명백하게 일치한다. 곡선들의 상승과 하강은 동시적이다. 한 세기(1698~1790)가 흐르는 동안 비슷한 풍경이 그려진다. 추운 '등성이'가 그려지는가 하면(1700년경, 1713, 1721, 1725, 1740~52, 1770년과 1786년경), 더위의 '계선'(谿線)이 그려진다(1706, 1707, 1718~ 19, 1723, 1726~28, 1737, 1760년과 1780년경). 파동은 아주 유사한 윤곽을 보여준다. 프랑스의 포도수확일자의 5일간의 차이에 대해 영국의 여름 기온 곡선은 화씨 1도의 편차로 대답한다. 대륙과 영국이 보여준 두 자료 사이의 상관계수는 0.63인데, 이것은 대단한 상관성이다.

이 이론적 의심의 끝에 도달하고 보니, 남부의 포도수확 곡선의 유효성은 삼중의 상관관계를 통해 확고해진다. 즉 그 곡선을 만들어내기 위해 사용한 서로 다른 자료들 사이에 나타난 내적인 생물계절학적 상관관계, 북부 프랑스의 모든 포도밭과 외적인 생물계절학적 상관관계, 마지막으로 이 곡선이 기후에 대한 방법론적 역사 연구의 도구로서 유효함을 결정적으로 증명하는 기후학적 상관관계.

이제 마지막으로 해결할 일이 하나 남아 있다. 이 상관관계들은 아직도 단기 또는 중기, 매해 또는 10년마다의 변동밖에 드러내지 못하고 있다. 위의 상관관계들은 세기적 추세(trend)라는 어려운 문제를 유보하고 있다는 말이다. 포도수확에 어떤 장기적인 움직임이 있음을 부인하기 어렵다. 루이 15세와 루이 16세 시대에는 남부 프랑스의 수확이 루이 13세 시대와 비교해서 일주일 정도 늦었다. 북부에서는 이 편차가 10일에서 12일에 이른다. 50년 동안(1600~50, 1605~55, 1610~60 등)

50) Gr. 1; 영국의 '봄~여름' 평균기온은 3월에서 8월에 이르는 기간의 평균기온을 말한다.

의 이동 평균을 사용해보면, 포도수확일자에 영향을 미치는 이 같은 장기지속적인 움직임의 점진적인 단계가 분명히 나타난다. 지연(遲延)의 경향은 17세기 초에 시작되어 1660년과 1695년 사이에 특히 강하게 나타나며, 18세기에도 좀 완화되기는 했지만 여전했다.[51)]

그러면 이러한 세기적 변화는 인간적 기원에서 나오는 것인가, 기후적 원인에서 나오는 것인가? 대답은 분명하다. 책임은 기후가 아니라 인간에게 있다. 이미 앙고의 도표에서 북부의 포도밭은 거기에 대한 많은 지표들을 보여준다. 라보에서는 디종에서보다 50년 앞서 지연이 나타났다. 1600년에서 1800년 사이 살랭은 지연을 보이지 않은 반면 퀴른바흐에서는 오히려 수확이 일렀다. 이 극심한 불일치가 기후의 획일적 영향을 배제시키면서 오히려 다양한 인간의 자발성을 입증해준다. Gr. 1의 도표들은 새로운 증거들을 보여준다. 우선 남부와 북부의 불일치가 보인다. 남부에서는 장기적으로 지연되는 경향이 콜베르* 시대부터 분명하게 드러나며, 북부에서는 1685년부터 눈에 띈다. 프랑스의 포도수확과 영국의 기온 사이에도 불일치가 있다. 일 년, 십 년, 몇십 년의 변화를 보면 거의 일치하지만, 세기적인 차원에서는 그 아름다운 조화가 사라진다. 프랑스의 포도수확이 1698년과 1790년 사이에 평균 4일을 잃는 반면, 영국의 봄~여름 기온은 그런 장기지속적인 추위짐에 상응하는 아무런 경향도 보여주지 않는다. 이유는 이해가 된다. 세기적 추세의 차원에서, 세기를 단위로 보면, 기후는 장외에 위치한다. 포도수확의 장기적 변동에서 볼 때 기후는 책임을 면제받는다.

몇몇 랑그도크 자료들의 도움을 얻어 '포도주용 포도'의 수확에 나타나는 이 점진적 지연의 이유를 해명할 필요가 있다. 포도수확에 대한 장기적 역사를 기술하는 것은 남부 프랑스의 포도가 점차 질이 좋아졌음을 간단히 언급하는 것이다. 16세기 말까지도 포도를 너무 일찍, '파랄

---

51) 이 모든 것에 대해서는 T. C., Gr. 1과 An. 1 참조.

* Colbert: 1619~83.

때' 수확했다. 포도는 당분을 매우 적게 함유해서 포도주를 제조하는 데 적절치 못했다. 당분이 거의 없었기 때문에 숙성이 잘 되지 않았고 시어지기 일쑤였으며, 여름 더위로 상하면 역한 냄새까지 났다. 토마 플라터는 1596년 7월의 찌는 듯한 날에 세트 해변에 있는 한 어부의 오두막에서 랑그도크의 '뜨뜻한, 저질의, 역겨운' 포도주를 마시다가 토할 뻔했다.[52] 그러나 포도주 제조 기술이 비약적으로 발전하고,[53] 시장——17세기 초의 제노바 시장, 18세기 초의 북프랑스 시장들——이 점진적으로 활성화되면서 랑그도크의 포도재배자들은 자신들이 생산해내는 포도주의 질이 아주 형편없다는 사실을 깨달았다. 가장 많이 깨인 사람들은 수확을 며칠 늦추려 했다. 그래서 1608년부터 나르본의 시행정관들은 어떤 사람들이 수확을 하려 한다는 소문을 듣고 거기에 반대하여 포도수확 개시를 일주일 늦추기로 결정했다.[54] 그렇지 않으면 '상한 포도주'만을 술통에 담게 될 것이고, 그것은 '시의 평판을 추락시킬 것'이라고 경고하면서 말이다. 100년 뒤에 바빌 지사는 포도수확 개시일의 공포를 의무조항으로 정했는데, 그는 너무 일찍 포도수확을 함으로써 '포도주가 덜 된' '시장에서의 신용을 상실한' 이전 해들의 경험을 통해 그 법의 정당성을 증명했다.[55]

1739년 퐁-생-테스프리[56]의 유지들은 같은 말을 되풀이했다. "'포도주를 저장하려면' '시어지고 상하는 것을 방지하려면' 수확을 천천히 하시오"라고 포도재배자들에게 말했다. 포도수확을 늦게 해야 한다는 세기에 걸친 외침은, 간단히 말해 양질의 포도주를 얻기 위해 남부에서나 북부에서나 200년이 넘도록 변함없이 지속된 캠페인이었다.

---

52) "우리는 갈증을 식히고 있었다. [……] 그러나 포도주는 너무 뜨뜻하고 저질이어서 역겨웠다. 랑그도크의 포도주는 쉽사리 시어지고 변질되기 때문이었다." Platter, éd. 1892, 279쪽; 같은 책, 39, 87쪽.

53) 이 책, 제2권, 307쪽 참조.

54) AC Narbonne, BB 8, 7-9-1608.

55) AC Montpellier, HH 19, 17-9-1715.

56) AC Pont-Saint-Esprit, HH 4, 25-9-1739.

장기적으로는 인간적인 기원을 가지고 있는 포도수확의 장기적인 변화와, 기후가 근본 원인으로 자리 잡고 있는 덜 장기적인 변화를 구분하는 데에는 단순히 추론적인 증거가 아니라 경험적인 증거가 필요하지 않을까? 여기에 아주 결정적인 증거가 있다. 가장 오래되었고 가장 지속적인 생물계절학적 자료를 확보하고 있는 마르시아르그의 랑그도크 관측소에서는 포도수확일 공포뿐만 아니라 매해 포도수확을 하기 몇 주 전, 포도밭 도둑, 아이들, 포도를 따먹고 싶어 안달하는 여자아이들, 개들, 가축떼로부터 포도를 지키는 책임을 맡을 '포도밭 수비대'를 발족하는 문제를 심의했다.[57] 이 수비대의 발족은 포도의 성장 과정에서 결정적으로 중요한 시기인 "매년 〔……〕 포도가 익기 시작할 때",[58] 더 정확하게 말해서 "포도가 검어지기 시작하고, 아이들이 안달하는 때"[59] 이루어졌다. 아이들의 식탐은 포도가 익었음을 말해주는 첫 번째 징후다.

보통 8월에 만들어지는 포도밭 수비대가 1719년처럼 7월 중순에——예외적인 경우지만——발족되면, 그것은 정확하게 '올해는 포도가 일됨에 따라'[60]를 의미한다. 그러므로 이는 아주 주목할 만한데, 이 행정구역의 고문서는 두 가지 생물계절학적 지표를 지닌다는 사실이다. 하나는 아주 정확한 것으로, 기후의 변동에 민감하지만 인간적 요인에 따라 천천히 불규칙적으로 변하는 지표, 즉 포도수확일자의 공표이고, 다른 하나는 시청의 심의 날짜와 관계하기 때문에 덜 정확하지만 포도의 생장 시기 특히 포도가 검은색으로 변하는 바로 그 시기와 아주 밀접한 관계가 있는 지표다. 여기에서 도출할 수 있는 두 개의 곡선[61]——두 번째 곡선은 어림잡아 그려지는 것이지만——은 단기적으로는 꽤 일치한다.

---

57) AC Marsillargues, BB, 여러 곳, 1599~1791; 포도밭 도둑에게 얻어맞아 머리가 찢어진 수비대원, 같은 자료, 13-9-1699.

58) 같은 자료, BB 5, 16-8-1654.

59) 같은 자료, 9-8-1699; 이것은 자주 나타나는 표현이다; 같은 자료, BB 9, 17-8-1698; 13-8-1702; 23-8-1705; 11-7-1706…… 참조.

60) AC Marsillargues, BB 11, 16-7-1719; 3-8-1727.

61) Gr. 1.

조기(1683~1719……) 포도수확 또는 만기(1627~29, 1690~1700) 포도수확의 대부분은 똑같이 몇 주 이르거나 몇 주 늦은 포도밭 수비대의 발족으로 예고되었다.

그런데 세기적인 차원에서는 그 같은 흥미로운 조화를 더 이상 볼 수 없다. 아니, 두 곡선은 상당한 불일치를 드러낸다. 17세기 내내 포도수확일자 곡선은 지속적으로 또는 거의 지속적으로 상승해서, 대체로 9월 20일에서 10월 5일로, 100년 동안 평균 수확일이 15일 늦어졌다. 반면 다른 곡선, 즉 포도밭 수비대의 발족일 곡선은 전혀 그렇지 않다. 그 날짜는 한 세기가 지나는 동안 큰 폭으로 변하지만, 언제나 대체적으로 포도가 '검어지는' 평균 날짜인 8월 10일경으로 정해졌다.

그러므로 마르시아르그에서―그리고 다른 곳에서―포도수확일자가 지연된 것은 기후적인 이유 때문이 아니다. 기후적인 이유 때문이라면 포도 따기 이전의 성숙 직전 단계, 특히 검게 익는 시기와 포도밭 수비대의 발족 시기가 아래로 옮겨가야 했을 것이다. 달리 말해 앙리 4세* 에서 루이 15세** 기간에 포도수확이 점점 더 늦어진 것은, 간단히 말해, 기후적 문제와는 전혀 별개의 문제로 1600~10년에는 아직 파란 상태에서 수확했으며, 1700~20년에는 농익은 상태에서 수확했다. 문제가 된 것은 소비자들의 요구와 함수관계에 있는 포도재배자들의 마음 상태였다.

결론적으로 포도수확 곡선은 기후의 세기적 변화를 드러내주지 않는다. 그러면 좀더 나아가, 아라고나 앙고 같은 옛 작가들이 그랬듯이, 랑그도크나 지중해의 기후에도 그리고 파리의 기후에도 세기적인 변화는 없었다고 말할 수 있을까? 그러나 그러한 견해는 편하긴 하지만 지나친 고착주의며, 최근의 전문가들[62]이 연구해낸 명백한 연구 결과를 부정하는 셈이다. 간단히 말해서 세기적인 차원에서 인간적 요인들은 수확일

---

* Henri IV: 재위 1589~1610.

** Louis XV: 재위 1715~74.

62) 예컨대 Willett, 1950; Mitchell, 1961.

자 곡선을 불규칙하게 하며, 수확일자 곡선을 기후적 지표로 더 이상 유용하지 않게 만든다. 따라서 우리는 수확일자 곡선이 우리에게 줄 수 있는 것만을 요구할 수 있는데, 그것은 2년, 5년, 10년, 20년, 또는 기껏해야 30년 정도의 단기적 기후 변동에 관한 정보다. 그 이상의 장기적 변화는 다른 방법의 지원을 받아 다음에 밝혀보겠다.

*

이렇게 지루하지만 불가피한 방법적 연구를 끝냈으니, 이제는 남부지방의 포도수확일자가 보여주는 곡선의 의미를 기후의 역사와 토지의 역사의 혼합적인 시각에서 파악할 때가 된 것 같다.

곡선의 어느 쪽을 잡아 시작할까? 끝을 잡아 시작해보자. 역진적 방법——역사가들이 좋아하는 플래시백——은 가장 확실하고 가장 적합하다. 그리고 모든 것이 끝 시기인 1770~90년을 우선 조사해볼 것을 권유한다. 이 시기에 대한 랑그도크와 콩타의 생물계절학적 자료들은 많으며, 그외에도 우리는 아주 훌륭한 관측소의 기후 관련 자료를 확보하고 있다.[63] 마지막으로 이 20년은 국가적으로 포도재배를 망쳐버린 과잉생산의 대위기(1778~85)를 포함하고 있다. 1770년 이후 포도의 기후는 알기도 쉬울 뿐만 아니라 연구하기도 재미있다. 일단 이 20년이 해결되고 나면 자료가 덜 풍부한 그 이전 수십 년——18세기뿐만 아니라 모호하긴 하지만 매력적인 17세기의 수십 년——을 좀더 나은 조건에서 연구할 수 있을 것이다.

이처럼 분명하게 대립되는 두 시기도 없을 것이다. 1769년에서 77년은 1772년을 제외하면 봄과 여름이 시원하거나 추웠으며 포도수확이 늦었던 반면, 1778년에서 84년은 그와 반대였다. 남부지방의 모든 포도수확 관련 자료들이 말하는 명확한 증거와, 몽펠리에에서 바동이 행한

---

63) 이 책, 제1권, 78쪽 참조.

기온 관측이 가져다주는 그에 못지않게 명확한 증거는 서로 일치한다.[64] 1778년에서 84년까지 기온 편차는 모두 플러스로 나타났으며, 한 해를 제외하면 모든 해의 포도수확이 일렀다. 7년 동안 무더위가 남부 프랑스를 뜨겁게 달구었던 것이다.

북부에서도 그 사실을 확인할 수 있다. 일-드-프랑스, 부르고뉴 그리고 스위스에서도 1778년에서 84년까지 조기 포도수확의 물결이 일었다.[65] 기상학 자료에 따르면 영국, 네덜란드, 스칸디나비아에서는 1773년에서 83년에 이르는 10년 동안의 여름이 오늘날까지 관찰한 것 가운데 가장 더웠다.[66] 1780년경은 여름 무더위가 유럽을 휩쓴 시기였다.

이 무더위의 연도들은 남부 프랑스에서의 밝은 태양과 파란 하늘의 연도들과 일치하는가? 바동은 지치지 않고 우리에게 대답한다. 그는 30년 동안 매일같이 하늘의 모양을 수첩에 기록했다. '맑음' '변화 많다' '구름' '약간 안개' '짙은 안개' '비'. 그의 노트를 보면 3월에서 9월 사이 '좋은' 날의 비율은 비교적 추웠던 1769년에서 77년의 전체 관측 일수의 50.6퍼센트뿐이다. 특히 장마가 심했던 1770년은 44.4퍼센트까지 떨어졌다. 그러나 1778년부터는 찬란하게 맑은 날이 많아졌다. 7년 동안(1778~84) 좋은 날의 비율은 생장 기간에 평균 전체의 56퍼센트를 유지했다. 그 기간에, 특히 1778, 1779, 1780, 1781년의 봄은 따뜻하고 맑았으며, 여름은 밝고 뜨거웠다.[67] 랑그도크의 5월은 대체로 음산하고 늦추위가 많지만 1780년의 5월은 좋은 날에 관한 모든 기록을 깼다.[68] 더위에 지친 남자·여자들이 샘에서 벗은 몸으로 목욕을 했고, 사람들은 꼴불견이라고 하면서 돌을 던져 그들을 쫓아냈다.[69]

---

64) An. 3.

65) Angot, 1883; Le Roy Ladurie, 1959의 도표; Gr. 1 참조.

66) Manley, 1951, 43~68쪽; Liljequist, 1949, 164쪽.

67) An. 4.

68) 바동의 기록(1755~91)에 따르면 5월 중 좋은 날은 31일 중 20일이다.

69) Coste, 1891에서 인용한 1780년 5월 20일 몽펠리에 경찰의 처벌령.

일조량과 기온을 알기 때문에 우리는 우리가 고찰하고 있는 1770년에서 84년의 일조 지표를 계산해낼 수 있다. 그러면 우리는 즉시 1778, 1779, 1780, 1781년의 지수가 최대치에 이른다는 것을——그리고 어느 정도 최대치에 이르는지를——알게 된다.[70] 이 사실은 포도로서는 아주 중요한데, 왜냐하면 포도수확은 무엇보다도 그해의 일조 지수에 전적으로 의존하기 때문이다.[71] 우리는 벌써 포도 과잉생산의 위기, '라브루스'* 위기를 예감한다. 그것은 정확하게는 1778년부터 시작된다.[72]

1778년에서 84년은 덥고 햇볕이 좋은 기간이며 건조한 시기였다. 몽펠리에의 푸아트뱅이라는 한 부르주아는 우량계를 이용해서 1767년에서 19세기 초까지의 강수량을 측정했다. 그의 관측은 아주 훌륭하다. 그의 기록은 정기적으로 기록된 것일 뿐만 아니라 같은 기간에 세벤 지방에서 측정한 강수 자료와의 일치 테스트에서도 확실한 것으로 나타났다.[73] 강수량은 1777년 이후 85년까지 급격히 감소한다는 푸아트뱅의 결론은 근거가 확실하다. 1768, 1774년의 홍수는 어디 갔는가? 더위가 지속되던 1778, 1779, 1780……[74] 4~7월 기간에 강수량의 감소는 특히 두드러진다. 같은 기간에 영국, 파리, 네덜란드 등지에서도 한발의 경향이 동시에 나타난다.[75]

그러므로 1778년과 1784년 사이 랑그도크는 가뭄과 맑은 하늘, 뜨거운 더위 때문에 여름에 특히 심했던 증발 현상으로 시달렸다. 그래서 우

---

70) 일조와 기온에 관한 자료는 An. 3과 An. 4를 비교할 것.

71) Branas, 1946, 53쪽.

* Ernest Labrousse: 20세기 프랑스의 대표적인 사회경제사가로 그의 계량적인 연구에 따르면 혁명 전 20년, 특히 1778년에서 91년의 간주기(intercycle)는 세기적인 추세와 상반된다. 일반적으로 10년 주기의 장기 사이클을 간주기라고 부른다.

72) Labrousse, 1943.

73) Poitevin, 1803; An. 5와 Gr. 3 참조.

74) 한발에 대해서는 Rozier, 1785, 'taille' 항목 참조.

75) 브룩스가 옛날의 강우 자료를 가지고 계산해낸, 이들 세 지역의 강우량에 관한 10년 단위의 평균 참조; Brooks, 1950, 309쪽.

리는 이 기간 중에 건조지수가 올라갔음을,[76] 간단히 말해, 지중해성 기후의 자연적인 특성인 '열건조' 경향이 더욱 두드러지게 나타났음을 인정해야 한다. 이런 변화는 리옹 만*과 리비에라**에서 1930년 이후 여름이 평년보다 뜨겁고 건조할 때면 확인되는 변화다.[77]

포도수확일자, 일람표, 지수 등과 같은 수치로 우리는 거대한 대기의 움직임을 엿볼 수 있다. 1930년 이래 또는 1780년경 관찰된 열건조 경향은 특정한 대기 또는 기압의 상황과 일치한다. 대서양의 저기압에서 우리 지역을 보호해주는 아조레스 제도***의 고기압은 북부로 거슬러 올라가고, '사하라성 기후'인 랑그도크, 바-론, 프로방스 같은 지중해 연안 지방에는 아조레스 제도의 고기압뿐만 아니라 사하라의 고기압, 특히 고기압의 열(熱) 섹터에서 비롯된 열대성 또는 '열대화된' 정체성 대기가 상주한다. 간단히 말해, 일정 기간에 남-북 상황이 지대(地帶)순환(동-서)을 압도한다.[78]

원인보다 더 흥미로운 것은 1780년경 이 같은 더위가 미친 영향이다. 그중 가장 우선적인 것은 포도생산의 증가다. 5~7월의 한발,[79] 봄추위의 부재, 특히 중요한 요인인 태양열 지수의 (4년에 걸친) 상승 등은 다른 요인과 합쳐져 포도수확을 결정적으로 촉진시켰고 포도의 질도 크게 향상시켰다.[80] 1778년부터 포도가 과잉생산된 것은 잘 알려진 사실이다. 북부와 남부의 5차례(1778~82)에 걸친 과잉생산은 포도값을 떨어

---

76) 마르톤(E. de Martonne)의 건조지수는 비의 부족과 증발 현상(기온)을 함께 고려한 지수다.

* 프랑스 남부.

** 이탈리아 서북부 해안.

77) Bénévent, 1948; Pédelaborde(1957)의 책 도판 105 참조.

*** 대서양에 있는 포르투갈의 열도.

78) Pédelaborde, 1957, 109, 110, 424쪽.

79) 한발은 포도수확에 아주 유리하다. 45년간 이루어진 샤프탈(Chaptal)의 통계를 참조하기 바란다. 이 통계는 몽펠리에 국립 포도농업학교에 있는 벨-에르의 관측소 자료인 샤프탈의 필사본 안에 있다(1934).

80) Branas, 1946, 53쪽.

뜨렸으며, 포도재배자의 수익을 아무것도 아닌 것으로 만들어버렸다.[81) 이 시기에 대한 랑그도크 재정국의 포도수확 통계는 분실됐지만,[82)] 바동의 농업 기상 관측, 십일조 통계는 수확을 생태적 상황 안에서 가늠할 수 있게 해준다.[83)] 1776년의 수확량은 보통이었다. 춥고 습했던 1777년, 수확이 좋지 못했다. 가야크에서는 1년에 평균 125피프에 이르던 십일조가 36피프에 그쳤다. 그러나 가격은 어찌나 센지 가야크의 참사회원들은 술 창고를 비우면서까지 갖고 있던 포도주를 모두 팔아서 대단한 수익을 남겼다. 그랬다, 그러나 열 지수가 최대치에 이른 뜨거운 4년 동안 무슨 일이 벌어졌던가? 갑자기 풍년의 연속이었다. 1778년, "여름은 길고 더웠다." 8월까지 한발이 지속되었으며, 포도생산이 넘쳐났고(바동은 "몽펠리에의 십일조에 따르면 포도수확은 작년의 7배였다"고 말한다), 포도 맛은 매우 좋았다. 1779년, "날씨가 매우 좋고, 포도도 좋고, 수확도 좋다." 몽펠리에의 수확은 천장을 뚫을 정도였다. 1778년보다 3분의 1 정도를 더 생산했다. 계절이 끝난 뒤 가을 포도를 한 번 더 생산할 정도였는데, 이런 일은 전에 없던 일이었다. 많은 마을이 포도의 절반을 그냥 나무에 남겨놓았다. 1780년은 1778년 정도였다. 1781년, "봄부터 더웠고, 한발이 계속되었다." 살구꽃과 복숭아꽃이 평년보다 보름 정도 일찍 피었다. 몽펠리에의 포도수확은 풍성했다.

가야크의 포도수확은 1779, 1780년에 이어 다시 한 번 기적적이었다. 이곳의 십일조는 3년 연속 평균 200피프에 이르렀는데, 그것은 평년에 비해 거의 두 배였다. 1782, 1784년도 풍년이었다. 1783년은 평작을 기록했고 1785년은 상당한 풍작이었다. 이런 경향은 평작 수준인 1786년, 그리고 평작에 못 미친 1787년, 그리고 더 못했던 1788년에 가서야 비로소 수그러든다……[84)] 춥고 습한 해와 봄추위가 되돌아오면서 수확은

81) Labrousse, 1943, 97쪽 도표 VI; 290쪽 도표 XIII.

82) 같은 책, 같은 곳.

83) Gr. 2; Gr. 31.

84) 이 모든 자료는 바동의 ADH, D 141과 142에서 구한 것이다. 더불어 Rozier,

감소하고, 포도 가격은 반등했다. 일련의 포도 풍년의 대사이클이라고 할 수 있는 덥고 맑은 날씨, 그에 따른 포도 가격 대폭락의 해들이 끝났다. 베지에 지방에서, 1776년에는 뮈당 9리브르, 1777년에는 8리브르, 1779년에는 2리브르, 1785년에는 1.45리브르였다.

포도의 해, 건초가 없는 해. 가축은 1778~84년 동안 덥고 건조한 시기를 지내야 했다. 1780년, 카마르그 지방에서 툴루즈 지방까지의 축산업자들은 '몇 년 전부터 계속된 물 부족'을, 1782년에는, '심각한 한발'과 계속되는 가축들의 죽음을 한탄했다.[85] 손실에 대한 보상이 이뤄졌다. 가축이 줄어들면 논리적으로 당연히 고기값은 유지된다. 고기값은 1775년에서 85년 사이 다른 농업 분야가 불황인데도 대체로 안정적이었다.[86] 가격은 양과 반비례하는 것이 보통이다.

이제 기왕의 실험에 힘입어 시간을 거슬러 올라가서 1778~84년과 비슷한 양상을 보인 더운 시기들을 포도 수확곡선에서 찾아보자.

아주 더운 시기가 있었다. 그것은 1740~50년의 냉기 이후에 찾아왔는데 1753~55년의 조기 수확과 양질의 포도가 그것을 예고해준다.[87] 그것은 남북 방향의 뜨거운 바람이 랑그도크에서 런던 분지까지 서유럽을 휩쓸던 1759년과 1764년 사이에 절정에 이르렀다.[88] 이때도 고전적인 징후들을 동반한다. 프랑스 남부 지중해변의 건조 현상,[89] 가야크에

'taille' 'abondance' 등의 항목도 참조했다. 가야크의 십일조에 대해서는 AD Tarn, G 549; Gr. 31; 마지막으로 Angot, 1883, 96쪽(특히 여름의 특성에 대해서); Gr. 13(포도 가격) 참조.

85) Baehrel, 1961; Massip, 1894~95.

86) Gr. 16.

87) Gr. 1; Rozier, 1785, 'vigne' 항목 참조; "1753년에는 포도의 완전 숙성에 힘입어 베지에에서 오를레앙에 이르는 프랑스 전체의 포도가 좋았다."

88) Gr. 1.

89) 1752, 1753, 1754, 1755, 1756, 1757, 1758, 1760, 1761, 1764: Honoré, 1938, 198, 199쪽; 쇼보 자료집, 5944, 1755년 2월에서 9월에 이르는 건조 현상; AC Marsillargues, BB 12(1753년과 1754년): 건초가 마르고 고갈됨; AC Pontarlier, HH 25(1753); AC Gignac, BB 37(19-6-1753); Baehrel, 1957:

서의 십일조의 증가,[90] 1752년에서 63년까지 나르본, 페즈나, 베지에, 몽펠리에, 님 등 프랑스 남부지방의 포도시장 전체에 강하게 불어닥친 가격 하락의 강력한 '간주기' 등이다.[91]

18세기 초반에도 여전히 무더위가 계속되었음을 프랑스 남부의 포도 수확으로 알 수 있다.[92] 1706년에 기승을 부린 1704~10년의 무더위가 그것이다.[93] 1706년,[94] 심하다 싶을 정도의 조기 수확은 풍년의 신기록을 세웠다.[95] 포도의 일부를 나무에 남겨뒀고, 다른 일부를 가난한 사람들에게 분배했거나 하천에 버렸다. 아그드와 가야크의 십일조, 그리고 포도 가격이 수직 급강하한 베지에의 곡물시세표 등은 1704년과 1707년 사이에 포도과잉생산의 햇볕주기가 있었음을 증명해준다. 정상적인 대비이지만, 1706~1707년에 포도송이들이 보기 좋은 반면 밀은 낭패를 보았다.[96]

1718~19년의 여름은 짧고 뜨거웠다. 프랑스 남부에서는 1659년 이래, 프랑스 북부에서는 1686년 이래 포도수확을 그렇게 일찍 한 적이 없었다. 1718~19년 사이, 모든 생물계절학적인 곡선상에 특별한 급락이 있었음이 확인된다. 아주 무덥고 건조한 '사하라 사막 같은' 그 2년. 곡물의 일부가 그을리고, 꼴이 부족해 소들이 굶어 죽을 정도였다. 프티트

1761년의 건조 현상; ADH, D 150(1757년의 건조 현상).

90) Gr. 31: 이 곡선에서는 1752년에서 65년 사이에 단 한 해의 포도수확이 나빴던 것으로 나타난다; 포도수확이 좋지 않았던 1741~51년과 1766~77년은 큰 대조를 보여준다(같은 자료들 참조).

91) Géraud-Parracha, 1957, 333쪽, 도표 참조.

92) Gr. 1.

93) 같은 도표 참조; ADH, G 138: 1706년 그해 여름에 태양열로 계란을 삶아 먹었다고 하는 봉(Bon) 재판장의 기상 관찰 참조; Albigny, 1912 참조; Aigrefeuille, ed., 1885 참조; 1705년의 건조에 대해서는 Massip, 1894~95 참조.

94) C. Bloch, 1896가 인용한, 생 폴리카르프(오드 지방)의 사제 오디베르의 끔찍한 증언 참조.

95) Gr. 1; PV, 1706년 11월 참조: "지나친 풍작으로 포도값이 바닥을 기다."

96) Ouveillan, Narbonne, Saliès, Agde의 십일조에 대해서는 Gr. 30 참조.

카마르그 지방으로 불어닥친 사하라의 바람은 바람과 함께 메뚜기떼를 몰고 올라와 이미 벌레와 나방이 득실거리던 농작물을 덮쳤다.[97)]

또 다른 무더위가 연달아 밀려왔다.[98)] 연거푸 농작물을 말라비틀어지게 한 1723~24년의 무더위,[99)] 밀에 치명적이었던 1726~28년의 무더위,[100)] 1734년의 무더위,[101)] 1736~37년의 무더위.[102)] 목마른 황야에서는 작은 불씨 하나도 전역으로 번졌으며 1724, 1726, 1727, 1728, 1730년 그리고 1737년에는[103)] 불꽃이 소나무 숲을 날아다니면서 수많은 산불을 일으켰다. 서늘한 10년을 되찾은 것은 1740년에 이르러서였다. 대조적으로, 1718~39년은 더위와 한발에 특별히 취약했던 시기다. 우리

---

97) Gr. 1; PV, 1719년 12월: "모든 수확에 큰 영향을 미친 극심한 건조기", 건초 기근, 가축 손실; AC Mende, HH 3: 1719년의 건조 현상은 꿀의 절반을 앗아갔다. Cuxac, Agde, Saliès의 곡물 십일조에 대해서는 Gr. 30 참조: 1718년과 1719년의 수확은 수수했다. 베지에의 곡물시세표는 Gr. 12(1719년의 상승) 참조. AC Aniane, AA 2, f° 67, 25-8-1718: "3월 말부터 비가 전혀 오지 않는다. 〔……〕 샘은 바닥을 보였고, 올리브나무와 포도가 말라비틀어졌다"; Aigrefeuille, 1885 참조: "7월, 8월의 무더위(1718) 〔……〕 9월 6일 단 하루 비가 왔을 뿐이다"; Albigny, 1912 참조; Massip, 1894~95 참조; 메뚜기에 대해서는 AC Marsillargues, BB, 1719 참조; PV, 1721 참조.

98) Gr. 1.

99) PV, 1723년 12월: "곡물 수확에 치명적이었던 건조 현상"; PV, 1724년 12월: "그해 건조 현상은 곡물 수확에 치명적이었다. 〔……〕 1723년의 건조 현상은 곡물 가격을 급등시켰고 〔……〕 1724년의 건조 현상 역시 지속적이었고, 더 지독했다. 〔……〕 건초가 없어서 가축들이 죽어갔다."

100) PV, 1727년 12월(건조 현상과 형편없는 수확); PV, 1728년 12월: "1720년부터 26년 사이에 수확은 충분치 못했다; 1727년과 1728년의 수확은 완전히 망쳤다……."

101) Martin, 1900, II, 250쪽; Appolis, 1951(로데브의 관목 지대에 기근 발생).

102) Massip, 1894~95.

103) AC Gignac, BB 31, 30-7-1724; BB 32, 13-9-1728(1724, 1726, 1728년의 화재에 대한 언급); BB 33, 19-10-1732(1724, 1726년의 화재와 1728년의 200스테레에 이르는 숲의 화재, 그리고 1730년의 화재에 대한 언급); BB 34, 10-9-1737; BB 38, 8-8-1761: 1737, 1751, 1752, 1753, 1755년, 그리고 관목 지대 40스테레를 태워버린 1761년의 화재.

는 이 20년에 대해 영국과 스칸디나비아의 작가들이 동일한 결론을 내린 것을 알 수 있다.[104)]

17세기, 1680년경——정확히는 1676년에서 86년 사이——아주 눈에 띄게 건조한 시기가 있었다. 만기 수확의 1673~75년과 1687~1702년 사이에 낀 조기 수확의 10년이 그것이다.[105)] 포도수확으로 드러난 무더위에 대해 텍스트에 명기된 건조 기후가 화답한다. 1679년 가을, 레 되-메르 운하*가 마르고, 가론 강이 물 부족 현상을 보이며, 진흙길이 자갈길처럼 딱딱해졌다.[106)] 1679~80년 겨울도 나은 것이 없었다. 1680년 2월부터 밭에 샘을 파고, 샘 바닥을 채우고 있는 찌꺼기들을 걷어내고, 지하수를 찾기 위해 4미터씩이나 파고 내려가야 했다.[107)] 4월, 베지에에서 기우제 행렬이 있었다.[108)] 5월, 농수로가 마르고,[109)] 밀이 타들어가고, 젖먹이 아이들이 중독 증세로 죽었다.[110)] 여름 내내 비가 한 방울도 내리지 않아 물레방아가 멈추고 말았다.[111)] 10월, 마침내 "하나님이 비를 주셨다."[112)] 그러나 이미 늦었다. 밀은 고스러졌고, 농장은 극심한 피해를 입었으며, 대규모 차지농들은 망했다.[113)]

---

104) Gr. 1; Brooks, 1950; Manley, 1951과 1953; Utterstrom, 1955.

105) Gr. 1.

* Les Deux-Mer: 아키텐 지방에서 랑그도크 지방까지 대서양과 지중해를 잇는 운하.

106) PV, 1679년 11월(세네쇼세 드 카르카손**).

** 세네쇼세(sénéchaussée)란 국왕이 임명한 관리인 세네샬이 관장하던 사법, 재정 등 행정 관할 구역을 말한다.

107) ADH, G 80, 10-2-1680; G 88, 17-2-1680: 비알라 지방에 사는 농민의 불평.

108) 같은 자료, G 88, 6-4-1680.

109) 같은 자료, G 88, 11-5-1680; G 179, f° 121, 23-8-1680.

110) Gr. 4; Frontignan FF 1, 1-6-1682 참조: "여름 무더위와 함께 마을 주민들에게 큰 전염병이 닥쳤다. 그것은 이전에도, 특히, 전년에는 누구나 경험한 것이었다."

111) 같은 자료, G 88, 26-10-1680: 생 피에르 물방앗간지기 르퀴랑의 불평: "물이 충분치 않아서 물레방아가 멈추고 말았다."

112) ADH, G 88, 5-10-1680.

1681년과 1682년은 덥고 건조했다. 비바레 지방에서는 꿀 부족 현상이 빚어졌고, 프로방스 지방에서는 비 내리기를 비는 9일간의 기도회가 있었다.[114] 1683년 3월에서 8월 사이, 샘이 말라서 농부들은 강물을 마셨다. 도시에서, 빙과장수는 모래가 씹히는 죽을 팔고 다녔다. 중부 랑그도크 전체(생-퐁스, 카르카손, 나르본)가 피해를 입었다. 농민들에게 소작료를 할인하고 종자를 대여했다.[115] 극심하게 건조했던 1684년 여름에도 궁핍의 시대가 지속되었다.[116] 그리고 당시 사람들은 계속되는 건조 현상에 불안을 느끼기 시작했다. 1685년 다시 엄청난 물 부족 현상이 닥쳤다. 4월, 물레방아가 멈추고, 비를 호소하는 농민들의 고뇌 섞인 행렬이 이어지고, 감옥은 해결 방도가 없는 농민들로 가득 찼다.[117]

---

113) 아그드, 베지에, 나르본 지역 마을에서의 곡물 십일조: 17세기에서 제일 적었다. Gr. 30. 여기에 대해서는 PV, 1681년 11월의 신분회 대표의 선언 참조. "나르본, 베지에, 아그드 교구의 마을 공동체는 1680년 수확물 전체를 잃어버렸다"; 이 책, 제2권, 309쪽.

114) Gr. 1; Albigny, 1912; Honoré, 1938, 150쪽; AC Pontarlier, CC 59(인쇄된 목록) 참조.

115) ADH, Montpellier 성당참사회의 회의록, 미분류 기록, 20-3-1683과 26-4-1683: 대건조기; AC Montpellier, FF 1683년 6월(서리); AD Aude, G 45, 31-8-1683, 18-9-1683, 6과 8-11-1683, 18-12-1683: Marquier, Lacour 그리고 수도원의 다른 농가들에 대해 530리브르 할인, 650리브르 할인, 700리브르 할인, 1,500리브르 할인, "금년의 건조 현상에 대한 보상책"; Segondy, 1949, 731쪽 참조; PV, 1683년 10월 참조: '생-퐁스, 카르카손, 나르본 교구들은 금년 건조 현상으로 극심한 피해를 입었는데, 그 피해 정도가 1680년의 피해와 비슷하다."

116) Honoré, 1938, 190쪽; PV, 1684년 11월: "나르본 교구는 최근 5년 동안 건조 현상 때문에 수확을 전혀 하지 못했다."

117) ADH, G 89, 19-5-1685("내일 비를 기원하는 행렬이 있다. 지나친 건조 현상 때문에"); 같은 자료, 14-8-1685("농민들이 손해를 입었다고 주장하며 할인을 요구했고 〔……〕 그 때문에 그들은 감옥에 갔다"); AD Aude, G 45, 2-11-1685: 페피외 마을은 파종을 할 수 없는 상태였고, 임대가 이루어졌다. PV, 1685년 10월: "건조 현상 때문에 수확을 못 한 교구에 지원이 있었다. 〔……〕 나르본 교구는 5~6년 전부터 아무것도 수확을 못 하고 있다. 제보당 지방에서는 모든 밭작물들이 말라버렸다"; Honoré, 1938 참조.

그 기간 중 마지막 해인 1686년, 그러나 무더위가 가장 심했던 그해, 메뚜기가 지중해와 론 강변을 휩쓸고 다니면서 이삭들을 먹어치웠다. 곤충은 발에 밟혔으며, 사람들은 1만 7천 캥탈을 잡아 없앨 정도였다. 1687년 마침내 냉기가 되돌아왔다. 냉기는 오랜 안개로 이어져 1702년에 끝났다. 우리는 1940년에서 49년 사이, 즉 제2차 세계대전 기간과 전쟁이 끝난 후 있었던 건조 현상과 극심한 더위를 기억한다. 포도와는 달리 남부 프랑스의 건조 현상에 약한 곡물 경제로 볼 때, 1686년에 끝난 이 건조기는 정말 재난이었다. 재난의 한복판에 있는 나르본 교구는, 텍스트와 십일조가 증명하고 있듯이, 궤멸한 것이나 다름없었다.[118] 형편없는 수확(1680, 1682, 1683, 1684, 1685, 1686), 종자 부족, '7년의 흉작'으로 부자들이 파산하여 거지가 되었다.[119] 매우 당연한 결과로 곡물값이 상승 곡선을 긋다가 1685~87년에 절정에 달했다.[120] 이는 남부 프랑스에서만 나타난 특별한 상승 사이클이다. 파리, 더 나아가 북부지방(밀이 태양을 무서워하는 것이 아니라 비를 무서워하는 지역)에서는 가격 곡선이 그 같은 사이클을 보이지 않고 오히려 약간 하강했다.[121]

시간을 거슬러 올라가보자. 우리는 1651~71년에 있다. 이 기간은 프롱드 난*의 시원한 여름과 1672~75년의 여름 사이에 낀 뜨거운 또는 더운 20년이다.[122] 이 더위는 유럽 전체에서, 남부 프랑스, 북부 프랑스, 심지어 유럽의 북부에서까지 확인된다. 북부 스칸디나비아[123]와 라포니

118) Gr. 30; Gr. 18.

119) 사렐의 땅을 버린 피에르 드쿠르 경의 신음. 그는 7년 연속 수확에 실패했다. 그의 가족은 거지가 되었다(Aude, G 45, 30-9-1686).

120) Gr. 12.

121) Baulant, Meuvret, 1962, II, 153쪽; Goubert, 1960, 도표 80.

* 1648년에서 53년까지 어린 루이 14세를 대신해서 마자랭 정부가 집권하던 당시에 파리 고등법원과 귀족들이 일으킨 일련의 내란으로, 이것의 실패는 루이 14세의 절대왕정으로 이어졌다. 프롱드란 어린이들의 놀이기구인 투석기(fronde)에서 나온 말이다.

122) Gr. 1.

123) Schove, 1954.

아[124]에서, 스웨덴과 핀란드의 삼림감시원들은 바로 그 20년 동안 여름 기온이 갑작스럽게 상승했음을 노목(老木)들의 급성장을 통해 확인했다. 북부의 따뜻한 여름, '발트 해 연안'의 대단한 수확 같은 현상들이 1650~60년과 1670~80년에 암스테르담과 중부 유럽의 시장에서 곡물 시세가 현저하게 떨어진 이유 가운데 하나일 수 있을까? 이 인과관계는 하나의 가정이다. 입증되는 경우 그것은 가격의 'B국면'*——1650년경에 시작하는 이 국면에 대해 우리는 화폐나 인구에 대한 이유들은 잘 알고 있지만 농업적인 배경에 대해서는 잘 알지 못한다——에 대한 우리의 이해를 풍부하게 해줄 것이다.

남부 프랑스의 포도수확으로 다시 돌아가자. 서늘했던 2년, 1663년과 1667년[125](가축이 묻힐 정도로 폭설이 내린 1663년 7월과 1667년 5월[126]의 피레네 산맥에 대해서도 같은 말을 할 수 있다)을 제외하면, 이 20년(1651~71)은 3월에서 9월까지 더위와 이른 계절로 특징지어진다.[127] 적어도 초기(1651~56)에는 매우 건조했다.[128] 그 때문에 꿀이 아주 귀했고, 1654~56년 베지에에서는 꿀 품귀 현상이 극에 달했다.

---

124) Syren, 1961.

* 흔히 가격 상승 국면을 A국면, 하락 국면을 B국면이라고 부른다.

125) Gr. 1.

126) 1663년: "7월 한 달은 온통 비, 루르드 근처 산에는 5척 정도의 눈, 많은 가축들이 죽음; 1667년 4월 6일: 루르드에 눈; 1667년 5월 12일: 추위"(AC Lourdes, CG, 1663, 1667년, 인쇄 목록에 근거함).

127) 1660년의 기록적인 조기 수확: Gr. 1 참조; AD Haute-Savoie, 10 G 290 참조: "1660년, 거의 10년 만에 보는 (샤모니에서의) 조기 수확."

128) 1651년 봄의 '끔찍한 건조 현상'은 1651년 6월 4일 생-길렘-르-데제르로 가는 순례를 자극했다. Cassan, 1902, 15쪽; 1651년 비바레의 건조 현상: Albigny, 1912; 툴루즈의 건초 기근: HGB, 1880, f° 119, 27-6-1651; 1652, 1654, 1655, 1656년 건조 현상: Honoré, 1938; Villeneuve, 1821: "1654~56년에 이르는 3년간의 건조기" "1655년의 끔찍한 건조기는 모든 고장을 힘들게 만들었다"(Aigrefeuille, 1885; AC Montpellier, VII, 390, 4-3-1655); "대건조기 때문에 성녀 사빈의 성물이 밖으로 나옴"(AC Périgueux, BB 15, 24-8-1654); 건초값 폭등, 1654~56, 베지에 곡물시세표.

1654년 비의 수호성녀인 성 사빈의 성물에 참배했다. 1656년 이후 물 고갈 현상은 줄어들었다. 1661, 1666년(이해 유럽의 더위와 건조 현상은 특히 런던에 화재를 일으켰다), 1668, 1670년 건조기가 있었다.[129] 그러나 이 건조기들은 10년 뒤, 그러니까 1679년에서 85년 사이에 프랑스 남부를 강타한 참혹한 건조 현상과는 비교가 되지 않는다.[130]

17세기 전반기에 있었던 지중해 지역의 몇몇 건조기들 역시 참혹한 것이었다. 1630년에 시작된 10년간의 무더운 여름(1630~39)은, 1632~33년의 냉기가 있은 뒤, 『르 시드』(*Le Cid*)*의 해이기도 하고 코르비(Corbie)**의 해이기도 한 1636년에 절정에 달했다.[131] 이미 1630년의 '형편없는 밀 수확'은 루아르 강 이남 지방 전체 특히 랑그도크 지방에 최악의 기근을 초래했다.[132] 1634년부터 기온이 올라가면서 랑그도크와 프로방스 지방은 건조 현상과 더불어 기록적인 조기 포도수확이 행해졌다(1635~39).[133] 1635년과 1636년, 타는 듯한 바람이 마데이라 섬***에서 밀라노까지 샘물을 고갈시켰으며, 수확물을 집어삼켰다.[134] 1637년과 1639년, 또다시 건조 현상이 랑그도크의 곡물을 부분

---

129) 1661, 1666년: Honoré, 1938; 1668년: "11월 말 생-장-밥티스트에 비가 오지 않았다"(아비뇽의 기록자인 기욤 페른의 기상자료, 쇼보 자료집에서); 1670년: "여름이 어찌나 건조했던지 평원에 풀 한 포기 없었다"(Albigny, 1912). 런던 대화재의 원인에 대해서는 Pepys, éd., 1948, 262쪽 참조(1666년 9월 2일에 대한 기록).

130) 이 책, 제1권, 93쪽 참조.

* 코르네유의 대표적인 극작품.

** 북부 솜 지방의 도시로, 1636년에 에스파냐인들이 점령했다.

131) Gr. 1.

132) 이 책, 제2권, 159쪽 참조.

133) ADH, G 73, 3-5-1635: "농작물을 위해 비를 기원하는 행렬이 내일 있음"; 1637년 3월~4월 사이 유사한 행렬들이 있었다. 같은 자료, 18-3-1637과 Honoré, 1938, 189쪽 참조; 1637년, 오리올에는 14개월째 비가 오지 않음(Baehrel, 1961, II, 4); 1639년: 봄과 여름 건조(Honoré, 1938, 188쪽).

*** 대서양에 있는 포르투갈령 열도.

134) 포르투갈에서는 1635년 건조기와 밀 기근을 겪었다. 1636년과 그 이전 몇 해

적으로 망쳐놓았다.[135] 1635~39년에 있었던 남부 프랑스의 가격 앙등과 높은 사망률은 거기에 기인한다. 파리 분지와 얼마나 좋은 생태학적 대조를 보이고 있는가! 파리에서는 태양이 강하게 비추던 바로 그 1630년대, 그러니까 1632~40년 사이에, 밀가루의 과잉생산과 가격 폭락의 사이클이 형성되었던 것이다.[136]

이제 우리는 17세기 초에 이르렀다. 1590~1601년의 냉기와 1613~28년의 산발적인 냉기 사이에 1602~12년 조기 수확의 해들이 쉴리*의 시대에 열풍과 불꽃처럼 끼어든다.[137] 남부 프랑스에서는 당연한 결과가 나타났다. 1605년과 1607년[138]에 이미 예감된 건조 현상은 1609~11년[139]에 더 뚜렷해지다가 1612년[140]에 절정에 달했다. 그해, 오드 강은 하상이 너무 낮아 배가 들어올 수 없었고, 카마르그의 습지는 말라붙었다. 생-퐁스 근처에서는 1만 6천 명의 농민들이 주교들을 앞세우고 십자가의 숲을 이루며 땡볕 아래서 비장한 기우제 행렬에 참여했

는 마데이라 섬에서 샘이 말랐다; Mauro, 1960, 116쪽. 밀라노에서 1636년에 기근. Meuvret, 1953, b.

135) 크레상과 살리에스에서의 십일조(1637~39), 아그드의 십일조(1639). Gr. 30.

136) Baulant, Meuvret, 1962, II, 153쪽.

* Sully(1560~1641): 앙리 4세의 측근으로 군사, 재정 전문가.

137) 1606년을 제외한 1602~12년 사이에 조기 수확했다. Gr. 1.

138) 1605년(AC Narbonne, BB 17, 1605년 7월); 1607년 같은 자료, BB 7, 23-12-1607: "금년과 올해 여름 건조", 생-폴 병원의 수확 부진과 가축들의 죽음; Honoré, 1938 참조.

139) "몇 년 전부터 이 지방을 휩쓸고 있는 건조 현상 때문에" 샘은 바닥을 보이고, 오드 지방은 말랐다 등등(AC Narbonne, BB 9, 28-8-1611).

140) 1612년의 건조기에 대해서는 자료가 많다. AC Narbonne, BB 9, 26-4-1612(Morisques), 13-5-1612, 15-5-1612, 27-8-1612, 9-9-1612; Albigny, 1912; 『보르도 지방 쥐라드의 고문서 가운데 인쇄된 목록』, VI, 505쪽(오-랑그도크의 건조와 기근); 페르피냥에 대해서는 Calmette(1923); AC Montpellier, 목록, t. VII, reg. 390, 25-4-1612; 카마르그 지방에서 에스카만드로 연못이 "완전히 말라버림", 1589, 1612, 1680년 세 번에 걸쳐(Gard, G 1179, 1182, 1183, 1189); 1612년 5월 23일 생-퐁스로의 행렬: Cabrol, 1910~11, 364쪽; Amblard, 1911~12.

다. 십일조는 형편없이 줄었고, 물가는 올라갔으며, 사망자도 엄청났다. 사람들은 에스파냐에서 쫓겨나 랑그도크를 배회하는 무어인들의* 주문(呪文) 때문에 이런 가뭄이 발생했다고 가뭄을 그들 탓으로 돌렸다…… 1612년의 슬픈 태양.

16세기의 포도수확 곡선들은—빠진 게 없는 것은 아니지만—역시 폭넓은 변동을 그려주는데, 그중 서로 멀리 떨어진 포도밭 사이에 일치를 보이는 것은 아마도 기후와 관계 있을 것이다. 강한 태양열 때문에 수확이 일된 해들이 1521년과 25년 사이, 1544년과 62년 사이에 계속된다.[141] 이중 두 번째 기간에는, 포도수확에 관해 밝혀주는 텍스트에 따르면, 덥고 건조한 봄과 여름이 아주 많았다. 1545,[142] 1550, 1551, 1554,[143] 1555,[144] 1556,[145] 1559년[146]은 로마 평원에서와 마찬가지로 프랑스 남부 전역에서도 메뚜기떼, 치명적인 일사병, 열병, 화재, 심각한 물 부족, 끝없는 기우제가 이어지던 해였다. 특히 엄청난 행렬은 1556년에 있었다. 그해에는 무용수, 카드 놀이꾼, 주사위 노름꾼, 심지어 페탕크 놀이꾼들까지도 공굴리기놀이를 그만두고 비를 기원하는 행렬에 참여했다. 뜨겁고 일된 1580~89년의 '10년'에도 마찬가지로 극심한 한발이 휩쓸었다.[147]

---

* Morisque: 무어인. 강제로 기독교로 개종한 에스파냐의 이슬람교도. 1609년부터 시작되어 약 27만 5천 명에 달한 무어인들의 추방으로 에스파냐의 경제, 특히 농업이 큰 타격을 입었다.

141) Gr. 1; 남부 프랑스의 늦된 해 1557년은 예외.

142) 지나치게 수확이 일렀음(Gr. 1); 로마에 메뚜기, Delumeau, 1959, II, 553쪽.

143) Honoré, 1938, 184, 185쪽.

144) 몽펠리에와 바젤의 여름은 아주 무더웠다: 타는 듯한 바람, 화재, 일사병, 열병(Platter, 1892, 108, 132, 140쪽).

145) 지나치게 일된 포도수확(Gr. 1); 비바레: 3월 26일부터 8월 10일까지 비 한 방울 내리지 않았다, Albigny, 1912; 강우제 행렬에 관한 자세한 기록은 Honoré, 1938 참조.

146) 1559년 8월 31일: 쇼보 자료집의 기상 자료에 나와 있는, 콩타의 공증인 뱅상티에 따르면 그해에는 대건조기가 있었다.

147) Gr. 1; 1580, 1581년: 로마의 여름은 더웠고, 메뚜기 습격이 있었음, Delu-

결산을 해보자. 불규칙적인 기간에 다양한 폭으로 움직이는 기후의 진동, 무자비한 여름들, 5년, 10년 때로는 그 이상의 기간에 비정상적인 주기로 열풍을 몰고 오는 폭군적인 고기압. 페들라보르드, 베네방……[148] 그리고 많은 연구자들의 꼼꼼한 작업 덕분에 우리는 20세기에 대해서는 그러한 모든 것을 알고 있다. 같은 현상들이 16, 17, 18세기의 생물계절학적 곡선상에서도 투박하지만 명확하게 그려진다. 원인은 같다. 그러나 결과는 다양하다. 1700년 이후 더위의 사이클은 이미 상당해진 포도 생산을 더욱 촉진시켰다. 이로써 풍요와 과잉생산이 일어났다. 반대로 옛(16~17세기) 랑그도크의 밀-경제 차원에서 보면, 다시 말해 밀과 목축을 한데 묶는 지중해 연안의 구(舊)가부장적 농경 차원에서 보면, 더위와 한발의 물결, 건조기(dry spell)는 참혹한 결과를 자주 안겨주었다. 심한 경우, 그것들은──오늘날 마그레브,* 브라질 북동 지역에서 그렇듯이──기근, 가격 앙등, 기아를 의미할 수 있는 것이었다.

*

이제 지중해의 냉기, 안개, 저기압과 뇌우가 지배하던 세기적 파노라마에 대해 언급할 때가 되지 않았을까? 어쨌든 생물계절학적인 곡선상에서 확인했으며, 당시의 텍스트 덕분에 간단하게 언급된, 남부 프랑스에서 가장 뚜렷하게 수확이 늦어지고 추웠던 해들을 짚어보자.[149] 우선

---

meau, 1959, 533~553쪽; 1583, AC Narbonne, BB 4, 15-5-1583: "기근 때문에 들에 나가도 건초를 마련할 수 없어서 가축들이 죽음." 1589: 스카만드르 연못이 말랐음, 이 책, 제1권 98쪽, 주 140); "건조기로 밀 수확이 형편없었다", 140스테레 대신 80스테레의 수입밖에 없었다(Rocolles 회계서, ADH, G 837). 1589년의 수확 이후 기근: AC Narbonne, BB 5, 3-11-1589.

148) Pédelaborde, 1957, 410쪽; Bénévent, 1948.

* Maghreb: 모로코, 알제리, 튀니지를 포함하는 아프리카 북서부 지역을 이르는 말.

149) 이후의 모든 전개는 Gr. 1에 의한 것이다; 주석에 인용된 텍스트들은 보충설

1527~29년의 3년은 포도가 시고 비쌌으며, 포도수확이 "아주 늦어지고," 홍수와 기근이 지배하던 시기였다.[150] 그다음 1541~43년과 1568~77년, 대부분의 여름이 시원해서 "포도가 덜 익었고 신맛"[151]이었다. 또 1590~1601년,[152] 봄까지 계속된 늦눈, 엄청난 여름 추위, 지중해에 닥친 대홍수로 기근이 발생했다. 북유럽의 밀이 대거 내해* 지방

명의 의미밖에 없다.

150) 랑그도크의 포도 가격: Gr. 13, 그리고 HGB 22, f° 2, 13-11-1527; 프랑스에서 오스트리아, 아라비아까지의 홍수에 대해서는 Schove, 1949, 1953; 기근에 대해서는 이 책, 제1권, 528쪽.

151) Gr. 1; 이 표현은 Estienne, Liébault, éd., 1645, 600쪽에서 1576년과 1577년의 "비가 많이 내리고 추웠던" 해를 말하기 위한 것이었다; 1574년에 대해서는 AC Narbonne의 시청 회의록, 20-5-1574: 나르본에 비가 많이 내리고 연못이 넘쳤다.

152) Gr. 1; 이외에도 텍스트가 많음; 늦눈이 많이 내림: 1595년 4월 16, 17, 18일, 콩타 지방에 키의 반 정도의 눈 내림, "고드름"(쇼보 자료집 기상 자료, 소르그와 카바이용의 공증인들); 1596년 7월 17일: 세벤의 빙설, Platter, 1892, 284쪽; 1597년 3월 말: 몽펠리에에 무릎까지 눈이 내림(같은 자료와 Aigrefeuille, 1885); 1597년 6월 8일: 콩타 지방의 산간 지역에 있는 생-메다르에 눈이 내림(쇼보 자료집, 발레아스의 공증인인 에베스크); 로데즈 근처에 1599년 4월 23일 눈 내림, Platter, 1892, 479쪽; 프로방스 지방에 1599년 6월까지 눈이 내림, Braudel, 1949, 234쪽에 인용된 Du Haitze; "비와 안개"; 1590년: 기상학적 역전 현상; 북부는 날씨가 좋음; 그러나 늦된 해였음, 지중해 지역에 극심한 홍수, 기아, 밀의 수입 있었음(Gr. 12; Delumeau, 1959, II, 532, 620쪽; Braudel, 1949, 235쪽과 그 이하; Braudel, Romano, 1951); 1591년: 대홍수(AC Narbonne, BB 5, 1-9-1591, 6-12-1591); 1594년: "수확은 전에 없이 늦었음"(AD Gironde, G 1122); 1594년 여름, 서구 유럽에 안개와 열대성 저기압: "1594년 7월 10일, 많은 사람들이 화롯가에 앉아 지냈다. 너무 추웠다. 5월과 6월에도 그랬다. 그 기간 내내 좋은 날이 거의 없었다", Lawrence, 1956. 1595년: AC Narbonne, BB 5, 3-5-1595(살레의 둑이 넘쳐흐름). 1596년: 같은 자료, 4-11-1596, 비가 너무 많이 자주 내려 주민들은 마지막으로 수확한 포도를 옮길 수 없을 정도였다. 같은 자료. 1599년: "오드 지방의 루빈 강이 밀밭과 파종한 종자들을 침수시킴. 소금밭을 망침." 같은 자료, BB 6, 30-10-1601: "포도를 운반할 수 없을 정도로 나쁜 날씨와 비……"

* 지중해.

으로 유입된 유명한 사례는 여기에서 비롯된 것이다. 1626~29년,[153] 1613년부터 조짐이 보이기 시작한 추위가 심해지더니 3~4년의 여름 장마가 이어졌다. 1640~50년, 이 기간은 프롱드 난과 그 이전 기간을 포함하는 시기로 여름마다 비가 많이 내렸는데, 1642년과 1649년 무렵에 특히 심했다. 폭풍우가 들판의 곡물을 쓰러뜨렸고, 비가 오면 풀이 자라서 밀의 숨통을 막았으며, 포도나무를 칭칭 감았다. 하천의 물이 넘쳐흘러 점토 채석장들을 진탕으로 바꾸어놓았고, 땅을 침식시키거나 '모래밭'으로 만들었다.[154] 1673~75년을 주의해보자.[155] 1690~1700

153) Gr. 1과 텍스트들; PV, 1626년 7월: 홍수로 에스페라자 마을 침수; "강의 범람으로 오르브 강 상류 올리브나무들과 방앗간들 침수", 1628년(ADH, G 71과 G 905); 1629년: "며칠 동안 큰 비가 내리고 범람"(AC Gap, 20-8-1629, BB 30).

154) Gr. 1과 매해 중요한 텍스트들이 있음. 1641년: 변호사 아르노는 비 때문에 제때에 포도주를 가져오지 못했다(AC Narbonne, BB, 5-11-1641); 1642년: 아주 습한 여름 "그해 여름 지나치게 많이 내린 비로 포도밭의 풀이 포도나무 위로 웃자랐다. 풀을 뽑는 데 8명의 인부로 16일 소요되다"(ADH, G 919, "임금계산서", 3-8-1642); 1642년 7월 11일: "비 때문에 시장이 폐쇄됨"(AC Béziers, HH, 곡물시세표); 1642년 9월: 오르브 강 범람으로 강둑이 무너지고, 복구 기간이 오래 걸렸음(ADH, G 919, G 918, 1642~43년 겨울의 노동에 대한 1643년 12월 11일의 지급명령서); 1643년 봄, 카페스탕 못의 범람으로 비알라 지역 침수(같은 자료, G 75, 29-4-1643); "잦은 장마로 더 이상 땅일을 할 수 없었고, 카피스콜의 점토 채석장에서 기와를 구워낼 수도 없었다"(같은 자료, 8-7-1643); 기근과 홍수의 참해로 샹 델 쥐츠의 곡물 지대 감소(같은 자료, 8-7-1643); 1644년: "포도밭을 휩쓴 태풍"(AC Gap, BB 44, 22-7-1644); "대홍수, 아밀라크의 농가에서는 모래와 [……] 참해로 파종할 수 없고"(ADH, G 921, 9-9-1644); 1645년: "염전이 넘치다"(AC Narbonne, BB, 11-6-1645); 샹 델 쥐츠가 범람(ADH, G 76, 11-11-1645); 1646년: "샹 델 쥐츠의 범람과 참해"(같은 자료, G 923, 30-4-1646); 레즈 지방의 엄청난 범람(AC Montpellier, 회의록, 17-5-1646); 1647년: 세르에서는 "그해 갑자기 내린 비가 잡풀을 웃자라게 해서 밀이 아직 익지 않았는데 조기 수확해야 했음. [……] 수확의 절반을 잃어버린 셈이었다"(ADH, G 77, 1-6-1647); 수확 좋지 못했음, 태풍(AC Gap, BB 45, 18-8-1647); "비로 밀이 모두 썩었음. [……] 샹 델 쥐츠에 파종할 수 없었음"(ADH, G 77, 12-6-1647); 1649년: 오르브 강둑 무너짐(같은 자료, G 927, 1649년 5월과 11월 사이); 비교:

년의 10년(더 정확하게 말하면 프랑스 남부의 경우 1687~1702년)을 예로 들어보자. 이때는 아마 어떤 여름 추위 기록도 깨뜨린 시기일 것이다.[156] 마지막으로, 영국의 기온이 우리의 생물계절학적 자료를 확증해 주는 18세기에, 1711~17년, 1740~50년 그리고 1765~77년[157]은 추위가 가장 심했던 기간이다.

이 습한 시기가 후유증을 가져왔다. 우선 토양을 보면 많은 강우량이 심각한 지질학적 · 토양학적 변질을 초래했다. 저지대에는 충적토가 형성되었고,[158] 벌목으로 앙상해진 세벤 지방의 산기슭에는 침식작용이 심했다. 온통 구름이 뒤덮었던 17세기 말에 장 카를이 겪은 불행을 보라. 그는 에구알 산기슭으로 자신의 양 우리를 세울 자리를 찾아다녔지만 결국 찾지 못했다. 1697년 8월 17일의 대홍수로 그곳의 땅 40스테레가 쓸려가고, 뒤에 남은 것이라고는 돌뿐이었기 때문이다.[159]

부르고뉴, 1640년 이후 비가 온 해 참조(Roupnel, 1955, 33쪽).

155) Gr. 1; 1673년: "그해 여름에는 비가 잦았다"(AC Gap, BB 54, 30-7-1673); 1675년: 이 책, 제1권, 75쪽 참조.

156) Gr. 1; 그리고 다른 텍스트들: 1689년: 많은 건초에 모래가 범벅이 됨(AC Montpellier, 회의록); 1690년: 여름에 "태풍과 비 피해", 같은 자료; 1695년: 서늘한 여름(Aigrefeuille, 1885, II, 226쪽); 1695년 4월 8일 큰 눈이 내림, 콩타 지방에 서리(쇼보 자료집, 기상 자료). 1696년의 태풍 그리고 이전 해들의 태풍들은 코티냐크의 노트르담 성당의 예배 포기로 설명됨(Honoré, 1938, 191쪽). 1697년 8월의 홍수(아래 주 159) 참조): 랑그도크의 포도주 질이 좋지 않음(PV, 1699년 11월). 영국과 비교; 1692년 이후 "아주 좋지 않은 일기가 시작됨. [……] 전통적으로 17세기를 마감하는 불모의 해들로 지칭됨"(Easton, 1928, 117쪽에 인용된 T. H. Baker, *Records of the seasons*, London, 1883). 맨리에게는 1690~1700년에 이르는 10년이 자신이 지금까지 온도를 관찰하면서 경험한 어떤 때보다도 추웠던 시기였다(G. Manley, 미출간 도표, 1962년에 그는 고맙게도 내게 자료들을 건네주었다).

157) Gr. 1.

158) 이 책, 제1권 102쪽, 주 154) 참조(땅이 모래밭으로 변함); 오드 강이 범람하여 진흙범벅됨(PV, 1715년 12월).

159) H. Cazalet, 1950, 63쪽; 투르농 지방에 범람한 론 강의 참해, PV, 1715년 12월.

포도밭도 결과는 비참했다. 추운 봄, 늦서리는 추수할 수 있는 희망을 깨뜨리면서 포도값을 치솟게 했다.[160] 여름이 습하면 포도는 안 익거나 파랗다.[161]

나쁜 기후가 곡물에 미친 영향은 복잡하다. 원칙적으로 항상 목마른 상태에 있는 남부 프랑스의 밀은 시원한 날씨를 좋아한다. 파종한 종자를 얼어붙게 하거나 떠내려가게 할 정도로 춥거나 지나치게 비가 많이 오는 봄, '어린' 밀에 녹병[162]을 안기는 지나친 안개와 이슬, 낟알 털기를 불편하게 할 정도로 질펀한 여름[163]과 같은 극단적인 경우가 아니면 남부 프랑스의 밀은 시원한 날씨를 좋아한다. 그러나 그러한 불리한 점에도 불구하고 지중해의 생태계에서 밀의 숙적은 추위와 습기가 아니라 건조와 더위다.

그럼에도 이러한 유형의 생태학은 적어도 프랑스에서는 전국적인 밀 시장에 결정적인 영향을 미치지 않는 사소한 것이다.

춥고 습한 시기가 밀에게 얼마나 위험한지를 제대로 가늠하려면, 한 걸음 물러서서, 밀의 생산에 있어서 그다지 중요한 자리를 차지하지 않

---

160) 1645년 4월 24일, 포도 새순을 죽게 만든 봄 서리(AD Gironde, G 1027), 1695년 5월 6일(AD Gironde, G 837, G 1011); 1702년 4월 21일과 1702년 6월 15일, 포도밭 참해 상황을 파악하기 위해 참사회원 파견(같은 자료, H 642, f° 12, G 2599, f° 59, G 1011); 1767년 4월 21일: 나무딸기, 포도, 호밀 잎을 얼어죽게 만든 된추위(쇼보 자료집, 기상 자료; AC Lansargues, BB, 1767년 4월 21일; AC Valence, BB 47, 회의록, 1767년 5월 10일); 1762년 4월 20, 21일과 5월 12일(AD Dordogne, E, 보충자료, 814); 1775년 5월 21, 22일, 토르 지방 포도밭 참해(쇼보 자료집, 기상 자료); 1957년 4월 17일의 된추위와 비교(에로 지방 신문들, 1957년 4월~5월 참조).

161) 1713년도 마찬가지였다. AC Marsillargues, BB, 포도수확일에 관한 회의록.

162) 안개나 이슬과 동반되는 녹병에 대해서는 몽펠리에 농업학교 교수인 M. 코트의 연구 참조. 1740년 춥고 늦된 봄의 녹병 전염: "우박, 북풍, 안개, 이슬비"로 5월에 밀의 참해(AC Mouréze, CC, 같은 시기); ADH, C, 신분회, 콩푸아 검증 자료(1734), 미분류된 마르시아르그, 랑사르그 항목들: "안개에 의한 밀 피해."

163) 특히 1748년과 1749년: ADH, G 120, 20-9-1749.

는 지중해 남부를 떠나 북부 프랑스로 가든지 아니면 서부로 가봐야 할 것이다. 이 지역은 대체로 비가 많이 오는 곡창지대로서 전국적인 밀 생산과 프랑스의 밀 가격의 변동을 결정하는 지역이다. 나는 파리 분지, 대서양 연안의 아키텐 지방 그리고 방대한 중앙 산악 지대를 생각한다. 그곳은 농학자들의 견해에 따르면 추위와 습기가 아주 끔찍한 결과를 초래하는 지역이다.[164] 그곳에서 수확을 위태롭게 하는 것은 추위와 습기다. 그리고 아마도 그런 상황에서 추위와 습기는 프랑스의 큰 시장들에서 정확히 동시에 발생한 곡가 앙등의 전체적 움직임[165]과 무관하지 않을 것이다. 예컨대 1590~1601, 1640~43, 1647~51, 1690~1700, 1711~13, 1725, 1739~40, 1746~52, 1767~73, 그리고 마지막이긴 하지만 가장 약하지는 않았던, 19세기의 전형적인 '강우에 의한 기아'가 발생한 1816~17년의 추위와 습기다. 나는 오직 수확의 역사에 대한 국가적인 차원에서의 조사만이 해답을 줄 수 있는 이 문제에 대해서는 이 정도로 그치려 한다.

II. 추운 계절

포도수확 덕분에 '좋은 계절'(3월~9월)에 대해서는 어느 정도 알게 되었다. 그러나 추운 계절(10월~2월)은 아직 조사되지 않은 채 남아 있다. 이 어둠을 밝히기에는 생물계절학적 자료가 부족하다. 겨울을 연

---

164) Samson, 1956, 특히 Geslin, 1935, 1936, 1937 참조. 이 자료들은 지나치게 많은 비가 파종에 얼마나 피해를 주며, 땅을 적셔서 풀을 웃자라게 하고, 농작물을 쓰러뜨리는지 보여준다. 그리고 "증발 현상으로 건조 현상이 높아질수록" 비례해서 최종적인 수확은 많아짐을 알게 해준다. 1725년은 비가 많이 와서 잡풀이 밀을 질식사시켰음: AD Dordogne, E, 보충자료, 895; 곡물에 비가 내림, "여린 가슴은 고통을 느꼈다"(Rozier, 1785, '귀리' 항목).

165) Baulant, Meuvret, 1962, II, 152, 153쪽; Goubert, 1960, 도해집 도판 61; Labrousse, 1933, 98쪽; 1816~17년에 대해서는 Bertier de Sauvigny, 1955, 292쪽.

구하는 데 의지할 수 있는 유일한 자료는 오늘날의 유사한 관측표와 비교 가능한 옛날의 기상관측 자료들(18세기의 관찰들)이다.

체계적 관찰들

자료들이 여기 있다.[166] 장 앙투안 바동은 몽펠리에에서 35년 동안 매일 '레오뮈르 씨의 수은주'를 이용해서 대기의 기온을 측정했다. 수은주는 원칙에 따라 야외의 그늘진 곳에 두었다. 정오의 관측은(오직 이것만이 바동의 기록 가운데 연속적인 기록이다) 아주 훌륭한 것으로 보인다. 이 관측은 많은 일치 실험을 거뜬히 통과한다. 예컨대 이 관측은 아침자료가 있는 경우 그 아침 자료와도 매일 평행으로 변한다. 또한 이 관측자료들은 1772년에 몽펠리에에서 아주 가까운 무르그에서 얻은 자료와도 잘 일치한다. 마지막으로 해당 지역의 포도수확일자 및 파리의 기온 등도 다소 차이가 있긴 하지만, 아주 긍정적인 상관관계를 보여준다.[167]

바동이 작성한 몇 만에 이르는 정오의 관측자료들을 검토하는 연구의 제2단계로 넘어가자. 이러한 검토는 이미 근 1세기 전에 몽펠리에 공대 교수인 로슈가 자료 전반에 걸쳐 실시했다.[168] 그리고 그것은 아주 정확한 조사였다. 나는 바동의 필사본을 토대로 로슈의 평균계산을 검토해 보았는데,[169] 똑같은 결과를 얻었다.

바동은 14년 동안(1757~70)은 오후 3시에 관측했으며, 22년 동안(1771~92)은 정오에 관측했다. 우리는 아주 훌륭한 관측자료 덕분에 몽펠리에에서의 매해 매월 정오의 기온과 오후 3시의 기온 사이의 평균 차이를 아주 정확하게 알 수 있다.[170] 처음 14년 동안의 월평균에 대한

166) ADH, D 140, 141, 142.
167) 일치관계에 대해서는 An. 3과 T. C. 참조.
168) Roche, 1881.
169) An. 6.
170) An. 7.

〈표-1〉 월평균 최고기온

단위: °(섭씨-도)

		바 동	샤프탈	차 이
		1756~92	1873~1922	
겨울	12월	10	11.9	+1.9
	1월	9.9	11.3	+1.4
	2월	12	13.1	+1.1
봄	3월	15	15.9	+0.9
	4월	19.5	19.1	-0.4
	5월	23.4	23.6	+0.2
여름	6월	28	27.8	-0.2
	7월	31.3	31.4	+0.1
	8월	30.2	30.6	+0.4
가을	9월	26	26.5	+0.5
	10월	19.2	20.6	+1.4
	11월	13.5	15.3	+1.8
연평균		19.8	20.6	+0.8

간단한 수정으로 바동의 모든 자료를 '정오'로 되돌려놓을 수 있으며, 그 자료를 엄밀한 정오의 자료가 되게 할 수 있다.[171] 이상적인 것은 이 자료를 그것과 정확히 대응하는 20세기의 장기적인 정오 자료와 비교하는 것이다. 그러나 그런 자료는 존재하지 않는다. 대신 다른 곳과 마찬가지로 몽펠리에에도 1875년에서 1959년 사이의 아주 훌륭한 '정오' 자료가 있다. 매일 최고기온에 관한 자료가 그것이다.[172] 이 지역에서 12시에 측정된 정오의 기온과 최고기온 사이의 매해 매달 평균 기온 차는 10년 동안의 관측자료에 근거한 로슈의 연구 덕분에 우리에게 정확

171) An. 7.

172) 농업학교 기상관측소의 관찰 자료로서, 1920년 『에로 기상학회지』(*Bulletin météorologique de l'Hérault*)에 발표되었다. 그리고 나머지는 관측소 고문서 자료 속에 들어 있다. 이 자료는 고다르(M. Godard)가 고맙게도 내게 전해주었다.

히 알려져 있다.[173)]

이 차이를 고려해서 일단 한 차례의 수정을 거치면, 1757~92년 사이의 월평균 정오의 기온에서 같은 시기의 월평균 최고기온을 아주 근사치로 추정해낼 수 있다.[174)]

이제 남은 일은 1752~92년 사이의 월평균 최고기온을 기상학자인 샤프탈이 몽펠리에 지역을 위해 계산해서 발표한 1873~1922년 사이의 월평균 최고기온과 비교해보는 일이다.[175)]

〈표-1〉의 결론은 다른 곳에서 실시한 많은 연구들과 일치하는 것으로, 랑그도크의 기온은 18세기 이래 약간(연평균 +0.8°) 올라가고 있었다는 사실이다. 그러나――그리고 중요한 것은 바로 이 점인데――이 온도의 상승은 계절에 따라 매우 다르게 나타난다. 기온은 생장 시기에는 변화가 없다. 봄에서 여름의 기온 변동은, 비록 그 폭이 크기는 하지만, 세기적으로는 안정적이다. 그리고 오늘날에도, 좋은 계절은 18세기보다 별로 덥지 않다. 그 차이는 영점 몇 도에 불과하다. 심지어 4월은 더 추워졌다. 포도재배자들을 실망시키는 봄 추위는 루이 15세와 루이 16세 시대만큼이나 그레비*나 팔리에르** 시대에도 잦다. 반대로 추운 계절(10월~3월)은 뚜렷하고도 강한 기온 상승을 보여준다. 과거의 겨울은, 특히 1월은 오늘날의 겨울보다 훨씬 추웠다. 차이는 평균 1도 4분으로, 18세기보다 우리 시대가 더 따뜻하다.

1873~1959년의 기간을 모두 고려한 장기적인 비교는 〈표-2〉 같은 자료를 우리에게 보여준다.

여기서 20세기의 '온난화' 현상은 단지 도시화 현상, 즉 몽펠리에 같은 대도시의 발전이 초래한 인위적인 기후 변화 때문일지도 모른다고

---

173) An. 7.

174) An. 7.

175) Chaptal, 1928.

* Grévy: 프랑스 제3공화국의 제3대 대통령(1879~87년 재임).

** Fallières: 프랑스 제3공화국의 제8대 대통령(1906~13년 재임).

〈표-2〉 몽펠리에의 월평균 최고기온

단위: °(섭씨-도)

		1757~92	1873~1959	차 이
겨울	12월	10	11.7	+1.7
	1월	9.9	11.1	+1.2
	2월	12	12.9	+0.9
봄	3월	15	15.9	+0.9
	4월	19.5	19.1	-0.4
	5월	23.4	23.4	0
여름	6월	28	27.7	-0.3
	7월	31.3	31.2	-0.1
	8월	30.2	30.4	+0.2
가을	9월	26	26.4	+0.4
	10월	19.2	20.5	+1.3
	11월	13.5	15.2	+1.7
연평균		19.8	20.5	+0.7

반박할 수 있다. 그러나 그런 반박은, 이미 논박되었지만, 여기에서도 아무 근거가 없는 것으로 확인되었다.[176] 몽펠리에의 기상관측소는 아주 시골, 그것도 도시화에 의한 가열 현상이 전혀 영향을 미칠 수 없는 벨 에르(Bel-Air)라는 곳의 커다란 농업학교에 자리 잡고 있기 때문이다. 따라서 오늘날의 겨울 온난화 현상은 도시화에 의한 미시 기후가 아니라 전체 기후에 그 원인이 있다. 그렇다면 과거의 겨울 추위를 바동이 사용한 온도계의 결함——어떤 이유에서였건 0도가 약간 위에 그려진——으로 돌릴 수 있을까? 그러나 이 경우에는 추운 계절만이 아니라 봄과 여름을 포함하는 모든 달에 동일하게 오류가 나타났어야 할 것이다. 따라서 온도계의 오류는 나쁜 계절에만 영향을 주는 선택적인 온도의 편차가 아니라 일반적인 편차를 설명할 수 있을 것이다.

사실, 상식에 근거한 정상적이고 합리적인 비판은 절대적인 고정론

176) Eythorsson, 1949, 47, 48, 52쪽; Willett, 1950, 205쪽.

쪽으로 그 화살을 돌려야 한다. 옛날의 모든 다른 자료들이 부정하려고 매달린 기후의 불변성을 랑그도크의 자료들이 확인시켜준다면 그것은 기적 같은 일일 것이다. 오늘날의 겨울 온난화 현상(1도에서 2도)과 과거의 겨울 혹한──18세기, 1850년경까지 이르는 19세기 초──은 관측 자료들이 오래되었고 연속적일 경우, 유럽과 아메리카의 모든 관측소에서 확인되는 일반적인 현상이다.[177] 겨울에 다른 모든 곳에서는 세기적인 느린 박동을 보이는데, 아무리 작은 오아시스라고 해도 몽펠리에와 랑그도크만 예외적으로 변하지 않을 수 있었을까?

더 추운 겨울이란 우리 지역에서는 이른 결빙과 눈을 의미한다. 지중해 지역의 호기심거리인 첫눈은 기상일지라 할 수 있는 과거의 기상관측 기록부에건 근대의 관측소 장부에건 항상 착실하게 기록되었다. 그래서 우리는 아주 오래되었으면서도 완벽한 '첫눈' 관련 자료를 얻을 수 있다.[178] 1737~92년에 몽펠리에의 첫눈은 1873~1922년의 첫눈 날짜에 비해 대체로 1주일에서 열흘 정도 빨랐다. 1737~92년의 국면에서, 몽펠리에에서 10월 20일부터 11월 30일 사이에 첫눈이 극히 일찍 내린 해는 6년이었다. 반대로 1873~1922년 사이에는 1914년 11월 20일에 첫눈이 단 한 번 내렸을 뿐이었다. 이런 역설적인 강설 기록을 과거의 관측자들이 철저히 위조한 것으로 볼 수 있을까? 그처럼 만장일치로 그 사실을 알리고 있는데도?

이 부분에서도 랑그도크의 자료는 일반적인 규칙과 일치하는 또 하나

177) 예컨대 Paris, Annecy; 네덜란드와 영국 중부의 관측소들; Bergen; Hambourg, Munich, Vienne, Budapest; Varsovie; Aberdeen; Edimbourg; Tartu, Haparanda, Upsala, Göteborg; Moscou, Sverdlovsk; Barnaoul, Verkhoiansk; Stikkisholmur, Upernivik(아일랜드); Buffalo, Chicago, La Nouvelle-Orléans, Bismarck, Portland, San Francisco, New Haven, Saint-Paul, Saint-Louis, Washington; Buenos Ayres; Le Cap 등등: Wagner, 1940, 10~12쪽 참조; Willett, 1950; Pédelaborde, 1957; Mougin, 1912(Annecy의 자료); Glasspoole, 1952; Manley, 1953; Ahlmann, 1949; Roulleau, 1958; Mitchell, 1961.

178) Gr. 3.

의 경우를 보태고 있을 뿐이다. 18~19세기 자료들[179]은 북반구의 위도상 추운 지역 또는 좀 따뜻한 지역 어느 곳이든 과거의 강추위가 불러온 조기 강설과 추위에 관한 기록들을 보여준다. 파리, 핀란드, 러시아, 일본, 아메리카 그리고 우리와 아주 가까운 알프스에서, 바로 그 추위가 1700년과 1850년 사이의 자료들, 토지대장 그리고 그 시대의 목판화에 나타나는 방대한 만년설과 빙하를 형성시켰다.[180]

다른 지표로는 지중해 연안 바다의 결빙이다. 최근의 연구에 따르면 1323년에서 1709년까지는 결빙이 전혀 없었다.[181] 그런데 나는 18세기 후반에만 결빙에 대한 기록을 두 번 발견했다. 1766년에는 아그드 근처에서, 1789년에는 마르세유 항구에서.[182] 마찬가지로 20세기에는 희귀한 사건으로 여겨지는 바-론 지방을 포함한 론 강 전체의 결빙이 18세기의 42년 동안 분명히 6번 확인된다. 1748년 1월, 보케르와 타라스콩 사이의 강이 '18팡[183] 두께'로 얼었다. 60캥탈의 마차들이나 대대 규모의 군대, 프로방스 주둔군을 위한 황소들이 아주 쉽게 그 강을 건널 수 있을 정도였다.[184]

또 1755년 1월, 1766년 1월, 1768년 1월, 1776년 1월, 1789년 1월, 아를과 아비뇽을 지나는 론 강이 '엄청난 두께로' 얼어붙었으며, 굉음을 내며 얼음이 깨진 마지막 해빙기까지 론 강은 마차 길과 스케이트장 구실을 했다.

18세기에 지중해의 추위는 올리브나무들에 손상을 입혀 재배자들을 절망에 빠뜨렸다. 1745, 1748, 1755, 1766, 1768, 1776, 1782년이 그

179) Pédelaborde, 1957; Sokolov, 1955, 96~98쪽; Arakawa, 1955, 1956; Kassner, 1935; Mougin, 1912, 206~208쪽.

180) 빙하들: Mougin, 1912; Grüner, 1770: 론 강과 그린델발트의 빙하를 그린 도판들.

181) E. Rougetet, 1957.

182) T. C.에서 사건 서술에 할애된 부록.

183) 1팡은 0.25미터.

184) T. C.

렸다. 1789년에도, 강추위가 리스본, 로마, 콘스탄티노플에 맹공을 가하고, 템스 강이 낚시꾼들의 다래끼로 뒤덮이고, 론 강에 14팡 두께로 얼음이 얼었을 때, 지중해 연안 올리브 재배지들은 엄청난 재난을 겪었다. 피해는 이전의 어느 해보다 심해서 1709년의 참상을 능가하지는 못한다고 해도 거의 그것에 육박했다.[185]

종합적으로 보면, 올리브나무의 경우 5년마다 또는 적어도 7년이나 8년마다 재난이 닥쳤다. 19세기 중반에도 올리브 재배 전문가들은 그런 리듬을 정상적인 것으로 생각했다.[186] 20세기의 온화한 날씨와 비교할 때 얼마나 대조적인가! 한 꼼꼼한 연구에 따르면, 1892년에서 1955년 사이에 프랑스에서는 올리브나무 참해 사건이 세 번밖에 확인되지 않는다. 1905, 1914 그리고 1929년.[187]

올리브 재배에 관한 프랑스 제일의 전문가 가운데 한 사람인 피에르 르노는 1952년에 다음과 같이 썼다. "1929년 이래 몇 해 겨울은 아주 추웠지만 에로 지방의 올리브나무들은 추위 피해를 입은 적이 없다."[188] 그에 따르면 올리브나무 줄기는 평균 20년에 한 번 정도 동해(凍害) 위협을 받을 뿐이다. 이는 과거보다 3, 4배 늦어진 리듬이다. 1956년의 혹한은 르노의 통계를 확인시켜주기라도 하듯이 때맞춰 왔다. 그것은 25년 동안의 안정기 후에 마치 마른하늘에 날벼락 내리듯이 왔다.[189]

론 강의 대결빙과 올리브나무의 참해를 좀더 큰 시간 간격에서 판단

185) T. C.

186) 프랑콜리니(1923)가 인용한 드 펜과 뒤 브뢰이유; 프로방스에서 올리브나무 한파 피해는 1792, 1795, 1796, 1802, 1812, 1820, 1824, 1830, 1844, 1849, 1855, 1864, 1871년에 있었는데, 이에 대해서는 Masson, 1913~37, VII, 483쪽과 Francolini, 1923, 65쪽 참조.

187) '몽펠리에 농업학교 기상학 관측소의 기상과 농업에 관한 주석'에 나오는 연구(E.N.A 고문서); 『에로 기상학회지』; 『몽펠리에 농업학교 연보』; Cabane, 1942; Daumas, 1952, 33쪽; Masson, 1913, VII, 483쪽; Tregaro, 1931; Marres, 1924~25, 215쪽.

188) P. Renaud, 1952.

189) 1956년의 재난에 대해서는 Revoil, 1958 참조.

해볼 때, 오늘날은 과거보다 이 두 현상에 필요한 (다른 어떤 조건들보다도)[190] 온도 조건(-10°C)을 충족시키지 못하는 것 같다. 그리고 그 역도 마찬가지다. 18세기 후반의 겨울 최저 평균기온이 내려가면 내려가는 만큼 하천을 결빙시키고 올리브나무를 얼어죽게 만든 혹한은 더 잦아졌다. 방법적으로 분류된 일련의 사건 자료들은 온도 곡선을 확인시켜준다.

명백한 결론은 18세기에는 겨울 결빙이 남부 프랑스 농민들의 생산, 그리고 심지어 농업자본(나무들, 포도나무들, 가축들)에까지 무거운 조세를 미리 떼어간 것이나 다름없었다는 사실이다. 올리브나무만 위험에 처한 것은 아니었다. 포도나무도 똑같은 표본적인 예다. 포도나무 그루터기에 치명적인 손상을 입히는 추위는 19세기에는 드물었지만—1956년의 추위는 남부의 포도재배자들을 놀라게 했다—1745년에서 66년 사이에는 잦았다. 21년 사이에 네 번(1745, 1752, 1755, 1766)이나 강추위가 랑그도크의 포도밭을 덮쳤다. 곡물에도 마찬가지다. 18세기에는 자주—오늘날보다 더 자주—겨울 강추위가 내륙지방과 심지어는 지중해 연안 지방의 밭에 뿌린 종자까지 죽여버렸다.

1748, 1749, 1753, 1755년(이해는 랑그도크와 프로방스가 온통 '하얗게 눈 덮인' 해였다. 한겨울에는 이 지역들이 페루의 안데스 산맥 꼭대기를 연상시킬 정도였다), 그리고 1766년과 1768년이 그런 해였다. 가축들 역시 추운 겨울을 지내기 힘들었다. 영*은 1786년의 1월을 이렇게 묘사했다. 크로 평원은 눈으로 뒤덮였으며, 미친 듯한 미스트랄**은 가축들을 그들의 목초지에서 4~5리 떨어진 곳으로 끌고 갔는가 하면 여행자, 목동, 양들을 얼어죽게 만들었다.[191]

---

190) 올리브나무들을 죽게 만든 결정적인 조건들 가운데 특히 지적해야 할 것은 서리가 막 내리기 직전에 수액이 올라왔다는 점이다.

* Arthur Young: 영국의 농학자로 프랑스 여행기를 남겼다.

** 프랑스 남부 지방에 부는 북풍 또는 북서풍.

191) 이 모든 사태들(포도나무, 곡물, 가축)에 대해서는 T. C.의 해당 연도 참조.

18세기에 겨울 추위로 생긴 피해를 결산해보자. 수치화하기는 어렵지만, 그것은 극심했다. 포도밭의 일부, 파종한 땅의 60퍼센트, 프랑스 올리브나무의 90퍼센트를 엉망으로 만들어놓으면서, 전국적으로 줄잡아도 2천억 프랑의 농경 피해를 가져온 1956년 2월의 예외적인 추위를 상기해보자.[192] 그런 참해는 1740~90년 사이에 많았으며, 1900년과 60년 사이보다 더 많았고, 당시의 농경 상황으로 볼 때 훨씬 값비싼 비용을 지불하는 것이었다.

사건 자료들

1737년 이전까지 남부 프랑스에는 눈이나 기상에 관한 통계적인 관측 기록들이 없다. 그러나 몇몇 자료들은 15세기에서 18세기에 걸쳐 겨울이 일반적으로 어떤 변화를 겪었는지 흐릿하나마 빛을 비춰준다.[193]

우선 1430~50년의 아주 뚜렷한 혹한을 보자. 이 결정적인 정보는 콩타 지방의 공증자료를 이 잡듯이 뒤진 이아생트 쇼보 덕이다. 1432년, 올리브나무들이 치명적인 동해를 입었다. 1435년, "겨울은 사람들이 기억하는 어느 해보다 춥고 쌀쌀"했으며, 1436년과 37년 역시 추위가 극심했다.

1443년, 샤를 7세는 70인치가 넘는 눈 때문에 몽토방 지방에 갇혔다. 맹추위는 성 앙드레 축일*부터 3월까지 지속되었다. 편도나무들이 한 달이나 늦게 꽃을 피웠으며, 남서부 지대의 포도나무들이 동해를 입었다. 1445년과 47년의 겨울은 춥고 지루했다. 1450년, 올리브나무들이 치명적인 동해를 입었다. 전체적으로, 18년 동안 7~8회의 동해가 있었다. 마찬가지의 혹한기가 파리, 독일, 폴란드, 심지어는 일본에서도 확인된다……[194] 1450년 이후에도 혹독한 겨울 피해가 보인다. 그러나

---

192) 『관보』, 경제위원회 보고서(1956년 6월): 1956년의 결빙 피해들.

193) 이 사건과 관련된 이후의 기록은 T. C. 참조.

* 11월 30일.

194) Pédelaborde, 1957; Flohn, 1949~50(1429~65년의 추웠던 겨울);

1460, 1471, 1476년의 간격은 벌써 그 피해가 뜸해지고 있음을 알려준다. 1491년의 강추위는 포도나무와 올리브나무들을 죽였으며, 두 달 동안 마르세유 시민들의 발을 집에 묶어두었다. 1493년 12월 크리스마스에 제노바 항구가 얼어붙었다.

16세기에는 1430년에서 50년 기간보다 자료가 훨씬 풍부하다. 그러나 혹한의 겨울은 1495년에서 1555년 사이에 그 수가 최소로 줄어든다. 1506년만이 유례없이 추웠던 겨울로 기록된다. 그해 겨울, 론 강, 바다, 올리브나무들, 빵, 포도, 고기, 계란이 모두 얼어붙었다. "날계란을 마치 삶은 계란처럼 껍질을 벗길 수 있을 정도"였다. 추운 해(1523, 1544)가 있었고, 눈이 많은 해도 있었다. 반면 1495, 1505년(그해 겨울엔 1월에 장미꽃이 피었다), 1528~34년, 1552년 겨울은 아주 따뜻했다. 한동안이었지만 겨울 날씨가 20세기의 겨울과 아주 흡사했다. 혹한의 겨울도 아주 드물었다.

1555년부터, 특히 1565년부터 16세기 후반의 겨울을 특징짓는 혹독한 겨울 날씨가 선을 보인다. 1565년에서 74년에 이르는 10년은 18세기와 비교해봐도 믿을 수 없을 정도로 추웠다. 4년 동안 혹한의 겨울이 '의외로 맹렬하게' 거의 연달아 왔다. 수많은 텍스트들이 증언하고 있듯이, 네 차례나 올리브나무들이 죽고, 론 강은 4년 연달아 얼어붙었다. 1565년 12월~66년 1월, 1569년 12월~70년 3월, 1571년 1월~2월, 1572년 11월~73년 2월. 그리고 나머지 6년의 겨울도 결코 온난하지 않았다. 결과는 참혹했다. 극심한 올리브 기근으로[195] 기름 단지는 거의 텅 비고, 오렌지나무 · 계수나무는 절멸되고, 씨앗은 솟아오르지 못한 채 땅 속에서 3개월 이상 머물러 곳간의 밀만큼이나 단단해졌다. 곡물이 귀해지면서 길에서 죽어가는 헐벗고 굶주린 사람들이 속출했다.

이후에는 완전히 추운 겨울이 자리 잡은 것 같다. 일람표에서[196] 가장

Walawender, 1932, 103~107쪽(1460년의 혹독한 겨울); Arakawa, 1955.

195) Gr. 29.

196) 이 일람표는 T. C.에 있다.

뚜렷한 경우들만 보면, 론 강에는 1590, 1595, 1603년 그리고 어느 정도는 1608년에도, 1616, 1624…… 노새, 대포, 마차를 견딜 수 있을 만큼 아주 두꺼운 얼음이 얼었다. 마르세유에서는, 1595, 1638년(이해에는 물이 갤리선 근처에서 얼었다), 1670년(이해에는 물이 뭍 쪽은 50팡, 깊은 물 쪽은 18팡 두께로 얼었다) 그리고 물론 1709년에는 바다가 얼어붙었다. 올리브나무에 치명적인 추위가 15세기에는 꽤 빈번했지만 1492년에서 1564년 사이에는 사실상 사라졌는데(1506년 단 한 번의 경우를 제외하면), 이 시기가 지나면서 놀라울 정도로 급증했다. 1565, 1569, 1571, 1573, 1587, 1595, 1600, 1616, 1624, 1638, 1658, 1660, 1665, 1670, 1680(또는 1681?), 1684, 1694(또는 1695?), 1709년이 그해들이다. 150년 동안에 18번 나타난다. 평균 8년에 한 번꼴이다. 20세기나 16세기 초의 평화롭고 완만한 리듬하고는 딴판이다. 오히려 이 리듬은 1740~90년과 마찬가지로 혹한을 동반하는 급하고 숨가쁜 리듬이다.

농민들은 위험을 감지했다. 1492년에서 1564년 사이, 농민들은 따뜻한 겨울과 시장의 활황에 힘입어 어린 올리브나무(에스타크)를 많이 심었다.[197] 18세기에 그들은 조심했다. 이미 1670년경에, 다게소*는 랑그도크 지방의 올리브나무를 거듭 강타한 추위에 관심을 기울였다.[198] 님 교구를 위시한 몇몇 교구에서는 올리브나무가 동해를 입고 거의 모두 사라졌다. 1700년경에 피해는 더욱 심했다. 1694~97년, 특히 1709년의 대혹한은 기름 시장의 완전한 불균형을 초래하면서 값을 1685년에서 1710년 사이에 두 배로 올려놓았다. 한 세기 동안 밀 가격과 그밖의 다른 식품 가격은 한참 뒤로 밀려났다.[199] 지중해 지역의 올리브 재배지, 특히 나르본의 올리브 재배지는 극심한 참해를 당해 1709년 이후에

197) 이 책, 제1권, 347쪽 참조.

* D'Aguesseau: 17세기 말에서 18세기 초의 프랑스 행정가, 정치가.

198) D'Aguesseau, 툴루즈 시립도서관의 필사본 603.

199) Gr. 14; Gr. 29.

는 아예 낙오하고 말았다. 이후 남부 프랑스의 올리브 재배지는 마그레브, 에스파냐, 이탈리아 등 기후적으로 입지 조건이 좋은 경쟁 지역들에 패권을 넘긴다.[200)]

*

사실, 잘 입증된 18세기의 겨울 혹한은 이미 이전에, 말하자면 16세기 말 그러니까 1560년경부터(1570년에서 1800년 사이, 알프스 산맥에서 빙하가 장기간에 걸쳐 증가한 것을 동시에 생각해보자)[201)] '자리 잡았던' 것으로 여겨진다. 거꾸로 오늘날의 온난한 겨울과 비교될 수 있는 겨울은 16세기 초반(1495~1555)까지 시간을 한참 거슬러 올라가 봐야 확인된다.

이 같은 세기 단위의 진동에서 우리는 인과관계를 예측할 수 있다. 원인은 아마 혹한을 일으키는 대륙성 고기압——중부 유럽, 러시아, 핀란드, 스칸디나비아의 고기압——에 의해 장기지속적으로 일어나는 매우 완만한 이동, 확장, 축소의 움직임에 있는 것 같다. 그리고 이 같은 움직임의 근원에는 아마 (여름의 경우와 마찬가지로) 전반적인 대기 순환상의 어떤 변화들이 있을 것이다.[202)]

결과로는, 남부 프랑스로 지나치게 북쪽까지 유배되어왔다가 귀화한 지 얼마 안 되는, 한파 때문에 고생한 아랍 지역의 토속 나무인 올리브나무에 특히 뚜렷이 나타난다. 그러나 올리브나무가 표본적인 예를 제공해주고는 있지만 그것이 유일한 예는 아니다. 랑그도크, 카마르그, 콩타 등지에서는 1560년 이래 혹한이 한 차례 이상 올리브나무뿐만 아니라 묘판, 포도나무, 특히 가축을 절멸시켰다.[203)]

---

200) 이 책, 제2권, 313, 314쪽 참조.

201) Mougin, 1912; Kinzl, 1932 등등(Le Roy Ladurie, 1960, 텍스트와 인용 참조); 1570년부터 만년설이 늘어남: Heim, 1885, 500쪽.

202) 이 모든 문제에 대해서는 Pédelaborde, 1957, 75~91쪽과 402~424쪽 참조.

지중해의 겨울은 그 온화함으로 유명하다. 그러나 근대에는 겨울이 그 매서운 발톱으로 오늘날보다 더 자주 농작물에 치명적인 공격을 가했다.

---

203) 랑그도크, 카마르그, 콩타에서 대한파로 가축이 피해를 본 해는 1600, 1603, 1608, 1650, 1663, 1665, 1681, 1694, 1695, 1709, 1731……; 포도나무들이 한파 피해를 본 해는 1573, 1624, 1665, 1694, 1697, 1709, 1729……; 파종한 곡물들이 피해를 본 해는 1565, 1600, 1608, 1694, 1709, 1716, 1728, 1729, 1731……(*T. C.* 참조).

제2장 남부의 식물과 기술들

I. 초목 문명

기후에 대한 연구는 초목 문명의 역사로 이어진다. 이제 그 상태와 변덕이 밝혀진 기후 아래서, 그런 하늘 아래서 사람들은 어떤 초목을 재배했을까? 이 질문을 던지는 것은 암반에 대한 연구에 들어가기 전에 먼저 기후에 대해, 그다음에는 초목에 대해 관심을 갖는 토양 전문가들의 분석 방법을 따르는 것이다. 무엇보다도 이 질문은 진정한 농업사로 가는 길을 열어준다. 장 뫼브레가 증명했듯이,[1] 진정한 농업사는 윤작의 리듬, 공동 방목, 경작지의 형태 등을 무한정 묘사하는 것으로 제한될 수 없다. 농업사는 일차적으로 모든 농촌 생활의 근본을 이루는 '생물학적 기초'에서 출발해야 한다. 작물들—옛날 남부 프랑스에서는 곡물, 포도, 올리브나무, 나무딸기, '야채'—은 농사일, 기술, 농부들의 생계 등의 복잡한 사이클에 일차적인 책임이 있지 않을까? 그런데 이러한 식물들은 불변의 생물학적 존재로 나타난 것이 아니다. 그러기는커녕 그것들이 갖는 가소성(可塑性) 또는 인간이 그것에 가하는 끝없는 변형 때문에 역사의 대상이다. 이전에 없던 종이나 이국 변종의 도입, 유전자 형질의 갱신, 개량, 경험적 선별, 교배 등 근대에 아주 일반적인 것이 되어버린 이 같은 현상은 사실, 농민, 원예사, 지주, 농학자 들의 창조적인 노력

---

1) Meuvret, 1955, 139쪽.

이 수반된 인간적인 시도다. 또한 그것은 초목, 종자, 염색체나 유전자를 창조하거나 빌려오는 가깝거나 먼 문명과 '문화적' 접촉을 유지하는 살아 있는 시도며, 수확의 양과 질의 향상, 다시 말해 인간의 소득과 생활 수준의 향상이 목적이라는 점에서 경제적으로 중요한 시도다.

이 문제들을 언급하는 자료들은 부족하지 않다. 그리고 우리는 수목에 관해 옛날의 역사가들이 했던 것처럼 식품 개선의 지표로서 유명 인사(교황청, 왕실, 제국)들의 소화불량에 관한 연대기 정도를 작성하려는 것도 아니다. 랑그도크 지방은 올리비에 드 세르에서 로지에, 가스파랭에 이르는 연구자들에게 농학의 정통적인 토지다. 랑그도크에는 공증인 문서, 원예 장부, 농가 일지, 파종에 대해 숙고에 숙고를 거듭한 지주 참사회원들의 회의록 등이 풍부하다. 정치적인 경계로 인위적으로는 구분되어 있지만 서로 긴밀한 관계를 유지하는 인근 원예 개선 센터들은 특히 풍부한 자료를 제공해준다. 이베리아 반도의 종자를 중계해주는 님(Nîmes)의 농원들과, 이탈리아의 원예 기술을 프랑스에 전달해주는 이탈리아의 비옥한 관개평야 말이다.

종자와 곡물의 품종들

종자를 보면 곡물을 알 수 있다. 밀 같은 곡물이 특히 우리의 관심을 끈다. 랑그도크에서는 3년이나 4년마다 종자의 종류를 바꾸지 않으면 곡물의 퇴화를 감수해야 했다. 그러면 무엇을 파종해야 할까? 옆에서 기르던 밀을? 그것은 바꾸는 것이 아니다. 환경을 바꾸어야 한다. 다시 말해 하루거리나 이틀거리 또는 그 이상 떨어진 곳에서 종자를 구해와야 한다. 리옹에서 나르본에 이르는 광활한 지역에 모두 동일한 규칙이 적용된다. 종자는 '내려가면' 안 되고 '올라가야' 한다. "직선거리로 120~160킬로미터에 이르는 리옹에서 지중해까지, 남부에서 북부로 올라가는 종자가 제일 좋은 종자다"[2]라고 세르는 말했다. 2세기 후 로지

2) Serres, II, 4.

에도 같은 말을 했다. "바닷가 또는 그 근처 몇십 리 안에 있는 밭의 곡물은, 더 따뜻한 기후 지역에 파종하지 않는 한, 멀리 가져가서 파종할 수 있다. 이 밀에는 다른 밀에는 없는 소금기가 있다."[3] '소금기'로 설명하는 것은 여인네들의 이야기다. 그러나 실제로도 그랬다. 근대에도 종자는 남부에서 북부로, 따뜻한 지역에서 추운 지역으로, 지중해에서 내륙으로 여행했다. 옛날 농학자들의 경험적인 이론은 농민들의 오랜 관습을 반영할 뿐이다. 그리고 사실, 텍스트들은 '바닷가 또는 그 근처 몇십 리'를 프랑스의 남동부 전 지역을 위한 밀 종자의 선택과 생산에 가장 이상적인 장소로 꼽았다. 이런 구역들은 나르본 지방(17~18세기),[4] 베지에 지방의 강 하류 지역(1650),[5] 토(Thau) 호수 유역(1586~97),[6] 카마르그 늪지 언저리(1688~90)[7]에 있다. 1688년부터, 재래종인 투젤 드 생-질은 남부 프랑스 전역에서 선호되었다. 참사회원들은 그 종자의 파종이 있기 전이면 성당 참사회 회의를 열어 번갈아가면서 냄새를 맡아보곤 했다……[8] 연안지방으로의 이러한 지역화에는 어떤 특별한 항속성이 있어 보인다. 최초의 농민들이 이곳 프랑스의 지중해

3) Rozier, 1785, '밀' 항목.

4) Expilly, 1762, '나르본' 항목: '밀 종자'의 생산지인 나르본 지방; AC Narbonne, BB, 회의록 참조; 1604년 11월 12일 임대계약서 참조.

5) 베지에의 시장에서 종자 밀이 매매됨, AC Béziers, HH, 예컨대 1640~60년경 곡물시세표 참조.

6) ADH, G 831, 1586년 장부, 특별 지출: "마르셀랑과 푸메롤(해안가 마을들)에서 좋은 종자 밀을 사와 생-피에르 소작지에 뿌렸다"; ADH, B 28: 파종할 밀 60스테레를 마르셀랑에서 사와 몽펠리에에 있는 사레 영주의 소작지에 뿌렸다(1597년 8월 28일).

7) 에마르그, 마르시아르그의 밭들은 종자 밀의 공급지였다; AC Montpellier, 기록, FF 미분류, 29-8-1690.

8) ADH, G 기록, 미분류, 몽펠리에 참사회 회의록: 1688년 8월 19일, 모랭의 밭에 종자를 바꿔 파종했다. 생-질에 사람을 보내 파종할 투젤 종을 가져오게 했다; 1688년 8월 24일: 콜랭 영주는 생-질에서 종자를 가져왔다; 캉파귀에의 농장주인 비달롱 영주의 종자가 참사회 회의 결과 가장 좋은 종자로 판명되었다. 300스테레를 가져오게 할 예정임.

연안지방에 자리 잡은 후 수천 년 동안 이곳은 곡물 종자를 경험적으로 선별하고 유지하기 위한 시험장이었고, 최고의 유전자 종자 저장고였다. 그리고 매해 이루어지는 연안에서 내륙으로의 종자의 북상은 곡물의 초기 이주 과정을 나름대로 재현하는 듯하다. 곡물의 대장정은 지중해 동부지방에서 지중해 연안으로, 그리고 북부의 땅으로 서서히 계속하여 퍼져나갔다.[9)]

게다가 투젤, 시에스, 세세트[10)] 등 랑그도크 연안지방의 밀들은 남쪽의 종자와 친족관계에 있다. 랑그도크의 종자들은 이베리아 반도나 이탈리아의 밀 종자권(圈)에 속한다. 붉은 털이 달린 시에스는 카탈루냐 지방에서 온 것이다. 우리는 그것의 점진적인 확산을 추적할 수 있다. 그것은 1580년에서 1760년 사이에 루시용에서 출발하여 나르본 지방과 로라게 지방 그리고 베지에 평원을 거의 점령했다.[11)] 하얗고 매끈한 투젤은 건강에 얼마나 좋은 밀가루를 생산했던지 루이 11세가 만년에 님 사람들에게 노새 14마리[12)]분을 특별 주문한 밀로, 이탈리아—프로방스 종자에서 파생되어 나온 듯하다.[13)] 동양 밀의 중간 거점인 이탈리아는 남부 프랑스의 영농업자들에게는 아무리 길어내도 끝이 없는 유전자 저장소 같은 곳이었다. 예컨대 18세기 말, 19세기 초 그들은 다르블레

9) Varagnac, 1959, 374, 379~390쪽.

10) 다음 책들 참조: 이들 지중해 연안 프랑스의 종자들에 대해서는 Serres, II, 4; Estienne, Liébault, éd., 1645, 11쪽; Gasparin, 1848, III, 603쪽 이하; Porteau, Vilmorin, 1843, '밀' 항목; Ratineau, 1945, 72쪽 이하.

11) Serres, II, 4; 16세기 바르셀로나의 세사스에 대해서는 Giralt, 1958, 40쪽; 정확히 1760년 2월부터 베지에의 시장에서 '벨 투젤'을 시에스가 완전히 밀어냈다. 곡물시세표, AC Béziers, HH, 1589~1791; 1700년경 루시용의 붉은 밀이 나르본의 흰 밀을 밀어냈다. Duthil, 1911, 137쪽에 인용된 Ballain-villiers 참조; 카스텔노다리의 시장에서 붉은 밀이 평원의 흰 밀과 경쟁하기 시작했다. AC Castelnaudary, HH 1, 1599년 이래의 곡물시세표에 따르면 1675년 12월 2일, 붉은 밀의 최초 가격은 1스테레에 4리브르였으며 흰 밀은 4리브르 10수였다.

12) Devic, éd., 1872~92, XI, 109쪽.

13) Serres, II, 4.

와 프랑수아 드 뇌샤토의 노력으로 수입된 피렌체의 밀, 시칠리아의 털 밀, 시칠리아의 사각 밀, 나폴리의 하얀 리셀을 파종했다.[14] 1930년 이후에도 리에티, 아르디토 등 이탈리아의 밀은 빌모랭의 도움으로 프로방스와 가론 지방 사이에서 아주 훌륭한 이력을 쌓았다.[15]

다른 수입 종자들은 더 먼 곳, 즉 원산지인 레반트 지방, 에게 해 연안, 흑해에서 직접 들어왔다. 예컨대 레반트 지방에서 수입된 밀의 일부는 1709년 겨울 이후 마르세유와 세트를 거쳐 프랑스 땅에 파종되었다.[16] 이어 프랑스 남부의 옛 곡물 종자로는 아비뇽 근처에서 자라는 마리아 노폴리 밀, 팔리카르처럼 털이 많은 크레타의 블뤼, 이집트의 밀인 스미른이 있었다.[17] 물론 1820년 이후에는 오데사나 타간로크 같은 흑해 연안의 밀들도 보인다.[18] 남부지방에서 이 같은 외국 밀이 발견되는 데에는 두 가지 이유가 있다. 우선 1334년에서 1885년 사이에 랑그도크와 프로방스 지역 주민들의 양식을 위해 비잔티움 밀, 터키 밀 그리고 러시아 밀을 계속적으로 구매한 것이 그 하나의 이유다.[19] 그리고 다른 한 가지 이유는 동양의 밀은 마르지 않는 양질의 종자 창고라고 할 만큼 유전적으로 풍부하다는 데 있다.[20] 근대의 종자 개발자들은 아직도 이따금 저항력이 강하거나 생산성이 높은 종자를 거기서 찾아냈다.

이제 남은 문제는 아프리카의 경종 밀과 그것이 랑그도크의 농경에 미친 영향에 대한 것이다. 이 밀은 사하라의 호가르 지방과 오아시스 지

---

14) Gasparin, 1848, III; Porteau, Vilmorin, 1843; Féral, 1957, 9쪽.

15) Ratineau, 1945, 80쪽 이하.

16) Rozier, 1805, '밀' 항목; Sorteau, 1952, 222쪽.

17) Porteau, Vilmorin, 1843; Rozier, 1785, '밀' 항목; Garola, 1914, 244쪽.

18) Porteau, Vilmorin, 1843; Féral, 1957, VIII, 9쪽.

19) Heyd, 1959, I, 479쪽(1334년 나르본의 범선이 콘스탄티노플의 밀을 에그모르트로 나르다); HCM, III, 379쪽과 V, 536~540쪽; PV, 1710년 11월과 1727년 1월~3월(레반트 지방과 에게 해의 밀에 대해); Tudez, 1934, 249쪽(19세기에 세트에 들어온 러시아 밀, 터키 밀, 이집트 밀에 대해).

20) Hayes, Immer, 1942, 214쪽.

대에서 생겨난 것이다. 베르베르인*들이 그것을 개량했으며, 아랍인들이 에스파냐에 보급했다.[21] 17세기에, 1670년 이후에, 특히 남부 프랑스인들은 바르바리아**의 밀, 검둥이 곶 밀, 이탈리아풍 베르미첼리 등의 다양한 이름과 형태로 불리던 그 밀을 프롤레타리아나 환자들의 식량으로 다량 소비했다.[22] 18세기의 어느 날——정확한 날짜는 기록에 남아 있지 않다——사람들은 이 밀을 연종 밀과 교배해서 파종하기로 결정했다. 이렇게 해서 생겨난 것이 로라게 지방에서 카마르그 지방까지 널리 퍼진 미타댕 밀로, 억수 같은 비에도 강하고 건조기에도 강하면서도 '가난한 사람들이 반죽 빵'을 만들어 먹기에 좋은 야생 밀이었다.[23] 사람들은 그 밀을 이국적 기원을 말해주거나 옛 아프리카의 과거를 떠오르게 하는 이름인 아프리카 밀, 에스파냐 밀 또는 오벤***이라고 불렀다.[24]

이렇게 우리 지역의 밀 종자는 16세기든 18세기든 모두 남쪽 지방에서 왔다. 그것들은 이탈리아, 에스파냐, 동방, 아프리카 연안에서 왔다. 이 분야에서 북부는 중요하지 않았다. 이따금 랑그도크와 프로방스 지역 사람들이 부르고뉴산 밀을 먹기도 했지만 결코 그쪽 밀을 파종하지

---

* Berbère: 북아프리카의 종족.

21) Furon, 1951, 93쪽; Camps, 1960, 77~78쪽; Guyot, 1946, 78~79쪽.

** 아프리카 북부의 베르베르인 거주 지역.

22) 바르바리아 밀은 15세기에는 남부 프랑스에 알려지지 않았다(H.C.M., II, 410쪽); 16, 17, 18세기에 대량 수입되었다(같은 책, III, 379쪽; IV, 139쪽); 검둥이 곶(Cap Nègre)에서 수입된 밀: "이 밀은 랑그도크의 밀 판매에 가장 큰 장애가 되는 밀이었다"(PV, 1701년 8월, 1717년 11월, 1717년 12월); 아비뇽에서 베르미셀의 제조에 대한 최초의 언급이 있었음: AD, Vaucluse, B 939, 1670년(알리베르에 대한 콩브의 재판); 몽펠리에 종합병원에서 베르미셀리의 구매에 대한 최초의 언급이 있었음, 1723년 5월 6일; 0리브르 12수의 가격에 2파운드 구매(몽펠리에 종합병원 고문서, E 273); 이외에도 많은 언급을 찾을 수 있음; 예컨대 같은 자료, E 285, 4-6-1766.

23) Montaugé, 1869, 8쪽.

*** 횡재라는 의미.

24) Gasparin, 1848, III, 603, 649쪽; Ratineau, 1945, 72~80쪽; Bonnier, 1911, XII, 61쪽; Porteau, Vilmorin, 1843.

는 않았다.[25] 정반대로, 프랑스 남부 지역이 오히려 북부 지역에 새로운 곡물 종자를 공급했다. 1600년경, 아를과 나르본의 종자들은 리옹까지 올라갔다.[26] 19세기, 툴루즈의 곡물 종자들은 보스 지방과 브리 지방의 낡은 밀 종자를 현지에서 격파하면서 위풍당당하게 파리까지 입성했다. 그리고 19세기에 이르면 갈리시아,* 터키, 인도의 밀들은 더 광범위하게 아메리카 중서부의 이랑에까지 묻혔다.[27] 종자가 걸어간 길은 그러므로 아주 분명하게 일방통행의 길로 그려진다. 종자는 지중해 연안에서 내륙으로 그리고 더 멀리에서 보면 동양에서 서양으로 서서히 흘러갔다.

과거의 포도품종

밀 다음에는 포도다. 종자 다음에는 포도품종이다. 우선 코트 뒤 론**의 포도밭으로 포도학[28]에 관한 역사기행을 떠나보자. 1554년에도 포도품종은 지방색이 짙어서 대체로 피카폴(오늘날 피크푸로 알려져 있는 품종)이었고, 여기저기 바카레스(아마 카마르그가 원산지인 듯한)가 조금, 그리고 이베리아 반도의 영향이 짙게 밴 이름의 스파놀리가 약간 있는 정도였다. 스파놀리는 세기말에 많아졌다. 1591~1626년, 콩타 지방의 공증인들은 에스페뇨, 스파뇨, 에스파뉴 품종이 다량 입하되었다고

25) 16~17세기 부르고뉴 밀의 구매에 대해: AC Narbonne, BB 57, 7-4-1555; ADH, B 22, 358, f° 22 v°(1577); H.C.M., III, 253, 375쪽(16세기); IV, 139쪽(1648).

26) Serres, II, 4.

* 에스파냐의 한 지방.

27) 1843년부터 빌모랭은 남부의 종자들이 북부에서 파종되고 있음을 확인한다(Porteau, Vilmorin, 1843); 남서부 종자들, 예컨대 노에(Noé), 자페(Japhet), 그로 블뢰(Gros Bleu) 등이 보스 지방과 브리 지방에서 거둔 성공에 대해서는 Garola, 1914, 211쪽 참조; 동양 밀이 아메리카에서 거둔 성공에 대해서는 Schnerb, 1955, 133쪽 참조.

** 론 강의 구릉지대.

28) 포도학(Ampélographie)은 포도나무와 그 품종에 관한 학문이다.

기록했다. 18세기에는 카탈루냐의 포도나무들이 나타났다. 동시에 남부에서 온 외지 품종들이 론 강의 계단식 포도밭을 기어 올라갔다. 베라르디, 위그나(1614~26) 같은 이탈리아산 품종, '마르셀'(1614) 같은 프로방스 품종, 테레,* 클레레트** 같은 랑그도크 품종들이 그것들이다. 그중 멀리 이베리아가 원산지인 테레는 1607년경에 이미 에로 계곡으로 귀화한 상태였으며 1616년에 콩타 지방에 상륙했다. 클레레트의 경우――흑해 지방이 원산지며 부드럽고 감미로운 포도주를 생산하는 품종으로, 1490년 랑그도크에서 처음으로 시험 재배되었다――나는 그 묘목을 마자랭 시대의 아그드와 베지에 사이의 참사회원, 장인, 선주 들의 작은 영지에서 처음 발견했다(1648~56). 콜베르 시대에 클레레트는 아비뇽까지 진출했다(1671).[29]

루이 13세 시대에 서쪽 지방, 즉 가르디올 산에서 아그드 곶에 이르는 리옹 만 연안을 보면 아직 테레, 피크풀, 푸이랄, 페이랄 등 지방 품종들이 독점했다.[30] 그러나 이베리아 품종 사단이 행군을 시작했다. 1656년, 헤로나종이 아그드에서 발견되었다.[31] 다음 세기에 이르면, 세트 지방의 도매상인들이 놀랍게 일찍 익는 에스파냐산 품종을 대량으로 도입했다.[32] 비교적 신중한 아그드의 참사회원들은 여러 토종 품종에 카탈

---

* 적포도.

** 연한 적포도.

29) 쇼보 자료집 5959에 있는 공증인들의 기록(포도나무 심기와 목록)에서, 코트 뒤 론의 옛 포도품종들에 대한 자료를 많이 얻을 수 있다; ADH, 공증인들, II E, 1-43, f° 127, 25-9-1607(아그드에 적포도 나무terret 심기); 랑그도크의 클레레트: *Album*···, 1937; 베지에 곡물시세표, 1650년; ADH, II E, 2-122, f° 116 v°, 23-12-1648; 2-152, f° 144 v°, 25-7-1656, 2-310, 25-8-1761 그리고 10-3-1770; 콩타의 클레레트: 쇼보 자료집, 5959~5967.

30) ADH, II E, 1-43, f° 127, 25-10-1607; 1-44, f° 115, 19-10-1608; 2-208, f° 152, 7-6-1635; 2-209, f° 241 v°, 5-11-1634; 2-210, f° 35 v°, 119, 226, 251, 3-6 그리고 30-10-1638, 20-1 그리고 7-12-1639; 2-211, f° 215, v° 그리고 238, 10월 그리고 14-11-1640.

31) ADH, II E, 2-152, f° 144 v°, 25-7-1656.

32) AC Frontignan, FF 2, 1-10-1783: 에스파냐산 포도나무를 심은 포도밭의 수

루냐종을 유사요법으로 섞어 기르는 정도로 만족했다.[33] 그러나 100년 뒤인 1860년경에 이르면 아라몽, 카리냥, 알리캉트, 그리고 에브르 분지*의 아라공 품종으로 15세기 제노바 품종의 먼 후손이기도 한 그르나슈 등의 이베리아 품종이 랑그도크를 완전히 점령했다.[34]

사향포도에 대한 언급을 빼놓을 수 없다. 사향포도는 이탈리아의 영향, 특히 서아시아 지방의 영향이 프랑스 남부의 포도밭에 지속적으로 미치고 있었음을 증명한다.[35] 이미 플리니우스***는 코트 뒤 론에 있는 보콩스족****의 거주 지역에서 그리스 품종들과 가까운 리쾨르*****를 생산하는 포도밭을 발견했다.[36] 1350년 이후 그리고 근대 내내 사향포도는 코르비에르, 가르디올 그리고 프랑스 남부의 산야를 뒤덮고 있는 남향의 석회암 지대를 점령했다.[37] 1500년부터 알려지기 시작한 가장

확을 10월 6일 한다는 공고. 다른 포도밭들은 10월 8일; 같은 자료, 22-9-1784: '세트의 도매상인' 루(Roux)는 늦된 공고에 불만을 가짐("에스파냐산 포도나무를 심은 포도밭의 포도가 너무 익어서 나무에 달린 채 썩고 있다").

33) ADH, II E, 2-310, 10-3-1770, 100스테레에 붉은 포도나무를 심었다. "반은 테레, 반은 모나스텔(monastel), 카탈랑(catalan), 위제스(Uzès)의 피크풀, 푸이랄, 페이랄(peyral) 그리고 포도주를 만들기 위해 약간의 베르달(verdals)과 클레레트를 심었다."

* 에스파냐 북부에 있는 에브르 강 유역.

34) Marres, 1950, 125쪽 이하; 그르나슈에 대해서는 Levadoux, 1961, 43쪽; Heers, 1961, 360쪽에 인용된 Gilles Le Bouvier의 텍스트 참조.

35) 보클뤼즈에서의 로마 사향포도, 혁명력** 4년, 쇼보 자료집, 5959~5967.

** 1789년 프랑스 혁명이 발발한 이후 1792년 9월 21일 공화정이 선포되었는데, 이때부터 혁명력 1년(l'an I)이 시작된다. 따라서 혁명력 4년은 1795년 9월 21일부터 1796년 9월 20일까지를 말한다.

*** 1세기 로마의 박물학자.

**** 옛 나르본 지방에 살던 골족.

***** liqueur: 달콤한 포도주.

36) Pline, XIV, 84.

37) 남부 지중해 연안의 사향포도나무에 대해 가장 오래된 텍스트는 다음과 같다. 아비뇽, 1364년, 비테 뮈스카델로룸(vites muscadellrorum)(AD Vaucluse, G 19, 주교의 회계장부, 쇼보 자료집); 몽펠리에, 무스카델(muscadel) 포도나무(생 피르맹 자료 1404~10, f° 13에 나타난 한 사례, 몽펠리에 고문서 목

유명한 특산 포도주는 프롱티냥과 미르발의 사향포도주다. 라블레는 팡타그뤼엘의 주연에서 그 술을 언급했으며, 볼테르는 자기의 종부성사를 위해 그 술을 요구했다.[38] 랑그도크의 사향포도도 리구리아*와 프로방스의 사촌 품종들처럼[39] 에게 해와 지중해 동부 연안의 오래된 과(科)에서 나왔다. 리쾨르 포도주를 생산하는 포도나무 품종은 이미 오래전에, 칸디아,** 사모스 섬, 키프로스 섬 그리고 말부아지 포도주로 유명한 키오스 섬에서 개발되었다.[40] 이 품종들은 그리스 포도의 수입항인 나폴리, 안달루시아, 리비에라를 통해 라틴 서양에 도입되었다.[41] 중세 말 그리고 16세기에 이르면 이 품종들은 프로방스와 랑그도크의 구릉지대에서 자라기 시작했다. "그리스, 이탈리아 또는 먼 데서 온 다른 포도들이 많은 곳에서 재배되었다. 예컨대 몽바상의 영주는 그리스 품종 하나를, 생-드즈리의 영주는 말부아지 품종을 재배했으며, 크로세트 품종은 멀리 칸디아에서 직접 가져온 것이다." 카탈루냐에서도 마찬가지였다. 1617년, 농경학자인 아우구스티 수도자는 사향포도, 카스틸란,

---

록, VI, 90쪽); 코르비에르 지방과 베지에 지방: "미네르브와 베지에 지방의 사향포도나무." 15세기 자료, Santi(1896), 337쪽, 주 3); 님(Nîmes)과 몽펠리에 사이의 산야에서 자라는 사향포도, Platter, 1892; 18세기의 랑그도크의 사향포도나무 품종(Passerille, Corinthe, Alexandrie)에 관한 연구, Rozier, 1785, '포도나무' 항목.

38) 1500~20년 프롱티냥의 콩푸아에는 사향포도에 대한 언급이 많다(AC Frontignan, CC; ADH, B 1031~1032); "프롱티냥, 미르발, 캉트페르드릭스의 포도주": Rabelais, *Pantagruel*, 5장; Voltaire, Audibert에게 보낸 편지, 1774년 12월 19일; Serres, III, 1과 III, 3.

* 프랑스 동남부에서 이탈리아 서부에 이르는 지역.

39) 15~16세기의 사향포도와 제노바 사향포도에 대해서는 Heers, 1961, 360쪽; Delumeau, 1959, I, 117쪽 이하. 15세기 마르세유 사향포도에 대해서는 H.C.M., II, 765쪽.

** 크레타 섬의 별칭.

40) 『케임브리지 경제사』, 1942, II, 123쪽; 특히 Heers, 1961, 418쪽(그중에도 '칸디아의 사향포도'에 대해서는 '성지 예루살렘 순방' 텍스트 참조); Delumeau, 1959, I, 117쪽 이하; Carpentier, 1962, 47쪽.

41) Heers, 1961, 420, 472쪽; Faucher, 1949, 278쪽.

말부아지, 그렉 등의 품종을 점검해보았다.[42)]

포도품종 분야에서, 서아시아 지방의 포도는 술을 마시지는 않지만 건포도를 많이 생산하던 아랍의 포도재배자들을 통해 영향을 미쳤다. 프롱티냥의 만생종 오지비종이 한 예다. 이 종은 낱알은 달걀 모양이고 포도송이는 날개를 단 것처럼 보이는 붉은 포도나무로, 16세기 농민들과 약제사들이 겨울에 지붕 처마 끝에 달아서 보관하던 건포도나 묘목을 생산했다. 그런데 오지비종은 그 이름이 증거하고 있듯이, 아랍인들, 더 구체적으로는 다마스커스의 포도재배자들의 모범적인 제자였던 에스파냐의 무어인들이 랑그도크에 준 선물로 보인다.[43)] 1677년에 몽펠리에에서는 마로캥종이 코린트종과 공존했다고 로크는 전한다. 이러한 이슬람 세계와의 접촉은 계속 이어지는데 1700년경, 예쁜 노란색 포도송이를 열매 맺는, 그러면서 햇빛을 받으면 호박빛을 발하는 알렉산드리아의 사향포도가 랑그도크에 정착했다. 사향포도는 출생지인 예멘에서 이집트, 안달루시아, 카탈루냐를 거쳐 남부 프랑스까지 오랫동안 여행을 했다. 이 이슬람종이 프랑스에서 보여주는 이력은 대단히 성공적이었다. 삽시간에 이슬람 사향포도는 과거의 흰색 사향포도종을 밀어냈다.[44)]

근대에 이베리아-이탈리아의 포도재배지와 그리스와 아랍의 동방 포도재배지의 영향을 받던 남부 프랑스의 포도 모판은, 이번에는 북부 포도재배자들의 단골 묘목 공급지가 된다. 다양한 밀 종자들이 그랬듯이 포도품종들의 여정도 일방통행이다. 1482년에서 1512년 사이, 생-제르

---

42) Serres, III, 2와 III, 4: 몽바쟁(Monbazin)과 생-드레제리(Saint-Drézery)는 몽펠리에 인근 마을이다; Augusti, 1617.

43) 오지비 묘목에 대한 묘사는 Marty, 1957; 오래된 언급들; Serres, III, 13; ADH, G 894, 임대장부, 1615: "프롱티냥의 오지비 포도선물"; "오지비 묘목 5캥탈"; 같은 자료, G 1147, 1657년 프롱티냥의 주교 순시; 에스파냐와 프롱티냥의 묘목 교역과 다마스커스 포도 교역: 콩타의 관세, 1593년, 쇼보 자료집, 5967; 오지비 도둑질, AC Montpeyroux, BB 3, 21-9-1710; 묘목 재배 기법, Platter, 1892.

44) Bois, 1927~37, III, 125쪽; Levadoux, 1961, 44쪽; Rozier, 1785, '포도나무' 항목; Locke, éd., 1953, 28~52쪽.

맹-데-프레 수도원의 수도원장은 새로운 포도를 만들어냈다. 그는 가까운 또는 먼 남부——발 드 루아르, 부르고뉴, 코트 뒤 론——에서 어린 포도나무를 가져오게 했다. 프랑수아 1세도 이와 다르지 않았다. 1531년, 몽토방 입구까지 뻗치는 포도밭을 소유하고 있던 자크 드 즈누이아크는 31마리의 노새에 샤슬라종을 가득 실어 왕에게 보냈다.

이 포도나무들을 이용하여 퐁텐블로의 유명한 왕실 덩굴 시렁 포도나무가 만들어지는데 토므리 포도나무, 파리 부르주아들의 시렁 포도나무, 북부 프랑스의 식탁 포도 등은 거기서 파생된 것이다. 최근의 모든 연구들은 포도품종들이 르네상스 시대에 파리의 포도밭으로 북상했음을 증명하고 있다. 그중 가장 두드러진 예는 뫼르소의 흰색 사비니앵과 특히 14세기 이전에 투렌, 솔로뉴, 오를레앙에 도입된 다음 그곳을 발판으로 사비니앵과 함께 1512년에 파리까지 진출한 오베르뉴산(産) 품종인 오베르나다.[45]

18세기에도 에스파냐와 포르투갈의 탱튀리에르 품종들이 오를레앙 지방에 이식되었다.[46] 세기에 세기를 거듭하면서 여러 품종들이 거듭 이식되었다. 예컨대 17세기에 이탈리아에서 콩타에 들어왔다가 18세기에 랑그도크에 도착한 이탈리아산 흰색 검은색 위그나의 모험이 그렇다. 100년 뒤 위그나는 보르도 지방의 생-테밀리옹까지 전진하며, 샤랑트까지 가서 그곳을 코냑의 주 생산지로 만들었다.[47]

북부의 포도밭이 기술적으로는 우월했더라도, 남부의 포도밭에 대한 유전적 열등성은 19세기에 이르도록 변하지 않았다.[48] 1800년 이전에

45) Imbart de la Tour, 1905, 221, 222쪽; 『프랑스 포도 앨범』(*Album des vins de France*), 1937; Fourquin, 1964, 81, 82쪽; Guérin, 1960, 80쪽; Bézard, 1929, 153쪽; Dion, 1933, 630쪽.

46) Rozier, 1785, '포도나무' 항목.

47) 이탈리아―샤랑트에 대해서는 Levadoux, 1961, 43쪽; 콩타에 대해서는 이 책, 제1권, 125쪽; 랑그도크(몽펠리에 지방)에 대해서는 필사본, Amoreux, 제2장(Tudez, 1934, 195쪽 참조).

48) Dion, 1959; 이 책, 제1권, 371쪽.

는 남부에서 북부에 단 한 그루의 포도나무도 요구한 적이 없다. 오히려 남부는 북부에 포도나무를 자주 제공했다. 현대의 포도학 용어로, 그루지아에서 바-랑그도크와 에스파냐에 이르는 지중해 지역 포도묘목군을 한데 묶어 프롤레 퐁티카(proles pontica)라 하고, 대서양과 북부 지역 포도묘목을 한데 묶어 프롤레 옥시덴탈리(proles occidentalis)라 한다.[49] 랑그도크와 콩타 지방의 자료들은 근대에 이르면서 프롤레 퐁티카가 자기 땅에서 프롤레 옥시텐탈리를 눌러 이겼음을 입증해준다. 골(Gaule)의 옛 포도품종인 피노가 대표적인 경우다. 1431년까지만 해도 그것은 아직 툴루즈 지방에서 언급되고 있었다.[50] 그러나 그 이후에는 언급이 없다.[51] 북부로 끊임없이 이주해가는 이베리아산이나 '흑해산' 포도품종에 쫓겨난 것이다.

과수원과 채원

이러한 지중해권의 영향, 북부로 유전자가 이주하는 것은 그밖의 작은 나무들의 재배에서도 발견된다. 중세에는 아프리카의 나무들이 에스파냐의 올리브 재배지를 다시 살려냈으며,[52] 근대에는 에스파냐의 종자들이, 1590년과 1675년경에는 살레르노*의 종자들이, 그리고 1740년경에는 그 유명한 루카**의 종자들이 랑그도크의 올리브 재배지에 와서 자리 잡았다.[53] 사르디니아, 토스카나, 제노바의 밤나무들은 세벤 지방의 밤나무 밭을 갱신했다.[54] 모든 부문에서 외국산 나무들의 침입은 과

49) Levadoux, 1961, 29쪽.

50) Wolff, 1954, 189쪽.

51) Guyot, 1860.

52) 『케임브리지 경제사』, 1942, I, 354쪽.

* 나폴리 아래에 있는 이탈리아의 도시.

** 피사 위에 있는 이탈리아의 도시.

53) ADH, B 7, f° 198 v°, 19-6-1691; Serres, VI, 26; Rozier, 1785, '올리브' 항목; Appolis, 1951, 429쪽; Degrully, 1906, 41쪽; Tudez, 1934; Locke, éd., 1953, 53쪽.

54) "사르돈과 토스카나는 우리에게 종자를 전해준 지방이다"; Serres, VI, 26;

수에 흥미를 갖고 있던 사람들을 경탄케 했다. 그래서 1625년, 아비뇽의 공증인인 루이 랑베르는 그의 일기에 조금은 서정적인 글을 썼다. "그리고 요즘엔 좋은 과일들이 많이 있다. 그러나 그것들은 대개 외국에서 수입된 것들이다. 사람들은 페루시에를 화분에 심는가 하면, 메볼랑을 심었다. 크레메신과 블랑케트 배가 이 지방에 이식된 지 채 80년이 안 되었으며 〔……〕 아티초크는 70년밖에 안 되었고 〔……〕 뽕나무 종자는 100년 전에야 들어왔다(몇 년 전부터, 생사〔生絲〕는 주민들에게 4만 에퀴 이상의 수입을 안겨주었는데, 이는 곡물 수확보다 훨씬 좋은 것이었다)."[55)]

『장미 이야기』*의 마술적인 과수원에 있는 나무들은 사라센 국가에서 직접 들어온 것이다.[56)] 르네상스기 과수원의 실제적인 목록을 보자. 페즈나, 아그드, 몽펠리에, 카바용, 퐁-생-테스프리, 빌뇌브 드 베르그 등지에 있는 농학자들의 과수원, 영주들의 과수원, 평범한 농가의 과수원 등은 지중해 지역 도시들을 별자리처럼 상기시켜준다. 여기서는 밀라노, 크레모나, 피렌체, 카르나뮈즈, 롬바르디아, 베르가모의 배나무가 예컨대 퀴스 담, 퓌셀, 농파레유 같은 토종과 함께 재배되었다. 또한 여기에서는 다마스커스, 키프로스, 예루살렘의 자두나무들이 재배되었으며, 초록 · 흰색 · 자주색의 자두를 열매 맺는 카탈루냐종도 보인다. 몽펠리에의 약제사 카틀랑은 1550년에 반도에서 가져온 잎사귀 하나로

Appolis, 1951, 434쪽(제노바의 밤나무); Bozon, 1961(사르돈); 16세기에 도피네 지방의 밤나무종이 콩테 지방에 이주해온 것에 대해서는 Febvre, 1912.

55) 쇼보 자료집, 5967, 1623년 시작된 공증인 루이 랑베르의 필사본 원고 인용(f° 156 v°, 157 v°).

* 13세기 프랑스의 교훈시. 제1부는 1236년경 기욤 드 로리스(Guillaume de Loris)가 오비디우스의 영향을 받아 쓴 '사랑의 기술'로서 장미는 사랑하는 여자를 상징한다. 제2부는 1275~80년에 장 드 묑(Jean de Meung)이 완성한 것으로, 중세의 과학적이고 철학적인 지식이 집대성되어 있다. 제2부에서는 '이성'과 '자연'이 '사랑'에 대립하는 반여성주의적인 분위기를 띤다.

56) Clark, 1961, 5쪽.

이탈리아의 거대한 무화과나무 한 그루를 길러냈다. 마르세유의 흰색 무화과는 아테네 무화과의 후손이다. 역시 마르세유가 원산지인 '큰 버찌가 열리는 벚나무'도 있다. 이렇듯 1530~1600년경에는 외지의, 나아가 이국의 온갖 식물이 남부 프랑스의 과수원을 뒤덮었다.[57] 그중 가장 아름다운 견본품은 노란색에 잔털이 보송보송 난 파비아의 복숭아 페르세크로서, 왕에게 바치는 진상품이었다. 페르세크, 타르티플(송로 버섯) 그리고 굴은 1533년에 프랑수아 1세가 남부를 순방할 때 그 지역에서 그에게 바쳤던 선물이었다.[58]

채원의 종자들도 포도묘목, 접목, 곡물 등의 여행을 지배하는 규칙과 똑같은 신비스러운 규칙을 따랐다. 세르의 기록을 살펴보자. "종자를 교체하는 것은 채원의 좋은 비결로 어디서나 발견된다. 왜냐하면 자연은 변화를 좋아하니까. 〔……〕 가장 좋은 것은 가능하면 매년 종자를 바꿔주는 것이다. 랑그도크에서는 그 방법을 잘 받아들였다. 님의 재배자들은 종자를 팔아 돈을 벌었으며, 자기네 채원에 파종할 종자를 다른 곳, 예컨대 몽펠리에 같은 곳에서 사왔다. 몽펠리에의 재배자들은 나르본에서 종자를 가져왔으며, 나르본의 재배자들은 툴루즈에서 가져왔다. 그

57) 옛날의 과수원에 관한 목록 또는 묘사, 세레스의 책에 있는 여러 기술에 대해서는 Rozier, 1785; 쇼보 자료집, '정원' 자료: 1587년 카바용의 과수원(15그루의 베르가모 배나무, 7그루의 피렌체 배나무, 2그루의 카르나뷔즈 배나무, 5그루의 다마스커스 자두나무); 1582, 1595, 1598년의 다른 목록들(부종에 있는 볼렌느의 과수원과 드 로카르 씨의 과수원); Platter, 1892, 89쪽; H.C.M., II, 767쪽; Masson, 1913, VII, 511쪽; 랑그도크와 콩타 지방에 있는 마르세유의 흰 무화과: 쇼보 자료집, 같은 곳; Rozier, 1785, '무화과' 항목; 1537년 콩타 지방에 있는 큰 아그리오트(버찌)에 대해서는 쇼보 자료집, 같은 곳; 랑그도크(아그드)의 것에 대해서는 ADH, II E, 2-34, 23-9-1598(드 루에 씨의 과수원 임대계약서); 그리고 같은 자료, 2-41, 18-12-1605, 오르탈리스(농원) 견적서.

58) G 194, f° 123 r°, 1532년(과수원 임대: 사과 · 배 · 자두 그리고 페르세크); 페르세크 또는 파비아: Bois, 1927, II, 184쪽; Serres, VI, 26; Rozier, 1785, '복숭아와 파비아' 항목, 그리고 쇼보 자료집, 같은 곳; 선물들: 쇼보 자료집, 같은 곳.

리고 툴루즈 사람들은 에스파냐에서 들여왔다. 아버지에서 아들로, 프랑스 남부의 종자들은 북부로 이동했으며, 많은 이익을 가져다주었다. 마찬가지 사실을 밀에서도 발견할 수 있다."[59] 그리고 사실, 규칙은 보편적이었던 것으로 보인다. 채소재배자들에게도, 농민이나 포도재배자들에게 그런 것처럼, 피레네 산맥은 없었다. 바그다드의 전통을 먼 곳에서 계승하고 있는 에스파냐 북부 에브로 강 유역, 레반테,* 과달퀴비르 강** 유역의 웨르타***는 항구적으로 영향을 주었다.[60] 웨르타는 정기적으로 옛 종자를 갱신했으며, 18세기까지 툴루즈, 나르본, 몽펠리에, 님 등지의 채소재배자들이 모르고 있던 새로운 품종들을 공급해주곤 했다. 에스파냐 양파, 에스파냐 마늘, 1640년경 도입된 에스파냐 렌즈콩, 세빌랴 또는 아구아뒬스의 잠두콩, 게다가 포르투갈의 작은 잠두콩까지…….[61]

이베리아 반도의 선물이 얼마나 큰 가치가 있었는지를 알려면 마늘, 양파, 잠두콩 등이 랑그도크의 날품팔이꾼들에게는 가장 중요한 음식, 심지어는 고기를 대신하는 유일한 요리였다는 사실을 환기시키는 정도로 족하지 않을까? "큰 양파 두 개면 이른 아침이나 8시에서 9시 사이의 아침 식사가 되었다. 양파 두 개면 종종 한 사람분 저녁 식사가 되었다. 괜찮게 사는 날품팔이꾼만이 점심에 고기를 먹었는데, 그때도 양파와 마늘을 곁들이지 않는 경우는 드물었다." 훌륭한 관찰자인 로지에의 말

---

59) Serres, VI, 7.

* 에스파냐 동부 연안 지방.

** 에스파냐 남부의 강.

*** 비옥한 관개 평야.

60) 이 영향에 대해서는 Leclerc, 1928, 222쪽에 인용된 Ibn El-Hadjâdj와 Ibn El-Beithar 참조.

61) 에스파냐 렌즈콩에 대해서는 Bois, 1927~37, 105쪽; 1640년 이후 베지에의 곡물시세표; 에스파냐 마늘에 대해서는 N.M.R., 1740, II, 118쪽; Richelet, 1680, '마늘' 항목; 『캥티니의 새로움』(*Nouveau de la Quintinye*), 1775, 23쪽; 에스파냐 양파에 대해서는 Rozier, 1785, '양파' 항목; 잠두콩에 대해서는 같은 자료, '잠두콩' 항목; Vercier, 1946, 222쪽.

을 믿자.[62] 여기 또 사소한 수입품들이 있다. 에스파냐산 사향파슬리, 에스파냐산 엉겅퀴. 가시가 없기 때문에 찌르지 않는 이베리아 반도산 '엉겅퀴'는 17세기에 피레네 산맥을 넘어왔다.[63] 그다음, 카탈루냐의 상추 페르피냔이 있다. 마지막으로 1657년에 바-론 지방에서 발견되는, [……] 그리고 좀더 나중에 라 퐁텐의 우화 『채소재배자와 그의 영주』에 나오는 에스파냐산 자스민……[64]

그러나 1500년 이후에는 이베리아 반도의 영향보다 르네상스기 이탈리아의 우월성이 프랑스 남부의 채원에 새로운 면모를 부여했다. 몇몇 작물들을 '경작' 지리의 추적 원자로 삼아 그 이주로를 따라가보자. 1466년, 필리포 스트로지는 아랍인들이 개량한 엉겅퀴 화초인 아티초크를 나폴리에서 피렌체로 들여왔다. 1480년경 베네치아인들은 그것을 보고 신기해했다.[65] 그러나 아주 일찍, 방향이 두 갈래로 갈라지면서 의례적인 전파 경로인 북서쪽으로 향했다. '카르쇼파 밭뙈기'(아티초크밭한 이랑)는 1532년부터 아비뇽의 공증인들이 언급했다. 그것들은 콩타 지방의 중심지에서 외곽지대로 퍼져나갔다. 1541년에는 카바용에서, 1553년에는 샤토뇌프-뒤-파프에서, 1554년에는 오랑주에서 카르쇼파가 발견되었다.[66] 랑그도크의 지방 사투리로 18세기까지 쓰이는 카르쇼

62) Rozier, 1785, '양파' 항목 한 구절: "남부 프랑스에서의 양파 재배."

63) 에스파냐산 사향파슬리: 『캥티니의 새로움』, 1775, 83쪽; Rozier, 1785, '파슬리' 항목; N.M.R., 1740, II, 108쪽. 에스파냐산 엉겅퀴는 16세기까지 남부 프랑스에 없었다. 세르는 가시 달린 엉겅퀴밖에 몰랐다. "엉겅퀴의 가시를 어떻게 할 수 없어서……" "엉겅퀴는 강하고 날카로운 가시가 달려 있는 상태 그대로 있었다"(Serres, VI, 6). 반대로 18세기의 책들은 가시 없는 에스파냐 엉겅퀴를 언급하고 있다(N.M.R., 1740, II, 104쪽; 『캥티니의 새로움』, 1775, 59쪽; 『농학자』, 1764, '엉겅퀴' 항목); Rozier, 1785, '엉겅퀴' 항목; Bonnier, 1911, XII, 28쪽.

64) Rozier, 1785, '상추' 항목. 에스파냐 자스민에 대해서는 쇼보 자료집, '정원' 자료, La Fontaine, IV, 4; Locke, éd., 1953.

65) Ibn Al-Awam, éd., 1866, II, I, 291쪽; Gibault, Leclerc, 1928, 91쪽에 인용; Mathiole, éd., 1579, 405쪽.

66) 쇼보 자료집, 5967에 나타나는 콩타 지방의 공증인들.

파는[67] 이탈리아어로는 카르치오포며, 그 말은 아랍어인 카르추프에서 온 것이다. 단어의 변화는 이 식물이 어느 나라에서 와서 어느 나라로 갔는지 그 이주 과정을 정확히 반영해준다. 그렇지만 이미 롬바르디아어(語) 아르티치오크에서 유래한 프랑스어 아르티쇼가 바-론 지방의 프랑스화된 부르주아들의 일반적인 용어가 되었다. 카바용의 공증인들은 1549년에는 카르쇼플이라고 말했으나, 1560년부터는 아르티슈라고 기록했다.

여기서 말하는 아르티슈는 "크기가 계란만 한"(1618) 아주 작은 것으로,[68] 20세기의 통통한 종자와는 아무 상관이 없다. 당시만 해도 아르티슈는 최음 효과가 약간 있는 사치 식품으로 여겨졌으며,[69] 그것의 '천연 녹색' 상태에 '설탕 시럽'을 가미해 조림을 만드는 데 사용했다.[70]

1580년경, 이번에는 랑그도크 지방이 아르티슈를 재배했다. 세벤 지방에서는 애정을 유지하기 위한 선물로 사용했다. 가스크의 영주 부인은 145개의 파이와 함께 아르티슈 6개를 앙뒤즈의 목사인 식탐 많은 형부에게 보냈다.[71] 16세기에 아그드의 (주교와 수도원장 등) 고위 성직자들은 양배추, 파 그리고 일부 남편들이 부인을 모욕할 때 '근대 같다'[72]고 할 정도로 맛이 없는 근대 등을 재배하는 변변찮은 채소밭을 가지고

67) 몽펠리에 종합병원 고문서, E 284, 25-5-1764를 보면, 카르쇼플(carchofles) 구입이라고 기록되어 있다.

68) 쇼보 자료집, 같은 곳, 5967.

69) Mizauld, 『약초밭』(*Jardin médicinal*, 1578)과 Leclerc, 1928, 91쪽에 인용된 Bauderon, 『약전』(*Pharmacopée*, 1672) 참조.

70) Serres, VIII, 2.

71) "클라르사크 편에 아르티쇼 반다스와 파이 145개를 보내드립니다"(가스크의 영주 부인의 편지, ADH, 1 F 14, Barjac 자료집, f° 259, 260, 1586).

72) ADH, II E, 1-3, f° 240 v°, 3-11-1573, 아그드의 주교의 채소밭 평가, 그리고 f° 241, 재판장 부인의 채소밭 평가; 같은 자료, 1-5, f° 322 v°, 10-9-1576, 고인이 된 레몽 데스탕의 채원 평가, 그리고 f° 408, 18-12-1576, 발마뉴 수도원의 채소밭 임대계약서; 언급된 작물들: 양배추, 파, 양파, 하얀 당근, 마늘 그리고 향신료 식물.

있을 뿐이었다.[73)]

그러나 1581년부터 모든 것이 바뀌었다. 아티초크는 성당지기의 채원, 부주교의 채원, 그리고 식도락의 아방가르드로 알려진 로크 아씨의 채원에서 재배되었으며, 이어 부르주아들의 채소밭에서도 재배되었다.[74)] 1640~70년경에는 '아티초크밭'이 랑그도크 농원의 3분의 1 내지 4분의 1을 차지했다.[75)] 얼마 후 1640년, 툴루즈에서는 밭 전체에서 아티초크를 재배했다. 돈에 눈이 벌게진 십일조 징수원들에게는 소송의 보고.[76)] 닭 벼슬과 '아티초크 밑동'[77)]으로 소화불량에 걸린 카트린 드 메디시스가 "배가 터져 죽을 것 같다고 생각하면서" 소란을 피운 1575년과는 얼마나 거리가 먼가! 차후에는 소(小)부르주아들도 그것을 먹을 수 있게 되었다. 1666년에 어느 점잖은 부인이 썼듯이, "과거에는 어떤 여자가 아스파라거스나 아티초크를 먹으면 사람들은 그 여자를 손가락질했다. 그러나 오늘날에는 처녀들도 시동들만큼이나 뻔뻔하다."[78)]

이탈리아의 야채재배자들이 프랑스 남부의 동료 야채재배자들에게

---

73) Mathiole, éd., 1579, 303쪽.

74) ADH, II E, 1-9, f° 440, 2-10-1581, 성당지기의 채원 평가: 밀, 배추, 파, 노란 아티초크; 같은 자료, 1-43, f° 133 v°, 16-11-1607(부주교의 채원); 같은 자료, 2-47, f° 94 v°, 10-12-1613(로크 아씨); 그리고 2-45, f° 180 v°(31-12-1609); 2-207, f° 194 v°, 12-10-1633(아그드의 주교의 채원); 2-208, f° 210 v°, 30-9-1634(귀족 자크 드 라제의 채원); 2-210, f° 203, 29-9-1638(망다비 채원); f° 207, 2-10-1638; 2-211, f° 196(1-10-1640); 2-152, f° 149 v°, 30-7-1656; 2-154, f° 159, 30-9-1658(채원 평가).

75) 같은 자료, 2-211, f° 192 v°, 30-9-1640, 라 랑티에르의 영주의 채원에 대한 기술; 전체 가치: 154리브르인데 그중 40이 아티초크밭(밭 한 뙈기에 아티초크 800개); 같은 자료, f° 295 v°, 1-10-1640, 184리브르 그중 55개 채원이 아티초크밭(한 뙈기에 아티초크 1,100개); 2-159, f° 235, 31-10-1666, 그리고 2-163, f° 235, 13-12-1671, 리외말 영주의 채원 임대계약서: 임차인은 4년 후 임차 시처럼 채원의 3분의 1을 아티초크밭으로 하여 돌려줘야 함.

76) HGB, 606(1640년 3월), 그리고 같은 자료, 609(1649년 6월): 툴루즈 부근 채원 밖 밭에서도 재배되는 아티초크에 대한 십일조.

77) L'Estoile, éd., 1875, I, 64쪽.

78) Leclerc, 1928, 91쪽 이하.

준 또 다른 선물은 다양한 색깔의 로만 상추다. 아비뇽 교황들의 짐 꾸러미에 담겨 들여온 로만 상추는 우선 바-론 지방의 비옥한 평야에 자리 잡았다. 1389년에는 라 리비에르의 주교가 그것을 아비뇽의 흰상추라는 이름으로 파리에 옮겨 심었다.[79] 이어 새로운 종자들이 알프스를 넘어왔다. 15세기에는 프랑스의 종자 상인들이, 그리고 좀더 나중에는 프랑수아 라블레 같은 순회 수도자들이 그것들을 로마, 나폴리 또는 밀라노에서 들여왔다.[80] 1580~1780년에도 남부 프랑스의 밭에서는 엄청나게 다양한 푸르고 노란 로만 상추와 '이탈리아 상추,' 붉은색, 초록색 또는 흰색의 제노바 상추가 재배되었다.[81] 상추의 원산지는 서아시아 지방으로 여겨진다. 기원전 6세기부터 페르시아의 왕들은 상추를 유행시켰다. 어쨌든 1780년경, 랑그도크의 종자 감별사들은 영국의 종자 감별사들처럼 중계지 이탈리아를 뛰어넘어 직접 지중해 동부 연안 원산지로 고전적인 순례를 떠났다. 터키 상추, 알레포 상추, 말트 상추 또는 이집트의 식용 콩꼬투리가 이 같은 노력의 증거다.[82]

대중화된 배추들도 토종만 있는 것이 아니다. 많은 배추들이 오래전에 귀화했다. '토속' 배추들의 무리 속에 이탈리아, 에스파냐 또는 서아시아 지방에서 직접 건너온 여행 배추, 이민 배추 들이 섞였다. 뒤틀린 콜레 또는 로마의 콜레, 밀라노의 초록 콜레, 카뷔 드 사본 등이 바로 그것인데, 이들 배추는 1597년 카르팡트라의 채원에서, 공증인들에 따르면, 1600년에는 님에서, 1634년에는 카드루스 성의 채원에서, 1573년과 1770년에는 아그드 근처에서, 시라노*에 따르면 심지어 달의 왕국에

79) 『파리의 주민』(*Le Ménagier de Paris*), Leclerc, 1928 참조.

80) 『케임브리지 경제사』, 1942, I, 156, 157쪽(1453년 밀라노에서 푸아티에로 정기적으로 수입된 야채씨); Rabelais, éd., 1951(Pléiade), 973~985쪽; Braudel, 1949, 557쪽.

81) Serres, VI, 5(상추라는 이름은 없고 하얀 로만이라고만 묘사되어 있다); 쇼보 자료집, 5967; Rozier, 1785, '상추' 항목; Estienne, Liébault, éd., 1645, 126, 156쪽; 『캥티니의 새로움』, 1775; 『농학자』, 1764, '상추, 로만, 야채' 항목.

82) Rozier, 1785, '상추' 항목; Miller, 1785, '상추' 항목.

서도 발견된다.[83] 그리고 사보나 같은 지리적 이름은 바로 원산지 증명에 해당한다. 거기에 관해서는 훌륭한 증인인 세르를 다시 한 번 읽어보는 것으로 충분하다. "랑그도크와 프로방스에서 이 씨(카뷔 배추)를 찾아보기는 꽤 어려웠다. 자기네 채마밭에서 자라는 종자에 만족하지 못하던 그곳의 재배자들은 에스파냐의 토르토사와 사보나에서 그것을 가져오게 했다."[84] 토르토사와 사보나, 즉 에브로 강 유역의 웨르타와 제노바의 리비에라 해안은 신성동맹**과 앙리 4세 시대의 프랑스 재배자들이 즐겨 유전 종자를 도입하던 곳이었다.

세르가 "그 맛 때문에 채원에서 윗자리를 차지했지만 프랑스에서는 아직 귀했다"[85]고 말한 카울리 피오리 역시 이탈리아와 관계가 있다. 그러나 이 종(種)의 경우, 이탈리아는 지중해 동부(레반트)와 서부(포난트) 사이의 정직한 중개인이었을 뿐이다. 그리고 18세기에 프랑스 남부의 재배자들은 그것을 알아차렸다. 그들은 반도의 종자 상인들을 무시하고 직접 원산지를 찾아가 양질의 꽃배추 종자를 서아시아 지방에서 마르세유를 거쳐 들여왔다. 프랑스 땅에서는 양질의 꽃배추 종자를 생산해낼 수 없었던 것이다. 옛 아랍 지리학자들의 증언에 따르면,[86] 카울리 피오리의 원산지인 서아시아 지방, 즉 키프로스, 알렉산드리아, 말트, 알레포 또는 시리아에서[87] 말이다.

---

* Cyrano de Bergerac(1619~55): 프랑스의 산문작가, 철학자. 『달의 왕국과 제국의 우스운 이야기』와 『태양의 왕국과 제국의 우스운 이야기』에는 회의주의적이고 무신앙적인 철학이 담겨 있다.

83) ADH, II E, 1-5, 10-9-1576(채원 목록); 쇼보 자료집, 자료 '채원'; Puech(1884)가 인용한 Traucat; Picheire, 212쪽; Estienne, Liébault, éd. 1645.

84) Serres, VI, 5.

** Ligue: 1576년 이후 프랑스 종교 전쟁에서 중요한 역할을 한 가톨릭교도들의 동맹. 1593년, 개신교도인 앙리 4세가 가톨릭으로 개종함으로써 사실상 해체되었다.

85) 같은 책, VI, 8; ADH, II E, 1-43, f° 133 v°, 16-11-1607.

86) Ibn Al-Awam, éd., 1866, II, I, 161쪽.

다른 많은 원예 품목을 통해서도 나는 그리스-아랍 세계와 라틴 반도들의 유전적 영향이 아주 강하게, 항구적으로, 복잡하게 뒤섞여 있음을 확인했다. 그런 식으로 1700년경에는 네 개의 아주 새로운 종자(미나리과에 속하는 아니스 · 회향, 개미나리에 속하는 커민, 회향의 일종인 카르비)가 이탈리아에서 하나둘 수입되었다.[88] 서아시아 지방과 바르바리에서 자생하던 마케도니아 파슬리가 17세기[89]에 프랑스에 들어왔으며, 얼마 안 있어 나폴리 파슬리가 뒤를 따랐다.[90] "설탕 시럽만큼이나 달콤한 즙이 가득한 사탕무가 불과 얼마 전에 이탈리아에서 우리나라에 도입되었다." 1600년에서 1800년 사이, 랑그도크의 채소밭과 부엌에서 그것이 보여준 오랜 이력은 19세기에 있을 북방에서의 성공을 준비하는 것이었다.[91] 레반트의 작은 능금은 1600~30년에 님, 아비뇽, 아그드의 농원에 나타났다. 나중에 그것을 '이탈리아인들의 달콤한 아피'라고 불렀으며, 그리고 더 나중에 18세기의 농장 채소밭에서는 '셀러리'라고 불렀다.[92] 세르시피는 "불과 얼마 전부터 우리에게 알려져 채소

87) Rozier, 1785, '꽃배추' 항목, 다양한 변종 열거; 『농학자』, 1764; N.M.R., 1740: "꽃배추는 프랑스에서는 씨를 맺지 못하거나 맺어도 좋지 못하다. 그래서 사람들은 종자를 키프로스에서 마르세유를 거쳐 수입했다. [……] 매해 개량할 목적으로."

88) Savary, 1765, '파종' 항목.

89) 최초의 언급은 보앵(C. Bauhin)에 있다. 그것을 로지에(Rozier, 1785)가 '마케도니아 파슬리' 항목에서 인용: N.M.R., 1740, 137쪽; 『캥티니의 새로움』, 1775, 279쪽.

90) Porteau, Vilmorin, 1843, 299쪽.

91) Serres, VI, 7; 몽펠리에 병원에서 소비되는 '사탕무'(몽펠리에 종합병원 고문서, E 267, 3월과 7-4-1691); 18세기에 널리 퍼진 카스텔노다리의 사탕무와 북부의 밭으로 옮겨진 남부 채원의 사탕무는 Rozier, 1785, 1805, '사탕무' 항목; 콩타 지방 채원의 사탕무는 쇼보 자료집, '채원' 자료.

92) 최초 언급: "레반트의 아피 4이랑(réques)," 카드루스의 채원, 1634, 쇼보 자료집, '채원' 자료; 1600년, 님의 아피에 대해서는 퓌에쉬(1884)가 인용한 트로카; 아그드에서, ADH, II E, 2-161, 6-12-1699, f° 189 v°: 아폴리 영주의 농원에 대한 보고서; 이탈리아 원예가들의 첫 번째 역할: Rozier, 1785, '셀러리'(céleri) 항목; 1641년 파리 왕립 채원의 아피움(Apium)(Italorum seu

밭의 영예로운 자리를 차지한 가치 있는 종"인데, 16세기에 이탈리아에서 이민 와 프랑스 남부의 채소재배자들에게 금방 익숙해졌다.[93] 루이 14세 시대에 들어온 에스파냐의 스퀴르조네라는 카탈루냐 지역에서 온 것이다. 1713년에 이미 프랑스에서는 그것을 "사순절의 뿌리들 가운데 가장 좋은 것"으로 여겼다.[94] 피렌체의 회향은 1700년경 몽펠리에 근처에서 잘 적응했다. 그리고 이번에는 몽펠리에에서 북부로 종자들을 내보냈다.[95] 세르는 부수적으로 바르바리의 커다란 회향에 대해 언급했다.[96] 물론 거기에는 지칠 줄 모르는 여행자인 멜론도 끼어 있다.

1495년, 샤를 8세의 수행원들이 나폴리에서 얻은 다른 획득물과 함께 멜론을 프랑스로 가져왔다고 전해진다. 로마로 그리고 북부로의 이 과일의 전파는 네 명의 황제와 두 명의 교황을 죽게 만든 유명한 급체 사건을 일으켰다. 마호메트 2세는 누가 자기의 멜론을 훔쳐 먹었는지 알아내려고 몸소 노예 14명의 배를 가르게 했다.

통계는 수정의 여지가 있으며, 특히 연대는 너무 늦다. 우리는 공증인 문서들 덕분에 이제 그 사실을 안다.

사실, 이미 1397년부터 포퐁(popons)은 물론 이탈리아가 원산지인데, 아비뇽의 염세서(鹽稅署)에서 과세되었다. 1400년부터 콩타 지방, 특히 일-쉬르-소르그의 채원에서 페포노가 확인된다. 샤를 8세가 '멜론의 개발자'로 알려진 1496년 당시에, 아비뇽의 한 부르주아는 자기 채원을 재배하는 사람에게 멜론철에는 매일 멜론 두 개씩 상납할 것을 공증

Celerum)에 대해서는 Leclerc, 1928, 265쪽; 18세기, 소작농지 채원의 셀러리에 대해서는 쇼보 자료집, '채원' 자료; 그리고 일반적인 용례에 대해서는 Rozier, 1785, '셀러리' 항목.

93) Serres, VI, 7; Rozier, 1785, '살시픽스'(salsifix) 항목, "프랑스 남부 지방에서 성공을 거둔 작물."

94) Tournefort, I, 379쪽. Leclerc, 1928, 193쪽은 오드리, 『사순절 음식에 관한 논고』(*Traité des Aliments du Carême*, 1713)를 인용하고 있다.

95) Savary, 1765, '회향' 항목.

96) Serres, VII, II.

인 입회 하에 단도직입적으로 요구했다.

1500년 이후 멜론에 관한 언급이 많아진다. 바-론 지방 도처에서 대체로 반타작 소작지인 밭 전체에 멜론을 기르는 경우가 많았다. 물론 멜론은 아직 사치성 과일, 16세기의 파인애플이었다. 그것은 중요한 인물, 특히 추기경이 지나갈 때면 카바용의 아티초크, 발랑스의 페르세크와 더불어 지정된 선물이었다.[97)]

'멜론과 푸퐁'은 콩타 지방에서 랑그도크 지방으로 이주해왔다. 세르는 그곳에서 '우리 조상들이 알지 못하던', 기르기가 힘들어 할아버지 대에야 귀화한 멜론과 푸퐁을 보았다. 그 식물들의 "기원지는 터키("이것들은 옆줄 무늬가 아주 검푸른 터키 품종들이다"), 인도, 이탈리아 그리고 그밖에 우리가 접하는 종자들이 갖는 지명들이다."[98)] 17세기에 멜론은 랑그도크에서 많이 재배되었다. 어떤 가족은 멸치, 사향포도주, 적포도주, 분홍빛 포도주, 피에 드 무통* 그리고 작은 고기 파이와 더불어 멜론철에는 하루에 네 개의 멜론을 먹을 정도였다.[99)]

일조량이 많은 코트 뒤 론에서 카스텔노다리의 로라게 지방까지 남부 프랑스는 이국적인 정서를 보이는 멜론 재배에 열을 올렸다. 18세기에 로지에는 끊임없이 개발되는 잡종들과 남부와 서아시아 지방에서 새로 들여오는 종자들에 대해 기록했다. 모레아, 칸디아, 이탈리아, 장차 프랑스와 이탈리아에서 끊임없이 개발되는 품종인 돌기 많은 칸탈뤼피 또는 칸탈루프의 원산지인 아르메니아.[100)]

---

97) 콩타 지방의 공증인들, 쇼보 자료집, 5967(1397, 1400, 1416, 1496, 1500, 1504, 1509, 1514, 1516, 1522, 1550, 1553년의 텍스트; 선물에 대해서는 1570~75년의 텍스트, 같은 자료).

98) Serres, VI, 9. 터키인들(Turquins)에 대해서는 Etienne, Liébault, éd., 1645, 181쪽 참조.

* 침엽수나 활엽수 밑에서 자라는 버섯.

99) ADH, G 963, 14-8-1659, 주인인 레콜리와 그의 부인과 아이들에게 하루에 네 개의 멜론을 공급했다; AC Montpellier, CC, '월간기록부,' 1612~13 참조.

100) Rozier, 1785, '멜론' 항목; 쇼보 자료집, 5967, 혁명력 4년에 조사한 한 채

그밖에 이국적인 작물로는 괴물처럼 이상하게 생긴 호박, 단호박, 호리병박, 뱀 모양 오이 등이 있었다. 세르에 따르면 이런 종자들은 "바다 건너 바르바리, 모로코 또는 꼭 집어 말하기 어려운 먼 나라, 나폴리 왕국들, 에스파냐 왕국에서 들어왔으며(이 가운데 어떤 것은 크고 무겁고 괴상하게 생겼다), 〔……〕 에스파냐에서 툴루즈로, 툴루즈에서 랑그도크의 다른 지역으로 〔……〕 들어갔다."[101] 그리고 사실, 공증인들의 목록에서 나폴리의 호리병박은 1560년 이후에 확인된다. 바르바리 또는 이베르냉크의 큰 호리병박은 콩타 지방에서는 1591년부터, 바-랑그도크 지방(언제나 뒤늦은)에서는 반세기 뒤에 언급된다.[102] 보급이 아주 늦은 것이다. 16세기 말, 호리병박은 아티초크, 살구와 더불어 부르주아 지주들이 생산을 독점하던 사치성 과일이었다.[103] 그러다가 점차 일반에 보급되어 채원의 거물, 지중해 지역 농민들의 요리, 또는 수프와 잼의 일차 원료, 심지어 18세기에는 소의 사료가 되었다.[104]

가지는 랑그도크의 채원과 부엌 어디에서나 볼 수 있는 감초 같은 작물이었다. 아주 옛날부터 존재했지만 사용하기 시작한 것은 최근이었

원; 칸탈루프 참외에 대해서는 Rozier, 같은 책; Miller, 1785, 같은 책; 팡쿠크(Panckoucke), 『방법적 백과사전』(*Encyclopédie Méthodique*), 1791, '칸탈루프' 참조.

101) Serres, VI, 9; Rabelais, éd., *Pléiade*, 973~985쪽.

102) 쇼보 자료집, 5967: 셀레스틴 수도원과 아비뇽의 생-사튀르냉의 채원 목록. Hérault, ADH, II E: 1638년까지는 보통 호리병박이었다(2-36, 21-11-1600; 2-208, 4-1-1635, 기록 후반부. f° 5); 1638년부터 '겨울 큰 호리병박'이 채원 목록이나 임대계약서에 등장: 2-210, f° 207, 2-10-1638; 2-155, f° 155, 28-7-1659; 2-154, 13-1-1668, f° 11; 2-158, f° 24 v°, 12-2-1664; 2-161, f° 83 v°, 12-5-1668. 큰 호리병박은 아마 원산지 멕시코에서 에스파냐, 나폴리, 마그레브를 거쳐 랑그도크에 들어온 서양 호박(c. Pepo)이었던 것으로 여겨진다. 일반 호박(아프리카가 원산지?)의 도입은 훨씬 오래전의 일로 보인다. 1377년 라그라스 수도원의 채원에 있던 퀴퀴르비타(AD Aude, H 8, 인쇄 목록).

103) 쇼보 자료집, 같은 곳.

104) Rozier, 1785, '서양 호박' 항목.

다. 그리스인들과 로마인들은 가지를 몰랐다. 아비센나,* 라제스,** 이븐 마수이*** 같은 아랍인들이 그것을 발견하고, 재배하고, 기름에 튀겨 먹었다. 르네상스기에는 가지와 가지 요리법이 이탈리아와 카탈루냐에 들어왔다. 그렇지만 세르에게는 아직 정자와 정원을 장식하는 장식물이었고, 감염된 상처에 바르거나 불임 여성을 치료하는 약초였다. 가지가 남부 프랑스에 정착하여 남부 특별 요리의 양념으로 마늘이나 양파와 대등한 자리를 차지하고, 튀김 요리와 수많은 라타투이유****에 필수적으로 사용된 것은 그다음 세기에 가서였다. 민간 전승에 따르면 가지는 정력의 상징이었다. "누구든 여자와 겨뤄 이기려면 그것을 먹어야 한다." 재배된 가지는 병원에서 소비했다. 로지에에 따르면, 두 개의 가지과 식물이 18세기 프랑스 사람들의 기호를 양분했다. 알자스, 로렌, 프랑슈-콩테, 도피네 등 북부의 감자와 남부의 가지가 그것이다. 1780년의 랑그도크 사람은 아일랜드 사람이 감자를 먹듯이 가지를 먹었다.105)

이국적인 맛과 미지의 향기로 가득한 콩타-랑그도크의 채원에는 장미가 있었는데, 그 역시 대체로 외지에서 들어왔다. 아직도 앵카르나드 또는 제베데라 불리는 프로방스의 장미가 16세기의 프랑스 남동부를 휩쓸었다. "약사들은 장미에서 추출해낸 양질의 장미 향수액을 시럽이나 다른 용도로 사용했다."106) 농축액의 어머니이고 다양한 분을 만들어내

* Avicenne(980~1037): 이란 출신의 의사, 철학자, 신비주의자.

** Razès(865~923): 이란 출신의 아랍 이슬람 철학자, 의사.

*** Ibn Massouih: 아랍의 의사.

**** 호박, 토마토, 가지, 피망, 마늘, 양파 등을 기름에 볶다가 물 없이 끓여낸 음식.

105) Leclerc, 1928, 163쪽; Serres, VI, 10(사랑과 기적의 열매); J. Dalechamp, 1615, I, 532쪽; Éstienne, Liébault, éd., 1645, 275쪽; N.M.R., 1740, 68쪽; 몽펠리에 종합병원 고문서, E 269, 21-8-1705, 그리고 1704~1706(통상적으로 가지 구매); 18세기의 채원과 부엌의 가지: 쇼보 자료집, 채원 자료; Rozier, 1785, '가지' 항목.

106) Serres, VI, 10; ADH, II E, 2-209, f° 237, 1637년: 채원 임대계약서, 1년에 2천 그루의 장미나무를 임대하다.

는 다마스커스의 흰색 장미는 "다마스커스의 장미, 또는 그 진귀한 향기 때문에 사향장미라 불렸다." 1535년, 바-론 지방에 처음 그것이 등장했다. 이른바 아르티쇼 또는 엉겅퀴꽃이라고 부르는 그저 그런 꽃이 들어온 지 3년 만이다. 이후 다마스커스의 장미는 남부 프랑스를 자기 집으로 삼았다. 이곳에서 우리는 다마스커스 장미에 대한 언급을 여러 차례 확인한다. 1598년 프랑스의 한 외교관이 '감동받은 님프의 허벅지'*라는 유명한 장미를 흑해 연안에서 가져왔다. 땅주인들은 반은 열매를 맺고 반은 꽃을 피우는 장미숲에, 이국적이건 토속적이건 찬사를 보냈다. 가장 광적인 애호가들은, 예컨대 1569년 아그드의 주교가 그랬듯이, 밭 전체를 장미밭으로 만들어버렸으며, 새로운 색깔에 매료된 많은 부르주아들이 그를 모방했다. 그들은 가능한 한 자기들의 정원에 동서(東西) 인도**의 모든 꽃들을 심으려 했다.[107)]

프랑수아 1세에서 루이 13세 기간에 원예의 르네상스가 이루어낸 이탈리아풍 또는 서아시아풍 채원 가운데 한 예를 보자. 1604년 님의 트로카 영주가 가꾼 채원으로 들어가보든지 1633년 12월 15일을 잡아 카드루스 영주의 카드루스 성에 있는 채원으로 들어가보자. 흰색 상추, 밀라노산 둥근 머리 배추, 카뷔사드 꽃상추 68이랑, 꽃배추 6이랑, 아티쇼크 1스팔리에르, 사탕무, 레반트의 작은 능금 2이랑, 큰 회향, 멜론, 다마스커스의 장미…… 파, 콜레, 무만 침울하게 가득하던 15세기의 채소밭과 비교할 때 얼마나 큰 차이가 있는가![108)] 르네상스의 이탈리아가 새

---

* 연분홍빛 장미.

** 서인도 제도와 인도, 인도차이나 반도 등을 가리킴.

107) 다마스커스의 장미: Serres, 같은 책; 쇼보 자료집, 채원 자료, 1535, 1550, 1580, 1599, 1600…… 1682년 공증인 자료(다마스커스의 장미가 있는 채원의 목록); Guyot, Gibassier, 1961, 63쪽; 반분 계약으로 장미나무 임대, ADH, II E, 1-9, f° 426 v°, 1581(프랑수아 보작, 임대자); 주인에게 모든 장미를 바침: 같은 자료, 2-16, f° 85 v°, 29-4-1569(성당의 채원); 2-31, f° 90, 29-4-1595(세르방 보좌관, 임대자); Brémond, 1916, I, 39쪽.

108) Puech, 1884에 인용된 Traucat; 쇼보 자료집, '채원' 자료에 나오는 카드루스의 공증인들. 중세의 채원들에 대해서는 AC Pézenas, CC 580, 31-5-

로운 작물, 새로운 취향, 새로운 품종들로 밭이랑을 가득 채우고 있다.

원예와 마찬가지로, 정원처럼 자그맣게 관개해서 가꾸는 지중해 지역의 목초지 역시 16세기의 신문명을 환영했다. 연보라 또는 보랏빛 개자리꽃, 담홍빛 잠두꽃. 고대부터 그리스에 소개된 메디아*의 풀인 개자리는 중세 말에는 베네치아, 롬바르디아, 피에몬테 지방의 계곡에 들어와 자리 잡는데, 바로 여기에서 오늘날의 이름을 얻게 된다. 프랑스 땅에서는 1507년에 그것에 대해 최초로 언급했다. 알프스를 넘은 개자리는 사료 혁명의 선구 지역인 디(Die) 근처에서 재배되었다. 1550~1600년경 디는 잠두콩도 생산했으며, 상인들은 그것을 콩타, 랑그도크, 비바레까지 가서 팔았다. 개자리는 급속도로 퍼졌다. 1517년에 그것은 오랑주에서 발견되며, 오랑주는 일찍부터 개자리의 진정한 터전이 되었다. 1544~45년부터 그 도시의 경작자들은 종자 판매 목적으로 개자리를 재배했다. 선구적인 정신을 가진 디 지방 사람들이 최초로 개발해낸 전위적 재배법이 일반에 보급되는 것은 그렇게 해서다. 개자리는 오랑주에서 콩타로 갔다. 콩타에서는 개자리가 정확하게 1537년과 1559년 사이에 발견되며, 마을에서 마을로 마치 '벼룩 뛰듯이' 급속도로 퍼져나갔다. 16세기 말에 이르면 이번에는 랑그도크가 폭넓게 '감염'되었다. 종교전쟁이 벌어지던 바로 그 선구적 시기에 개자리는 남부 프랑스에서 울타리를 쳐 거름을 많이 준 작은 공간에서 가꾸기 좋은 텃밭 재배용으로 여겨졌다. "훌륭한 관리자는 며칠이면 이 진귀한 풀밭을 조성했다." 개자리는 마찬가지로 진귀한 다른 작물들의 교체식물이 되었다.

1591년 클로드 드 파트리의 집에서는 마와 작은 양파 대신 개자리를 심었다. 개자리는 비용이 많이 들었지만 풍성한 수확을 가져다주었다. 1596년의 한 공증인은 네 세가드의 개자리에 대해 언급했다. 세르는 자기네 개자리풀을 1년에 5번, 때로는 8번 내지 9번 베어냈다. '적절히 물

1281; AD Aude, H 8(라그라스 수도원, 1377); 1459년 아비뇽의 이사벨 드 브랑카의 정원 등에 대해서는 쇼보 자료집, 5967.

* 페르시아의 옛 왕국.

을 주면' 개자리는 아무리 수확을 못 해도 좋은 풀밭 이상은 되었다. 그리고 개자리가 땅에 박아놓은 질소는 장차의 높은 생산성을 준비했다. 그것이 만들어낸 '기막힌 기름'은 16세기의 농학자들과 농민들의 찬사를 한 몸에 받았다.

1600년 이후 평화와 번영의 시기가 돌아오면서 개자리가 매우 유행했다. 콩타와 랑그도크의 농장 주위에 수많은 개자리밭이 조성되었다. 1617년부터 나르본 지방의 사제들과 영리한 차지농인 피에르 비귀에르는 농가 옆에 잘 관개된 오세르다를 만들었다. 1615년부터 그 수가 급격히 늘어난 기엔의 개자리는, 달레상에 따르면, 새로운 사료 풀이 서부 지방으로 퍼져나갔음을 확인해준다.

18세기가 되면 '작물의 여왕'인 개자리는 마침내 남부 프랑스에서 최대의 영화를 누린다. 로라게 지방에서(오늘날 아메리카의 옥수수 지대에서처럼) 개자리는 옥수수와 교체 재배되었으며, 베지에 지방에서는 개자리가 넓은 밭의 재배식물로 자리 잡아 비싼 노동력을 모두 먹어치웠다. 1774년, 큰 농장의 회계장부는 노동력을 사야 할 날수를 총 3,500일로 예상했는데, 그중 400일을 개자리밭의 김을 매고 거두거나(낫질하는 사람에게 하루 30수) 타작하는 데(하루 25수) 할당했다.

사실 종자는 대단한 상품이었다. 1634년, 개자리씨는 남부 프랑스의 시장(카르팡트라)에서 공식 과세되었다. 그리고 개자리는 정기적인 거래 품목으로 자리 잡았다. 남부 프랑스는 새로운 종자의 중계지라는 익숙한 역할을 했다. 2세기 동안 북부의 농경자들은 물론 심지어 영국의 농경자들까지도 바-론, 프로방스, 랑그도크, 루시용, 가스코뉴에서 개자리 종자와 그밖의 다른 사료 풀 종자들을 구했다. 렉투르 지방의 잠두, 에스파냐의 잠두, 루시용의 연분홍 토끼풀인 파놀레, 파루슈……[109]

---

109) 개자리의 기원과 개요: Candolle, 1883; 『에스파냐 백과사전』, 'alfalfa' 항목; 남부 알프스와 콩타 지방: 쇼보 자료집, 5956에 나오는 16세기 공증인들; 특히 디에서는 1507년(프랑스 최초의 텍스트): "개자리나 목초를 위한 바퀴"; 오랑주: 1517년 최초의 언급, 1540~50년 2번 언급, 1550~60년 12

아메리카의 식물들

이탈리아 그리고 서양과 아프리카에 이어 열대 아메리카가 강렬한 색깔의 새로운 과일들을 랑그도크의 채원에 공급했다. 고추, 피망, 토마토…… 여기에 우선 '화난 고추'라고 부르는 브라질 후추가 있다. 그것은 17세기에 아메리카에서 에스파냐와 카탈루냐로 이어지는 고전적인 길을 따라 들어왔다. 그 강한 맛, 아릿하고 '매콤한' 명성, 진홍빛 열매의 묘한 아름다움은 채소재배 애호가들을 유혹했으며, 이어 농민들도 거기에 끌렸다. 18세기 농가의 부엌에서, 그것을 말린 열매는 지나치게 값이 비싼 인도산 진짜 후추를 대체했으며, 아프리카산 후추(천국의 열

번 언급, 1560~70년 13번, 1581~99년 20번 언급. 콩타 지방에서, 1537~59년 사이 카드루스에 최초 등장, 베종에는 1561~81년 사이, 오비냥에는 1589~98년 사이; 아비뇽 근처 전역에는 1600년 이후. 랑그도크 지방: Serres, IV, 4; 나르본 지방: 라 바스티드-르동드 농장의 경우 16세기와 1609년의 임대계약서와 목록에 개자리가 없음; 최초 언급: Aude, G 37, f° 201(18-9-1617): "est pacte que sy, pendant led. arrentement le chapitre veult fere ung auzerda, led rentier sera tenu de travailler la terre, et le chapitre fornir la graine seullement"(여기서 auzerda, lauserta, lusert, luzerno, huserda 등의 어휘는 최초로 확인된 luserna나 luzerno에서 유래한 프로방스, 랑그도크 또는 카탈루냐어다); 같은 자료, G 39, f° 98(임대) 그리고 f° 102(목록), 1630년: 바스티드의 밭 하나에 개자리를 파종했으며, 운하(azagadou)에 연결된 특별 수로를 통해 물을 공급했다; 한 사람이 거기에 배치되었다; 나르본에서 공부한(이는 좋은 추천장이다) 부르주아 농부 피에르 베기에는 지주인 참사회와 첫 추수를 나눠 가졌다. 같은 해의 나머지 추수는 그의 몫이었다. 1659년 랑그도크의 콩푸아에 최초로 언급: AC Montagnac, 1659년의 compoix, f° 10 r°, 교회의 밭: "개자리를 키울 〔……〕 2분의 1quarton"; 그리고 1659년 Montbrun(Aude)의 compoix: 포도나무, 개자리, 풀밭, 채원; ADH, B 1151(콩푸아 확인) 1699년의 퀴작, 1735년의 아지유도 마찬가지. 아그드의 공증인들의 자료에 나오는 임대계약서: 최초 언급, ADH, II E, 2-160, f° 45 v°; 2-161, f° 75(1667, 1668년: 피그레 씨의 개자리). 18세기: 1774년 생-피에르에 있는 농가의 장부, ADH, G 880; Montaugé, 1869. 파종: 카르팡트라의 곡물시세표(AC Carp., HH, 1634년 개자리에 대한 최초 언급, 쇼보 자료집, 5956); Rozier, 1785, '개자리' 항목; ADH, C 2862, 1786년; Féral, 1957, ('가스코뉴 농업학회'), 13쪽.

매라 부르던 말라게트)[110]를 사라지게 만들었다. 고추는 가난한 사람들의 후추였다. 또한 아직 초록빛을 띠고 있는 부드러운 고추는 매운 음식이었다. 1780년경, 에로 계곡의 일꾼들은 매일 아침 마늘과 양파 대신 피망으로 아침 식사를 하면서 활기를 찾았다. 루이 16세 시대에 몽펠리에 병원 메뉴의 기본 식단은 무, 사탕무, 호박, 가지 그리고 피망으로 짜여졌다.[111] 오랫동안 오드 지방의 농업 노동자들은 마른 대구, 소금에 절인 청어, 마늘, 피망, 토마토를 기본으로 해서 맵고 간소한 식사에 만족했다.[112] 사랑의 사과라고 부르던 토마토 역시 신대륙에서 건너온 것이다. 토마토는 1590년부터 랑그도크라는 새로운 환경에 적응했으며, 1780년경에는 이미 지중해 요리의 전형적인 재료 가운데 하나로 자리 잡았다.[113] 그러나 가장 중요한 수입품은 멕시코에서 랑그도크에 이식된 옥수수 문명이다. 텍스트들은 여러 경로를 보여준다.

1590~1600년경, 세르는 갈대 줄기에 달린 '작은 강낭콩 모양'의 '터키 곡물'에 대해 언급했다.[114] 얼마 전 비바레 지방에 심어진 그것은 틀

---

110) 이것은 16세기에 마르세유를 통해 아프리카에서 수입한 작업장들의 후추에서 얻은 것이다(H.C.M., III, 447쪽).

111) 고추 또는 피망(Capsicum frutescens Wild): 아메리카가 원산지라는 사실에 대해서는 Bois, 1927~37, I, 370쪽 이하 참조; 16세기에 카스틸랴를 통해 전파됨(Guyot, '향신료,' 107~159쪽); 브라질 후추, 즉 고추에 대한 프랑스에서의 최초 언급, *Tarif Colbert*, 1664(Littré 사전, '고추' 항목); 랑그도크의 고추와 피망에 대해서는 몽펠리에 종합병원 고문서 자료집, E 285, 18-8-1765, '피망' 구매(이 단어에 대한 최초 언급); 그리고 같은 자료, 1790년까지; Rozier, 1785, '긴 후추' 항목: 채원에서 재배하는 고추와 피망 그리고 1780년에 랑그도크 지역 주민들이 후추, 양파, 마늘 대신 사용했던 대체 식물로서의 고추와 피망.

112) Nelli, 1958, 120쪽.

113) 1590년 Traucat, Puech, 1884에서 인용; Serres, VI, 10(사랑의 사과); Rozier, 1785, '사랑의 사과' 항목(채원과 요리). 오늘날 종자 선별자들이 생산하는 '다배수(多倍數) 염색체의' 거대한 토마토와는 너무 다른 옛날의 작은 토마토에 대하여 Rozier, 같은 책, VII, 도판 674, éd. 1805; 1676년, 발라뤼크에서의 토마토 요리(또는 가지 요리?)에 대해서는 Locke, éd., 1953, 55쪽('천국의 사과').

림없이 이탈리아를 통해 건너왔다. 그것은 토스카나 지방과 베네치아 지방에서 1550년부터 재배된 '터키 곡물'의 후손이 아닐까.[115] 터키라는 이름이 있었지만 세르가 묘사한 것은 옥수수가 분명했다. 아메리카의 곡물은 이탈리아를 거쳐 프랑스로 이주해온 다음, 론 강 계곡을 따라 서서히 북상했는데, 여전히 '터키 밀'이라는 이름을 유지했다.[116] 그러던 어느 날, 이 종자에서 브레스*의 옥수수가 태어났는데, 이 종자는 18세기 전반기에 대단히 중요한 역할을 했다.[117]

그렇지만 옥수수의 힘찬 물결은 이탈리아를 무시한 채 이베리아 반도를 직접 횡단하여 프랑스 서부 아키텐과 랑그도크로 밀려왔다. 몇몇 시점을 살펴보자. 이미 1500년에 옥수수는 안달루시아에 상륙했다. 1515~25년, 그것은 포르투갈에 들어와 재배곡물이 되었으며, 곧 일상의 양식이 되었다.[118] 거기서 옥수수는 바스크족의 땅인 칸타브리아 산맥의 갈리시아로 퍼져갔다. 1565년에서 70년 사이에는 국경을 넘었다. 이제 바이욘 지방에 도착한 옥수수는 바스크 이름인 아르토 마이요로 알려졌으며, 우선 사료용으로 재배되었다. 그 곡물을 먹으면서 농민들은 이 새로운 '기장'**에 적응했다.[119] 차후, 옥수수의 동쪽과 북쪽으로의 전진은 매우 느리다. 옥수수는 관습에 젖어 의심이 많은 벽촌 마을을 한 걸음 한 걸음 더디게 지나갔다.

그러다가 1637년 10월 5일——곡물시세표상의 놀랍도록 정확한 날짜다——옥수수는 처음으로 카스텔노다리의 시장에, 선사시대부터 재배해온 '작은 기장' 옆에 '큰 기장'으로 표기되어 나타났다.[120]

---

114) Serres, II, 4.

115) 『이탈리아 백과사전』, '터키 곡물' 항목; Jaberg, Jud, 1937, VII, 지도 1463.

116) Nauton, 1959, II, 지도 968; Gardette, 1950, 지도 74.

* 프랑스의 중동부지방.

117) N.M.R., éd. 1740, I, 606쪽.

118) Mauro, 1960, 217~297쪽.

** millet: 수수와 비슷한 곡물.

119) Th. Lefevbre, 1933, 204쪽 이하.

1640~80년, 이 큰 기장은 서부 랑그도크에서 폭넓게 재배되었으며, 대량 재배 품목, 십일조 품목, 보시(布施) 품목이 되었다.[121] 이 지역 사람들은 옥수수를 인도 밀, 비고르 밀 또는 에스파냐 밀이라고 불렀다.[122] 그러는 사이 동부로 계속 전진했다. 1677~83년, 처음으로 베지에와 나르본의 시장에 큰 기장이 등장했다. 이후 나르본 지방과 베지에 지방의 농가들은 점차 이 새로운 곡물을 재배하기 시작했다.[123] 1720~30년에 이르러서야 비로소 옥수수 혁명은 그 발길을 멈추었다. 신분회 대표였던 델피 영주는 인도 밀의 과잉 생산에 불만을 표시했다.[124]

연대를 다시 점검해보자. 1570년 바이욘, 1637년 카스텔노다리, 1678년 베지에. 옥수수가 아메리카 대륙에서 안달루시아까지 오는 데 10년이 걸렸다. 그러나 프랑스에서는 바이욘에서 베지에에 이르는 아키텐 협곡 110리 길을 통과하는 데 108년이 걸렸다. 1년에 1리를, 아마 매년 한 마을씩 지난 것 같다. 식물의 자리 이동에도 육로는 분명히 더딘 길이었음이 분명하다.

다른 아메리카 작물들도 침투했다. 1528년, 발레리아노라는 이탈리아의 인문주의자가 벨루노에서 인도산 보물을 화분에 심었다. 페루에서 들어온 파기우올로라는 강낭콩이었다. 이 식물은 이탈리아를 뒤덮었다.[125] 이 새로운 작물은 남부 프랑스에서는, 심지어는 프랑스 전체에서

120) AC Castelnaudary, HH 1(1599~1700년의 연속적인 곡물시세표).

121) 1652년 중부 가론 지방의 비고라(Bigorra) 밀에 대해서는 Deffontaines, 1932; 앙브르와 생-고당에서는 큰 기장과 강낭콩에 대해 십일조 부과, HGB, 840, 1662년 3월; 툴루즈, 미르푸아, 님 교구에서의 큰 기장: d'Aguesseau, 필사본 603, B.M. Toulouse, 1670년경; 몽토방 교구에서는 1684년부터 (Latouche, 1923, 185쪽); 옥수수 보시, AC Cordes, GG 116, 5-11-1692.

122) Seguy, 1956, II, 지도 281; Gardette, 1950, 지도 74; Millardet, 1910, 262쪽.

123) AC Béziers, HH, 1587~1830년의 연속적인 곡물시세표: 1677~78년부터 큰 기장; AC Narbonne, 17세기 곡물시세표, 공백 있음: 1620~30년 사이 큰 기장 부재, 1683년에 나타남. 농가들: ADH, G 880.

124) PV, 1726년 1월, 1727년 12월; Duthil, 1911, 142쪽.

125) F. Gidon, 1936; Mathiole, éd. 1579, 293, 342쪽.

도, 1594년에 처음으로 바-론 지방의 텍스트에서 언급된다. 카바용의 주변에서, 부르주아들은 파이우를 심을 수 있도록 땅을 임대해주었다.[126] 세르가 관심을 둔 작물은 파시올이었다.[127] 투이르 사람들도 마찬가지였다(1619).[128] 리옹 만의 뱃사람들(1615),[129] 아그드의 신부들과 채소재배자들도 마찬가지였다. 1637년, 담홍빛 장미와 새로운 식물에 흥미를 보이던 프랑수아 코르맹이라는 사제는 하얀 완두콩인 파비올을 유행시켰다.[130] 곧이어 아그드의 부르주아들과 채소재배자들이 그를 모방했다.[131] 프롱드 난 이후 파비올 또는 몽제트는 프랑스 남부의 대량소비 농산물로 부상했다. 그것은 카르팡트라에서는 1653년부터, 베지에에서는 1672년부터 곡물시세표에 등장했다.[132]

이번에는 농민들이 이 새로운 작물에 관심을 두었다. 다른 야채 작물처럼 그것도 땅을 거름지게 하는 작물이었던 것이다. 1645년부터 바-론 지방에서는 간작(間作)으로 휴경지에 그것을 심었다. 1700~20년, 프랑스 남부에서는 넓은 밭에 그것을 심고 십일조를 부과했으며,[133] 심지

---

126) 쇼보 자료집, 채원 자료.

127) Serres, II, 4.

128) AC Thuir(동부 피레네), CC 37.

129) H.C.M., IV, 103쪽.

130) ADH, II E, 2-209, f° 237, 21-10-1637, 2-208, f° 138, 18-5-1638(코르맹의 채원 임대).

131) 같은 자료, 2-210, f° 207, 2-10-1638; 2-155, f° 38, 4-4-1660; 2-154, f° 11, 13-1-1658; 2-158, f° 24 v°, 12-2-1664; 2-161, f° 83 v°, 12-5-1668; 2-169, f° 255 v°, 10-11-1678 등.

132) 카르팡트라(쇼보 자료집, 채원 자료); AC Béziers, HH, 곡물시세표, 1672년.

133) 1677년 볼렌 지방의 "십일조를 면제받는 푸른 강낭콩이나 마른 강낭콩"(aricots sive fayots verts ou secs, exempts de dimes); 그러나 1725년에는 "사람들이 밀 대신 강낭콩 외에는 다른 것을 더 이상 밭에 심지 않았다. 옛날에는 채원에만 심던 작물이었지만 〔……〕 그래서 이제는 십일조를 부과해야만 한다"; 1729년 므네르브의 신부도 같은 말을 했다. "강낭콩은 이제 주요 작물이 되었다. 모든 경작지가 매해 강낭콩으로 빼곡하다; 그러니 십일조를 부과해야겠다"(쇼보 자료집, 같은 곳); Latouche, 1923, 196쪽 참조.

어는 그것을 도둑질하는 일까지 벌어졌다. 1709년에는 얼마나 많은 작물 도둑들이 벌판의 옥수수와 강낭콩을 염치없이 훔쳐 먹으며 연명했는지 모른다.[134)]

파시올의 전파는 이렇게 해서 옥수수 혁명기와 일치한다. 사실 두 작물의 운명은 남부 프랑스에서뿐 아니라 인디언들이 두 작물을 동시에 재배한 안데스 고원에서도 상호보완적이었다. 하나(옥수수)는 탄수화물을, 다른 하나(완두콩)는 식물성 단백질을 공급했다. 하나는 지력을 소비했으며, 다른 하나는 그것을 회복시켰다. 그들의 협동은 당연한 것으로서 우리는 1700년 이후 아키텐 지방 전역과 멀리 프랑스 동부의 바-랑그도크와 베지에 지방에 이르는 광활한 지역에서 협동하는 모습을 본다. 오늘날 베지에 지방에서는 포도를 재배하지만 말이다. 1773~74년에는 베지에 지방의 3대 농장에서 아메리카 식물(옥수수와 강낭콩)은 현금 수입의 40퍼센트를 차지했다. 4,266리브르/1만 774리브르.[135)]

두 식물과 함께 일련의 관습과 기술이 들어왔는데, 예컨대 오래전부터 프랑스의 남서부지방에서 사용해온 라야는 신대륙의 인디언들이 옥수수 재배에 사용하던 타클라다. 그 도구는 카스틸랴의 신대륙에서 귀푸즈코아*와 비스카예**로 건너왔으며, 그곳에서 대장장이들은 철로 그것을 만들었다. 최종적으로 그것은 프랑스에 도입되었다.[136)]

마지막으로 옥수수 문명은 포도재배와는 전혀 다른 형태의 노동 조직을 정착시켰다. 18세기 베지에 지방의 기록을 참조해보자. 옥수수와 강낭콩을 근간으로 하는 '아메리카식' 동시 재배는 임금은 형편없고 노동착취는 심한 여성 노동력으로 전체의 80퍼센트를 충당했다. 불쌍하고

---

134) AD Lot-et-Garonne, E 202.

135) Gasparin, 1848, III, 772쪽; Rozier, 1785, '강낭콩' 항목; ADH, G 880(농가들의 장부) 그리고 An. 8.

* 에스파냐 동북부의 프랑스 접경 지방.

** 에스파냐 동북부지방.

136) Th. Lefebvre, 1933, 208, 209쪽.

가난한 여자들이 하루 8수의 임금으로 김을 매고, "큰 기장의 밑동을 거두어들이고," 옥수수와 강낭콩을 수확했다. 반대로 포도재배에서는 노동자의 3분의 2가 남자였고, 그들은 하루에 25수씩 받으면서 삽질을 하거나 가지치기를 했다. 포도가 없었다면 생활 수준은 아주 낮아졌을 것이다. 1800년 이후에도 포도가 적은 대신 옥수수가 대종을 이루던 후진적인 아키텐 지방을 보면 잘 알 수 있다. 그리고 다른 많은 예들이 그 사실을 입증해준다. 옥수수의 고장은 종종 가난한 지역, 미개발 지역, 식량 결핍 지역의 대명사였고, 옥수수죽과 들새 새끼를 먹으면서 살아가는 가난한 사람들의 고장으로 통했다.[137)]

옥수수는 평원을 떠나지 않았다. 반면 감자는 규토질 언덕을 점령했다. 감자는 신선한 산성 토양을 좋아한다. 16세기부터 카르투플 또는 하얀 트뤼프라는 감자가 랑그도크의 북동 산간 지대인 비바레 지방에서 확인된다. 그것은 스위스와 도피네를 통해 온 것인가? 아니면 수도자의 바랑을 통해 에스파냐에서 직접 들어온 것인가? 정확히 알 수는 없다. 그렇지만 한 가지 확실한 것은 그것은 다름 아니라 아메리카에서 막 상륙한 페루의 파파라는 사실이다.[138)]

이후 이 신참 식물은 아노네의 채소밭에 파묻혀 명맥을 유지했다. 1694년의 기근으로 그것은 그늘에서 빠져나왔다. 그해, 가난한 사람들은 빵이 없어서 개와 말을 먹어치웠다. 그 결과, 하얀 트뤼프는 마을 시장에서 가격이 매겨졌다. 1카르트에 22수. 이는 밤과 비교해서 3분의 2 가격이었고, 호밀이나 강낭콩의 3분의 1 가격이었다. 정상적인 시기에는 거의 가격이 나가지 않았다. 1696년, 투르통 영주는 반타작 소작농과 수확을 반분한 다음 자기의 몫을 카르트당 5수에 팔았다.[139)]

1740~60년경, 타르티플 또는 파타트는 중앙 산악 지대의 남부 기슭

---

137) Armengaud, 1961; Montel, Lambert, 1880, 112쪽; J. de Castro, 1949; An. 8.

138) Serres, VI, 10; Bozon, 1961, 41쪽; Febvre, 1940, 135쪽.

139) 아노네의 부르주아인 투르통의 농가일지, 마종에서 출판됨, 1890, 85~90쪽.

거의 모든 곳에 감자가 등장했다. 1759년 비바레 지방의 거의 모든 마을들이 이 붉은 트뤼프를 먹었다. 그뿐만 아니라 세벤,[140] 로데브,[141] 루에르그,[142] 알비[143] 지방에서도 마찬가지였다. 1744년부터는 피레네 산맥의 아리에주 지방 어디를 가도 그것이 발견되었다.[144] 일부 평원들은 아예 점령당했다. 발랑스의 채소재배자들(1744), 몽텔리마르의 반타작 소작농들(1748), 콩타의 농민들은 채원이나 휴경지에 하얀 트뤼프와 붉은 트뤼프를 경작했다.[145] 그러나 바-랑그도크만은 침묵을 지켰다. 1789년까지 몽펠리에에서는 가난한 사람들의 식탁에조차 감자가 전혀 올라가지 않았다.[146] 식사 때마다 호박과 가지뿐이었다. 그곳에서는 감자가 프랑스 혁명과 더불어 비로소 모습을 드러낸다.[147]

중계지와 원산지

곡물이든 접목이든 원예든, 개량이 필요한 구품종이든 아니면 새로운 품종이든 모든 부문에서 랑그도크에 종자를 공급한 곳은 남쪽이지 결코 북쪽이 아니었다. 다시 말해 불굴의 공급자들은 옛날이나 지금이나 효율적인 중계지인 지중해 지역의 원예문명이었으며, 더 멀리는 아열대 내지는 반(半)사막지대로서 서아시아, 이란, 인도, 북부 아프리카, 에티오피아, 사하라, 멕시코 고원 그리고 페루 고원 등이었다.[148]

---

140) Duthil, 1911.

141) Appolis, 1951, 412쪽(1758).

142) "사람들이 파종하고 경작한 파타트 또는 감자가 자랐다"(무레의 일기, 생-장-뒤-브뤼엘, 1759년 5월 17일, ADH, D 150).

143) Duthil, 1911.

144) 1744년부터 리외(Rieux)의 교구에서: Adher, 1909; Chevalier, 1956.

145) 1744년 발랑스에서의 감자(Faucher, 1927, 316~317쪽), 이어 남쪽으로 내려옴: 몽텔리마르(1748), 니옹(1750: "소위 타르티플, 하얀 트뤼프 또는 붉은 트뤼프라고 말하는 감자"), 콩타에서: 1768년에서 84년 사이에 많은 텍스트들이 언급함(쇼보 자료집, '채원').

146) 몽펠리에 종합병원 고문서: 양식의 구매, E 285와 그 이하.

147) 베지에의 곡물시세표: 감자는 1790~94년부터 나타남.

이번에는 남부 프랑스가 중계지 역할을 했다. 남부 프랑스는 지중해의 보물들을 양손 가득 길어올린 다음, 노획물의 일부를 북부에 건네주었다. 수세기 동안, 님과 랑그도크의 원예가들은 리옹의 시장으로 올라가서 평범하거나 아주 귀한 종자와 묘목들을 팔았다. 꽃박하, 토마토, 담배나무, 해바라기 등이 바로 그것들로, 이 여행 종자들은 리옹에서 북부 프랑스로, 네덜란드로 직행했다.[149] 이들 님의 원예가 가운데 한 사람이 유명하다. 그는 종묘업자이고, 투르 마뉴*의 괴짜 고고학자이며, 자기의 친구인 세르와 함께 나무딸기를 '개발'한 프랑수아 트로카였다. 신성동맹 전쟁이 한창일 때 그는 부인과 아이들을 등진 채 보케르, 님, 뤼넬 등지의 거리와 시장을 뒤지고 다니면서 종자를 구입한 다음, 그것을 리옹의 광장에 나가 소개했다. 그의 종자 카탈로그가 출판된 곳도 바로 리옹이었다.[150]

존 로크를 보자. 그는 1675~78년에 몽펠리에에 있었는데, 수입품임을 보증하는 제노바의 한 상인에게서 에스파냐와 아라비아산 자스민, 포르투갈산 레몬, 천국의 사과 종자, 꺾꽂이 가지, 접목 가지 등을 샀다. 그런 다음 그는 몽펠리에에서 런던으로 참외, 수선화, 아카시아, 마케도니아 파슬리, 배추 8종, 상추 6종, 말트 단풍나무 등을 종자 형태나 묘목의 형태로 보냈다.[151]

---

148) 앞장을 보라. 또한 Candolle, 1883; Guyot, 1946, 특히 Vavilov, 1949~50, 20쪽, 반사막 지대나 식물이 무성한 아열대 지대의 산간 지방에 있는, 재배식물들의 원산지에 대해서; 서아시아 지방 아랍의 원예의 중계지로서의 이탈리아와 에스파냐의 역할에 대해서는 파랭(Ch. Parain) 등이 집필한 『케임브리지 경제사』, 1942, I, 154, 156, 354쪽 참조.

149) Serres, VI, 7(채원의 종자들), VI, 11(꽃박하); Savary des Bruslons, 1765, V, 66쪽(리옹과 네덜란드의 교역); Basville, 1734, 300~301쪽(랑그도크의 상업에 대한 요약).

* la Tour magne: 님을 에워싸고 있는 성벽에서 가장 커다란 망루.

150) Puech, 1884, 319쪽에서 참조한 Traucat. 그는 님의 공증인인 코르니아레의 문서를 인용한다; Gard, E 649, 1623, 트로카는 퀴 지방에서 기니(Guinée)의 종자를 판매했다.

사실, 연구를 확대하여 프랑스를 관통하는 일련의 중계지들을 연구해야 한다. 그것은 랑그도크와 콩타 너머로 이국적이고 지중해적인 궤도를 연장시킨다. 도피네, 부르고뉴, 샹파뉴, 방도무아 지방은 중세 말과 16세기 초반(1520~50)에 각각 프랑슈-콩테, 아르투아, 일-드-프랑스의 과수원 그리고 슈브뢰즈 계곡으로 접목 가지들을 수출했다.[152] 프랑스 서부에서는, 바스크 지방이 구베르빌 영주의 노르망디 지방에 사과주용 사과나무 종자들을 공급했다.[153] 프랑스의 과수원이자 왕실의 정원인 투렌 지방은 돈 파셀로, 프랑수아 라블레, 티보 드 플레네가 한창 활동하던 시기(1470~1541)에 나폴리의 원예가들과 발 드 루아르 지방에 있는 그들의 제자들을 잇는 연결고리 역할을 했다.[154] 북부에서는 플랑드르 지방, 네덜란드, 브르타뉴 해안 지방, 영국과 노르망디 사이의 섬들이 남부의 식물들을 넘겨받아 헨리 8세나 조지 3세 시대에 콘월, 서포크, 서레이 등지의 원예가들에게 공급했다.[155]

프랑스 남부의 중계 역할은 아주 오래전부터의 일이다. 재배식물의 원산지가 오래된 것처럼 도착지까지의 행정(行程)도 오래되었다. 식물 이주의 이 같은 놀라운 항상성은 캉돌, 귀요, 바빌로프 등의 고전적인 서적들이 중세, 로마, 신석기 시대에 대해 보여주는 많은 증거들을 통해 확인된다. 분명 이 같은 연속성은 자연에 근거하고 지리에 뿌리를 내린

---

151) Locke, éd. 1953, 42, 44, 92쪽.

152) Febvre, 1912, 37쪽(1550: 도피네 지방의 밤나무); 『케임브리지 경제사』, 1942, I, 158쪽(부르고뉴 지방의 접목 묘목들, 1320); Imbart de la Tour, 1905, I, 221쪽, no 2(샹파뉴 지방의 자두나무, 1511); Bézard, 1929, 160쪽.

153) Gouberville, éd. 1892, 32~36쪽.

154) 『케임브리지 경제사』, 1942, I, 156쪽; Leveel, 1956, 78쪽에서 참조한 Thibault de Pleigney: 『투렌 공작령의 환경』(*Décoration du pays et duché de Touraine*, 1541); Bézard, 1929, 159쪽; Rabelais, éd. 1951, 987, 999쪽.

155) Ernle, 1952, 118쪽; Savary, 1765, V, 66쪽; Rozier, 1785, '배추' 항목; Miller, 1785, '아티초크' 항목; Guyot, Gibassier, 1961, 50쪽; Clapham, 1951, 170쪽(채소 종자 수입); Nef, 1932, I, 186쪽(1524년에 아르투아에서 영국으로 이식된 홉).

지속적인 구조가 존재함을 전제한다. 그리고 바빌로프가 증명했듯이, 이 연속성은 위도 사이에는 생물학적인 잠재력의 차이가 있음을 의미한다. 남부 지방과 서아시아 지방의 특별한 지역('세계적인 원산지')에서는 식물군이 엄청난 다양성을 보여주며, 다양하고 풍성한 종과 계보를 끊임없이 수출했다.[156] 반대로 겨울 추위로 끊임없이 참해를 받은 북부 지방에서는 식물군이 빈약했다. 따라서 종자를 개량할 때뿐 아니라 정기적으로 종자를 보충할 때도 남부의 지원이 불가피했다.[157]

그러나 남부에서 북부로 가는 이 같은 뚜렷한 흐름, 그리고 받아서 넘겨주는 땅으로서의 남부 프랑스의 중계 역할이 영원히 지속된 것은 아니었다. 이미 1800년경, 분명한 변화가 하나 있었다. 혁명력 5년, 여기 바-론 지방에 있는 한 과수원의 목록이 있다. 과수원 하나가 온통 지리서 역할을 한다.[158] 나는 거기서 지중해 동부 연안, 남부, 이탈리아의 고전적인 종들을 발견했다. 예루살렘의 자줏빛 무화과, 알렉산드리아의 살구나무, 포르투갈의 야생 마르멜로, 베르가모 배, 파비아 복숭아. 그 다음에는, 그 고장 품종 선별자들의 능숙함을 말해주는 재래종들이 보인다.[159] 그뿐만 아니라 세르 시대에는 생각할 수도 없었던, 그야말로 처음 일인데, 낯선 나무들도 발견된다. 낭시, 생-제르맹의 살구나무, 트루아의 복숭아나무…… 동시에 또는 좀더 늦게 랑그도크의 채원에는 하를렘*의 튤립, 네덜란드의 괴상한 야채들도 나타났다.[160]

북부의 이 같은 최초의 성공들은 다른 성공들을 준비했다. 19세기에, 특히 20세기에, 남부 프랑스는 이미 지배적인 위치를 차지한 북부, 즉

---

156) '세계적인 원산지'의 리스트는 Vavilov, 1949~50, 20쪽 이하에서: 아시아, 아프리카, 아메리카에 10여 개.

157) 앞부분 참조; Miller, 1785, '아티초크' 항목.

158) 쇼보 자료집, '채원' 자료.

159) Montfrin의 버찌나무, Beaucaire, Barbentane, Valla-brègues(콩타, 랑그도크, 프로방스의 지명들)의 복숭아나무.

* 네덜란드 북부 도시. 원예의 중심지.

160) Rozier, 1785, '풀상치' 항목.

네덜란드, 플랑드르, 파리의 품종 선별자들의 폭넓은 영향을 받았다. 순수한 종자의 최초 확보자들인 빌모랭과 그의 경쟁자들의 '제국주의'는 지중해 지역의 원예가들이 랑그도크에서 그렇게 오랫동안 지켜온 종자의 독점을 결국에는 무너뜨렸다.161)

II. 지중해 지역의 기술

이 같은 뒤 시기의 역전은 이 책이 다루는 주제나 시대에 해당되지 않는다. 사실 근대에 이르기까지 랑그도크의 농민들은 일반적으로 북부 프랑스의 식물 생산 기술에 거부 반응을 보였다. 그들은 여전히 지중해 지역 농촌 문명권에 속했다. 그들은 거기에서 식물뿐만 아니라 식물의 체계까지 차용해왔다. 예컨대 비옥한 '초승달' 지역*의 고대 농경 이래 알려진 것 가운데 가장 오래된 것인 겨울 밀-보리군이 바로 그것이다. 이 체계는 이미 앙세륀**의 시대부터 랑그도크에서 시행되었으며, 그것이 시리아, 모레아, 북부 아프리카, 카탈루냐에서 오랫동안 살아남았듯이, 랑그도크에서도 오랫동안 존재했다.162)

낫과 쟁기

그것뿐만이 아니다. 식물군뿐만 아니라 일체의 경작 체계가 건조농법의 지중해권에 통합되어 다음과 같은 특징적인 구조를 형성했다. 겨울

---

161) 빌모랭(Vilmorin) 혁명(1856)에 대해서는 Hayes, Immer, 1942, 제5장과 제7장 참조. 1850년부터 프랑스와 외국의 종자 선별자들이 단점을 극복한 우량 순수 종자를 생산하는 데 성공함으로써(몇몇 새로운 식물을 제외하고는) 18세기까지 행해졌던 고전적인 '원산지 순례', 즉 서아시아 지방의 원산지나 지중해의 중계지에 계속 의지할 필요가 없게 되었다.

* 서아시아 지방.

** Ensérune: 랑그도크 남부의 석회암 고원 지대. 기원전 6세기~기원전 1세기의 거주지가 있었음.

162) 이 책, 제1권, 321쪽 참조.

밀의 준(準)독점, 3월 종자의 부재, 2년 윤작, 공들여 갈아진 휴경지, 계단식 밭, 쟁기,* 낫, 낟알 털기, 일정 기간마다 목초지 태우기, 채원과 풀밭의 정교한 관개⋯⋯ 여기에서, 기후의 절대적 명령은 농경 공동체의 매우 오래된 환경과 결합했다.

17~18세기 랑그도크의 진지한 증인들인 다게소, 로지에가 수행한 광범위한 연구 조사 결과를 다시 읽어보자. 그들은 '트레므주' 밀이 3월에 파종되던(왜냐하면 봄 곡물의 천적인 강렬한 햇빛과 건조함을 별로 두려워할 필요가 없는 고도였기 때문에) 제보당 지방과 위제주 지방의 산간 지역을 제외하면, 봄 곡물을 거의 찾아내지 못했다. 대체로 대(大)플리니우스 시대 이래로 거의 변화가 없다. 그 역시도 (봄의) '4분기 밀'이 알프스나 산간 지대에 있다는 소문을 들은 정도였다.[163] 낮은 지대에서는 거의 어디에서나 시행된 2년 윤작 역시 전통적인 환경이었다. 내가 확인한 수백에 이르는 임대차 계약들은 '연작'을 금했다. 매해 "땅의 절반이 휴경되고 경작된다."[164] 휴경을 위반하면 무거운 벌을 받았다.

---

* 쟁기에는 바퀴 없는 쟁기(araire)와 바퀴 달린 쟁기(charrure)의 두 종류가 있다. 우리나라의 쟁기는 모두 바퀴 없는 쟁기다. 여기에서는 바퀴 없는 쟁기를 쟁기라고 번역했다.

163) D'Aguesseau, 필사본 603, (툴루즈 시립도서관), 여러 교구에서의 곡물 파종기에 근거; Rozier , 1785, '보리' 항목; AC Castelnaudary, HH I: 산간 지방의 트레므주 밀; 강렬한 햇빛에 대해서는 Geslin, 1955, 12~14쪽; "랑그도크 지방은 반복되는 건조한 봄, 강렬한 햇빛의 위험, 늦은 봄 작물이 일으키는 검은 곰팡이 때문에 봄 파종이 불가능하다"(코트 씨가 전해준 사실들); 옛 산간 지방에서의 4분기 밀: Pline, XVIII, 7 또한 II, 9와 6; 『케임브리지 경제사』, 1942, I, 126쪽 이하.

164) 라 바스티드-르동드, 베딜랑, 빌마주르, 레 살, 르 비알라, 생-피에르, 몽타탱 등 농장들의 임대계약서, 1500년에서 1780년까지의 연속적인 계열 자료: AD, Hérault, Aude, G 계열(원자료 참조); 마찬가지로 남부 프랑스와 지중해 지역에서 오래전부터 일반적으로 시행되어온 격년제 휴경에 대해서는 AD Gironde, G 2599, f° 37(15-6-1697); Latouche, 1923, 155쪽; X. de Planhol, 1959, 1960; Faucher, 1949, 70쪽 등등; 같은 땅에 2년 연속 파종

그러나 땅이 비옥할 때는 예외였다. 카마르그 주변이나 아그드 지방 같이 땅이 좋은 곳의 농민들은 매년 땅의 3분의 1만을 휴경시켰다.[165] 반대로 산간 지역, 밀에 좋지 않은 산성 땅, 억세게 가난한 지방에서는 휴경이 끔찍할 정도로 끝이 없었다. 3년, 4년 또는 그 이상 경작이 가능한 토지가 12년 동안 금작화만 무성하게 자라면서 목양지로 쓰이는가 하면 일시적인 개간지, 즉 부지그가 아주 오랫동안 버려지기도 했다.[166]

문제는 늘 마찬가지여서, 땅을 지키는 것이, 말하자면 땅을 싱싱하게 하고 그 성분을 기름지게 유지하는 것이 중요했다. 그래서 땅이 경사지면 계단식 밭, 즉 돌담으로 거대한 계단을 만들었다. 그 이름은 다양했다. 낮은 담, 걸림대, 가두리, 가로대…… 토지를 조사하는 동안(1957), 나는 카오르에서 플로라크, 플로라크에서 뤼-라-크루아-오트를 잇는 선의 남부에 있는 프로방스 지방과 랑그도크 지방 어디에서나 그것들을 발견했

한 농민에 대한 처벌: ADH, G 88, 12-8-1679.

165) 1551년과 1558년 에그모르트의 성당참사회가 임대해준 슬라리에와 프살모디 지방의 땅: 임차인은 땅의 3분의 1을 휴경으로 남겨놓았다(AD Gard, G 1089). 타믈레와 타마리귀에르 지방의 충적지의 임대: 3분의 1 휴경(AC Marsillargues, BB 9, 1702년 3월 19일부터 12월 24일까지의 회의록; BB 11, 10-3-1720). 아그드 부근에 있는 충적 토양인 프라드 지방과 마들렌 지방의 땅 임대: "3분의 1은 휴경" ADH, II E, 2-40(14-3-1604), 2-44(31-12-1608), 2-151, f° 248(30-6-1655), 2-173, f° 158 v°(7-2-1688): "휴경지에 6번 땅갈이, 잠두나 귀리를 심어 휴경시킬 때는 2번 땅갈이." 아그드의 3년 윤작 임대: 앞의 자료, 2-45, f° 119 v°(1609); 2-49, f° 57; 2-106, f° 99 v°; 2-109, f° 240; 2-114, f° 40 v°; 2-121, f° 40 v°; 2-155, f° 183; 2-162, f° 115; 2-167, f° 69 v°(4-5-1675) 등등.

166) Enjalbert, 1955와 Richeprey, éd. 1952, 64쪽 그리고 여러 곳에 나오는 루에르그 지방의 콩푸아; 부지그에 대해서는 ADH, B 1067(18세기의 텍스트): 에로 지방의 포제르에서 "1년이나 2년 파종을 하거나 경작한 다음 버리는 부지그라는 개간지가 계속 만들어지는 것은 〔……〕 이 개간지가 산기슭에 있어서 비가 조금이라도 오면 경작지가 유실되기 때문이다." 일반적으로 다년 휴경(기간은 일정하지 않다)은 프랑스에서는, 심지어는 남부에서도 예외적이었는데, 우리보다 훨씬 더 조방적인 농업을 하던 18세기의 이베리아 반도에서는 지배적이었다(A. Silbert 참조).

다. 계단식 밭은 얼마나 많은 인력을 소모했던가. 비바람이 휩쓸고 갈 때마다 바구니에 흙을 담아 머리에 이고 올리느라 많은 수고를 해야 했다. 이 또한 지중해 지역의 제도다. 북부는 몇몇 커다란 포도원과 '생울타리'가 있는 피카르디 지방을 제외하면 계단식 밭을 모른다. 그러나 지중해 언저리로는 걸음을 내디딜 때마다 돌계단을 만나며, 이따금 파도에 부서지긴 했지만 연안에 이르기까지 계단식 밭의 돌계단이 이어진다.[167] 16세기에 이미 수많은 돌계단을 쌓았으며, 비강 지방 근처는 1862년까지 쌓았다.[168]

계단식 밭과 마찬가지로 격년 휴경도 노동의 낭비였다. 휴경은 매해, 당장 아무것도 생산하지 않으면서 4, 5, 7 또는 심지어 8번의 땅 갈기를 요구했다. 쟁기로 밭갈기, 그것은 3인치 정도의 깊이로 땅거죽만 긁어내는 데 그치고,[169] 땅을 뒤집지 않으면서 흙을 잘게 부수는 것이었다. 1503년, 사레의 영주들의 농민이 일하는 모습을 보자. 그들은 주인들의 휴경지에 7, 8회의 쟁기질을 했다. 그들은 새벽에 일어나 회색 모직 작업복을 입은 다음 쟁기와 깡마른 소 한 쌍 뒤에서 종종걸음을 쳤다.[170] 그들은 허리춤에 도끼를 하나 차고 있는데, 그것은 뿌리를 제거하는 데

167) 개간자들이 모귀오에 세운 걸림대(AC Mauguio, CC, 콩푸아 1653, f° 461 이하); Aude, G 31, f° 331, 1535년 10월, "세 개의 걸림대"; 트라베르시에, 트라베르스에 대해서는 AC Villemagne, CC (콩푸아); AD Vaucluse, B 270, 1497~98; 아콜에 대해서는 Bozon, 1958; 지중해의 다른 지방에 대해서는 Despois, 1956; Dumont, 1951, 50쪽; Camps, 1960, 74쪽; Weulersse, 1946, 199쪽; Legendre, 1927, 285쪽; Braudel, 1949, 21쪽에 있는 Belon Du Mans, 1550; Faucher, 1949, 255쪽; Poncet, 1957.

168) Duveau, 1947, 117쪽에 인용된 1862년의 텍스트; 16세기에 "산이나 경사가 매우 급한 곳은 돌을 같은 높이로 쌓아 가로대, 층, 가두리 등을 만들어 완만하게 한다"(Serres, III, 2); 앞 문장에서 세르는 비바레 지방의 아콜을 프랑스어로 colle(풀)이라고 표현했다.

169) Rozier, 1785, '갈기' 항목; Locke, éd. 1953, 45쪽.

170) 1503년 11월 사레의 영지 조사 목록 문서: 휴경지에 6~7회 쟁기질; Gachon, 1921, 41쪽에 실린 로랑(J. P. Laurens)의 그림(쟁기를 가지고 일하는 농민); Platter, 1892.

썼다. 그냥 놔두면 쟁기를 상하게 하거나 너무 약한 소를 힘들게 하기 때문이었다. 그들의 농기구는 아주 오래전부터 있어온 (아나톨리아 지방이나 트란스요르단 지방의) 레유*가 달린 샹비주 쟁기로 진짜 랑그도크 쟁기다. 나는 16세기의 일반 가정이나 교회의 농기구 목록 또는 오늘날 코스 뒤 라르자크**에 우뚝 솟은 폐허로 남은 곡물창고에서 그것들을 찾아볼 수 있었다.[171] 이집트처럼 아주 어려운 상황에서는 손으로도 끌 수 있을 정도로 쟁기가 작았다(그러나 우리는 지금 서아시아 지방에 있지 않다. 랑그도크에서는 남자가 쟁기를 끌었다. 여자는 뒤에서 쟁기를 잡았다. 그 반대가 아니었다).

인간이 쟁기를 끌던 예를 찾아보면 1689년 9월, 한 위그노파 목사가 오트-세벤 지방의 동굴에서 잡혔다. 이 은신처에서 함께 발견된 것은 '쟁기'(charrue)***인데, "목사는 땅을 갈기 위해 멍에를 멨고 부인은 그를 몰았다." 쫓기던 목사는 작은 텃밭에서 추수를 기다리며 그 굴속에서 오랫동안 살 생각을 했던 것이다.[172]

소가 끌기도 하고 노새가 끌기도 하고 사람이 끌기도 하던 남부 프랑스의 쟁기는 콩타의 장인들이 능숙하게 휘어서 만든 비싸지 않은, 잘 부서지긴 하지만 수선하기 쉽고 교체하기도 쉬운 목제 농기구였다. 17세기에 콩타의 장인들은 시장에 나가 랑그도크의 농민들에게 부품을 수백 개씩 팔았다.[173] 조립은 아주 쉬웠다. 쇠로 된 보습, 세 개의 나무로 된 나머지 부품, 말하자면 한 손으로 잡는 손잡이인 에스테브(그래서 한 손

---

* 쇠보습.

** Causse du Larzac: 마시프 상트랄 남부에 있는 석회질 고원 지대.

171) Serres, II, 2.

*** 원본에 sic(원본) 표기가 되어 있는데, 그것은 이제까지 쟁기는 'araire'(바퀴 없는 쟁기)로 표기했으나, 여기에서는 'charrue'로 표기했다는 뜻이다.

172) Bost, 1912, I, 347쪽.

173) 성당 참사회원이며 주무자(主務者)였던 살리냐크는 보클뤼즈에 있는 비장 시장에서 개당 20수에 쟁기 10개, 개당 6수에 에스테브 12개, 개당 15수 9드니에에 당탈 16개, 개당 10수에 무스 7개를 사서 비알라의 농장에 보관했다(ADH, G 98, 몽펠리에 성당참사회 회의록, 1696년 5월 9일).

은 자유롭게 소를 다룰 수 있다), 땅에 접하는 부분인 당탈, 그리고 채* 에 연결되는 휜 나무인 캉베타** 레유라는 철 부품이 있는데, 그것은 보습 기능을 하는 화살촉 형태의 육중한 날로 길이가 30인치, 폭이 7인치, 무게가 10파운드 나가는 것이었다. 1500년에서 1850년까지 무게는 변함이 없었다. 나는 그 사실을 공증인의 기록을 통해서도 확인할 수 있었고 최근에 발견한 견본의 무게를 달아서도 확인할 수 있었다.[174] 레유는 잘 부서졌으며 쉽게 닳았다. 쇠 자체가 잘 부스러지는 것이었다. 대장장이는 주물을 부어 땜질한 뒤 끊임없이 갈아 끼워줘야 했다. 나귀는 '땜질하고' 날을 세워야 할 레유를 실어 나르기 위해 부지런히 농지와 대장간을 오갔다. 1570년 나르본에서는 그랬다.[175] 아주 작은 쟁기도 한 철에 여러 개의 레유를 소모했다. 보습이 하루에도 서른 번씩 자갈에 부딪히는 산간 지방에서는 쟁기 하나가 1년에 소비하는 철의 양이 1캥탈에

* 수레의 앞쪽으로 양옆에 댄 긴 나무.

** 우리의 성에.

174) ADH, G 199, 페이지가 매겨지지 않은 기록: 1523년 9월 4일 아미라크의 곡물창고 조사 목록 "쟁기 2개, 캉베타 2개, 에스테브 2개"; 같은 자료, 14-11-1542, 생-피에르 곡물창고: "이 곡식창고에는 3개의 쟁기가 있다", 그리고 각각의 쟁기에 "2개의 철제 레유", 총 6개의 레유가 있는데, "무게는 모두 65파운드"(랑그도크의 파운드는 410그램); 같은 자료, 21-8-1565, 비알라 지방 빌라르의 곡물창고: 부엌에는 "무게가 모두 합해 25킬로그램에 달하는 5개의 레유, 조즈와 캉베타를 갖춘 3개의 쟁기, 5개의 새[新] 당탈." Aude, G. 31, f° 242 v°, 1544년 11월 "lous bious, [……] ensemble lous araires garnits de estevas, camberras(sic), relhas" Sarret 고문서, 1569년 조사 목록: "소가 끄는 쟁기 11개, 노새에 매는 쟁기 2개." 같은 자료, 1503년의 조사 목록: "완전 쟁기 7개, 총 2캥탈 나가는 20개의 레유." 쟁기의 유형, 특히 레유가 달린 샹비주 쟁기에 대해서는 Haudricourt, Jean-Bruhnes-Delamarre, 1955, 5, 8, 11장, 지도 III, 도면 VII; Appolis, 1951, 421쪽과 Latouche, 1923, 156, 157쪽 참조. 앙리 롤랑은 나에게 남부 지중해 지역과 프랑스에서 이제까지 알려진 레유 가운데 가장 오래된 것에 대해 이야기해 주었는데, 그는 그것을 프로방스 지방의 바농에서 발견했다. 그것은 4세기의 것이다.

175) Aude, G 34, 9-1-1570.

달했다.[176] 이는 10개의 레유에 해당하는 분량이었다…… 농기구로서는 한심한 것이었다. 루이 14세 시대, 브리 지방의 바퀴 달린 쟁기 하나는 나르본의 쟁기 3개 몫을 했다. 연간 10헥타르 정도에 비해 연간 30헥타르.[177] 일-드-프랑스 지방과 피카르디 지방의 대형 바퀴 달린 쟁기를 끄는 농민들과는 달리 랑그도크의 쟁기 사용자들은 휴경지를 끝도 없이 긁어댔지만, "거기에 견주질 못했다."

그들과 같은 비참한 처지의 사람들로는 에스파냐 농가의 날품팔이꾼들, 샹비주 쟁기로 농사를 짓는 팔레스타인의 빈농들이 있었다.[178] 이들 사이에는 많은 공통점이 있었다. 지중해 지역 사람들──프랑스, 에스파냐 또는 서아시아 지방의──은 쟁기를 모든 목적에 사용했다. 씨를 덮을 때는 쇠스랑 대용으로 사용했다(그들에게 쇠스랑은 없었다).[179] 건조 농법의 주요 도구로서 그것은 땅을 갈아부수고, 고사리류의 망상 조직을 찢고, 기화 작용을 억제하는 데 쓰였다. 그렇게 반복적으로 하다

176) Duby, 1958(수치가 좀 많은 것 아닐까?)

177) Mireaux, 1958; Appolis, 1951, 119쪽은 이보다 더 비관적이다. 생-모리스에서는 "한 쌍의 소가 20스테레의 밭을 간다"(20스테레는 4헥타르). 케네에 따르면, 바퀴 달린 쟁기와 바퀴 없는 쟁기가 가는 비율은 3 대 1이었다(『케네와 중농주의』*Quesnay et la physiocratie*, 1958, II, 678쪽).

178) Haudricourt, 1955, 앞에서 인용한 장(章).

179) 남부에는 바퀴 없는 쟁기가 있었고, 쇠스랑이 없었다: 공증인들의 조사 목록에는 쇠스랑이 없다. Rozier, 1785, '땅갈기' 항목에는 "쇠스랑으로 씨를 덮는 지방과 쟁기로 씨를 덮는 지방"이 구분되어 있다; 마찬가지로 Aude, G 43, f° 80, 1673년 1월: "4번 쟁기질, 덮는 일까지 포함하면 5번 쟁기질"; ADH, II E, 공증인 사무실 n° 2, 1641년의 기록, f° 110, 16-7-1641: "펠리프 무리용은 쟁기질을 5번 했는데, 거기에는 씨 덮는 것까지 포함되어 있다" "매년, 임차인은 파종할 휴경지에 6번 쟁기질을 했는데, 거기에는 씨앗을 흙으로 덮는 것까지 포함된다"(쇼샤르 영지의 임대, ADH, G 179, f° 37 v°, 23-11-1679). 마찬가지로 동양에도 쇠스랑이 없었으며, 일반적으로 쟁기가 대신했다. Haudricourt, 1955, 69쪽; Weulersse, 1923, 146쪽; 샤르데뉴에서도 마찬가지였다, 『케임브리지 경제사』, 1942, I, 119쪽. 반대로 북프랑스의 경우, 솔로뉴에서는 중세 말부터 쇠스랑을 사용했다는 기록이 있다(Guérin, 1960).

보면 습기를 1년 내내 유지할 수 있을 뿐 아니라(휴경의 경우) 다음해까지(실제로 추수를 하게 되는 해) 연장시킬 수 있었다.[180] 이 건조 농법은 2년 윤작의 중요한 목적 가운데 하나였다.

그러나 좌우대칭의 이 농기구는 그 이상의 일은 할 수 없었다. 땅을 깊이 갈아엎어서 기름진 땅을 들어올리거나, 거기에 거름을 묻는 데 이용하기가 어려웠다. 이 쟁기는 아무래도 생산성이 낮은 세계, 빈곤한 세계와 관계 있는 기구였다. 남부 프랑스의 일부 농민들은 이 같은 열등성을 알고 있었다. 그래서 그들은 자기네 지방의 방법을 동원해서 북부의 쟁기를 복제해, 쟁기술바닥(그들은 이것을 모사 또는 무스라고 불렀다)을 샹비주 쟁기의 틀에 매달아 써보려고 했다. 이렇게 '수선된' 쟁기가 무스 쟁기인데, 그것은 18세기 랑그도크, 가스코뉴, 카탈로뉴 지방 어디에서나 발견된다. 그뿐만 아니라 아주 좋은 표본이 오크의 박물관에 잘 보관되어 있다. 오드리쿠르는 '과연 무스는 언제 만들어졌는가?'라고 물었다.[181] 미간행 텍스트이긴 하지만 많은 텍스트들이 그의 의문에 답할 수 있도록 해준다. 무스는 15세기부터 리욍이나 푸스레의 쟁기 제조공들이 만들어 툴루즈 지방에 공급했다.[182] 아키텐 지방을 복작거리게 만든 북부 농민들의 이주가 새로운 이 기계의 도입을 설명해줄까? 어쨌든 나는 거의 그 시기에(1446) 북부형의 바퀴 달린 쟁기가 간간이 콩타 지방에서 사용되었음을 확인할 수 있었다.[183]

프랑수아 1세 시대에 무스는 로라게 지방에서 나르본 지방으로 퍼져 갔다. 1535년 10월 5일, 공증인과 참사회원들이 전날 앙리 사바티에에게 임대해준 라 바스티드-르동드 농장의 목록을 작성했다. 그들의 조사

180) Dumont, 1952(남부 유럽과 북부 아프리카의 건조 농법); 『케임브리지 경제사』, 1942, I, 93, 94쪽; Ibn El-Awam, in A. Bernard, 1911.

181) Haudricourt, 436~438쪽, 도면 7; Polge, 1959; Rascol, 1961, 39쪽.

182) Wolff, 1954, 281쪽, 주 6), 책의 맨 뒤에 나오는 '툴루즈에 목제 공급'이라는 제목의 도표.

183) Haudricourt, 1955, 435쪽에 인용된 쇼보 자료집.

에 따르면, 거기에는 일 소 16마리, "캉베타, 주, 카르캉, 당탈, 티라, 에스테바 등이 잘 갖추어진" 반듯한 쟁기 4개, 무게가 총 46킬로그램(레유 하나당 4.14킬로그램) 나가는 철제 레유 11개가 있었다. 여기까지는 모든 것이 정상이다. 그러나 그때까지 듣지 못했던 것이 등장한다. "철제 무스 코토 5개(개당 4.7킬로그램), 철제 미자 5개, 모스 당탈 5개." 이것은 쟁기술바닥(무스), 코토, 코트로 또는 쿠트르, 즉 자름칼이 달린 새로운 쟁기의 부품들이다. 나르본의 대장장이인 프랑수아 부조는 이 자름칼의 날을 갈아달라는 부탁을 받았다. 자름칼과 쟁기술바닥이 달린 참으로 신기하게 생긴 쟁기다.[184] 완전한 바퀴 달린 쟁기(아직 작은 바퀴 달린 쟁기에 지나지 않지만)가 되기 위해서는 이제 바퀴와 필수적인 전반부만 있으면 된다. 그런데 문제는 그것들이 결코 갖춰지지 않는다는 것이다.[185]

새로운 농기구는 동부로 서서히 전진했다. 1542, 1565, 1569년까지는 나르본에서 아주 가까운(20킬로미터) 베지에 지방의 대농들에게서조차 무스가 하나도 안 보인다. 사레 영주의 집에서도, 참사회원들의 농장에서도 오직 보이는 것이라고는 고전적인 쟁기들, 다시 말해 레유, 에스테브, 캉베타가 달린 평평한 쟁기 또는 당탈 쟁기뿐이었다. 이 같은 열등한 기술의 결과는 당연히 노동의 낭비였다. 장비를 제대로 갖추지

---

184) 라 바스티드 농장의 목록 조사: Aude G 31, f° 83 v°와 f° 331, 1534년 9월 그리고 5-10-1535; 마찬가지로 Aude G 32, f° 326 v°, 1553년 3월의 조사 목록: 8개의 레유와 7개의 자름칼; 쟁기 테 메우는 기구 임대와 무스, 레유, 무스의 자름칼: Aude G 35, f° 131(1594); 같은 자료, G 37, f° 100 v° (1613); G 39, f° 333 v°(1638); "레유, 자름칼, 보습날"(라 바스티드 농장의 임대계약서, Aude G 39, f° 98, 21-7-1630).

185) 게다가 쟁기를 지칭하는 단어인 charrue는 16세기의 랑그도크 지방에서는 사용하지 않았다. 1498년 오드 지방의 자칭 'charrue'(『오드 도 고문서 조사 목록』, G 계열, vol, III, 37쪽)는 quadriga(charrette, 두 바퀴 달린 짐수레)의 오역에 불과하다. Aude, G 30, f° 4, 21-5-1498의 원텍스트를 보라: "3마리의 말이 끄는 짐수레가 3일 동안 일하기"(3 journées de charette à chevaux)(cadriga trium equorum).

못한 베지에 지방과 아그드 지방의 사람들은 휴경지에 더 많은 노동량을 바쳐야 했으며, 엄청난 양의 노동으로 기계의 결함을 상쇄해야 했다. 플리니우스나 콜루멜라*의 시대처럼 1년에 8번 쟁기질을 해야 했다![186] 기술이 비교적 양호했던 나르본 지방의 괜찮은 농가에서는 16세기부터 5번 쟁기질하는 것으로 족했다. 세 번은 플라 쟁기(흙을 잘게 부수는 대칭형 농기구), 두 번은 무스(땅을 갈아엎고 거름을 묻는 데 쓰는 비대칭 농기구)질을 했다.[187] 이 기회에 지적하면, 이미 13세기부터 우월한 농기구를 사용한 영국인들이나 노르망디인들은 그들의 강력한 쟁기 덕분에 휴경지에 쟁기질을 두어 번 하는 정도로 충분했다! 이는 지중해 지역과 비교해볼 때 인력과 축력의 엄청난 절감이었다.[188]

프롱드 난이 일어난 무렵에야 비로소 베지에와 몽펠리에의 농민들은 새로운 쟁기인 무스 쟁기를 사용하게 되었다. 생-피에르(1658년 최초 텍스트)의 반타작 소작농들은 농가가 파산한 다음 선서(宣誓)를 하면서, 그들은 휴경지에 두세 번 일반 쟁기질을 하고 경우에 따라 한두 번 더 무스 쟁기질을 했다고 말했다.[189] 그러니까 무스를 아직 일반적으로

---

* Columella: 1세기경에 농업서를 쓴 로마의 작가.

186) 사레 고문서, 1563년과 1569년의 조사 목록: 휴경지(garachs)의 90퍼센트에 8번 쟁기질; "쟁기질 8회": ADH에 나오는 임대차계약서, 아그드의 공증인 문서, II E, 2-106, f° 42, 25-2-1632; 같은 자료, 2-211, f° 202, 6-10-1640과 f° 110, 16-7-1641(마지막 문서에서 8스테레에 8번 쟁기질, 6스테레에 5번 쟁기질); 16세기부터, 같은 자료, 2-5, 20-1-1546, 그리고 2-8, f° 56(20-6-1552): "아그드 지방의 귀아리(Guari)는 세귀에르 부인의 땅에 쟁기질을 8번 시켰다." 고대의 토스카나 지방에서는 쟁기질을 9번 했다(『케임브리지 경제사』, 1942, I, 99, 112쪽에 인용된 Pline).

187) Aude, G 31, f°s 331 이하, 5-10-1535; 라 바스티드 농장의 조사 목록: "111 모자드의 짚단; 휴경지에 씨를 뿌리기 위해 5번 쟁기질을 했고, 115개의 짚단을 놓았다"; 같은 자료, G 34, 31-5-1586, 라 바스티드 농장의 임대계약서: 임대차인 에스페로니에는 5번 쟁기질을 했는데 3번은 플라 쟁기로, 2번은 무스로 했다.

188) Delisle, 1903, 305, 306쪽.

189) ADH, G 938, 10-9-1658, 생-피에르의 임대. 이후, 무스가 퍼져나갔다; 베지

사용한 것은 아니며, 그것도 겨우 최근의 일이었다. 반대로 나르본 주변에서는 이미 1세기 전부터 무스를 도입했는데, 1630년경에 이르면 플라쟁기를 거의 완전히 대체했다. 1596년 무스는 아직 경작의 5분의 2를 감당하는 정도였다. 1617~30년, 피에르 뷔스칼롱과 피에르 비귀에 같은 숙달된 농민들이 적극 권장한 덕분에 무스가 80~90퍼센트의 휴경지 노동을 감당하면서, 이전의 농기구는 극히 미미한 역할을 맡게 되었다.[190] 이 같은 진보는 쉴리(Sully)의 시대와 리슐리외의 시대에 밀 판매의 주요 역할을 담당하면서 새로운 기술에 매료되었던 나르본 지방의 농업적 역동성 덕분에 가능했다. 쟁기가 무스에 자리를 내준 대농장에서, 우리가――동시에――조사 목록을 통해서 확인할 수 있는 사실은, 노새가 소를 대체했으며, 땅에 더욱더 퇴비를 많이 주었고, 휴경지는 땅에 활력을 주는 콩과식물인 개자리, 잠두콩, 베스로 뒤덮였으며, 포도밭은 더 이상 삽질을 하지 않고 쟁기로 땅을 뒤엎었으며, 나무 삼지창은 쇠 삼지창으로 대체되었다는 사실이다.[191]

에나 몽펠리에에서 무스 쟁기술바닥의 가격은 1696년에 10수, 1748년에 8수, 1751년에 11수, 1759년에 12수: 이 책, 제1권, 163쪽 주 173) 참조; ADH, G 1021, G 1025, G 1029(소작농과 수레 제조공의 장부, 1748~59).

190) Aude, G 37, f° 201, 라 바스티드의 임대계약서, 18-9-1617: 무스로 쟁기질 2번, 당탈(평평한 쟁기)로 3번; 그러나 이 임대계약서는 1586년의 계약서를 그대로 베낀 것이다; 사실(같은 자료, f° 207, 23-10-1617, "라 바스티드의 땅에 대한 기술"), 라 바스티드의 땅에서는 1617년에 5번의 쟁기질을 했는데 4번은 무스로, 한 번은 당탈로 했다; 1630년 11월 20일에 수행된 라 바스티드 농장의 조사 목록(Aude, G 39, f° 102)에서 모든 쟁기질은 무스로 이루어졌다. 평평한 쟁기의 사용은 없었다. 따라서 1586년부터 1630년 사이에 무스가 지속적으로 보급되었음을 알 수 있다. 마찬가지로 Aude, G 51, 1756년: 나르본 성당 참사회의 땅을 임대한 피에르 오드리베는 무스로 쟁기질을 4번 했다. 평평한 쟁기에 대해서는 언급조차 없다.

191) 앞에서 인용한 1530, 1535, 1551, 1553년의 조사 목록과 1617, 1630년의 조사 목록을 비교해볼 것; 베지에에서도 동일한 변화(1600년경 노새 사용을 위해 소 사용 금지). 한참 뒤 아그드에서도 마찬가지(ADH, II E, 2-159, f° 149, 27-6-1666, 그리고 2-161, f° 43, 20-3-1669): 휴경지에 심은 채소들(휴경지에 잠두와 베스 재배); Haudricourt, 1955, 435쪽(포도 경작) 참조.

이러한 모든 변화 뒤로 보이는 것이 있으니, 그것은 수요에 자극받은 개명한 소작인들의 주도적인 노력이다. 나르본 항구는 아주 가까이에 있었고, 제노바와 카탈루냐의 선주들은 이곳에 와서 선박의 화물창을 곡물로 채웠다. 이렇듯 시장의 발전은 17세기 초에 입지 조건이 좋은 몇몇 지역에서 기술의 발전을 이끌었고, 당연한 결과로 생산성의 향상과 가격의 하락을 가능하게 해주었다.

그러나 이 같은 변화의 중요성을 과대평가하지 말아야 한다. 1780년, 로지에 수도원장은 페즈나에 있는 영지에서 그 고장의 두 농기구, 당탈 쟁기(평평한 쟁기, 레유가 달린 샹비주 쟁기)와 "바-도피네 지방, 아비뇽의 콩타 지방, 프로방스와 랑그도크에도 알려진" 무스라고 부르는 "쟁기술바닥이 달린 작은 바퀴 달린 쟁기"(charrue)를 비교해보았다. 그에 따르면, 이 두 번째 쟁기는 별로 신통치 않았으며, 옛날의 쟁기보다 작업 면에서 별로 더 나은 것 같지 않았다. 그것은 땅을 3~4인치 정도 깊이로 긁었다. "그것은 경작하는 것이 아니었다." 자기들의 짐승들을 염려해서 농민들(laboureurs)——자기 소유의 가축을 가지고 작업당 또는 시간당으로 고용되는 소토지 소유농들——은 무스를 너무 심하게 기울였다. 땅이 일어나는 듯하고 또 사실 일어나기는 일어났다. 그런데 이랑은 깊이가 없었다. 기가 차서, 로지에는 흙을 깊이 파들어가는 북부의 큰 쟁기를 그들에게 권했다. 그러나 품삯을 많이 주는데도 아무도 그것을 받아들이려 하지 않았다. 짐승들이 너무 약하거나 사람들이 너무 일상에 안주하여서인가? 아마 둘 다일 것이다. 사실 사람들은 코웃음을 쳤다. "수도원장은 미쳤어. 수도원장은 머리로 농사를 짓고 있단 말이야."[192]

그러나 그가 그른 것은 아니었다. 왜냐하면 진짜 쟁기는 19세기에 결국 남부 프랑스에 뿌리를 내리기 때문이다. 그의 분개는 우리를 깨닫게

192) Rozier, 1785, '경작' 항목; 남부 지방에서 알지 못하던 선구적인 농학자인 로지에에 대해서는 Gasparin, 1848 참조.

하는 바가 있다. 사실 무스는 북부에서 태어난 농학자가 보기에는 거의 개선되지 않은 그저 손을 보고 수선된 극쟁이에 불과했다. 무스는 북부 지방의 거대한 이랑 갈기 쟁기나 투른-오레유*의 힘과 효율성이 없었다. 요컨대 뒤늦기는 했지만 무스의 사용과 같은 흥미로운 시도를 해보았음에도 남부 프랑스는 18세기까지 여전히 바퀴 없는 쟁기 사용 지역, '아레르 지방', 즉 지중해식 후진 경작 지역으로 남아 있었다.

이제 쟁기의 모습에 이어 곡물 농사의 주기를 살펴보자. 이 역시 남부의 기술에 충실한 것이다. 3월에서 7월까지 곡물 생산을 위해 일꾼들이 세 차례에 걸쳐 파상적으로 밀려왔다. 제초 일꾼들, 베는 일꾼들, 낟알 터는 일꾼들. 우선 봄이면 카토** 시대의 로마인들이나 알제리의 카빌리아인***들이 하듯이 "밀과 잡초를 구분해서 잡초를 베거나 뽑아내는" 잡초 제거를 시작했다.[193] 사람들은 밀과 가라지를 구분했다. 그런 다음 6월이면 베는 사람들이 밀려왔다. 브누아에 따르면,[194] 이들 랑그도크의 추수꾼들은 18세기에 이르기까지 톱날 달린 낫을 사용했다. 나무로 된 자루에 타르를 묻혀 규석 이빨을 박아넣은 이 낫의 구조는, 지중해 세계에 정착한 최초의 서아시아 지방의 농사꾼들 이래로 변함이 없었다.[195] 그러나 과장은 금물이다. 사실 오랜 세월 동안 랑그도크의 낫은

---

* tourne-oreille: 날이 좌우 양면으로 움직이는 쟁기.

** Cato(기원전 234~기원전 149): 로마의 보수적인 정치가로 제3차 포에니 전쟁에서 큰 역할을 했다. 그는 연설문의 말미를 "카르타고를 쳐부수자"로 끝마친 것으로 유명하다. 또한 농업서의 저자다.

*** Kabyles: 알제리 북부 카빌리아 산악 지방에 사는 사람들.

193) 잡초 제거에 대한 텍스트는 무수히 많다. 아그드의 에티엔 라크루아는 소작농을 시켜 싼 비용으로 잡초를 제거했다(ADH, II E, 2-33, 26-4-1598); 생-피에르의 밀밭에서 '웃자란 풀 뽑기,' ADH, G 841, 장부, 임대 비용 항목: 48리브르 3수의 비용. 로마나 카빌리아에서의 유사한 관행: 『케임브리지 경제사』, 1942, I, 121쪽; Aude, G 31, f° 223 v°, 24-3-1542: 밀, 보리, 수수를 위해 일꾼인 귀욤 카리에르에게 맡긴 라-바스티드 농장의 잡초 제거 작업.

194) F. de Dainville, 1955에 인용된 F. Benoit.

195) Varagnac, 1959, 191~255쪽에 인용된 Parrot, Montet.

그 곡선을 유지하였지만 톱날은 모두 없어졌다. 이제 낫은 톱질을 하거나 물어뜯는 대신 싹둑 잘랐다. 이후 그것은 불랑 또는 불라메라고 하는 매끄럽고 날카로운 초생달 모양의 철제 낫으로 변했다. 이 낫은 고고학상의 글라눔 층위(그리스-갈로-로만 시대)에서부터 나타나며, 나중에 다시 17세기 농가의 농기구 목록에서, 그리고 이어 1780년의 농학자들의 기술에서 확인된다.[196)]

미세한 발전이 있긴 했지만, 짧은 낫(faucille)을 사용하는 랑그도크에서 밀을 베기 위해 긴 낫(faux)*을 쓴다는 것은 18세기에도 생각할 수 없는 일이었다. 로지에에 따르면, 긴 낫을 사용하는 것은 플랑드르와 에노 지방의 추수 방법으로서 남부 프랑스에는 적절하지 않았다. '관습의 노예'인 랑그도크 사람들은 긴 낫으로 베면 알곡을 떨어뜨려 손해보지 않을까 하는 염려를 했다. 특히 긴 낫은 밀을 너무 바짝 자르기 때문에 방목 들판에서 그나마 남아 있는 밀짚을 즐겨 먹는 양들에게 아무것도 남겨주지 못할까봐 염려했던 것이다. 짧은 낫이 집요하게 남은 것은 이런 식으로 양을 중요하게 여겼다는 사실로 설명할 수 있다. 마찬가지로 남부의 쟁기를 고집스럽게 사용한 것도 좋은 쟁기(charrue)를 끌기에는 역축들이 너무 야윈 영양실조 때문이었다. 이는 농경 체계, 가축과 식물의 생산이 하나로 묶여 있음을 증명하는 새로운 증거다. 짧은 낫의 경우, 피에르 페크의 예를 보자. 그는 1573년에 12명의 동료들과 함께 나르본 근처 베딜랑 농장에서 추수를 했다. 임대계약에 따르면 그는 밀을 "땅에서 15센티미터 정도로" 자르도록 돼 있었다. 이는 그루터기를 길게 남긴다는 말로, 수확 후의 목축을 염두에 둔 것이다. 거의 같은 무

---

196) 글라눔의 고고학적 발굴지(생-레미-드-프로방스, 박물관)에서 발견된 날카로운 철제 낫: 이 낫의 존재는 파랭(Parain)이 『케임브리지 경제사』, 1942, I, 147쪽에서 제기한 문제(남부 지방에서는 금속 낫을 언제부터 사용했나)에 답변한다. 근대 랑그도크 지방의 금속제 큰 낫(volant)에 대해서는 필사 기록(Amoreux, Montpellier: F. de Dainville, 1955에 있는 텍스트).

* faucille은 한국의 낫과 같은 것으로 손잡이가 짧고 날이 반원으로 휜 낫을 말하고, faux는 두 손으로 잡고 서서 낫질을 할 수 있는 긴 낫을 말한다.

럽, 페크와 동시대인인 유명한 화가 피에르 브뤼겔이 그린 「여름」이라는 그림에는 추수꾼들이 긴 낫으로 밀을 베고 있는 모습이 보인다. 그러니까 이미 16세기부터 뚜렷이 나타나는 오래된 대조. 플랑드르 지방의 곡물은 긴 낫, 프랑스 · 에스파냐 · 시리아의 밀은 짧은 낫.

그러다가 1579, 1582년에는 나르본에 다이아, 포크 또는 다이에라고 하는 긴 낫이 선보인다. 그러나 그것은 건초를 베는 데만 썼을 뿐이다. 이어 18세기에는 몽펠리에 근처에서 다이아를 가을 보리 또는 겉보리, 목초지의 풀, 개자리, 잠두 그리고 다른 초지를 베는 데 사용했다. 하지만 긴 낫은 아직 밀을 베는 데에는 사용하지 않았다.[197)]

추수에 이은 낟알 털기에 이르러 우리는 지중해 지역의 특성과 다시 한 번 만난다. 콜베르와 다게소의 시대(1670), 론 강과 가론 강 사이의 모든 랑그도크 평원은 말과 노새, 그리고 베지에의 후진적인 마을에서는 때때로 소들의 도움을 받아 타작마당에서 낟알을 털었다. 천년 동안 지속된, 거의 변함없는 그러한 관습은 1550년에서 1806년 사이에 전혀 변하지 않았다. 몽펠리에나 아를에 대한 플라터의 묘사(1595), 아모뢰의 묘사(1780), 베랑의 묘사(1806), 그리고 공증인들의 텍스트들은 불변의 의식(儀式)을 따르는 영원한 장면을 보여준다. 흙으로 미리 돋움질을 한 다음 다진("달구로 다진")[198)] 후 마지막으로 물을 뿌려 만든 이에르라고 하는 타작마당 한중앙에 이삭이 위로 가게 해서 다발들을 정사각형 모양으로 세운다. 한 사람이 다발 위로 올라가서 낟알 털기를 주도한다. 그는 줄의 한 끝을 잡고 네다섯이나 여섯 마리의 카마르그산(産) 작은 말들을 좌우로 채찍질한다. 그 말들은 아주 잘 길들여진 종마들이

---

197) 모든 것에 대해서는 Rozier, 1785, '곡물' 항목; Aude, G 34, 31-5-1573, 베딜랑의 밀을 짧은 낫으로 베는 데 드는 비용; 필사본 Amoreux, 1780년 몽펠리에에서의 긴 낫과 짧은 낫에 대해서는 F. de Dainville, 1955; Weulersse, 1946, 147쪽; 나르본에서의 긴 낫 '다이에(dailhes)나 포크(faulques)'에 대해서는 Aude, G 34, 1582년 6월 8일의 증서.

198) ADH, II E, 2-188, 30-11-1742: 플로렌사크의 피에르 비나가 아그드에 만든 타작마당의 가격.

다. 입에 부리망을 씌우고 눈을 가린 말들은 낟알을 밟고 밀짚을 으깨면서 더미 위를 원 모양으로 돈다. 아주 원시적인 방법이다. 이탈리아, 레바논, 터키의 추수자들은 랑그도크의 농민들보다 훨씬 낫다. 그들은 페니키아인들과 로마인들이 이미 오래전에 개발한 트리뷜룸(규석으로 만든 톱니가 달려 있는 나래), 플로스텔룸 또는 푀니쿰(돌이나 나무로 만든 둥근 밀대)을 타작마당에 놓고 쓸 줄 알았으며, 지금도 그렇게 한다. 그런데 그렇게 혁명적인 발명품은 아닌 플로스텔룸과 트리뷜룸은 19세기에야 남부 지중해 지역에 들어왔다. 오랑주에는 1809년에, 콩타에는 1852년에 말이다. 이웃 이탈리아에 비해 2천 년이나 늦다!

아주 늦은 그 시기까지 랑그도크 지역 타작마당에서 사용한 유일한 도구는 에스팔리아두아르 또는 방타두아르라고 부르는 가벼운 목제 삼지창이었다. 삼지창은 반쯤은 이겨진 짚에서 낟알을 가려내는 데 썼다. 기발한 삼지창은 길가에 자생하는 팽나무 곁가지를 세 개의 가닥이 나도록 자른 다음 화덕에 구워 단단하게 만든 것이다. 그 나무 재배와 전지는 17~18세기까지 세벤 지방의 산기슭에 있는 소브의 원예가들이 주위의 질투를 받아가며 독점해온 수익 좋은 사업이었다. 이러한 '도구의 재배'를 그들은 이미 1360년부터(우리가 알고 있는 최초의 텍스트에 따르면) 알고 있었다. 그들은 아마 에스파냐의 어느 원예가에게서 그것을 습득한 듯하다. 사실 삼지창 만들기에 적합한 나무인 팽나무가 세벤 남부 산야의 한 작은 마을 외에는 프랑스에 아직 알려지지 않았을 때, 이베리아 반도에서는 그 나무가 삼지창 나무로서의 역할과 함께 꽤 자주 발견되었다. 세브르 계곡(카탈루냐의 레리다 지방) 언저리에 위치한 알렌토른과 발-르브르라, 카스텔롱 드 라 플라나(발렌시아 지방), 마요르카, 포르투갈……[199]

지중해 지역에서 낟알 털기가 매우 늦고, 북부 가장자리에 위치한 랑그도크 지방의 탈곡 방법으로 되돌아가보자. 그곳은 북프랑스를 예고하

199) Clément, 1952, 135쪽.

는 도리깨 사용과 곳간에서의 타작이 이루어지는 지역 바로 아래에 붙어 있다. 다게소와 함께 1670년경으로 돌아가 세벤 지방의 고개와 몽타뉴 누아르를 넘어[200] 랑그도크의 산간 지역으로 들어가보자.

알비 교구, 위제스와 생-퐁스 산(山), 제보당의 고지, 퓌 교구…… 그러면 타작마당과 낟알 밟아 털기는 이제 끝이다. 타작의 기술이 완전히 달라진다. 곳간의 인부들은 겨울 내내 막대기와 도리깨로 낟알을 후려쳐댄다. 이곳 산간 지방에서는 하늘이 더 흐려서인가? 여름에도 언제 비가 올지 몰라서인가? 야외에서 타작을 하다가 비라도 내리면 어려움을 당할 것이기 때문인가? 아니면 이곳에서 생산하는 호밀의 짚이 너무 소중해서 노새 말굽에 그것이 잘라지거나 망가지지 않도록 하기 위해서인가? 두 가지 이유가 모두 타당해 보인다. 이곳으로 들어가면, 알비나망드에서부터 서부 유럽, 아니 유럽 전부를 뒤덮고 있는 그 방대한 도리깨 지역이 시작됨을 실감한다. 타작마당과 낟알 밟아 털기의 지역인 지중해 지역 유럽과는 아주 대조적이다.[201]

포도밭 작업에도 남부의 전통이 지배하고 있었다. 1630~40년, 무식하지만 곡괭이질에는 열심인 피에르 루지에, 장 네그르, 루이 플로랑스는 바위도 많고 자갈도 많고 가시덤불도 많은 아그드의 포도밭에 땅을

---

200) 툴루즈 시립도서관의 필사본 603.

201) 타작에 대한 일치된 기술: 1595년경, Platter, éd. 1892, 201쪽; 1780년경, Dainville, 1955, 41쪽에 인용된 아모뢰; 랑그도크에서, 낟알 밟아 털기 지역(평원 지방)과 도리깨 지역(산간 지방)의 지리: Aguesseau, 필사본, 603; 삼지창나무(14~18세기): Clément, 1952, 133쪽 이하, 223쪽 이하; 타작과 타작마당 세우기 임대: ADH, II E, 2-157, f° 16, 17-1-1663(성당 참사회의 타작마당 세우기 "좋은 흙을 운반하고 〔……〕 10인치 높이로 평평하게 다지고 〔……〕 길이는 25칸〔1칸은 1.75~2미터〕, 폭은 20칸으로 한다"). Aude, G 계열(Sources, Gr. 32)에는 1500년에서 1650년 사이에 타작 임대가 매우 많았음을 보여준다; 비교(라틴 세계와 동방의 플로스텔룸, 트리빌룸), Weulersse, 1946, 147쪽; 『케임브리지 경제사』, 1942, I, 122, 123쪽; X. de Planhol, 1958, 144쪽; 19세기에 남부 프랑스에 플로스텔룸의 도입: F. Benoit, 1949, 166쪽.

파고 이듬매고, 세 번째 갈이를 했다. 텍스트에서 계속 언급되고 있는 그들의 도구는 비고라고 하는 이가 둘인 괭이다. 이 비덴스 또는 라스터는 이미 로마의 농학자들에게서나 비잔틴의 모자이크에서 발견될 정도로 오래된 것이다.[202] 땅이 좋고 평탄하면, 그리고 포도나무들이 간격 넓게 심어져 있다면, 쟁기도 사용했다. 도구의 대조와 땅의 대조는 이따금 사회 계층을 반영한다. 1640년의 레스퀴르의 밭에서 그러했다. 쟁기로 갈아낸 십자형 고랑은 영주의 좋은 포도밭을 위한 것이었고, 비고는 막일꾼의 형편없는 땅뙈기를 위한 것이었다.[203]

그러나 두 가지 모두 라틴 전통의 도구들이다. 포도밭 일꾼이 곡괭이나 쟁기 손잡이를 놓는 이유는? 그것은 푸도 또는 푸다두아로라고 하는 양날 낫도끼를 가지고 죽은 나뭇가지와 곁가지를 치기 위해서였다. 그것은 페르낭 브누아의 말대로, 콜루멜라의 팍스 비네아티카와 아주 닮은 도구다. 1339년 이래 콩타 브네생 지방에서 살아온 시몬 마르티니는 페트라르카가 좋아했던 책 『베르길리우스』의 속표지에 그 독특한 도끼 하나를 그려 넣었는데, 그 그림은 지금 밀라노의 암브로시우스 도서관에 소장돼 있다.[204] 나무 손잡이가 둘인 강철 가위는 19세기에 와서야 남부 프랑스 포도재배자들의 낡은 칼을 쫓아냈다.

---

202) ADH, II 3, 2-209, f° 33 v°, 1-2-1637: 막일꾼인 장 네그르와 루이 플로랑스는 경사지에 있는 밭에 검은 포도를 심고, 5년간 비고(bigot)를 가지고 일을 했다; 같은 자료, 2-205, f° 52, 6-5-1630, "비고를 가지고 땅을 파고, 이듬매고, 세 번째 갈이를 하다." 2-211, f° 238, 14-11-1640: "비고를 가지고 세 번 경작"(Trois robbes 〔façons〕 al bigos): F. Benoit, 1949, 155~157쪽; Guyot, 1860, 남서부 지방의 포도밭에 대한 권(券), 49쪽. 사후 재산 조사: ADH, 나바르 공증인 사무실, n° 56, 뭉치 624, 블라베 조사 목록(6-4-1699): "곡괭이 또는 비고."

203) ADH, II E, 2-211, f° 215 v°, 1640년 10월: 레스퀴르 영주의 포도밭 작업; 막일꾼인 베네제크 코스트는 매년 십자 형태로 세 번 쟁기질을 한다. 그는 자기 소유의 작은 포도밭은 비고를 가지고 작업한다.

204) K. Clark, 1961, 도면 4, 그림의 왼쪽 하단에 있는 도끼를 보라.

물과 불

땅의 기술에 뒤이어, 북부에는 거의 알려지지 않았지만 남부에는 친숙한 물의 기술과 불의 기술. 우선 물부터 보자. 1640년 랑티에르의 영주가 가꾸던 농원으로 들어가보든지 아니면 100년 전 프랑수아 1세 시대에 베지에의 참사회원들이 가꾸던 큰 과수원으로 가보자. 나무와 과수의 그늘 아래로 세뉴라고 하는 도르래 샘이 있다. 그 샘은 농원의 가치의 30퍼센트를 차지한다.[205] 도르래 샘은 나무 톱니바퀴, 체인, 니스칠을 한 흙두레박이 있는 거대한 장치다. 가죽 눈가리개를 한 노새는 종소리를 내며 끝도 없이 그것을 돌리는데, 노새가 멈추면 종소리도 멈춘다. 소리가 안 나면 사람이 달려가 채찍질을 해서 다시 기계를 움직이게 한다. 두레박에 담긴 물은 도르래를 타고 올라와 일단 저수지에 저장된 다음, 중력에 의해 그물망처럼 펴져 있는 수로로 흘러가 최종적으로는 나무의 뿌리를 적신다. 이 물을 골고루 퍼지게 하려고 원예가는 아이사드라는 날이 좁은 굽은 괭이를 사용했다. 이 도구는 로마의 농민들이 쓰던 고대의 아시아타다. 이 장비를 갖춘 일꾼은 수문 역할을 하는 흙더미를 옮기는 정도로 도랑을 쉽게 열고 닫았다.[206] 그의 작업은 쳐다보는 것이었다. 그는 물이 흐르는 것을 지켜본다. 그의 동작 자체가 하나의 의식(儀式)이다. 그곳에서 수천 수백 리 떨어진 페르시아의 농민들이 관개 보리를 생산하기 위해 물을 대는 모습도 이와 다르지 않다.[207]

---

205) ADH, II E, 2-211, f° 192 v°, 30-9-1640, 랑티에르의 영주 소유 농장에 대한 기술: 농원은 66리브르, 아티초크밭은 40리브르, 세뉴의 가치는 48리브르다; 같은 자료, G 194, 1-4-1542, 베지에 성당 참사회의 농원 임대계약; 새로운 샘(sainhe)을 위한 나무와 석회; 같은 자료, G 125, f° 188 v°, 2-11-1551, 농원 "샘을 유지하고 관리하기" 위한 나무. 또한 Locke, éd. 1953, 20, 79, 84, 96, 106쪽 참조.

206) Platter, 1892, 200쪽; Rozier, 1785, '농원' '관개' '도르래 샘' 항목(텍스트와 도면); 아이사드에 대해서는 F. Benoit, 1949, 155쪽; 쿠르농트랄의 블라베의 사후 재산 목록에 있는 아이사도: ADH, II E, 나바르 공증인 사무실, 뭉치 624, 6-4-1699.

207) F. Houssay, 1887, 371쪽.

랑그도크 사람들이 충실히 복제한 도르래 샘은 마요르카 사람들과 카탈루냐 사람들에게서 얻은 것이고, 무어인-에스파냐인들의 노리아는 지금으로부터 2,500년 전에 만들어진 이집트와 팔무라*의 사키에를 복제한 것이다.[208] 16세기에서 18세기 사이에 지중해 연안 프랑스 지역에서 아랍식의 이러한 관개 방식을 널리 사용했다. 예컨대 1552년에 님 교구의 농원 가운데 80퍼센트가 그랬다.[209] 세뉴 또는 포사랭크라 부르는 도르래 샘 외에도 좀더 농촌적이거나 정교한 다른 체계들을 사용했다.[210] 특히 고대나 근대 이집트의 샤두프를 복제한 시소 샘이 그렇다(나는 1961년에 옴므라에서 멀지 않은 몽펠리에의 황야에서 같은 유형들을 찾을 수 있었다).[211]

또한 아사가두르 또는 아자가두라고 부르는 거대한 수로 체계가 있었다. 이것은 1594년의 나르본을 농원과 초원의 신선한 띠로 에워싸고 있는 것과 같은, 강과 연결된 명실상부한 우에르타다.[212] 우리는 이러한 집단적 행위의 결과를 잘 안다. 소유지의 비율에 따라 땅 주인들 사이에 밤과 낮으로 나뉜 물대기 순번 정하기, 공동의 수로에 교묘하게 구멍을 내서 물 훔쳐가기,[213] 공공 도로 한복판으로 자기네 도랑을 지나게 해서 도로를 물웅덩이로 만드는 뻔뻔한 사람들[214]……. 17세기에 오드

---

* 시리아 사막의 오아시스.

208) F. Benoit, 1949, 171쪽; Maurette, 1938, 216쪽과 도면 XXX; P. Montet, 1946, 107쪽; 카탈루냐와 에스파냐에 대해서는 P. Vilar, 1962, II, 280쪽에 인용된 Young; Birot, 1937, 32쪽.

209) Rozier, 1785에 인용된 단어들; AD, Gard, C 1852, 1552년 님-알레스 교구의 콩푸아: "마을 전체에서 농원 가운데 80퍼센트가 관개 농원(azagans)이고, 나머지는 비관개 농원(sécans)."

210) 아그드-베지에 지방의 공증인들 집에 있는 세뉴(주 205 참조); 님에 있는 포사랭크에 대해서는 AD Gard, E 768, 18-3-1549, "포사랭크를 관리해야 하고, 청소해야 한다"(알브나 농원의 임대계약서).

211) 또한 콩타 지방의 툼볼레보 역시 샤두프를 복제한 것이다; 브누아는 이것을 로마인들이 도입했을 것으로 본다(1949, 171쪽).

212) AC Narbonne, BB 5, 4-5-1594: 평야에 물을 대는 아사가두르.

213) AC Narbonne, BB 10, 10-8-1618; BB 12, 19-6-1622.

강가에 살던 사람들은, 1920년에 자크 윌레르스가 본, 오론테스 강*가의 농민들과 다르게 행동하지 않았다.[215] 모든 전문가들이 오드 강의 수로 주위에 바쁘게 모여들어, 한쪽에서는 "한두 개 구멍을 파는가" 하면 다른 쪽에서는 "물이 잘 흘러 내려가도록" 고르기 작업을 했다. 무식하지만 수로의 유능한 일꾼인 베르나르 마티외, 나달 리브, 레몽 칼라스 등이 1618년에 한 작업의 내용이 바로 그것이었다.[216] 이러한 관개 체계는 구체제의 프랑스에서는 오직 햇볕이 강한 남동부 지역에만 해당되었다. 1780년경, 몽텔리마르의 남부에서 시작되어 연안을 따라 만들어진 좁은 띠는 앙티브에서 페르피냥으로 확장되었는데, 바-랑그도크 지방에서는 그 폭이 12~20리를 넘지 못했다.[217]

수로를 모르던 다른 지역의 원예가들은 끝도 없이 물뿌리개를 져 날라야 했다. 그러나 그 경우, 40명이 남부 프랑스의 도르래 샘 하나를 감당하지 못했다. 북부에서 온 농학자들과 여행객들——예컨대 로지에나 리샤르 캉티용——이 그 지방 고유의 수로 기법으로 이탈리아와 남부 프랑스에 건설한, 신선한 물이 흐르는 오아시스를 보고 얼마나 경탄했을지 생각해보라.[218] 그러나 현실에 대한 올바른 평가는 그러한 감탄을 완화시켰을 것이다. 우리는 카탈루냐에 있지 않다. 랑그도크의 잘 관개된 농원과 초원들은 생산성이 매우 높긴 하지만 땅의 극히 일부분을 차지했을 뿐이다.[219] 그늘과 신선함이 가득한 잘 관개된 도시 지역과 광대

---

214) AC Narbonne, BB 14, 16-4-1625, 10-6-1646, 16-5-1648; BB 23, 9-4-1652.

* 중부 레바논을 지나는 강.

215) Weulersse, 1946, 285쪽.

216) '물대기' 가격, Aude, G 37, f° 215 v°, 15-5-1618; 같은 자료, f° 155, 13-3-1616; ADH, G 1000, 30-4-1718: "나는 성당 참사회의 초지에 때맞추어 물을 댈 사람을 고용했다."

217) Rozier, 1785, '관개' 항목.

218) Rozier, 같은 책, 인용된 말에서; Cantillon, 1952, 37쪽.

219) 님-알레스 교구에 있는 170개 마을에서, 관개 농원은 1550년경 0.1~0.2퍼센트에 불과했다(AD Gard, G 1852, 교구 콩푸아). 관개 지역(레가도)과 비

한 건조 지역은 극명한 대조를 보여준다. 관개 지역인 레가도의 땅에 비해 비관개 지역인 세카노의 땅이 얼마나 넓은가!

물을 다루었으니 이제 불에 대해 언급해보자. 불에 대한 기술은 매우 풍부하다. 1551~55년경, 나르본의 행정관들과 참사회원들은 대주의보를 내렸다. 그 고장 농민들이 추수가 끝나자마자 밭에 있는 그루터기를 불태워버렸기 때문이다. 그들은 이웃집 양들이 개방 초지에서 정당하게 먹을 권리가 있는 그루터기를 남겨놓지 않은 것이다! 그러지 마시오! 성 미카엘 축일*까지는 "어떠한 그루터기도 불태우지 마시오." 이후에는 좋소. 그루터기를 불태우고, 그 재(탄산칼슘이 풍부한)를 처음 경작한 땅에 묻으시오. 땅을 기름지게 하는 일은 당신의 권리요……[220] 그러나 그 같은 금지는 지켜지지 않았다. 베지에 근처에서는 극히 광적인 사건이 발생했다. 진짜 방화광환자(放火狂患者)이자 무식쟁이 반타작 소작농인 기욤 베시네가 그 주인공이다. 1679년 그는 자신을 위해 자신의 소작지에서 나는 모든 호밀짚 더미를 거름으로 쓰는 대신 태우는 권리를 요구했다. 주인들은 이 같은 낭비를 어렵잖게 허락해주었다.[221]

그러나 진짜 방화 지역은 다른 곳에 있다. 그 지역은 기진맥진한 가축들이 생명부지에 안간힘을 쓰는 황무지요 공동 방목장인 가리그**다.

그 가루이유 가운데 하나가 에로 강 계곡에 있는 지냐크라는 큰 마을 가까이 있다. 지도에는 엄연히 '숲'이라고 되어 있지만 사실은 민둥 벌

관개 지역(세카노)의 대조에 대해서는 Birot, Dresch, 1953, 92~99쪽.

* 9월 29일.

220) Aude, G 32, f° 240 v°, 1551년, 성당 참사회의 공고와 금지; AC Narbonne, BB 57, 6-8-1555; HGB 1375, 1721년 8월도 참조. M. Bloch, 1931, I, 27쪽에 따르면 보케르, 살롱-드-프로방스에서도 마찬가지; 또한 ADH, G 88, 7-10-1682를 보라.

221) ADH, G 179, 23-11-1679, f° 37 v°, 특히 39 v°(페이지 하단): 짚을 거름 목적으로 사용하는 것은 "농민들이 자신들을 위해 태울 모든 호밀짚을 태울 수 없게 하는 것이다"(sic). 이 같은 낭비에 대해서는 R. Dumont, 1962, 15쪽의 신랄한 평가 참조.

** garrigue: 남프랑스의 황야.

판이다. 1737년 9월 10일 오후 3시경, 덤불 화재가 신고되었다. 그 불은 저절로 꺼졌다. 저녁 8시경, 다른 화재가 푸른 참나무 벌목 구역에서 발생했다.[222] 물론 그해의 건조 기후는 불길을 확산시켰다. 그러나 불이 저절로 일어나는 법은 없다. 화인이 무엇이었을까? 모두가 한 목소리로 비난했다. 화재의 주범은 이웃 소작지의 목동들이다. 그들은 "불탄 자리에 비가 내리면 무성하게 자랄 풀을 양떼에게 먹일 목적으로" 황야에 불을 놓았던 것이다.[223] 1613년부터 확인되는 오래된 관습.[224] 1958년 2월 15일에도 나는 코스 지방이 온통 불길에 휩싸이는 모습을 보았다. 아무도 불안해하지 않았다. 목동들이 봄에 먹일 풀을 준비하고 있는 것이기 때문이다.

쿤홀츠나 바리 같은 지중해 지역 프랑스의 자연주의자들이 이 같은 방법을 섬세하게 분석한 적이 있다.[225] 그들에 따르면, 황야에서는 수세기 동안의 방목으로 양떼와 염소떼가 마침내 부드러운 나무나 풀을 멸종시키기에 이르렀다. 그러한 조건에서 목동들의 불은 생명력이 강하고 억센 잡초에서 양들이 먹을 만한(기왕의 풀은 너무 억세서 양들이 먹을 수 없다) 새싹이 나게 하는 데 도움이 된다는 것이다. 그러나 장기적인 차원에서 보면 그 방법은 더 나쁜 결과를 초래했다. 가축이 먹기 어려운 억센 초목——케르메스 떡갈나무, 서양소귀나무, 회양목——만 거듭되는 화재에 살아남아 서서히, 뚫고 들어가기 힘든 가시덤불을 이루는 것

222) AC Gignac, BB 24, 10-9-1737. 또한 ACM, D, 기록 744, 1535년: "발렌느(나무 이름) 숲과 보루델 숲의 화재."

223) AC Gignac, 같은 자료, BB 38, 8-8-1761.

224) 사람과 극심한 가뭄이 공모하여 일으킨 불에 대한 언급: AC Gignac, BB 24, 14-9-1613(한 숲의 '화재'; 거기에서 풀먹이기 금지); 같은 자료, BB 28, 9-8-1703; BB 29, 13-9-1711: "몇몇 개인들이 공동체 소유의 가리그나 숲에 불을 놓았는데, 왜냐하면 이곳에는 풀이 더 많이 있기 때문에"; 이 책, 제1권, 94쪽의 각주들 참조.

225) Kuhnholtz-Lordat, 1938, 1956; J.-P. Barry, 1960; E. Le Roy Ladurie, J.-P. Barry, 1962.

이다. 기슭에서는 침식작용이 화재의 참해를 더 악화시켰다. 초목이 사라지면서 이미 형해만 남은 땅이 완전히 초토화된 것이다. 님, 몽펠리에 지방의 몇몇 황야가 보여주는 문둥이처럼 끔찍한 광경은 바로 거기서 비롯된 것이다. 이 같은 방화를 통한 땅의 살해, 파괴적인 목축은 프랑스 북부에서는 찾아볼 수 없다. 물론 북쪽에서도, 특히 미개발 산간 지대(아르덴)에서는 잡초를 태워 거름으로 사용한 예를 이따금 볼 수 있다.[226] 그러나 그것은 목초지를 새롭게 하기 위해서가 아니라 일시적인 파종을 위해서였다. 반대로 지중해 지역, 특히 위도상으로 건조한 지역에서 횃불을 손에 든 방화 목동은 손쉽게 볼 수 있는 친숙한 인물이었다. 1887년, 프레데릭 우세는 "엉겅퀴를 태우면 이듬해에 좀더 나은 목초지를 얻을 수 있다는 핑계로" 불을 내서 방대한 공간을 황폐하게 만드는 페르시아 고원의 목동들을 묘사한 바 있다.[227] 인간들의 부주의는 기후의 유혹과 공모하여 4천 킬로미터 떨어진 곳에서조차 같은 습관과 전통을 유지하고 있었다. 남부는 어디든 늘어나는 화재의 땅이 기름진 땅을 점점 더 에워싸고 갉아먹었다.[228]

*

이렇듯 남부 프랑스의 식물 생산 체계는 지중해의 모든 농촌적이고 '채원적인' 사회를 특징짓는 장점과 약점을 보여준다. 식물들이 풍부하게 밀려 들어오는 것과는 대조적으로 기술 자원 면에서 빈곤과 비효율성이 두드러진다. 아비뇽, 님, 나르본의 사람들은 프랑스에서는 처음으로 희귀한 식물, 이전에는 없던 새로운 종(種)에 길을 튼 사람들이다. 그러나 그들은 그것을 아카드*인들과 수메르인들이 개발한 괭이, 쟁기,

226) M. Bloch, 1931, I, 27쪽.
227) F. Houssay, 1887, 371쪽.
228) Kuhnholtz-Lordat, 1938.
* 수메르의 북서쪽에 있는 고대 메소포타미아의 도시.

샤두프로 재배했다.[229] 멀리 떨어진 서아시아 지방은 그들의 가장 아름다운 식물들과 가장 낡은 기술을 랑그도크에 동시에 전해주었다. 후자는 전자를 갖는 데 대한 대가 같았다. 기술과 식물들 가운데 최초의 것들은 가장 오래된 지중해 농업이 정복적으로 진출하던 초기부터 함께 들어왔다.

기이한 체계다. 이 체계는 건조한 기후와 잘 들어맞는 일관성 있는 구조를 형성했기 때문에 살아남았다. 그러나 생산성은 극히 낮았다.[230] 너무 좋지 않은 기후 탓에 퇴화하고 멸종되는 북부 지방의 식물과 종에 대한 남부 지방의 멸시는 정상적이며 이해할 수 있는 일이다. 그러나 북부 지역의 기술에 대한 그들의 지속적인 무시는 결코 정당화될 수 없는 부분이다. 16세기의 랑그도크 사람들이 여전히 부즈*와 콜루멜라 시대처럼 곡물을 재배하고 있던 반면, 북부 사람들은 밀을 베기 위해 때때로 긴 낫을 받아들였는가 하면 언제나 바퀴 달린 쟁기를 사용했다. 그들이 만들어낸 네 마리, 다섯 마리 또는 여섯 마리의 역축이 끄는 강력한 쟁기는 야윈 소 한 쌍이 끄는 바퀴 없는 쟁기를 웃음거리로 만들었다.[231] 또한 북쪽 지역 사람들은 3년제 윤작을 도입하여 휴경지를 줄였다. 때때로 그들은 경작지를 세 개의 커다란 윤작지로 나누어 휴경지를 관리했다. 그렇게 함으로써 공동 방목지 조성이 용이해졌다. 이 같은 '혁신'은 오래전에 이루어졌지만, 남부 프랑스는 그것의 수용을 완강히 거부했다. 왜 그랬을까? 왜 남부에서는 기술상의 타성과 가난과 인습이 고집스럽게 남아 있었을까? 왜 북부의 영향이 이때에는, 19세기와는 달

229) Singer, 1956, I.

230) An. 30; 관개 기술은 예외다; 그러나 앞에서 살펴보았듯이 관개 기술은 땅의 극히 작은 부분에만 해당되었다.

* 구약성서의 인물.

231) 세르의 모멸적인 비교(II, 2): 네 마리, 다섯 마리 또는 여섯 마리의 역축이 끄는 바퀴 달린 쟁기로는 두세 번 갈이로 충분하다; 한 쌍의 역축을 연결시킨 쟁기만 사용하는 지역에서는 대여섯 번, 심지어는 일곱 번 이상을 갈아야만 그만큼 일을 할 수 있다. 예컨대 프로방스, 랑그도크, '브네생 백령'에서.

리, 결정적이지 않았을까? 이렇게 문제를 제기하는 것은 영향이 농민 속으로 어떻게 퍼져나갔나 하는 문제를 제기하는 것이며, 사람의 이주에 대한 파일을 여는 것이고, 전통적인 사회의 농촌 세계에 대한 인류학적 연구에 접근하는 것이다.

제3장 북부에서의 이주와 유혹

"당신이 어디서 왔는지, 어디서 태어났는지 내게 말해보시오. 그러면 나는 당신이 누구인지 말해줄 수 있습니다."

남동 프랑스에서의 농촌 인류학은 지리적 인구 유동성이라는 핵심적인 사실의 지배를 받는다. 최초의 인구조사 기간인 1801~51년에 샤를 푸타스[1]와 국립인구연구소가 공동으로 제작한 지도를 참조해보자. 포*와 벨포르**를 연결하는 선의 동남부에 있는 중앙 산악 지대, 랑그도크, 프로방스, 도피네, 프랑슈-콩테 지방은 인구 이동이 빈번한 곳이다. 이곳에서는 태어난 고장과 수용하는 고장이, 밀어내는 극과 끌어들이는 극이 서로 극렬하게 대립한다. 반대로 이 선의 북서 지방은 비교적 정착이 확립되어 조용하다. 그곳 사람들은 집 안 화롯불에 둘러앉아 머물기를 좋아하며, 태어날 때의 그 종탑 그늘 아래에서 죽는다. 19세기 훨씬 이전에도 남동 프랑스의 4분의 1 지역, 특히 농촌적인 랑그도크 지방의 특징인 끓는 듯한 이주 바람, 끊임없는 고향 떠나기를 수없이 확인한 바 있지만, 나는 그것을 다시 한 번 발견했다. 지리적 구조상의 진정한 변별선이 거기서 드러난다.

---

1) Pouthas, 1956, 지도 11, 127쪽.

* 피레네 산맥 기슭에 있는 도시.

** 프랑스와 스위스 국경 부근에 있는 도시.

I. 이주 영역의 구조

랑그도크의 거지들

우선 최하층에 있는 비참한 거지들, '떠돌이'를 보자. 1684년 12월 22일, 세벤 지방의 외딴 마을에 돌이 깨질 정도의 추위가 닥쳤다. 가브리엘 조르주라는 부랑민이 구제원에서 임종을 맞았다. 그가 죽자 사람들은 시체를 가련한 외지인들을 위한 특별 공동묘지에 묻었다. 그는 어디서 온 것일까? 그의 말대로라면 그는 46세였고, 푸아투 지방의 라 파밀리에르에서 태어났다.[2] 좋은 예증이 되는 운명이다. 사망자 명부, 구제원 자료를 들여다보면 우리는 태양을 향해서 지중해변으로 내려왔던 이러한 거지들과 끊임없이 마주친다. 그들이 가진 짐이라고는 수프를 끓이거나 동냥하는 데 필요한 작은 냄비 하나뿐이다. 계절 노동자들, 순회 직공들, 순례자들 또는 순회 사제들과 같은 여타의 떠돌이들과 그들 사이에 명확한 경계선은 없다.[3] 넝마주이로 변한 거지들은 낡은 천, '깃발', 온갖 질병을 옮기는 벌레들이 득실거리는 넝마조각들을 주워 모아 종이공장 주인에게 되팔았다. 1634~66년경, 그런 일은 그들의 주요 활동 가운데 하나였다.[4] 겨울이 되면 그들은 농가의 건초 곳간으로 달려가 몸을 웅크려야 했다. 새벽부터 하인들은 추위에 꽁꽁 언, 이따금 얼어죽은, 그들을 거기서 쫓아냈다.[5] 어떤 사람들은 구제원에 감금되었

---

2) AC Montpeyroux, GG, 22-12-1684; 같은 자료, 여러 곳, 예를 들면 27-1-1685나 21-4-1698: "사는 곳도, 이름도 모르는 14세가량의 빈민을 매장했다"; ADH, III E, 178-1, 1761년 1월; ADH, G 1148, 1669년, 크레 교구의 주교 순시 기록: "두 개의 공동묘지, 즉 주민들의 공동묘지와 외지 빈민들의 공동묘지."

3) Béral, 1899, 104쪽에 인용된 1664년 5월 몽펠리에의 사례를 보라.

4) HGB, 538, 1634년 1월; 같은 자료, 882, 1666년 1월; PV, 1658년 10월, 1659년 3월.

5) "14세짜리 가련한 떠돌이가 관리관인 베델 씨의 건초 곳간에서 얼어죽었다" (AC Lansargues, GG 4, 7-3-1710); "가련한 떠돌이가 미아유 씨의 양 우리에서 아침에 죽었는데, 나이가 70세쯤 되어 보인다"(AC Olonzac, 호적대장, 미분류, 17-1-1768); "1697년 1월 29일, 한 빈민이 술라의 농가에서 죽었다. 그는

다. 그들은 거기서 누룩도 없이 구운 흙투성이 빵을 먹으며 배고픔에 시달렸다. 1605~25년의 몽펠리에에서 그러했다.[6] 바로 여기, '떠돌이들의 방'의 음산한 환경——세 사람이 누워 자는 침대, 거죽 없는 짚단, 수술 테이블, 시신 덮는 검은색과 녹색의 커다란 벨벳——에서 그들은 하루 두 번씩 부속 사제와 함께 기도와 미사를 중얼거리면서 비참한 생을 꾸려갔다.[7] 그러나 1700년경까지 그들의 삶의 양식을 특징짓는 것은 감금보다는 유랑이었다.[8] 그들을 감금하기 위해 부르주아 계급을 상징하는 순경, 문지기, 교회당지기, 치안군 등을 동원해보았지만 소용없었다.[9] 과거의 사고 체계에 젖은 사람들, 그리고 중세에 그랬던 것처럼 구걸은 선택받았음의 표징이라고 믿는 사람들[10]——서민, 종복, 하인, 아이, 수녀, 술집 주인, 창녀——은 거지사냥꾼들의 이빨에서 그들을 보호했으며, 자기네 집에 숨겨주었다가 도망가게 도와주곤 했다.

1685년 몽펠리에에서 그런 일이 있었는데, 가스코뉴 지방의 한 여인, 바르브 씨, 카라보스 수녀 등은 집에 거지들을 숨겨주었다는 이유로 벌금형을 받았다.[11] 그리고 또한 같은 도시에서, 종복들의 일상적 심심풀이는 거지사냥꾼들을 때려주고 걸인들을 풀어주는 일이었다. 그들은 걸인들에 대해 서민이라는 본능적인 연대감을 느꼈던 것이다. 종복들과 거지들은 대부분 가난한 산간 지방의 같은 마을에서 태어난 아이들이 아니었던가? 1686, 1691년, 바빌은 거지들을 구출하려고 달려간 종복

부에주에서 왔다는데, 이름은 모른다" (AC Viols-le-Fort, 호적대장, 미분류).

6) AC Montpellier, VII, 390, 1-9-1605: 구제원의 빈민들이 굶어죽었다; 같은 자료, 기록 FF, 10-9-1625: "부풀어오르지도 않고 흙으로 가득한" 빈민들의 빵.

7) Dulieu, 1953; Martin, 1960, I, 229쪽; ADH, L 2972; 같은 자료, C 1148, 1663년, 루넬 구제원 순시: 부랑자들의 방, 5개 나무 침대, 그중 4개에는 거죽도 없이 지푸라기만 있었다.

8) AC Montpellier, VII, 기록 390, 2-5-1646과 25-5-1646.

9) 순경이 매주 감금하는 10명 내지 15명의 부랑자 명단: AHG Montpellier, E 267, 여러 곳, 예컨대 14-2-1691에서 26-3-1691.

10) M. Foucault, 1961.

11) AHG Montpellier, G 13: 100리브르의 벌금, 21-1-1685.

들의 소요에 격노했다.[12)]

어쨌든 큰 규모의 본당 사목구(paroisse)*에는 매년 수십 또는 수백 명의 부랑자들이 지나갔다. 몽펠리에 구제원에만 65년 동안 4만 명 이상이 거쳐갔다![13)] 어떤 때는 부랑자들이 떼거리로 교회에 들이닥쳤다. 그들은 기도를 거부했다고 한다. 그들은 역겨운 냄새를 풍기거나, 성체 거양 순간에 제단 앞까지 다가가 소란을 피우면서 신도들의 예배를 방해했다. 1709~11년경, 성목요일, 그들의 소란 때문에 사제의 목소리를 아예 들을 수 없을 정도였다. 그들은 타작마당에 죽치고 앉는가 하면, 가금사육마당, 곳간, 기와 공장, 밭의 오두막이나 누옥을 자기 집으로 삼았다. 그들은 일반 가정에까지 들어가 못된 짓을 했는데 심지어는 '계집'을 데리고 들어가 음란한 짓을 벌이기도 했다. 그들은 살인을 저질렀으며, 도둑질을 했다. 그들은 자칭 군인들, 제대증 없는 군인들이었다. 그들은 불구자 흉내를 냈다. 그들은 네 명 이상(아이들은 셈하지 않더라도)씩 무리 지어 몰려다니면서 구걸했다. 그들은 소총, 권총, 총검, 철을

---

12) 수많은 방랑 걸인들을 몰아내기 위해서 6명의 문지기를 세웠다. 15-4-1634(성채 지휘관인 알루인 공작의 명령); 거지사냥꾼을 모욕하거나 박대하는 것 금지(세네샬의 명령, 14-7-1653); 1661년 5월 16일과 1664년 5월 24일, 거지사냥꾼들이 거지들을 도시로 데려가다가 폭행을 당했다(세네샬, 14-1-1666); 1671년 5월 19일과 1671년 5월 21일, 라무아농은 거지사냥꾼을 모욕하는 것을 금지했다. 1681년과 1683년, 직무 중 폭행당한 거지사냥꾼들; 거지사냥꾼을 폭행하고 거지들을 풀어준 종복들에 대한 바빌(Basville)의 경고(2-9-1686, 21-11-1691); 1696, 1714, 1735, 1751, 1765년의 비슷한 명령; 이 모든 문서(1634~1765)는 중요한 문헌 G 13(AHG Montpellier)에 있다; 마찬가지로 가난한 부랑자들과 비효율적인 마을 거지사냥꾼에 대해서는 AC Marsillargues, BB 8(20-10-1680, 12-1-1681……).

* 주교의 사목 구역인 교구(diocèse)에 속하는 주임 사제의 사목 구역을 말한다. '본당'은 성당의 건물을 지칭하는 어감을 주기 때문에 지리적인 공간을 뜻할 때에는 '본당 사목구'라고 표현했다.

13) AHG, G 13: 1700년에서 65년 사이, 8,544리브르. 1명당 0.4수.**

** 부랑자 한 명당 보시액으로 0.4수가 들었는데 총 8,544리브르, 즉 17만 880수(1리브르=20수)가 들었다면, 부랑자 수는 정확히 42만 7,200명이다. 저자가 4만 명 이상이라고 말한 것은 계산 착오가 아닐까?

댄 방망이로 무장하고 다니기도 했다.[14] 그들은 떼지어 귀족, 왕, 신분회 대표들을 쫓아다녔기 때문에 이들은 본의 아니게 냄새 나는 거지 행렬을 길게 늘어뜨리고 다녀야 했다[15]…… 때려서 쫓아내기도 하고 달래도 보았지만 소용이 없었다. 머리를 박박 밀어버리기도 하고, 매질하는 자에게 2수를 줘가며 매질을 하기도 했지만 소용이 없었다. 이따금 그들에게 사는 방법을 가르쳐주기 위해 총질을 해대기도 했다.[16] 이와 벼룩이 득실거리는 그들의 지푸라기 잠자리를 불태워버렸다. 어떤 때는 그들을 마차나 당나귀에 실어 구경 삼아 나선 사람들의 박수 속에 5리나 6리 밖으로 내보냈다.[17] 또는 다소 인간적으로, 기름진 수프 한 대접, 잠두콩 한 숟갈, 검은 빵 한 덩어리를 배불리 먹인 다음——이때 나병 환자들과 식사를 함께 하기도 했다——돌려보냈다.[18] 그러나 그들은 여지없이 다시 돌아왔다.

그러니까 큰 무리를 이루어 골짜기며 산을 떠도는 랑그도크의 거지들, 위대한 세기*의 비참한 이 이주민들은 어디서 온 사람들일까?[19] 그

---

14) 같은 자료, G 13; Béral, 1899, 103쪽; AC Lansargues, GG 4, 22-1-1710.

15) AC Montpellier, Joffre 목록, 기록 402, 17-4-1660: 왕의 행렬 때문에 훨씬 더 많은 거지들; PV, 1714년 10월.

16) Béral, 1899, 104쪽; d'Aigrefeuille, éd. 1885, II, 312쪽(총질); AHG, E 270. 27-5-1712: "거지들을 벌주려고 3 à 2수 6드니에 pièce: 0리브르 7수 6드니에"(1명당 2수 6드니에로 모두 3명: 1수=12드니에).

17) 거지들을 마차에 실어 몽펠리에에서 멀리, 가급적 그들이 살던 곳으로 보내다. 1538년부터, 몽펠리에 고문서 인쇄본, IX, 128, 129쪽; AHG, E 270, 271, 272(마차와 당나귀의 비용); 같은 자료, G 13(바빌의 명령, 9-10-1711); AC Lansargues, GG 13, 1694년 성신강림대축일: "도시에서 모든 외지인들을 쫓아낼 것. 걸을 수 없는 자들은 교구의 비용으로 마차에 태워 쓰러져 있는 바위에까지 내보낼 것."

18) AHG, G 13, 회의록 2-9-1700; 아그드 성당 참사회의 보시(布施) 계약(잠두콩과 빵), 상세한 내용은 ADH, II E, 2-119, f° 65(30-11-1641); f° 133(10-8-1642); 2-155, f° 23(6-2-1660); 2-161, f° 115, 18-7-1668; 2-164, f° 30 v°, 19-2-1672; 2-165, f° 30; 2-166, f° 115(1673년과 1674년).

* 루이 14세의 시대.

19) 바빌의 수치(1698), in Devic, 1872~92, XIII, 692쪽: 랑그도크에서, 직업이

리고 그들의 고향은 어떤 곳이었을까?

*

몇몇 목록들과 많은 문헌들이 거기에 답할 수 있도록 해준다. 18세기 몽펠리에에서 그렇듯이, 직업적인 거지들의 리스트는 아주 불쌍한 집단을 보여준다.[20] 한쪽 다리를 못 쓰는 사람, 사지를 떠는 사람, 봉사, 절름발이, 정신박약아, 손이 없는 사람 등 모두 80명이다. 상당수는 남부 지중해 지방에서 멀지 않은 곳에서 왔다. 그러나 북쪽 출신의 외지인이 대부분으로, 루에르그(가장 많은 숫자를 차지한다), 제보당, 비바레, 도피네 같은 산간 지방에서 왔거나 북부 프랑스에서 왔다. 노르망디인 두 명, 릴(Lille)인 한 명, 로렌인 두 명. 남쪽 나라에서 온 사람은 두 명뿐이다. 이탈리아인 한 명, 에스파냐인 한 명. 정말 적은 숫자다. 이베리아 반도의 빈민들은 그때까지 랑그도크를 몰랐다. 그들이 랑그도크 지방으로 밀려온 것은 20세기에 들어서다. 마찬가지로 창녀들의 세계에서도 지리적 출신 구성이 동일하다. 창녀들은 남부 프랑스나 산간 지방(세벤, 비바레, 제보당, 블레) 출신이었다.[21] 이들 '행실 나쁜' 여자들 가운데 이탈리아인이나 안달루시아인은 한 명도 없었다.

이 조사의 처음부터, 사람들을 좀더 비옥한 바-랑그도크 지방으로 몰아낸 중앙 산악 지대의 슬픈 빈곤은 이런 식으로 나타났다. 또한 이들 이주민들 가운데 많은 사람은 자기네 고향을 결코 잊지 않았다. 84세의 루이 페르는 오래전에 라르자크 고원에서 내려와 몽펠리에 고장에 자리 잡은 사람이다.[22] 매년 그는 랑그도크의 수도에서 동냥한 80킬로그

열거되어 있는 23만 5천 명의 가장들 가운데 3만 2,805명이 거지 가장이다. 여기에 유랑 거지들은 포함되어 있지 않기 때문에, 통계는 취약하다. 그러나 그것은 그 현상의 무게를 분명히 보여준다.

20) AHG Montpellier, G 16과 G 17, 1764~65년의 리스트.

21) ADH, L 2972, 1788년 이래 구금된 행실 나쁜 여자애들의 리스트.

램 정도의 빵 조각을 거기로 올려보냈다! 가족 가운데 한 사람은 빵조각들을 먹고 사는 직조공들에게 그것을 팔아, 그 돈으로 거기에 땅을 샀다. 몽펠리에의 거지 페르는, 그러니까 자기 고향에서는 상당한 사람, 빵조각 보따리 장사를 하여 부자가 된 지주였다⋯⋯ 이 장사는 20세기 중엽에도 여전히 루이 부뉴엘의 감동적인 『빵 없는 땅』, 굶주리는 고장라 우르드에서 동일한 사회적인 캐릭터들을 만날 수 있는 끔찍한 장사였다.[23)]

세기를 바꿔보자. 우리는 1694~95년 루이 14세의 대위기에 와 있다. 매일 부랑자들이 바-랑그도크의 구제원으로 밀려왔다. 그들은 거기서 몇 시간 또는 며칠을 보냈다. 관리인들은 그들의 이름과 출신지를 장부에 기록했다.[24)] 언제나처럼 산간 지방이 엄청난 곤궁을 겪으면, 중앙 산악 지대의 부랑자들이 아래 지방으로 내려왔다. 고통을 가장 심하게 겪던 세 교구는 로데즈(부랑자들 가운데 24퍼센트), 망드(12퍼센트), 생-플루르(8퍼센트)였다. 다시 말하면 루에르그, 제보당, 캉탈 지역은 남부로 이민을 보내는 세 주요 지역이었다. 이 지역들은 땅이 없는 많은 농민들, 마을에서 뿌리 뽑힌, 그리고 아무런 직업도 없는 헐벗은 날품팔이들을 거리로 내몰았다. 그들 가운데에는 장인 또는 반(半)장인들도 있었다. 소년 이발사, 가마꾼, 직조공들(프랑스 혁명 때까지 루에르그의 직조공들은 로데브의 토착민 속으로 많이 파고들었다)이 그들이다.[25)]

---

22) AHG Montpellier, G 16과 G 17: 그의 부당 거래가 드러나자 페르는 몽펠리에에서 추방되었다. 영양실조에 허덕인 직조공들의 빈곤에 대해서는 Appolis, 1951, 629쪽 참조.

23) '과자'(sic)를 만들기 위해 물에 적신 말라비틀어진 빵부스러기는 라 우르드의 주식이었다; 빵조각을 모으는 거지였다가 저축가가 되고 지주가 된 경우에 대해서는 Legendre, 1927, 163, 168, 260, 287, 325쪽. 또한 Ferres, 1961을 보라; 18세기 랑그도크의 거지 지주에 대해서는 Rascol, 1961, 167쪽 참조.

24) AHG Montpellier, 10-12-1694에서 31-12-1695까지의 기록 F 1: 출신지가 알려진 506명의 부랑자들에 대한 통계에는 일시적으로 이 구제원에 수용된 병사들이나 포로들이 빠져 있다.

25) 망드 교구의 기욤 프레몽토는 가마꾼이었고, 로데즈 교구의 아르느사크에 살

이주자들의 절반 이상을 공급하는 이들 세 교구 외에 또 다른 산간 지방이 있는데, 멀거나 가까이에 있는 이들 지역 역시 그들의 부랑자들을 남부의 구제원으로 보냈다. 오베르뉴, 리무쟁, 알비주아, 블레, 케르시, 세벤, 도피네……[26] 이 모든 대탈출의 동기는? 우선 행복에 대한 신기루, 태양의 인력(引力), 손쉽게 구할 수 있는 빵을 들 수 있다. 로제르에서 내려온 앙투안 루는 프랑수아 1세 시대에 님의 한 공증인에게 솔직 담백하게 고백했다. 그는 "높은 산악 지역, 춥고 척박하고 거친" 제보당 지방의 자기 고향을 싫어했다. 그래서 님 근처에 있는 "기름지고 물자가 풍부한 평지 지방"에 자리 잡기로 결심했던 것이다.[27] 더 진부하게는, 숲속의 늑대가 숲을 떠나고, 루에르그 사람이 루에르그를 떠나고, 로제르 사람이 로제르를 떠나게 한 것은 곤궁이었으며 배고픔이었다.

1586년 4월, 무식하고 병든 진짜 거지 두 명이 있었다. 앙드리브 테사레스와 앙투아네트 테사레스라는 이름의 어머니와 딸이 몽펠리에에 사는 한 공증인의 집 문을 두드렸다. 이들은 그에게 자기들의 비극적인 이야기를 들려주었다. 이들은 제보당 지방의 한 작은 산골 마을 가브리아에서 왔다. 1585년 여름과 그후 겨울 내내 "기근이 들었다." 기근을 피해 대부분의 사람들은 "죽은 짐승의 고기를 찾아 고사리 빵과 함께 먹었다. 또한 이들은 무화과나무에 말라비틀어져 있는 무화과를 찾아다녔다." 앙드리브와 앙투아네트 모녀는 죽은 짐승, 고사리 뿌리로 만든 빵, 마른 무화과 열매를 먹으면서 6개월 이상 살았다. 그녀는 남편에게서 버림받았다. 그러자 "기근을 피하기 위해 〔……〕 이들은 극도의 비참함

던 프랑수아 기베르는 '소년 이발사'였다(같은 자료). 루에르그-로데브의 관계에 대해서는 R. Laurent, 1963의 통계를 보라: 1798년 로데즈의 인구 가운데 22퍼센트는 외지인 출신이었으며, 이 22퍼센트 가운데 32퍼센트는 루에르그 출신이었다. 이들 대부분은 공장직공, 방적직공, 직조공이었다.

26) 이들 산간 지방(알레스, 카오르, 리모주, 르 퓌, 카스트르, 그르노블, 바브르, '루에르그', 클레르몽-페랑 교구들)은 이주자의 13퍼센트를 공급한다(전체 506명 가운데). 나머지 이주자들은 남부 프랑스나 북부 프랑스에서 왔다.

27) AD Gard, E 761, 21-5-1538, Jean Ursi의 기록.

을 면할 수 있으리라는 생각에 몽펠리에 시로 내려왔다." 대탈출을 유도한 것은 다름 아닌 배고픔이었던 것이다.[28] 물론 산골 마을의 배고픔이 늘 이렇게 극심하거나 비통한 것은 아니었다. 그렇지만 대탈출의 기저에는, 어떤 경우이든, 지중해 지역 평원 지방을 우위에 올려놓는 생활수준 비교가 당연히 놓여 있었다.

굶주린 배를 움켜쥐고 남부 지방의 신기루를 향해 달려가는 이들 산골 출신 부랑자들 가운데 목적을 이루지 못하고 거리에서 굶어 죽거나 얼어 죽거나 병들어 죽은 사람이 얼마나 되었을까? 루에르그 지방이나 코스 지방에서 내려온 9세, 12세, 14세 아이들, 지치고 병든 "작은 체격"의 노인들은 약속의 땅에서 몇 리 떨어지지 않은 본당 사목구와 접해 있는 산에서 지쳐 쓰러졌다.[29] 아베롱, 코스 드 소브테르의 거지들이 자기네 마을을 도망쳐 나와 들판을 떼지어 다니던 기근의 해 1693~94년에는 대탈출의 사망률이 엄청났다.[30] 평야와 산의 중간에 위치한 랑그도크의 한 마을에서는 평균 매년 45건의 사망이 있었는데(1693년에는 70명, 1694년에는 80명),[31] 나는 1693년 1월과 1694년 8월 사이, 대부분 루에르그 지방, 제보당 지방, 오브라크의 산골 마을에서 내려온 25명의 가련한 떠돌이들의 죽음을 확인했다. 이들 저주받은 마을의 이름은

---

28) ADH, II E, 36-43(나바르 공증인 사무실), f° 72, 29-4-1586. 나는 이 자리를 빌려 이 문서의 존재를 알려준 장 일레르에게 감사한다. 고사리 빵에 대해서는 E. Faure, 1961, xxi쪽.

29) AC Montpeyroux, 미분류 호적대장: '1675년 3월 5일 65세나 70세쯤 되어 보이는 왜소한 부랑 거지 한 명을 매장했다. 그는 로데즈 출신이며 이름이 장이고, 재단사였다고 한다"; "1678년 10월 6일, 루에르그의 바브르 교구 소속의 나이가 9세쯤 되어 보이는 거지를 매장했는데, 이름이나 소속 본당은 모른다"; "1696년 9월 9일, 12세가량의 가난한 사람을 매장했는데, 그는 루에르그 지방의 로데즈 교구 소속으로 이름이 아망 로크다." AC Viols-le-Fort, 미분류 호적대장: "1699년 8월 6일, 빵을 구걸하던 망드 교구 출신 미셸이라는 이름의 70세 된 남자가 비올 구제원에서 죽었다."

30) D'Aigrefeuille, II, 219쪽. AC Loiras(Le Bosq), GG, 1693~94년.

31) AC Montpeyroux, 미분류 호적대장; Gr. 4 참조.

가브리아, 라스텐, 질로르그다.[32] 이들은 거의 20세가 안 되었거나 50세가 넘은 사람들이다. "로데즈 교구, 질로르그 본당 소속의 8세 된 아망이라는 소년이 죽다"(1694년 8월 13일), "출신 미상의 13세쯤 돼 보이는 장이라는 소년"(1694년 5월 18일)[33] 〔……〕 루에르그 출신의 10세에서 12세 소년들이 대거 랑그도크 지방을 떠돌아다니다가, 숨을 거두기 전에 자기들의 이름인 '장'(Jean) '잔'(Jeanne)을 웅얼거리면서 쓸쓸히 죽었다. 떠돌이 노인들은 그동안 개처럼 굶주렸다.[34] 가족이 전부 길에서 굶어 죽는 예도 있었다. 생 플루르 근처의 라스텐에서 내려온 퀴삭 가족이 그 예다. 이들은 빵을 찾아 남쪽으로 40리를 내려왔으나 1693년 11월, 더 이상 길을 계속 갈 수 없었다. 16세의 '불쌍한 소녀' 마르그리트, 네 살배기 장, 9세 된 폴레는 로데브에서 각각 1693년 10월 2일, 5일, 13일에 죽었다. 장 퀴삭의 과부(언제부터인지는 모른다)인 이들의 어머니 엘리자베트 오르졸레 역시 세 아이를 잃은 뒤 10월 19일에 죽었다. 20세 먹은 아들은 10월 21일에 죽었다.[35] 장례식에서는 증인으로 서명할 사람이 아무도 없었다. 이들 모두는 가난한 사람들의 공동묘지에 묻혔다.[36]

물론 루에르그의 거지들이 모두 길에서 죽은 것은 아니다. 많은 이들은 랑그도크의 마을에서 자리 잡는 데 성공했다. 모진 고난을 이긴 그들은 상당한 지위에 올랐으며, 그들의 아이들은 어엿한 일가를 이루기도 했다. 황야(荒野)의 신부인 파브르는 악당 이야기*를 남겼다.** 1750년

32) 로제르, 캉탈, 아베롱의 마을들.

33) AC Montpeyroux, 호적대장, 1694년 6월 4일과 8일.

34) 같은 자료, 1-6-1694.

35) 같은 자료, 1693년 10월; Bosq(AC du Bosc, GG 계열, 1694년, 루아라 본당)에서, 나는 루에르그에서도 거지들이 밀려 들어왔음을 확인했다.

36) 이들 부랑자들의 사망률은 북부 프랑스에서 확인한 것(Goubert, 1960, 67쪽)보다 약간 높은 것 같다.

* récit picaresque: 17세기 초 에스파냐에서 유행했던 소설의 한 장르.

** 훗날 르 루아 라뒤리는 파브르의 소설을 소재로 책을 썼다. *L'argent, l'amour*

경에 씌어진 그 소설에서 그는 한 떠돌이 가족의 이야기를 들려준다. 요약하면 다음과 같다. 1700~20년경, 트뤼케트는 자기의 고향 루에르그를 떠났다. 그는 님의 황야에 움푹 파인 드넓은 계곡, 보나주 지방의 한 본당 사목구에 자리 잡았다. 트뤼케트는 "딱 벌어지고, 털이 더부룩하게 난, 빈틈없는" 건장한 남자였다. 그는 육감적인 한 사생아와 결혼했다. 결혼 식사로 여우 한 마리, 까마귀 고기, 개구리 한 솥 그리고 순무가 비 내리듯이 이어졌다. 결혼식으로 망한 남편은 새색시의 혼수 옷을 팔았다. 그의 아내가 그를 구타했다. 호메로스풍의 욕설과 함께 말다툼을 벌였다. "청어 대가리" "아귀 아가리" "눈곱 투성이" "우둔한" "잡년"…… 얼마 안 있어 거지 부부는 '굶어 죽어 싼 사람들'이라는 별명을 얻었다. 그들에게 아들이 하나 생겼다. 부모와 마찬가지로 그 역시 거지 근성이 있었다. 장성한 장(Jean)도 바르브 가루이유라는 "짜증과 심술이 가득한" 거지와 결혼했다. 그러나 그로서는 다행히도 그녀는 구제원에서 죽었다. 꾀가 난 장은 이번에는 바보(Babeau)라는 지주의 딸을 유혹했다. 그녀가 임신했다. 그래서 그는 그녀와 결혼을 하게 되었다. 거지 생활 끝, 누더기 끝.[37] 마침내!

*

이러한 이주의 그물망에서, 산(山), 루에르그 지방, 중앙 산악 지대가 유일한 공급지는 아니었다. 산의 장막 저편에서, 우리는 북부 프랑스의 부랑자들이 끊임없이 우리 지방에 들어왔음을 확인한다. 푸아투, 투르, 부르고뉴, 파리, 일-드-프랑스, 샹파뉴, 브르타뉴, 로렌, 노르망디, 플랑드르 지방의 사람들이 떼 지어 태양의 땅 지중해 지역으로 몰려들었다. 그리고 그들은 랑그도크 지방 구제원들의 명부를 채웠다. 일방통행적

---

et la mort en pays d'oc, Seuil, 1980.

37) Favre, éd. 1928; 몽펠리에 인근 시골의 사제인 파브르 자신이 루에르그 이주민의 자식이었다.

움직임이었다. 피에르 구베르가 연구한 보베 지방에는* 플랑드르와 파리 분지의 이주민들과 약간의 오베르뉴 이주민들이 있었지만, 남부 지방에서 온 이주민은 없었다.[38] 당장 가용한 수단을 가지고, 이 현상을 '계량화'할 필요가 있다. 프랑스 남부에 있는 대형 구제원의 4년을 살펴보자(1696년 1월 1일~1699년 12월 31일).[39] 건장하거나 병든 수천의 부랑자들이 거기에 며칠씩 등록하고 유숙했다. 프랑스 남부의 가까운 지방, 예컨대 랑그도크, 콩타, 프로방스(그리고 니스 백령), 도피네, 리오네, 오베르뉴, 기옌, 가스코뉴 그리고 베른 등지에서 온 사람들은 제외시키자. 이들은 수가 가장 많은데, 대부분 산골 사람들이다. 그러면 계산에 넣을 사람들은 먼 고장(이탈리아, 에스파냐, 북부 프랑스, 스위스, 독일 등) 사람들만 남는다. 4년 동안 이들의 수는 544명인 것으로 나타난다. 그런데 그 가운데 생트-리모주-상베리를 잇는 선의 북쪽 지방에서 태어난 소위 북부인들이 절대 다수다. 454명으로써 83.4퍼센트를 차지한다. 그 가운데 55명은 프랑스 왕국 밖의 사람들로서 스위스인, 영국인, 독일인, 특히 아일랜드인(29명)들이다. 나머지 사람들은 모두 북부 프랑스 출신자들로서 17세기 오크어(語)** 사투리로 말하면 모두 '프랑쉬망'(Franchimans)들이었다. 그들 399명(73.5퍼센트)은 모두 오일어(語)***를 사용하던 지방에서 온 사람들이었다.[40] 남부 출신 부랑민들은 소수였다. 58명의 이탈리아인들(특히 리구리아와 캄파니아

---

* Pierre Goubert, *Beauvais et le Beauvaisis de 1600 à 1730*, Paris, 1960.

38) Goubert, 1960, 66, 67쪽.

39) AHG Montpellier, 기록 F 1.

** langue d'oc: 오크('그렇다')의 언어라는 뜻으로, 중세에 루아르 강 이남 지방에서 사용하던 남방 프랑스어.

*** langue d'oil: 오일('그렇다')의 언어라는 뜻으로, 중세에 루아르 강 이북 지방에서 사용하던 북방 프랑스어.

40) 가장 많은 출신지로는 파리, 앙게르, 오툉, 푸아티에, 리모주, 라 로셸, 프랑스령 플랑드르, 노르망디, 피카르디 교구 등이었다. 파리를 제외하면 이들 대부분은 농촌 사람이었다.

출신들), 그리고 불과 24명의 에스파냐인들.[41] 프랑스는 1697년 여름 이래 에스파냐와 평화로운 관계에 있었으며 국경은 폐쇄되지 않았는데도 말이다.

20세기와는 판이하게 다르다. 오늘날 랑그도크 지방의 에스파냐인들은 (프로방스 지방의 이탈리아인들처럼) 커다란 이주 집단을 이루고 있으며 농촌 프롤레타리아, 포도밭 노동자, 목동 들의 경우에 특히 그렇다. 그들은 남부 프랑스인들이 3차 산업, 행정, 교육, 치안군 등에 취직해서 북부 프랑스로 떠나며 비워둔 땅을 차지한 것이다. 17세기에는 정반대였다. 바람이 북에서 남으로 불었다. 오일어를 쓰는 프랑스인들이 오크어를 쓰는 프랑스로 이주했던 것이다. 랑그도크 사람들 또는 가스코뉴 사람들은 에스파냐로 갔다.[42] 오늘날 랑그도크 마을의 전형적이고 중심적인 인물인 알리칸테나 톨레도 출신 프롤레타리아는 옛날의 이민 지도에서는 사실상 찾아볼 수 없다. 당시에 인구 이탈 압력이 높은 극점을 이루던 지역은 오늘날처럼 안달루시아나 시칠리아 또는 카빌리아가 아니라 중앙 산악 지대, 파리 분지였으며, 바로 이곳에서 가난에 허덕이던 사람들은 태양을 좇아 빵과 푼돈을 찾아 남부로 떠난 것이다. 누더기를 걸친 거지떼로 남부 프랑스를 들끓게 만든 곳은 바로 북부와 중부 프랑스였다.

이는 몽펠리에에 있는 대형 구제원만의 고유한, 그러니까 다른 곳에서는 유사한 예를 찾을 수 없는 현실이었을까? 그렇지 않다. 세벤 산맥 기슭에 세워진 농촌 구제원의 사망자 명부,[43] 엘리 레니에가 발간한 비바레의 구제원 명단을 아무리 열심히 들여다봐도, 루이 14세의 시대와 마찬가지로 리슐리외의 시대에도, 에스파냐나 이탈리아의 거지들을 확인하기 힘들다. 여기에서도 가난한 이주자들은 모두 왕국의 중부나 북

41) 마지막으로 6명의 포르투갈인, 2명의 동양인(아르메니아, 이집트).

42) Nadal, Giralt, 1960.

43) Reynier, 1943, II, 42, 43쪽: 1624~28년에 투르농에서 구제된 부랑자들; Platter, 1892, 131쪽.

부 지방(앙구무아, 생통주, 일-드-프랑스)에서 왔거나, 아니면 플랑드르, 그리고 이따금 독일(독일인들의 경우, 펠릭스 플라터는, 연명하기 위해 길에서 노래를 부르거나 구걸하면서 생-자크-드-콩포스텔*로 순례를 떠나는 "괴물 같은 늙은 여자 열성 신도들"밖에 보지 못했다)에서 왔다.

랑그도크의 서쪽 지방에는 사람들의 유랑을 알려주는 구제원 명부가 없다. 그래서 나는 성직자가 작성한 보시(布施) 내역을 참조했다. 예컨대 베지에 참사회의 매우 인색한 보시 내역이 그것이다. 1624~49년, 이 참사회는 세속의 떠돌이들에게 매해 일정액의 보시를 했다.[44] 보통 거지들 또는 도둑을 맞아 거지꼴이 되었다고 말하는 슬픈 얼굴의 떠돌이 귀족들(?), 그런가 하면 대가문의 딸이지만 주머니가 빈 떠돌이 노처녀들이 그 대상이다.[45] 이중 85퍼센트는 이베리아 반도의 석회암 고원 지대보다는 중앙 산악 지대(제보당)나 북부(바스-브르타뉴, 푸아투, 로렌, 특히 피카르디)에서 온 사람들이다. 이들 가운데 이탈리아인은 매우 드물었고, 에스파냐인은 없었다.[46]

'부랑자'와 거지에 관한 이 같은 자료들에다 현대적인 용어로 '강제이주자들'의 커다란 문제를 보태야 할 것이다. 그러면 17세기 랑그도크의 거리에서는 가톨릭 교리상의 문제—'잉글랜드인 기독교인들,' 스코틀랜드인들, 특히 아일랜드 가톨릭의 아들인 수많은 '이베르누아'—때문에 북부의 안개 지방에서 추방되어 방랑길에 나선 북부 사람들이 많이 눈에 띄었다. 사제, 학생, 귀족(그들의 말을 믿으면 모두 좋은 가문

---

* Saint-Jacques-de-Compostelle: 에스파냐 북서쪽에 있는 유명한 성지순례지(산티아고 데 콤포스텔라). 로마, 예루살렘과 함께 3대 순례지로 꼽혔다.

44) 떠돌이 사제들에 대해서는 다음에 이야기할 것이다.

45) 예컨대 ADH, G 919, 1642년: "피카르디에서 온 아가씨에게 15수를 주다" 등등; 또한 AHG Montpellier, E 270, 22-8-1709(보시) 참조.

46) 참사회의 보시 장부: ADH, G 900, 908, 918, 919, 927. 통계의 기초는 구제원 고문서보다 훨씬 좁다; 왜냐하면 베지에 참사회는 대부분 거지들의 출신지를 기록하지 않았기 때문이다.

출신이다), 서민 할 것 없이 아일랜드인들은 다섯 명씩 또는 열 명씩 몰려다녔는데, 1652년에는 그 규모가 수천에 달하기도 했다. 그들은 먹을 것을 구걸했으며, 그들이 지나간 자리 뒤로 많은 병자 행렬을 남겨두었다. 구체제 프랑스에서, 아일랜드의 이 같은 이민의 역사는 기록할 내용이 많다. 분명한 사실은 아일랜드인의 이민은 집단적인 성격을 띠었으며, 어느 면에서는 19세기 아일랜드인들의 대규모 국외 이주를 예고하는 것이다.[47)]

노동의 이주와 인구의 쇄신

오늘날에는 지중해의 빈민들이 프랑스 북부로 올라간다. 그러나 17세기에는 반대로 거지가 북부에서 남부 프랑스로 서서히 내려왔다. 중앙 산악 지대의 떠돌이, 파리 분지의 빈민들, 영국 제도(諸島)의 강제 이주자들이 그렇다. 그런데 그것이 단지 빈궁의 문제와만 관계가 있을까? 사실 구체제에서의 모든 인구 이동은 이렇게 북에서 남으로 흐르는 거대한 흐름에 따라 조직되었다. 거지들의 방랑뿐만이 아니었다. 도(道)의 명칭을 사용하는 것은 옳지 않지만* 아르데슈, 로제르, 아베롱, 캉탈 그리고 퓌-드-돔에서 비롯된 일시적이거나 항구적인 노동 이주도 마찬가지였다. 세르는 산과 평야 중간의 전략적으로 좋은 곳에 있는 프라델의 자기 영지에서 1590년경 일시적인 이주자들이 지나가는 모습을 보

47) 앞의 자료, 133, 134쪽 참조; ADH, G 900(1624): 스코틀랜드 귀족에게 보시 등등; G 905(1629): 아일랜드인과 스코틀랜드인들에게 보시; G 906(1630): 아일랜드 학생인 Johannès Morphaens와 Fabianus Ryan에게 16수 보시 등등; 같은 자료, G 907(1631); G 919(1642): "5명의 영국인 기독교도들"; G 918(1642); G 927, 31-5-1649, "가난한 영국인 개종자들"의 잠시 체류, "3명의 영국인 여자; Corneille Kinf, Bonav le Blanc, 가난한 아일랜드인들"(16-8-1649) 등등; 1652년(Béral, 1899, 97쪽); 또한 PV, 1628년 3월; PV, 1663년 12월: "극심한 곤경에 빠져 있고 부모가 순교한, 최고의 명문 가문 출신 아일랜드 귀족에게 100리브르"; HGB 1216, 1699년 1월: "아일랜드인을 제외한 모든 외지 출신 거지들에게 툴루즈를 떠나라는 명령."

* 왜냐하면 département이란 행정구역은 프랑스 혁명 이후에 생기기 때문이다.

았다. "밀이 익으면서 계절이 따뜻해지면, 무수히 많은 사람들이 밀을 추수하기 위해 산간과 추운 지방에서 내려와 따뜻한 평야 지대로 갔다. 남자들, 여자들 그리고 다 자란 아이들은 겨울이면 생계를 위해 빵과 돈을 구걸했다." 산간 지방 사람들의 거칢, 추수자들의 지나친 요구에 화가 난 그는 다른 데에서 그들을 '창녀와 도둑'이라고 기록하기도 했다. 위제스의 관측소에서 그들을 관찰한 바 있는 장 라신*은 그들을 "태양에 그을린 악마떼"라고 표현했다. 다른 산간 지방 사람들──이들 가운데에는 살인 행위로 교수형에 처해질 만한 사람이 한둘이 아니었다──은 콩타와 랑그도크로 내려와 뽕나무 잎을 따고, 꼴을 베고, 누에 치는 법을 배우기도 하다가, 페케의 염전으로 가서 소금을 채취하고는, 가을이면 자기네 땅으로 돌아갔다. 루에르그의 추수꾼들은 호밀이 채 노래지기도 전에, 귀리가 막 꽃을 피기 시작하면, 자기들의 땅을 떠났다.

그들은 가족 전체가 바-랑그도크에 내려가, 이미 익어서 고개를 숙이기 시작한 이삭을 추수했다. 한떼의 포도밭 일꾼들이 제보당과 루에르그에서 두 차례 밀려왔다. 3월에는 남자들이 밭갈이를 하기 위해, 9월에는 여자들이 포도를 수확하기 위해. 1720년 산간 지방의 막일꾼들이 타른 지방으로 포도수확을 떠났다. 그런 다음 겨울에는 몽펠리에로 가서 가마를 끌었다. 이렇듯 구체제의 인구상에는 다양한 이주 사이클이 그려진다. 밀, 포도주, 생사(生絲), 소금의 사이클. 여름이면 세벤 남부, 론강 유역, 랑그도크 평야의 '기름진 초승달' 지역으로 가서 삼베를 짜고, 짐마차를 끌고 노새를 모는 비바레의 산간 지방 사람들.[48] (구체제 기

---

* Jean Racine: 17세기 말 프랑스의 시인, 극작가.

48) Serres, II, 6; Racine, 『위제스에서의 편지』(*Lettres d'Uzès*); Thomas, 1910; d'Aigrefeuille, éd. 1885, II, 312쪽; Platter, éd. 1892, 365쪽; J. Recné, 1912, 484쪽(1669년, 퐁타 지방의 뽕나무 밭으로 잠시 이주한 블레를 죽인 장 드나크); AC Narbonne, BB 57, 23-5-1560(외지에서 온 수확꾼들과 낫일꾼들); ADH, D 150, Mouret의 회계장부, 21-6-1758, 17-6-1759: "(루에르그 출신) 수확꾼들은 바-랑그도크로 떠난다"; Bozon, 1958; AC Marsillargues, BB 12, 20-6-1748, 그리고 FF, 29-6-1766: "빵이 부족해서 외지 수확꾼들이

간 내내 그리고 1808년까지 에스파냐인들의 남부 프랑스로의 일시적 이주는 전혀 확인할 수 없음을 굳이 말할 필요가 있을까? 흐름의 역류 현상이 일어난 것은 20세기에 이르러, 가는 줄로 동여맨 가방을 든 이베리아의 포도수확꾼들을 가득 실은 기차가 매년 남부의 포도재배지에 도착하면서다.)

과거의 계절적 이주에 대해서는 통계가 없다. 그러나 모든 정황으로 미루어 보건대 그들의 숫자는 상당했을 것으로 여겨진다. 1677년, 교구를 순시하던 몽펠리에의 주교가 평원 지방에 있는 한 본당의 사제*에게 물었다. 여기에는 성체배령자가 몇이나 됩니까? 평소에는 100명이지만 수확철에는 450명이라고 사제가 대답했다.[49] 그러니까 많은 사람들이 움직이는 것이다. 매해 이들 가운데 일부는 아랫마을에 아예 눌러앉았다. 세월이 갈수록 이들 영구 이주민들의 수는 서서히 늘어났다. 어떤 계절에는 체류 현상이 심각할 정도로 늘어나기도 했다. 1693~94년이 그랬다. 사향포도를 수확한다는 명분으로 이주자들의 가족 전부가 연안 포도밭에 아예 거처를 정하고 눌러앉았다. 그들은 도둑질을 했으며, 병들어 눕기도 했다. 구제원은 그들로 가득 찼다. 구제원은 수입만 가지고는 운영하기가 어려워졌다. 남편이 없는 부녀자들은 일꾼들을 유숙시켰다. 한 해가 저물면 간혹 일꾼은 가버렸다. 그러나 겨울이 오면 산골 사람을 유숙시킨 추억인 양 부인이 아이 하나를 낳았다. 신부(神父)는 양 손을 하늘로 들어올리면서 탄식했다. 너무 늦었다![50] 또 다른 때에는 큰

다른 곳으로 갈지도 모른다"; AC Montpellier, Claverie의 장부, 기록 843, 1660년: 몽펠리에에 있는 세벤 지방 출신 수확꾼들.

* prieur: 수도원에서 멀리 떨어져 있는 농장을 관리하고 부속 예배당에서 미사를 집전하는 사제. 그 예배당 또는 농장을 prieuré라고 부른다.

49) ADH, G 1146부터 G 1168까지, 주교의 순시: 1677, 모귀오 부근 생-마르셀 본당.

50) AC Frontignan, FF 1, 20 그리고 26-10-1693: "외지인들이 포도수확을 구실로 도시에 들어와 아예 가족(sic)과 함께 눌러앉았다. 이리하여 병원에는 환자들이 몰리고 수입만으로는 충분하지 않게 되었다"; 같은 자료, 14-6-1695; 같

농가에 하녀로 있던 루에르그의 여인이 1년 뒤 한 시행정관의 집 계단에 사생아를 내버렸다. 아이는 주인이나 하인의 아이일 것이다.[51] 1540년, 연안 지방 농촌에 있는 모랭 씨 농가에서 있었던 일이다.

*

물론 옛날의 이주를 과대평가해서는 안 된다. 그것은 대규모 침입이 아니었다! 오히려 그것은 매년 정기적으로 그리고 일방통행식으로 진행되었기 때문에 서서히 그러나 확실히, 평원 지방의 가계와 종족 구성을 쇄신시켰다.

이 주제의 전형적인 예로 세벤 지방의 가계 통계가 있다. 무작위로 1618년과 1780년 사이의 한 마을 라살을 뽑아보았다.[52] 91가구의 남편, 아내 또는 부부가 캉탈과 오트-로제르 출신이다. 그들은 1650년경에 폐허가 된 고향 마을을 떠나 그곳에 온 것이다.[53] 마찬가지로 34가구가 세벤 지방의 로제르 출신이다. 27가구는 애구알 산기슭에서, 30가구는 프랑스의 나머지 지역(특히 북부 지역)에서 왔다. 23가구는 랑그도크 접경 또는 주변 평야에서 왔다. 마지막으로 희귀한 철새가 둘 있다. 한 명은 카탈루냐인이고 다른 한 명은 이탈리아인으로, 이들은 한 프랑스 연대에 소속되었던 군인이었다. 거기에서 멀지 않은 곳에 진을 치고 위그노에 맞섰던 그들은 상황이 끝나면서 예쁜 눈의 아가씨 때문에 그

은 자료, 17-10-1726("남편 없는 여자들은 자기들이 유숙시킨 일꾼들의 아이를 겨울 동안 임신하고 있다").

51) AC Montpellier, 조프르(Joffre)의 조사 목록, D 617, f° 78 v°: "마르그리트라는 여자아이가 시행정관의 집 앞에서 발견되었는데, 그 아이는 모랭의 하녀였던 한 루에르그 여자의 딸이었다"(버려진 아이들, 영아 대장, 1540); ADH, G 967: 카마레(아베롱 지방) 출신 마리 코스트는 비알라에 있는 농가의 하녀였다(1684~85).

52) Malzac, 1910, 28~57쪽.

53) 생-플루르 교구 출신으로 '루인의 버려진 마을'에 살다가 지금은 라살에 살고 있는 장 비달의 아들의 세례.

냥 그 고장에 눌러앉은 것이다. 이것은 통칙을 확인해주는 아리따운 예외들이다. 인구 공급의 90퍼센트는 북부와 산간 지방 때문이었다.

게다가 이러한 인구 증가는 1600년과 1800년 사이에 세벤 지방에서 로마 가톨릭 교회가 비약적으로 발전한 것을 어느 정도 설명해준다. 캉탈이나 그곳에서 가까운 중앙 산악 지대에서 온 가톨릭 날품팔이꾼들이 세벤 지방의 토박이 위그노 농부들 곁에 차츰 자리 잡았다.[54] 몽타뉴 누아르의 기슭에서도 같은 상황이 벌어졌다. 1600년과 1760년 사이에 '본당 외부 사람들'의 결혼 비율이 늘어났다.[55] 랑그도크 사람들과 아키텐 사람들은 물론이고, 루에르그 사람들, 리무쟁 사람들, 블레 사람들이 그들이다. 항상 그러하듯이 남부 프랑스 내의 이주에 북부 사람들을 보태야 한다. 루에르그의 석공과 목동들, 도피네의 농민들, "샤르트르, 상스, 그리고 파리의 열쇠장수들, 오를레앙의 조각가들, 브르타뉴의 직조공들, 느베르, 클레르몽, 랑그르의 교사들, 파리의 문지기들……" 바스크의 기와공들 몇 명을 제외하면 에스파냐 출신은 한 명도 없다. 여기서도 역시 이주의 자화(磁化) 현상이 보인다. 흐름은 정기적으로 북쪽에서 시작되었으며, 침(針)은 언제나 남쪽을 향했다.

17세기 훨씬 이전의 방향은 그랬다. 호적대장이 없기 때문에, 나는 1550~80년에 관해서는 공증인들을 참조했다. 그 시기에는 제노바나 바르셀로나와 교역을 하는 작은 항구 마을에서도 이탈리아인이나 에스파냐인과 결혼한 예는 단 한 건도 없다. 프로방스인들이 몇몇 있는데, 이들은 선주(마르티그나 시 푸르의) 아니면, 올리브나무를 전지하거나 도랑을 파러 온 원예가들이었다. 그리고 노르망디, 리옹, 파리 등 북부

54) Malzac, 1910; Segui, 1934; 마찬가지로 강주 부근 카질라크에서는 "대부분의 사람이 위그노였다"; 그러나 이미 "몇몇 농부와 하인들은 가톨릭이었다"(ADH, G 1147, 1657년); 1670년경 비강에는 시행정관이 될 만한 "제1등급의 가톨릭교도들이 없었다." 이미 가난한 가톨릭교도들이 많았다(AC, Le Vigan, BB 5).

55) Segondy, 1949, 311, 312쪽.

지역 사람들이 있었다. 그러나 외지인들의 90퍼센트는 산간 지방 사람들이었다. 어떤 이들은 피레네(리외, 레스카르 교구)에서, 그리고 대부분은 항상 그렇듯이 중앙 산악 지대의 남부에 있는 가난한 교구에서 왔다. 로데즈, 생-플루르, 카스트르, 생-퐁스 교구.[56)]

그들의 결혼은 극히 프롤레타리아식이었다. 왜냐하면 이들 '가바슈'들*은 땅 일을 하는 사람들이었으며 기껏해야 목동, 석공, 구두 수선공이었기 때문이다. 결혼 지참금이래야 극히 보잘것없었고, 부에 대한 '희망'도 없는 거나 다름없었다.[57)] 서민들의 이주였던 것이다. 그리고 멀리

---

56) ADH, 공증인 자료, II E, 망드 교구의 농촌 본당 출신으로 아그드에 거주하는 부부: Jaume Muret(2-16, f° 114 v°, 15-7-1569); Jean Couderc(1-4, f° 23 v°, 16-5-1574) 그리고 다른 사람들은 2-18, f° 257 v°, 1587; 2-36, 7-2-1600, 2-37(2-11-1601). 로데즈 교구: 2-13, 31-5-1562; 2-14, f° 80, 11-11-1565; 2-14, f° 264 v°, 19-5-1566; 2-15, f° 87, 18-5-1567; 1-3, f° 6, 6-1-1573; 1-5, f° 180, 8-7-1576; 1-9, f° 185, 25-9-1580. 바브르 교구(Rouergue): 2-14, f° 202 v°, 31-3-1566; 2-15, f° 127, 19-8-1566; 2-46, f° 178, 20-11-1611; 생-플루르 교구: 2-12, 23-2-1561; 2-13, f° 370, 13-6-1563; 1-1, f° 173, 7-12-1570 등등. 강주의 공증인들에게서도 유사한 표기를 많이 발견한다. 바브르 교구 태생으로 지금은 강주 지방에 살고 있는 장 페구이르가 밭을 사다(ADH, II E, 34-16, 1554년, f° 72 v°); 강주에 살고 있는 루에르그인들: 마케 드 강주의 공증인 사무실; 기록 16, f° 16, 1558년 등등; 마찬가지로 몽펠리에의 공증문서에 나오는 루에르그의 노동자들(ADH, II E, 55-8, f° 69; II E, 56-53, f° 283 v°, 1574년): 나르본 지방에 정착한 오베르뉴인들: 예컨대 AC Narbonne, BB 56, 5-10-1549; 구체제의 비강과 님의 주민들은 루에르그, 오베르뉴, 오리아크에서 왔다는 마르, 1962의 결론도 이와 유사하다.

* Gavache: 에스파냐에서 프랑스인들을, 지롱드 지방에서 에스파냐인들을 가리키는 말로, 더러운 사람이라는 뜻.

57) 사례들: ADH, II E, 아그드의 공증인들, 2-13, f° 16, 1560년: 로데즈 교구의 플레니아크에 살며, 모랑(아그드)의 농가에서 일하는 장 세네스의 결혼; 같은 자료, 2-14, f° 121, 21-12-1565: 생-플루르 교구의 부아사리에 사는 리그노 부아쇠에게 물레방아를 세울 약속을 하다; 같은 자료, 2-111, f° 5 v°, 1632년: 생-퐁스 교구 출신 구두 수선공인 귀욤 타르부리크의 결혼; 같은 자료, 1-1, f° 134 v°, 2-11-1570: 망드 교구의 살뤈에 사는 석공인 장 지베르와 장 살벤에게 지불; 몽펠리에 성당의 공증인인 로셀리의 원본, 1599년의 기록, f° 101 v°(4월 18일): 루에르그 지방의 캉파뉴 출신 농민인 에티엔 올베스키에

그리스에서 기원하여 순수 라틴적인 정기가 흐르는 것으로 여겨지는 아그드[58] 연안 지방은 16세기까지만 해도 인구 분포로 볼 때 중앙 산악 지대의 한 부속 촌락에 불과했다. 아그드가 대표적인 예다. 랑그도크의 공증인들은 이미 16세기부터 남부에서 북부, 바다에서 세벤 지방에 이르는 어느 곳에서나 산간 사람들을 충원받았음을 알려준다. 그러므로 이러한 경향은 아주 오래된 것이며, 구체제 내내 그리고 심지어는 19세기 말까지 지속된 경향이다. 1886년에도 알레스와 베세주 지방은 산에서, 그러니까 오-비바레의 무식하고, 난폭하며, 파업을 일삼는, 무서운 산사람들 중에서 프롤레타리아를 모집해왔다.[59] 이탈리아, 에스파냐, 폴란드, 카빌리아의 광부들은 1914년 이후에나 정착한다.

*

간단히 말해서 고전기 랑그도크의 인구 구조는 나달과 지랄이 확인한 이웃 카탈루냐의 16~17세기 인구 구조와 아주 유사해 보인다.[60] 북부에서의 이주가 동일하게 지배적이었던 것이다. 여기에서 '루에르그인들' 또는 '프랑쉬망들'은 헤로나와 바르셀로나에서 가스코뉴인들이 했던 것과 동일한 역할을 했다. 이민 급증 현상도 마찬가지였다. 1700년경 북부 프랑스의 마을에서는 7~9퍼센트의 부부들만이 본당 사목구 밖

결혼. 신부의 지참금은 10리브르와 약간의 옷감.

58) 아그드: 원래는 나르본 지방에 있는 포세아에*의 출납소였으며, 그다음에는 갈로 로마**의 항구였다.

* Phocée: 고대 소아시아의 도시국가.

** Gallo-Romain: 기원전 52년 카이사르가 골(Gaule), 즉 현재의 프랑스 지역을 점령한 후 융합된 골과 로마의 문화를 말한다.

59) M. Perrot, 1959.

60) Nadal, Giralt, 1960; 또한 P. Vilar, 1962, I, 619쪽를 보라: 1580~85년, 바르셀로나 구제병원의 환자들 가운데 38퍼센트는 프랑스인이었다. Braudel, 1949, 154쪽에 따르면, 16세기에 독일인들의 이탈리아로의 '하강'도 이와 비슷했다.

에서 태어난 사람들이었다. 반대로 같은 시기 랑그도크에서는 본당 사목구 밖에서 태어난 외지인 부부의 비율이 26퍼센트, 27.5퍼센트로 올라갔다! 이는 카탈루냐의 엄청난 이동성에 육박하는 것이다. 확실히 '여행벽'은 남부에서 더 분명하게 확인된다. 그리고 이민 현상은 북부에서는 미미했지만, 남부 프랑스에서는 농촌 인구 구성에 결정적이었는데, 왜냐하면 그것은 해마다 부부의 4분의 1에게 영향을 미쳤기 때문이다.[61)]

남부의 하찮은 기여

산간 지방에서 흘러온 힘찬 피, 강한 활력 등과 같은 북부 요소들의 막대한 기여에 비해 지중해 지역의 이민은 보잘것없었다는 점을 다시 말할 필요가 있을까? 나는 앞에서 이미 농촌 노동자들 가운데 에스파냐인과 이탈리아인들의 수는 극히 적었음을 지적한 바 있다. 사실 몇몇 우연한 예외들, 전쟁 포로였던 자들, 퇴역 군인들, 신성동맹의 '기병들'*을 제외하면, 1500년 이후의 시골에서는 에스파냐인을 찾아보기 힘들다. 텍스트의 한 구석에서 두 명의 에스파냐 농부를 만났는데, 1652년 카르카손 부근에서였다. 그들은 가난했다. 그들은 아무도 원하지 않는 천한 일을 떠맡았다. 예컨대 페스트를 퍼뜨린 죄로 기소된 도시 치안관 장 사비를 느릅나무에 목매다는 것 같은 일 말이다.[62)] 그러나 전체적으로 보

61) 본당 사목구 밖에서 태어난 부부의 비율에 따른 이주민의 몫: 나는 구베르가 언급한 두 농촌 본당 사목구(1960, 66쪽, 도표와 주 109)와 랑그도크의 두 본당 사목구를 비교해보았다. Montpeyroux, 1695~1705; Lansargues, 1700~10(호적대장, GG 계열). 이곳은 본당 사목구 바깥에서 태어난 '외지인'의 비율이 26퍼센트와 27.5퍼센트였다. 가장 멀리서 온 사람은 루에르그, 제보당, 블레, 일-드-프랑스 출신이었다. 구베르의 경우, 비율은 7퍼센트와 9퍼센트에 불과했으며, 가장 멀리서 온 외지인들은 오베르뉴 출신이었다.

* reître: 독일 기병이라는 뜻이나, 여기에서는 신성동맹에 가담한 에스파냐 용병을 의미하는 것으로 판단됨.

62) Bouges, 1741, 442쪽.

면 랑그도크에 있는 에스파냐인의 수는 얼마 되지 않았다. 그들은 서민도 아니고 농민도 아닌 부르주아였으며, 주로 툴루즈 근처에 모여 살았다. 염료의 왕으로 알려진 유명한 장 베르뉘 같은 상인들, 또는 너무 아파서 성체(聖體)를 냅킨 밑으로 토했다는 이유로 1511년 툴루즈에서 화형당한 공디살비 드 몰리나 같은 의사들이 바로 그들이다.[63)]

이탈리아인들은 콩타에는 꽤 많았지만,[64)] 론 강을 건너 서부로 가면 그 수가 줄어들었다. 여기저기서 이따금 만날 수 있는 이탈리아인들은 농부가 아니라 '엔지니어,' 주류 제조업자, 식용유와 향수 상인, 펠로니나 볼로냐의 메도시 같은 묘약이나 페스트 치료약 판매상, 선술집 주인, 고철 수집상……[65)] 한마디로 1차 산업이 아니라 2차, 3차 산업에 종사하는 전문가들, 장인들, 상인들이었다. 그들 가운데 몇몇 명문 가문이나 상류 가문은 성직을 독점했다.[66)] 1632년 몽모랑시가 반란을 일으켰을 때 리슐리외에 대항한 알비의 주교 엘벤이나, 몽펠리에의 도축장 임대

---

63) HGB 14, f° 774, 6월 21일과 19-11-1511; 아마도 그는 마라노였을 것이다. 또한 Wolff, 1958 참조.

64) P. George, 1935, 300쪽을 보라(그는 이 문제에 대한 일반적인 견해를 그대로 보여준다). 그러나 최근 귈르맹은 이미 14세기 말부터 아비뇽에서는 이탈리아의 이민자들이 북쪽에서 내려온 외지인들에 압도되었음을 보여준다. B. Guillemain, 1962(도표와 기타 여러 곳을 보라).

65) 엔지니어인 푸르첼리 씨는 당빌*을 위해 나르본의 대로를 건설했다(PV, 1565년 10월); 펠로니는 묘약(PV, 1654년 12월)과 기타 품목을 팔았다(HGB 1065, 1683년; HGB 1112와 1113, 1688년); 페스트 치료약 상인인 볼로냐의 메도시(HGB, 1658년 10월~11월); 생-안에서 선술집을 운영하던 이탈리아인 미셸 로망(AC Montpellier, FF, 2-4-1682); 아그드에서 고철을 수집하던 토리노 출신 기욤 톨로상(ADH, II E, 2-194, 1er-3-1757); 식용유와 향수 판매상 등등(PV, 1641년 9월); "프로방스 지방에서 장사하던 에스파냐인, 이탈리아인, 피에몬테인들의 자존심을 상하게 하는 역참 지배인들"(PV, 1612년 10월).

* Damville: 몽모랑시 가(家)의 세 번째 공작인 앙리 1세를 가리킴. 종교전쟁 중에 온건한 정책을 추구하여 기즈 가(家)의 반감을 샀다.

66) 그래서 그 지방 성직자들은 주교 직위와 성직록을 내지인들에게만 주어야 한다고 항의했다(PV, 1574년 1월).

문제로 지사 바빌과 싸움을 벌인 나르본의 대주교 봉지——그는 계속 자기의 정부(情婦)들에게 그 권리를 부여했다——등 요란한 권력 다툼으로 그 세기를 장식한 가문의 사람들이 바로 그들이다.[67] 요컨대 이탈리아인들은 피라미드 구조의 사회에서 윗자리를 차지했거나 적어도 상업이나 산업 부분의 중간층을 차지했다. 다수를 차지하는 서민과 농민의 기층은 결코 그들에게서 사람을 충원하지 못했다. 그것은 1580~1600년 사이, 이곳에서 아주 가까운 카스틸랴와 카탈루냐에서 확인된 구조와 똑같았다. 부유하고 영향력 있는 수천 명의 제노바 은행가들과 상인들이 이러한 지방들에서 상부구조를 차지했다. 반면 농촌 인구와 날품팔이의 대다수는 수만 또는 수십만의 가스코뉴인들과 프랑스인들이 채우고 있었다.[68] 나는 랑그도크에서 이주자들을 셈할 때마다 이탈리아인 한 명에 10, 20 또는 30명의 중부 또는 북부 프랑스인들이 헤아려진다는 사실을 확인했다.

보헤미아인, 무어인, 마라노

남부나 서아시아 지방의 그밖의 기여는 특정한 이민족의 흐름으로 좁혀진다. 이들 소수 외부 종족 집단은 폐쇄적인 블록을 형성했으며, 내부로 몸을 웅크리고 살아갔다. 그들은 대체로 외부로 동화되는 것과 족외결혼을 거부했다. 그들은 혐오의 대상이었으며, 차별의 표적이었다. 유목민적 특성 때문에 이들 집단은 농촌을 부단히 떠돌면서도 거기에 동화되거나 녹아들지 못했던 것이다. 예컨대 남부 프랑스에서 독특하게 발견되는 보헤미아인들(Tziganes)의 이주에 대해 살펴보자. 두 차례의 결정적인 이민 물결을 타고 이들은 농민들과 마주쳤다. 최초의 물결은 15세기에 일었다. 멀리 인도에서 나일 강 하류 지역 이집트를 경유해 이곳에 들어온 이들 보헤미아인들 또는 '사라센'들은 1419년(최초의 텍스

---

67) Devic, 1872~92, 43권 43장; Monin, 1884, 10, 11쪽.

68) Vicens Vives(J.), 1959, 305, 306쪽.

트) 남부 프랑스에 처음으로 그 모습을 드러냈다. 그들은 시스트롱에서 로데브와 바르셀로나로 집단을 이루어 떠돌아다녔다. 전쟁과 소요가 그치지 않던 1485년까지 그들은 랑그도크, 프로방스 그리고 콩타에서 자주 확인된다.[69] "그들은 나쁜 짓을 하며 돌아다녔기 때문에" 사람들의 미움을 샀다. 그들에 대한 마을의 반응은 언제나 같았다. 돈을 쥐어주거나 먹을 것을 주어서 마을 밖으로 몰아내는 것이었다. "제발 이 도시에 들어오지 마시오!"[70] 1485년 이후 이들 남부 프랑스의 룸(Roumes)[71]에 대해서는 조용하다. 그 좋은 16세기가 지나는 동안 그들에 대한 언급을 거의 찾아볼 수 없다. 1529~33년의 대위기 동안, 다른 부랑자나 거지들과 함께 그들을 길거리로 내모는 소동이 있었다. 님에서 오랑주까지의 지역이 일시적으로 그들로 붐볐다. 그후 텍스트의 암흑이 덮개처럼 그들을 덮었다. 그들이 일시적으로 정착한 것인가? 1533년 몽모랑시가 발표한 추방령 때문에 그들이 에스파냐로 도망간 것인가?[72]

불쌍한 철새, 보헤미아인, '이집트인'은 종교전쟁 때, 특히 1590년 이후 떼지어 되돌아왔다.[73] 이것이 바로 두 번째 물결로, 17세기 집시들의

---

69) 쇼보 자료집, 5937: 보헤미아인들 또는 사라센들 또는 이집트인들이 1419년 시스트롱에, 1438년 아를에, 1442년 오랑주에, 1447년 바르셀로나에(J.-P. Clébert, 1961, 57쪽), 1456년 아를에("작은 이집트인들에게 돈을 주었다. 왜냐하면 그들이 나쁜 짓을 하고 돌아다녔기 때문에"), 1459년과 1465년 카르팡트라와 일-쉬르-소르그에(그들은 로마로 순례를 가고 있었다), 1472년 말로센에, 1481년 카드루스에("그들을 쫓아보내기 위해서 그로gros 동전 8개를 주었다"), 마지막으로 1485년 로데브에(Martin, 1900, I, 294쪽).

70) AC Caderousse, CC 26, 9-5-1481, 쇼보 자료집, 5937.

71) 그 당시 보헤미안에 대한 다른 호칭.

72) 1520년의 페스트와 기근: 많은 보헤미아인들이 님 근처에(Ménard, 1744, IV, 92쪽); 1531년, 오랑주(쇼보 자료집, 5937); 1533년 님 지방과 랑그도크 지방이 그들로 "오염되었다." 약탈, 추방령(Ménard, 1744, IV, 128쪽; PV, 1533년 11월). 마찬가지로 1528년의 칙령으로 에스파냐에서 보헤미아인들 추방(Clébert, 1961, 115쪽).

73) 1560년 신분회에서 성직자들의 진정서에 고발된 '이집트인들,' Cole, 1939, I, 13쪽.

특징인 무장 이주자들의 물결이다. 룸 또는 보헤미아인들의 무리(아마 펠리페 2세의 간섭 이후 에스파냐에서 쫓겨난 듯한〔Clébert, 1961, 115쪽〕)는 신성동맹 전쟁 당시 몽타뉴 누아르의 계곡을 휩쓸고 다녔다. 농부들은 그들의 대장들에게 떠나달라고 간청했으나, 그들은 돈을 받지 않고는 떠나지 않았다.[74] 다른 집단들이 1612년에 나타났다. 그들은 1627~32년 프롱드 난의 위기 동안에 큰 무리를 지어 지방을 휩쓸고 다녔으며, 행실이 나쁜 여자들이 그들을 따라 나섰다. 크리스토프, 라플라스, 바리에르, 라코스트, 알메라 같은 무식하지만 점잖은 대장들이 그들을 이끌고 다녔다. 그들 중에는 집시 사제(司祭)들도 있었다. 농부들은 종소리가 나면 그들을 덮치곤 했다. 그들을 쫓아나선 소녀들은 삭발 당하거나 발가벗겨졌다. 남자들은 갤리선의 도형수로 보내졌다. 구제원은 다른 거지들보다 더 엄하게 그들의 출입을 막았다. 아무런 방법이 없었고, 그들(룸Roumes)은 개의치 않았다. 일하기를 싫어하는 그들은 수확물을 계속 약탈했다. 그들은 지나간 다리를 불태우는가 하면 왕의 군대를 향해 총을 쏘기도 했다.[75] 그러나 1700년 이후에는 역류 현상이 일

74) Ségui, 1934.

75) 이 모든 자료들은 17세기의 텍스트에서 나온 것이다. 특히: PV, 1612년 1월; PV, 1625년 3월~5월: 농민들을 약탈하는 보헤미아인들에 대한 방타도르의 명령(1612)과 몽모랑시의 명령(1615); PV, 1627년; HGB 477, 1627년 8월; HGB 489, 1628년 9월: 보헤미아인들을 무장해제시켰다; 종이 울리자 그들을 덮쳤다; HGB 506, 1630년 10월~11월; HGB 1879, 19-5-1632, f° 84: 보헤미아인들의 대장인 크리스토프와 라플라스 체포; PV, 1605: 가난한 에티오피아인 사제에게 보시; PV, 1636년 11월: 마을을 휩쓸고 다니는 보헤미아인들 무리: 도둑질; 콩타 브네생의 신분회: 1639년 보헤미아인들 추방 요구(필사 원고, 쇼보 자료집, 5937); HGB 625, 1641년 11월~12월: 고등법원 관할 구역 내에 있는 모든 보헤미아인들을 붙잡아 갤리선에 보냈다; HGB 614, 1640년 11월~12월; Martin, 1900, I, 248쪽: 이집트인들의 대장(문맹)인 바리에르가 이끄는 보헤미아인들이 로데브 부근 "가난한 마을에서 도둑질"을 했다; 그리고 라코스트와 알메라가 이끄는 군대(1639~41); HGB 712, 1649년 11월~12월; HGB 722, 1650년 10월~11월; HGB 804, 1658년 11월~12월: 바리에르가 이끄는 보헤미아인들의 부대가 3일 만에 마을을 휩쓸어버렸다; 마

어난다. 보헤미아인들은 전사(戰士)적인 삶의 방식을 버리기 시작했다. 심지어 정착을 시작했으며 이제 그들은 구걸을 하기도 하고, 나귀 새끼를 팔기도 하고, 자기들이 훔쳐 먹은 개나 고양이의 가죽을 벗겨 모피업자에게 팔러 다니기도 했다. 그들은 (사람들 말에 따르면) 어린아이나 소녀들을 납치해 갔다. 그들은 프로방스 사투리, 제노바 사투리, 피에몬테 사투리가 섞인 카탈루냐 방언을 썼다.[76]

한 가지 분명한 것은 1419년의 이 새로운 집단은 500년의 역사가 흐르는 동안에도 농촌 집단과 섞이지 않았다는 사실이다(이들은 오늘날에도 농촌 주변, 도시 외곽 지대나 큰 포도밭 마을의 빈민촌에서 더럽지만 긍지를 가지고 살고 있다). 물론 그들은 초자연적인 세계와의 특별한 관계로 여자들에게 적지 않은 매력을 발휘했으며, 1598년부터 세벤 당회는 이를 엄격히 단죄했다.[77] 그러나 그들과 관계를 맺는 것은 수치스러운 일이었으며, 심지어 타락한 여자들조차 금기로 여겼다. 17세기에 룸과 카드놀이를 하고, 술을 마시고, 잠을 자는 일은 카고*나 하는 일이었다.[78] 그들의 종족적 '순수성'은 거기서 연유한다. 그들은 1419년 도착 당시에도 그랬고, 지금도 순수하게 남아 있다. 인종적으로, 혈통적으로 교류가 없어 1800년 또는 1962년에도 거의 마찬가지였다. 약간 그을린 피부, 작은 키, 칠흑 같은 검은 머리, 이리 이빨,** 검고 활기찬 눈.[79]

찬가지로 HGB 797, 1658년 4월; AD Vaucluse, B 1670: 보헤미아인들에 대한 볼렌의 재판; PV, 1676년 11월: 보헤미아인들이 부제 다리를 불질렀다, AC Périgueux, BB 15, 1679; HGB 1190, 1696년 2월~3월: 생-장이 이끄는 보헤미아인들의 무리가 왕의 군대에게 총을 쐈다. 또한 HGB 1059, 1682년 8월을 보라.

76) A. Lunel, 1959에 인용된 Du Haitze.

77) De Dainville, 1932.

* cagot: 문둥병 환자의 자손인 천민.

78) AC Montpellier, FF, 1654년; Fay, 1910, 93~99쪽.

** 굶주린 이리처럼 게걸스럽게 먹는다는 뜻.

79) A. Lunel, 1959에 인용된 Aubin, Millin, 『남부 여행』(*Voyage dans le Midi*), 1811.

집시들은 기이한 집단이다. 그들은 인간 집단 안에서 반항하고 적개심으로 고집스럽게 사는 이질적인 집단이다. '이국적인' 또 다른 집단들은 더 큰 불운을 겪었다. 1612년 에스파냐에서 추방되자 프랑스 국경을 넘어온 그라나댕* 또는 무어인이라고 불리는 이슬람교도들이 바로 그들이다.[80] 그들 중 일부는 랑그도크에 영구 정착할 생각을 했던가? 그 한 경우를 재판으로 확인한다. 뤼넬 부근에 정착한 한 무어인 원예가의 경우가 그러하다. 그는 교회에서 결혼했다.[81] 그런데 불행하게도 그는 자기 부인의 첫 번째 남편을 살해한 것으로 밝혀져, 1614년 차형(車刑)에 처해졌다. 다른 곳, 예컨대 몽펠리에 지방의 시골집 근처에서는 그라나댕 몇십 가구가 몇 년(1612~16)간 살고 있었다. 이들 추방자들은 구걸로 연명했는데, 이는 그 지방 가난뱅이들에게 큰 피해를 주는 것이었다. 그들은 "어찌나 병약하게, 거칠게, 그리고 비참하게 살았던지" 사람들은 그들의 거처에서 유행병이 번지지나 않을까 염려했다. 양 우리의 오물 속에서 살아가는 사람들은 그래도 형편이 제일 나은 사람들——예컨대 피에르 알쿠라 부부와 그의 아이들——이었다. 대부분은 채소밭에서 잠을 잤으며, 결국 아무런 재판 절차도 없이 쫓겨나야 했다.[82]

그라나댕의 짧은 랑그도크 지방 체류는 그들을 혐오하는 마을 사람들이 그들에게 저지른 비열한 도둑질로 점철되었다.[83] 세관원들이 그들을 압박했고, 선주들은 아그드와 알제를 오가는 동안 그들을 강탈했다. 콩데 대공** 같은 최고 권력층은 그들에게서 압수한 물건들, 헌옷가지, 금

---

* Granadin: 이베리아 반도의 마지막 이슬람 왕국인 그라나다 왕국에 살던 사람들. 이 왕국은 1492년 가톨릭 왕들이 점령했다.

80) Lapeyre, 1959, 103쪽.

81) D'Aigrefeuille, éd. 1885, II, 98쪽.

82) AC Montpellier, VII, 390, 4-4-1612; 같은 자료, FF, 1615년 8월: 그라나댕(추방된 자들의 명단)에 대한 '조사 보고서'.

83) 이 책, 제1권, 99쪽.

** 콩데 가문. 부르봉 가문의 지파로 1709년까지 프랑스 최고의 혈통 귀족이었으며, 대공(Monsieur le Prince)이라고 불렸다. 콩데 대공들은 프로테스탄트파의 지도자로서 기즈 가(家)에 저항했다.

과 은을 염치도 없이 상납하게 했다.[84] 결국 그라나댕들은 1616년경 아무 흔적도 없이 누구를 애석하게 하지도 않은 채 사라져버렸다. 이러한 비참함에 아무런 감정도 못 느끼는 많은 사람들에게 그들의 엑소더스가 제기하는 질문은 단 한 가지다. 왜 사람들은 에스파냐의 무어인들처럼 프랑스의 위그노들도 몰아내지 않았을까? 앙투안 피노라는 사람은 1611년 1월에 라 봄 씨의 소작지에서 아주 노골적으로 이렇게 말했다. "에스파냐의 왕이 그라나댕을 몰아낸 것처럼 우리의 왕도 그 종교 집단을 몰아냈어야 해. 더 나아가 또 하나의 성 바르텔르미*를 저질렀어야 했단 말이지."[85]

보헤미아인들과 무어인들은 실패했다. 그러나 마라노들은 성공했다. 그렇지만 그들은 도시에 있었다. 가톨릭 왕들** 이후 에스파냐에서 쫓겨난, 이들 기독교로 개종한 유대인들은 16세기에 랑그도크로 들어왔다. 그들은 거기에서 오랫동안 자기들의 관습을 지키며 살았다. 할례, 식용유 요리, 돼지고기 금기…… 그들은 나르본, 페즈나, 몽펠리에, 베지에 등지에서 상인, 약사, 의사로 크게 성공했다. 왜냐하면 1520~50

---

84) ADH, B 30, f° 232, 28-4-1611; 같은 자료, f° 132, 26-8-1610(무어인들에게 판매허가세를 납부하라고 선고); d'Aigrefeuille, éd. 1885, II, 30쪽(아그드의 선주인 앙토롱 가는 무어인들을 강탈했다); 1610년 툴롱에서 그들이 받은 부당한 처우(Teissier, 1863, 59쪽)와 비교할 것.

* 성 바르텔르미(Saint-Barthélemy) 축일의 학살 사건. 1572년 8월 23일과 24일 밤에 파리에서 일어난 학살 사건. 앙리 드 나바르(미래의 앙리 4세)와 마르그리트 드 발루아의 결혼식에 참석하기 위해 파리에 모인 프로테스탄트 3천여 명이 살해되었다.

85) ACM, VII, 기록 390, 7-1-1611.

** 아라곤의 페르난도와 카스틸랴의 이사벨의 결혼(1469) 이후, 이사벨은 1474년에 카스틸랴의 왕이 되었고, 페르난도는 1479년에 아라곤의 왕이 되어, 통합 왕국의 공동 왕이 되었다. 이들은 1492년 이베리아 반도에 남아 있던 마지막 이슬람 왕국인 그라나다 왕국을 몰아내었으며, 이탈리아에 개입한 공로로 교황에게서 '가톨릭 왕'이라는 칭호를 부여받았다. 일반적으로 '가톨릭 왕'이란 에스파냐의 왕을 가리키는데, '가톨릭 왕들'이란 구체적으로 페르난도와 이사벨 공동 왕을 말하기도 한다.

년은 관용의 분위기였기 때문이다. 에스파냐를 모방한 일종의 인종주의가 고개를 든 것은 16세기 말에 이르러서였다. 그때부터 마랑(maran)이라는 단어는 오크어(語)로 욕설이 되었다. 그리고 사육제 때면 사람들은 밀짚을 넣고 비계를 단 마네킹으로 몽펠리에의 마라노 유지들을 조롱했다.[86] 얼마 후 17세기에, 특히 1650~90년 사이에 이르면, 이 반유대주의는 툴루즈 고등법원의 영향을 받아 프랑스 남부에서 극심해졌다. 흥미로운 것은 그 반유대주의는 유대교를 믿는 유대인들만을 겨냥했다는 사실이다.[87] 반유대주의는 남부 프랑스의 마라노들은 건들지 않았다. 몇몇 몽상가나 시온주의의 선구자들을 제외한 나머지 마라노들은 위그노 부르주아지나 법복 귀족 속에 점차 용해되어갔다.[88] 그러니까 성공적인 융합이었다. 보헤미아인들보다 훨씬 활동적이고 약삭빠른 마라노들은 인종 격리의 사슬을 끊을 줄 알았던 것이다. 그렇지만 이 마라노 현상은 도시 엘리트 차원에서 보면 규모가 컸지만 농촌 인구 집단과 비교해서 볼 때는 사소한 것이었다. 우선 이들 이민 개종자들의 수는 결코 많지 않았다. 그리고 그들은 거의 모두 도시인들이었다. 물론 16세기에는 그들도 땅을 샀다. 그들은 그들의 '밭'에 긍지를 가졌다. 그들의 자녀들과 친구들은 일요일이면 아가씨를 노새에 태우고 노새의 보폭에 맞

---

86) Platter, 1892, 196, 399쪽; Guiraud, 1918, I, 475쪽; AC Montpellier, VII, 390, 18-4-1616; Poliakov, 1961, 180쪽 참조.

87) HGB 744, 1653년 4월~5월과 HGB 1029, 1679년 7월: 유대인들에게 몽펠리에, 님 등지를 떠날 것을 명령. 그들이 그곳에 거주하고 장사하는 것 금지. 카르팡트라의 유대인들의 어느 정도 자발적인 세례에 대해서는『랑케의 일기』(*Journal de Lanquet*) in Pelissier, 1909; 이어서 관용으로의 복귀에 대해서는 HGB 1189, 1695년 10월~12월; HGB 1209, 1698년 4월; HGB 1279, 1705년 5월, 이전의 금지 조항들은 폐기되었다.

88) 이 주제에 대해서는 Poliakov, 1961; Pintard, 1943, 359쪽 이하(1645년 보르도에서 살았던 '시온주의*자' 마라노 이사크 라페레르Issac Lapeyrère의 경우).

* 시온주의(sionisme): 유대인들을 팔레스타인에 복귀시키려던 20세기 초엽의 유대 민족 운동.

춰 밭을 산책하곤 했다. 9월이면 가족 모두 손에 칼을 들고 밭에 나가 포도송이를 따곤 했다. 그러나 마라노들의 농촌 생활은 포도수확, 교외 산책 같은 의례적인 행위에 그쳤다. 그들은 땅을 반타작 소작농에게 맡겼다. 예컨대 마라노인 카틀랑의 술주정뱅이 차지농 앙투안에게처럼 말이다.[89] 요컨대 그들은 도시인이었다. 그들은 시간이 있을 때만 농민이었으며, 결국 농민 신분과는 아주 거리가 멀었다.

말할 것도 없이 아프리카, 지중해 동부, 바르바리아에서 온 몇몇 시민들은 무시해야 한다. 이들 터키인들, 페르시아인들, 아르메니아인들은 금이나 흑설탕을 주고 산 중세의 노예들이었거나, 1610~30년경 보케르 정기시를 찾아 카마르그 지방으로 들어온 상인들이었다.[90] 랑그도크에서 이들 철새 이주자들은 그들의 종족 가운데에서 거의 유일한 사람들이었다. 인종적 차원에서 호기심을 끄는 정도였지, 인구적 차원에서는 정말 아무것도 아니었다.

*

그러므로 이 지역으로의 결정적인 인구 유입은 남쪽에서도, 지중해권의 국가에서도 이루어지지 않았다. 이주에서 중요한 부분은 활기차고 신선한 산간 지방 사람들과 북부 사람들이 차지했다. 이들은 론 강을 따라 노루즈*를 따라, 세벤과 몽타뉴 누아르의 고개를 따라 흘러들어와, 연안 지방으로 퍼져나갔다. 이제 결산을 해보고, 그것의 영향이 어디까지 미쳤는지 그 범위를 가늠해볼 시간이 되었다.

---

89) Platter, 1892.

90) Davity, 1643, 중세에 있었던 이런 사례 중 아마도 가장 많은 사례: 1364년에 몽펠리에에 정착한 키프로스의 상인 조세프 자페트에 대해서는 Combes, 1952, 33쪽 참조. 또한 노예들에 대해서는 L. Guiraud, 1900, 38, 39쪽 참조.

* 가론 강 유역과 오드 강 유역을 잇는 낮은 고개로, 아키텐 분지와 랑그도크 지방을 오가는 주요 통로다.

II. 주요 인구 이동의 대차대조표

신체 인류학

우선, 가장 기초적인 차원은 신체 인류학이다. 눈의 색깔, 머리카락의 색깔과 같은 색깔의 문제. 19세기 최초의 체계적 인류학자들은 랑그도크 특히 에로 지방의 서부 지역에 사는 농민들 가운데 '색이 옅은'—밤색 또는 심지어 금발 머리, 맑거나 때로는 아주 파란 눈—사람들이 많다는 사실에 크게 놀랐다. 1880~90년경, 베지에 지방 사람들의 30퍼센트가 금발, 35퍼센트가 맑은 눈을 가졌다. '선택받은' 어떤 지역들은 비율이 45퍼센트에서 60퍼센트로 올라갔다. 생-퐁스 지방은 사람들의 40퍼센트가 눈과 머리카락 색이 옅었다.[91] 금발을 좋아하는 사람들은,[92] 짙고 검은색일 것으로 생각했던 남부 프랑스의 이러한 예상치 못한 비율에 놀란다. 그러한 사실들이 그렇게 놀라운가? 이러한 조사가 행해진 시대에도, 사람들은 인구 이주의 차원에서는 여전히 구체제에서 살고 있었다. 즉 북부와 산간 지방에서 온 요소들이 지배적이었던 것이다. 에스파냐에서 머리가 검은 사람들이 대량 이주한 것은 10세기 이상 중단되었다가[93] 20세기에야 실질적으로 재개되었다. 그리고 수백 년 동안 갈색 머리나 이따금 금발의 사람들—중앙 산악 지대의 영양 상태가 좋지 못한 "왜소한 금발"[94] 또는 북부 프랑스의 키 큰 금발[95]—이 랑

91) Lapouge, 1894, 372쪽과 여러 곳(징병검사위원회의 통계).

92) Lapouge, 꼼꼼한 통계학자이기는 하나(cf. Vallois, 1943, in fine), "위대한 금발의 아리안족"이라는 인종주의의 선구자.

93) 이베리아 반도에서 랑그도크로 밀려온 마지막 인구 물결은 에스파냐의 아프리지오네르(Aprisionnaires).*

* 카롤링 왕조 시대에 프랑스 남부 셉타니 지방과 에스파냐 국경 지방에서 토지 개간 농민들에게 30년 시효로 제공된 땅인 아프리지옹(aprision)을 경작하던 농민들. Dupont, 1942, 328~338쪽 참조.

94) Lapouge, 1898.

95) 바-랑그도크로의 이주민이 많은 로제르, 오트-루아르에는 옅은 색깔 사람들의 비율이 매우 높았다. 보르도와 르퓌를 연결한 선의 북쪽에 있는 북부 프랑

그도크 연안 지방으로 서서히 침범해 들어왔으며,[96] 이곳에서 지중해 지역의 전형적인 검은 눈, 검은 털과 경쟁했다. 이들 산간 지방의 금발은 옅은 색깔 인간형의 지역을 확장해나가는데, 그 지역은 생-퐁스와 베지에 부근에서 분명해진다. 이 옅은 색깔 인간형의 지대는 이웃한 루시용과 카탈루냐 지방의 짙은 색깔 인간형의 지대와 대조를 이룬다. 오래된 대조. 물론 1800년 이전에 유황빛 피부, 갸름한 얼굴, 검은 눈과 머리카락의 지중해권 인간형이 여러 초상화에서 확인된다. 세바스티앵 부르동의 초상화, 카스트리 후작 부인의 초상화, 봉지라는 사람의 누이…… 등이 그렇다.[97] 그러나 서민층에서는 옅은 색 또는 밤색 사람의 비율이 아주 높게 올라간다.

1750년 로데브의 민병대원 가운데 3분의 2 그리고 몽펠리에의 거지 사냥꾼 가운데 50퍼센트를 차지했는데, 이들은 모두 18세기에 제보당, 루에르그, 도피네 같은 산간 지방에서 내려온 사람들이었다.[98] 북부와 산간 지방에서의 금발의 침범이 줄어들기까지는, 그리고 남부 이주자들의 영향으로 프랑스의 지중해 지역에 검은 머리 인간들의 '자연적인' 인구 구성이 회복되기 위해서는 20세기가 오기를 기다려야 한다.

색깔 다음으로는 머리 형태. 오래전부터 인류학자들은 남부 프랑스에서 우세한 단두(短頭)형에 대해,[99] 그리고 왜 장두(長頭)는 사라지고 단

스는 두말할 필요도 없다; H. Vallois, 1943, 43쪽, 도표 2의 '프랑스의 색깔 분포도' 참고.

96) 이미 에스파냐에서도 유사한 것이 확인되었다. 다른 지방에서보다 피레네 지방에서 금발이 더 자주 눈에 띈다. 왜냐하면 피레네 지방은 북부 이주민들의 입구이기 때문이다(에스파냐의 대백과사전인 *Encicl. Europ. Amer.*, t. XXI, 1923, 409쪽과 도표, 410쪽의 "에스파냐"의 '인류학' 구절을 보라).

97) 몽펠리에 박물관.

98) AC Lodève, BB 25, 28-2-1750; 몽펠리에 종합병원 고문서, G 13.

99) 이것의 지배는 '옅은' 요인들(옅은 색 눈과 머리카락)의 동시적인 진출과 결코 모순되지 않는다. 챔벌린이나 고비노의 생각과는 달리, 두개(頭蓋) 지표의 지리적 분포는 색깔의 분포와 독립적이며 '완전히 다르다'(Vallois, 1943, 52쪽); '금발 단두'는 사부아, 부르고뉴, 도피네뿐만 아니라 로제르와 오트-루아

두만이 끊임없이 발전해왔는가에 대해 의문을 제기했다.[100] 프랑스의 유명한 '아르베른의 핵(核),'* 다시 말해서 중앙 산악 지대, 알프스, 쥐라 산맥 지역의 단두 도(道)들(사부아, 손-에-루아르, 캉탈, 로제르 등)이 이루는 커다란 반점은, 최근 천년 동안, 옛날의 무덤이나 중세와 근대의 두개골에 대한 연구가 입증하듯이, 한때는 다수를 차지했던 장두를 서서히 몰아낸 놀라운 인구 이주의 역동성을 증명해주는 것 같다.

우리의 텍스트는 앙리 발루아를 난처하게 만든 이 신기한 현상에 대해 한 가지 설명 요소를 제안한다. 중세 때부터 오브라크 산과 제보당 산간 지방의 기슭을 타고 내려온 계절 노동자들, 거지들, 목동들, 미장이들 그리고 장인들은 수세기에 걸쳐 옛날의 장두형을 평화롭게 몰아낸 단두형의 이주, 얼굴 길이가 짧고 두개골은 둥근 사람들의 거대한 행진이 아니었을까? 물론 검증이 필요한 작업 가설일 뿐이다. 이것은 역사가, 고고학자 그리고 신체 인류학자들의 공동 연구가 왜 필요한지 입증해줄 것이다.

축산 문명의 기여: 인간의 이주와 동물의 이주

이들 옅은 색깔의 눈 또는 짧은 두개골의 이주민들이 모두 빈손으로 온 것은 아니었다. 많은 이들은 물질적 · 문화적 · 기술적 자산을 가지고 왔으며, 종종 목축 사회 고유의 특별한 문명을 가지고 왔다. 공증인들의 오래된 장부를 넘기다 보면, 산간 이주자들 가운데에 수많은 목동들이 있음을 보고 놀란다. 망드 교구에서 태어난 이들 목동들은 내륙과 연안 지방 사이로 양떼를 계절적으로 이동시켰다.[101] 그들의 떠돌이 이력은

르에도 매우 많다(이 문제에 대해서는 Vallois, 앞의 책, 43, 49, 61쪽의 지도들을 비교하라).

100) Lapouge, 1898; Vallois, 1943, 95쪽.

* 아르베른은 오늘날의 오베르뉴를 가리키나, 고대 지리에서는 골(Gaule)을 가리켰다. 따라서 '아르베른의 핵'은 프랑스의 중심 지역을 가리킨다. 기원전 52년 로마의 카이사르에 대항하여 골인들을 지휘한 베르생제토릭스가 바로 아르베른인이었다.

세벤의 어느 정기시에서 한 평원의 목축업자에게 고용되면서 시작된다. 카마르그 또는 다른 연안 지방의 새로운 고향에 내려오기가 무섭게 그들은 5월 말이면 다시 양떼를 몰고 떠났다.[102] 이동 목축로를 통해 그들은 고향의 산인 세벤과 제보당 지방으로 올라갔다. 이곳은 루이 13세 시대에는 연중 6개월 동안 10만 마리 이상의 양에게 풀을 먹이던 비옥한 목장이다.[103] 다른 그룹들은 오브라크 산맥 쪽에 있는 코스*를 기어올랐다. 이들 이동 목동들의 목에는 뒤랑스 강의 검은 조약돌을 끼워 만든 부적 목걸이가 매달려 있다. 주머니 속에는 떠나기 전에 주인이 계산해준 에스파냐 레알이 들어 있다.[104] 허리띠에는 칼이나 총 같은 무기를 차고 있었는데, 종종 부랑자들이나 산적들과 싸워야 했기 때문이다.

1613년,[105] 랑그도크의 치안관들은 산에서 그들을 소탕하는 데 어려움을 겪었다(아주 오래된 예방 조치가 아니었던가? 이미 철기시대부터 오브라크의 이동 목축로에는 할슈타트 시대**의 큰 검들이 여기저기 널려 있다).[106] 목동들 뒤로는 양들, 짐을 실은 당나귀들이 따라가며, 행렬 옆에는 긴 털의 큰 개들이 있다. 행렬 끝에서 한 늙은 목동이 노새의 꼬리를 붙잡고 가파른 산기슭을 올랐다. 8일 낮, 8일 밤을 꼬박 바스 세벤과 로제르의 산중에서 보냈다. 그들은 썩은 판자에 몸을 실어 강을 건넜다. 마침내 경작할 만한 땅이 없어 비료 한 소쿠리에 영혼이라도 팔 준

---

101) Sorre, 1912; Agriel, 1919.

102) AC Montpeyroux, BB 3, 24-7-1712, 19-9-1713: 늦어도 6월 1일에는 산으로 떠나야 하며, 9월 1일에는 돌아와야 한다.

103) Davity, 1643.

* Causses: 중앙 산악 지대 남부의 석회질 고원.

104) ADH, II E. 아그드의 공증인 문서, 1559, 상인인 니콜라 베시에르가 목동인 앙투안 구아리에게 산에 올라갈 양떼를 빌려주었다. 목동은 노동의 대가로 60리브르를 받았는데, 그중 40리브르는 계약 시에 에스파냐 레알로 받았다.

105) PV, 1613년 11월.

** 할슈타트는 고분 발견으로 유명해진 오스트리아의 마을이며, 할슈타트 시대란 기원전 10세기에서 기원전 5세기의 청동, 철병용 시대를 말한다.

106) Soutou, 1959.

비가 되어 있는 코스 고원의 농사꾼들의 환대를 받는 순간 그들은 최초의 위안을 얻었다. 척박한 밭을 기름지게 하기 위해서, 양떼에게서 하룻밤의 자연시비(自然施肥)를 얻기 위해서 그들은 몸을 굽실거리며, 목동들에게 돈을 주고, 독주, 흰 빵, 닭, '신선한 고기'를 대접했다. 1542년부터 코스 드 소브테르 지방의 풍속은 그러했다.[107] 드디어 오브라크와 오브라크의 푸른 목장에 도착했다. 9월 1일, 기존의 양떼, 어린 양떼, 그리고 죽은 양의 증거로, 원래 찍혀 있던 낙인 또는 역청이 칠해진 양가죽을 가지고 귀환했다.[108] 이렇게 해서 1559년 앙투안 구아리의 오브라크에서 아그드까지의 대장정은 끝났다.

일시적 이주자들인 이들 산간 지방의 목동들 가운데 많은 이들은 최종적으로는 평원 지방에 정착했다. 꼭 필요한 기술자(비록 완전한 무식쟁이이긴 했지만)인 그들은 양치기 이력에 종지부를 찍고 정착 이주민으로서 연안의 큰 농가에 머물기도 했다. 그들은 거기서 지참금이래야 주석 그릇이 고작인 그 고장의 처녀와 결혼했다. 그들은 집을 장만하고 작은 재산을 모으기도 했다. 1548년의 피에르 바랑도, 1558년의 앙투안 로티에, 1596년의 장 부아이에, 1600년의 장 조프르의 경우가 그러했다. 망드 교구 태생의 이들 목동들은 아그드에 거처를 정했다. 진짜 도깨비불 같은 마티외 오르는 산에서 산으로 떠돌았다. 도피네 지방의 알프스 산기슭에서 태어나, 오브라크에서 목동이 된 그는 양모 판매와 이동 목축을 하면서 1555년에는 마침내 지중해 연안에까지 이르게 되었다.[109]

---

107) Agriel, 1919에 인용된 텍스트; Weulersse, 1946, 152, 153쪽과 비교하라.

108) 베시에르-구아리 증서, 1559, 이 책, 앞의 쪽에서 인용: 구아리는 소유 표시가 된 가축들을 데리고 산으로 갔다; 그는 죽은 양들의 낙인 찍힌 가죽을 가지고 돌아왔다; 그렇지 않으면 그는 변상해야 했다. 마찬가지로 양떼 소유주를 분간하기 위해 표시: AD Gard, E 712, 24-4-1514(Ant. Martin의 공증 문서 원본).

109) ADH, II E, 2-5, 19-1-1548: 망드 교구의 목동인 피에르 바랑도는 아그도의 잔 세크와 결혼했다; 같은 자료, 2-32, f° 87, 14-8-1596: 망드 교구, 세비에

높은 산간 지대의 목동들과 함께 산간 지방의 가축 전체가 산기슭을 타고 떼지어 밀려 내려갔다. 우선 바-랑그도크의 도축장으로 물결이 밀려갔다. 16세기에 이곳에서는 산(山)이 가격을 결정했다. 코스 고원의 한 도둑이 큰 도축장을 털어간 1562년과 1611년에도 마찬가지였다. 눈 때문에 이동 목축로와 계곡이 폐쇄된 1649년, 전사들이 오베르뉴, 루에르그, 푸아투의 소들을 휩쓸고 간 1654년, 그때마다 시장은 지중해 언저리까지 타격을 주었다.[110)]

도축업자들의 옛 길은 이렇게 오베르뉴, 생-위르시즈와 생-플루르[111)]에서 시작하여 루에르그, 코스, 세벤을 지나 랑그도크, 프로방스의 도축장으로, 그리고 고기의 대소비지인 마르세유로 향했다. 도로는 산자락에 있는 그물 같은 모든 정거장들을 굽이굽이 지났다. 가축들은 거기서 쉬기도 하고 배를 채우기도 했다. 기슭의 중간에 자리 잡은 장터에서는, 산에서 내려오는 목동들과 평지의 도축업자들 사이에 가격 흥정이 벌어

르의 마세주의 목동인 무식쟁이 장 부아이에는 현재 아그드에 살고 있으며 230리브르에 집을 한 채 구입했다; 망드 교구, 르븐 본당, 마셀 태생의 목동인 장 조프르는 아그드의 푸졸 페론과 결혼했으며, 그녀는 지참금으로 30에퀴와 주석 그릇을 가지고 왔다; 또한 같은 자료, 2-38, 1602년 11월 참조; 마티외 오르에 대해서는 ADH, G 883, 1555년 8월 6일. 망드 교구, 사르네로드의 목동인 앙투안 로티에는 현재 메제(연안 도시)의 뒤랑 빅토르 씨의 목동장으로 있는데, 상인인 로당에게 양모 3캥탈을 팔았다(ADH, II E, 1-48, 102쪽). "1688년 5월 28일, 망드 교구, 마상드뢰 본당, 마 드 레가레의 비달이 죽었다. [……] 당시 그는 우리 본당 소속 팔리아의 소작지에 살고 있는 목동이었다. 그는 스스로 물에 빠져 죽었기 때문에 성사를 받지 못했다." AC Viols-le-Fort(Hérault), 미분류 호적대장.

110) 고기 가격은 과장되었다; 더 좋은 조건으로 소와 양을 공급할 사람을 찾기 위해 '산으로' 사람을 보낸다. AC Montpellier(출판된 목록대장 제7권에 따름), 기록 390, 시 회의록 2-2-1562; 도축업자가 라살 정기시에 가던 길에 켈라르 부근에서 3,715리브르를 도둑맞았다. 그는 손실을 보상받기 위해 고기값 인상을 요구했다(같은 자료, VII, 390, 31-1-1611); 눈에 대해서는 d'Aigrefeuille, 1885, II, 143쪽; 전사들에 대해서는 AC Montpellier, VII, 기록 390, 12-7-1654.

111) HCM, III, 394쪽(1496, 1542, 1547년의 텍스트).

졌다.[112)]

소들과 작은 가축은 국경 푯말에 개의치 않았다. 중앙 산악 지대의 복판에서 시작된 동물의 대이주는 랑그도크 평원의 가느다란 가장자리를 너머 루시용 쪽으로, 푸아 백작령 쪽으로, '에스파냐 쪽으로', '피에몬테, 밀라노 그리고 니스 땅' 쪽으로, 이탈리아와 베네치아 쪽으로 향했다.[113)] 그래서 신분회와 툴루즈 고등법원은 이탈리아와 에스파냐로 보내져 소비되는 털, 양털, 깃털, 가축, 즉 '소와 작은 가축들의 유출'에 불만을 토로했다. 1534~1786년 사이에는 진정서가 빗발쳤다. 동물의 이주는 공교롭게도 카탈루냐의 지주들에게 고용된 프랑스 노동자들이 대종을 이루는 수많은 사람들의 이주와 일치했다. 네 발 짐승들과 두 발 인간들이 같은 길을 통해 신선한 고기와 건장한 일꾼들을 갈망하는 에스파냐 대식가들을 향해 빠져나갔던 것이다.

양모와 고기가 지나간 그 길을 오베르뉴의 마부들이 오베르뉴산 치즈를 싣고 프랑스 남부의 평원을 향해 나아갔다. 1563년에 치즈 행상을 하던 50세의 에티엔 다니엘은 자신의 불행을 베지에의 신부에게 은밀하

---

112) "산자락에 위치한 로데브는 가축들이 풀을 먹으며 통과하는 곳이다"(ADH, B 36, f° 954, 1647년 10월); 클레르몽 드 로데브 시장은 "전 바-랑그도크 지방과 인근 지방에 가축들을 공급했다"(Davity, 1643); 도축업자들은 고기 가격을 정할 수 없었다. 그들은 솜미에르의 정기시를 기다렸다(AC Montpellier, 기록 FF, 5-4-1688; 같은 자료, 29-3-1690).

113) 1534년 베지에에서 열린 신분회(ADH, 신분회 기록, 미분류, f° 256 v° 이하): "매일 이 지방에서 프로방스 백작령, 루시용, 푸아 백작령을 통해 에스파냐(Yspanhe), 피에몬테, 밀라노, 니스 지방으로 가는 가축들이 너무 많아서 이 지방에는 소, 작은 가축, 다른 어떤 가축들도 찾아볼 수 없을 지경이 되었다": 마찬가지로 AC Narbonne, BB 17, 24-2-1603; HGB 492, 1629년 5~6월; HGB 1879, 6-7-1640, f° 340; Sorre, 1912: 1786년, 보케르, 키사크, 솜미에르 가축시장에서 구매된 12만 5천 마리의 양이 매년 에스파냐로 수출되었다; 1610~20년경 보케르 정기시에서 에스파냐, 이탈리아로 가축 수출: Golnitz(éd. Malavialle, 1908~1909), 71, 72쪽; 그리고 ADH, B 31, 26-6-1612, f° 83 v°; 스위스의 알프스 지방에서 이탈리아와 교역한 것을 비교하라: Grüner, 1770, 197쪽; Fagniez, 1897 참조.

게 고백했다. 박해받은 가톨릭교도이며 문맹인 그가 복수심에 불타 털어놓은 얘기는 이렇다. 사순절에도 고기파이를 먹어치우는 더럽고 신성모독적인 위그노들이 그가 팔 물건을 약탈했고, 아내와 아이들을 길거리로 내동댕이쳤다. 그 자신은 속옷만 입은 채 발가벗겨졌다. 그는 '오베르뉴산 치즈를 가져다가' 세 왕(王)의 숙소 가까이 있는 베지에의 상점에 내다 팔던 시절을 그리워했다.[114] 다른 사람들도 그처럼 일을 했을 것이다. 1620년경, 전보다 더욱 많은 오베르뉴산 치즈가 세벤을 지나 에로 계곡으로 향했다.[115]

우리 지역의 시각에서 보면, 목축업자들의 중앙 산악 지대가 수행한 역할은 이러했다. 중앙 산악 지대는 양모, 고기, 우유가 풍성한 제국이었으며 가축과 목장의 공급지였다. 중앙 산악 지대는 그 이상의 일도 했다. 그것은 지중해 지역 곳간에 있는 퇴화한 가축들에게 새로운 활력을 불어넣어주는 양질의 유전 염색체를 보유하고 있었으며, 그것은 북부의 종(種)들을 위한 중계지였다. 여기에서 이미 알고 있는 조사 방법을 다시 취해야 한다. 그러나 방법은 비슷해도 결과는 매우 다르다.

남부에서 사육되던 근대의 동물종(動物種)들은 어디서 유래한 것인가? 식물들처럼 남부에서인가? 전체적으로 보면 그렇지 않은 편이다. 동물의 종자 선택에 있어서, 지중해 지역과 아열대 지역 국가들은 식물의 종자 선택에서 보여주었던 특별한 중계지나 공급지의 역할을 하지—또는 더 이상 하지—못한다. 물론 그 지역들이 바르바리아에서 수입된 사자들이나 이따금은 곰과 같은 크고 희한한 동물들을 샤를마뉴와 아키텐의 알리에노르에게, 르네 왕 또는 몽모랑시에게 공급한 기록은 있다. 그리고 덜 유명한 애호가에게는 인도산 닭(1447년부터 터키에서 건너왔거나 그보다 좀더 후에 아메리카 땅에서 건너온)을 공급했는데, 1550년 몽펠리에 근처에서 그것들이 떼 지어 다닌 것으로 확인된

---

114) M. de La Pijardière가 1875년에 출판한 텍스트, 86, 87쪽.

115) ADH, B 32, f° 750, 30-9-1620.

다. 누에 종자로는 시칠리아나 에스파냐산 종자가 해마다 배나 노새에 실려 왔다. 마지막으로 사냥 동물의 종자, 예컨대 바르바리아나 터키산 사냥개나 맹금류가 베네치아, 캉디아, 마르세유 그리고 아그드를 통해 들어왔다. 그러나 사냥동물은, 영국 종이나 스칸디나비아 종의 경쟁이 15세기부터 이미 두드러지게 나타나며, 1440~1680년 사이에는 영국의 개, 스칸디나비아나 프러시아의 송골매가 툴루즈에서 밀라노에 이르는 넓은 지역으로 퍼져나갔다.[116)]

그러나 이런 모든 것은 대영주의 동물원이나 개집에 들어갈 민속적 동물들, 사치성 동물들과만 관계된 것이다. 그러니 우리와 가까운 네발 짐승들, 농사와 관련된 주요 가축들에 대한 얘기로 돌아가자. 그 부분에서는 지중해 지역 종자들이 서서히 패배했다는 것은 분명하다. 세기가 지날수록, 남부의 종자들은 북부와 중앙 산악 지대라는 더 신선한 땅, 더 넓은 시장의 혜택을 누리면서 자란 좋은 품종의 가축들에게 밀려났음을 확인할 수 있다. 자기들의 변변찮은 종자를 개량하기 위해 좋은 종을 찾던 남부 프랑스의 축산업자들은 점차 북쪽의 종자들을 선호했다.

우선 말을 보자. 물론 16세기와 17세기 초에도 랑그도크의 양질의 종마들은 바르바리아 말의 원산지인 북부 아프리카의 마그레브에서 왔다.

---

116) 수입된 바르바리아의 동물들: L. J. Thomas, 1936, 80쪽; Dupont, 1942, 356쪽; Quiqueran de Beaujeu, 1614; Platter, 1892, 116쪽; 아그드의 한 선주는 몽모랑시를 위해 바르바리아에서 "수많은 튀니지아의 새들"을 샀다(ADH, B 29, 23-3-1602, f° 307 v°); HCM, II, 351쪽, 주 3); 1550년 랑그도크에서 풀을 뜯는 칠면조떼(Platter, 1892); 1578년 도피네 지방에 있던 칠면조들, Piémond, éd. 1885, 60쪽; 또한 AD Vaucluse, B 1672를 보라: "사제들을 위한 칠면조"(몽펠리에 종합병원 고문서, E 280, 27-8-1747); 1632년 케르시에 있던 칠면조, Latouche, 1923, 210쪽; 에스파냐, 시칠리아, 밀라노에서 수입된 누에나방의 알(15~18세기), Ribero, 1962, 그리고 쇼보 자료집, 뽕나무 문서; 터키와 바르바리아에서 수입된 사냥개와 사냥용 맹금. Spont, 1895, 9쪽; Quiqueran de Beaujeu, 1614; Rabelais, éd. *Pléiade*, 177쪽, 주 9); 영국과 스칸디나비아에서 수입된 종: Burckhardt, 1885, II, 13쪽; Rabelais, 같은 책; HGB 1059, 툴루즈, 1682년 8월.

관구 사령관이었으며, 기마 전문가들이었던 몽모랑시 가문 사람들은 그 말을 광적으로 좋아했다. 1587년, 공작은 바르바리아 암말(구릿빛 알잔)을 타고 카스트르에서 야영했다.[117] 1602년에는 그의 아들이 아그드의 한 선주를 통해 에스파냐의 철과 알제의 바르바리아 말을 교환했다. 루이 13세 시대에 좋은 바르바리아 말은 700에퀴를 호가했는데, 이는 큰 수도원의 1년 수입에 해당하는 돈이었다. 대영주에게도 그것은 비싼 것이었기에, 최선의 방법은 이런저런 봉사의 대가로 도시에게서 말을 선물받는 것이었다. 1611년 몽펠리에의 샤티용 씨의 경우가 그러했다. 베지에의 상인들과 카르카손의 상인들은 말을 교역하기 위해 배를 빌렸다. 알제에서 직수입된 작은 말들은 포도주 통, 양모와 가죽 짐짝, 밀 포대 들과 함께 아그드나 프롱티냥의 항구에 내렸다. 아를에서 나르본에 이르는 연안에는 16세기부터 일련의 종마사육장이 만들어져 북부 아프리카에서 이주해온 말들을 수용했다. 종마사육장은 내륙의 수요를 충족시키기 위한 중계지 역할을 했다.

1590~1610년경, 랑그도크의 님과 나르본 사이에서는 바르바리아 말들 외에도 이들의 사촌 격이며 아랍 종의 먼 후손인 에스파냐 말들이 많이 확인되었다. 이 말들은 바르바리아 말보다 쌌다(1596년, 마구들을 포함해서 110에퀴였는데, 바르바리아 말은 700에퀴였다). 그래서 부르

117) 몽모랑시 가나 그밖의 인물들을 위한 바르바리아의 말에 대해서는 Chéron, Sarret, 1963, 36쪽; 1587년, Devic, 1872~92, XI, 761쪽; 1602년, 몽모랑시는 에스파냐에서 산 1,200캥탈의 철을 주고 바르바리아에서 많은 말을 샀다(ADH, B 29, f° 307 v°); 샤티용: AC Montpellier, VII, 390, 29-4-1611; 1621년, 카르카손의 상인인 기욤 올트리브와 베지에의 상인인 자크 발라동이 '아미랄 영주를 위해' 아그드의 배에서 바르바리아 말(Argier en Barbarye)들을 구입했다(ADH, B 32, 31-3-1623, f° 280 v°); 1670~1700년경에도 프롱티냥의 선주들은 바르바리아에서 말을 구매했다. d'Aguesseau, 필사본, 603, f° II v°(툴루즈 시립도서관) 그리고 L. Dermigny, 1955~56; 카마르그, 아그드, 나르본 등지의 종마사육장: Platter, 1892; Picheire, 1960; 이 책, 제1권, 518쪽; ADH, 몽펠리에 참사회 회의록, 21-7-1688: 모랭의 종마사육장과 관리인.

주아들은 이 말로 만족할 수밖에 없었다. 그리고 1610년에 몽모랑시도 나르본의 시민들에게 자기 마굿간를 채우기 위해 그 말들을 바치라고 했다.

동일한 종(種). 신성동맹 전쟁 중 에그르몽 씨가 타고 다니던 '터키 말', 몽테뉴에 따르면, (달리면서 사는 데 익숙한) 뛰어난 가스코뉴산 '나바르' 말. 아랍-이베리아의 이 모든 종(種)들은 이미 오래전부터——늦어도 11세기 때부터——프랑스 땅을 점령해왔다.[118] 이 종은 마그레브산 원산지 말과 아주 가까우며, 스트라보가 묘사한 활기차고 원기 왕성한 리비아 사막의 작은 말과도 가깝다. 마구 없이 올라타서 면으로 만든 마구에 붙어 있는 끈으로 모는 이 말은 아주 유순해서, 말하자면 주인을 개처럼 따랐다.[119]

그러나 루이 16세 시대가 되면서 바르바리아 말은 2천 년 동안의 영광을 뒤로하고 쇠퇴기에 접어든다. 활기차고 보폭도 넓지만 사람들은 바르바리아 말이 북부 말에 비해 너무 작다고 평가했다. 18세기가 되면서 바르바리아 말은 총애를 잃으면서 급격한 사양길에 들어섰다. 물론 1960년에도 알제리의 바르바리아 말이 세트와 포르-방드르 같은 남부 프랑스의 항구에 하선했지만, 그 말들은 항구에 도착하자마자 도축장으로 직행했다. 바르바리아 말은 경주마에서 식용말로 전락한 것이다.

왜 이렇게 된 것일까? 근대에는, 특히 17세기부터는 말의 사용 목적이 달라졌기 때문이 아닐까? 새롭게 제도화된 파발마, 1650년 이후의

---

118) 에스파냐의 말: AC Narbonne, BB 8, 31-5-1610, 몽모랑시에게 선물; AD Gard, E 785, 20-6-1593(귀족인 자크 뒤랑은 에스파냐 말을 구매했다); 같은 자료, E 789, 29-3-1596(라주레의 자크는 수석 부관인 프랑수아 로젤에게 110에퀴를 주고 에스파냐 말 한 필과 필요한 마구를 구입했다); '터키 말': 『사티로스 메니포스』(*Satyre Ménippée*), éd. 1878, 58쪽; 가스코뉴에 있는 '나바르' 종(種): Féral, 1957, VIII, 22쪽에 인용된 몽테뉴; 아랍-이베리아의 말들이 얼마나 오래전에 프랑스에 들어왔는지에 대해서는 Delisle, 1903, 232쪽; 『케임브리지 경제사』, 1942, I, 165쪽.

119) Strabon, XVII, 3, 7, 모리타니에 대한 기술; Piétrement, 1883, 607쪽; 바르바리아 말의 기원(힉소스의 말?)에 대해서는 E. Demougeot, 1960, 1, 2쪽.

마차용 말, 샤를 8세 시대부터는 과거에 황소들이 너무 천천히 끌던 엄청난 이탈리아 포병마차를 능가하는 왕의 포병마차를 끌기 위해 징집된 말! 17세기에 황소를 대체하여 농가에 많이 보급된 노새들을 생산하는 데에 필요한 좋은 종자말들. 랑그도크 사람들은 갑자기 바르바리아 말이 민첩하기는 하지만 강한 힘을 요구하는 일에는 형편없는 종자라는 사실을 깨달았다. 그들의 말은 "아무 가치가 없다" "너무 안 좋아서 사람들이 더 이상 사용하지 않는다"라고 1610년과, 1677년에 신분회는 개탄했다. 그러면 어찌해야 좋은가? 아프리카의 바르바리아 말은 분명히 너무 작았다. 1700년경 에스파냐 종마들은 노마(駑馬)들밖에 생산해 내지 못했다. 카마르그 지방에서도, 랑그도크 지방 피레네 산맥 기슭의 숲이나 황야에서도 이 말을 더 이상 원치 않았다.[120] 무서운 에스파냐 기병대도 상태가 아주 나빴다. 가축업자들에게 타개책은 하나뿐이었다. 북부, 그 촉촉한 초원, 귀리 밭에서 자라는 양질의 강력한 말들이 그것이었다. 오래전부터 유통 경로가 있었다. 프랑슈-콩테의 종마들이 리옹의 장으로 내려와서 프로방스까지 가면, 르네 왕이나 그밖의 사람들이 1450년 이래, 그리고 1580년에도 그것들을 사곤 했다. 1620년경, 보케르의 장에서는 주네브산 말들을 에스파냐와 이탈리아까지 수출했다. 카트린 드 메디시스는 오베르뉴의 종마사육장을 소중히 여겼으며, 리무쟁의 말은 13세기부터 이미 호평을 받았다. 루이 13세 때부터, 코스의 말들은 양떼와 뒤섞여 수십 마리씩 몽펠리에 시장으로 내려갔다. 그러면 거기에서 말 중매인들은 물론이고 닭 장사들까지 그것들을 농민들에게서 사들였다.[121] 남은 일은 겨우 개척되기 시작한 북부의 우량 유전 종

120) PV, 6-11-1610, f° 37 v°; PV, 1677년 11월; 카마르그에 있는 에스파냐산 노마에 대해서는 Baehrel, 1961, 제2부, I, 6에 인용된 지사 Lebret; Pyrénées (Rieux): PV, 1716년 12월.

121) Arnaud d'Agnel, 『르네 왕의 회계장부』(*Comptes du Roi René*), III, 163쪽; H.C.M., II, 564쪽 참조; Febvre, 1912; 보케르: Gölnitz, éd. 1908~1909, 71~79쪽; ADH, B 32, 26-6-1612, f° 83 v°; 오베르뉴의 종마사육장에 대

자들을 조사하고 조직하여 남부로 끌어가는 것이었다.

콜베르 이후, 지사의 권유를 받은 랑그도크의 신분회가 힘을 쏟은 일이 바로 그것이었다. 그들이 만든 종마사육장은 1699년부터 북부의 종마들을 도입하기 위한 종마장으로 사용되었다. 처음으로 푸아투의 암말, 마리당 400리브르 하는 독일의 종마들, 리무쟁의 건장한 말들이 그곳으로 들어왔다. 그들은 노르망디의 종마와 푸아투의 암말을 교배시켰다. 1704년경에는 새끼들이 수천에 이르러 그들은 지방의 모든 교구에 말을 내다 팔았다. 북부로의 방향 전환은 사육자들의 부단한 노력 끝에 1699년과 1713년 사이에 진행되었다.[122] 이 현상을 좀더 잘 이해하려면, 이것을 동물종(種)의 일반적인 이주 속에 놓고 보아야 한다. 남부에 수출된 북부 프랑스의 말들은 1500년 이후 영국과 아일랜드(부수적으로 독일, 네덜란드, 프리슬란드, 덴마크)에서 들어온 신선한 피의 공급을 받아 끊임없이 개량된 것들이었다. 당연한 결과로, 네덜란드의 매립지에서 사육되던 가축의 먼 후손들, 특히 아일랜드의 바닷가에서 사육되던 가축의 먼 후손들은 계속 접근해서 1700년경에는 오래전부터 남북의 중계지 역할을 하던 지중해 연안까지 도달했다. 중세 말에 제노바

해서는 Audigier, 1894, I, 308쪽; 리무쟁의 종자: 『케임브리지 경제사』, 1942, I, 165쪽; AC Montpellier, 기록 FF, 16-6-1690.

122) 일-드-프랑스와 푸아투의 종마와 암말을 구입하는 데 1만 5천 리브르. PV, 1699년 11월; 같은 자료, 1700년 11월 f°s 25 이하; 독일과 푸아투의 종마와 암말을 구입하여 랑그도크 지방(위제스, 아르본 등등)의 교구당에 2~4마리씩 보냈다; 비용은 2만 1,559리브르(PV, 1701년 8월); 같은 자료, PV, 1703년 11월(푸아투의 암말들); PV, 1704년 12월: 8만 2,464리브르를 종마사육장을 위해 지출했다. 이곳은 이미 생산된 700마리의 망아지와 비슷한 수의 암말들로 가득했다; 지방의 종마사육장에서는 30마리의 종마, 632마리의 암말이 교배, 1706년에 358마리의 망아지를 생산했다(PV, 1707년 11월); 푸아투의 암말과 4마리의 종마 구입(PV, 1708년 11월); 9마리의 종마와 푸아투의 암말들을 구입하는 데 6천 리브르(PV, 1709년 11월); 신분회는 "그 지방이 그해에 원하는 9마리의 종마로 리무쟁의 말이 적합하다"고 생각했다(PV, 1710년 11월); 아그드 교구를 위해 노르망디의 종마 한 마리와 푸아투의 암말들을 구입하는 데 3천 리브르(PV, 1713년 11월).

는 피렌체에 말을 수출했다.[123)]

이것은 근대에서와 마찬가지로 중세에도 중국과 크리미아에서 인도로, 러시아에서 독일로, 유럽에서 남아메리카로 광범위하게 퍼져나간 말들의 디아스포라의 한 짧은 장(章)에 불과하다.[124)]

어쨌든 북부 말이 최초로 내려온 1699~1713년에 일어난 랑그도크의 방향 전환은 역사적 분기점을 이룬다. 이는 19세기에 이르면서 랑그도크의 시장을 지배하게 될 페르슈산(産) 말, 불로네산 말, 노르망디산 말 등과 같은 북부의 큰 말들의 승리를 준비하는 것이었다. 반면 북부의 큰 말들과 경쟁할 수 없던 카마르그의 작은 말들은 영화와 관광에나 쓰이는 반야생 상태로 되돌아갔다.[125)]

이 분야에서 승리는 이것만이 아니었다. 1550~1620년 사이, 제보당, 블레, 루에르그 등 산간 지방의 노새들은 랑그도크 전 지역에서 명성을 얻었다. 18세기가 되면, 해마다 푸아투, 리무쟁, 생통주, 오베르뉴의 노새들이 무더기로 들어왔다. 그들은 땅에 닿을 정도로 긴 꼬리, 쫑긋거리는 귀를 가진 푸아투산 당나귀의 후손들이다. 집시, 유대인 또는 랑드의 상인들은 에스파냐와 남부 프랑스까지 이 노새를 몰고 가서 땅을 갈고 수레를 끌었는가 하면, 1706~12년경의 카탈루냐 전쟁 중에는 군량과 대포를 수송했다.[126)]

---

123) 디에프와 루앙을 통해 아일랜드와 영국의 말이 들어온 것에 대해서는 Sion, 1909, 145쪽; Mollat, 1950, 125, 155, 156, 160, 161쪽(1497~1529년의 통계: 매년 영국 말 수백 마리가 디에프에 도착했다); 『케임브리지 경제사』, 1952, II, 161~165쪽(프랑스에 수입된 아일랜드와 북유럽의 말); 네덜란드 매립지의 말들, 그리고 프랑스와 이탈리아의 영주들이 프랑크푸르트 시장에서 구입한 북부 독일의 말들에 대해서는 Dion, 1960, 27~45쪽. 또한 Heers, 1961, 424쪽을 보라. 그리고 Trocmé, Delafosse, 1953, 138쪽(16~17세기에 라 로셸 항구에 도착한 독일과 덴마크의 말들).

124) Heyd, éd. 1959, I, 85, 369쪽; II, 136~149쪽에 인용된 Ibn Batouta, Marco Polo, Chehadessin, etc.; Chaunu, 1955~57, VIII, I, 528, 529쪽.

125) Musset, 1917, 97~99쪽과 여러 곳.

126) Duthil, 1911, 238쪽; 랑그도크의 신분회가 군대에 노새 공급: 13만 4,508리

양들도 남쪽에서 북쪽으로, 평야에서 산으로 갈수록 발육이 나았다. 평원의 암양들은 작고 허약해서 마치 등에 가죽과 털만 뒤집어쓰고 있는 것 같았다. 1577년, 몽모랑시와 그의 군대는 바-랑그도크 전체에서 가져온 8천 마리의 양을 먹어치웠다. 평균 무게가 마리당 30파운드, 즉 12.4킬로그램 정도였다.[127] 아주 형편없어서 거의 값이 안 나갔다. 마리당 4리브르로, 이는 양 한 마리당 1에퀴를 조금 넘는 정도였으며, 좋은 바르바리아 말의 6백분의 1에 해당하는 값이었다.

연안 지방의 양들은 살이 잘 찌지 않았다. 2세기 후, 1780년, 로지에는 양의 평균 크기를 측정했다.[128] 길이가 30인치, 무게는 30파운드. 16세기와 다름이 없었다. 유럽에서 가장 작은(25파운드) 옛 카스틸랴나 피에몬테의 종(種)만이 뼈만 앙상한 바-랑그도크의 종자보다 작았다.

산으로 올라가면 모든 것이 변한다. 사람들은 살기가 더 힘들었을 것이다. 그러나 양들은 의심할 여지 없이 건장했다. 세벤 지방에서는 13세기부터 양 한 마리가 시장 저울로 40, 45, 50파운드 이상 나갔다. 18세기에는 더 괄목할 만하다. 제보당의 양 한 마리 무게가 평균 50~60파운드였는데, 이는 바-랑그도크의 양 한 마리 무게의 배였다. 이 무게는 같은 시대의 푸아투, 생통주의 늪지대나 디에프의 염분 함유 풀밭*에서 자라는 멋진 양들의 무게였다.[129] 플랑드르 종만 이 수치를 훨씬 능가했

브르에 노새 828마리. 그 결과 "땅을 갈고 장사하는 것을 중단했다"(sic.), PV, 1706년 11월; 마찬가지로 PV, 1712년 11월(Gérone 공략) 그리고 PV, 1727년 1월~3월(1719년 노새를 공급해준 지방에 39만 1,996리브르를 갚아야 한다). 또한 ADH, II E, 1-48, f° 21 v°, 84, 180을 보라.

127) "마리당 무게가 평균 30파운드 나가는 7,980마리의 양을 수령했다." 이 양들은 나르본, 베지에, 생-퐁스, 로데브, 아그드, 몽펠리에 교구에서 왔다. "1577년 몽펠리에의 군수 조달관인 라가르드가 작성한 수령증"에서 뽑아낸 텍스트(ADH, B 22 359, f° 19 v°, 20 r°). 랑그도크에서 1파운드는 410그램이었다. 이 무게는 뼈를 제외한 무게다. 이 무게는 1566~86년, 바야돌리드의 양들의 무게와 비슷하다(B. Bennassar, 1961, 733쪽).

128) Rozier, 1785, '양모' 항목.

* 식용돼지나 양의 사육에 적합한 풀밭.

다. 그러니까 육용 양은 세벤 지방 이북에서 자랐다.

루이 13세 시대에 깡말랐지만 부드럽고 맛있는 암양들을 많이 길러낸 고장, '백리향, 로즈마리, 유황나무, 천리향, 라벤더'가 자라는 남부의 황야, 바-랑그도크의 양 우리에서 행해진 이중의 유전자 정책은 바로 여기에서 비롯된다.[130] 양모를 원한다? 그러면 사람들은 남부로, 마그레브로 그리고 에스파냐로 종축(種畜)을 찾아나섰다. 1555년, 펠릭스 플라터가 감탄했던 프로방스 지방의 양은 양털이 땅까지 닿고 뿔이 꼬인 바르바리아 숫양이었다. 콜베르가 도입한 아를 지방의 메리노 양은 1750년경 프랑스 전역에 퍼져나가기 시작한 이베리아-마그레브 메리노의 대점령을 예고하는 것이었다.[131]

반대로 고기를 원한다? 그러면 사람들은 북부 산간지역의 거대한 숫양을 찾았다. 제보당, 라르자크, 몽타뉴 누아르, 생-플루르 그리고 브리브의 식용양은 18세기와 마찬가지로 16세기에도 랑그도크에서 마르세유, 루에르그에서 오베르뉴 심지어 파리까지의 모든 도축장에서 연중 어느 때나 인기가 좋았다.[132] 산이 원산지인 이 양질의 종축들은 자기들의 유전적 특질을 연안 지방의 발육이 좋지 않은 형제들에게 전해주었다. 사실 오래전부터 랑그도크의 엘리트 양으로 알려진, 그러면서 나머지 품종들을 끊임없이 개량시킨 종은 라르자크, 라콘, 코스나르 같은 산간 종이었다. 그뿐만 아니라 랑그도크의 목축업자들은 산을 넘어 더 북쪽에서 보강해오는 것을 망설이지 않았다. 1760년 이후에는 플랑드르의 '진짜 거인 같은' (토종 양들에 비해) 암양과 숫양들이 님과 알레스

129) Bardon, 1896, 355쪽; Rozier, 1785, '양모' 항목.

130) Davity, 1643.

131) Platter, 1892, 116쪽; 『양 사육의 변천』(*Evolution de l'élevage ovin*), 1957, 15~18쪽; Sorre, 1912; 『케임브리지 경제사』, 1942, 351쪽, I.

132) 연안 평원 지방의 마을인 마르실라르그에서 "산양을 연중 내내 소비했다. 〔……〕 평원의 소는 9월에 〔……〕 평원의 암양은 7, 8, 9월에"(AC Marsillargues, BB 15, 22-6-1788); "루에르그의 양은 여름에 오베르뉴 지방으로 가며, 파리의 도축장에서 삶을 마쳤다"(Rozier, 1785, '양모' 항목).

지방, 에로 평원의 부르주아들과 영주들의 우리, 수도원의 양 우리 등지에 들어오기 시작했다.[133)]

소도 지리적으로든 유전적으로든 동일한 평준화가 이루어졌다. 연안 지방의 소는 깡말랐으며, 북부에 있는 내지의 소는 몸집이 컸다. 구체제 시대에 세벤 지방의 소는 바-랑그도크 지방의 소보다 컸다. 오베르뉴와 리무쟁의 소는 랑그도크, 프로방스의 소보다 육중하고 다부졌다.[134)] 로지에는 흥미롭게도 이 일반 법칙을 그의 사전의 '숫염소' 항목에서 확인시켜준다! 그는 한편으로는 바-랑그도크와 루시용의 발육 나쁜 염소 새끼를, 다른 한편으로는 북부 프랑스의 커다란 염소를 보여준다. 물론, 그리고 로지에의 생각이 어떻든, 이 현상의 결정적인 요인을 위도에서 찾으려 해서는 안 된다. 단순히 남부의 건조함 때문에 사육자들은 자기들의 역할을 제대로 하지 못한 것이다. 옛날의 목축에서 좋은 목축업자와 양질의 좋은 풀이 무성한 중부와 북부에 있었다. 그곳에서의 사육은 채산성이 있었다. 종자 선택은 여전히 경험에 입각하였으나 이미 일정 수준에 올라 있었다.

우리의 소에게 다시 돌아가보자. 분명 남부 프랑스는 소에게는 선택받은 땅이 아니었다. 앙세륀*에서 발견된 움막집 바닥의 찌꺼기와 죽은 사람들에게 바친 음식을 놓고 판단해보건대, 소를 최초로 사용한 것은 뒤늦은 시대인 제2기 철기시대로서 이는 양, 돼지, 가금류의 사용 시기(제1기 철기시대)보다 훨씬 늦다.[135)] 그리고 16세기의 곳간이나 도축장의 임대 상황을 보면, 이 지방의 소는 아직은 견인 동물이었을 뿐 육질이 질기다는 이유로 멸시받고 과소평가되었음을 알 수 있다.[136)] 랑그도

---

133) Duthil, 1911, 255쪽; G. Weulersse, 1910, 198쪽.

134) Rozier, 1785, '소' 항목: 이 글에 따르면 북부-남부의 대조를 유럽 어디에서나 발견한다.

* Enserune: 바-랑그도크 지방에 있는 석회암 고원 지대.

135) Jannoray, 1955, 100, 236, 265쪽; 마찬가지로 Louis, 1955~58, I, 93쪽.

136) 1550년에서 1789년까지 쇠고기 가격은 같은 무게의 양고기 가격보다 훨씬

크와 남부 프랑스의 형편없는 소 사육은 지속적이고 체계적인 개량을 위해 중앙 산악 지대와 북부의 고급 종자에 의존했다. 매년 암송아지와 어린 수소들이 루에르그와 오베르뉴, 때로는 스위스에서 내려와 랑그도크의 가축을 개량했다.[137] 1756년에는 오베르뉴의 소들이 발레아레스 제도*에서 사육되기도 했다. 오브라크의 종(種)은 차츰 남부의 코스 전역으로 퍼져나갔다. 왕정복고 시기**에는 브레스와 샤롤레의 종들이 론강 계곡을 차지했다. 그러다가 마침내 20세기에 이르면 프리슬란드와 샤롤레의 소들이 중앙 산악 지대의 남부에 자리 잡는다.[138]

오늘날의 그것과는 비교가 안 되는 재난이었던 옛날의 수역(獸疫)은 오히려 북부에서 남부로, 중부에서 남부 프랑스로 대대적으로 수혈할 기회가 되었다. 랑그도크와 가스코뉴 지방의 소 가운데 5분의 1을 몰살시킨 1774~75년의 수역을 예로 들어보자.[139] 손실을 메우는 유일한 방법은 언제나 그랬듯이 중앙 산악 지대와 몽타뉴 누아르, 오베르뉴, 특히 리무쟁 지방에 도움을 요청하는 것이었다. 그러면 몇몇 산간 마을은 재난당한 남부에 자기들의 가축을 몽땅 처분해버렸다. 1775년의 사태 이후 산간 종들의 유입 때문에 랑그도크와 가스코뉴 등 프랑스 남부의 종들은 알아보지 못할 정도로 신체적으로 변했으며 튼튼해졌다. 피에르 페랄에 따르면 수세기의 종자 선별을 거친 오늘날에도 '가스코뉴 종들'의 등과 목덜미에 남아 있는 적갈색 털은 18세기 말에 리무쟁의 피가 많

낮았다. cf. Gr. 16. 중세부터 16세기까지 랑그도크 지방의 거의 유일한 견인동물이었던 소에 대해서는 Devic, 1872~92, V, 텍스트 CCLV, col. 592 (Dupont, 1942, 580쪽 참조).

137) Duthil, 1911, 235~255쪽; Basville, 1734(1698년 그 지방의 수입 통계).

* Baléares: 에스파냐 동부 지중해에 있는 열도.

** 1815년 나폴레옹의 몰락 이후.

138) Rozier, 1785, '소' 항목; Agriel, 1919; Castellan, 1960, 89쪽.

139) 이 이전의 수역에 대해서는 AC Narbonne, BB 17, 24-2-1603; HGB 1443, 1730년 9월과 1732년 3~4월. 1775년의 수역에 대해서는 Duthil, 1911, 235~241쪽.

이 들어왔음을 말해준다.[140] 이것은 예외적인 경우인가? 물론 아니다. 그것은 랑그도크나 남부 프랑스의 유일한 사건도 독특한 사건도 아니었다. 마찬가지로 1523년, 티롤의 알프스 산 지역에서 사육되던 젖이 잘 나는 '붉은 소'들이 로마 평원에 거처를 정했다. 그 수가 얼마나 많았던지 교황 클레멘트 7세는 숫자를 제한하려고 할 정도였다.

이렇게 산간 또는 북부 혈통은 지중해 지역의 형편없는 목축에 활기를 불어넣었다.[141] 다른 많은 사육 분야에서도 마찬가지였다. 텍스트들(1552, 1667, 1683)은 세벤의 고지대, 몽타뉴 누아르, 루에르그 지방을 덮고 있는 참나무 숲에 대해 말한다. 바로 여기에서 프랑스의 비계 기름 요리가 시작된다(올리브 기름 요리로 전문화된 지중해 지역과 대조적으로).[142] 이곳에는 '돼지물', 너도밤나무 열매, 참나무의 도토리, 털가시나무 열매를 먹고사는, 멧돼지처럼 골격 좋고 털 많은 검은 돼지들이 널려 있었다.[143] 몇 달 뒤 이 돼지들은 떼 지어 산에서 내려와 에로 강을 건너 평원 지방의 시장으로 퍼져나갔다. 돼지들을 몰고 온 루에르그나 카오르의 시골 상인들은 그곳에서 돼지들을 사육자들에게 팔아넘겼다.[144]

---

140) 앞의 자료, Féral, 1957, VIII, 20~22쪽에 인용된 텍스트.

141) Delumeau, 1959, II, 568쪽. 또한 Th. Sclafert, 1959, 71쪽과 여러 곳을 보라: 프로방스에 있는 도피네의 소.

142) Hemardinquer, 1961, 748, 749쪽(지도); 중앙 산악 지대에서는 오래전부터 돼지를 많이 길렀다는 사실과, 15세기의 번식시키는 사람—사육하는 사람—도축하는 사람의 회로(페리고르-게레-포르즈-오를레앙-파리)에 대해서는 Thomas, 1908a, 61~66쪽.

143) 님 교구, 알레스 교구의 모든 산간 마을의 1552년의 도토리나무 숲, AD Gard, G 1852(특히 알레스 관할 구역 안에 있는 '도토리나무 숲'). 몽타뉴 누아르: 농부인 비알레는 "도토리가 있을 때면 돼지에게 열매를 먹여 살찌게 했다"(ADH, II, E 86-97, f° 2, 28-8-1667, 살브타에서 소작지 임대); 제보당 지방의 생-마르탱-드-부보에 있는 너도밤나무 숲에 있는 돼지들의 풀(paysson)(AD Gard, E 713: 그리사크에 사는 귀족 부인인 위르벤 그리모아르가 생-마르탱-드-부보에 사는 피에르 풀레에게 그리사크에 있는 자기의 영지를 임대해주었다); "돼지들에게 도토리 등을 먹였다……"(AD Gard, E 764, 770, 15-10-1546, 4-10-1550).

요컨대 이 지중해 남부 지방에서, 식물들은 남부와 서아시아 지방에서 시작된 그들의 전통적인 길을 계속했던 반면, 두 발 또는 네 발 짐승들은 북쪽에서 그리고 산간 지방에서 내려왔다. 동물의 이주는 인간의 이주를 동반했다. 서아시아 지방, 마그레브, 에스파냐의 깡마른 가축들과 짐승들에게서 얻는 것이라고는 양모, 가죽(종종 가축의 병원균이 묻어 있는), 유피 등 죽은 짐승에서나 얻을 수 있는 것이었다. 프로방스의 장인들은 그것들을 손질하며 살아갔다.[145] 그러나 고기, 번식 또는 강한 유전적 형질의 종자를 제공하는 살아 있는 짐승은 가축 몰이꾼들의 발자국을 따라, 산간 이주자들의 발자취를 따라 끊임없이 북부에서 내려왔다.

외지인 장인들과 농촌 상인들

가축과 목축의 공급자였던 이주자들은 농민들을 위해 상품과 기술을 짊어지고 들어왔다. 수공업과 장사는 그들의 전문 분야였다. 오늘날 남부 지방에서는 이탈리아의 식품 상인과 에스파냐의 미장이를 심심찮게 만날 수 있다. 그런데 16세기나 17세기에 랑그도크에 정착한 외지인들을 보면, 이러한 직업의 범주에 속하는 사람들의 출생지가 달랐다. 텍스트를 따라가보자. 루에르그나 몽타뉴 누아르에서 온 푸주한, 그르노블

---

144) AC Montpellier, 기록 FF, 1681~1683, 18-2-1683, f° 136 v°: 돼지떼가 루에르그에서 지냐크를 지나 도착했는데, 그들을 몰고 온 장 코메트는 루에르그의 생-클레르-드-마르크 출신 상인이다. 돼지들은 셀뇌브의 두 상인에게 팔렸다; 마찬가지로 ACM, FF, 15-11-1691(몽펠리에에서 장사하는 카오르의 돼지 상인). 절반 정도 기른 중간 돼지를 3년간 임대: AD Gard, E 785, 26-9-1593; 마찬가지로, 같은 자료, E 754, 8-3-1576(원본, Jacques Ursi, Nîmes); 님에 사는 어떤 사람이 밀로(님 교구)에 사는 사람에게 자기의 돼지들을 검은 털의 어린 씨암퇘지 한 마리와 함께 임대: 같은 자료, E 761, 23-9-1538.

145) H.C.M., II, 547쪽; 랑그도크에 있는 프로방스의 무두질 직공, 가죽 판매상, 무두질용 참나무 껍질 구매상: AD Gard, E 782, 2-5-1592; AC Narbonne, BB, 6-2-1646. 마자랭 시대에 랑그도크에 들어온 에스파냐 양모와 세고비아 양모: Toujas, 1960. 에스파냐에서 발생하여 감염된 가죽이 선박을 통해 바이욘에 들어온 1775~76년의 수역에 대해서는 E. Faure, 1961, 110~114쪽.

지방 출신의 제빵업자, 사부아나 보르도 출신 구두수선공, 로제르 출신 석공, 루에르그 · 로제르 · 샹파뉴 · 가스코뉴 출신 미장이,[146] 노르망디 출신 직물공과 세탁업자, 사부아나 아르투아 출신 열쇠공…… 베지에의 열쇠공인 필리프 그라라르드는 "베지에에 거처를 정한 뒤 오랫동안 거기에 살면서 결혼하여 아이들을 낳고, 이웃에게서 원망이나 비난을 받지 않고 장인으로서 훌륭한 삶을 살았다. 그는 아르투아 지방의 아라스 근처 모리 출신이다."[147] 독일 출신 광부들, 이들은 옛날 게르만 광부들의 디아스포라 때 흘러 들어온 사람들 가운데 일부로서 실력 있는 기술자들이었다. 일-드-프랑스 출신 하인들…… 플라터의 하인인 다니엘 올리비에는 주인을 수차례 바꾸었는데 그때마다 매번 새 옷을 입었다. 도피네 출신 사기꾼과 카드 속임꾼, 오베르뉴의 농민 출신 구제원 간수들.[148]

그밖에도 발군의 전문가들이 많이 있다. 파리에서 온 오르간 제조업자, 베리에서 온 검술 사범들, 이들은 칼, 보병용 총기, 창과 깃발 다루는 법을 유복한 집안의 자식들에게 가르쳐주었다. 이탈리아인으로 알기 쉽지만 사실은 도피네나 주네브 사람인 비단 전문가들. 늪지 주변의 비

---

146) 로데즈의 장 쇼랑, 카사뇰(몽타뉴 누아르)의 베르나르 팔라지는 나르본에 정착한 푸주한이다(AC Narbonne, BB 58, 30-11-1566); 몽펠리에에 정착한 그르노블 출신 제빵업자들(ADH, 공증인 문서, II E, 56-27, f° 31, 1564년); 사부아 출신 구두수선공(ACM. VII. 기록 390, 18-2-1599), 보르도 출신 구두수선공(Ant. Ceyrac, 종합 구제원 고문서, F 1, 11-8-1700); 석공들: ADH, G 972, 1690년(로데즈 교구, 타야크의 석공들의 회계장부); AC Narbonne, BB 58-60, 26-5-1598과 15-1-1604(로마뉴와 샹파뉴의 미장이인 라자르 아르디, 피에르 브리온); 직물공, PV, 1719년 12월; 아그드에 있는 로제르 출신 석공, ADH, II E, 2-208, f° 89, 9-4-1635.

147) ADH, G 890, 12-6-1604(공증인 로콜의 기록: 훌륭한 삶과 도덕성 증명); AC Narbonne, BB 55.

148) 열거한 순서대로: 망드 교구에 있는 독일 광부들: PV, 1643년 10월; Spooner, 1956, 22, 23쪽과 비교하라; Platter, 1892, 396, 474쪽에 나오는 다니엘 올리비에의 경우; 니용 출신 카드 사기꾼(ACM, 기록 FF, 13-5-1614); 구제원 간수: ACM, 조프르 조사 목록, 기록 432, 1-4-1473.

위생적인 마을을 찾아다니던 스코틀랜드, 독일, 브르타뉴, 이제르 출신 젊은 의사들(왜냐하면 돌팔이 의사들은 "자기들의 첫 번째 공동묘지를 채우기 위해" 이런 곳에 자리 잡기를 마다하지 않았기 때문이다). 오베르뉴 출신 페스트 전문 외과의사들. 브리나 브라방 출신 법률가들. 리옹, 플랑드르 또는 파리에서 온 온갖 종류의 사업가들, 이들은 막대한 십일조 및 염세 징수, 그리고 해상교역에서 돈을 벌었다.[149] 2차 산업과 3차 산업 분야에 종사하는 이들 수많은 외지인들, '멀리서 온 이주자들'을 다뤄보자. '멀리서 온 외지인'이라는 말이 남부 프랑스와 가깝거나 친숙한 곳(랑그도크, 가스코뉴, 프로방스)에서 태어나지 않은 사람들을 의미한다면, 우리는 북부 사람들의 비율이 이탈리아나 에스파냐 같은 라틴 국가들에서 온 '남부 사람들'의 비율을 압도한다는 것을 확인할 수 있다. 이것은 랑그도크 지방에서 중세 말이든 17세기 또는 18세기든 장인들의 이주에 관한 통계가 이구동성으로 입증해주는 장기지속적인 진실이다.[150]

149) 순서대로: ADH, G 962, 3-8-1680(베지에 지방에 있는 생-나제르의 오르간 수선 경비 지출서); ACM, Joffre, 기록 402, 27-2-1659; PV, 1606 (페즈나에 있는 견직물 제조공장에서 일하는 주네브인); PV, 1695년 10월: 뽕나무, 누에, 잠사 전문가인 브리앙송 지방 출신 바르텔르미 실베스트르는 랑그도크에 자리 잡았다; 열병이 도는 연안 지방에 자리 잡은 외지인 의사들(브르타뉴인 구츠, 스코틀랜드인 마콜, 그밖에 툴랭 출신의 조뒹 등등): cf. AC Aigues-mortes, BB 9, 1604, 그리고 AC Narbonne, BB 60, 4-10-1605; Platter, 1892 참조; 법률가들: 생-퐁과 몽펠리에에 자리 잡고 결혼한 브리 출신 공증인들, 플랑드르 출신 변호사들(ADH, II E, 56-28, f° 47, 1565년; ADH, B 36, 1627년 6월, f° 188 v°); 나르본과 몽펠리에에 정착한 오베르뉴 출신 외과의사들: AC Narbonne, BB 57, 13-6-1560(페스트 전문의인 오베르뉴 출신 장 코크리보) 그리고 Aimes, 1962, 6쪽과 여러 곳(오베르뉴 지방 농가의 하인으로서 중세 말 몽펠리에 의학 학교에 근대적인 외과학을 세운 기 드 숄리아크의 유명한 사례); 아그드와 마르셀랑의 연안 항구들에 정착한 리옹과 북부 출신 사업가들: ADH, II E, 공증인 문서, 2-37, 25-5-1601(파리 출신 J. B. 스코, 해군업); 2-41, 18-10-1605(리옹 출신 시몽 드 포르트, 아그드 주교구의 총괄징세청부업자); 2-108, f° 95 v°, 11-9-1627; ADH, B 36, 14-12-1635, f° 492 v°(마르셀랑의 염세리인 피에르 바낭베르크).

특히 흥미로운 것은 그들 역시 '농촌 상인'인 외지인 상인들의 사례다.[151] 그들의 활동은 농촌의 삶에 정말 유용했다. 그들 덕분에 남부 프랑스의 농촌 세계는 북부의 산업과 지속적으로 접촉할 수 있었다. 1559년 에로 지방의 장 라울은 '그의 누이 잔'을 결혼시킬 준비를 했다. '결혼 예복'을 사기 위해 그는 큰 마을인 몽타냐크의 장에 갔다. 그는 30리브르를 빌렸다. 그 돈으로 그는 '파리산 붉고 검은' 나사* 8미터를 사왔다.[152] 나는 이 사람 외에도 1557~62년경에 페즈나와 몽타냐크의 장에서 여러 마을의 소작인, 농민, 가게 주인 수백 명을 만날 수 있었다.[153] 그들에게 직접 공급하는 사람들은 물론 랑그도크, 가스코뉴 또는 콩타의 상인들이다. 그러나 중부와 북부에서 온 상인이나 노새 몰이꾼도 적지 않았는데, 이들은 직물과 쇠붙이를 팔았다. 리모주의 상인들은 서부 프랑스의 갖가지 천을 몽타냐크에 소개했다.[154]

크뢰즈의 노새 몰이꾼들은 주석과 나사를 실은 전통적인 카라반을 파리에서 끌고 왔다. 티에르의 노새 몰이꾼들은 열쇠, 체인, 자물쇠, 칼, 철 손잡이, 나무 빗장 등을 전문적으로 팔았다.[155] 그밖에 많은 상인들

---

150) 툴루즈에 있는 도제들의 출신에 대한 필리프 월프의 지도(1954, 지도 A, 그리고 432쪽)를 보라. 그리고 18세기 솜미에르의 직조공들의 출신에 대한 S. Robert, 1956, 22쪽의 지도: 남부의 변경 지방(아베롱과 특히 로제르)뿐만 아니라 가스코뉴, 랑그도크, 프로방스를 제외하면 멀리에서 온 이주자들은 프랑스의 서부와 보주 산맥 지방에서 왔다; 이탈리아인이나 에스파냐인은 없다. 20세기의 지도(같은 책, 56쪽)에 있는 260명의 에스파냐인과 비교할 것.

151) 사실 이들도 경작자들에게 직접 소량씩 판매한다(cf. Jeannin, 1957, 40, 41쪽); 이들 '외지인들'은 여러 지방을 떠돌아다니는 장돌뱅이라는 점에서 순수한 '농촌 상인들'과 다르다.

* drap: 나사란 포르투갈어 raxa에서 나온 말로 양털 또는 거기에 무명, 명주, 인조 견사 등을 섞어 만든 옷감이다.

152) ADH, II E, 1-48, f° 310.

153) 같은 자료, 예컨대 f° 88: 앙투안 다비드와 그의 반타작 소작농인 몰니에가 시장에서 구매.

154) Jacques Vauselle(같은 자료, f°s 5 v°, 92 v°), Jean Dubois(f° 139 v°), François Servin(f° 226 v°), Martial Juge(f° 344 v°).

이 도피네 지방, 크레미외, 그르노블, 부르그 두아장, 리오네 지방, 보졸레 지방, 블레 지방, 베리 지방, '오베르뉴'의 투렌, 루에르그 지방, 비바레 지방에서 들어왔다.[156)]

그들과 함께, 그들의 중개로 북부의 모든 직물 제품들이 랑그도크의 농촌 시장에 쏟아져 들어왔다. 직물 제품들은 그 지방의 주요 직물 제품들과 경쟁을 벌였다.[157)] 1516년의 텍스트가 말하고 있듯이 북부의 제품들은 이탈리아, 특히 카탈루냐의 직물들을 모두 단호히, 엄격하게 몰아내어 그것들의 명성을 한때의 추억으로 만들어버렸다.[158)] 그러면

---

155) 파리에 사는 클로드 아르닐롱이 보낸 주석을 펠탱의 노새 몰이꾼인 프랑수아 튀르가 운반했다. f° 60 v°; 이 튀르 또는 퇴르에 대해서는 같은 자료, f°s 168 v°, 202, 176 v° 참조.

156) 도피네: 같은 자료, f°s 22 v°, 30, 45 v°, 55 v°, 67, 79, 121 v°, 128, 161 v°, 253 v°, 269, 341-344, etc.(대부분 실과 섬유를 파는 상인들이었다); 블레: f°s 76, 342, etc.; 베리: f° 347 v°; 오베르뉴(f°s 22, 43, 57, 59 v°, 117: 오베르뉴 지방 마랑그의 상인인 피에르 베르니네 등등); 생-랑베르의 상인들, f° 98 v°; 보졸레에 대해서는 f° 295; 루에르그에 대해서는 f°s 21 v°, 11 v°, 50, 57 v°, 84 v°, 243, 329); 비바레에 대해서는 f° 26 v°; 투렌에 대해서는 f° 139(제르고-쉬르-루아르의 상인인 니콜라 샤스트나르). 다시 한 번 다음과 같은 진부한 사실을 기억하자: 몽타냐크의 시장에 들어온 모든 외지인들 가운데 이탈리아인이나 에스파냐인은 없다.

157) 1550년과 1650년 사이에 중요한 위치를 차지했던 랑그도크의 나사, 알비의 포, 님의 모직에 대해서는 ADH, G 886(1585년의 회계); G 913(2-12-1637의 회계); G 918(26-8-1642); G 936(5-7-1656)을 보라. 베지에의 상인들이 님과 아니안의 모직을 다양하게 판매. 베지에에서 판매된 '알비의 포': ADH, G 841, 1607년 회계, 13쪽; G 900(명령서 16-1-1624); G 909(13-2-1634); G 912(10-7-1636); G 914(21-7-1638); G 920(26-4-1644); G 963(6-5-1644); G 921(13-7-1644); G 927(25-8-1649); G 957(17-11-1667); G 853(1671). 자크 쾨르*에서 콜베르에** 이르는 시기에 랑그도크의 천 생산에 대해서는 H.C.M., II, 440쪽; III, 112, 127, 132, 253, 461쪽; AN, H 748[108]. 기록대장 ADH, II E, 1-48(1557~62)은 특히 몽타냐크에서의 리모주, 칼바르데, 클레르몽-에로, 베지에의 천 판매에 대해서 언급하고 있다.

* Jacques Cœur(1395~1456): 프랑스의 사업가.

** Colbert(1619~83): 직물 상인의 아들로 태어났으며, 중상주의 경제 정책을 추진한 프랑스의 정치가.

1550~60년경, 페즈나와 몽타냐크의 시장(14세기와 15세기 초에는 오직 랑그도크와 루시용의 직물 제품들만 있었다[159])을 둘러보자. 파리와 루앙의 붉은색, 검은색, 노란색, 자주색 또는 '잿빛 회색' 나사, 사람들은 그것을 사기 위해 에퀴, 피스톨, 앙즐로, 에스파냐 레알 또는 금방 수확한 올리브 기름을 지불했다.[160] 루에르그와 밀로의 거칠거칠한 나사, 샤텔르로의 모자, 오베르뉴와 베리의 포, 그리고 선박의 돛에 쓰이는 부르고뉴산 포, 특히 좀 거칠고 촌스러워 비싸지는 않은 브르타뉴산 포는 16세기 가스코뉴, 랑그도크, 프로방스 어디에서나 볼 수 있었다. 이 천은 가난한 사람들의 옷을 만드는 데, 망토의 안감을 대는 데, 병원의 홑이불이나 매트를 마름하는 데, 또는 지위가 높은 인물들이 마을에 입성할 때면 아메리카 인디언처럼 분장한 채 손에 횃불을 들고 뛰어다니던 랑그도크의 그 순박한 '촌놈들'의 누더기를 만드는 데 쓰였다. 그뿐만 아니라, 완제품이나 일차 재료들, 그밖의 다른 직물들도 북부에서 왔다. 노르망디에 있는 비르의 비스쿨르 또는 비스콩트, 퓌의 바드질 잡화, 밀로의 밧줄, 연안의 어부들과 밧줄 장인들에게 필요한 오베르뉴와 도피네의 섬유, 부르고뉴의 대마가 그것이다.[161]

---

158) 견직물은 제외. 견직물은 1650년 이전에는 농촌 시장의 관심을 끌지 못했으며, 우리의 텍스트에는 이탈리아의 직물이 매우 적게 나온다. 드문 사례들: "교회 제단을 위해 밀라노에 주문한 직물"(ADH, G 885, 베지에 참사회의 '직공의 회계', 1581); H.C.M., III, 105, 108, 472쪽에서도 동일한 사실을 확인할 수 있다. 매우 드물게 나오는 카탈루냐의 나사는 신분회와 국왕의 명령으로 금지되었다. PV, 1496, 1503년 11월, 1506년 12월, 1507년 1월, 1516년 10월(페르피냥에서 나사 25짐을 들여온 상인 2명을 단호히, 엄격하게 기소하다) 그리고 1565년 10월, 1579년 5월, 1593년 11월, 1596년 12월, 1607년 11월, 1629년 4월. 또한 Spont, 1895, 40, 41쪽; Cole, 1939, I, 15쪽 참조.

159) 이 사실을 알려준 콩브(J. Combes)의 우정에 고마움을 표한다.

160) ADH, II E, 공증인 문서, 1-48, f°s 131 v°, 149, 160, 188, 210, 215 v°, 216, 222 v°, 232, 234 v°, 297, 298 v°, 322, 325(특히 에스파냐 금화 피스톨레에 대한 언급).

161) 무수히 많은 언급이 ADH, II E, 공증인 문서, 1-48에 있다. 예컨대 1557~62년에 몽타냐크에서 판매된 파리와 루앙의 나사: f°s 2 v°, 21, 22 v°, 25 v°,

북부 제품들의 이 같은 쇄도는 아주 일반적이고 오래된 일이다. 13세기부터 플랑드르의 나사는 루에르그와 몽펠리에를 통해 들어왔으며,[162] 랑그도크로 그리고 카탈루냐까지 퍼져나갔다. 그러나 근대에는 리모주의 상인들과 중부의 노새 몰이꾼들이 대량으로 들여왔다. 이러한 현상은 차츰 사치품 시장까지 점령했다. 오직 몇몇 견직 제품만이 이탈리아나 아비뇽에서 수입되었다.[163] 그러나 루이 13세와 마자랭 시대부터는 베지에 주변에 있는 시골 교회들조차도 미사경본을 위해서는 '영국의 청색 또는 백색 장식 리본'을, 성가대 아이들의 셔츠와 가슴 장식을 위해서는 '파리의 직물'을, 장백의(長白衣),* 성체포(聖體布), 제단과 성체성사용 상보(床褓)를 위해서는 루앙의 하얀 린네르를, 샤쥐블**을 위해서는 부르주의 하얀 사틴을, 성작(聖爵) 수건을 위해서는 콘스탄츠의 린

---

120 v°, 167, 202, 223 v°(cf. H.C.M., IV, 134쪽); 도피네의 섬유, f°s 30-45 v°, 121 v°; 샤텔르로의 직물, f°s 118 v°; 234; 부르고뉴의 직물, f°s 43, 184; 브르타뉴의 직물, f°s 50 v°, 51, 72 v°, 89 v°, 96 v°, 118, 125, 157 v°, 178, 182 v°, 209, 213, 218, 219, 235, 303; 또한 브르타뉴의 직물에 대해서는 ACM, Joffre, 기록 604(1518년), f° 36; 기록 615(1535년), f° 8; 기록 622(1549년), f° 16, 기록 623(1550년), f° 34; 기록 642(1572년), f° 13: 홑이불(수의), 매트, 안감에 쓰기 위해 몽펠리에에서 브르타뉴의 나사 구입; 마찬가지로 ADH, B 22355, f° 8(1577년); H.C.M., III, 145, 477쪽과 IV, 134쪽(특히 1515년부터 1650년까지 프로방스의 몽타냐크, 페즈나에서는 브르타뉴와 서부의 직물을 대량 수입). Mathieu, 1960에 따르면, 브르타뉴의 직물은 15세기 말에 아비뇽의 시장에 나타났다. 1698년, 특히 프랑스 서부와 중부의 직물은 랑그도크 지방의 가장 중요한 수입품으로 그 가격은 130만 리브르였다(Basville, 1734, 146쪽). 16세기 랑그도크에 수입된 부르고뉴의 대마에 대해서는 ADH, 교회 공증인 문서, Guill. Tourrenc의 미분류 기록, 'n° 38', f° 39 v°, 28-5-1563. 마찬가지로 툴루즈에도 북부의 직물이 들어왔다. Doucet, 1943, 42~85쪽.

162) Emery, 1955.

163) 베지에 참사회의 회계장부에는 몇몇 희귀한 언급이 있다. 제노바산 흰색 다마스커스식 비단(G 924, 31-3-1647에 210리브르)과 샤쥐블을 만드는 데 쓰는 볼로냐산 금박(G 898, 4-3-1622)을 구입.

* 가톨릭 사제가 미사 때 걸치는 옷.

** 가톨릭 사제가 미사 때 흰옷 위에 입는 소매 없는 제의.

네르를, 감실(龕室)을 위해서는 주네브의 붉은 호박단을, 그밖에도 플랑드르, 네덜란드, 파리의 레이스, 플랑드르의 실, 네덜란드의 린네르, 아우구스부르크의 마직 등을 구입했다.[164)]

한편 시골 장터에서는 근대까지도 랑그도크의 나사가 일상적인 소비에서 굳건하게 자리를 지켰다. 그러나 축제날에는 시골뜨기들도 북부의 천으로 만든 멋진 옷을 입었다. 16세기에 그랬다. 농민들은 일을 할 때는 로데브와 푈로랑산 거친 잿빛 나사로 만든 옷을 입었다. 그러나 딸에게 지참금을 주거나 결혼시킬 때는 달랐다. 딸은 도시의 아가씨들처럼 검은색이나 붉은색 부르주 나사로 만든 옷을 입을 권리가 있었다. 1554년 강주 지방의 풍습이 그러했다.[165)]

이렇듯 리무쟁, 도피네, 오베르뉴에서 온 농촌 상인들은 결정적인 역

---

164) 베지에의 생-나제르 참사회에서 시골 교회들을 위해 직물 구입, ADH, G 계열. 회계장부: "성가대의 대(大)성무일과서를 위해" 영국의 청색 또는 백색 장식 리본, G 921(1644); G 934(27-3-1644의 비망록); 루앙, 네덜란드, 파리, 콘스탄츠, 비엔나, 벨빌, 트루아, '독일'의 직물 구입: G 892(10-5-1608의 명령서); G 896(21-12-1619와 8-8-1620의 명령서); G 898(같은 자료, 17-1-1622); G 901(28-7-1625와 25-11-1625); G 905(18-1-1629와 24-7-1629); G 906(7-4, 20-6, 4-7-1630); G 908(10과 20-7-1632); G 909(26-10-1633); G 910(18-1-1634, 24-10-1635); G 912(10-7과 27-8-1636); G 913(2-12-1637); G 914(30-12-1637); G 918(13-3-1642); G 919(아우구스부르크의 마직, 27-8-1643); G 920(23-5-1644); G 924(6-12-1647); G 925(10-9-1648); G 926(27-8-1649); G 963(16-6-1627과 10-4-1675); G 991(1709); 부르주의 사틴: G 908과 909(1-1-1632와 17-4-1633), 등등; 북부 지방의 직물이 남부 지방을 점령한 것을 연구하는 데 이 회계 자료를 활용하면 특별한 결과를 얻을 수 있겠지만, 그것은 이 책의 범위에 속하지 않으므로 생략한다.

165) ADH, II E, 공증인 문서, 34-16, 1554년, f° 51(로크 에니에에 사는 농민의 딸 지참금)과 f° 117(강주에 사는 상인의 딸 지참금): 이들 둘은 각기 "부르주의 나사로 만든 옷 두 벌, 붉은색 옷과 검은색 옷"을 지참했다; 같은 자료, f° 67 r°: 한 농부가 파리의 검은색과 붉은색 나사 구입; 1500년에서 1650년 사이 민중의 작업복으로만 사용된 랑그도크의 잿빛 거친 나사에 대해서는 Portal, 1915, xxiii쪽; ACM, Joffre, 기록 628(여기에 해당하는 것은 르벨, 푈로랑, 클레르몽-에로, 로데브의 나사다).

할을 했다. 그들은 랑그도크 지방에 자리 잡았다. 그들은 대체로 1560년부터는 햇빛이 잘 드는 곳에 포도밭과 집을 장만하고 아내와 가족을 거느리며 완전히 정착했다.[166] 이 여행자들은 남부의 농민들에게 천 보따리와 함께 일-드-프랑스나 노르망디 장인들의 취향, 색깔, 정교한 형태까지도 계속 전해주었다. 이 활동적인 중개자들 덕분에 파리와 루앙의 유행의 메아리는 세벤의 외딴 산간 오두막까지도 퍼져나갔다. 그들에 의해서, 중부의 중개를 통해서 북부의 직물 중심지가 남부의 시골을 상업과 제조업 면에서 지배하기 시작했는데, 이것은 16세기부터 프랑스의 국가적 삶의 독특한 특징이 되었다. 물론 이름 없는 상인들, 시시한 노새 몰이꾼들은 푸거 가(家)나 아파이타디 가(家) 같은 이탈리아나 남부 독일의 상인들이 누리던 국제적인 명성이나 화려함을 가지지 못했다. 그러나 그들의 활동은 효율적이었고 지속적이었다.

문화적 기여

이들 선구자들은 물질적 재산과 동시에 북부의 문화적 영향을 농촌 세계에 전파시켰다. 1555~60년경, 매해 1월이 되어 장이 열릴 때면 몽타냐크의 여관으로 돌아와 침대에서 잠을 자고 주석 그릇으로 밥을 먹던[167] 떠돌이 장사꾼들 가운데에는 남부의 고객들에게 주네브, 리옹, 오를레앙 또는 파리에서 들끓고 있는 사상을 전파하던 열렬한 칼뱅파 전사들이 얼마나 많았던가. 여기 브르타뉴와 샤텔르로에서 직물을 대량

---

166) ADH, II E, 1-48: 상당수의 외지인 상인들은 랑그도크 지방에 거처 하나를 가지고 있다; 예컨대 f° 344: "미네르부아 부근에 살고 있는 도피네 출신 앙투안 바세와 에티엔 보니"; f° 343 v°: "로데브에 살고 있는 도피네 출신 에티엔 비알라레"; 리모주 상인 자크 보셀로와 장 뒤부아, 한 사람은 나르본에 포도밭을 가지고 있고(f° 293), 다른 한 사람은 몽타냐크에 집을 가지고 있다(이 책, 제1권, 244쪽); 또한 우아장의 상인 앙투안 오르셀은 아그드에서 선주와 포도밭 주인이 되었다(ADH, II E, 1-44, f° 5, 3-2-1608).

167) 외지인 상인들을 위한 숙소 임대: "coystres et cuyssins de plume" "platz, fioles, pintes, le tout estaing" etc. ADH, II E, 1-48, f° 309, 1559년.

수입해 파는 리모주의 상인 장 뒤부아가 있다. 그는 자기가 사들인 물건들을 랑그도크와 피레네까지 가서 팔았다. 1560년 그는 몽타냐크의 자기 집에서 칼뱅파 비밀 집회를 열었는데, 거기에 마을의 농민들과 장인들이 참석했다.[168] 또한 수상한 다른 장사꾼들과 함께 멀리 돌아다니던 아르니용도 있다. 그는 나사와 주석을 가득 실은 노새를 끌고 파리와 에로 지방을 끊임없이 오갔다. 페즈나에 있는 그의 상점들과 동료들의 상점에는 북부의 상품들이 즐비했다. 루앙의 검은 모자, 파리와 리모주의 예복 천, 에스파냐로 가는 주석, 파리산 주석통, 벨빌 · 마콩 · 샤티용 · 빌프랑슈의 포, 독일의 마포, 플랑드르의 융단 등등. 1568년에 과격한 가톨릭교도인 주아외즈 자작은 이 모든 것을 빼앗고, 재고마저 몰수했다. 아르니용은 도주했다. 짐 보따리에 칼뱅파의 성경과 팸플릿을 넣어 랑그도크 지방에 전해주었다는 것이 그의 죄목이었다.[169]

*

그러므로 이주자들은 문화적 역할을 수행했다. 그들은 농민들의 단단한 반죽 안에 있는 효모 같은 존재였다. 그들 가운데 일부는, 이런 관점에서 보면, '전문가들'이었다. 우선 사제들이 있다. 여행자, 순례자, 거지 등 많은 떠돌이들이 사제단의 일원이었다.[170] 그들의 집단은 국제적이었다. 1650년, 베지에 참사회가 '도움'을 준 '가난한 떠돌이 사제' 22명에는 8명의 이탈리아인, 6명의 에스파냐인, 3명의 폴란드인, 2명의 로렌인이 있었으며, 프랑스인은 단 3명이었다. 샹파뉴 지방 사람 한 명, 푸아투 사람 한 명, 그리고 아주 특이한 경우이지만 자기 고향인 코맹주

168) Loirette, 1937; 뒤부아의 장사에 대해서는 ADH, II E, 1-48, f°s 23 v°, 117 v°, 139 v°, 140, 154 v°, 213, 232, 322 v°과 여러 곳.

169) ADH, B 22 267, 주아외즈가 몰수한 재고품 목록. 아르니용과 그의 가족의 장사에 대해서는 ADH, II E, 1-48, f° 60 v°, 215과 여러 곳.

170) Féral, 1957, I, 16쪽.

에서 온 랑그도크 사람 한 명. 이런 통계를 보면서 그것이 1650년의 베지에 지방이라고 상상할 수 있는가? 1607, 1632, 1642년…… 이러한 떠돌이 성직자 프롤레타리아들 가운데 외국인의 숫자는 이미 상당한 부분을 차지했다.[171] 이탈리아, 나폴리, 로마, 밀라노에서 온 사람들이 상당수 확인된다. 그들 가운데 많은 사람들은 도보로 에스파냐에 가면서 잠시 지나는 것이었다. 빵을 구하기 위해 여기저기 가서 오르간을 연주하고 미사를 드리거나 보시를 받던 그들로서는 그 방법이 가장 비용이 적게 드는 방법이었다. 그러다가 어떤 이탈리아인들은 위그노들이 있는 세벤 지방에 가서 설교를 했다. 그들은 한 번의 방문으로 60가구 또는 4개 마을을 칼뱅의 이단에서 끌어냈다. 로마의 프란체스코 수도회 수도자인 보나벤투라가 1626년에 한 일이 바로 그것이었다.[172] 수가 상당히 많았던 이베리아 출신 떠돌이 사제들을 보자. 그들은 카탈루냐인, 때로는 포르투갈인, '바르셀로나의 사제들', '타라고나의 은자들'이었다. 그

171) 떠돌이 사제들에 대해서는: ADH, G 841, 1607년의 회계장부, 81쪽(가난한 떠돌이 사제들에게 보시. 2명의 영국인, 1명의 포르투갈인, 1명의 로마인, 1명의 이탈리아인, 1명의 브르타뉴인, 3명의 '은자隱者'); 같은 자료, G 897, 1621년; G 899, 1623년 12월("두 명의 성직자가 에스파냐에서 오다, 재난을 겪고서"); G 905, 1629년; G 911, 1634년: 이탈리아인, 에스파냐인, 아일랜드인, 르망인 그리고 "폴란드인인 루나의 질 수도자" 등 51명의 가난한 떠돌이 사제들에게 보시; G 918, 1642년: 20명의 가난한 떠돌이 사제들, 특히 이탈리아인, 에스파냐인, 아일랜드인들; G 919, 1642~43년: 8명의 음악가 사제들과 카탈루냐, 밀라노, 로마, 루에르그, 오를레앙, 생-클루, 부르주, 노르망디, 바스-브르타뉴(Charles Pichon, '떠돌이 사제'), 피카르디 등지에서 온 여러 사제들에게 보시; G 927, 1649년 4월과 8월: 카탈루냐인(2), 영국인 · 아일랜드인 · 이탈리아인(6), 포르투갈인 · 에스파냐인(3), 폴란드인(Joannes Mrolek, 크라코프의 사제), 노르망디인, 피카르디인(André du Croy, Sainte-Radegonde의 사제), 브르타뉴인 등 29명의 떠돌이 사제들에게 20수의 '도움'; 같은 자료, G 930(1649년 12월, 1650년 12월): 비슷한 내용. 마찬가지로 AHG Montpellier, F 1: 예컨대 30-3-1700, 20-7-1700, 이곳을 지나가던 카탈루냐인 은자와 파리인 은자에게 보시.

172) PV, 1626년 7월; 마찬가지로 ACM, Joffre, 기록 616, f° 23(1540년 1월), 설교하는 한 이탈리아인의 '식사 비용.'

들은 남부 프랑스를 떠도는 떠돌이 사제들 가운데 가장 궁핍한 사람들이었던 것 같다. 프랑스 출신 떠돌이 사제들은 수많은 '세속의' 떠돌이들과 함께 종종 루에르그에서 왔다. 그들은 또한 멀리 북프랑스(France d'oil)와 '바스-브르타뉴'의 교구에서 떼거리로 몰려오기도 했다. 그들은 훌륭한 음악가들이었으며, 그들의 말을 따르면, 소르본의 박사도 있었다.[173] 어떤 이들의 빈곤은 정말 가슴을 찌른다. 이름은 알 수 없지만 달필의 라틴어 학자인 한 아미앵 교구 사제가 1634년에 겪은 일이 그러했다. 병이 든 그는 모든 것을 팔고, 모든 것을 버렸다.

그때부터 그는 방랑길에 들어섰다. 그는 위장병 또는 위암, 견딜 수 없는 고통을 블랙 유머와 함께 끌고 다녔다. 베지에의 참사회원들은 그가 길을 계속 갈 수 있도록 10수를 주었다.[174] 영국, 아일랜드처럼 더 북쪽에 있는 나라는 추방당한 사제들을 모험의 길로 내몰았다. 떠돌이 사제들 가운데에는 폴란드인이 많았는데, 우리 지방에 있는 폴란드인은 이들이 전부였다. 이들 방랑 슬라브인들은 어디를 향해 가는 것이었을까? 그들은 순례자들이었을까? 1650년 10월 4일, 베지에에서 보시를 요청한 폴란드인 사제 아고스테파누스 브로도로스키 클렌키는 무엇을 하러 이곳에 온 것일까? 수수께끼다. 그밖에 그리스인, 마론교도,** '칼데아인' 등 지중해 동부 지방에서 온 누더기를 걸친 떠돌이 사제들이 있었는데, 그들은 허풍 섞인 직함을 사용했다.[175]

---

173) 렌*에서 온 늙은 사제에게 20수를 주었는데, 그는 자기가 소르본의 박사며 오래전에 사제가 되었다고 말했다"(AD Tarn, G 543).

* 렌(Rennes): 브르타뉴 지방의 도시.

174) 그의 라틴어 탄원서를 보라(ADH, G 910, 6-5-1634): "위의 통증 때문에, 그리고 식후의 지속적인 구토 때문에 그는 모든 것을 팔고 직책까지도 포기해야 했다; 그는 필요 앞에서는 법도 소용없다라는 슬픈 속담으로 보시를 요청했다."

** 레바논 지방의 가톨릭교도.

175) ADH, G 69, 2-5-1620: 툴루즈에서 온 그리스의 낙시 대주교인 몬시뇰 니세포르에게 5피스톨; PV, 1678년 11월, 1680년 11월: 마론교 대주교에게 원조; 잔인한 터키인들에게 재산을 빼앗긴 뒤 떠돌아다니고 있는 칼데아인 사

이 같은 사제들의 방랑은 그들이 지나간 곳에 흔적을 남겼다. 이탈리아나 에스파냐 사제들은 그냥 지나가기만 한 반면, 다른 사제들은 뿌리를 내려서 시골의 사제가 되거나 수도원 부속 농장 사제가 되었다. 17세기에 교구를 순시하던 몽펠리에의 주교들은 이들 사제들의 출신지를 조사한 적이 있다. 상당수의 사제들이 자기들의 본당에서 멀리 떨어진 곳에서 왔는데, 대체로 바브르, 로데즈, 생-플루르, 오툉, 앙제 등 중앙 산악 지대나 서부의 경건하지만 가난한 교구 출신이었다.[176)]

사제들이 그랬듯이, 마을 학교 교사들 역시 대체로 랑그도크로 이주해온 외지인들이었다. 이따금 브르타뉴인들이 있었지만 오베르뉴, 루에르그 출신이 대부분이었다.[177)] 구체제 시기에 중앙 산악 지대는 '교사들'의 공급지였다.[178)]

이렇게 1542년과 1792년 사이에 몽타뉴 누아르의 네 군데 본당을 보면, 출신지를 알 수 있는 교사의 절반 이상이 랑그도크의 외부에서 온 사람들이었다. 대부분 오베르뉴와 루에르그 출신이었으며, 어떤 사람들은

제에게 원조.

176) ADH, 몽펠리에 주교의 교구 순시, G 1156: 1691년, 생-드르즈리의 사제는 망드 교구 출신이었다; 부아세롱의 사제는 앙제 교구 출신; 샹파뉴의 사제는 오툉 교구 출신; 같은 자료, G 1157과 1158(1697년과 1699년의 순시): 바브르, 로데즈(루에르그), 생-플루르(오베르뉴), 망드(제보당) 출신 보좌 신부들이 무수히 많았다. 나르본 지방에 있던 루에르그나 페리고르 출신 사제들(ACN, BB 57, 58, 12-3-1556, 5-6-1559, 27-4-1563).

177) 몽펠리에 교구의 주교 순시(ADH, G 1157), 1697년: 로데즈와 바브르(루에르그) 출신의 많은 농촌 교사들; Appolis, 1951, 169쪽에도 동일한 이야기; 또한 ADH, G 1149와 G 1151(1677년 주교의 순시): 브르타뉴(바야르그의 피에르 구랑), 블레(뤼넬-비엘의 자크 모리송), 제보당(사튀라르그의 피에르 피뇰), 루에르그(생-마르탱-드-롱드르)에서 온 많은 교사들; 오베르뉴(캉디야르그의 장 라코스트) 출신; 오베르뉴의 그밖의 교사들(G 1149, 1677년, 캉디야르그의 마티외 도스다; ACM, Joffre, 기록 587, f° 21, 1504년: 몽펠리에의 장 드 보포르).

178) 남부 알프스 지방도 그랬다. ADH, II E, 공증인 문서, 2-33, 12-12-1597, f° 165: "아그드에 있는 학교들을 앙브룅 교구의 메를랑 출신인 에티엔 마르텔에게 임대"; 특히 Fleury, 1957 참조.

샹파뉴, 부르봉, 생통주, 또 어떤 사람들은 가스코뉴나 프로방스 출신이었다. 바이욘－마르세유를 잇는 선의 남쪽 지역 출신은 한 명도 없었다.[179] 중등 교육의 경우에는 더욱 그랬다. 예컨대 16세기와 17세기, 나르본 지방에 있는 콜레주의 많은 교사들은 북프랑스 출신이었다.[180] 브룅은 북부 사람들이 교육을 점령한 것을, 프랑스어가 근대에 들어 남부에 대거 도입된 이유 가운데 하나로 꼽았다.[181] 교사 자리를 찾던 선생님들은 그렇게 남부의 프랑스어화〔佛語化〕를 이끈 소수의 선구자 집단이었다. 이들 고향을 떠나 방랑하던 '철학자들'이나 교사들은 괴나리봇짐 하나 짊어지고, "마지막 남은 동전 한 닢마저 여행길에 써버린 채" 왕국을 종횡으로 떠돌아다녔다.[182] 외딴 지역에 가서 자리를 잡기까지 종종 그들은 지나는 길에 보시를 부탁해야 했다. 그들에 대한 평이 늘 좋은 것만은 아니었다. 그들은 아이들에게는 공포의 대상이었다(북프랑스의 '선생'들은 세상에서 스코틀랜드인 다음으로 엉덩이를 잘 때리는 사람들로 알려졌다). 본당 사목구 내의 부르주아나 농촌 유지들은 그들을 일단 고용하기만 하면 매우 적은 돈을 주면서도 아이 보기와 교리 교육뿐만 아니라 종 치는 일이며 장례 노래 부르는 일까지, 그야말로 모든 일에 그들을 활용했다. 6월이 되면 유지들은 그들에게서 아이들을 데려갔는데, 이유는 아이들은 버찌밭 감시나 수확 일을 해야 했기 때문이다. 그런데도 이들 굶주리면서 방랑하는 비참한 지식인들은 오크 땅의 농민 세계에서, 정말 글자 그대로 프랑스 문화의 투박한 배달부였다.[183]

---

179) Segondy, 1949, 531, 532쪽.

180) 로안, 오툉, 디종, 물랭 출신 나르본의 콜레주 교사들(ACN, BB 58, 59, 60: 9-2-1566, 15-1-1591, 17-12-1597, 1-9-1602).

181) A. Brun, 1923.

182) 교사들의 방랑에 대해서는 Latouche, 1923; 1850년경, Flaubert, 『부바르와 페퀴셰』(*Bouvard et Pécuchet*, éd. Pléiade, 861쪽).

183) 아이 보기와 교리 교육: AC Saint-Georges-d'Orques에 있는 전형적인 텍스트, 회의록, 미분류 문서, 3-8-1738: "이 지방에는 1백 명이 넘는 소년과 소녀들이 있는데, 이들은 학교에 갈 수 없어서 대부분은 부모가 일하는 동안 떠

이제 남은 것은 음악의 민속적이고 대중적인 형태의, 또는 교회 음악의 종교적인 형태의 음악 문화다. 이것 역시 순회 대사들을 가지고 있는데, 12세기의 트루바두르,* 갈리아르디** 같은 음악가나 학생 시인들에 대한 전문가들을 제외하면 역사가들은 이제껏 여기에 별로 관심을 기울이지 않은 것 같다.[184] 그러나 근대의 방랑자들 가운데 '방랑 음악가들'은 보시 장부에서 별도로 기록되어 있는 부류였다. 매해 베지에의 참사회는 한 명이 떠나면 또 다른 한 명을 유숙시켰는데 전체적으로는 20여 명 정도였다. 그들은 일하겠다고 눌러앉아 대미사에서 노래를 부르거나 교회 나팔을 부는 일을 하다가 몇 푼 받고는 다시 떠났다. 어떤 양심 없는 사람은, 예컨대 1627년의 경우처럼 아예 '나팔'을 가지고 가버렸다. 베지에의 참사회원들은 카르카손까지 도둑을 좇아갔지만 헛일이었다.[185] 그들 가운데 일부는 말 그대로 거지였다. 1620년, 님에서 맹인

돌아다녔다." 나아가 이 텍스트는 덧붙이기를, "교사들은 기도하는 법과 교리문답을 가르치는 데 유용했다"; 교사들의 낮은 임금에 대해서는 Appolis, 1951, 167쪽을 보라; Segondy, 1949, 528쪽 이하; "본당의 장례식에 동원되느라" 교사들이 10~12일 부재, AC Aniane, BB 14, 5-10-1698; Appolis, 1951, 168쪽: "한동안 학교에는 학생들이 매우 적었는데, 왜냐하면 학생들은 딸기밭을 지켜야 했기 때문이다"(ADH, G 1158, 22-7-1698, Pignan); 농촌 교사들에 의한 프랑스어 교육, Segondy, 1949; Brun, 1923; A. Puech, 1884, 348쪽을 보라.

* troubadour: trobar는 꾸며내기(inventer), 즉 시를 짓는 것을 뜻한다. 트루바두르는 12세기 초 남부 프랑스의 귀족 사회에서 프로방스어나 오크어로 시를 쓴 음유시인들을 말한다. 이들은 예의범절(courtoisie)을 이상적인 삶으로 보았으며, 그것은 너그러움, 사랑하는 여인의 숭배, 완전한 사랑 등을 통해 실현된다고 노래했다. 이제까지 알려진 최초의 트루바두르는 아키텐 공작인 귀욤 9세다. 이들의 영향은 1150년 이후 프랑스 북부로 퍼져나갔는데, 최초의 북프랑스의 음유시인(trouvére)은 크레티앵 드 트루아다.

** Galiardi: 중세에 악의 상징으로 알려진 구약의 골리앗에서 나온 말로, 골리앗의 제자임을 자처하던 학생들을 말한다. 이들은 점잖은 사회 규범을 거부하고 사랑과 술의 즐거움을 찬양하는 세속적인 서정시를 썼다.

184) Zumthor, 1954, 114쪽; Jeanroy, 1945, 22, 23쪽.

185) ADH, G 70, 16-10-1627: "성직록을 받는 미셸 카반은 아무 가치도 없는 나

프랑수아 베시에르와 교현금 연주자 피에르 베니사크는 기이한 커플이었다.[186] 그들은 '도시와 마을과 고을마다' 다니면서 '구걸로 생계를' 유지했다. 음악가는 맹인에게 교현금을 3년 내에 가르쳐주고 그에게 먹을 것을 주고, 특히 신발을 주기로 공증인 앞에서 약속했다. 그 대가로 맹인은 교현금 연주자에게 충실히 봉사하고, 어디든 그를 따라다니고, 구걸한 모든 것을 그에게 주고, 마치 도제가 장인에게 하듯이 충성과 공경과 신의를 바치기로 약속했다.

어떤 방랑 음악가들은 곡예사, 뜀뛰기 곡예사, 줄넘기 곡예사, 맹수 조련사, 벼룩곡예 흥행사들*과 어울려 다녔다. 1595년경 보케르의 시장에 몰려든 음악가들이 그런 경우였다.[187] 그밖에 사제들도 꽤 많았다. 당시의 보시 리스트는 그들을 '불쌍한 사제 방랑 음악가들'로 분류했다.

성직자든 세속인이든 방랑 음악가들은 가난했지만, 그럼에도 언제나 교육 수준이 높아서 글쓰기와 서명을 잘하는 사람들이었다. 그들은 모두 베르됭, 낭시, 아라스 또는 아를 같은 프랑스어권 출신이었다. 그들은 노래가 여전히 중요한 표현 수단이었던 무식한 농촌 세계에서 부정할 수 없는 문화적 역할을 수행했다. 그들 덕분에 프랑스의 노래는 17세기에 지중해 연안까지 흘러 들어갔으며, 몇몇 흥겨운 노래는 시골풍의 오크어 크리스마스 캐롤로 변하기도 했다.[188]

팔을 참사회의 고급 나팔로 바꿔치기하고 도망간 방랑 음악가를 찾는 책임을 지고 그를 카르카손까지 쫓아갔으나 성공하지 못했다"; 성가대장은 자신이 고용한 방랑 음악가들을 잘 감시하라는 부탁을 받았다.

186) Gard, E 707, Jean Guiran의 원문, 9-7-1620.

* 여기에서 파리의 벼룩시장이 유래했다.

187) Platter, 1892, 341쪽과 60; HGB 792, 1657년 9월 참조.

188) 이 단락에 대해서는 비록 많이 훼손되긴 했지만 베지에 참사회원의 회계장부와 보시 장부를 참조하라: ADH, G 896(1620년 3월 29일과 6월 2일의 명령서): "방랑하는 음악가 사제가 우리 교회에서 미사 노래를 불렀기 때문에 10수" 등등; 같은 자료, 12명의 방랑 음악가들에게 명령서. 앙투안 프리에, 마르탱 르 무안 등 이들 모두는 프랑스인이고 글을 쓸 줄 알았으며 서명을 정확하게 했다; G 905(1629); G 906(1630); G 907(1631); G 908(1632); G

남부의 문명, 북부의 문화

이렇듯 이주는 풍요, 발전, 접촉을 내포한다. 물론 이주가 지중해 지역에 깊이 뿌리내린 농경 문명과 식물 생산의 유서 깊은 구축물을 건드린 것은 아니었다. 그러나 농촌사회사의 다른 분야에서 인간의 이주는 쇄신의 강력한 힘이었다. 그것은 단어의 넓은 의미로 볼 때 노동력, 목축 기술, 상업적 흐름, 문화적 영향의 운반자였다. 16세기, 17세기에 우리가 다루는 지방의 농업 문명은 남부의 전통에 굳건히 매여 있었다. 그러나 문화적 세계는, 농촌에서조차, 북부의 지배적인 인적 영향을 받아 서서히 젖어들었다. 그래서 아무런 선입견 없이 진행된 조사의 주요 결론 가운데 하나는 다음과 같은 것이다. 근대에 랑그도크의 이주 공간은 일방통행적 구조였다. 이주는 분명한 방향성을 가지는데 산간 지방에서 낮은 지방으로, 더 일반적으로 말하면 북부에서 남부로 향했다.

이 같은 옛부터의 지속적인 경향은 중요한 의미를 담고 있다. 그것은 구조적이고 대조적인 지리(地理)의 존재와 고정성을 보여준다. 이 지리는 경제적이거나 인구적인 압력이 높은 지대와 낮은 지대, 퍼텐셜*의 차이, 이주의 경사(傾斜), 독특한 '경도'(傾倒), 출발 지역과 배척 지역, 인력(引力)의 중심지, 성장의 축들을 가지고 있다.

척력(斥力) 지역은 비참한 토질의 산간 지대였다. 메마른 산성의 루에

909(1634): 방랑 음악가들에게 보내는 많은 명령서들로, 음악단장이 서명했다; G 912(1636): 전부 21명의 방랑 음악가들이 1636년에 노래를 불렀으며 원조를 받았다; G 913(31-1-1637): 두 명의 방랑 가수에게 30수; G 914(1638): 전부 13명의 방랑 음악가들 모두 서명을 아주 잘했는데, 그중 한 명은 나팔수였고, 보니파스 카스타뉴는 "방랑 사제이자 음악가"였다; G 918, 919(1642-43): 전부 26명의 방랑 음악가(아르노 라비뉴, 디디에 마레샬, 니콜라 무네, 나팔수 등), 이들은 문자 해독자였다; G 921, 8-9-1644; G 927(1649); G 930(1650): 다양한 방랑 음악가들; "미사 시간에 노래를 불렀기 때문에" 보시; 방랑하는 오르간 연주자인 뒤푸르(같은 자료, 29-4-1650); 마찬가지로, 18세기에는, G 1012(1731년 8~9월, 4명의 방랑 음악가); G 1033(1763년 자치회의 회계장부); Montel, Lambert, 1880년 참조.

* 전위(電位).

르그 지방은 이출민(移出民. 이민 사무실을 통한 진정한 의미의 이민은 15세기부터 시작되었다)의 영원한 중심이었으며, 또한 프롱드 난 이전 몰리느리의 조사, 18세기 리셰프레와 샹피옹 드 시세*의 조사를 포함한 일체의 조사와 통계들이 보여주고 있듯이, 소름 끼치는 빈곤과 구걸의 본산이었다.[189)]

인력(引力) 지역으로는 우선 툴루즈를 중심으로 한 아키텐 지방을 들 수 있다. 이어 동쪽으로는 장인, 견직물업자, 밤나무가 많은 세벤 산지, 마지막으로는 주위가 습지로 둘러싸여 있으며 일종의 열도(列島)를 이루는 연안 평야 지대다. 각각의 평원——곡물을 자급자족하는——은 자기의 도시, 항구, 부락이 있다. 아를, 에그모르트, 님, 몽펠리에, 아그드, 베지에, 나르본 그리고 좀더 남쪽으로는 카탈루냐의 중심지들…… 이 모든 지역들은 하나의 이입민(移入民) 지역을 형성하면서 기이하게도 죽음의 부름과 삶의 부름을 함께 보냈다.

삶의 부름은 포도밭, 파종한 땅 그리고 더 나아가, 세수(稅收)가 모여들고 지대가 축적되며 농업과 상업뿐만 아니라 곳에 따라서는 제조업이 발달한 작은 도시들에서 나왔다. 이곳은 이입민들에게는 매력의 극점이었다.

죽음의 부름은 기름진 평야에서 나왔다. 이곳은 땅이 기름지고 지력이 좋았으나 목숨을 앗아갈 정도로 비위생적이어서 많은 노동력을 요구했다. 아를, 랑그도크, 카탈루냐의 프랑스 지역에 위치한 연안 평야는 학질모기와 말라리아의 서식지였다. 많은 텍스트들이 우리에게 그 위험성에 대해 이야기하고 있으며, 한 지리학 연구는 인구 결손에 대해 상세히 알려준다.[190)]

---

* Champion de Cicé(1735~1810): 보르도 대주교로서 성직자 대표로 1789년 신분회에 선출된 후 제3신분에 가담했고 성직자 민사기본법을 입안했으나 반혁명 용의자로 몰려 망명을 떠났다.

189) 이 책, 제2권, 272쪽. Richeprey, éd. 1952; Champion de Cicé, Lempereur가 1906년에 편집한 텍스트.

우선 스카망드르, 바카레, 샤르니에 연못, 왕의 연못 등지의 배출물들 때문에 오염되어 악취가 심하지만 기름진, 서혜 선종(鼠蹊腺腫)이 창궐한 카마르그가 있다.[191]

이어 동쪽에서 서쪽으로 연못들이 이어진다. 오르 연못. 여름이면 죽음의 극점에 달하는 그곳은 '담즙 과다성' 열병이 '간헐적'으로 맹위를 떨치면서 농부들을 쇠약하게 하고 심지어 파종할 힘조차 없게 만들었다.[192]

토 연못. 뜨거운 여름이면 그곳 주변 마을 사람들은 '복부가 파래지면서' 열병을 앓았으며, 나귀들은 시신을 실어 나르기에 바빴다. 살아남은 사람들은 매우 약해져서 시체들을 공동묘지로 운반할 힘조차 없었기 때문이다.[193]

뢰카트 연못. 창도 없는 낮은 오두막에 사는 가난한 강가 사람들은 고기잡이를 하거나 잡은 새를 건지려고 늪에 들어가는 바람에 전염병에 걸렸다.[194]

16세기에도 18세기에도 그 평원의 "사람들은 억수로 죽어갔다." 그곳은 산간 지대와 북부 대륙에서 공급받아 무진장 채워지는 활어수조 속의 새로운 노동력을 끊임없이 소비했다.

그러므로 지역적인 기압 경도(傾度)가 있다. 평원과 도시는, 각각의

190) Gr. 44.

191) 이 책, 제2권, 353쪽; Gard E 700, 21-5-1613: "모든 사람이 이구동성으로 말하기를, 생-질의 공기는 너무 나쁘다."

192) Gr. 44; Devic, éd. 1872~92, XI, 242쪽; Germain, 1869, 289쪽; Mallavialle, 1908~1909, 128, 188쪽; HGB 977, 1674년 7월; AC Frontignan, BB 5, 1729년 9월과 11-12-1735(오염된 공기, 연못들의 배출물, 질병); 콩푸아의 확인(ADH, C, 미분류 기록), 1734년: Lansargues, Marsillargues, Mauguio, Vic, Mireval 항목.

193) Rozier, 1785, '연못' 항목과 '장기'(瘴氣) 항목. 로지에 수도원장은 이 연못 가까이에서 살았다.

194) AC Narbonne, BB 60, 27-3-1602; 특히 ADH, D 171, D 172(의사인 아베로스의 1770년경 루시용 주변 저염분 충적토 지역의 질병들에 대한 회상).

방식대로, 외부의 기류가 몰려드는 저기압권을 이루었다. 가난한 고지대(高地帶)의 땅은 바로 그 가난 때문에 이주적 확산이 빈번히 이루어지는 부두가 되었다.

이 같은 지역간의 대조에다 역시 유인(誘引) 지역과 압력 지대를 포함하고 있는 전국 지리를 포개볼 필요가 있다.

북부의 경우, 인구적 · 경제적 · 군사적 · 행정적 압력이 높았으며, 북프랑스(France d'oïl)는 이미 압도적으로 많은 인구를 가지고 남프랑스(France d'oc)를 지배했다. 북프랑스는 남프랑스에 공무원, 용기병(龍騎兵), 이주민을 보냈다. 북프랑스는 남프랑스를 지배적인——원하건 원하지 않건 간에, 주변부 문화로 전락한 오크 지방의 문화에 비해 지배적인——문화의 우월성으로 에워쌌다.

남부의 경우, 1620년경까지는 사람은 절반 정도 비었지만 돈은 가득한 지중해의 부름이 있었다. 그것은 로마와 제노바의 이탈리아, 카스틸랴와 카탈루냐 그리고 안달루시아의 에스파냐 같은 라틴 반도들의 유인(誘引)이었다. 이 지역들은 중요한 시대에 몇몇 핵심적인 통제 수단——교회 또는 귀금속——이 있었으며, 그리고 오랫동안 커다란 시장을 형성했다. 여기에서 남부 프랑스는 돈을 벌기 위해 어떤 곳에서는 포도주를, 어떤 곳에서는 가축을, 어떤 곳에서는 밀을 내다 팔았는데, 언제나 특히 중요했던 것은 처치 곤란이었던 잉여인간들을 내보내는 것이었다.

그러나 이 같은 전체적인 지리는 랑그도크의 농촌 테두리를 훨씬 넘어선다. 그리고 이 책이 다루고자 하는 것은 다른 경도(傾度), 다른 퍼텐셜의 차이다. 이 같은 차이들은 시간 속에 새겨져 있다. 그것은 지역적인 것이 아니라 연대(年代)적인 것이다. 그리고 그것은 주로, 사회적인 삶의 두 가지 양식, 농촌 인구 증감의 두 가지 양상을 대조시킨다. 하나는 농촌 인구가 중세 말에 극단적으로 줄어드는 것이고, 다른 하나는 그것이 근대의 정점에서는 서서히 과다해지는 것이다.

제 2 부 맬서스*의 부활

* Thomas Robert Malthus(1766~1834): 성공회 목사며 경제학자다. 그는 1798년에 『인구론』을 발표하여 인구는 기하급수적으로 늘어나는 반면 식량은 산술급수적으로 늘어난다는 이른바 맬서스론을 주장했다. 이 같은 인구와 식량의 불균형은 기근을 불러오는데, 균형 회복을 가능하게 해주는 수단으로는 전염병과 전쟁 같은 파괴적인 수단과 산아제한 같은 예방적인 수단이 있다고 했다. 맬서스는 자유주의 경제학자로서 국가에 의한 사회부조 정책을 반대했다. 그의 사상은 리카도와 다윈에게 영향을 주었으며, 사회주의 경제학자들의 비판을 받았다. 르 루아 라뒤리 같은 역사가를 이른바 인구론자로 평가하는 것은, 이 책에서 볼 수 있듯이, 인구의 증감으로 초래된 인구와 식량의 불균형으로 근대 초의 역사 변화를 설명하기 때문이다.

제1장 한 사회의 최저 수위

사람이 드물던 세기

근대의 대비약이 있기 전, 인간의 희소성이라는 15세기의 비참한 인구 상황은 땅의 활용, 경제생활, 사회적 관계 등에 특별한 색채를 띠게 한 근본적인 사실이었다.

우선 이전 세기들에 비해 사람이 드물었다. 서기 천년과 검은 페스트(1348) 사이의 랑그도크는 인구 팽창이 엄청나지 않았던가? 통계자료는 없지만 바다와 산에서 동시에 진행된 당시의 대개간사업이 이를 증언한다.

바다의 전선은 평원, 물이 고여 썩고 있는 연못과 늪을 공격하는 것으로, 수도원의 개간사업을 주도한 소수의 선구적인 집단을 따라 많은 사람이 이곳에 정착했다. 수도원들은 많은 수단, 자본, 노동력을 동원해서 늪을 메웠다. 프살모디, 생-질, 푸르크보 같은 수도원은 쓸모없는 연못을 순수한 땅으로 바꾸었으며 님, 론 강과 바다 사이의 소택지를 경작지로 바꾸어놓았다. 1147년, 푸르크보의 시토 수도회 본부는 스카망드르 연못가의 열병 지역에 세워졌다. 다른 곳을 보자. 앙세륀의 옛 언덕 아래로, 수로가 사방으로 뻗어 있는 별 모양의 경지는 배수를 착안하고 설계한 미지의 천재 기술자의 능력을 증명해준다.[1] 물이 물러간 땅 옆으

1) Devic, éd. 1872~92, V, 1100, 1101쪽; Dupont, 1942, 578쪽; Lenthéric, 1876, 198쪽.

로 새로운 마을이 생겨나기 시작했다. 빵을 주식으로 하는 새로운 주민을 위해 새 가마가 만들어졌다. 1168년의 마글론 인근 지방에서 그러했다.[2)]

평원이 수도원과 영주 주도로 개발된 반면, 산 쪽에서는 다소 개별적이고 민주적으로 인구가 증가했다. 여기에는 많은 정착민들이 자발적으로 몰려들었기 때문에 수도원이 하는 일은 소브테*——"모든 이주민들이 땅뙈기, 약간의 미개간지, 그리고 교회의 보호를 받은 땅으로서, 십자가 표시로 경계가 정해졌다"——를 조직하여 그들에게 특권을 부여하는 정도였다. 1045년과 1102년 사이의 몽타뉴 누아르와 중부 랑그도크가 그러했다.[3)] 한편 세벤 지방에서는 더 간단하게 인구가 증가했다. 옛 카스트룸(요새) 주위에서는 자연스러운 인구 증가가 이루어졌다. 불모의 암반 위에서는 개척자들이 각양각색의 조각땅, 조그만 밭의 모자이크를 일구어냈다. 그 각각의 땅은 겨우 한 줌의 씨를 뿌릴 만한 정도의 크기였다. 올리브나무들이 비탈면에 매달려 있다. 너무 가난해서 지주로 살지 못하고 직접 땅을 경작하던 소(小)기사들이 많은 이주민을 지휘했다. 교회와 수도원의 역할은 때가 되면 본당 교회를 인가하는 정도였다(1155년 강주 부근의 라 로크).[4)]

마지막으로 정복적인 인구 이주 덕분에 신흥 도시들(몽펠리에, 보케르, 가야크)로 이루어진 도시의 망이 다시 생겨났다. 그리고 이 도시의 망은 다시 인근 하천의 충적토 위로 집약 농업, 관개 원예를 촉진했다. 베지에의 영주인 트랑카블 가(家) 사람들은 이단의 지주(支柱)가 되기 전에는 배추, 양파, 파의 십일조 징수 임차인이었다.[5)]

2) Dupont, 1952, 50쪽, 주 18); 인구 증가(eo quod populus excrevisset)(1168년의 텍스트) 때문에 빌뇌브-레-마글론에 새로운 가마들을 건설.

* sauveté: 영혼의 구원이라는 뜻.

3) Wolff, 1958, 60쪽.

4) Dupont, 1952, 41쪽 이하.

5) Dupont, 1942, 576쪽 이하.

인구 급증, 즉 불어난 사람들은 본당 사목구로 조직된 망을 가득 채웠으며, 몽펠리에와 나르본 같은 도시의 인구를 증가시켰다.[6] 이 도시들로 인력(引力)이 미치는 공간은 론 강에서 가론 강과 피레네 산맥으로까지 확대되었다. 이 같은 인구 증가는 남부 프랑스인들을 에스파냐로 이주시킴으로써 '레콩키스타'*의 에스파냐 인구를 증가시키기까지 했다.[7] 마지막으로 그것은 오크 지방의 기적, 즉 12세기 랑그도크의 전성기를 가능하게 했다. 향신료의 교역, 트루바두르의 시(詩), 카타리즘**의 비등(沸騰).

인구사가가 중요하게 여기는 것은 이러한 인구 증가가 지속되었다는 사실이다. 정말, 인구 증가는 남부의 역사가들이 팽창의 갑작스런 단절이라고 잘못 간주한 반(反)알비 십자군의 시기 이후까지 지속되었다.[8] 파리 조약*** 이후 4년이 지난 1232년에도 몽펠리에에서는 주민들의 빵을 굽기 위해 여섯 개의 가마를 더 건설했다. 인구 증가는 계속되었다. 개간이나 '가시덤불 제거'는 1222~1340년에 아키텐 지방과 론 강 유역 사이에 400~500개의 요새 마을을 건설하면서 절정에 달했다.[9] 이 새로운 땅, 특권과 자유의 은신처는 많은 이주민을 불러들였다. 동쪽에

---

6) Thomas, 1908b.

* reconquista: 중세에 이슬람교도들의 진출로 이베리아 반도의 북단으로 밀려난 기독교도들이 이슬람교도(무어인)들을 상대로 벌인 재정복 운동. 1492년 최후의 이슬람 왕국인 그라나다 왕국을 점령함으로써 이 운동은 끝난다.

7) Higounet, 1953.

** 카타르교도(cathares. 그리스어의 catharos, 즉 '순수'에서 기원한 말)들의 교리. 11세기에서 13세기에 걸쳐 이탈리아 북부, 프랑스 남부에 많이 퍼져 있던 카타르교도들은 마니교와 그리스도교를 절충한 극단적인 이원론을 신봉했다. 교황청은 이들을 이단으로 규정하고 이들을 진압하기 위해 십자군을 선포했으며(1208), 교황 직속의 '이단재판소'를 설치했다. 카타르교도들의 저항은 몽세귀르의 함락(1244)으로 일단락되었다. 이들은 알비(Albi)를 본거지로 삼았기 때문에 알비주아(Albigeois)라고도 불린다.

8) Peyrat, 1870~72.

*** 파리 조약(1228). 툴루즈 백작 레몽 7세가 국왕에게 항복한 조약.

9) Higounet, 1946.

서는 세벤 지방이 비약적으로 계속 발전했다. 산림 개간의 자극을 받아 농민들이 채탄에 나서기 시작했다. 탄광 지역 농촌 장인들의 '여우 굴'* 이 1240년에 나타났다. 프랑스에서 가장 오래된 로슈벨과 알레스의 석탄이 거기서 채취되었다. 이 석탄은 스코틀랜드, 노섬벌랜드, 리에주의 석탄 같은 유럽에서 가장 오래된 석탄과 같은 시기의 것이다.[10] 1300년경, 인구 증가의 물결은 그칠 줄 몰랐다. '허약한 사람들', 귀족들**을 포함하는 타유세 과세 대상 가구의 철저한 가구(家口) 리스트가 그것을 증명한다. 1293년에 작성되고 1322년에 재작성된 가구 리스트는 이 두 시기 사이에 님 지방의 농촌 장원들의 인구 증가가, 아마도 과도하게, 23퍼센트에 이르렀음을 시사한다.[11]

이 지방에서 소브, 베즈노브르, 로슈포르의 비참한 코스***와 황량한 벌판은 1293년에 이미 18세기의 인구밀도를 넘어섰으며, 1900~10년 사이의 인구밀도와 비슷한 수준에 도달했다! 연안 평원의 인구 물결은 14세기 초에 만조 상태였다. 이 시기에는 포도의 상업용 단종 재배가 존재하지 않았다. 메마른 황야에서 그 많은 사람들을 편안하게 먹여 살릴 수 있는 길은 그것뿐이었을 텐데 말이다. 포도의 단종 재배가 없었으니 1322년의 자원에 비해 인구가 상대적으로 과잉되었다고 말할 수 있는 것이다. 더 나아가 1322년의 조사자들은 인구 증가의 다양한 측면을 기록했다. 즉 이민, 상속지 분할 및 과도한 세분화가 이유다.[12]

---

* 노천광에서 채탄하며 만든 굴.

10) Bardon, 1898, 3, 4쪽에 있는 결정적인 텍스트; Nef, 1932, I, 7쪽, 주 1)(여기에는 알레스 분지가 빠져 있다)과 비교하라.

** 원칙적으로 귀족과 빈민은 타유세 과세 대상에서 제외되었다.

11) 베즈노브레, 마르실라르그, 칼비송, 브르니, 망뒤엘의 장원들.

*** 석회질 고원.

12) "언급된 시간 이래로 (유산) 분할 문제 때문에 20가구가 늘어났다. [……] 사람들이 말했듯이 두 가족은 언급된 장소에 머무르게 되었다. [……] 어떤 가족은 동일한 장소에 정착하여 (가옥)을 건축했을 것이다. [……] 그리고 사람들이 말했듯이, 그곳에 새로 정착하여 건축했을 것으로 보이는 형제들, 상속자들, 그밖의 사람들의 (유산) 분할이 가족들을 증가하게 한 원인이다. [……]

1328년의 '가구 조사'는 14세기 전반기에 이미 절정에 달한 이 같은 인구 만조 현상을 정확하게 밝혀줄 수 있는가? 이 유명한 텍스트에 따르면, 랑그도크의 세 군데 세네쇼세──툴루즈, 카르카손, 님-보케르──의 전체 인구는 필립 6세의 재위* 초에 이미 바빌과 네케르** 시대의 인구 약 150만 명(34만 9,129가구)에 육박했다. 프로방스 지방의 훌륭한 통계자료인 님 지방의 일부 자료들은 이러한 규모가 전혀 불가능하지 않았음을 보여준다.[13] 인구는 포화 상태였으며, 따라서 어떠한 땅이라도 경작해야 했다.

1340~42년에도 여전히 사람들은 오늘날 같으면 거들떠보지도 않을 뤼넬 자작령 내의 황무지를 개간하고 있었다.[14]

이러한 인구 과잉 상태에서 기근이 46년(1302~48)간 계속되었다. M.-J. 라르노디는 기아나 기근으로 힘들었던 해를 20년으로 본다. 4년 흉년(1302, 1303, 1304, 1305)을 시작으로 인구 과잉의 14세기가 막을 올렸다. 곡물 반출이 금지되었다. 곳간을 뒤지고, 재고를 강제로 판매했다. 유대인들은 속죄양이 되었다. 1310년의 유명한 홍수를 기점으로 새로운 불길한 사이클(1310, 1312, 1313년의 궁핍)이 시작되었는데, 이것에 대해서는 잘 알려져 있다. 그런 다음 1322, 1323, 특히 1329년에는 곡물과 관련된 불행한 사태가 벌어졌다. 가난한 광신도인 파스투로***들이 했던 것처럼 사람들은 유대인, 문둥이, 마법사를 공격했다.

(유산)을 분할한 대략 8가족이 있다." 이 모든 자료는 Thomas, 1908b, 469쪽 이하, 특히 480쪽, 주 1) 참조.

* 1328~50.

** Jacques Necker(1732~1804): 주네브의 프로테스탄트 가정에서 태어난 재정가. 1788년 루이 16세는 재정 위기와 정치 위기를 타개할 목적으로 네케르를 국무장관으로 임명했다. 1789년 7월 11일 네케르의 해임은 7월 14일 파리 민중들의 바스티유 감옥 함락의 한 원인이 되었다.

13) Lot, 1929; Thomas, 1908; Baratier, 1961; Saugrain, 1720.

14) AC Lunel, FF 19와 FF 20: 로스탕 보니에(Rostang Bonier)와 레몽 드 몽트르동(Raymond de Montredon)에 대한 소송.

*** pastoureau: 1250년경, 이집트에 포로로 잡혀 있는 루이 9세를 구출한다며

1332년 몽펠리에의 빈민들은 겨우내 풀을 뜯어먹고 살았다. 또한 1335, 1336, 1337, 1341, 1343, 1345, 1346, 1347년의 기근 등 1335~47년은 말할 수 없이 끔찍한 해였다. 이 12년 동안, 빈민 계급들은 반복되는 기아와 만성적인 영양 부족에 시달렸다.[15] 영양 상태가 좋지 않은 사람들의 대학살자인 1348년의 검은 페스트를 맞이하기에 그 얼마나 '좋은' 땅이었을까.

그 전염병이 랑그도크 지방 전역으로 퍼져나간 사실은, 집단 사망자에 대한 당시의 텍스트 덕에 잘 알 수 있다. 베지에의 경우를 보면 "사순절 첫째날 베지에에서는 많은 사람들이 죽었다. [……] 지방의 모든 영주들, 상인들, 기사들 등 너무나 많은 사람이 죽어서 1천 명 가운데 100명도 남지 않았다."[16] 또한 이 자료들은 함께 뒤섞여 살기 때문에 전염성이 더욱 높은 종교 공동체들의 사망자에 대해서도 말해준다. 몽펠리에에서는 140여 명의 설교자 형제들* 가운데 오직 7명만이 재앙을 이기고 살아남았다.

통계자료는 뉘앙스를 가하고 정확성을 부여하면서 텍스트들이 담고 있는 끔찍하고 생생한 표현을 확인해준다. 호적대장이 없기 때문에(부르고뉴 지방에 있는 지브리의 호적대장 같은 것은 남부에 없다) 오-랑그도크 지방에 꽤 풍부한 징세 자료를 참고할 수밖에 없다. 툴루즈의 경우, Ph. 월프는 1335년과 1398년의 평가치를 근거로 최소한 인구의 3분의 1이 감소한 것으로 결론을 내렸다. 카스트르에서는 50퍼센트 이상이 감소한 것으로 보았다. 1343년과 1357년의 콩푸아에 페스트의 피해가 잘 반영되어 있는 알비에서는, 그리고 알비의 자료들은 툴루즈의 자

무리를 지어 다니면서 약탈을 일삼던 농민들. 모후인 블랑쉬 드 카스티유의 명으로 잔인하게 진압되었다.

15) Larenaudie, 1952; Sayous, Combes, 1940; Wolff, 1958, 137쪽; Devic, éd. 1872~92, IX, 402쪽 이하; Wolff, 1954, 183쪽.

16) Mascaro, éd. 1836, 73쪽.

* 도미니크 수도회 수도자.

료들보다 훨씬 더 완벽한데, 전염병의 피해가 극심했던 것으로 보인다. 1만 명의 알비 사람들 가운데 줄잡아 5천 명이 사라졌다.[17] 50퍼센트의 사망률. 농민 세계에 대해 간행되었거나 미간행된 많은 자료들의 정보와 일치한다. 평원의 큰 마을인 마르시아르그의 경우, 정식으로 조사된 실제 가구(이 수는 징세 가구의 수보다 훨씬 더 정확하다) 수가 1304년에는 416가구에서 1322년에는 543가구로 늘어났다. 그런데 1363년, 왕실 조사관인 피에르 아미엘은 정밀 조사를 통해 실제 가구 수가 229에 지나지 않음을 확인했다. 인구의 50퍼센트 이상을 앗아간 전형적인 재앙이었다. 완전한 일치를 보여주는 다른 예를 보면 이 마을의 주민대표자위원회 문서에는 선거인단에 참가할 남자 가장들의 이름이 열거되어 있다. 가장들의 수는 1313년에는 345명이었다가 1367년에는 171명, 1369년에는 131명, 1371년에는 100명이었다. 세벤 지방의 마을인 강주에서도 동일한 현상을 확인할 수 있다.

주민 대표를 선출하기 위해 '강주 마을 주민 총회'에 출석하여 명단에 올라간 유권자가 1339년에는 305명이었으나 1342년에는 293명이었다. 1366년, 세벤은 몰살당했다. 즉 유권자의 절반 이상이 사라졌다. 단지 132명의 가장만 출석한 것이다. '모든 인구를 다 합쳐도,' 1393년에는 111명, 1433년에는 89명밖에 되지 않았다.[18]

그러니까 랑그도크도——프로방스와 카탈루냐 등 세균의 공격을 받은 최초의 지역인 리옹 만 연안 지방과 마찬가지로——피해를 많이 본 것이다. 랑그도크의 피해는 1348~49년에 전염병이 깊이 파고들지 않은 후미진 산간 지방——예컨대 루에르그나 베아른——의 피해보다 더 컸다. 그러나 15년 뒤인 1363년에는 '산간의 페스트'도 같은 수의 희생자를 기록하기 시작한다.

17) Perroy, 1955, 407쪽; Wolff, 1956, 94쪽과 1957; G. Prat, 1952; Carpentier, Glénisson, 1962.

18) Thomas L.-J., 1932~34, 54쪽; AC Marsillargues, AA 2; AC Ganges, II, 10, 21, 104, 110(마지막 계열은 전혀 간행되지 않았다).

왜냐하면 재난은 일시적인 것이 아니었기 때문이다. 랑그도크의 인구는——말하자면 폐해의 여세로——1348년 이후에도 계속 감소하여, 15세기 초반 30년대까지 이어졌다. 그러다가 1480년, 더 나아가 1500년까지는 그 수가 이미 많이 준 상태에서 안정되었다. 그런 식으로 툴루즈의 인구 감소는 1350년에서 1450년까지 이어졌다. 몽펠리에에서는 1380년(최초의 콩푸아가 작성된 해)부터 인구 감소가 뚜렷이 나타났다. 14세기 말부터 15세기 중반까지 타유세 대상자의 거의 절반가량이 줄어든 것이다. 자크 쾨르의 일시적이고 탁월한 시도들도 이러한 운명의 불가항력적인 성격을 바꾸어놓을 수 없었다. 1495~1500년의 타유세 대장은 도시 인구가 1430~50년 수준의 '준' 상태를 유지하고 있음을 확인시켜준다.[19] 인구 회복은 1500년 이후가 돼서야 감지되기 시작한다. 재난은 도시 변두리에 있는 '주변' 구역들에서 더욱 두드러졌다. 도시는 이제 성채와 외곽이 너무 커서 깡마른 사람이 헐렁한 옷을 입고 있는 느낌이었다. 폐허가 된 집들에 대한 수많은 언급에 따르면 구역, 거리, 가옥 집단, 즉 '외딴 촌락'의 절반 이상이 버려졌음을 확인할 수 있다. 님에서도 1498년까지 절반가량의 집이 비어 있었다.[20]

단순한 도시 경제 현상인가? 대규모 교역의 축소 현상인가? 아니다. 그 이상의 것이다. 크고 작은 마을에서 행해진 유사한 연구들은 지방 어디에서나 아주 똑같은 현상을 보여준다. 콩푸아나 타유세 대장을 들여다볼 때마다 인구 격감에 이어 정체라는 근본적인 경향이 1348~1480년 기간에 공통적으로 나타난다. 예를 들면 포도 재배자, 곡물 경작자,

19) 1348년의 인구 손실은 루에르그 지방에서보다 랑그도크 지방에서 더 컸다. 밀로의 사례(Wolff, 1957); 에스팔리옹의 사례(Carpentier, Glénisson, 1962, 118쪽); 베아른에 대해서는 Tucoo-Chala, 1959, 221쪽; 1363년 산간 지방의 페스트에 대해서는 Devic, éd. 1872~92; 몽펠리에의 타유세 장부에 대해서는 Gr. 8 참조.

20) 1363년부터: Inv. Arch. Montp, t. I, n° 1248, 2515, 2517, 3650(322쪽)에 있는 국왕 장(Jean)의 편지; Devic, XI, 165쪽; Imbart de La Tour, 1905~14, vol. I.

상인이 함께 사는 평원 지방의 큰 마을 뤼넬을 보자. 1295년에는 타유세 대상자가 891명, 14세기에는 807명, 1396년에는 불과 569명이었다. 그런 다음 마지막 감소 후에야 안정된다. 1430~60년경에는 480~500명이다. 퐁테의 언덕과 황야 지역도 마찬가지며 생-장-드-포스도 똑같다(1360년 193명의 징세 대상자. 1408년 137명, 1409년 97명, [……] 그리고 1610년 395명). 커다란 성소(聖所)*의 그늘에 웅크리고 있는, 바위와 올리브나무의 가난한 마을 생-길렘-르-데제르도 마찬가지다. 목축업자와 나사 제조인들의 작은 마을인 로데브도 마찬가지다.[21]

이 기본적인 정체 현상은 C. 카상이 주민 대표 선출보고서를 통해 재구성한 몽펠리에의 황야 지대 마을에 살던 가장들의 명부에서도 뚜렷이 확인할 수 있다. 조세 명부와 선거인 명부는 한목소리로 증언한다. 대붕괴가 있은 후, 1360~1460년의 기간은 인구 정체기다. 한참 후, 곳에 따라 1480, 1500, 심지어 1520년에야 비로소 인구 회복이 희미하나마 재개된다. 나르본 지방의 29개 마을에서는 1404, 1450년에도, 1707년에 비해 성체배령자의 수가 2분의 1이나 3분의 1밖에 되지 않았다.[22]

이렇게 15세기 중반 무렵 랑그도크의 인구는 파멸의 바닥을 쳤다. 1450년의 인구 최저 수위는 1300년 이후의 기록 가운데 최저일 뿐만 아니라 1450~1790년 사이에서도 분명히 확인되는 최저 수치다. 이 기간에 관한 자료는 많다. 우리는 많은 마을과 부락의 타유세 대장, 콩푸아, 토지대장 등을 복구할 수 있다.[23] 물적 타유세를 징수하던 이 지방에서는 과표(課標)가 수세기 동안 변하지 않았기 때문이다. 따라서 완벽하게 동질적인 연속 자료다. 그것은 수세기에 걸친(1450~1790) 장기지속적인 움직임을 관찰할 수 있도록 해준다. 토지대장과 지세(地稅) 덕분에 그 연속 자료를 1950년까지 연장하는 것도 어려운 일이 아니다.

---

* 겔론 수도원을 가리킴.

21) 이 책, 제1권, 335~339쪽.

22) An. 16; C. Cassan, 1907; V. Chomel, 1957(나르본 교구의 통계).

23) 이 책, 제1권, 335~343; 제2권, 155~157, 373~379쪽; Gr. 6.

그런데 전체적으로 보면 15세기만큼 이 마을들의 납세자 숫자, 즉 가장의 숫자가 적었던 적이 없다. 1690년과 1740년 사이의 뚜렷한 인구 감소도——황야 지방에서 특히 심했던 20세기의 탈주조차도——샤를 7세 시대*의 비극적인 상황과는 비교가 되지 않는다. 평균적으로, 15세기 지중해 연안 랑그도크의 마을들은 17세기에 비해 징세 대상 인구가 평균 2분의 1이나 3분의 1에 불과했다. 그런데 당시의 가장들은 아무리 가난해도 밭 한 뙈기, 오두막집이나 돼지우리 구석이라도 가지고 있으면, 요컨대 아무리 형편없을지라도 부동산 한 조각만 있으면 징세 대상자로 인정되는 제도 속에서 살고 있었다. 반면 외지인 과세 대상자는 별도로 계산했을 뿐만 아니라 그 수도 거주민에 비해 아주 적었다. 따라서 '해당 지역' 과세 대상자 수의 장기적인 움직임은 가장들, 다시 말해 거주민들의 수에 의해 결정적으로 좌우되었다. 비교 대상 기간의 초기에 대한 호적대장이 없기 때문에 징세 대상자 수의 장기적인 움직임은 인구 지표로서의 가치가 있다. 물론 거기에서 인구의 절대적인 수치를 얻어내려는 것은 무리다. 그러나 적어도 그것은 인구의 증가와 감소, 장기적 경향, 상승과 하강의 장기적인 추세(trend) 등을 알려준다.

1450년경은 1680년경이나 1780년경에 비해 과세 대상자 수가 2분의 1이나 3분의 1에 불과했다. 그러므로 인구의 최저 수위라는 표현은 15세기에 완벽하게 어울린다. 중세와 근 · 현대 사이에, 대개간사업과 포도 단종 재배 사이에, 랑그도크의 인구는——이웃인 프로방스의 인구와 마찬가지로——최저점으로 떨어졌다.

생각을 분명하게 하기 위해 몇몇 수치를 작업 가설로 제시할 수 있다. 랑그도크의 세 군데 세네쇼세의 인구는 1328년경 150만 명이었다. 17세기 말에도 거의 비슷하다. 1788년에는 170만 명, 1954년에는 250만 명이다.[24] 신중하게 계산해서 1450년 이 지방의 인구는 1330년의 수준

---

* 1422~61.

24) 이 책, 제1권, 260쪽; 다른 수치들은 Saugrain, 1720(이 책은 바빌의 인구조사를 활용했다)과 Duthil, 1911 그리고 1954년의 인구조사를 참고했다.

보다 3분의 1이 적다는 것을 인정한다면, 15세기의 인구는 100만 명 안팎일 것이다.

*

1450년경의 인구 최저 수위는 일시적으로 랑그도크의 땅에 특별한 형상을 부여했다. 거주 환경, 농촌 풍경, 식물군과 식물지리학, 토지 소유, 농경, 도농(都農)의 관계, 농민들의 생활 방식 등 모든 것이 인구 '제로점'이라는 예외적인 인구 상황의 깊은 흔적을 지닌다.

결과: 농촌 풍경

인구 감소, 도시와 상업의 쇠퇴는 시장을 폐쇄시키면서 1350년 이전에 번창했던 포도 재배, 몇몇 야채 재배, 환금작물의 경작 등에 결정적인 타격을 입혔다. "전에는 밭작물과 나무들이 자라던" 몽펠리에의 계곡에 1401년부터는 "가시덤불과 뱀과 도마뱀들만 득실거렸다."[25] 포도밭은 1250~1350년경에 가장 화려한 전성기를 누린 듯하다. 지방의 수요 및 가깝거나 먼 다른 지역들──제노바, 아비뇽 그리고 어떤 경우에는 파리나 런던──의 수요는 포도밭의 성장을 촉진했다. 예컨대 라트의 땅은 16세기와 17세기에는 곡물 생산지였지만 13세기에는 대단위 포도밭이었다.[26] 1353년에만 해도 베지에 지방의 어떤 마을에는 100개의 밭 가운데 포도밭이 40개였다. 1378년부터는 조금씩 줄어들어 100개의 밭 가운데 33개였다. 중세의 최종적인 쇠퇴는 포도밭의 패퇴를 선언한다. 15세기 말에는 100개의 밭 가운데 포도밭이 6개뿐이었다. 그러나 1520년에는 벌써 회복 기미를 보여 다시 100개의 땅 가운데 20개가 포도밭이었다.[27] 이 같은 포도밭의 쇠퇴는 중세 말에는 대서양 방면이든 지중

25) Inv. Arch. Montp, I, n° 1248에 있는 샤를 6세의 편지.

26) Tudez, 1934, 46쪽; Thomas, 1936; Géraud, 1957, 36쪽에 인용된 AC Montpellier, C 21, HH 계열; Le Roy Ladurie, 1957.

해 방면이든 남부 프랑스 전역에 공통된 현상이었다. 코트 뒤 론 지역에서도, 오-랑그도크와 기엔에서도 마찬가지 현상을 발견할 수 있다.[28)]

전체적으로 볼 때 척박한 땅을 이용하는 포도밭이 가장 큰 피해를 당했다. 그것은 가장 수익성이 낮았으며, 그래서 가장 먼저 희생을 치렀다. 예컨대 로데브 지방에서, 충적토의 비옥한 땅에서는 영주에게 포도주로 지불해야 할 부과조*가 1393년에도 1236년의 수준을 그대로 유지했다. 반면 곡물로 지불하는 부과조는 이 두 시기 사이에 절반이 줄어들었다. 포도 재배가 유지되고 있었다는 표시다. 그러나 거기서 몇 리 떨어진 불모의 적색 이회암 지대의 버림받은 땅에서는 포도밭──1236년의 티에르스**에서 확인되는──이 1393년에는 완전히 사라졌다. 이 척박한 땅은 이제 더 이상 포도주를 한 방울도 생산하지 못하게 된 것이다.[29)] 님 지방의 보나주에서도 마찬가지 사실을 확인할 수 있다.

15세기 말, 이 황야 지대에서는 포도밭은 물론이고 밭마저도 찾아볼 수 없었다. 이 지역은 늘푸른떡갈나무, 덤불 숲, 수선화 등 자생적인 식물들의 천지로 변했다. 반면 같은 시기에 인근 평원 지방에는 예쁜 포도밭이 하나 자리 잡았다. 그러나 보나주의 황야에 포도 묘목이 가지런히 자라는 모습을 보려면, 인구가 증가하고 새로운 시장이 열리는 17세기까지 기다려야 한다.[30)]

이렇듯 포도 재배의 대쇠퇴기(1350~15세기)에 기준이 되었던 것은

---

27) AC Alignan-du-Vent, 미분류 기록, 1353~1520년의 코르넬리앙, 퓌미송, 프루이유 영지들의 장원 증서들.

28) H.C.M., II, 759쪽; Wolff, 1954, 190쪽; Boutruche, 1957. 쇼보 자료집, '포도밭' 자료.

* redevance: 소작인이 지주(또는 봉건 영주)에게 보호와 소작지에 대한 지대로 내는 현금이나 현물. 현물, 노동 그리고 빈번하게는 인정 토지세(cens recognitif)를 덧붙여 지불되었으나, 12세기부터는 점차 현금으로 고정되었다.

** tierce: 영주에게 토지수확물의 3분의 1을 내는 부과조.

29) Appolis, 1951, 416, 417쪽.

30) AC Langlade, compoix: Barry, Le Roy Ladurie, 1962 참조.

수익성(이 자체가 정교한 것은 아니었지만)이었다. 시장이 축소되고, 인구는 줄어들고, 포도밭은 과잉이 제거된 상황에서 사람들은 수확이 더 좋고 소득이 더 확실한 포도 재배에 노력을 집중했다. 따라서 황야는 슬픈 운명으로 버려졌다. 로데브나 베지에의 포도재배자들이 보인 반응 역시 연대기 작가인 지오반니 빌라니가 피렌체의 농민들에 대해 기록한 것과 동일하다.[31] 검은 페스트 직후, 이들 토스카나인들은 오직 좋은 땅만을 경작하기로 하고, 질이 좋지 않은 땅은 버려두었던 것이다.

포도와 마찬가지로, 곡물도 15세기에는 후퇴했다. 경작지가 크게 줄어들었다. 11세기의 개간사업의 두 전선——평원의 늪지와 산기슭——이 다시 황무지로 변했다. 연안 늪지 사람들은 '나쁜 공기'나 소금기에 젖은 땅을 먼저 포기했다. 바다나 연못 가까이에 있어서 소금기, 모기, 열병에 시달리는 곳이었다. 11세기의 대팽창기에 생겨난 본당들은 1350년 이후에는 모두 영구적으로 버려졌다. 연안 지방에 있는 모레양에는 12세기에 세 개의 교회가 있었지만, 근대에는 질병에 시달리는 가난한 농가 몇 채만 있을 뿐이었다. 엑생드르, 모랭, 생-미셸-드-그레미앙, 생-장-드-코콩, 생-쥘리앵-당토네그르, 생-마르셀-드-프레조르그 등 "나쁜 공기가 죽음을 일으키던" 연안이나 그 아래 지역에서도 상황은 마찬가지였다. 오늘날에는 비행장으로 변한 프레조르그에서는, 15세기의 뷔스퉁(Wüstung. 버려진 마을) 덕분에 토지 수용이 간단했다는 것을 생각지도 못한 채 공군이 활주로를 건설했다.[32] 그러나 이따금 외딴 대농장(모랭)이나 농가(코콩의 농가), 폐허가 된 소(小)성당 등은 아직도 사라진 마을의 이름을 간직하고 있는 경우가 있다. 이들 '버려진 마을들'은 비교적 많았을 것이다. 1328년의 가구대장은 보케르, 님, 카르카손의 세 네쇼세 안에, 2,076개의 본당이 있었음을 보여준다. 그런데 18세기에 수행된 여러 조사에 따르면, 그 지역 안에는 1,800개에서 1,900개의 본당

31) Burckhardt, 1885, I, 99쪽에 인용된 Villani, X, 164.

32) J. Rouquette, 1926, I, 934쪽; Dict. topog. Hérault의 인용 지명; 모레양과 그밖의 지역의 '나쁜 공기'에 대해서는 ADH, C 1114(art. Vic) 참조.

이 있을 뿐이었다.[33] 수백 개의 종탑이 사라진 것이다.

뤼넬 주변에서도 동일한 사실, 동일한 비율의 손실을 확인할 수 있다. 1295년 님에서 조사한 명단에는 104개 마을의 이름이 확인되었다. 20세기에 이르러 이 가운데 7개 마을이 사라졌다. 7개 마을 가운데 오빌리옹(1295년에 22가구)과 생-드니-드-지네스트(41가구)가 사라진 시기는 1295년(terminus a quo)과 1520년(terminus ad quem) 사이, 다시 말해서 14~15세기의 위기의 시기였음이 분명하다.[34]

랑그도크의 '버려진 마을들'은 물론 무시할 수 없는 수치이긴 하지만 집단 주거지의 40퍼센트까지 달한, 같은 시기 독일의 '버려진 마을들'에 비해 훨씬 덜 심각했다.[35]

그러면 그것은 장미전쟁*의 무정부 상태 시기에 강력한 영주들이 인구감소를 이용하여 영지를 재통합하고 양을 키우기 위해 밀 소작인들을 몰아낸 (중세 말) 영국에서의 이탈 현상과 비교될 만한가?[36] 그렇지 않다. 랑그도크의 '버려진 마을들'에는 그 같은 의도적인 측면이 없었다. 쿠세르그의 예가 잘 보여준다.

옛 로마의 빌라여서 로마의 화폐와 항아리 조각이 땅에 박혀 있는 쿠세르그는 13세기에는 성루와 성벽으로 강화된 작은 요새 마을이었다.

---

33) F. Lot, 1929.

34) Thomas, 1908; 1520년의 교구 콩푸아(ADH, B 1031~1032)와 비교하라. 이 두 마을은 여기에 더 이상 나타나지 않는다. 그리고 또한 카시니의 지도와 비교하라. 여기에는 오늘날 완전히 사라져버린 그 마을 교회들의 폐허가 표시되어 있다; 7개의 마을에 대해서는 Pesez, Le Roy Ladurie, 1965b 참조.

35) Abel, 1955.

* 프랑스와 벌인 백년전쟁의 패배와 랭커스터 가(家)의 국왕 헨리 6세의 무능 때문에 1455년에서 85년까지 잉글랜드에서 요크 가와 랭커스터 가 사이에 발생한 내전. 최종적으로 랭커스터 가의 헨리 튜더가 권력을 잡았으며(1485), 요크 가의 엘리자베스와 결혼함으로써 내전이 종식되었다. 랭커스터 가의 가문(家紋)이 붉은 장미였고, 요크 가의 가문이 하얀 장미였기 때문에 장미전쟁이라는 이름이 붙여졌다.

36) Beresford, 1954.

1317년 당시 24명의 가장, 생 마르탱에게 바쳐진 교회 하나, 보리와 밀밭, 약간의 포도밭, 풀밭, 그리고 빵 만드는 데 쓰는 떨기나뭇단과 늘푸른참나무, 흰색 참나무 · 통나무 들을 마련해오는 황야. 이 민주적인 거주지는 외딴 농가들이 있는 몇몇 큰 영지와 이웃해 있었다.[37]

1348~55년, 재난이 쿠세르그를 덮쳤다. 흑사병과 흑태자* 말이다. 전자는 부분적인 인구 감소를 초래했고, 후자는 마을을 초토화시켜 생존자들이 마을을 등지게 만들었다. 15세기 말, 전에는 사람이 살았던 그곳을 페즈나의 한 공증인이 소유했다. 1496년에는 피에르 레몽 드 사레라는 이탈리아 전쟁 참전 귀족이 나타났다. 그는 어머니와 어머니의 두 번째 남편과 가족 재산을 공유하고 있는 부자였다(여기에서 우리는 벌써 그 당시에 대자본의 보존에서, 확대가족 또는 공동체 가족의 역할을 감지할 수 있다). 그는 쿠세르그의 농지, 무너진 건물, 장원 등을 구입했다.

나아가 이렇게 죽은 마을을 차지하는 데 만족하지 않고, 이 욕심 많은 사람은 50세의 나이에 자케트 드 보젠이라는 젊고 지참금이 많은 환전상의 손녀딸과 결혼했다. 지참금으로 그는 자기가 산 넓은 영지를 개간했다. 4세기 동안 지속될 토지 재산은 이렇게 시작되었다.

랑그도크의 '버려진 마을들'은 (영국의 경우와는 달리) 영주들의 사전 계획에 따른 것이 아니었다. 그것은 중세 말의 재앙이 낳은 자연스런 결과였다. 영주들은 거기에서 자신들에게 유리한 결과만을 얻으려고 했을 뿐이었다. 그럼에도 최종적인 결과는, 비록 훨씬 좁은 범위에서이기는 했지만, 영국에서의 결과와 상당히 유사했다. 전에는 연안 지역에 마을이 들어서 있었지만, 이제는 몇몇 대영지가 서서히 들어선 것이다.

*

37) A. Chéron, G. de Sarret, 1963.

* prince noir: 잉글랜드 왕 에드워드 3세의 아들인 에드워드(1330~76)의 별명. 백년전쟁에 참전해 푸아티에에서 프랑스 왕 장 2세를 격파하고 생포했다.

미래의 아름다운 이 영지들이 그때도 그랬다고 착각해서는 안 된다. 15세기 리옹 만 연안의 평원 지대는 아주 슬픈 모습이었다. 대체로 그냥 버려진 배수로에는 물이 고여 썩고 있었으며, 말라리아 병원균의 숙주인 학질모기들이 특히 좋아하는 서식지였다. 상수이르*가 다시 나타났으며, 소금은 버려진 고랑들을 문둥병처럼 파먹었다. 엄청나게 번지는 살리코르(수송나물)는 1480년대에 온갖 십일조의 빌미가 되기도 했다.[38] 이 빈사 상태의 연안에 있는 항구들 역시 거의 죽은 거나 매한가지였다. 나르본, 라트, 몽펠리에 항구가 그러했는데, 로마네스크 양식으로 지어진 교회의 후진(後陣)과 성벽의 파편만이 과거의 영광을 생각나게 해줄 뿐이었다. 특히 일찍 쇠퇴한 애그모르트**는 13세기에 항구를 세운 사람들의 기하학적 설계도에 화석처럼 남아 있다.[39] 연안 지방의 죽음, 즉 자연재해와 모래톱은 인간 활동의 감소에서 비롯된 논리적인 결론이다.

초기의 개간지들 가운데 또 하나의 전선이었던 산간 지방에서의 궤멸은 덜 총체적이었다. 연안 지방과는 달리 이곳은 영국과의 전쟁, 위기 그리고 페스트로 이미 잠식당한 인간 집단들을 최종적으로 파괴하고 몰아낸 말라리아의 그 가혹한 처벌을 받지 않았다. 산간 지방에서 마을과 본당들의 인구가 줄어들기는 했지만 그래도 전멸은 아니었다. 산간 지방에는 늪지와는 달리 완전한 '버려진 마을들'이 없었다. 벼락 같은 말라리아도 없었다. 다만 위험한 빈혈이 보이지 않게 진행되었을 뿐이다. 외딴 촌락들은 '버려진 마을'이 되었지만 큰 마을은 이를 모면했다. 1374년, 세스농에는 큰 마을 외에 카즈다른, 프라드, 뤼네, 브리유, 샤바르드, 베사츠 등 여섯 개의 외딴 부락이 있었다. 16세기(1560)의 콩푸아에 따르면, 앞의 세 마을만 살아남았거나 재건되었고 나머지 세 마을은 완전히 사라

---

* sansouires: 소택지와 간석지 사이에 있는 점토질의 한계지.

38) Aude G 29; G 30, f° 3과 여러 곳, 모장과 크르불레의 살리코르.

** 성 루이가 십자군 원정을 위해 만든 항구.

39) Pagézy, 1879~86; Lenthéric, 1876.

졌다. 사망률 50퍼센트, 물론 사라진 마을들이 가장 취약하고 가장 작은 외딴 촌락이라고는 하더라도 이는 엄청난 비율이다.[40)]

세스농 주민들이 이를 확인해주었는데, 그들은 1401년에 몽타뉴 누아르와 에스피누즈를 순방 중이던 왕실 조사관에게 다음과 같은 불만을 토로했다. 많은 외딴 촌락에 사람이 살지 않으며, 인구 감소가 극에 달했고 땅의 절반이 황무지가 되었다. 주민들은 노루, 사슴, 산돼지 같은 야생동물들이 곡물을 유린하는 것을 막기 위해 곡물을 지키지 않으면 안 되었다. 마을 인근의 숲이 모든 것을, 심지어 방목지까지 잠식해버렸다. 가난이 어찌나 심한지 납세자들은 세금을 더 이상 낼 수 없을 정도였다. 그래서 숲 기슭에 사는 사람들이 숲의 나무를 베어 베지에에 내다 팔 수 있도록 왕이 허락해주어야 한다는 것이었다.

산간 지방 사람들의 진정서에서 눈에 띄는 것은 동식물이 한꺼번에 번창하는 무성한 자연에 대한 강박관념이다. 그것은 대규모 개간에 대한 보복이었다. 인구가 줄어든 산간 지방에서는 밀 생산을 중지했으며, 대신 나무가 자랐다. 프랑스 영림소(營林所)의 고위 관리였던 장 드 라누아 같은 유능한 산림 관리인은 이 문제가 얼마나 심각한지 그리고 그 위험이 얼마나 큰지 정확하게 파악하고 있었다. 그래서 그는 반격을 허용했다. 1401년, 그는 몽타뉴 누아르의 사람들에게 말했다. "숲으로 가시오. 가서 나무를 베시오. 개간도 하고, 숯도 굽고, 재 · 석회 · 석고도 만드시오. 크고 작은 모든 가축들을 방목하시오. 노루 · 새 · 토끼 · 멧돼지 그리고 다른 산짐승들을 사냥하시오. 오르브 강과 베르나조브르 강에서는 마음대로 낚시도 하시오."[41)] 라누아의 후임자들은 1444년과 1467년에 그의 취지를 유지했다. 나무가 다시 인간에게서 물러간 1559년에야 비로소 영림소 관리는 숲의 보호라는 본연의 직무로 되돌아와, 벌목이라는 토착민들의 오랜 특권을 인정하지 않았다.[42)]

---

40) Segondy, 1949.
41) Segondy, 1949, 52쪽에 인용된 세스농의 기록집(cartulaire), XXXIII, 1401, 163~172쪽.

숲의 팽창. 경작후(耕作後) 식물군인 황무지 또는 황야의 덤불——목초지와 통행로, 옛날의 농학자들이 말하는 살투스*——만이 버려진 밭 위에 자리 잡는 것은 아니다. 그보다 더한 것은, 식물사회학자들이 말하는 원생식물의 종착점인 늘푸른떡갈나무 숲이다. 아게르(ager. 농지)가 살투스에게 자리를 내주고, 살투스는 다시 실바(silva. 숲)에 자리를 내주고 물러간다. agro-silvo-pastoral, 실바-살투스-아게르의 균형이 깨지고 앞의 두 요소가 비대해진다. 바-론 지방에 위치한 글라눔 발굴지에서는 불탄 숲의 층이 13세기의 고고학 지층 바로 위에 나타나는데, 그것은 중세 말에 늘푸른떡갈나무의 공격적인 복귀가 있었음을 말해주는 것이다.[43)]

숲의 전진을 알려주는 간접적인 증언도 있다. 이 점에 있어서 15세기에 몽펠리에의 직업들이 전반적으로 쇠퇴한 데 반해 벌목꾼, 목수, 대들보 전문가들의 동업조합이 비약적으로 발전한 것보다 더 놀라운 일은 없다.[44)] 1380년에서 1440년 사이에는 직물산업, 수공업, 근교 농업에 종사하는 사람들의 수가 비참할 정도로 줄어들었다. 오직, 그 당시 경제의 정복적인 분야인 숲, 특히 큰 나무에 활동 근거를 두고 있는 사람들만 늘어났다. 나무 껍질과 통나무 목재 전문가인 벌목꾼들은 시대의 불행에 힘입어 크게 성장한 성년 나무들에만 관심을 가졌다. 그들의 활동 영역은 대들보 나무였지 잡목 나뭇단이 아니었다.

커져만 가는 이런 큰 나무 숲에 불안할 정도로 산짐승들이 침범한 것은 1360~1500년 사이였다. 14세기 말부터 세벤 지방의 영주들은 이 사나운 짐승들을 자기들의 힘만으로는 몰아내기 힘들다는 사실을 깨달았다. 그리하여 처음으로, 1361~77년에 영주들은 이에를의 남작령 안

---

42) Segondy, 1949, 53쪽.

* saltus: 숲이나 산의 좁은 길.

43) 1960년에 롤랑(H. Rolland)과 퐁(A. Pons)은 나에게 이 층에 대해 알려주었다.

44) An 21. 15세기에 님과 툴루즈에서도 판자, 벽토(壁土) 등 목재건축 산업이 성장했다(Puech, 1884와 Wolff, 1954에 인용된 텍스트).

에 있는 농민들에게 곰, 멧돼지, 노루를 제거할 권리를 부여했다. 일거리가 널려 있었기 때문이다. 세벤 지방의 갈색 곰은 애구알 산과 에스페루 산의 기슭으로 떼 지어 몰려왔다. 사슴떼가 녹색 참나무 숲과 황야의 덤불을 넘나들었다. 코스 고원에는 늑대가 우글거렸다. 자고새는 암탉만큼 흔한 것이 되었다. 16세기 초까지 농민들의 사냥은 완전히 자유로웠으며, 사냥감도 무제한이었던 것 같다.[45] 마르크 블로크가 기대했던 사냥의 역사 역시 자체의 국면과 변동이 있는 것이다.

*

토지의 재통합

사람은 점점 줄어들고 나무와 야수만 번창하던 이 땅에서 토지 분할은 어떻게 되었을까? 콩푸아, 토지대장, 조세 자료는 이 문제에 관한 많은 정보를 제공해준다. 랑그도크의 타유세는 물적 타유세였다. 그리고 콩푸아는 19세기의 토지대장과 비교해도 손색이 없을 정도로 정확했으며 철저했다. 콩푸아는 장부의 끝에 귀족 재산(타유세가 면제된)을 언급하고 있는데, 그 면적이나 가치는 총 경작지의 몇 퍼센트에 불과할 정도로 별것 아니었다.[46] 가장 오래된 콩푸아에 대한 연구에서 한 가지 결론을 도출하는데, 토지 재산의 경우, 지주들이 토지에 던진 커다란 그물의 그물코가 15세기 말에는 대단히 엉성했다는 점이다. 인정 토지세(cens)*만으로도 진정한 시민권을 갖게 해준 1300년대의 소규모 소작지나 소유지들의 미세한 망은, 근대의 여명기에는 대체로 중간 크기의

---

45) Cazalis de Fondouce, 1898, 438, 439쪽과 여러 곳. 또한 Sclafert, 1959, 144쪽과 Devèze, 1961, I, 72쪽을 보라.

46) An. 39 bis.

* cens: 영주의 토지를 경작하는 대가로 영주에게 내는 부과조. 대체로 현금으로 지불되었다. 액수가 고정되어 있었기 때문에 인플레이션으로 액수가 미미해졌다(토지 수입의 1~5퍼센트로 '인정'되었다). 여기서는 토지세라고 번역했다.

토지들로 이루어진 훨씬 느슨한 망으로 대체되었다. 이것이, 내 생각에는, 핵심적인 현상이다. 여기서 자본주의적 집중 현상을 보려는 것은 잘못일 것이다. 그것은 단순히 1350~1450년의 인구 감소에 동반된 불가피한 토지 재통합이었다. 1322년의 조사관들이 말한 분할과 세분화의 단계에 이어 상속지의 통합 단계가 온 것이다.[47)]

랑그도크에서 가장 오래된 콩푸아인 알비의 콩푸아로 가보자.[48)] 1343년, 이 도시에서는 1,623명의 납세자들이 6만 8천 리브르의 토지 재산을 나눠 가졌다. 대부분이 부동산, 특히 농지와 포도밭이었다. 1357년의 납세자는 겨우 686명이었다. 그들은 페스트 이전과 거의 맞먹는 부동산 재산을 나눠 가졌다. 5만 5천 토지대장 리브르.* 전체 토지의 차이는 10퍼센트에 불과했다.[49)] 그러나 각자의 토지는 상속 게임에 의해 늘어났다. 그것의 가치는 일인당 400리브르에서 800리브르로 커졌으며, 넓이로는 일인당 0.5헥타르에서 1.3헥타르로 늘어났다.

재산에 대한 자세한 조사는 이 같은 최초 진단을 확인해준다. 주느비에브 프라가 했듯이, 알비의 타유세 대상자들을 재산의 크기에 따라 도수분포도로 그린 다음, 1343년과 57년의 15년 사이에 그 분포가 어떻게 나타나는지 비교해보자.[50)] 우선 소액 납세자들의 숫자가 크게 줄어들었다. 특히 재산(작은 집 하나, 배추밭 하나, 포도나무 몇 그루)이 10리브르 이하로 평가된 가난한 납세자의 수가 그러했다. 1343년, 그런 사람들이 알비의 전체 납세자들 가운데 30.7퍼센트를 차지했다. 그러던 것

---

47) 이 책, 제1권, 260쪽 참조.

48) G. Prat, 1952, 22쪽.

* livre cadastrale: 콩푸아에는 토지의 가치가 리브르(livre)로 표기되어 있지만, 그 가치는 실제의 가치를 반영하지 않는다. 토지대장 리브르란 말은 단순히 토지대장상에 기록된 가치를 말할 뿐이다. 비유하자면 오늘날의 부동산 거래에서 실거래가가 아니라 공시지가에 해당하는 것으로 볼 수 있다.

49) 사실 이 차이는 콩푸아의 일부 망실이나 기재 부실로 설명할 수 있다. 여기에는 브르두사 구역의 토지가 누락되었다(같은 책).

50) An. 23(Albi).

이 1357년에는 절반으로 줄어든 전체의 17.8퍼센트밖에 되지 않았다. 페스트는 재산이 너무 적어서 사실상 프롤레타리아 수준이었던 이들 가난한 사람들에게 치명적인 타격을 준 것이다. 1343년, 그들은 산타 마르티아나 구역과 비강 구역에 바글거리며 모여 살았는데, 이곳에서는 1343년과 57년 사이에 과세 대상 인구 가운데 62퍼센트가 사라졌다. 무수한 죽음의 결과, 소수의 유산 상속자들이 땅을 집중시킬 기회를 얻었다. 1343년에는 지주들 가운데 11퍼센트가 각자 100리브르 이상의 땅을 소유했다. 그러던 것이 1357년에는 그 비율이 20퍼센트로 늘어났다. 죽은 사람들의 재산은 살아남은 사람들의 재산을 불려주었다. 이 '신흥 부자들' 가운데 한 사람인 베르나르 다비사의 재산은 1343년 이후 길렘 다비사에 이어 미망인 테세르가 죽은 덕에 1357년에는 세 배로 늘어났다. 마찬가지로 프랑스 메르카딜의 유산 상속자는 다섯 차례에 걸쳐 유산을 상속받은 결과 몫이 배로 불어났다.

이 같은 사례들은 일반적인 통칙을 보여주는 구체적인 예다. 토지 소유자들의 숫자는 절반으로 줄어들었다. 소유지의 평균 크기가 비례적으로 늘어났으며, 결과적으로 소규모 토지는 줄어들고, 중간 규모 토지나 나아가 알비의 경우에서처럼 대규모 영지가 많아졌다. 이 같은 냉정한 통계는 수많은 가족 드라마를 요약하고 있다. 같은 시기의 피렌체에서처럼 일부 상속자들이 상(喪)의 슬픔을 예상외의 상속으로 보상받는 경우를 상상해보는 것이 불가능하지 않다.[51)]

더 먼 곳과 비교해보자. 백년전쟁으로 인구 감소를 겪은 노르망디(뇌부르)에서의 토지 재통합은 1396년과 1496년 사이에 이루어졌다. 작은 영지의 수가 줄어들었으며, 동시에 소농의 수도 줄어들었다. 대신 그 토지들은 살아남은 사람들의 토지에 붙어 영지의 크기를 늘려주었다. 임계점(臨界點)은 4에이커였다. 세기가 지나면서 이보다 큰 중·대영지의 수와 이것들이 차지한 토지의 비율은 늘어났다.[52)]

---

51) M. Meiss, 1951.

이후의 랑그도크의 농촌사는 15세기의 토지가 뚜렷한 재통합 상태였음을 증명하는가? 한번 확인해보자. 이 지방에 있는 한 마을의 콩푸아——1400년과 1500년 사이 토지에 대해 작성한 콩푸아——를 살펴보자. 그리고 그것을 같은 마을의 16세기나 17세기의 콩푸아와 비교——자료의 형편에 따라 면적이나 가치로——해보자.

여기 에로 지방의 한 커다란 계곡 마을이 있다.[53] 1690년에는 357명의 토지 소유자들이 4,922스테레에 옹기종기 모여 있었다. 그런데 1460년에는, 그러니까 르네상스의 여명기에는 거의 같은 크기의 땅(10퍼센트가 적은 4,569스테레)에서 189명의 토지 소유자들이 비교적 여유 있게 살고 있었다. 그들 가운데 진짜 중간층——전체의 3분의 1인 62명의 납세자——은 웬만한 크기의 영지(20~100스테레)를 가지고 있었다. 이 부유한 그룹이 차지한 땅의 크기는 전체 토지의 절반(2,354스테레)이었다. 2세기가 지난다. 1690년——이 시기의 도표를 1460년의 도표와 비교해보자. 토지 재산은 면적의 크기에 따라 작성된 것이다——그 같은 중간층은 햇살에 눈 녹듯이 녹아 없어졌다. 1690년, 중간층 지주(20~100스테레)의 카테고리는 토지 소유자들 수의 10분의 1 정도에 지나지 않았으며, 그들의 소유지는 4분의 1 정도에 지나지 않았다. 반대로 도수분포도 왼쪽 부분에서는 무수한 조각땅들이 나타났다. 이들은 가장 작은 땅(0~20스테레)을 소유한 가장 가난한 카테고리를 구성한다. 1690년에, 이 그룹은 1460년에 비해 수와 면적이 배로 늘어났다.

이러한 땅의 분쇄는 영세 지주들의 층을 생성시켰다. 농촌 인구 급증의 정상적인 결과인 이 같은 땅의 파열이 토지대장상에 반영되어 있는 것이다. 그러나 이러한 세분화가 농촌 경제의 건강함을 말해주는 변함없는 지표는 아니다. 1690년의 많은 영세 지주들은 '코스 고원의 밭 한 뙈기'밖에 없었으며, 결실이 좋은 해에도 파종한 씨앗의 세 배밖에 수확

52) Plaisse, 1961, 표, 44, 346, 347쪽.

53) Saint-Thibéry: An. 23(Saint-Thibéry).

하지 못했다! 그들 가운데 많은 사람이 루이 14세 치세 말기의 위기 때 사라진다. 1690년의 '코스 고원의 밭 한 뙈기'들은 다음 세기에는 '버려진 재산들'이 된다.[54)]

게다가 영세 토지의 증가 방식을 살펴보면 그것은 한층 더 건전하지 못했던 것처럼 보인다.

근대에 들어 마을의 작은 영지들이 무수히 많아진 것은, 어떤 카테고리를 희생시키고 그렇게 된 것인가? 15세기의 대토지들을 희생시킨 것인가? 이 본당 사목구에서는 전혀 그렇지 않았다. 가장 넓은 영지의 카테고리——100스테레 이상——는 소농이나 날품팔이들을 위해 쪼개지기는커녕 루이 11세와 루이 14세의 시대 사이에 자신의 몫을 더욱 증대시켰다. 1460년, 가장 넓은 영지의 카테고리(100스테레 이상 토지)는 9개 있었으며, 전체적으로 1,490스테레(마을 토지의 30퍼센트)를 차지했다. 그러다가 1690년의 조사에서는 그들의 몫이 증가하여 12개의 대영지에 2,237스테레, 즉 전체 토지의 50퍼센트를 차지했다.

대지주가 늘어나고, 소지주는 급증했지만 중간층은 크게 감소했다. 중간 크기 토지 소유자들은 근대에 진행된 파편화의 비용을 지불한 것이다. 문자 그대로 그들은 16세기와 17세기에 먼지처럼 주저앉았다. 그렇지만 15세기에는 일시적으로나마 마을에서 지배적인 위치를 차지하고 있었다.

사회적으로 이 중간 크기의 토지를 소유한 사람은 영주도 귀족도 아니었으며 부르주아나 도시민은 더욱 아니었다. 이웃 도시에서 온 외지인들, 또는 '무셴', '……의 영주', '귀족……' 등의 호칭으로 이름을 장식한 칭호 소유자들은 1460년의 콩푸아에는 한줌에 불과했다. 1460년 당시 이 본당 사목구에서 소유지의 근간을 이루는 영지들, 특히 중간 크기(20~100스테레) 영지들의 대부분은 귀족도 아니고 부르주아도 아니고 장인도 아닌 마을 사람들, 칭호를 갖지 않은 거주민들, 요컨대 소나

---

54) 생-티베리의 콩푸아, 1690년, f° 222.

노새를 가지고 있던 윤택한 농민들의 소유였다. 이들은 토지를 소유하고 자신의 영지에 단단히 뿌리내린, 유력한 랑그도크의 요먼*이었다.

이러한 균형 잡힌 구조는 인구 감소의 역설적인 결과였다. 17세기의 양분된 구조와는 얼마나 다른가. 1690년, 한편에서는 로르의 클레르 부인, 나트의 귀족, 생-티베리의 수도원장, 베지에의 유서 깊은 참사회원 등 대지주들이 토지의 절반을 차지했는가 하면, 다른 한편에서는 소지주들이 나쁜 땅에 옹기종기 모여 있었다. 15세기의 요먼은, 한편으로는 토지 통합자들의 공격과 다른 한편으로는 인구 증가와 상속지의 세분화로 와해되고 말았다.

평원 마을인 레스피냥의 세 개의 콩푸아(1492, 1607, 1653)는 베지에 지방의 농민들이 어떠한 상황에 있었는지를 17세기의 그들의 자손들이나 토지 계승자들의 상황과 비교하여 검토할 수 있도록 해준다.[55] 이 세 개의 콩푸아에서 측량된 면적은 세기가 변해도 차이가 없다. 1492년에는 4,984스테레, 1607년에는 5,605스테레, 1653년에는 4,979스테레. 이는 측량의 수준과 평원 토지의 비탄력성을 증명해준다. 그러나 전체적으로 안정되었지만 분할은 얼마나 혼란스러운가! 도수분포도들을 비교해보면 실험적으로 확인된 균열선은 25스테레에 있다. 그것은 운명을 가르는 경계선이다. 1492년의 납세자 103명 가운데 53명(절반 이상)이 25스테레 이상의 토지를 소유하고 있다. 그들 가운데 '귀족'(진짜 귀족이든 자칭 귀족이든: "귀족 펠리프 나르본 noble Phélip Narbonne")이 단 한 명, 부르주아가 세 명[56]이었다. 이제 1607년으로, 이어 1653년으로 가보자. 타유세 대상 인구, 즉 지주의 숫자가 두 배 이상으로 불어난다. 1653년의 토지대장에는 262명이 있다. 그러나 빈도를 나타내는 도표인 토지재산 도수분포도에서 25스테레 이상의 여유 있는 카테고리

---

* yeomanry: 영국의 자영농.

55) An. 23(Lespignan).

56) 'Monsieur' Ramon Perguier, 'Monsieur' Jean Blanquier, 'Monsieur' Jean Vidal.

에 속하는 지주들의 숫자는 급격히 줄어들었다. 1653년에는 34명의 지주들이 25스테레나 그 이상의 영지를 소유했다. 샤를 8세 시대의 53명과는 큰 차이이다. 이 카테고리는 16세기 직전만 해도 지주의 51퍼센트를 차지하고 있었다. 그래서 전형적인 지주를 대변하는 것이었다. 그러다가 마자랭 시대에 이르면 13퍼센트에 불과하다. 소수로 전락한 것이다. 반대로 25스테레 미만의 취약한 소작인, 한계 지주 등 영세 타유세 대상자들의 수는 급증했다. 그들은 1492년에는 50명 정도의 소수였으나 1653년에는 228명을 헤아린다. 압도적 다수다. 가히 번식이라 할 만하다. 무리하게 비교할 필요 없이, 20세기에 인구 팽창이 빠르게 진행되는 저개발국가들에서의 토지 분할 현상을 상기해보자.

그런데 정확히 말해서, 레스피냥 마을에서의 중간 크기 토지의 와해는 근본적인 현상으로 보이는 토지분할 탓만으로 돌릴 수 있다. 앞에서 살펴본 생-티베리 마을과는 달리, 여기서는 중간 크기 토지가 도수분포도의 오른쪽에 자리 잡은 거대 영지들에게 잠식당하지 않았다. 물론 요먼들의 중간 크기 토지는 붕괴되었어도, 귀족이나 부르주아의 대토지는 15세기에서 17세기까지 유지되었다. 그러나 이러한 저항이 확장주의로 전환되지는 않았다. 1653년의 대지주들——예컨대 국왕 자문위원이요 몽펠리에 간접세 재판소장이며 레스피냥의 영주이자 시장인 프랑수아 가스파르 다렌 같은 사람——은 15세기의 전임자들보다 더 방대한 영지를 차지한 것이 아니었다. 그들의 몫은 변함이 없었다.

이 마을을 결산해보면 15세기에는 중간 크기의 토지나 대토지(25스테레 이상)가 지배하는 토지 구조였지만 1세기 반 뒤 그 구조는 파열했다. 대토지들은 살아남았다. 중간 크기 토지는 경제적 차원에서 보면 불행한 수많은 '미세 토지들'을 낳으면서 증발했다.

*

알비를 제외하고, 나는 지금까지 면적(스테레나 헥타르)의 크기에 따라 소유지를 평가했다. 고려 대상 마을들의 경우 다른 방법은 불가능했다. 이제 토지대장상의 가치 평가에 근거한 결론들이 면적에서 얻어낸 추론을 확인시켜주는지 살펴보자.

구체제의 토지측량 전문가인 '콩프지외르'들의 토지 감정가는 아주 흥미롭다.[57] 그들은 연구자들이 그 유용성에 이의를 제기할 수 없는 균형잡기 방법을 사용했다. 사실, 어떤 경우, 면적에 대한 맹종은 황당한 결론을 가져다줄 수 있다. 황야 1헥타르와 충적토 1헥타르를 똑같다고 볼 사람이 어디 있을까? 반면 가치에 의해 균형을 잡는 것은 땅에 대한 구체적이면서도 계량적인 전망을 제공해준다. '좋은' 땅 1헥타르나 스테레는 경우에 따라, 측량사들이 '나쁜' 땅이나 황야의 3.5배나 10배로 평가했다. 1460년과 1650년의 에로 지방의 계곡, 1552~58년의 님[58]에서 사용된 그러한 방법들은 헥타르의 기하학적 추상(抽象)을 넘어서 땅의 가치 비교를 통해 면적의 균형을 잡을 수 있도록, 다시 말해 실제에 접근할 수 있도록 해준다.

그러나 여러 이유 때문에 50년이나 100년의 시차가 있는 두 개의 콩푸아 사이의 필수적인 가치 비교는 간단하지 않다. 우선 화폐의 변화와 가격의 움직임을 고려해야 할 것이다. 그리고 같은 마을에서 1480, 1560, 1650년에 작성된 콩푸아상의 재산 가치를 비교하려면 뒤의 시기에 측량된 토지의 가치를 등가(等價)의 귀금속이나, 더 바람직하게는 등가의 밀로 환산함으로써 그 같은 오류의 원인들을 제거해야 한다. 이러한 시도는, 이 경우에, 적잖은 위험 요소를 안고 있다.

그 같은 까다로운 작업은 그 자체로 피상적이 될 위험이 있다. 원래 랑그도크의 측량사들은 경제적 진실이 아니라 조세 효과를 고려했다. 종종 그들은 자기들이 '평가'하는 땅의 절대적인 시장가치는 무시했다. 그들은 가장 형편없는 땅에서부터 가장 비옥한 땅까지 다양한 편차를 가진

57) R. Baehrel, 1961.
58) AD Gard, C 1852.

땅의 상대적인 가치 사다리를 만들려고 했을 뿐이다. 여기에서 후자는 전자보다 경우에 따라 두 배, 세 배 또는 네 배 더 과세된다. 그들이 채택한 내부적 등급이, 상이한 땅들의 실제 등급을 반영하는 것은 분명하다. 그러나 그들이 선택한 절대적인 수치들은 전반적으로 자의적이다. 그들의 사다리는 토지의 절대적인 시장가치, 다시 말해 사람들이 알고 있는 매우 변동하는 가치와는 아무 관계없는 허구적인 리브르, 다시 말해 콩푸아상의 리브르, 리브르 리브랑트(livres livrantes)로 등급지어져 있다. 그러므로 이렇게 등급을 나눈 15세기의 콩푸아와 16세기 또는 17세기의 콩푸아를 '절대적인' 가치로 비교하는 것은 전혀 흥미롭지 못하다.

사실 이 어려운 분야에서 두 가지 방법의 가치 비교만이 정당한 것으로 보인다. 첫 번째 콩푸아 그룹에 속하는 '브르베트'와 타유세 장부들을 비교하는 것이다. 1500년경에 작성된 콩푸아를 생각해보자. 매년 시 행정관들이나 그들의 명을 받은 서기들은 이 두툼한 장부를 가지고 타유세 대장을 만들었다. 만일, 콩푸아에 기입된 개인별 토지평가액을 모두 합한 것, 다시 말해 알리브르망(allivrement)*의 총계가 1천 리브르(콩푸아상의 리브르) 또는 타유세 징세원들이 말하듯이 '1천 리브르 리브랑트'라 하고, 만일 국왕이 그 마을에 부과한 타유세가 3천 리브르(화폐 '리브르')라 한다면, 그해 각 납세자의 세액 총액을 결정하려면 그 납세자의 토지평가액을 세 배하면 되는 것이다. 따라서 매해의 타유세 대장은 타유세와 연도에 따른 다양한 계수를 고려하면, 간단히 말해 콩푸아의 축약본이다. 만약 콩푸아가 없다면 연구자는 타유세 대장의 도움을 받아 각 납세자의 콩푸아상의 토지평가액을 찾아낼 수 있는 것이다.

* 이 부분은 다소 혼란스럽다. 사전적인 의미로 cote foncière는 토지세를 말한다. 그러나 토지대장인 콩푸아에 기록되어 있는 것은, 본문 앞에서도 언급했듯이, 토지세가 아니라 토지 가치 평가액이다. 이에 대한 논의는 '분할지들의 압축'장(章)에서 계속되는데, 간혹 cote foncière를 토지세로 옮기는 것이 더 자연스러운 경우가 없지 않았지만, 통일을 기하기 위해 토지평가액으로 번역했음을 밝혀둔다.

그뿐 아니다. 서기는 1510, 1520, 1530년……의 타유세 대장이나 명부를 작성하기 위해, 한 납세자의 토지평가액을 '덜어주고' 다른 납세자의 토지평가액을 '늘려주는' 토지소유권의 변동 사항을 고려했다. 각 납세자의 '과세 대상 목록'[59]에 비추어 해마다 콩푸아의 여백에 기재된 이 같은 소유권 변동 사항은 그 이후에 작성되는 타유세 장부들에 반영되었다. 1500년에 작성된 한 콩푸아는 시행정관들이 50년(1500~50) 동안 사용했다. 그 기간에 그것을 토대로 일련의 타유세 장부(1501, 1502, 1503…… 1549년)가 작성되었는데, 이를 적절히 사용하면 한 마을의 토지의 역사를 이야기할 수 있는 것이다.

그러므로 우리는 어떤 한 본당 사목구의 조각땅, 밭, 포도밭 그리고 가옥들 전체를 하나의 카드놀이에 비유할 수 있다. 콩푸아는, 그것이 만들어진 해에, 노름꾼들에게 카드를 돌린다. 다시 말해 타유세 대상자들, 즉 지주들에게 조각땅들을 분배한다. 세월이 흐른다. 게임이 계속되면서 카드가 끝없이 섞인다. 다시 말해 소유권 변동, 상속, 재통합이나 세분화 등에 따라 토지가 재분배된다. 예컨대 1500년에 3콩푸아 리브르를 가지고 있던 젊은 납세자가 1540년에는 재산 취득의 결과 15리브르를 갖게 된다. 또 어떤 사람이 죽으면서 그의 20리브르가 4명의 자식들에게 분배되어, 4명의 토지평가액이 5리브르씩 늘어난다. "그해의 알리브르망을 세금 계수로 수정하여" 작성된 타유세 대장은 그해의 '카드' 분배 상황과 각 납세자의 알리브르망을 알려준다.

콩푸아 원본과 그 콩푸아를 토대로 50년 후에 계산된 타유세 장부를 대조하는 일은 비교할 만한 것을 비교하는 정당한 일이다. 노름꾼들 사이에 끊임없이 돌려진 카드는 50년 후에도 사실상 마찬가지다. 어떤 것들은 척박하고 어떤 것들은 비옥하다는 토지의 상대적 비옥도의 표시는 한 세대에서 다음 세대로 넘어가도 여전히 유효하다. 물론 우리의 비교

59) Manifeste: 타유세 대상자의 부동산(토지, 가옥)을 그것들의 면적, 토지 가치 등과 함께 상세히 열거한 목록.

가 완벽할 수는 없다(면적 비교도 그렇지만 가치 비교 역시 완벽할 수는 없다. 지나치게 비판적인 사람들에게는 다행스럽게도, 계량적인 사회사에는 언제나 '불확정'의 찌꺼기가 남는다). 불완전성은 몇몇 카드의 가치가 조금 변했다는 점에서, 다시 말해 밭이 포도밭으로 또는 포도밭이 밭으로 바뀌었다는 점에서 생겨난다. 그래서 우리는 어림짐작을 할 수밖에 없는데, 그럼에도 우리는 게임을 하는 사람들 사이에 게임이 어떻게 진행되고 카드가 어떻게 섞였는지 분명히 알 수 있다(어떤 카드들은 이러저러한 밭이나 포도밭을 나누는 분할상속에 의해 두 조각이나 세 조각으로 '찢어졌기' 때문이다).

우리가 상상할 수 있는 최량의 조세 자료들을 가지고 있는 퐁테 마을은 좋은 사례다. 1505년 직전, 마을의 콩푸아가 제작되었다. 우리는 그것의 총 알리브르망이 2,010리브르임을 알고 있다. 이 콩푸아는 1505, 1533, 1539년의 타유세 대장들을 만드는 데 사용되었다. 최초의 대장인 1505년의 대장은 15세기에 인구가 빈약했음을 보여준다. 1505년에 (그 지방의) 납세자는 105명이었는데, 이 수치는 1427년의 수치(100명의 납세자)에 아주 가깝다. 1505년 이후 과세 인구의 장기적인 증가가 시작된다. 1533년 136명, 1539년 172명(즉 1505~39년의 한 세대 동안에 68퍼센트 증가).

그러므로 1505년과 1539년의 타유세 대장을 비교하는 것은 인구 혁명에 의해 나뉜 두 시대를 대질하는 것이다. 그것은 동일한 계보, 동일한 콩푸아에 속하는 두 자료를 조감해보는 것이다. 앞에서의 이미지를 다시 사용하면, 1505년에는 별로 많지 않은 노름꾼들에게 돌려졌으나 1539년에는 훨씬 많은 노름꾼들에게 다시 돌려진 바로 그 카드를 추적하는 것이다.

토지대장상의 가치 순서로 정리된 퐁테 마을의 도수분포도는[60] 앞에

---

60) An. 23(Fontès) 참조; 이 마을의 경우는 토지에 관한 세부 연구를 위해 16세기에 관련 장에서 더 구체적으로 언급할 것이다; 이 책, 제1권, 420쪽 참조.

서 면적을 토대로 작성된 도수분포도들에서 도출한 결론을 확인시켜준다. 영지의 세분화다. 여기에서 균열점은 20토지대장 리브르의 토지평가액에 있다. 1505년, 3~4명의 타유세 대상자 가운데 한 명(105명 가운데 30명)이 콩푸아상의 20토지대장 리브르를 넘었다. 다시 말해 이들은 적어도 전체 토지 가치의 1퍼센트에 해당하는 것을 자기 몫으로 가지고 있는 것이다(전체는 2,010리브르임을 기억하자). 한 세대가 지난다. 토지대장상의 평가 기준은 변하지 않았다. 왜냐하면 언제나 평가는 소유권이 변동하여 수정된 옛 콩푸아에 근거해서 이루어지기 때문이다.

단지 9명의 납세자 가운데 한 명만이 중간 크기나 대토지의 기준인 20리브르에 도달하거나 넘어섰다. 괜찮은 카드들을 잔뜩 쥐고 있는 넉넉한 노름꾼들은 줄어든 것이다. 반면 손에 카드를 하나나 둘 아니면 카드 조각만을 쥐고 있는 사람들은 늘어났다. 1539년의 도수분포도의 왼쪽에 있는 152명의 소액 타유세 대상자들은 임계점인 30리브르 이하를 소유한 사람들이다. 이들의 수는 1505년에는 75명에 불과했다. 인구 증가 덕분에 소액 평가 토지들은 버섯처럼 늘어나, 토지대장상의 하층민들을 늘려놓았다. 반대로 15세기 말에는 여전히 중간 크기 토지 소유자들이 많았지만, 이들은 16세기의 인구 폭발과 함께 파열되고 만다.

이 구체적인 경우에, 토지 가치에 관한 연구는 면적에 근거한 도표상의 결론을 확인시켜준다.

*

그렇지만 일련의 타유세 대장들이 동일한 콩푸아에서 나왔다고 해서 매우 먼 시대까지 비교할 수 있는 것은 아니다. 60년, 80년, 100년이 지나면 무수히 많은 추가, 말소 등으로 변형된 콩푸아 원본은 쥐들에게나 던져주어야 마땅할 정도로 쓸모없는 것이 된다. 이제 측량을 새로 하여 새로운 콩푸아를 작성해야 한다. 그러면 앞으로 2~3세대 동안 이 새로운 콩푸아는 항시 변하는 토지의 역사를 매년 증언해주는 일련의 새로운 타유세 장부들의 모태가 된다. 우리는 앞에서 이들 두 콩푸아와 그 각각의 파생 타유세 대장들을 절대 가치로 비교하는 것이 어렵다고 말한 바 있다. 이는 화폐와 가격의 변동 때문이기도 하지만, 그 이상으로 토지의 절대 시장가치보다 토지의 상대 등급을 더 존중하던 토지 평가의 허구성 때문이다.

그렇다고 해서 '헥타르'의 공통분모도 없고 기준이 되는 동일한 알리브르망의 공통분모도 없으니, 동일한 마을에 있는 일련의 콩푸아나 타유세 대장들을 상호 비교하는 일을 포기해야 할 것인가? 이러한 어려운 상황에서 괜찮은 것이 백분율 방법이다. 우리는—고대 사회에 대한 계량적인 역사에서 흔히 그렇게 하듯이—그 방법을 통해 절대가치의 지표들이 아니라 경향 지표들을 기대해보는 것이다.

에로 지방의 협곡에 위치한 생-길렘-르-데제르에는 석회질 암벽이 수직으로 서 있으며, 여기저기 계단식 올리브 재배지가 들어서 있다. 이러한 '토지'는 헥타르로 평가하기 힘들다. 중요한 것은 땅의 가치다. 어느 곳은 울퉁불퉁한 라피아즈*나 무너진 돌더미 속에 바위가 숨어 있는 헐벗은 황야의 한 자락인가 하면, 다른 곳은 황야의 물푸레나무나 로즈마리에 비하면 황금의 가치가 있는 에로 강 연안의 녹색 초원이다.

그런데 랑그도크 지방 어디에서나처럼 물적 타유세가 시행되던 이 마을은 연속적인 평가, 즉 콩푸아에 근거를 두고 작성된 훌륭한 타유세 대장들을 가지고 있다. 그리고 그것은 1398, 1442, 1486, 1570, 1615, 1654, 1675, 1750년의 모든 납세자들의 재산 등급을 알려준다. 1791, 1829, 1913년……의 토지대장 원본이나 토지세 장부는 말할 것도 없다. 그러나 내용상으로는 동질적이지만 형식상으로는 이질적인 이 자료들을 서로 어떻게 비교한단 말인가? 두 자료는 그들의 공동 조상인 동일한 콩푸아나 동일한 토지대장에서 나오지 않았다. 우연히 이들 각각의 자료는 상이한 평가액을 근거로 작성되었기 때문에 이전 자료의 평

* apiaz: 물에 의해 표면이 침식된 석회질 토지.

가액이나 이후 자료의 평가액과 절대 가치로 비교하는 것이 불가능하다. 이렇게 해서 총 '알리브르망' 또는 어떤 경우에는 간단히 말해 마을에 부과된 전체 세액은 1398년 47리브르, 1442년 321리브르, 1486년 37리브르 10′, 1570년 84리브르 16′, 1615년 64리브르 2′, 1654년 1,043리브르, 1675년 397리브르, 1750년 352리브르, 1791년 8,364리브르 등이다. 절대 가치로 표시되어 있는 이 모든 것은 콩푸아의 토지 평가 방법이나 과세율에 따라 변하는 임의적인 것이다. 여기에서, 중요한 것은 납세자들 사이의 '배분'이다.

따라서 절대 가치로 자료상의 재산을 비교하는 것을 포기하자. 반면 백분율 비교는 해봄직하다. 우리는 '회식자들'이 나눠 먹는 '빵'의 실제 크기(즉 지주들이 소유하고 있는 땅의 실제 가치)는 무시한다. 그렇지만 우리는 회식자들의 숫자(변하긴 하지만)와 그들 각자에게 돌아온 몫의 상대 가치는 정확하게 알 수 있다. 테이블의 좋은 쪽에 자리 잡은 사람들은 빵의 큰 부분을 차지하며, 더 많은 수의 다른 사람들은 부스러기밖에 차지하지 못한다. 세대마다 어떻게 분배했는지 아는 일이 하찮은 일일까? 분배된 땅의 절대 가치를 무시하는 것은, 역동성이 거의 무한하다고 할 수 있는 도시 경제가 아닌 한, 별로 상관이 없다. 농촌 토지의 탄력성은 면적 비교가 말해주고 있듯이 극히 제한적이다.[61] 옛날의 경제에서 어느 한 토지의 전체 농업 수입이 증가할 가능성은 심지어 그것이 팽창 중에 있을 때에도 매우 적었다.[62] 지주들 사이에 분배할 면적과 가치가 상대적으로 안정되어 있기 때문에 다양한 카테고리의 대소 지주들이 나눠 가질 몫의 변화, 즉 백분율의 변화는 중요한 의미를 담고 있다.

생-길렘-르-데제르에서는 1398년에서 1442년까지 재산의 전형적인 재통합이 있었으며, 납세 인구가 감소했다(그 숫자는 당시 132명에서 115명으로 줄어들었다).[63] 두 개의 재산 도수분포도를 비교해보면, 임

61) 이 책, 제1권, 276~281쪽 참조.

62) 이 책, 제1권, 406쪽 참조.

63) 이 부분에 대해서는 An. 23(Saint-Guilhem) 참조.

계점 또는 균열선은 마을 전체 가치의 0.8퍼센트를 나타내는 토지평가액에 있다. 1398년에는 0.38리브르, 1442년에는 2.6리브르. 이 비율을 밑도는 백분율을 소유한 영세 타유세 대상자들의 수는 1398년 98명에서 1442년에는 68명으로 줄어들었다. 대신 중간 크기(마을 전체 토지 가치의 0.8퍼센트 이상)로 통합되는 경향이 나타났다. 그 수는 1398년에는 34개 영지에서 1442년에는 47개 영지로 늘어났다. 사회적 변화의 중요한 특징이다. 그러므로 15세기의 토지 재통합은 1442년에는 진정으로 자본주의적인 집중에 의해 부르주아건 귀족이건 한두 명의 마을 '거물'에게 유리한 방향으로 이루어진 것이 아니었다. 오히려 그것은 1398년의 더 많은 농민들을 대체했거나 그들 가운데에서 살아남은 수십 명의 중간 크기 지주들에게 유리한 방향으로 진행되었다. 토지 재통합은 수가 줄어든 '권리소유자'들의 상속지 통합이라는 고전적인 방법으로 이루어졌다. 샤를 7세 시대에 통합된 중간 크기 토지는 원심력에 의해 또다시 파열되는 경향을 보여, 16세기에는 1442년에 비해 타유세 대상자의 수가 배로 늘어서 1570년에는 210명이었다. 언제나처럼 중간 크기 토지가 파열했다. 그것은 다시 한 번 미세한 몫으로 조각났다.

다른 한편, 종종 그러하듯이(항상 그런 것은 아니다), 도수분포도의 오른쪽을 보면 대토지는 1442년과 1570년 사이에 늘어나고 있음을 알 수 있다. 양극화 현상에 의해, 대립하는 두 항의 변증법에 의해 중간 크기의 토지는 작은 것과 큰 것 사이에서 양쪽으로 잠식당했다.

이 구체적인 예에서, 중간 규모의 농촌 지주들이 15세기 인구 감소의 혜택을 입어 1450년경에 최고점에 도달했다는 것은 그 이전과 이후 이중적 비교를 통해서 충분히 입증된다. 백분율로 비교해볼 수 있는 다른 마을들의 사례도 비슷한 증언을 해준다. 빌뇌브-레-베지에에서는 17세기 말(1695)의 지주들 가운데 소지주가 대부분을 차지하고 있었는데, 그들 각자가 소유한 토지는 마을 전체 토지의 0.4퍼센트를 넘지 못했다.[64] 그러나 15세기에는 그곳 농민들의 삶이 좀더 넉넉했다. 소영지는 말할 것도 없고 중간 크기의 영지 역시 토지의 전체 가치에 비해 1695

년 때보다 훨씬 넓었다. 이 중간 크기 토지는 1500년 이후 붕괴되기 시작했다. 1695년, 마을에서 가장 큰 두 영지(퀼크랑 프라다의 영지와 다른 한 명의 고액납세자의 영지)는 아무런 손상을 입지 않고 살아났다. 1490년에 그들은 각자 마을 전체 토지의 5퍼센트를 소유했다. 이 두 거대 단위들과 정확히 일치하는 것이 1695년의 도표에서 확인된다. 요컨대 15세기 말의 토지에서 중간 크기 땅들은 장차 사라질 위기를 맞은 반면, 대토지들은 루이 14세 시기에 존속했고(또는 다시 살아났다),[65] 소토지들은 중간 크기 땅들을 희생시키며 무수히 늘어났다.

이미 살펴본 바 있는 퐁테 본당 사목구의 경우, 백분율 방법 덕분에 장기지속적인 비교가 가능하다.[66] 그 같은 비교는 일련의 타유세 대장을 통해 획득된 앞서의 결과들을 확인해주고 분명히 해준다. 퐁테에서 작성된 1427년의 타유세 대장과 1693년의 타유세 대장을 비교해보자. 전자에서는 중간 크기 토지가 타유세 대상자들 가운데 다수를 이룬다. 반대로 1693년에는 그들의 찬란했던 영광은 사라지고 오직 폐허만이 눈에 띈다. 마을 전체 가치의 백분율로 표시된 도수분포도는 한가운데가 깊이 파인 모습(1427년의 도수분포도와 비교해볼 때)이다. 반대로 양끝은 부풀어 있는데, 대토지를 나타내는 오른쪽 끝보다 소토지를 나타내는 왼쪽 끝이 특히 그렇다.

이렇듯 토지 소유의 문제를 면적이든 토지대장상의 절대 가치든 또는 이들 가치의 백분율이든 그 어떤 쪽에서 접근하든 결론은 하나다(그리고 16세기의 연구는 이 점을 새롭게 확인해줄 것이다). 근대 직전의 랑그도크에서는 그물코가 아주 큰 토지망이 형성되었다. 그 같은 망이 만들어진 것은 인구가 감소했기 때문이었다. 그것은 인구 감소의 결과가 땅에 투사된 것으로 토지대장에 나타났다. 이어 근대가 왔다. '큰 그물코'들 가운데 가장 큰 몇몇은 강화되거나 심지어 커지면서 진정한 자본

64) An. 23(Villeneuve).
65) 사실 대토지들은 1650년 후에 재건되었을 것이다(이 책, 제1권, 424쪽 참조).
66) An. 23(Fontès).

주의의 세포로 움직였다. 그러나 집중화로 나타난 이 같은 근대적 발전은 서부나 북부의 몇몇 지역, 영국이나 푸아투에서의 발전과 같은 정도로 중요하지는 못했다. 사실 1500년 이후, 대부분의 '큰 그물코'는 인구 폭발의 압력 때문에 다시 한 번 수많은 작은 토지들의 촘촘한 망으로 파열되었다. 우리는 이러한 결론을 다시 확인해볼 수 있는 기회를 가질 것이다.

*

동일 가계의 재통합

우리는 지금까지 추상적인 토지 소유 구조 안에 머물러 있었다. 이제 살아 있는 인간들의 관계와 농경의 기본 단위인 농민 가족을 고찰해보아야 할 때다. 농민 가족의 차원에서 근대 직전의 '버려진 마을들'과 대규모 인구 감소의 결과는 어떠했나? 상호 보완적인 두 움직임인 해체와 통합이 드러난다.

해체부터 보자. 엄청난 숫자의 가족들, 심지어는 가계들이 통째로 해체되었다. 아직 단편적인 것이긴 하지만, 토지대장을 근거로 한 인명학(人名學) 연구는 그 현상을 밝혀준다. 가장 오래된 사례로 알비가 있다. 물론 그것은 도시의 경우지만, 그럼에도 증거 가치가 없는 것은 아니다. 두 콩푸아에 나타난, 규모가 크고 조사가 완벽하게 진행된 구역에 대한 인명학 연구는 매우 많은 것을 알려준다. 1343년 비강 구역에서 조사된 638개의 이름 가운데 74개(1358년)만이 동일한 구역에서 다시 발견되며, 68개는 도시의 다른 구역들에서 발견된다. 반면에 498개, 즉 78퍼센트는 완전히 사라졌다. "인명은 14세기의 도시들에서 이미 확립된 것으로 동일한 가계 내에서 이름의 변화 때문에 비롯되는 불확실성은 아주 미미했다. 흑사병으로 알비에 초래된 인구 붕괴는 가장(家長)의 숫자를 근거로 계산한 것보다 훨씬 심했다는 것은 의심할 여지가 없다."[67] 요컨대 알비에서는 최초의 재난 이후 열 가족 가운데 여덟 가족이 토지대장에서 완전히 사라졌다(재산을 완전히 잃었기 때문에, 이주했기 때문에 또는 대부분의 경우 그랬듯이 육체적인 죽음 때문에). 이는 믿을 수 없을 정도로 높은 수치이지만, 다른 연구로 확인되는 수치다. 필리프 월프에 따르면, 중세 말 툴루즈에서 가계의 취약성이 나타났다. "죽음이 사람들 속에 커다란 구멍을 만들었다. [……] 예컨대 1395년과 1405년처럼 매우 가까운 두 시기의 과세장부를 비교해보아도 인명의 변화와 세습재산 평가액의 변동이 드러난다."[68] 이는 알비나 툴루즈 같은 도시의 현실일 뿐이라고 말할 수 있을까? 몽타뉴 누아르 부근의 외딴 촌락인 프라드 마을로 가보자. 1375년에 한 조사자는 그곳에 여섯 가구가 가난하게 살고 있었음을 확인했다. 프라드, 아카리에, 쿠고, 장틸(2가구), 미켈. 미켈의 가구만 제외하고는 모두 가난하다고 알려진 가구들이다. 모든 가구가, 특히 남자 후손들의 가구가 사라졌다. 실제로 1634년에는 더 이상 이 촌락에 그들의 이름을 가진 사람이 없었다. 새로 이주해온 다른 가족들이 그들 대신 들어선 것이다. 1634년 이 외딴 마을에는 43명의 타유세 대상자가 있었는데, 그 가운데 25명의 이름이 로베르(Robert)였다.[69] 중세 말의 인구와 근대의 인구 사이의 단절은 이렇게 철저했다. 후자는 전자를 완전히 대체했다. 과거 사람들과는 기껏해야 여자와의 결혼을 통한 연속성이 있을 뿐이었다. 이 지역에 대해, 그리고 전(前)근대기에 대해 농민 가족의 안정성을 말할 수는 없을 것이다.

15세기가 지나는 동안 랑그도크에서 가계가 사라진 비율을, 비교를 통해서 대략적으로라도 측정할 수 있을까? 여기 몇몇 자료가 있다. 생-길렘-르-데제르의 경우,[70] 1398년의 타유세 대상자 132명 가운데 78명의 이름을 1442년의 타유세 대장에서 발견할 수 없다. 마찬가지로 1442년의 117명 가운데 62명은 1486년의 타유세 대장에 아무런 흔적

67) G. Prat, 1952, 18쪽.

68) Wolff, 1954, 79, 631쪽.

69) Segondy, 1949, 201~209, 275~277쪽.

70) 나는 토지대장상의 변동성 문제에 대한 별도의 연구를 계획하고 있다.

을 남기지 않았다. 가계의 소멸이 심했던 것이다. 1398년에서 1486년까지 10년마다 평균 13퍼센트의 타유세 대상자(정확한 비율은 1398년과 1442년 사이는 13.4퍼센트, 1442년과 1486년 사이는 12퍼센트다)가 남자 납세자를 남기지 못하고 사라졌다. 물론 이것은 알비에 페스트가 덮쳤던 해의 손실(10가구 중 8가구가 15년 사이에 뿌리 뽑혔다)에 비하면 엄청난 것은 아니다. 그러나 손실은 대단했다.

쉽게 검증할 수 있다. 1500년 이후 토지대장상의 인명 소실 비율은 15세기에 비해 다소 낮은 합리적인 수준으로 떨어졌다. 18세기까지 거의 40년마다의 타유세 대장이 남아 있는 생-길렘 본당을 보면, 근대기에 이르러 농민 가족들이 15세기에 비해 훨씬 튼튼하게 뿌리내렸음을 알 수 있다. 1500년 이후가 되면 한 납세 대상자 명단에서 다음 납세 대상자 명단으로 넘어가면서 아무런 이름의 흔적을 남기지 못하고 사라진 타유세 대상자들의 수가 4분의 1 정도다. 이러한 소실 비율은 15세기에는 50퍼센트를 훨씬 상회했는데 말이다. 더 정확한 비교를 가능하게 해주는 10년마다의 비율을 고려하면, 이 비율은 1500년 근처에서 현저한 단절을 보인다. 이후 16세기, 17세기, 18세기로 가면서 그 비율은 결코 6퍼센트를 넘지 않으며, 4.5퍼센트 부근을 오간다. 그런데 1400년과 1500년 사이에는 12퍼센트와 13퍼센트였지 않은가. 15세기는 가계가 뿌리 뽑힌 시기였다.

퐁테의 아주 훌륭한 콩푸아와 타유세 대장 역시 유사한 통계를 보여준다. 이 마을에서도 10년 단위로 토지대장상의 이름이 사라진 비율은 1427년과 1505년 사이(10년 단위로 8.5퍼센트)에 최대치였다. 그러다가 그 비율이 줄어들어 17세기에 이르면 3퍼센트로 떨어졌다. 상대적으로 안정된 시기(가족들이 모여들고, 거지 사냥꾼들 덕분에 새로운 이주자들을 많이 몰아낸)[71]가 중세 말의 '혼란의 시기'를 마침내 대체한 것이다. 마을들은 돌담을 무너뜨리고, 조용히 사회적 담을 구축할 것이다.[72]

71) AC Frontignan, FF 여러 곳.

*

그러나 15세기는 아직 그렇지 않았다. 과거의 가계들이 실타래가 풀리듯 사라졌다. 그리고 이주자들, 새로운 가족들이 아무리 많이 몰려들었다 해도 아직은 그 같은 소실 현상을 보충할 수 있는 정도는 아니었다. 이런 어려운 조건에서 살아남은 가족들의 반응은 어떠했을까? 그것은 한마디로 가계들의 연대감을 더욱 단단하게 하는 것이었다. 그들은 농토를 재통합하듯이, 밭과 목초지를 꿰매듯이 가족들을 재통합했다. 15세기의 랑그도크는 부부 중심의 작은 핵(核)을 넘어 인류학적 사회들의 옛 단위를 재건하려는 경향을 보였다. 농민의 '대가족'인 부권적(父權的) 확대가족 말이다.

장 일레르는 에로 지방에 있는 공증인의 자료를 토대로 작성한 훌륭한 논문에서 가족에서 혈족으로의 변화를 밝혀냈다.[73] 이 같은 변화는 1350~1480년의 인구 감소기에 랑그도크 지방, 특히 세벤 지방에서 나타난 현상이었다. 물론 이 시기보다 훨씬 이전인 12세기, 13세기의 호시절에도 확대가족이나 프레레슈* 같은 것이 있었다.[74] 그러나 일레르에 따르면 "이 같은 공동체적 가족 형태가 널리 시행된 것은 14세기, 15세기의 경제 위기와 밀접한 관련이 있는 14세기 후반기였다."[75] 사실인즉, 남부 지방을 이론적으로 지배했던 로마법이라고 하는 성문법의 형식주의 아래에서 산간 지방의 고루한 관습법이 중세 말의 경제적 어려움과 사회적 퇴보 때문에 표면 위로 솟아올랐던 것이다. 그래서 먼 과거

72) 반대로 15세기에 그들은 세금과 임대료를 내려줌으로써, 사람들이 떠나버린 황야에 이주민들, 특히 장인들을 받아들이려 했다. 예를 들면 1415년 생-장-드-포에서 그러했다(Cassan, 1907).

73) Hilaire, 1957. 특히 제2권 참조.

* frérèche: 결혼한 형제 부부가 재산을 공동으로 운용하기 위해 함께 사는 형제가족 형태.

74) 같은 책, 218~221쪽에 인용된 1177, 1293, 1317년의 증서.

75) 같은 책, 221~222쪽.

가 물려준 가족 구조는 근대 직전에 뜻밖의 비상을 한 것이다.

몽펠리에 주변 마을에 대한 13세기 말 이래의 공증인 장부가 있다. 그런데 1350년 이후부터 갑자기 이전 세대에서는 거의 시행되지 않았던 부권적인, 혈족적인 또는 형제적인 제도들이 꽃을 피우기 시작했다. 그때 이후 더욱 커지고 더욱 아름다워졌다. 일레르가 인용한 증서를 따라가보자. 부모는 자식들에게 부모 재산의 3분의 1, 절반 또는 심지어 전부를 명의상으로 증여한다(이 같은 법적인 약속으로 아버지는 자기의 모든 재산의 용익권을 명문에 따라 가지며, 결혼한 자식들의 가족들이 함께 사는 집안을 죽을 때까지 지배한다). 그리고 세 가정이 아주 단단하게 접합되어 있는 공동체를 이룬다.

예컨대 1452년, 아버지는 자기의 두 딸을 한 푼 없는 산골 출신의 건장한 두 형제들에게 주었다. 젊은 두 부부는 노(老)부부의 '멍에' 아래에서 완전히 복종하며 얹혀살 것을 약속했다.[76] 사위가 지참금을 가지고 들어온 경우도 있다. 그 지참금으로 늘어난 공동체의 모든 재산에 대한 장인의 권위는 여전히 변함이 없다. 그러므로 확대가족의 공동체적 생활로 지참금 제도가 완전히 변형되고 변질된 것이다.[77] 일레르는 또한 할아버지가 아들, 손녀 그리고 손녀 사위를 지배하는 3세대 공동거주의 경우를 보여준다. 이들은 할아버지와 함께 살아야 할 뿐 아니라(이를 어기면 그 지역 영주에게 벌금을 물었다) 할아버지를 돌봐야 하고, 할아버지에게 복종해야 했다. 조부는 명의상 재산을 이전하고, 그 용익권과 관리권을 소중히 소유했다. 손자들의 배우자들이 염소나 돈으로 가져온 지참금은 집안의 '어른'이 관리하는 가계 공유재산 속에 통합되었다.

땅의 공동 관리에 토대를 둔 15세기의 대가족제도에서 지도와 집행의 역할이 세심하게 분배되었다. 집안의 우두머리인 가장은 '모든 재산에 대한 지배권, 경영권, 관리권, 용익권'을 독차지했다. 아들과 사위들은

---

76) 앞의 책, 373쪽.

77) 같은 책, 230, 231쪽.

이 강력한 영주에게 '존경과 경의와 봉사와 복종'을 맹세해야 했다. 그러면 부권제인가? 항상 그렇지는 않았다. 차라리 나이 많은 세대가 지배하는 제도라 해야 할 것이다. 아버지가 죽으면 어머니가 확대가족의 지배권을 물려받았기 때문이다.

종속 이외에 15세기 가계 제도의 또 하나의 특징은 부모 세대와 자식 세대들의 거의 전적인 혼거(混居)다. 그들은 같은 아궁이와 같은 항아리를 가지고, '같은 빵과 같은 포도주'를 먹고 마셨다. 돈주머니도 하나여서 아버지만 그 끈을 풀 수 있었다. 결혼한 아들도 아버지의 분명한 허락이 없으면 5수 이상의 돈을 지닐 수 없었다.[78] 예컨대 40대가 된 확대가족의 아들은 주머니에 3수밖에 없었다. 아버지의 권위는 그에 상당하는 의무를 동반했다. 아버지는 젊은 부부들을 먹여 살리고, 공동의 곳간과 술저장고를 지혜롭게 관리하며, 필요한 양식을 차질없이 준비할 의무가 있었다. 지배의 기능은 서비스로 되갚는다는 상호성을 내포하는 것이다.

가족 집단의 이 같은 긴밀한 결합은 구성원들 사이에 적대적인 긴장을 일으켰다. 그 긴장은 홀아비가 된 아버지가 재혼하여 집안에 낯선 여자가 들어옴으로써 극적으로 변했다. 어떤 홀아비 가장은 자기와 함께 사는 자녀 부부에게 '새 어머니를 들인다는 협박'을 서슴지 않았다. "너희들이 나를 박대하면 새장가 가는 수가 있어!"라고 세벤 지방의 농민인 위그는 금방 결혼해서 자기와 함께 사는 자식들에게 말했다.[79] 우리 시대의 도미니치(Dominici) 사건*은, 비록 극단적이기는 하지만, 유피테르와 위뷔**가 혼합된, 산간 지방의 가장의 지배 아래에서 사는 것이

78) Hilaire, 1957, 235쪽에 인용된 증서: 특히 1468년의 증서.

79) 같은 책, 1957, 236쪽, 주 1)에 인용된 1408년의 증서.

* 1952년 8월 4일 밤, 프로방스 지방의 엄격한 가부장인 도미니치의 영지 부근에서 일어난 영국인 관광객 일가족 살인 사건. 도미니치의 아들들은 아버지를 살인자로 고발했다.

** Ubu: 렌(Rennes) 지방의 고등학교 학생들이 집단적으로 만들어낸 인물을 알프레드 자리(Alfred Jarry: 1873~1907)가 『왕 위비』(*Ubu roi*), 『사슬에 묶

항상 좋은 것은 아님을 알려준다. 랑그도크의 '대가족'에는 플로리앙*식의 목가(牧歌)가 전혀 없었다. 세벤 지방을 배경으로 한 앙드레 상송의 소설에 나오는 대가족은 증오, 억압 그리고 때로는 근친상간과 범죄로 얼룩져 있다.[80)]

15세기의 몇몇 증서는 심지어 법률적으로 젊은이들의 노예화를 마련해주었다. 그런 증서에 따르면 공동체의 구성원은 어떤 이유로도 그 공동체의 해체를 요구할 수 없다.[81)] 좀 자유로운 다른 증서는 출구를 마련해놓았다. 만일 아버지가 며느리와 아들을 견디지 못해 젊은 부부를 내쫓으면(공증인이 가장의 말을 받아쓰고 있듯이 "내가 너와 네 처를 내 집에서 내보내는 경우"), 문제의 그 젊은 부부는 둘째 아들의 집에 들어가 함께 살았다. 〔……〕 이는 단순한 교체로 보인다. 이 경우는 프레레슈가 가장제(家長制)를 대체했다. 그렇지만 여전히 확대가족의 틀 안에 있는 것이다.[82)]

특별한 조항들은 언제라도 있을 수 있는 집안의 '어른'에 대한 아이들의 반항을 예방하려 했다. 공동체의 증서는 조부의 침대와 그의 식사는 신성하다고 명시했다. 조부의 침대를 팔려고 한다거나 조부의 식사량을 줄이려고 하는 젊은 부부는 불행할진저! 조모의 침대와 이불을 팔려고 하는 손녀는 불행할진저![83)] 중세 말 세벤 지방의 혈족공동체는 공동체 내에 들어온 사위를 그 법에 복종시키려고 했을 뿐만 아니라 여자가 먼

인 위비』(*Ubu encha-îné*), 『단두대 위의 위비』(*Ubu sur la butte*), 『오쟁이 진 위비』(*Ubu cocu*), 『위비 아버지의 예언』(*Almanachs du pére Ubu*)에서 문학적으로 정형화시킨 탐욕스럽고, 어리석고, 사악하고, 비열하고, 우스꽝스러운, 한마디로 엽기적인 인물.

* Jean-Pierre Claris de Florian(1755~94): 랑그도크에서 태어난 작가. 목가적인 소설을 썼다.

80) Barthes(1957, 53~56쪽)는 도미니치 사건의 성격이 우리 사회의 통상적인 규범에 맞지 않음을 잘 보여주었다. 또한 A. Chamson, éd. 1948 참조.

81) Hilaire, 1957, 236쪽에 인용된 1398년과 1492년 강주의 텍스트.

82) 1402년의 증서, 같은 책, 237쪽.

83) 같은 자료(1376년의 증서).

저 세상을 뜨는 경우, 이 홀아비 사위가 새장가를 들어 그와 함께 남편의 옛 장인 장모 집에 들어와 살게 되는 여자까지도 거기에 복종시키려 했다. 그녀는 그들과 아무런 혈족 관계도 없지 않은가! 그렇지만 그녀는 완전히 노예가 되어 그들의 전적인 권위 아래 떨어졌다.

전(前)근대 시기에 있었던 이 같은 공동체의 지배를 이해하는 데에는 지참금 조항이 필수다. 공동체의 경우, 지참금의 진짜 주인은 시아버지였다. 그가 지참금을 받고 관리했다. 그는 대가족의 붕괴(극히 드문 경우)에만 지참금을 자기 아들에게 돌려주었다. 결혼으로 결합되는 확대가족들은 아버지들끼리 지참금을 주고받았다. 15세기 세벤 지방에서, 인류학자들이 마그레브 지방에 있는 확대가족의 특징 가운데 하나로 여기는 지참금의 가역성(可逆性)이라는 전통적인 조항을 찾아볼 수 있다.[84] 루이 11세 시대에 세벤 지방의 가족에서, 사위는 자기의 '지참금 증가분'*을 가지고 왔다. 그는 아내가 죽어서 자기가 그 가족을 떠날 경우 그것을 다시 취할 수 있었다. 그래서 당연히, 지참금을 교환하기 전에, 15세기 몽펠리에 지방의 대(大)농민 가문은 복잡한 협상을 마친 다음 대등하게 젊은 남자와 젊은 여자를 교환했다.

마찬가지로 1350년부터는 특히 세벤 지방에서, 한 주목할 만한 제도가 당시 한창 발전 중이던 대가족 제도의 조건처럼 퍼져나갔다. 그것은 결혼과 동시에 지참금을 가지고 집을 떠난 딸이 가족의 상속권을 포기하는 제도였다. 이 조항의 목적은 아들이나 장남을 위한 조항이 결코 아니었다. 그것은 단지 집 떠난 딸의 상속권을 박탈함으로써 가족의 재산 전부를 부모의 손에 그리고 부모와 함께 살기로 한 결혼한 자식들의 손에 남겨놓으려는 것이었다.[85]

---

84) G. Tillion, 1957 ; Cl. Bourdieu, 1961, 9~35, 118, 119쪽과 전반적으로 비교하라.

* augment de dot : 북부에서는 'douaire'라고 부르며 우리말로는 흔히 과부산이라고 번역한다. 남편이 먼저 죽어 아내가 과부가 될 때를 대비해서 남편이 아내에게 준 돈.

이 모든 조항은 1350~1500년경 가계 제도의 놀라운 강화를 보여준다. 체념하고 사는 자식들에게는 온정주의적이고 숨이 막히지만 보호적인 제도였던 반면, 사랑하는 사람을 따라 떠나는 딸들에게는 가혹한 제도였다. 이렇게 구성된 가계의 결속력은 부부 가족의 경우처럼 확고했다. 가계 역시 해체를 알지 못했다. 1350년과 1500년 사이에 작성된 몽펠리에나 세벤의 공증인 장부에는 이 같은 종류의 공동체 구성과 관련된 증서가 수천 개 있는데, 일레르는 농촌 사회에서 해체의 사례를 한 건도 찾지 못했다(오직 한 경우가 있었는데, 그것은 1373년에 몽펠리에의 도시 지역에서 일어난 일이다). 확대가족 제도 안에서는 늙은 부부와 젊은 부부가 평생 서로 의지하며 고락을 함께했다.

확대가족을 세우는 데 유리하게 작용한 요인은 더욱 강화되어 1350~1550년 사이에 수많은 프레레슈를 만들어냈다. 이것은 아버지가 죽은 뒤에 형제들이 영지를 공유하고 공동 경작하는 제도다. 물론 프레레슈는 묵시적이로든 아니면 명시적으로 계약을 했든, 남부에서 오래전부터 시행되어온 제도다.[86] 그러나 15세기 랑그도크가 그것에 새로운 활력을 불어넣으면서 절정을 맞았다. 용어(affrairamentum) 자체가 1420년에 확실히 정착했다. 특징을 보여주는 조항도 마찬가지였다. 자기들의 영지 중 절반을 상징적으로 상호 증여한(ad media bona) 형제들 사이의 재산공동체,[87] 형제 가족들의 공동생활, 같은 빵과 같은 포도주, 공동의 이익과 손실…… 심리적 차원에서 보면 죽은 아버지의 그림자가 재산의 공유 속에서 함께 살아가는 형제들의 결합된 가정 위에 계속 드리워지는 것이다. 게다가 필요한 경우, 마을 영주는 고인이 된 아버지의 유언을 지키게 하고, 가족 재산을 일방적으로 나눠 가지려는 아들의 반항적인 태도를 저지하는 책임을 맡았다.[88] 공동생활은 더 나아가 불, 짚더

---

85) Hilaire, 1957, 356~361쪽.

86) 같은 책, 1957, 250~252쪽에 인용된 12세기의 두 텍스트.

87) 같은 책, 257쪽.

88) 1465년 세벤의 영주가 농민에게 내린 판결: 같은 책, 258쪽.

미, 빵, 항아리, 식탁, 돈주머니, 부채 등 모든 것을 공유했다. 프레레슈의 돈을 두는 돈궤도 하나뿐이었다. 형제들은 각자 열쇠를 하나씩 가지며, 각자의 주머니 돈은 5수로 제한했다. 형제 중 한 명, 일반적으로 맏형이 방향타를 쥐며, 공동 가족의 관리자 자격을 가졌다.[89] 물론 며느리들의 지참금은 전체 재산으로 흡수됐다. 지참금은 결합의 파괴라는, 거의 있을 수 없는 경우에만 되돌려질 수 있었다. 프레레슈의 청산을 보여주는 텍스트 역시 아주 드물다. 프레레슈는 평생 가는 것이었다. 형제들 각자에게, 배우자들과 자녀들 모두에게 중대한 약속이었다.

프레레슈의 전형적인 고장인 15세기의 세벤에서는 형제애가 사회생활의 근본이 되었다. 형제애는 다른 모든 관계를 오염시켰다. 친구와 친구가 형제를 맺으며, 딸이 자기 아버지와 형제를 맺었다! 이것은 이익의 관계와 구분이 어려운 애정 관계였다. 1446년 알레스의 장 레의 경우가 그러했다. 그의 부인이 그를 떠났다. 그녀는 "나쁜 여자였다." 다행히 레에게는 콜라라는 절친한 친구가 있었다. 레는 그를 좋아했다. 콜라도 그를 좋아했다. 부부 관계는 실패했지만 열정적인(이 경우도 어떤 다른 경우와 마찬가지로 애매성이 없지 않은) 남성간의 우정이 둘을 묶어놓았다. 레와 콜라는 그렇게 프레레슈를 이루었다. 그들은 각자 재산을 모두 내놓고 땅을 공동 경작했다. 만일 레의 부정한 부인 마르그리트가 '그들과 함께 살기 위해' 돌아와 '착한 아내'로 살려 했다면 두 남자는 이해한다고 약속했을 것이다. 그들은 그녀를 그들의 가정에 받아들였을 것이다. 그들은 용서했을 것이다.[90]

1440년부터 형제애에 대한 열광이——부부 관계를 감염시키면서까지!——세벤뿐만 아니라 제보당, 블레, 루에르그 일대에 퍼진 듯하다.[91] 이제 이 지역 일대에서는 부부 사이의 프레레슈가 늘어났다. 젊은 부부는 프레레슈의 모든 전형적인 책무를 졌다. 재산, 생활, 공동 노동, 배우

89) 앞의 책, 1957, 262쪽; 그리고 뒤늦게 Segondy, 1949, 318쪽.
90) 같은 책, 1957, 272쪽.
91) 같은 책, 1958.

자 각자가 지닐 수 있는 5수의 쌈짓돈을 제외한 공동 돈주머니. 부부 프레레슈의 특별 조항을 보면 성실 의무의 상호 준수와 남편은 아내에게 괜찮은 옷을 입힐 의무가 있었다. 이렇게 프레레슈를 맺은 젊은 부부는 형제들처럼 '낮과 밤으로' 서로에게 봉사할 것까지도 약속했다!

중세가 거의 끝날 무렵, 랑그도크의 세벤 지방에 가부장적이건 형제애적이건 확대가족이 다시 세워진 것은 인류학사상 커다란 사건이다. 그것은 아주 일정한 시점에 있다. 그것은 이런 종류의 계약이 갑자기 불어나기 시작한 1350년경에 시작되어 1450~1510년경 절정에 이르렀다. 1550~60년 이후에는 가족공동체나 프레레슈에 대한 강주 지방 공증인의 기록이 다시 희귀해지며, 몽펠리에의 공증인 기록에서는 거의 찾아볼 수 없게 된다. 그 제도가 완전히 소멸된 것은 아니다. 그러나 그 이후에는 아주 미미하고도 사소한 역할을 했을 뿐이다. 그 제도는 겨우 명맥을 유지하는 정도였다.

조르주 뒤비는 부르고뉴 지방에서 10세기와 서기 1000년의 위기가 정치적 · 사회적 위계질서의 전반적인 붕괴 속에서 어떻게 가계제도를 일시적으로 재생시켰는지를 보여주었다.[92] 다소 유사한 방식으로, 14~15세기의 심각한 위기는 남부 프랑스와 중앙 산악 지대에 확대가족제도를 마지막으로 강력하게 부활시켰다. 일시적이지만 전반적인 부활이었다. 캉* 부근 클뤼크에서 열 부부, 70명의 식구가 함께 산 경우를 확인했는데, 그것은 바로 그 시기인 1484년의 일이 아니었던가?[93]

이러한 현상을 오직 경제적 · 조세적 · 사회적 고찰만으로 설명하는 것은 지나치게 단조롭다. 우선 15세기의 불안, 그리고 그 때문에 생긴 절박한 안전 욕구가 가족의 원형으로의 전반적인 회귀를 설명해준다. 거의 와해된 왕국, 언제나 허약하기만 한 영주 등은 개인이 필요로 하는

---

92) Duby, 1953, 263~281쪽.

* Caen: 프랑스 북서부 노르망디 지방의 도시.

93) Clamagéran, 1857, II, 75쪽; M. Bloch, 1931, I, 170쪽; Esmonin, 1913, 81, 82쪽.

물질적 · 정신적 보호를 제공해주지 못했다. 유명한 말을 인용하면,[94] '국가의 리비도 구조들'이 영국과 전쟁을 하는 동안에 붕괴되었거나 무력함을 드러냈다. 물론 개인은 아버지에게 품는 사랑과 막연하게 닮은, 존경과 두려움이 뒤섞인 먼발치의 사랑을 왕에게 품을 수 있다.[95]

그러나 이제 그는 그러한 애정과 복종의 대가로 그의 조상들이 누리던 정상적인 반대 급부들, 예컨대 질서, 평화로운 노동, 안전 그리고 법의 준수가 보장해주는 상호 이익을 받지 못할 것임을 안다. 그러면 사람은 애정 관계에서나 법적인 형식에서나 최초의 자연적인 보호자인 아버지-가장 또는 그를 대체하는 존재인 장남을 다시 평가하게 된다. 그래서 프레레슈나 공동체의 문서들에 보이는 형식적인 불일치를 즐겨 지적하는 순수 법학자들은 그 문서들이 사실은 법규의 절대적인 명령에 부응하는 것이 아니라 보이지 않는 동기──그 내용이 언제나 완전히 의식적인 것은 아닌──에 부응하는 것임을 잊었거나 의도적으로 무시하는 것이다.[96]

그렇지만 아무리 근본적이기는 해도 심리(心理)가 모든 것을 설명해주지는 못한다. 이 같은 비대한 가족 단위의 일시적인 유행이 근대의 비약적인 인구 증가 이전에 만연했던 '버려진 마을들' 그리고 인구 감소의 특별한 조건들과 관계가 있다는 것은 이론의 여지가 없다. 15세기에 프레레슈가 버섯처럼 번진 곳은, 그것을 연구한 역사가들에 따르면, 산간지방(세벤, 블레, 오베르뉴, 그리고 케르시의 산자락, 페리고르와 리무쟁, 오트-프로방스와 도피네)이었다.[97] 지역적으로는 개간사업이 힘들고 수익성이 별로 없는 곳으로 거주지들이 떨어져서 흩어져 있는 지역

94) Freud, éd. 1962, 42쪽.

95) 이 장기지속적인 사랑의 방식에 대해서는 P. Goubert, M. Denis, 1964, 39~50쪽에 인용된, 후기의 것이기는 하지만 중요한 텍스트를 보라.

96) 예컨대 Aubenas(Hilaire, 1957, 297쪽에 인용).

97) Aubenas, 1933 ; de Ribbe, 1898, 387~389쪽 ; Hilaire, 1957, 224, 229, 236, 242쪽 ; A. Dumas, 1908 ; M. Juillard, 1951, 61쪽.

들이었으며, 시기적으로는 15세기의 인구 감소와 실질임금의 상승을 고려하면 노동력이 부족하고 비싼 시기였다. 1420~50년경, 산간 지방에 있는 대농가의 그런 선택은 극적인 것이었다. 왜냐하면 일꾼들을 고용하고, 자본을 마련하고, 많은 돈을 거두어들이고 해야 할 텐데 한 쌍의 부부가 그런 일을 하기는 불가능했기 때문이다. 생각도 할 수 없는 일이었다. 그렇다면 포기하든지 아니면 산간 지방에서의 경작을 계속하는 데 가장 낡았지만 가장 효율적인 형태에 의존하지 않을 수 없었다. 그것은 임금 없이도 노동을 안정적으로 무상 공급해주는 대가족이었다. R. 오브나가 잘 보여주듯이 15세기 남부 프랑스의 척박한 산지에서 사람들의 작은 섬을 유지하게 해준 것은 바로 프레레슈였다.[98] 그뿐만 아니라 1467~1508년경, 과거에 버려진 땅을 회복하려는 최초의 시도를 가능하게 해준 것도, 새로운 개간지를 더욱 넓혀갈 수 있게 해준 것도 바로 프레레슈였다. 그러다가 마침내 인구 팽창과 노동력 증가가 산간 지방의 땅에 또다시 확연하게 드러나는 1550년 이후가 되면, 세벤이나 비바레 지역의 억압적이고 형제애적인 대가계는 자신의 역사적인 역할을 마치고 쇠퇴하면서, 핵가족에 의한 소규모 경작이나 세르가 권장하는 자본주의적 방식으로 경작되는 대농에게 자리를 내준다.

지대의 불행

이제 (토지 소유에 이어 농업 생산의 기본 단위인 농민 가족을 통해) 근대 직전의 토지 경작 문제를 제기하려 한다. 언제나 그러하듯이, 한 시기를 조감하고 특징을 집어내도록 해주는 것은 동일 영지나 동일 유형의 임대계약서를 시대에 따라 비교해보는 것이다.

400년 동안(1380~1780)의 회계장부와 임대계약서를 잘 간직해둔 베지에의 생-나제르 참사회 소유 영지로 가보자. 16, 17, 18세기에 걸쳐 이들 영지는 곡물 지대나 화폐 지대로든 아니면 반타작(50퍼센트의

98) Aubenas, 1933, 478~524쪽, 특히 495쪽과 주 5).

곡물)으로든 차지농에게 임대되었다. 그런데 14세기 말의 베지에 참사회원들은 덜 까다로웠다. 1384년과 1389년에 그들의 차지농이었던 자크 보스리 드 빌뇌브, 피에르 고슬랭, 목동(牧童) 에르망가르, 아귈롱, 브델 그리고 파스트르 등은 그들에게 수확물의 5분의 2밖에 바치지 않았다.[99] 높지 않은 이 비율은 기름진 평야에 자리 잡아 그야말로 곡물 공장이라 할 수 있는 생-피에르 농가에서도 마찬가지로 확인된다. 거기서 멀지 않은 곳에는 빌라르 또는 비알라의 대농가 또는 바스티드*가 솟아 있다. 1393년, 여유 있는 농민인 에티엔 레노는 이 쾌적한 영지를 수확물의 4분의 1만 바치는 계약으로 임차했다.[100] 그의 후임인 1397년의 계약자도 마찬가지였다.[101] 그러나 16세기의 농민들, 예컨대 1544년의 앙투안 페타뱅이나 1587년의 피에르 빌뇌브는 비알라를 반타작 소작 계약으로 임차했다.[102] 그들은 샤를 6세 시기의 전임자들을 부러워했을 것이다. 미친 왕의 시대**에는 지주들이 불평했을 것이다. 당시의 지주들은 프랑수아 1세***나 앙리 3세 시대****처럼 수확물의 절반이 아니라 4분의 1밖에 받지 못했기 때문이다.

15세기가 되었다. 지주는 계속 잃는 반면, 경작자의 입지는 좋아졌다. 생-피에르의 좋은 땅의 경우 1393년에는 땅주인에게 수확의 5분의 2를 바쳤지만, 1413년에 이르면 3분의 1만 바쳤다. 생-나제르의 참사회원들은 30가마의 수확물 가운데 16세기에는 15가마, 1393년에는 12가마, 1413년에는 10가마밖에 되돌려 받지 못했다. 1413년의 불쌍한 참사회

99) ADH, G 66, f°s 13 이하와 14-9-1384와 7-9-1389의 임대계약서.

* bastide: 남부 프랑스의 농가.

100) 같은 자료, 22-8-1393.

101) 같은 자료, 22-8-1393과 6-1-1397의 임대계약서: "de fructibus dare quartam partem."

102) ADH, G 195(1544년); G 886(1587년).

** 샤를 6세. 1380~1422.

*** 1515~47.

**** 1574~89.

원들! 그들의 차지농인 그라시와 브리옹은 한참 후인 1595년의 후임 차지농 앙투안 보네보다 유리했던 것 같다. 보네는 생-피에르의 같은 영지에 대해 정말 50퍼센트를 바치기로 계약한 반타작 소작농이었던 것이다.[103)]

1430년, 그곳에서 4리 정도 떨어진 나르본 지방의 더 좋은 땅으로 가보자. 가장 비옥한 땅('콩다민'*)도 수확물의 4분의 1만 바쳤다.[104)] 랑그도크 서부의 또 다른 곡창 지대인 로라게에서는 1350~1450년 사이에 "경작자가 지주에게 수확물의 3분의 1 이상을 내는 경우가 드물었다. 경작자는 대체로 4분의 3이나 5분의 4를 차지했다"고 월프는 말한다. 그에 따르면, 그것은 '경작자에게 아주 유리한 제도'였다.[105)] 15세기, 케르시에서 반타작 소작농은 3분의 2, 4분의 3, 때로는 6분의 5까지 차지했다. 엄격한 반타작 소작이 일반화되는 것은 16세기 초다.[106)] 코트 뒤 론 지방의 포도밭에서 1470년경까지, 현물 지대를 바친 포도재배자는 포도밭 주인에게 수확한 포도 3통이나 4통 가운데 한 통만을 냈다. 절반을 내는 것은 1470년 이후,[107)] 특히 16세기의 일이다.

이 형편없는 지대를 형편없는 수확 탓으로 돌릴 수 있을까? 포도의 경우, 그렇게 보이지는 않는다. 랑그도크에서의 곡물 생산 기술과 농업 생산성은 14세기에서 17세기 사이에 거의 변하지 않았다. 1384년 베지에 지방의 임대계약서와 조사 목록은 토지 실태를 전형적으로 언급하고 있다. mi-garach, mi-rastouilh, 즉 2년 윤작이라는 말은 1542, 1615년 또는 1780년에도 동일한 땅에 대한 문서에 그대로 나타난다.[108)]

---

103) ADH, G 66; G 198, f° 51, 14-4-1585.

* condamine: 부르고뉴나 도피네 지방의 영주 직영지로 봉건 부과조가 면제된 땅. 또는 남부 지방의 특히 비옥한 땅.

104) AC Narbonne, BB 55, 9-3, 12-3-1430.

105) Wolff, 1954, 176, 225, 226쪽.

106) Latouche, 1923, 108, 109, 215쪽.

107) 쇼보 자료집, 5959.

108) ADH, G 66, f° 13; G 194; G 201, f° 32 등등.

생산성의 또 다른 요인인 쟁기질의 경우, 샤를 6세나 샤를 7세 시대의 차지농들은 신성동맹이나 프롱드 난 시대의 차지농들만큼 쟁기질을 했거나 조금 더 많이 했다. 생-피에르의 에르망가르와 보스리는 1384년에 7번 쟁기질을 했다. 아귈롱, 브델 그리고 파스트르는 1389년에 9번 쟁기질을 했으며, 그라시외 브리옹은 1413년에 8번 쟁기질을 했다. 모두 생-피에르에서의 일이다. 16세기와 17세기의 농민들은 이보다 낫지 않았다.[109)]

4세기의 간격을 두고 생-피에르 소작지에서의 실제 수확을 비교해보자. 1380년 낟알 털기가 끝난 뒤 이 영지의 총 곡물 수확량은 1,735스티에로 그중 밀이 741스티에, 보리가 371스티에, 귀리가 623스티에였다. 1771년에도 100스티에 정도의 차이를 보일 뿐 거의 동일했다. 총 수확량은 1,635스티에로, 밀이 1,096스티에, 호밀이 247스티에, 귀리가 292스티에였다. 호밀이 보리를 밀어낸 것이다…… 그러나 수확한 곡물의 총량은 백년전쟁 시기나 프랑스 대혁명 직전이나 변함이 없었다.[110)]

토지의 비옥도나 생산성은 별로 변함이 없었다.[111)] 생산은 일정했다. 그러나 생산의 분배는 분명히 달라졌다. 근대에는 지주에게 유리한 쪽으로 변했다. 반대로 중세에는 경작자에게 유리했다. 무엇이 원인일까? 적어도 한 가지 이유는 잘 알려진 것이다. 인구가 부족한 세계에서 수많은 경작 가능한 토지가 놀고 있었기 때문에 원하는 사람에게는 모두 토지를 제공했다. 땅주인은 자신의 규칙을 강요할 입장이 아니었다. 사회는 땅이 넘쳐났던 반면 일손은 부족했던 것이다. 그래서 경작 후보자가 자신이 원하는 조건을 내세웠으며, 수확물을 분배하는 문제도 주인들에

---

109) ADH, G 66, 7-9-1389, 23-9-1413; Aude G 31, f° 331, 1535년의 경지 조사 목록; Aude G 32, f° 326 v°; 1553년의 같은 자료; Aude G 34, 31-5-1586; 사레(Sarret)의 문서들: 1503년 11월 16일과 1569년 9월 5일의 경지 조사 목록.

110) ADH, G 66, f° 9 v°, 1380년 생-피에르의 '수확량'(recepte); 같은 자료, G 1040, 1771년 생-피에르의 수확량.

111) 다음에 다시 이야기할 1750년 이후의 변화에도 말이다. An. 30.

게 불리하고 자신들에게 유리한 쪽으로 바꾸었다. 임차인이 임대인을 이긴 것이다.

그렇기 때문에 15세기의 지주들은 불편했다. 물론 그들의 영지는 전반적인 토지 재통합 덕분에 커져갔다.[112] 그러나 그 과정에서 이익을 얻으려면, 넓은 토지 덕분에 더 잘 살려면 그들이 직접 경작하는 데 나서서 지주의 형편없는 임대료와 경작자의 막대한 수입을 함께 챙겨야 했다. 이제 그들은 지주——임대자의 신분을 벗어나 지주——경작자가 되어야 했다. 그들은 후자의 신분을 마다하지 않았다. 라 바스티드-르동드와 베딜랑에 큰 농장을 가지고 있던 나르본의 참사회원들을 보라. 1550년 이후 그리고 17세기에 이 농장들은 자주 소작이나 반타작 소작으로 임대되었다. 그러나 15세기에는 그와 달리 지주가 직접 경영하는 경우가 우세했다. 참사회원들은 수확일꾼들을 모집해서 그들에게 목초를 말리고, 밀대를 자르고, 묶고, 낟알을 털고, 치게 했다[113](그들이 이 같은 진부하고 굴종적인 일에서 벗어나 그것을 차지농에게 넘긴 것은 소작료가 올라서 소작료만으로도 만족할 수 있게 되는 1550년 이후와 17세기다).

루이 11세 시대,* 이들 참사회원들과 농업 노동자들 사이에는 차단막이 없었다. 벨이라고 불리던 십장이 명령의 전달을 맡았다. 1478~82년, 라 바스티드의 십장 이름은 베로 크로사였고, 베딜랑의 십장은 기욤 발디였다. 십장의 지휘권은 크게 제한되어 있었다. 그는 경작하고, 부인은 요리를 했다. 중요한 것은 참사회원들의 '손안에' 있었다. 참사회원들이 회계장부를 관리했으며, 십장과 일꾼들에게 매년 밀, 기름, 소금, 포도주, 포도찌끼와 함께 임금을 주었다. 십장은 우두머리 일꾼에 불과했다. 말하자면 일꾼처럼 임금을 받는 일자무식의 농경 하사관이었던 셈이다.

---

112) 이 책, 제1권, 275쪽 참조.

113) Aude G 29, 1478~85년, f°s 11, 51, 56, 198, 213 v° 등등.

* 1461~83.

다른 예를 보자.[114] 나르본에서 몇 리 떨어진 베지에 참사회원의 영지로 가보자. 16세기와 17세기의 지주들은 모든 소작지의 경영을 자본주의적 유형의 고정 지대를 내는 대차지농에게 맡기고 순수한 지대 취득자로서 살아갈 것이다. 그러나 그 이전에는, 그러니까 지주들이 회계관리를 하던 1379~1413년경에는 그런 태도를 찾아보기 힘들다. 간접 경영의 최종 형태인 고정 지대 소작제는 당시에는 다섯 개의 영지 가운데 하나에서 겨우 찾아볼 수 있을 정도로 간헐적인 것이었다. 아밀라크는 1395년에 4년간 매해 40프랑을 받는 조건으로 장 몽타냐크에게 임대되었다. 다른 경작지들은(생-피에르와 빌라르가 1380년과 1390년에 그랬듯이) "참사회원이 직접 씨를 뿌리는" 식으로 직접 경영되든지, 아니면 현물 지대를 내는 수많은 일꾼들에게 분배되었다. 후자도 직접 경영과 가까운 영농 형태인데, 왜냐하면 이 경우에도 지주는 경작을 위한 투자, 위험, 관리 등에 관계하기 때문이다.

이렇게 1350~1480년의 인구의 최저 수위가 일으킨 결과를 확인했다. 그것은 한편으로는 지주의 땅을 넓혀주었으며, 다른 한편으로는 직접 경작자의 수확 몫을 늘려주었다. 이러한 조건에서, 승리자는, 가장 손해를 덜 본 사람은 일반적인 지주가 아니었다. 다시 말해 지대를 취득하는 지주가 아니라 직접 경영에 나선 지주였다. 그는 진짜 농민일 수도 있고 귀족, 사제, 부르주아로서 직접 자기 영지를 관리하는 지주일 수도 있다.

*

그러면 전근대 사회에서 이러한 조건들은 농촌 자본주의의 발전에, 다시 말해 "땅을 소유하지 않고" 대신 다른 사람의 영지를 경작하기 위해 "돈주머니에 돈을 가지고 있는"[115] 농업 경영자인 대규모 차지농 계

114) ADH, G 66.

급의 발전에 유리하게 작용했을까? 그렇지는 않은 것 같다. 다시 베지에 부근에 있는 생-피에르의 대영지로 가보자. 16세기와 17세기에 그곳에서는 벌써 프랑수아 케네*가 중요하게 생각한 대규모 경작의 몇몇 특징(아직 완전하지는 않지만)이 관찰된다. 본당 사목구의 유지인 대차지농은 수십 마리의 소와 노새 그리고 수백 마리의 양떼를 가지고 농사를 지었다. 그는 매해 수천 스티에의 곡물을 생산했다. 그런데 임대계약의 부분 자료들을 종합해보면, 한두 세기 전 생-피에르 영지의 상황은 이와 같지 않았다. 토지 소유는 하나로 통합되어 있었지만 경작지는 잘게 나뉘어 있었다. 1389년, 7헥타르를 4년간 세 명의 경작자가 나누어 임차했다. 1393년, 11헥타르를 또다시 7명의 경작자가 여전히 4년간 분할 임차했다(곡물 수확의 5분의 2 임대료). 마지막으로 1413년, 전체 영지가 7분되어 7명의 경작자에게 수확의 3분의 1로 임대되었다. 그라시외 브리옹, 앙투안 마지스테르, 미셸 앙드레, 피에르 라크, 장 카사뉴, 자크 크뤼블리에르, 앙드레 쇼프. 이들은 모두 이웃 본당의 소농이었다.[116] 그들은 6년 동안 어떤 사람은 30스테레를, 어떤 사람은 10스테레를, 어떤 사람은 6 또는 8스테레를 임차했다. 그들은 돈도, 농기구도 없었다.

참사회는 그들 가운데 몇몇 사람에게 쟁기, 무거운 철제 레유, 땅을 쟁기질할 한 쌍의 소를 6년 상환 조건으로 외상으로 16리브르에 팔지 않을 수 없었다. 그런 사실을 1391, 1397년의 '빌라르의 농가'(비알라)에서 확인했다. 7명의 경작자들이 그해에 영지를 4분의 1의 현물 지대로 4년간 임차했다. 반대로 프랑수아 1세, 쉴리 또는 루이 13세 시대에는 책임 경작자인 차지농 한 명이 비알라의 지휘권을 쥐었다. 그는 지주 다음의 유일한 우두머리였다.

그런데 이미 15세기부터, 대규모 경작을 위한 모든 조건이 이론적으

---

115) Serres, I, 8.

* François Quesnay(1694~1774): 농업만이 부의 원천이라고 주장한 프랑스의 중농주의 경제학자.

116) Villeneuve-lès-Béziers(이 모든 것은 ADH, G 66, 인용된 기록 참조).

로 갖추어져 있었다. 생-피에르와 비알라에서 확인되는, 갈로-로맹* 시대의 옛 빌라나 영주의 직영지에서 물려받은 것으로 여겨지는 대규모 영지들, 넓은 농장 건물들. 중세 말의 대규모 경작에 부족했던 것, 그것은 땅도 아니고 돌도 아니었다. 그것은 돈이었고 사람이었다. 부유하고 대담한 대규모 경작농 계급이 없었던 것이다.

이 계급──17세기의 루이 13세와 마자랭 시대에 이르면 중요한 역할을 하게 될──의 허약함에 대해서는 언제나 그런 것처럼 비교 연구가 중요 증거를 제공한다. 농촌의 자본주의자들은, 근대의 그들의 전성기에는, 농업 경영자가 되었을 뿐만 아니라 동시에 확실한 이익을 보장해주는 십일조 징수 임차인이 되었다. 그들은 마을의 십일조를 3년, 4년 또는 6년 기간의 계약으로 징수하면서 성직자에게 현금으로 임대료**를 지불했다. 생-나제르 참사회의 1558년 수입장부를 참조해보자.[117] 현물을 받기로 계약된, 베지에 근교 농지에서 징수한 포도주, 식용유, 밀 등 '대(大)십일조'***는 따로 분류되었다. 이것은 농장의 현물 소작료와 함께 참사회의 곳간과 지하실 및 '항아리들'을 채우고 참사회원들의 일상 소비를 충족시키는 데 쓰였다. 나머지──즉 생-나제르가 십일조를 부과한 시골의 모든 마을이나 수도원 부속 농장(prieuré)의 십일조──는 모두 3년이나 5년 동안 현금으로 받기로 계약되었다. 베지에 지방의 마을 수는 모두 22개였다. 각각의 수도원 부속 농장은 연간 최소 1천 리

---

* Gallo-Romain: 로마의 갈리아 정복 이후 세워진 로마인들과 갈리아인들의 혼합 문명.

** fermage: 여기에서는 십일조 징수 임차인이 자기의 수수료를 제하고 성직자에게 내는 십일조로 판단된다.

117) ADH, G 883.

*** 신자들은 원칙적으로 모든 소득의 십분의 일을 십일조로 내게 되어 있다. 소득의 종류에 따라 십일조는 세 가지로 구분되는데, 곡물이나 과일 같은 토지 수확물에 대한 농산물 십일조, 수공업이나 상업 같은 직업 소득에 대한 인적 십일조, 그리고 축산물이나 사냥, 낚시 등의 소득에 대한 기타 십일조가 그것이다. 이중 농산물 십일조를 대십일조, 나머지 둘을 소십일조라고 부른다.

브르로 징수인──농민, 장인 또는 사제──에게 임대되었다. 그는 위험을 감수할 수 있어야 할 뿐만 아니라 신용도 있고 여유자금도 있어야 했다. 이러한 구조는 그후 더욱 견고해졌으며 프랑스 대혁명기까지 지속되었다. 예컨대 1743년, 23개의 수도원 부속 농장(목록은 200년 전과 거의 동일하다)의 십일조를 징수하는 권한은 과거와 대동소이한 조건으로 대농, 장인, 곡물상인 들에게 수년간 현금 임대료 방식으로 임대되었다.[118]

그 같은 관리 방식이 몇몇 자본주의적 요소를 유서 깊은 십일조 제도의 한가운데로 끌어들였으리라는 것은 의심할 여지가 없다. 우선 십일조 징수 임차인들이 내기로 약속한 돈 액수의 크기로 그러했다. 그 액수는 23개 수도원 부속 농장에서 1558년에는 8천 리브르, 1742년에는 3만 1천 리브르였는데, 이는 한 캉통*의 전체 농업 소득 가운데에서 무시할 수 없는 부분이었다.[119] 그러나 특히 자본주의적 요소라 할 수 있는 것은 16세기부터 18세기까지 십일조 징수 임차인들과 참사회원들을 연결시키는 계약 조건이다. 사실 경제 주체인 십일조 징수 임차인들은 가장 원시적인 방식으로 징수되던(10단 중 1단) 현물납을 화폐 유통으로 변형시켰다. 그들은 밭에서 십일조의 볏단을 거두어들인다. 그런 다음 일꾼과 노새를 동원하여 낟알을 턴다. 십일조 곡물을 보관한다. 그것을 판매한다. 그것을 에퀴 주화로 현금화한 다음 일부를 참사회원들에게 낸다. 그들은 수확의 변동에 따라 변하는 현물 수입을 그런 식으로 현금 수입으로 전환시킨 다음, 두 부분으로 나누었다. 큰 쪽은 참사회에 되돌아갈 고정 임대료이고, 작은 쪽은 변동하는 수입으로서 비용을 지불하는 데 사용하며, 남는 것은 이익의 형태로 자본을 보상해준다.

사실 이 이익은 위험의 대가다. 십일조 징수 임차인들은 다가올 3년, 5년 또는 6년 또는 10년 동안 1년에 500, 1,000 또는 1,500리브르의 금

118) ADH, G 876, 수도원 부속 농장의 리스트.

* canton: 코뮌보다 큰 행정 단위.

119) ADH, G 875, 876, 883.

액을 사전에 약속했다. 그들은 한 해만 수확이 나빠도——그런 일은 비가 언제 올지 모르는 이 지역에서는 늘 있는 일이다——기대 이익이 날아갈 뿐만 아니라 주인에게 주기로 약속한 돈을 자기 주머니에서 꺼내야 한다는 것을 알고 있었다. 그런 위험을 감수하려면 개인적인 자본이 있거나 어려운 지불 기한을 이겨내도록 해주는 신용이 있거나 해야 했다. 또한 십일조로 받은 생산물을 판매할 수 있도록 시장경제에 접근할 줄 알아야 했다. 1775년 1년에 1만 2천 리브르를 내기로 하고 그 지방의 십일조를 5년 동안 징수하기로 임차계약을 맺은 메랭비유의 '관리인' 조세프 피낭은 자본주의자에 속하지 않을까?[120] 또는 1558년부터 1년에 1천 리브르의 조건으로 방드르의 수도원 부속 농장의 십일조를 3년 동안 계약한 기욤 마고도 그렇지 않을까?[121] 이러한 모든 요소——목돈의 순환, 이익, 위험, 신용——가 십일조라는 교회 제도를 변형된 경제 사이클 안으로 들어오게 한 것이다.

그러나 1380~1480년경에는 그렇지 않았다. 16세기와 18세기의 십일조 징수 구조는 아직 등장하지 않았다. 십일조 징수 임대차 방식은 여전히 초보적이어서 1550년 이후 널리 시행될 그러한 방식과는 달랐다. 일정하고 편리한 고정 화폐 임대료 대신 해마다 수확에 따라 변하는 곡물로 지불되었다. 돈자루나 돈가마니가 아니라 밀을 실은 노새가 해마다 평원의 큰 마을을 떠나 생-나제르 성당으로 향했다.[122]

이렇듯 화폐경제는 참사회원들에게는 아니라 하더라도(이들은 자기들이 받은 곡물을 돈을 받고 되팔 수 있었다), 1384년의 임차인들처럼 고정 화폐 임대료를 기피하여 직접 현물로 지급하던 사람들에게는 잘 스며들지 못했다. 게다가 돈이 없고 조심스러운 임차인들은 위험을 최소화하려 했다. 베지에 지방과 나르본 지방의 십일조 징수 임대차는 1384년과 1485년 사이에는 1년 단위로(3, 4년 또는 6년씩 계약하는 1525년 이

120) Aude, G 51.
121) ADH, G 883.
122) ADH, G 66; Aude, G 29(대부분의 임대계약서).

후와는 달리) 계약되었다. 그리고 특히 조심성을 잘 말해주는 것은 1380~1480년경의 임대차 계약은 수확 며칠 전에야 이루어졌다는 사실이다. 이때가 되면 마지막 시기의 우박만 아니면 그해의 일정한 수확은 좋든 나쁘든 보장받은 셈이었다. 베지에와 나르본 지방에서의 계약은 수확 바로 직전에 이루어지기 때문에 계약일자를 통해 수확 시기를 어림할 수 있을 정도다. 예컨대 조기 수확이 있던 1385년에는 마을들의 현물납 계약이 5월 말에 이루어졌다.[123] 수확이 늦은 해에는 6월 중순쯤 이루어졌다. 밀 베기와 계약이 이루어지기 직전, 십일조 징수 임차 후보자들은 땅을 돌아보고 예상 수확을 가늠한 다음, 위험하지 않은 정도의 임차료를 참사회에 제시했다. 그들은 최대한의 안전을 도모한 것이다. 가뭄 때문에 망쳐버릴지도 모를 수확에 대해 어떤 사람은 5천 리브르를 어떤 사람은 1만 리브르를 4년 또는 6년씩 지불하기로 '미친 듯이' 미리 계약을 한 16세기, 17세기의 동료들과는 얼마나 다른가. 그들은 이득을 얻기 위해 위험을 자진해서 감수한 것이다. 이는 십일조 징수를 임차한 농촌 부르주아지의 근대적이며 이미 자본주의적인 정신이다. 농지에서와 마찬가지로 십일조에서도, 현금과 신용과 용기가 빠진 15세기의 조심스런 농민들에게서는 결코 그 같은 흔적을 찾아볼 수 없다.

물론 중세 말 이후 랑그도크에서 자본주의적 방식의 차지농을 몇몇 확인할 수는 있다. 1395년 9월 8일, 장 몽타냐크는 1년에 40리브르의 조건으로 아밀라크의 방대한 농장을 4년간 임차했다.[124] 그렇게 그는 대규모 농업 경영자로 행동한 것이다. 그러나 그런 종류의 사람들이 불어난 것은 한참 뒤의 일이다. 15세기와 16세기 또는 17세기에 십일조와

---

123) 아주 특징적인 사례인, 임대계약과 수확 사이의 마지막 순간에 내린 우박에 대해서는 Aude G 29, f° 50, 1628년 6월. 조기 수확의 해와 만기 수확의 해에 대해서는 ADH, G 66: 베자노의 임대계약, 1385년 5월 30일; 프레포지투스의 임대계약, 5월 28일; 그라상의 임대계약, 5월 31일; 바상의 임대계약, 6월 2일; 마로상의 임대계약, 6월 2일; 그러나 1386년에는 마로상은 6월 4일, 세르는 6월 28일, 프레포지투스는 6월 10일……

124) ADH, G 66(1399년에 취소된 증서).

베지에의 마을들*	십일조 임대	
	1384년	1558년
	곡물 스티에	리브르 투르누아
세르	214	220
바상	204	335
마로상	260	350
팔레	123	400

*ADH, G 66; G 876.

십일조, 농장과 농장, 마을과 마을을 비교해볼 때마다 확인할 수 있는 사실은, 자본주의적 임차는 그것이 십일조건 농장이건 근대의 여명기에는 아직 유아기에 머물러 있었다는 사실이다. 15세기 경작자들의 역설, 그들은 때로는 통합된 꽤 넓은 토지를 관리했지만, 17세기의 경작자들과는 달리 지주들의 탐욕에 억압당하지 않았다. 그렇지만 이 같은 전근대적인 경작자들, 농민들 집단의 토지 소유 규모는 작고 분산되어 있었으며, 농업 자본주의를 분비하지 못함에 따라 자연경제 속에 매몰되어 있었다.

왜일까? 우선 돈이 없어서였다. 15세기의 화폐 궁핍증은 잘 알려진 사실이다.[125] 랑그도크에서 화폐는 프랑수아 1세 시대에야 비로소 서서히 퍼져나갔다. 1453년과 1504년 사이, 국왕 타유세조차도 올리브유나 밀로 납부한 마을이 한둘이 아니었다.[126] 1505년 이후에는 그런 현상을 찾아보기 힘들다. 금전적인 이유가 도시에서는 땅을 사고 모으는 부유한 부르주아지의 형성을 막았으며, 시골에서는 자본주의적 차지농 계급의 출현을 억제했다.

금전적인 이유 외에 총 경작 수입의 분배와 관련된 이유들도 있다. 경

125) Girard, 1940, 215~218쪽; Braudel, 1949, 372쪽; Spooner, 1956, 53쪽; Hauser, Renaudet, 1946, 54쪽; Heers, 1961.

126) AC Fontès, 1504년의 타유세 대장; AC Sérignan, 1453년의 타유세 대장.

작자는 지주의 피치 못할 지대 경감으로 얻은 것을 자기 노동자들의 강력한 요구 때문에 잃지 않았을까? 이러한 질문은 지대의 문제에 이어 우리 시대의 벽두에 농업 임금의 문제가 어떠했는지를 묻는 것이다.

임금의 황금 시기

1480년경은 임금의 황금 시기였다. 화폐 임금이 수입의 중요 부분을 차지하던 도시 노동자들에게는 어느 정도 해당되는 표현이다. 그런데 이 표현은 기본적으로 받는 현물 임금에다가 매년 약간의 화폐로 보충을 받던 전형적인 농업 노동자들에게도 해당될까?

농촌 프롤레타리아의 운명은 사실상 화폐-현물 혼합 임금의 변화에 달려 있었는데, 이 문제는 이제까지 거의 연구되지 않았다.[127] 한 참사회가 관리하는 농장의 문서들을 살펴보자. 꼼꼼하게 작성된 계약서에 농경 십장과 그 수하 일꾼들의 운명이 정해져 있다. 이 계약은 1475~1510년경에 정기적으로 체결되었으며, 1600~50년까지 종종 확인된다. 그것의 경제적인 내용은 점점 나빠졌지만 형식적인 조항은 세기가 바뀌어도 변하지 않았다. 비교가 가능한 것은 그 때문이다. 십장은 주인들(생-쥐스트의 나르본 참사회원들)에게서 자기 임금의 일부를 현금으로 받았다. 또한 자기 가족과 일꾼들의 생계(특히 고기 구매)를 위한 비용(피탕스,* 콩파나주)도 현금으로 받았다. 마지막으로 그는 자기 자신과 자기의 가족 그리고 일꾼들을 위해 곡물, 포도주, 소금 등을 받았다.[128] 이것은 노동자 집단의 혼합 임금 유형이다. 우리 자료의 시작과 끝(1480~1580)을 이루는 100년간을 비교해보자. 그러면 우리는 15세기 말의 노동자가 어떤 점에서 처지가 좋았는지 잘 알 수 있을 것이다.

우리는 그들이 1년 단위로 임금을 받아 일일 고용의 변동을 타지 않았기 때문에 그만큼 더 잘 알 수 있다. 이 책에서 연구하고 있는 농업 프

---

127) Gr. 33.

* pitance: 일꾼들이 생계, 특히 고기 구입비로 받은 임금.

128) Aude, G 29, f° 6, f° 224; G 34; G 35와 여러 곳.

롤레타리아의 급료는 1년 단위로 지급되었으며, 월프가 밝혀낸 툴루즈에서의 도제와 하인들의 급료 역시 마찬가지였다. 덧붙이면 그들은 대체로 복수의 가족 수입이 없는 독신 고용 노동자들이었다.[129] 이 모든 이유 때문에 반 데르 위가 고전적인 임금 연구에 가한 비판은 매우 적절한 것이기는 하지만 이하의 연구에서는 통하지 않을 것이다.[130]

1. 화폐 임금

1478년에 십장의 화폐 임금은 라 바스티드와 베딜랑의 두 농장에서는 차이가 없었다. 베로 크로자는 '아내와 자신을 위해' 1년에 24리브르 12수의 임금을 받았다. 다른 농가에서도 같은 임금이었다. 100년 뒤는 어떻게 되나? 그사이에 찾아온 엄청난 인플레이션을 생각하면 믿을 수 없는 사실이지만, 16세기 말의 임금은 별로 오르지 않았다. 1571~85년, 라 바스티드와 베딜랑에서의 임금은 여전히 24리브르(8에퀴)였고, 1583년에는 30리브르, 1590년에는 25리브르, 1593, 1596, 1600년에는 36리브르였다. 1480년에 십장이 받던 24리브르는 밀 30스티에의 구매력이 있는, 또 농업 노동자 3명의 1년 양식에 해당하는 꽤 괜찮은 임금이었다.[131] 십장 부인은 그 돈으로 루이 11세나 샤를 8세 시대에는 몸치장을 할 수도 있었다. 반면 1583년이나 1593년에 라 바스티드의 십장인 장 카사놀이 '자신과 자기 부인의 급료'로 받은 30리브르나 36리브르는 몽펠리에의 척도로 환산하면 노동자들의 1년 몫에도 미치지 못하는 곡

129) 이론적으로는 그렇지만 항상 그런 것은 아니었다. 농장에서 가정이 있는 사람은 십장뿐이었다. 따라서 십장의 어린아이들과 간혹 하인들의 어린아이들의 소비는 따라서 농장 고용인들에게 할당된 식량의 양을 줄어들게 했다. 그래서 우리가 계산해볼 개인의 몫은 이 같은 여러 이유 때문에 최대치다. 종종 십장은 이러한 어려움을 피하기 위해 성장한 자기 아이들을 조수로 계산하여 농장의 정식 고용인 속에 포함시켰다(cf. Aude G 38, f° 601, 14-9-1644: 라 바스티드의 십장인 에스토르네와 각각 농군과 수레꾼인 그의 두 아들의 몫).
130) Van der Wee, 1963.
131) 몽펠리에의 스티에(setier)로: 49리터. An. 24, Gr. 12 참조.

물 8~10스티에에 불과했다. 구매력의 급격한 하락(3분의 2)이다.

1480년에 십장은 상당한 액수의 화폐 임금을 받았다. 1580년에 십장은 임금의 대부분을 현물로 받았으며 약간의 쌈짓돈을 화폐로 받았을 뿐이다.

2. '콩파나주'(companage)

사실 보충적인 화폐 임금이 농장의 일꾼들에게 지급되었다. 이 돈이 바로 콩파나주인데, 그것은 다양한 구매, 특히 고기 구매에 사용되었다. 1480년, 라 바스티드의 베로 크로자, 그의 부인, '두 명의 일꾼' 그리고 젊은 일꾼에게 지급된 돈의 액수는 1년에 12리브르 6수, 개인별로 하면 2리브르 9수 2드니에였다. 이 같은 개인별 수당에 대해 차후 나르본의 참사회원들은 기본 임금은 건들지 않은 채 이런저런 명목으로 수당(수확수당, 운송수당)을 얹어주는 근대적인 고용주처럼 행동했다. 16세기에 참사회원들은, 앞서 보았듯이 십장의 임금은 아주 낮은 상태로 유지시킨 반면, '콩파나주'는 인상했다. 두 농장에서 1480년경에는 한 사람당 연간 2리브르 9수 하던 것이 1585~90년으로 가면 6리브르로 올랐다.[132] 명목임금은 거의 세 배 정도 올랐지만, 고기 값은 네 배 올랐으니 '콩파나주'의 실질적인 감소가 두드러진다. 그러나 그 감소는 앞에서 살펴본 기본 화폐 임금이 입은 타격처럼 터무니없지는 않았다.

3. 식량 임금

16세기에 현물 임금도 앞에서 살펴본 두 종류의 화폐 임금에 비견할 만한 감소를 겪었다면, 프롤레타리아는 자살하는 수밖에 도리가 없었을 것이다.

다행히 그 정도는 아니었다. 참사회원들이 일꾼들에게 나눠준 식량의 몫은 1480년에서 1580년까지 줄어들지 않았다. 다만 질이 나빠졌을 뿐

132) 피탕스(pitance)로 하루에 일인당 4드니에, 즉 1년에 일인당 6리브르.

이다. 루이 11세 시대에는 밀가루 빵이었던 것이 앙리 3세 시대에는 밀과 호밀 혼합빵으로 변했다. 1590년 라 바스티드의 일꾼들은 일인당 연간 7스티에의 밀, 3스티에의 호밀을 받았다.[133] 베딜랑의 일꾼들은 좀 적은 5스티에의 밀과 3스티에의 호밀을 받았다. 가정주부가 8 내지 10스티에를 가지고 농장 화덕에서 구운 거친 빵의 양은 푸짐하지만, 1480년보다는 훨씬 검었다. 사실 이 무렵 이 두 농장의 일꾼들은 아직은 부르주아처럼 먹었다. 밀가루의 질이 아주 좋아서가 아니라 밀가루로만 만든 빵이었기 때문이다. 1482년, 두 농가에서는 일인당 8스티에의 밀가루가 배급되었으며, 호밀이나 기타 싸구려 곡물이 배급된 흔적은 없다. 16세기에 주인은 질은 건드렸지만 양은 건드리지 않았다.

심지어 어떤 경우, 일꾼들은 주머니 돈을 덜 받기는 했어도 16세기 말에는 15세기보다 더 많은 빵을 먹었다. 이미 보았듯이, 라 바스티드에서 그들은 1480년경에는 8스티에의 밀을 받았으며, 1580년경에는 10스티에의 곡물을 받았는데 그 가운데 7스티에는 밀, 3스티에는 호밀이었다. 신성동맹 시대에 빵은 더 검었지만 양은 많아진 것이다. 전체적으로 칼로리로 계산된 15세기의 식량 임금은 16세기 말의 그것보다 높지 않았다. 그러나 그것은 100년 후 종교 전쟁이 끝나가던 시대와 비교해볼 때 더 귀하고 맛있는 것이었다.

15세기 말 랑그도크의 일꾼은 돈을 많이 요구하고 밀을 많이 먹었을 뿐만 아니라 순(純)포도주도 많이 마셨다. 1482년, 앞의 두 농장에서 일꾼에게 주기로 정한 포도주의 양은 연간 적포도주 1뮈와 막포도주 0.4뮈였다. 한 세기가 흐른다. 1580~90년경 일꾼은 적포도주를 0.8뮈 받음으로써 0.2뮈가 줄어들었다. 그래서 줄어든 부분은 막포도주로 대체되어 그들이 마시는 막포도주의 양은 100년 전의 0.4뮈 대신 0.65뮈가 되었다. 15세기 말의 밀과 포도주가 16세기 말에 가면 호밀과 막포도주

---

133) 나르본의 스티에는 70리터(십장 계약증서, Aude G 35, f° 26, 25-1-1590 참조: 7스티에의 밀, 3스티에의 호밀을 십장에게 지급; 일꾼들에게도 비슷한 지급).

로 변한 것이다. 15세기 말의 행복? 식용유도 그때 받은 양이 훨씬 많았다.[134]

시장(Sigean)의 염전 가까이 있는 나르본 지방에서 소금 문제 또한 결정적이었다. 1580~90년의 인색한 참사회원들, 당시의 세르만큼이나 인색한 ("고용인에게는 가능한 한 돈을 조금 주어야 한다"고 세르는 악의 없이 썼다) 그들은 이제 일꾼들에게 소금을 주지 않았다. 모든 일은 그 대가를 치르게 마련이므로, 주부는 피탕스로 지급된 돈을 써서 그것을 사야 했다. 또는 각각의 일꾼이 개인적으로 받은 임금의 일부를 거기에 충당해야 했다. 그런데 이 문제에 있어서 1480년의 참사회원들은 이후의 지독한 참사회원들에 비해 덜 인색했다. 루이 11세 시대에 그들은 매년 농가당 소금 5카르트를 지급했는데, 그것은 5인 가족을 위한 양으로, 일인당 매해 1카르트인 셈이다.

그러므로 1480년의 일꾼들은 소금을 무상으로 받았으며, 라르*와 거위 콩피**를 많이 소비했다. 1540년까지 십장은 농장 사람들에게 먹이려고 3마리의 돼지와 거위 떼를 키웠다…… 그러던 것이 1580년에는 돼지 한 마리뿐이다. 거위는 안 보인다. 이렇듯 돈도, 밀도, 포도주도, 소금도, 라르도, 식용유도, 거위 고기도…… 더 많이 지급받았다. 1480년 당시 일꾼들의 생활수준은 우리의 기준으로 보면 상당히 낮은 것이었지만 100년 뒤의 생활수준에 비하면 훨씬 나은 것이었다. 선명하게 보이도록 비교한다면, 15세기 말의 일꾼은 앙리 3세 시대의 가난뱅이 옆에 서면 풍채가 좋았다. 음식의 질도 더 좋았고, 의복도 더 좋았다. 탄수화물인 빵의 양만 한 세기가 지나도 변함이 없었다. 빵은 신성했기 때문이다. 빵은 주인이 보기에 생활수준의 '기초식량'이고 필수 에너지를 공급하는 기본 식량이었다. 빵의 양이 줄어든다면 노동력 자체가 손상을 입을 것이다. 포도주나 돈을 줄일 수는 있지만 빵의 양을 줄일 수는

---

134) 이 책, 제1권, 451, 452쪽 참조.

* lard: 돼지 비곗살.

** confit: 지방으로 싼 고기.

없었다. 빵을 약간 검게 만드는 건 몰라도.

농장 경영자를 위해 일하는 십장이건 일꾼이건 노동자들이 지급받은 식량은 이러했다. 수확물 가운데 일부를 받는(수확꾼들의 경우), 즉 몽땅 현물로 임금을 받는 노동자들의 처지도 15세기 말에 더 나았다. 우리가 앞에서 보았듯이, 매해 수확꾼들은 밀을 베기 위해 평원으로 와서 고용되었다. 무리의 우두머리는 우선 밭주인인 고용주와 전체 수확량 중 몇 퍼센트를 수고의 대가로 자신과 자기의 일꾼들에게 줄 것인지를 놓고 협상했다. 그 양은 16세기가 지나면서 계속 줄어들다가 1600~30년경에 이르면 간신히 연명할 정도밖에 되지 않았다.[135] 전체 수확량의 6퍼센트(17단 중 1단) 정도였다. 이따금 그 비율은 더 내려갔다. 1620년 무식쟁이 구두수선공 장 에스카느카비오는 라 바스티드의 밀을 '벤' 대가로 자신과 동료들의 몫으로 겨우 19분의 1(5퍼센트에도 못 미친다)을 받았다.[136] 이 나르본의 수확꾼은 15세기의 동료들에 비해 확실히 '빈곤해졌다.' 사실 1478년 베르나르 퐁테, 피에르 로케트, 기욤 아드레스, 위게 가스크, 프랑수아 캥텐, 레몽 노빌라 등은 한 조를 이루어 라 바스티드-르동드와 베딜랑의 곡물을 추수했는데 수고의 대가로 정확히 수확량의 10분의 1을 받았다.[137] 요컨대 두 번째 십일조였던 셈이다. 1620년의 그들의 동료들보다 배를 받은 것이다. 다음 세기들의 수확꾼들은 결코 그렇게 자루를 가득 채워 집으로 돌아가지 못한다.

1480년의 이 같은 행복한 수확꾼들은 농업 경영자들의 이익을 그만큼 감소시켰다. 물론 1480년에 지대를 지불하고 난 경작자의 총수입은 이 지대의 수준이 매우 낮았기 때문에 그만큼 불어났다. 그러나 경작 비용을 제한 순수입은 높은 임금 상승 때문에 줄어들었다.

임금 상승은 노동 시장의 지배를 받았다. 인구 감소로 줄어든 노동력

135) Gr. 32.

136) Aude G 37, f° 280 v°.

137) Aude G 29, f° 11, 16-5-1478, 그리고 f°s 213 v°; 마찬가지로 f° 56, 1479, 60 v°, 349 r°: 수확 임대계약서(1478~85).

공급이 농업 고용자의 수요에 자기의 조건을 강요했다. 식량을 제공받거나 수확물의 일부를 임금으로 받은 농업 노동자의 소득에 대한 우리의 결론은, 중세 말 랑그도크의 도시 임금에 대한 월프의 결론과 일치한다. 툴루즈에서는 페스트 이후 살아남은 노동자들이 시장 상태가 자기들에게 유리하다고 생각하면서 요구 수준이 높아졌다. 페스트는 부자들에게 많은 값을 지불하게 했다. 도제들의 임금은 1350년에서 1450년 사이에 서서히 올라갔다. 그리고 노동력에 굶주린 고용주들은 수확꾼들을 구하러 브르타뉴까지 가거나 여자들에게 고된 일을 시켰다.[138]

고기와 밀

실질임금의 상승. 인구 감소와 생계 전선의 완화로 인한 농민들의 생활수준의 전반적인 향상. 의심할 여지 없이 1348년의 페스트는 랑그도크에 사람이 귀한 시대를 열었으며, 그것은 15세기 내내 계속되었다. 사람이 귀하다는 말은 별 기상 재난이 없다면 밀이 풍부하고 가격이 저렴하다는 뜻이다. 1351년 이후 기근은 10년에 한 번 정도, 또는 20년에 한 번 정도로 뜸해졌다. 곡물을 다시 수출할 수 있게 되었다. 인구 감소는 생계 문제를 잔인하게 해결한 것이다. 남는 입을 없앰으로써.[139]

장기적으로 그러한 개선은 식생활 방식, 일상의 빵, 빵이 될 수 있는 곡물간의 농업적인 균형 등을 바꾸어놓았다. 이 같은 관점에서 15세기와 16세기 초는 굴절점이 된다. 이전에는 보리 빵, 이후에는 밀-호밀 혼합빵. 이 두 시기의 중간기에는 농민의 식탁에도 순밀빵이 놓인다.

우선 보리부터 보자. 중세에 랑그도크의 곡물 윤작은 고대 지중해의 규범을 따랐다. 보리와 밀은 '두 주요 곡물'이었다. 이 둘은 12세기 들판의 기본 작물이었다. 농사가 보통 정도로 된 해에 가난한 사람들은 보리

---

138) Wolff, 1954, 436, 437, 445쪽; 마찬가지로 다른 책에서도 전반적으로 참조: Ernle, 1952; Marx, éd. 1955, I, 710쪽; Sartre, 1960, 102쪽, 주 1); Carpentier, 1962.

139) Larenaudie, 1952, 29, 39쪽; H.C.M., II, 640쪽.

를 먹었다. 12세기 말에 님의 시장에서 보리는 가격의 움직임을 선도하는 곡물이었다. 17세기에는 호밀이 이 기능을 떠맡는다. 물론 호밀은 이미 중세에도 중앙 고원의 적절한 땅에서 재배되고 있었지만, 바-랑그도크의 평야에는 14세기까지도 알려지지 않았다. 1323년의 곳간 조사 목록에 따르면, 연안 평야 지대에는 오직 보리와 밀밖에 없었다. 카타르교도들은 보리와 밀을 먹었다. 곡물 시장을 보리 시장이라고 불렀으며, 곡물 상인들을 보리 상인이라고 불렀다. 한 사람만 예로 들면, 1378년, 기욤 드 투르느포르는 몽펠리에의 보리 상인이자 부유한 지주였다.

빵은 밀로만 만들었으니, 이 중세의 보리는 죽으로 끓여 먹는 곡식이 아니었을까? 이 말은 중부 유럽에는 맞는 말이지만 지중해 세계에는 해당되지 않는 너무 단순한 견해다. 1200년부터 랑그도크의 보리는 서민들에게 죽의 원료였을 뿐 아니라 빵을 만드는 곡물이었음이 틀림없다. 1196년에 제정된 뒤, 몽펠리에의 『프티 탈라무스』에 수록된 빵 만들기 관련 세부 규칙은 이 문제에 대해 분명히 말한다. 이 시기에 부자는 최상의 밀로 만든 빵을 먹었던 반면, 대부분의 사람들은 보리와 밀을 섞어 만든 거친 빵 아니면 체질은 많이 했지만 무겁고 소화도 잘 안 되는 보리 빵을 먹었다. 중세의 이 자료는 밀과 보리 외에 빵을 만들 수 있는 다른 재료에 대해 전혀 언급하지 않았다. 호밀조차도 언급하지 않았다.[140)]

---

140) Dupont, 580, 583쪽; HGB 27: 1284년 보리 10스티에를 받기로 하고 땅을 고자크에게 분봉; 망뒤엘에서 영주의 인정과세나 지대로서의 보리나 보리-밀(Gard, G 163, 1394년), 보케르(Gard, G 1240, 1332년), 몽펠리에(몽펠리에 고문서, I, GC, 268쪽, n° 3104, 9-9-1293; 같은 자료, VI, 90쪽, 1404년 생-피르맹의 콩푸아); AC Ouveillan, DD I, 1329년. 님의 시장: Dupont, 1942, 582쪽; 곳간 조사 목록: 몽펠리에 고문서, I, 73쪽, n° 741, 7-9-1323; 같은 자료, n°s 2299, 2300(1233년과 1234년); orgeries(보리 시장): AC Lunel, BB 24, 20-1-1737: "곡물 시장은 여전히 순전히 전통에 따라 보리 시장이라고도 불렸다"; orgiers(보리 상인): 몽펠리에 고문서, I, 74쪽, n°s 743-744, 1378년(보리 상인인 투르느포르에게 보리로 토지세를 과세했다); 몽펠리에의 생트-크루아의 콩푸아, 1380년: 550명의 타유세 대상자들 가운데 22명이 보리 상인이었다. 보리와 밀로 만든 빵만이 알려졌다. 1196년의 긴 텍스

한창때의 랑그도크의 보리는 보편적인 경작의 대상, 서민들의 소비의 대상이었으며, 바르셀로나까지 수출하는 해상 교역의 대상이었다.[141] 식물학적으로 그것은 겨울보리(수염이 여섯 줄)였다. 겨울보리는 2년 윤작에 잘 어울렸으며, 건조한 지중해 날씨를 잘 견뎠다. 텍스트들은 이 보리(오르디)를 이곳에서 팔물라나 포멜이라고 부르는 '수염이 두 줄'인 봄보리와 세심하게 구분했다. 텍스트를 뒤지다 보면 산간 마을 여기저기서 간혹 그것을 발견하기도 한다. 옛 랑그도크 사람들에게 오르디와 팔물라는 서로 다른 곡물이었다. 오르디는 14세기 말까지 널리 재배된 반면, 팔물라는 3년 윤작이나 3월의 파종, 양조용 등으로의 가치를 인정받지 못했기 때문에 (북부 지방의 경우와는 달리) 많이 재배되지는 않았다.[142]

겨울보리를 밀과 함께 2년 윤작하는 중세의 경작 구조(보리－휴경－밀－휴경－보리……)는 빵을 만들려는 것으로, 지역적으로 뚜렷이 국한된다. 그것은 역사가들의 관심을 모을 수 있었다. 왜냐하면 프랑스에서는 보리를 먹는 지중해 세계에 속해 있는 남동부 가장자리에서만 이 순수한 형태의 윤작(윤작이 한창이던 시대에)을 찾아볼 수 있기 때문이다. 이 겨울보리의 왕국과 접해 있는 북부와 서부의 산간 지방으로 거슬러 올라가면 발랑솔의 고원, 뤼베롱의 알프스, 제보당, 루에르그, 오트-세르다뉴를 올라가면, 또는 아키텐 분지의 습습한 지역 쪽으로 따라가

트, "Lo poder que son donatz ad aquels que pezon lo pan" 몽펠리에의 *Petit Thalamus*, 1840, 177쪽 이하, 578쪽 이하; Appolis, 1951, 403, 404쪽, 주 50). 1234년에 보리와 밀로 만든 빵을 먹은 카타르교도들에 대해서는 Niel, 1954, 139쪽. 랑그도크에서 이 시스템이 오래되었다는 점에 대해서는 대머리왕 샤를(Charles le Chauve)이 843년에 반포한 Septimanie(프랑스 남부)의 법령집을 보라(Auzias, 1937에서 재인용): "unum modium frumenti(밀) et unum modium ordei(보리) episcopi a presbyteris accipiant."

141) Combes, 1950, 18쪽(1388년).

142) 포멜: Guyot, 1946, 81쪽, 주 1); Serres, II, 4; Appolis, 1951, 403~405쪽; Wolff, 1954, 171쪽(불확실); 베지에의 곡물시세표, 여러 곳, 예컨대 3-12-1627: 투젤, 프로망(밀), 세글(호밀), 포멜, 오르주(보리), 하얀 콩 등등.

면 호밀, 시바드(귀리), 팔물(봄보리)이 랑그도크와 프로방스의 오르디 대신 중세의 많은 자료와 기록을 차지하고 있음을 알 수 있다. 보리 소비자인 진정한 지중해인들과 오래전부터 호밀을 소비해온 알프스인들, 루에르그인들 및 그밖의 산간 지방 사람들이 대조를 이룬다.[143)]

사실 밀 ── 2년마다의 휴경 ── 겨울보리의 윤작은 2년마다의 휴경-밀-호밀의 윤작을 실시하는 프랑스 대륙에서는 거의 알려지지 않은 제도다. 좀더 북쪽에서는 3년마다의 휴경-겨울밀-귀리-봄보리의 윤작이 실시되었다. 프랑스 안에서든 밖에서든 밀과 겨울보리의 2년 윤작은 지중해 지역에만 고유한 것이다. 고대의 농경 제도에서 보리를 먹은 사람들을 찾아보자. 농업의 발명자인 '비옥한 초승달'의 선구자들을 좇아 호밀 빵을 알지 못한 채 보리와 밀을 좋아했던 지중해 연안 지방의 앙세륀이나 고대 이베리아의 주민들, 예수의 제자들, 묵시록의 굶주린 사람들에게서가 아니라면 어디에서 그들을 찾을 수 있는가?

중세의 한창때에도 고래(古來)의 밀-보리 윤작 제도는 카스틸랴, 루시용, 카탈루냐, 시칠리아, 프로방스, 사르데니아, 그리스, 마그레브 등지에서 아무런 변화 없이 그대로 유지되었다. 이들 지역의 농경 양상은 당시의 랑그도크와 프로방스의 농경 양상과 아주 유사하다.[144)] 보리에 적합한 건조성 기후의 지중해 생태환경은 습한 지역에서 뒤늦게 밀려 내려온 호밀과 귀리의 팽창[145)]에 맞서 오랫동안 옛 구조들의 보존소

143) 세르다뉴: Brutails, 1891, 17쪽; 알프스: Pline, XVIII, 12, Duby, 1958, 405쪽, 도표 1; 루에르그: 『콩크 수도원 문서』(*Cartulaire de l'abbaye de Conques*), 42, 77, 163, 222, 224, 244, 270, 280~282, 314, 319, 331, 338, 339, 358, 374~378, 385쪽; Higounet, 1958, 65쪽(알비주아).

144) 이 모든 문제에 대해서는 무엇보다도 Rosengarten, 1958, 제1장; Aymard, Auboyer, 1953, 137쪽; 『요한묵시록』, VI, 6; 『요한복음』, VI, 9; Pline, XVIII, 7; Benjamin de Tudèle, éd. 1830(1175년경 시칠리아와 이집트에서의 밀-보리 체제); Jannoray, 1955; Courtois, 1955, 317쪽; Thiriet, 1959, 319쪽; H.C.M., II, 146쪽; Brutails, 1891, 17, 59쪽; Vilar, 1962, I, 462쪽; Duby, 1958, 404쪽 이하(중세의 보리는 특히 오늘날 론 강 계곡, 카마르그에 인접한 지방에서 재배되었다); 『케임브리지 경제사』, 1942, I, 356쪽.

역할을 해왔다.[146]

그러다가 1400년(정확한 연대는 아니지만) 이후 남부의 땅을 아직도 망토처럼 덮고 있던 넓은 보리 지역이 조각나고, 여기저기 구멍이 뚫리기 시작한다. 랑그도크, 특히 자료의 연속성이 있고 연대적 표지가 확실한 베지에-나르본 지역이 아주 좋은 예다. 이 지역은 1384~97년까지도 십일조를 3분의 1은 투젤 밀로, 3분의 1은 보리로, 나머지 3분의 1은 이 둘을 섞은 것(라오나주)으로 부과했다. 1391년과 1397년, 곡물 수확꾼들은 반은 보리로 반은 밀로 식량을 제공받았다. 이 모든 경우에 호밀은 없다. 하지만 귀리(말을 위한 것?)는 생-피에르 농가의 1380년도 수확물에서 보리와 밀 옆에 나타났다.

이렇듯 1384~97년에도 보리는 여전히 전성기를 누렸다. 그러나 보리의 지배도 그 종말에 이른 듯하다. 로라게 지방의 수확 보고서는 1375년에만 해도 상당한 몫의 보리 재배가 있었음을 보여준다. 그러던 것이 1399년과 1403년에 이르면 점차 줄어들다가 1418년에는 거의 제로다. 베지에-나르본에서 겨울보리는 1400년까지 강세를 유지했다. 그런데 중단되었던 자료가 다시 확인되는 1480년에 이 곡물은 거의 사라졌다. 수확꾼들이나 밀 운송 수레꾼들의 계약은 (농가 하인들의 계약과 마찬가지로) 80년 전처럼 보리 50퍼센트가 아니라 밀 100퍼센트로 되어 있다. 단 한 번을 제외하고, 모든 십일조는 밀로만 납부되었다. 옛 제도(밀 3분의 1, 겨울보리 3분의 1, 라오나주 3분의 1)는 완전히 폐지되었다. 3세대 동안(1397~1480)에 밀의 혁명은 완성되고 옛 식량 제도는 버려졌다.[147]

---

145) Guyot, 1946, 83~85쪽; 특히 Godwin, 1956.

146) 옛 구조들은 좀더 북쪽에 위치한 외딴 지역에서도 종종 보존되었다. Dumont, 1951, 408쪽.

147) ADH, G 66: 세르 지방의 보리-밀-라오나주 십일조, 1384년 5월 27일; 모로상의 경우, 1384년 6월 1일; 팔레의 경우, 1384년 5월 30일; 바상의 경우, 1385년 6월 2일; 보리로 지급된 수확꾼의 임금: 같은 자료, 1391년 5월 28일과 1397년 6월 5일; 생-피에르의 수확, 1380년: (같은 자료, f° 9 v°); 로라

1380~1400년경, 베지에 근처의 바돈 농가는 해마다 대체로 40에서 50스티에의 곡물을 십일조로 납부했다. '질 좋은' 밀 3분의 1, 보리 3분의 1, 혼합곡(밀-보리) 3분의 1. 1527~28년경에도 바돈에서는 50스티에 정도를 냈지만, 이번에는 절반 이상이 밀이었고, 나머지는 호밀과 귀리였다. 보리는 더 이상 없었다.[148] 16세기 초에 이미 밀은 1480년에 보리를 누르고 확보한 땅의 일부를 호밀에게 내주었다. 그렇게 했는데도 밀은 여전히 왕위를 유지했다. 밀은 14세기에는 보리와 나눠 가졌고 17세기에는 호밀과 나눠 가질 제국의 거의 절대적인 주인이었다. 1527~31년경, 베지에 지방의 농장 임대계약은 100퍼센트나 90퍼센트의 밀로 임대료를 내는 조건이었다. 반대로, 1650~90년경에 이르면 바로 그 농장에서의 계약이 혼합곡의 조건으로 체결되었다. 40퍼센트는 밀, 나머지는 호밀과 약간의 귀리.[149]

보리는 쇠락 이후에 역설적인 방법으로 살아남았다. 17세기에 보리는 중세에서 직접 유래한 수많은 영주 부과조(賦課租)에 화석처럼 살아남았다. 관습 전통에 충실하기 위해 보리를 몇 줌이라도 포함시켜 문서를 작성한 것이다.[150]

게: Wolff, 1954, 171쪽; Aude, G 29에는 1480년부터는 새로운 환경: 단 한 번, 십일조는 여전히 보리와 밀로 징수(Moussan, 1480년); 그밖의 모든 경우는 순전히 밀로만(Ouveillan, 1478; Moussan, 1479, 1481; Creissan, 1481; Saliès, 1478 등등). 새로운 토지세 현물납 임대계약—여전히 시행되고 있던 구(舊)임대계약과 달리—에는 보리가 없다. AC Narbonne, BB 55, 28-8-1486, 6-11-1486; 1478~80년에 시작되는 일련의 문서에는 순전히 밀로만 현물-임금을 지급: 이 책, 제1권, 318쪽과 Aude G 29, f° 156 v°, 2-6-1481과 여러 곳(노동자들에게 포도주와 밀을 식량 임금으로 주기로 하는 임금계약) 참조.

148) ADH, G 66: 1384년 6월 1일, 1385년 6월 2일, 1386년 6월 10일, 1387년 6월 28일, 1388년 5월 30일, 1389년 5월 25일, 1391년 7월 30일, 1397년 6월 2일의 임대계약서; ADH, G 194, f°s 67, 83 v°, 18-6-1527, 17-6-1528.

149) An. 13.

150) Gard, G 161, 1697~1701년; G 166, 1689~96년; G 175, 1680~97년; ADH, G 906: 1-5-1630, 오래전부터 대주교구에 화폐로 내던 토지세(cens)

우선은 제1막(밀—보리 혼합곡 제도에서 순수 밀 제도로의 이행)에 머물기로 하자. 이 에피소드는 1400년과 80년 사이(아마 1400~20년 경)에 일어나며, 결국 생활수준의 뚜렷한 향상과 일치한다. 증거를 들어 보자. '과거의 시기', 그러니까 거칠고 텁텁하고 소화도 잘 안 되고 영양가도 적은 보리 빵의 시기가 16세기에 남겨준 것은 최소한의 향수도 불러일으키지 않는 나쁜 기억뿐이었다. "보리 빵처럼 거친"(es groussier commo pan d'ordi, 위제스 지방의 속담). 세르도 같은 견해였다. 그에 따르면, 겨울보리(에스쿠르종)는 극빈자들이나 먹는 거친 식량이며, 그렇지 않으면 말을 살찌게 하거나 체내의 불순물을 제거하기 위해 먹이는 곡물이었다. 에스티엔과 리에보도 같은 견해였다. 에스쿠르종은 가난한 리무쟁이나 페리고르 사람들이 먹는 구황작물이었다. 호밀은 얼마나 좋은 곡식인지 처녀들이 먹으면 "살이 탄탄하고 포동포동 좋아진다." 이미 플리니우스도 보리를 먹던 초기의 로마인들과 까다롭게 밀만 소비하던 자기 시대의 도시민들을 대조한 바 있다. "보리는 우리의 조상들에게는 좋은 곡식이었지만 오늘날에는 말에게나 주는 곡식이다"라고 그는 경멸적으로 말했다.[151]

를 보리로 '매년 출급'; 마찬가지로 G 903, 25-10-1627; G 919, 30-10-1643; G 962, 6-6-1680, 빌뇌브의 후작에게 토지세를 보리로 내던 '관습'; 13세기의 토지세 보리납은 16세기에도 계속되었다. Gard, G 1165, 1173. 방드르: 1606년, 100명이 넘는 소작인이 보리로 납부(ADH, G 180); 아디상: 중세에는 밭이었던 포도밭의 토지세는 여전히 보리로 납부(ADH, G 896, 9-5-1620); ADH, G 892: "고등법원의 참사회에 대한 강요로 32년간 몽타디의 끄트머리 밭의 토지세를 보리로 내던 관습을 지키기 위해" 나르본의 대주교에게 115리브르. AC Narbonne, BB 56, 29-10-1552: 1리브르 10수로 고정된 양을 반은 보리로, 반은 밀로 내던 모상의 관습; 세리냥: pention(토지세) 보리납(ADH, G 841, Rec. Dép., 1604년, f° 121); Appolis, 1960, 404쪽, 특히 주 54)(이 같은 잔존은 보리의 내재 가치가 낮아 토지세 납부자들에게 장기적인 부과조 인하를 보장해주었기 때문일지도 모른다).

151) Estienne, Liébault, éd. 1645, 56, 534~539쪽과 제7장; d'Albiousse, 1903, 394쪽; Serres, II, 4; Pline, XVIII.

로마는 그 정도로 하자. 로마의 옛 영토인 지중해 연안 랑그도크 지방에서의 보리에 대한 불신은 시장에서 강하게 나타났다. 12~13세기, 보리는 풍년기에 밀의 3분의 2 가격에, 흉년기에는 5분의 4 가격에 매매되었다(제빵업소의 규정에 따라). 그러다가 근대의 곡물시세표에서는 이 비율이 변했다. 16세기와 17세기에는 보리가 밀의 5분의 2 가격에 불과했다. 완전한 추락. 그후 밀의 보좌관 자리를 차지한 것은 호밀이다. 곡물시세표상에서의 이러한 급변은 고대의 곡물이 최종적으로 밀려났음을 보여주는 지표다.[152]

요약해보자. 밀의 국면(15세기, 16세기 초)은 보리의 국면(중세)과 호밀의 국면(근대) 사이에 끼어 있다. 이 같은 현상은 많은 의미를 내포한다. 우선 인구적 의미. 15세기 말에 보리가 필요없어진 것은 대체로 밀이 모든 사람이 먹을 만큼 충분해졌다는 말이다. 왜냐하면 맬서스 이론의 역으로, 인구가 식량보다 더 빨리 줄었기 때문이다. 농업적인 의미. 식탁에서뿐만 아니라 농지에서도 1400년 이후가 되면 겨울보리는 밀에게 그리고 부수적으로는 호밀과 귀리에게 자리를 내주면서 거의 사라졌다. 호밀과 귀리의 몫은 1550년 이후 지속적으로 증가했다. 마지막으로 '문화적인' 의미. 주로 보리를 재배하던 지역은 전형적인 지중해 농업 지역과 일치했다(왜냐하면 오늘날에도 보리는 에스파냐, 마그레

152) 가장 먼 옛날의 가격: 『요한묵시록』, VI, 논란의 대상이 되는 텍스트, 의심스러운 수치. 특히 다음 둘을 비교해야 한다.

a. 1196년 몽펠리에 빵집 규정(*Petit Thalamus*, éd. 1840, 128, 578쪽).

	최고 최저 가격	
	최저	최고
1스티에 밀빵	30드니에	10수
1스티에 보리빵	20드니에	8수

b. 베지에의 곡물시세표(16세기와 17세기): 이제 보리 가격은 밀 가격의 절반도 되지 않았다(1585년에서 1625년까지 평균 2리브르 대 5리브르); 1850년경 바-론에서도 마찬가지였다. Gasparin, 1848, III, 705쪽.

브, 서아시아, 그리스에서 발견되기 때문이다). 1400~80년경 보리를 버리고 특히 밀을 선호하면서, 그리고 나중에는 밀－호밀－귀리의 윤작에 귀의하면서 바-랑그도크는 밀－보리의 전형적인 지중해 모델과 멀어지고 밀－호밀－귀리의 대륙 모델에 접근한다.

*

경작 포기와 생활수준이 향상되면서 불거진 또 다른 복잡한 현상이 있다. 근대 전야의 목축의 강세가 그것이다. 앞에서 살펴본 퐁테로 가보자. 1505년, 그곳의 사람 수는 여전히 별로 많지 않았다. 그 지방의 타유세 대상자는 106명이었는데, 이 수치는 1427년(95명)과 비슷한 반면, 1695년(248명)에는 훨씬 못 미친다.

그런데 1505년 당시 인구가 적었던 이 마을은 이후의 어떤 시기보다도 가축이 많았다. 1505년에는 2,948마리의 양과 염소가 있었는데, 1683년(인구가 세 배 정도 늘어난 해)에는 양과 염소가 3분의 1 이상 줄어들었다. 작은 가축은 1,917마리뿐이었다. 이 방대한 목축의 구조도 루이 14세 시대보다는 루이 12세 시대가 훨씬 건강했다. 1505년, 목축업자들은 개인당 적어도 다섯 마리를 소유했으며, 대부분의 목축업자들은 10마리 이상을 소유했다. 6명의 대규모 목축업자는 각각 200마리 내지 300마리의 양을 소유했다. 그런데 2세기 후 이 같은 대규모 목축업자들이 사라지면서 대부분의 목축업자들은 일인당 한 마리의 염소밖에 소유하지 못한다(110명의 목축업자 가운데 65명이 그러하다).[153] 고기의 합리적인 생산을 위한 건강한 토대가 아니었다. 그것은 1500년대처럼 가축이 많을 때나 가능한 얘기였다.

이제 토(Thau) 연못 근처에 있는 어부와 포도재배자의 마을 세리냥

153) AC Fontès, CC, 1505년과 1683년의 타유세 대장(동산 콩푸아에 대한 정보가 있다).

으로 가보자. 1453년의 타유세 대장에 따르면 납세자는 133명이었다. 15세기의 인구 감소다. 그러다가 1520년에는 200명, 1603년에는 400명, 1670년에는 510명, 1791년에는 530명으로 불어난다! 1453년의 듬성듬성한 인구가 빽빽한 인구로 대체된 것이다. 그런데 가축은 여기서도 인구와 반비례해서 변했다. 15세기, 주민이 거의 없던 땅은 양으로 가득 찼다. 몇몇 대규모 목축업자들은 800마리를 소유했다. 전체적으로 보면 양 2,500마리, 소 378마리, 말 53마리가 헤아려진다. 가까운 카마르그에 있는 듯한 착각이 들 정도다.[154]

그러나 18세기에 이 모든 숫자가 무너진다. 양 1,609마리, 소 59마리, 말 29마리뿐이다.

피에르 드 사레가 차지한 죽은 마을 쿠세르그에서 1503년의 가축떼(주인이 키우든지 차지농에게 맡겨진 2,500마리의 양, 219마리의 염소, 29마리 황소, 54마리의 암소, 16마리의 말, 98마리의 돼지)는 근대에 이 지역에서 풀을 뜯은 가축떼보다 수가 월등히 많았다. 50대의 군인인 사레가 자기의 젊은 부인, 10명의 아이들, 두 명의 사생아, 즉 유력자인 성질 급한 자니와 미슈와 함께 꾸려가던 그의 농장은 진짜 목장이었다.[155]

테레즈 스클라페르의 지도들도 이를 확인해준다. 1471년의 프로방스에도 1956년까지의 어느 시기보다 더 많은 수의 소, 양, 염소가 있었다. 오늘날 꽃의 도시로 알려진 그라스는 15세기 말에는 양의 중심지였다.[156] 도심(都心)에 고기나 양모를 공급해주는 데는 문제가 없었다. 적어도 아직까지는 그랬다.

중세 말, 인구와 농민은 줄어들고 가축은 북적거리던 이 남부에서 목

154) AC Sérignan: 1453년의 타유세 대장; 세리냥의 가축에 대해서는 ADH, série L, 1793년의 가축 조사.

155) Chéron, de Sarret, 1963, 18, 205쪽; 사레 고문서.

156) Sclafert, 1959, 146, 147쪽; 그라스에는 1471년에 1만 2천 마리의 양이 있었으나, 1956년에는 157마리가 있다.

동들은 거만한 왕처럼 처신했다. "우리 넷이 당신네 전체보다 더 힘이 세다"[157]라고, 1433년 목동 넷이 목초지의 팽창에 저항하여 아니안의 사람 없는 땅을 지키려고 애쓰던 소수의 가장들을 향해 선언했다.

농민과 목축업자의 해묵은 싸움에서 목축업자들은 1430~1500년 사이에 포인트를 얻었다. 상대방은 100년 뒤에 복수한다.

농지의 축소, 빈 땅의 증가는 목동들을 행복하게 만들었다. 이와 병행하여 생활수준의 향상과 고기 소비의 증가는 푸줏간을 번창하게 만들었을까?

어쨌든 이들의 길드가 15세기의 침체기에 보여준 저항은 상당히 놀라운 것이었다. 몽펠리에의 생-피르맹 구역에는, 1404년의 콩푸아에 따르면, 458명의 타유세 대상자가 있었으나 1435년의 콩푸아에는 294명이 있었다. 직조공의 수는 크게 줄어들었다(베 직조공은 10명에서 5명으로, 천 직조공은 4명에서 0명으로, 재단사는 8명에서 3명으로, 염색공은 7명에서 1명으로). 인구는 감소한 데 반해 푸줏간 주인은 늘어났다. 마즐리에(대부분 양을 잡는)는 1404년에는 14명에서 1435년에는 17명이 되었다. 돼지를 잡는 포르카티에르는 1404년이나 1435년이나 2명으로 같았다. 1404년에 생-마티외 구역에는 마즐리에가 한 명도 없었는데 1435년에는 3명이었다. 생트-크루아 구역에서는 1380년에는 550명이던 타유세 대상자가 1435년에는 260명으로 줄었다. 여기서도 직조 분야가 붕괴하여 같은 기간에 직조공 타유세 대상자의 수는 50명에서 12명으로 줄었다. 반대로 푸줏간 주인의 수는 인구와 도시의 장인이 크게 줄어드는데도 별로 줄지 않았다. 8명에서 6명으로 줄었을 뿐이다.[158]

이렇듯 목동에서 푸줏간으로의 고기의 연결 고리는 그 불행한 시기에 어느 때보다도 잘 기능했다. 전혀 놀랄 일이 아니다.[159] 목초지와 목장

---

157) "Nos autre sem quatre que aviem may de poder que totz quanz es" (Cassan, 1895, 17쪽에서 재인용).

158) 이 수치는 An. 21의 자료들을 보충한다.

159) 비교하라: Dubled, 1959, 273쪽 이하; Spooner, 1961, 571쪽, 표 I; Abel,

이 넘치고 인구 감소 기간에 임금 상승이 가져다준 구매력 향상과 더불어 식량 구입의 용이함은 고기 소비의 길을 열어준 것이다.

랑그도크의 15세기는 이렇게 불행과 행복의 변증법을 보여주는 표본이다. 1348년과 그 이후 세대들의 파국에 비해 생활수준 향상이 두드러졌다. 임금생활자는 어느 때보다도 생계비를 잘 벌었다. 농업 경작자는 지주에게 자기의 법을 강요했다. 지주는 지주대로 자기의 땅을 넓히기가 용이했다. 모든 사람이 더 나은 음식을 먹었다. 빵은 더 하얘졌고, 밀은 그들의 조상이 먹던 보리보다 더 영양가가 높았다(왜냐하면 영양가가 높은 밀이란 글루텐이 풍부한 밀을 말하기 때문이다). 자연은 그들에게 어느 때보다도 광활한 목초지, 늘어난 사냥감, 정복적인 숲을 제공해주었다. 미개간지, 버려진 땅은 자기네 가계의 힘밖에 없는 용감한 개척자들을 자극했다. 처참할 정도로 참해를 입은 사람들은 자신의 시련 속에서, 젊어진 땅과 접촉함으로써 새로운 활력을 얻었다. 그리고 영주는 자기의 가족을 지키기 위해 (교회의 재산을 구하려고 하는 사제처럼) 농민 학교에 들어가 직접 영농의 길을 찾아나서지 않으면 안 되었다. 그렇지 않으면 그에게 남은 길은 '강도 짓'에 나서는 것뿐이었다.[160)]

빈 토지, 즉 토지자본은 한동안 수익성이 거의 없었다. 토지는 경작과 합쳐질 때에만, 그리고 가능하면 지나친 임금 유출을 피할 수 있는 가계 경작과 합쳐질 때에만 수익성이 있는 것이다. 바꿔 말해서, 자본(토지) 소유만으로는 충분치 않다. 거기에 노동이, 그것도 확대가족 구성원들의 효과적인 노동이 보태져야 한다.

'일차산업'의 상승, 다시 말해 줄어드는 지대에 의존하는 토지 재산(그것이 영주적이건 자본주의적이건 상관없다)을 희생시키고 대신 토지 재산을 직접 경작하는 것. 그 같은 노동의 상승은 농촌 경제의 새로운 확장에 필요한 조건이었다.

1955; 이 책, 제1권, 449쪽(고기로 임금 지급) 참조.

160) Postan, 1938~39.

1480~1500년경의 사람들은 아무튼 영양 상태가 좋고, 힘차고, 강했다. 대부분의 가족들이 최근에 뿌리 뽑힘으로써 인구 구조의 급격한 쇄신이 진행 중이었다. 그들은 낮은 지대라는 개간 프리미엄의 자극을 받았다. 이제 그들은 강력한 가계 위에, 재통합된 영지 위에 굳건히 뿌리 내렸다. 한 세기에 걸친 시련 덕분에 정화되고 젊어진 그들은 이제부터 황야와 미개간지의 공격에 나선다. 횃불을 켜고, 도끼와 쟁기를 손에 들고, 더 넓고 새로운 농지 개간에 나서는 것이다. 그들은 가장 적은 인구와 가장 좋은 토지 위에 웅크리고 창조적 에너지를 결집시켰는데, 그 힘은 16세기 초에 마치 '신성'(新星)처럼 폭발한다.

1480~90년부터 인구 급증의 징후들이 콩타와 몽펠리에의 황야 지대에서 감지되기 시작한다.[161] 1500년부터는 토지를 향해 몰려오는 인구의 누벨 바그가 시작된다.

---

161) 쇼보 자료집, 5967, 1493년: 몇 년 전부터 시작된 심각한 인구 증가 때문에 모르무아롱(Mormoiron) 공동체는 도시의 해자(垓字)를 주민들에게 돌려줄 것을 요구했다. 주민들이 그것을 채원으로 용도 변경할 수 있도록 하기 위함이었는데, 그 요구는 수용되었다. 이에 대해서는 datio fossatarum(해자들의 양도)의 기록을 보라. 몽펠리에의 황야 지대(라 부아시에르 마을)에 대해서는 An. 16 참조.

제2장 인구, 생계, 수입: 16세기의 '가위들'

I. 인구 폭발

"곳간의 쥐처럼"

16세기, 1500년과 70년 사이의 두드러진 사실은 인구 증가다. 이 현상을 상세하게 보여줄 호적대장은 없지만, 조세 자료는 그 점에 대해 확실한 경향성을 보여준다. 2~3년마다 본당 사목구의 서기는 토지 소유권의 변동(임시로 콩푸아의 여백에 기록되어 있는)을 반영하기 위해 타유세 대장을 갱신했으며, (대략) 반세기마다 토지 측량사는 시행정관의 요구에 따라 주민들의 토지를 콩푸아에 새로 기입해 넣었다. 이렇게 해서 납세자 명단을 타유세 대장에 알아보기 쉽게 정리했으며, 콩푸아에 축적된 자료는 한두 세대가 지나는 동안의 수적 증가를 단번에 알려준다.

주목할 만한 사실은, 서기들은 어떤 지방 단체에서 더 많은 타유세 대상자를 찾아내도록 압력을 받지 않았다는 점이다. 직접세 관련 행정기관은 그들의 작업을 통일시키지 않았으며, 어떤 지침을 제시하지도 않았다.[1] 그러나 옛 조세 제도의 최소 단위였던 본당 사목구의 서기들은 각자 자기의 좁은 분야에서 자기들의 시행정관을 위해 일했으면서도,

1) 이것은 에스파냐와 이탈리아의 인구 통계(이것은 원래 조세 목적으로 작성된 것이다)와 다른 점이다. 이 통계는 벨로흐(Beloch)가 작성했고, 브로델(F. Braudel)이 인용했다(1949, 349쪽).

루이 12세의 즉위부터 종교전쟁이 일어난* 두 세대 동안에 타유세 대상자의 수가 비약적으로 증가했음을 부지불식간에 한목소리로 확인해준다.

베지에의 세 마을, 충적토가 넓게 펼쳐진 베상, 약간의 늪을 끼고 있는 연안 평야의 항구 세리냥, 그리고 퐁테(황야); 충적토와 석회석 절벽이 교차하는 에로 계곡이나 인근 지역의 4개의 본당 사목구[2]; 산간의 밤나무 마을(생-주니에-드-바랑살); 사향포도의 항구(프롱티냥); 양모를 생산하는 마을인 위제스와 로데브; 커다란 평야 마을(뤼넬); 도시(몽펠리에)…… 이들 공동체는 자료 보존의 우연에 의해서 16세기의 인구 급증을 우리에게 알려준다.

타유세 대상자 수	
아니안(거주민)	1490～1500: 130; 1526: 163; 1547: 260; 1608: 362; 1495～1547년 동안 십 년 단위 인구 증가율: 192퍼센트
베상	1502: 127; 1523: 181; 1526: 183; 1534: 200; 1535: 208; 1539: 209; 1559: 263.
퐁테(거주민)	1427: 100; 1504: 112; 1505: 105; 1533: 136; 1539: 172; 1543: 190; 1581: 252; 1604: 286.
프롱티냥	1525: 353; 1570: 501; 1525～70년 동안 십 년 단위 인구 증가율: 9.4퍼센트.
지냐크	14세기: 348; 1462: 285; (1519: 두 개의 상이한 항목표에 따르면 345 또는 385. 원본 유실); 1541: 471; 1544: 510; 1548: 550; 1551～53: 520; 1559: 560; 1569: 620; 1462～1559년 동안 십 년 단위 인구 증가율: 9.9퍼센트.
로데브	1401: 540; 1416: 552; 1438: 436; 1444: 491;

* 1562년.

2) Aniane, Gignac, Montpeyroux, Saint-Guilhem-le-Désert.

	1459: 498; 1513: 496; 1540: 472(외지인 제외); 1560: 675; 1586: 842; 1513~60년 동안 십 년 단위 인구 증가율: 7.7퍼센트.
뤼넬	1394년 이전의 콩푸아: 807; 1396: 569; 1403: 544; 1415: 521; 1421: 475; 1427: 483; 1435: 506; 1462: 497; 1518: 457(이 가운데 383은 거주민); 1528: 478(이 가운데 420은 거주민); 1575: 737(이 가운데 610은 거주민); 1518~75년 동안 십 년 단위 인구 증가율(거주민): 10.4퍼센트.
몽펠리에	(Gr. 8 참조).
몽페루(거주민)	1500: 150; 1586: 349; 1500~86년 동안 십 년 단위 인구 증가율: 15.5퍼센트.
생-주니에-드-바랑살 (거주민)	1526: 64; 1545: 74; 1566: 62; 1526~66년 동안 십 년 단위 인구 증가율: 0.
생-길렘-르-데제르	1398: 132; 1442: 115; 1486: 126; 1570: 212; 1486~1570년 동안 십 년 단위 인구 증가율: 7.8퍼센트.
세리냥	1453: 125; 1521: 207(이 가운데 193이 거주민); 1550: 268(이 가운데 232가 거주민); 1603: 418(이 가운데 325가 거주민): 1521~50년 동안 십 년 단위 인구 증가율(거주민): 7.2퍼센트.
위제스	1477년과 1560년 사이에 타유세 대상자 급증.[3]

인구 증가는 전반적이다. 한곳만 예외일 뿐이다. 그러나 밤나무 숲에 묻혀 있는 생-주니에-드-바랑살이라는 작은 마을의 예가 통칙을 무너뜨릴 수는 없다. 인구 증가가 그렇게 일찍 시작된 것 같지는 않다(인구 증가가 1513~18년에야 시작되는 로데브, 뤼넬을 보라). 리구리아 지방이나 심지어는 프로방스 지방도 이보다는 일러 보인다(그러나 에스파냐는 좀 늦다. 인구 증가의 물결이 이탈리아에서 시작해 리옹 만을 따라

3) F. Chabaud, 1959.

동부에서 서부로 굽이쳐 갔다고 보는 것이 불가능하지는 않다).[4)]

어쨌든 랑그도크의 인구 증가는 조금 늦었지만 그럼에도 상당한 것이었다. 대충 계산해보자. 십 년 단위 인구 증가율은 6.7퍼센트와 21.2퍼센트 사이를 오간다. 1500년과 60년 사이에 이 지방의 평균 증가율은 11.5퍼센트다. 이 비율로 증가하면 타유세 대상자 수는 두 세대가 지나는 동안 배로 늘어난다. 그런데 이 수는 상당 부분 가장(家長)의 수와 함수관계에 있다. 가장의 수 역시 배로 늘어났는가? 직접적인 자료가 없기 때문에 정확한 수치를 도출해낼 수는 없지만 16세기 초의 가공할 만한 인구 증가를 의심하는 사람들을 위해 바라티에는 별로 길지 않은 기간(1480~1560)에 프로방스 지방에서 집의 수가 세 배로 늘어났음을 확실한 자료에 근거해서 밝혀냈음을 기억하자.[5)]

집, 가구 또는 타유세 대상자 등 어디서나 동일한 결론을 확인할 수 있다. 16세기 초반과 중반, 남부 프랑스에서의 폭발적인 인구 증가.

인구 증가는 집중적일 뿐만 아니라 지속적이었다. 지냐크가 아주 전형적인 예인데, 자료가 많아 우리는 그곳의 인구가 매년 정말 풍선처럼 부푸는 모습을 확인할 수 있다. 물론 일시적으로 인구 증가를 정지시킨 전염병이나 기근 등으로 사람이 죽기도 했다. 그러나 그러한 현상은 언제나 단기적인 정지에 불과했다. 그것은 17세기 프랑스의 병약한 인구를 와해시킬 도끼질(프롱드 난, 1662, 1694, 1709……)과는 전혀 달랐다.

모든 공동체의 인구가 늘어났다. 공동체 내부에서도 모든 구역이 마을이나 도시와 같은 리듬을 타고 증가했다. 몽펠리에의 '여섯 생(saint)'인 생-피르맹, 생트-안, 생트-크루아, 생트-푸아, 생-마티외, 생-폴 등 외곽 구역의 인구는 1500~10년부터 동일한 속도로 늘어났다.[6)] 뤼넬의 마을들에서도 마찬가지였다. 부르주아가 사는 중심지든 서민이 사는 외

4) Heers, 1961; Baratier, 1961; Lapeyre, 1959, 30쪽.
5) Baratier, 1961; Bautier, 1959, 267쪽.
6) Gr. 8.

몽페루의 구역들	타유세 대상자 수	
	1550	1586
라디스	69	153
레마즈	10	17
라멜라드	27	60
르 바리 드 라 글레야(교회의)	30	78
옛 성(城)	0	6
'비거주민'	14	35

곽이든 7개 구역 모두 전체의 리듬과 마찬가지로 늘어났다.

지금 우리는 전체 인구의 증가를 말하는 것이지 특정 타유세 대상자 집단의 증가를 말하는 것이 아니다. 여러 구역을 거느리고 있는 몽페루 마을은 아주 전형적인 예를 보여준다.

이들 일련의 조세 자료들은 덜 치밀하지만, 그렇다고 증거 가치가 없지는 않은 다른 자료들로 확인된다. 여전히 타유세 대장이나 콩푸아가 바로 그 자료들이다. 그러나 이 자료들은 1500년과 70년 사이의 것이 아니라, 말하자면 그 시기를 포함하고 있는 해의 자료들이다. 예컨대 우리는 어떤 마을의 1492년 콩푸아와 1607년의 콩푸아를 가지고 있다. 다른 어떤 마을의 1521년 콩푸아와 1644년의 콩푸아를 가지고 있으며, 또 다른 어떤 마을의 것은 1420년과 1560년의 타유세 대장이다.

이 자료들 사이에는 단 하나의 공통점이 있다. 이 자료들은 모두 어떤 형태로든지 인구 증가의 기간 전체나 상당 기간(1500~70)을 포함하고 있다. 만약 이 기간 중에 인구 증가가 뚜렷이 나타났다면, 두 번째 콩푸아의 타유세 대상자 수(이 자료의 두 번째 난)는 처음 자료에서 조사된 수를 훨씬 상회할(1570년 이후의 끔찍한 인구 감소를 제외하고) 가능성이 높다.

사실이 그러했다.

이 모든 콩푸아(14개 마을)는 우리가 고찰하는 기간을 거의 포함하고 있다. 이들 모두는 수적인 성장, 대차대조표상의 플러스를 보여준다. 연대의 정확성은 결여돼 있지만, 이들 자료는 1500년과 70년 사이에 가장 활발한 성장을 보여준 앞의 13개 마을의 상세한 자료들에서 도출한 결론과 완벽하게 일치한다. 아주 중요한 확답이다. 왜냐하면 두 번째 14개 마을 역시 지리적으로 흩어져 있기 때문이다. 연안 평야, 산기슭, 황야, 에로 계곡, 산골 그리고 심지어 도시 주변 외곽 지대. 나아가 어떻게 저런 곳에도 사람이 살 수 있으며 16세기에는 인구가 늘어날 수 있었을까 의아할 정도로 '기괴한 바위'로 이루어져 환상적이기는 하지만 암석의 침식작용으로 무너져내리고 있는 불모의 무레즈 지역까지도……

총 27개의 공동체가 16세기의 인구 급증을 증명해준다. 물론, 주지하다시피, 이러한 현상은 랑그도크만의 현상이 아니기 때문에 오히려 그 반대가 놀라운 일일 것이다. "전반적인 조사로 알려졌듯이 1470년과 1540년 사이, 프로방스 지방에서 집의 수는 평균 세 배 늘어났다. 이렇게 해서 인구는 2세기 전 페스트가 닥치기 이전 시대의 인구를 회복했다." 지중해 연안 지방들과 서유럽의 몇몇 지역도 이 거대한 움직임에 휩쓸렸다. 랑그도크의 현상은 고립적인 현상이 아니었다.[7]

이 같은 인구 급증 현상이 무슨 의미가 있느냐고 반박할 수 있다. 그것은 결국 1348년 이전 상태로의 복귀, 그래서 단순한 회복 또는 인구의 재건에 불과한 것 아니냐? 그러나 그런 관점은 역사의 관점이 아니라 시리우스*의 관점이다. 1500년경 인구가 급증할 당시 1350년 이전

---

7) Bautier, 1959, 267쪽; Baratier, 1961; H.C.M., III, 550쪽(마르세유의 인구는 1515년에 1만 5천 명에서 16세기 말에는 3만 내지 4만 5천 명이 된다); Braudel, 1949; Goubert, 1960, 612쪽; 에노 지방에 대해서는 M. Reinhard, B.S.H.M., 1959년 3월, 19쪽에 인용된 M. A. Arnould; Weill, 1891, 12, 13쪽에 인용된 Seyssel; Boissonnade, 1927, 10쪽에 인용된 J. Bodin, 1560: "이 왕국의 인구는 영국과 전쟁한 이후 한없이 늘어나고 있다"; Febvre, 1912; Fourquin, 1964.

* Sirius: 천랑성(天狼星). 시리우스의 관점에서 사물을 본다는 것은 현실을 초월한 높은 관점에서 사물을 판단하는 것을 의미한다.

1500~70년에 해당하거나 그 기간을 포함하고 있는 두 개의 콩푸아나 타유세 대장을 가지고 있는 마을

<table>
<tr><th>마을</th><th>연도</th><th>타유세
대상자 수</th><th>연도</th><th>타유세
대상자 수</th></tr>
<tr><td>아르젤리에</td><td>1531</td><td>30</td><td>1664</td><td>60</td></tr>
<tr><td>카스트리</td><td>1520</td><td>82</td><td>1619</td><td>151</td></tr>
<tr><td>세스농</td><td>1375</td><td>139(실제 가구)</td><td>1560</td><td>277</td></tr>
<tr><td>가리그</td><td>1523</td><td>20</td><td>1627</td><td>41</td></tr>
<tr><td>종셀</td><td>1537</td><td>164</td><td>1651</td><td>199</td></tr>
<tr><td>레스피냥</td><td>1492</td><td>103</td><td>1607</td><td>171</td></tr>
<tr><td>몽타냐크</td><td>1521</td><td>323</td><td>1621</td><td>574</td></tr>
<tr><td rowspan="2">무레즈</td><td>1488년
영주의 인정</td><td>16</td><td rowspan="2">1611년의
콩푸아</td><td rowspan="2">48</td></tr>
<tr><td>15세기 말
콩푸아</td><td>13</td></tr>
<tr><td>네피에</td><td>1535</td><td>97</td><td>1624</td><td>233</td></tr>
<tr><td>도면(세 마을:
에스파롱,
앙베랑,
마스 드 카를)</td><td>15세기 말</td><td>16</td><td>1604</td><td>36</td></tr>
<tr><td>루장</td><td>1525</td><td>197
(170명이
거주민)</td><td>1605</td><td>304
(254명이
거주민)</td></tr>
<tr><td>생-장-드-포</td><td>1409</td><td>97</td><td>1610</td><td>395</td></tr>
<tr><td>생-티베리</td><td>1460</td><td>189</td><td>1690</td><td>357</td></tr>
<tr><td>빌뇌브-레-베
지에</td><td>1490</td><td>179</td><td>1644</td><td>507</td></tr>
</table>

의 인구 포화 현상은 자취도 없이 사라진 상태였다. 1500년의 사람들과 그 아버지들은 줄곧 인구 감소의 세계에서 살고 있었다. 16세기의 인구 급증은 그들에게는 정상 상태로의 회귀가 아니었다. 그것은 그들과 그 자녀들의 삶의 조건을 근본적으로 바꾼 혁명적인 새로운 현상이었다.

또한 이 사람들은 문제의 현상에 대한 분명한 의식이 없었다. 그들은 그것의 결과를, 그것이 행복한 것이건 불행한 것이건, 그냥 참아낼 뿐이었다. 그들은 마치 보이지 않는 운명을 겪어나가듯이 그들의 인구 상황을 당연한 것으로 알고 살아갔던 것이다.[8)]

게다가 인구 증가의 연대표는 어떤 특수한 현상을 보여준다. 에스파냐에서는 인구 증가가 1560년과 1600년 사이에 정점에 달했는데, 그 시기는 아메리카 대륙의 귀금속이 반도로 밀물처럼 들어오던 시기였다.[9)] 그렇지만 바로 이웃에 있는 랑그도크에서는 인구 증가 현상이 1560~70년 이후 현저히 둔화된다. 자료가 허락하는 한도 내에서 1560~1600년의 기간을 별도로 분석해보자.

타유세 대상자 수	
베상	1559: 263; 1567: 272; 1570: 280; 1575~76: 299; 1588: 285; 1596: 290. 1559~96년 사이의 십 년 단위 평균 증가율(T.M.A.D.): 0.
퐁테	1581: 252; 1604: 286.
지냐크	1559: 560; 1569: 620; 1571: 613; 1574: 626; 1596: 631; T.M.A.D.: 3.4퍼센트(1559~96).
로루	1579: 262; 1581: 256; 1591~92: 245; 1597: 249; T.M.A.D.: -2.8퍼센트.
로데브	1560: 675; 1586: 842; 1589: 702.
뤼넬	1575: 737(이 가운데 610명이 그 지방민); 1594: 786(이 가운데 597명이 그 지방민); T.M.A.D.: -1.1퍼센트.

8) 그것은 랑그도크의 역사가들(드비크, 가숑 그리고 『지중해 연안 랑그도크……』, 1947의 저자들)이 오랫동안 전혀 알지 못할 정도로 숨겨진 운명이었다. 월프(Ph. Wolff, 1958, 205, 206쪽)가 처음으로 16세기 랑그도크의 인구 증가를 감지했다.

9) 특히 Lapeyre, 1959, 30쪽을 보라; Nadal, Giralt, 1960; 그러나 P. Vilar, 1962, I, 525~528쪽은 덜 단정적이다. 이탈리아에서도 인구 증가는 1600년경까지 지속되었다(Braudel, 1949, 353, 354쪽).

마르공	1577: 92(이 가운데 56명이 그 지방민); 1605~1607: 146(이 가운데 87명이 그 지방민); T.M.A.D.: 19.6퍼센트.
몽펠리에	1590년 이후 구역에 따라 분명한 감소 또는 매우 완만한 증가(Gr. 8)
세리냥	1550: 280(이 가운데 232명이 그 지방민); 1603: 418(이 가운데 235명이 그 지방민); T.M.A.D.: 7.5퍼센트.
빌마뉴	1560년경: 201; 1586: 193; 1593: 163; 1597과 1601: 163; T.M.A.D.: -4.7퍼센트.

증가율은 대부분 대수롭지 않거나 제로 또는 마이너스로 나타난다. 16세기 초의 높은 증가율은 1560~70년 이후 완전히 깨진다. 어디에 책임이 있는가? 이탈리아나 펠리페 2세 시대*의 에스파냐에서 보았듯이, '인구 증가'에 꽤 우호적이었던 경제는 아마 아닐 것이다.[10] 차라리 프랑스에 특수한 경우인 내전이 원인일 수 있다. 인구가 줄어들었거나 제자리걸음을 한 본당 사목구들은 바로 종교전쟁을 겪은 본당 사목구들이다. 1587년 신성동맹군이 점령하고 약탈한 베상, 1580년 몽모랑시의 포위 공격을 당한 빌마뉴.[11] 그것은 짧지만 피비린내 나는 것이었다. 1560~1600년대의 형편없는 인구는 전쟁의 참화를 전형적으로 반영한다. 전쟁은 사람들을 학살하고, 역축이나 종축을 빼앗고 징발했기 때문에 파종과 밭갈기가 불가능했던 것이다. 마지막으로 프로테스탄트들은 스위스로, 가톨릭교도들은 에스파냐로 집단이주해 감으로써 인구 증가의 역동성이 잠식되었다.[12]

1570년의 이 같은 균열은 결정적이었다. 1600년 이후 평화가 회복되었는데도 랑그도크는 "곳간의 쥐들처럼" 인구가 늘어나던 루이 12세, 프랑수아 1세, 앙리 2세 시대의 광적인 인구 증가를 회복하지 못했다.

* 1556~98.

10) Braudel, 1949, 353, 354쪽; Lapeyre, 1959, 30쪽.

11) Devic, 1872~92, XI, 688, 762쪽.

12) Mandrou, 1959; Nadal, Giralt, 1960, 102쪽.

물론 1600년 이후 인구 증가가 재개되기는 한다. 그러나 그것은 차분하고 완만한 것이었으며, 1675~80년경에 다시 멈춘다. 그 같은 서행은 불가피했다. 1500년과 60년 사이, 랑그도크와 프로방스의 매우 높은 증가율(십 년 단위 +10퍼센트)은 인구가 매우 적거나 인구밀도가 낮은 수준에서 출발했기 때문인 것으로밖에는 설명되지 않는다. 설사 종교전쟁이 일어나지 않았더라도 토지, 자원, 식량, 고용의 포화 현상 때문에, 실제로 17세기에서처럼, 숨이 가빴을 것이다.

이렇듯 인구가 크게 늘어난 1500~70년의 랑그도크 인구는 이전 시기에 비해 매우 긍정적인 독특한 징후들을 드러낸다. 페스트가 그러했다. 적어도 1481년 이후 1516년까지 랑그도크에서 페스트는 거의 매년 풍토병처럼 돌았으며, 그때마다 툴루즈 고등법원은 이사를 가지 않고는 못 배길 정도였다. 1510년의 랑그도크는 프랑스 왕국 내에서 페스트가 가장 극성을 부리던 지역으로 유명했다.[13] 페스트는 죽은 쥐와 이의 배설물들에 의해 오염된 땅 속에 뿌리내린 것 같았다.[14]

그러나 1516년 이후에는 그 무섭던 전염병의 힘이 약해졌다. 발병 빈도가 낮아진 것인데, 이는 고등법원의 의료 감시와 치안 활동으로 최초의 연속적인 통계자료가 작성된 툴루즈에서 매우 뚜렷하게 확인되는 사실이다.[15] 1481년(자료가 시작된 해)에서 1516년까지 페스트는 거의 매해 나타났다. 그러다가 1516년 이후에는 눈에 띄게 드물어진다.

13) PV, 1510년 1월; 이 평판은 페스트가 뜸해진 이후에도 사라지지 않았다. Platter, 1892, 371쪽; Serres, VIII, 5(페스트 단락).

14) '땅의 페스트'와 '땅파기의 페스트' 문제에 대해서는 발타자르와 이란 파스퇴르 연구소의 이란인 공동 연구자들의 연구 결과를 보라(G. Girard, 1964 참조).

15) Gr. 10. 자주 이야기되는 것과는 반대로, 구체제 하의 사람들은 페스트와 다른 질병을 혼동하지 않았다. 그리고 그들은 서혜(鼠蹊)임파선염 같은 전형적인 페스트의 징후를 어려움 없이 식별했다. AC Narbonne, BB 18, 5-5-1631: "폼 여인숙의 주인은 자기 하인의 허벅지에 무슨 벌레 같은 것이 있다고 말했다." 이것으로 페스트가 마을에 퍼졌다고 의심할 수 있는데, 사실로 판명되었다.

1529~30년의 격렬한 공격이 사라지고 나서는 재발이 드물며, 1564년 이후에는 더욱 드물어진다. 그러한 사실 때문에도 그것은 당시 사람들에게는 더욱 인상적이었다. 우리는 페스트가 18세기에 유럽에서 완전히 사라지고 동부 유럽과 아시아로 되돌아갔음을 알고 있다. 1653년은 툴루즈에서 전염병이 마지막으로 확인된 해다. 1720년 마르세유의 페스트는 랑그도크의 동쪽 일부(제보당, 세벤)를 스치고 지나갔을 뿐이다. 간단히 말해 랑그도크에서의 페스트는 이미 15세기부터 1348년의 '묵시록'적인 성격을 대체로 상실한다. 더 나아가, 1516년 이후에는 더 이상 풍토병적이지 않다. 1530년, 특히 1564년 이후에는 매우 드물게만 전격적으로 나타났다가 사라지며, 그러다가 완전히 소멸한다. 랑그도크의 다른 지역의 자료들도 툴루즈의 현상을 확인시켜준다.[16)]

마찬가지로 이 같은 인구 증가에서 우리가 확인할 수 있는 또 하나의 퇴조 현상은 문둥병의 퇴조다. 님의 나병환자 수용소 입원 기록은 장기적인 통계자료로서 우리에게 연대표를 제공해준다.[17)] 1535년까지 매년 하나나 둘 또는 그것을 조금 넘어서는 정도의 입원 사실이 확인된다. 그러다가 그후에는 입원이 점점 줄어들었다. 수년간 새로운 나병환자가 한 명도 발생하지 않고 지나갔다. 1523년만 해도 님의 나병환자들은 그들의 공동 가옥이 비좁을 정도였다. 그러다가 세기말, 그러니까 1594년에 이르면 그들은 비록 은둔 가옥이지만 넓은 공간에서 제법 가구도 갖추고 살게 된다. 개인적으로는 건강한, 그들의 자식(majoral)들은 이제 남아도는 공동 기금을 가지고 투자를 하며 살아갔다.[18)] 마찬가지로 1519년경에는 나르보네 지방, 피레네, 에스파냐 북부 등지에 많았던 카포(capot), 카고(cagot) 또는 이쇼레야(ischaureillat)들을 감염시켰던 흰 문둥병이 완전히 사라졌다. 물론 그들의 후손인 카고들은 18세기까

16) An. 17.

17) Gr. 10.

18) A. Puech, 1888; 이 같은 랑그도크의 연대표는 Vincent, 1931, 293쪽에서 확인된다. 문둥병은 푸아티에에서는 16세기 후반에 사라진다.

지 차별을 받았으며, 자기들만의 부락, 공동묘지, 성수반(聖水盤)을 가지고 있었다. 그러나 이 사회적 파리아*들은 적어도 1519년부터는 의학적으로는 건강하다고 인정되었다.[19]

이렇게 15세기 말의 특별한 상황에서 솟아오른 16세기의 인구 증가는[20] 그 외에도 중세 말의 오래된 전염병들이 약화되었다는 데에서 우호적인 조건들을 만났다. 병원균 독성의 감소? 면역 체계의 향상?[21] 페스트 벼룩의 숙주인 쥐들에게 일어난 변화?[22] 세계보건기구의 페스트 전문가인 폴리처는 처음 두 가지 가정을 받아들인다. 아시아에서 왔건 아프리카에서 왔건 그 오래된 질병의 약화만을 고려하도록 하자. 1535년경 몽펠리에와 아비뇽의 창녀들이 대량으로 전염시킨 매독과 같은 아메리카의 질병도 인구와 의료 상황을 마이너스로 만들지 못했다.[23] 이전 시대라면 대단히 좋은 조건을 맞이했을 텐데 말이다. 요컨대 사람들은 점점 건강해졌으며, 페스트균은 점점 약해졌다. 이러한 '협공'으로 사망률은 떨어졌다. 이렇게 해서 몇 세대 동안 인구 증가로 가는 길이

---

* paria: 인도의 카스트 제도에 못 드는 최하층민. 따돌림받는 사람들.

19) Tucoo-Chala, 1959, 206쪽 이하; 특히 Fay, 1910, 여러 곳과 510쪽.

20) 이 책, 제1권, 332, 333쪽 참조.

21) 독성의 감소와 면역 체계: Ch. Nicolle, 1939, 239쪽 이하; 그리고 특히 R. Pollitzer, 1954, 14, 15쪽과 여러 곳.

22) Pollitzer, 1954, 70쪽에 인용된 조르주(R. Jorge), 『설치류(齧齒類)와 벼룩』(*Rongeurs et puces*), Paris, 1928: 페스트 벼룩이 없는 시궁창 쥐(R. Norvegicus)가 페스트 벼룩을 지니고 있는 쥐(R. Rattus)를 몰아낸 것은 조루주에 따르면, 18세기 전반의 일이다. 이는 너무 늦은 시기여서 페스트의 완화를 설명하지 못한다. 마찬가지로 위생 조건의 개선도 16세기의 최초의 완화 이후에 이루어진다. 폴리처와 마찬가지로(15쪽), 나는 재앙의 외생적인 요인들(쥐, 위생)의 작용보다는 재앙의 '내생적이고' 자연적인 완화를 받아들인다.

23) 개별적인 사례를 통해 매독이 이보다 전에 랑그도크에 들어온 것은 분명하다. 그러나 집단적인 사실로서의 매독은 1530년대 이후에야 만날 수 있다. 몽펠리에의 병원들의 '매독'(vérolle)에 대한 최초의 텍스트: AC Montpellier(조프르 조사목록), 기록 615, f° 22, 1535년, 환자 22명. 페스트와 나병의 약화와 연대적으로 일치하는 것이 주목을 끈다. 아비뇽에 대해서는 Platter, 1892, 375쪽 참조.

열린 것이다.

확장적 반격: 한계지의 개간

'식민'(植民), 달리 말하면 개간, 이 두 용어는 서기 1000년경과 마찬가지로 16세기에도 서로 붙어 있다. 1520년부터 국가 기관들은, 이때까지는 무관심하거나 호의적이기까지 했지만,[24] 이제는 불, 도끼, 곡괭이 등으로 숲과 '가시나무나 관목' 덤불이 심하게 줄어드는 것을 보고 우려하기 시작했다. 1520~21년, 툴루즈 고등법원은 농민들에게 최초로 경고했다. "도대체 여러분은 숲을 망가뜨리는 일을, 푸른 나무나 마른 나무 자르는 일을 언제 멈출 것입니까?" 1539년과 1546년, 랑그도크 신분회는 최초로 탄식했다. "이 지방의 숲이 온통 파괴되고 있다." 파견관들은 왕령지의 순결을 지키기 위해 나섰고, 수많은 사람들이 허가도 없이 '메마른 땅'을 가는 것을 보고 우려하기 시작했다. 그들은 프랑슈-콩테 지방에서처럼 강가 주민들이 메마른 강에도 수로와 도르래를 설치하는 물레방아 열풍에 화를 냈다.[25]

1555~58년경, 지중해 연안 랑그도크 지방의 가련한 숲이 완전히 파괴되었다. 제빵 장수의 화덕은 늘푸른떡갈나무 장작을 집어삼켰다. 진짜 나무가 부족해지자 사람들은 가시덤불을 때면서 황야를 한 겹 벗겨냈다. 로즈마리를 실은 나귀들은 비틀거리며 땔감을 마을로 날랐다.[26]

땔감 나무 베기보다 더 심각했던 것은 경작지 개간이다. 콩푸아들은 개간에 나선 몇몇 남녀의 모습을 보여준다. 1534년, 이자벨 드 레름은 에로 지방의 한 마을에서 아주 조악한 풀밭과 숲을 개간하여 자기 땅으

---

24) 이 책, 제1권, 273, 274쪽 참조.

25) HGB 18, f°s 389, f° 507, 22-9-1520, 27-2-1521. PV 1539년 10월, 1546년 12월. 파견관과 물레방아: PV, 1541년 10월; Febvre, 1912; 1522년에도 몽펠리에 부근에 있는 발렌의 숲은 여전히 건축용 골조로 사용되는 목재를 공급했다(ACM, D, 기록 697, f° 39).

26) Platter, 1892, 29쪽.

로 만든 다음, 거기에 종자를 뿌리고 편도나무와 어린 올리브나무를 심었다. 1530~40년경, 베지에 지방에서와 마찬가지로 이 본당 사목구에서도[27] 목초지에까지 곡식을 심었는데, 그만큼 인구는 늘어나는 데 반해 먹을 것은 없었던 것이다.

나는 님 옆에 있는 보나주 지방의 랑글라드 마을의 콩푸아에 대해 상세히 연구했다. 지명(地名)을 카드에 기록해보면, 황야를 타고 올라가는 선도적인 개간지의 전진 과정을 확인할 수 있다. 1500년의 랑글라드에서는 평원 306헥타르를 모두 경작했다. 황야는 520헥타르였는데, 3헥타르를 제외하고는 처녀지였다. 1576년에 황야의 개간을 완성했다. 44헥타르가 개간되었는데, 이는 1500년에 비해 15배에 달한다. 인구 급증, 수요 증가, 가격 상승이 함께 노력했던 결과다. 이제까지 정복된 적이 없거나 아니면 1350년이나 1400년 이래 버려져 있던 보잘것없는 자갈땅을 쓸모 있는 땅으로 바꿔야(또는 다시 바꿔야) 했던 것이다.[28]

한계지 개간이 이루어진 또 다른 전형적인 지역은 몽펠리에 북부에 자리 잡은 발 드 몽페랑이다. 덜 메마른 분지가 드문드문 박혀 있는 광활한 황야 지대인 이곳에는 11개 본당 사목구가 오르튀스 산의 원시 습곡과 레즈 강의 용출(湧出) 지하수*가 흐르는 곳에 자리 잡고 있다. 오늘날에는 사람이 살지 않는 불모의 마을이지만, 16세기 중엽에는 개간 사업과 건축 붐이 일기도 했다. 1550년경에는 이미 마을의 풍경이 변해 있었다. 사람들은 새로운 콩푸아를 작성하기로 했다. 그러나 새로운 콩푸아가 완성되자마자(1554) 그들은 모든 작업을 다시 시작해야 했다. 4

---

27) 이 모든 것에 대해서는 AC Gignac, CC 6, f° 45(Isabelle de Lerm)와 f°49: 이자벨 드 레름의 선언: ung bosc estacarède〔어린 올리브나무〕〔……〕une rompude〔개간지〕 qui es amellarède〔편도나무〕 joux lou bosc〔……〕ung camp que a rompu del bosc〔……〕ung camp solu estre prat; 그리고 마찬가지로 ADH, G 564.

28) Barry, Le Roy Ladurie, 1962(통계표와 지도).

* source vauclusien: 퐁텐 드 보클뤼즈(Fontaine de Vaucluse)처럼 석회질의 단층 하부에 솟는 수량이 풍부한 샘.

년 동안 많은 농민은 심고, 갈고, 짓고를 반복했던 것이다! 그러자 '조정위원들'은 콩푸아 가운데 한 장(章)을 최근의 개간 지역을 위해 특별 할애하기로 결정했다.[29] "사바티에는 1스테라드 넓이의 숲을 개간했고 〔……〕 사바티에는 자기의 포도밭을 넓혔고 〔……〕 데피슈는 사는 집을 증축했고 〔……〕 고베르는 밭을 개간했음이 〔……〕 밝혀졌다." 어떤 사람은 방에 둥근 천장을 올리고, 금지된 황무지를 개간하고, 밭을 만들고, 자갈밭 언덕을 개간했다. 앙투안 귀자르의 상속자들은 양 우리를 10여 미터 늘리고, 화덕 위에 방을 하나 들였다. 마르살은 계곡에 있는 4스테레, 2카르트의 자갈밭을 개간했고, 콜롱드르는 "자갈밭을 개간했다."

스란은 0.10헥타르에 달하는 황야를 포도밭으로 늘렸다. 곡물을 생산하기 위한 개간지가 총 90군데였으며, 그 크기는 하나가 평균 1스테레 내지 3스테레 정도였다.[30] 포도밭은 32군데, 올리브밭은 4군데뿐이었다(이곳은 식용유를 위한 땅이 아니었다). 또한 몽페랑의 개간자들은 사프란 경작에도 나섰으며(2경우), 과수원을 조성하기도 했다(1경우). 그리고 정원을 만들어(4경우) 관개 재배를 하기도 했다(2경우). 어떤 사람은 강가에 호두나무를 심기도 했다. 많은 사람이 집을 짓고, 천장을 올리고, 벽돌을 쌓았다. 화덕, 비둘기장, 곳간, 양 우리, 집, 방, 티날[31] 등이 땅 위로 솟아올랐다(전부 51경우). 이렇듯 진정한 투자 열풍이 1550년경 황야의 주민들에게 몰아닥쳤다. 수익성 여부를 따질 것 없이 가능한 땅을 최대한 개간했다는 증거다. 사람들은 수단과 방법을 가리지 않고 땅이란 땅에는 밀을 갈고, 메마른 자갈밭에는 포도나무를 심었다. 먹기 위해서건 팔기 위해서건 개간 욕망을 제어할 수 없었다. 개간을 하는 사람들은, 적어도 여기서는, 귀하신 분이 아니라 농민이거나 일꾼들이었으며, 또는 귀자르의 가족처럼 가부장적인 가족이거나 프레레슈였다. 프레레슈는 개간을 위해 무상으로 노동력을 제공함으로써 역사

---

29) AC Les Matelles, 1558년도 발 드 몽페랑의 콩푸아, vol. II, f°s 1093~1138.

30) 마텔에서 1스테레는 0.20헥타르였다.

31) 포도주 통을 저장하고 있는 곳(1경우).

적인 역할을 수행했다. 메마른 황무지를 근거로 한 그 같은 확장은 거역할 수 없는 사회적 역동성을 말해준다. 그러나 그것은 장기적으로는 허약하고 건강치 못한 경제를 만들어냈다.

1560년까지의 16세기에는 어떤 방식으로 개간했을까? 이 질문은 헛된 질문이 아니다. 대체로 근대의 '대규모 개간'은 11세기의 그것에 비해 연구가 덜 되었기 때문이다.

우선 땅에 손을 대기 전에 일종의 의무처럼 공증인을 찾아갔다.[32] 공증인 사무실에서 지위 높은 계약 당사자들이 만났다. 한쪽은 미개간 황야를 소유하고는 있지만 용기가 없거나 돈이 없어서 개간을 하지 못하는 수도원장이나 귀족이다. 예컨대 생-소뵈르-드-라-퐁의 수녀원장인 기유메트 드 리스포는 1538년과 1553년 사이에 자신이 생-폴-드-쿠르테종과 이웃 마을들에 소유하고 있는 황야를 팔려고 내놓았다. 생-질의 참사회원이며 생-파스투르와 빅퇴르의 수도원장인 기욤 벨롱은 수도원 소유지 가운데 '사람이 살지 않는 벽촌'에 있는 '메마르고 거친 자갈밭'을 내놓았다. 이 명사들 앞에는, 노동력을 제공하러 온 개간 후보자들이 있다. 조르주 드 캉포, 블레즈 퐁티에르, 토마 뒤푸르, 마티외 바르브 등 4명은 노동자(농업 노동자)다. 그들은, 우선 수입세(닭 두 마리)를 내고 매년 얼마 안 되는 토지세(0리브르 2수 6드니에)를 내는 조건으로, 수녀원장이 영구적으로 양도한 황야를 각각 3소메씩 개간하기로 계약했다.

이 개간자들 가운데 약삭빠른 사람은 이 기회를 이용하여 집 문제를 해결했다. 장 아장은 수녀원장의 '거친 땅'을 개간하기로 약속하고, 수

---

32) 이하의 모든 것에 대해서는 Gard, E 728, 님의 공증인인 자크 우르시의 기록, 1538년에서 53년까지의 증서, 특히 수녀원장인 기유메트 드 리스포의 수많은 아캅트(acapte), 3-4-1542, 22-10-1542, 여러 곳; 같은 자료, E 729, 730, 731(2-5-1546), 733, 736(11-10-1553), 741, 742, 743(Guill. Bellon의 acapte, 5-3-1561). 또한 Gard, E 710(11-1-1507 등등), E 733(1548~53), E 764(7-10-1545: 황야의 개간), E 772(6-4-1552: 골풀이 우거진 지역 개간 비용) 등에는 개간 사업 임대계약을 위한 아캅트가 많이 있다.

녀원장은 개간지 한복판에 농가를 짓도록 했다.

다른 경우, 개간 사업의 주체는 자본의 용도를 찾는 부르주아들일 수도 있고, 관리나 상인일 수도 있으며, 사람을 사서 개간하는 대규모 경작자일 수도 있다. 법학사이며, 님의 법관보이고, 폴브리에르의 영주인 피에르 로베르는 단번에 50소메의 땅을(이는 일반 농업 노동자들의 13배다) 불하받아 3년 내에 개간하기로 했다. 계약조건은 양도자인 리스포 수녀원장에게 수입세로 11마리의 거세 수탉, 토지세로 매년 16수를 내는 것이었다. 베스트릭의 영주이자 국왕검사인 베르나르 바리에르도 마찬가지였다. 보케르의 농민인 귀족 로레 가리그는 40소메를 개간했다.

이 '신개간지'의 법적 도구는 영구 토지세(cens) 지불 조건부 임대로, 당시 남부 프랑스 사람들은 이것을 '아캅트' 또는 '새로운 구매'라고 불렀다. 그것은 괜찮은 사업인가 아니면 사기인가? 물론 개간자는 대수롭지 않은 토지세를 내는 조건으로 자기가 개간한 땅을 사실상 진짜 소유했다. 그러나 황야의 토지는 아무런 가치가 없는 경우가 허다했다. 일단 지력이 고갈되면 개간자의 자손들은 그 땅을 자연식물의 땅으로 내버렸다.

공증인과 작별한 다음, 관목 · 가시덤불 또는 금작화 등 별 가치 없는 식물들로 뒤덮여 있는 버려진 땅, '황야와 잡목숲'을 개간하는 사람들을 따라가보자. 얼핏보면 개간은 간단히 이루어지는 듯하다. 그러나 천만의 말씀이다. 일단 관목들을 자르고 말려서 태운 다음, '힘찬 소나 말, 건장한 노새들'을 동원하여 쟁기질을 시작한다. 그 뒤를 사람들이 삽, 가래, 망치를 손에 들고 따라가면서 걸리는 흙덩어리를 잘게 부순다. 여름이면 그들은 화전(火田)을 직접 일군다. 우선 건장한 사람들이 땅 위에 있는 풀을 거둔다. 그러면 아이와 여자들은 풀더미를 불태워, 그 재를 메마른 땅에 뿌린다. 마침내 그 개간지에서 첫 번째 경작을 시작한다. 이따금 즐거운 밀 수확이 없는 것은 아니다. 그러나 결국 그 땅은 처음의 척박한 땅으로 되돌아간다.[33] 나무와 땅을 먹어치우는 개간사업은 비용은 많이 들지만 수익성은 거의 없었다. 개간은 많은 축력과 인력을 요구하지만 가져다주는 것은 보잘것없었다. 오늘날의 경작자들 가운데 16세기에 개간된 그 형편없는 땅을 일굴 사람은 거의 없다. 16세기의 거역할 수 없는 인구압(人口壓)에는 다른 해결책이 없었을까?

집약적 반격: 혼합 재배

사람들은 처녀지나 다시 처녀지가 된 땅을 개간할 수 있다. 이것이 확장적 개발이다. 또한 사람들은 과거에 개간되었거나 새롭게 개간된 땅에 작물을 심어 수입을 늘릴 수 있다. 이것은 집약적 개발이다. 유실수 재배는 인구 증가에 대한 지중해 지역 농업의 전형적인 반격이었다. 그것은 (좋은 윤작이 없고, 건초와 비료가 부족하며 대체로 관개가 되지 않던) 지중해 지역에서 유일한 형태의 집약 농업이었다. 16세기에는 온 힘을 다해 우선 올리브나무를 심었다. 올리브 재배 사이클이 르네상스기의 농업을 점령했다. 1500년부터는 어느 콩푸아를 뒤져봐도 이랑 사이에 줄지어 늘어선 올리브나무들을 확인할 수 있다. 어떤 지역은 오로지 올리브유만 생산했다. (작은 땅의 단일 재배인) 올리브 재배지 못지않게 많은 것은 캉 앙 올리외, 캉 앙 올리바라고 하는, 밀과 올리브유를 함께 생산하는 혼합밭이었다. 나무가 심어진 이 밭은 모든 것이 가능한 땅이었다. 세벤 지방을 지나는 론 강과 에로 강을 따라 조성된 계단식 혼합밭에서는 밀, 기장, 올리브 및 약간의 '야채'(잠두)를 생산했다.

예컨대 에로 계곡 근처의 옛 영지에서는 1520년부터 재배가 활발해졌다.[34] 그해 올리브나무를 심은 밭은 12퍼센트로 1353년의 1퍼센트, 1378년의 2퍼센트에 비하면 월등했다. 당시 매우 활발하던 에로 지방의 지냐크에서는 올리브나무의 약진이 15세기에서 16세기 말까지 계속되었다.[35] 최초의 콩푸아(15세기 초)에 따르면 920필지 가운데 올리브 재

---

33) 이 같은 기술에 대해서는 Serres, II, 1 참조.
34) 퓌미송의 영지와 코르넬랑의 영지(AC Alignan-du-Vent, 미분류 인정 기록).
35) AC Gignac, 날짜가 명기된 콩푸아상의 필지를 셈한 것.

배지는 6필지로, 1퍼센트도 못 되었다. 1462년부터는 19퍼센트가 올리브 재배지로, 혁명의 불이 당겨진 듯했다. 1519년에, 올리브 재배지는 제자리걸음을 했다(15퍼센트). 그러나 나무를 함께 심은 밭은 어디나 파고들었다(16퍼센트). 결국 땅의 3분의 1이 이러저러한 방법으로 올리브 기름을 생산하게 된 것이다. 1534년, 인구 증가와 납세자 숫자의 증가 속도에 맞춰 올리브나무가 공세를 취했다. 42퍼센트의 땅이 올리브 재배지였고, 14퍼센트의 밭에는 올리브를 함께 심었다. 1596년 마침내 승리가 확정되었다. 계단식으로 조성된 밭에는 모두 올리브나무를 재배했으며, 34퍼센트의 땅이 올리브 단독 재배지, 36퍼센트가 넘는 땅은 밀과 올리브를 함께 경작했다. 은빛 올리브나무는 어두운 포도밭 가운데서도 자랄 정도였다. 혼합 경작이 게임을 승리로 장식했다. 포도재배자들과 개간자들은 기름을 얻기 위해 포도주와 곡식을 포기했다. 식용유가 여왕의 자리를 차지했다. 편도나무, 호두나무는 이제부터 올리브나무의 이랑에서 대량으로 재배되었다.[36)]

이 모든 사실은 물질문명과 분리할 수 없는 사실이다. 한편으로 돼지와 돼지기름의 생산을 위해 돼지의 먹이인 떡갈나무 열매를 생산하던 떡갈나무 숲이 15세기의 개간사업으로 파괴되었다. 그러나 다른 한편으로 떡갈나무 숲 대신 혼합 경작이 이루어졌다. 식물성 기름이 돼지기름을 대체한 것이다. 이렇게 해서 에스파냐의 마라노들이 유행시킨 식용유 사용 요리가, 16세기에, 전통적인 돼지비계 사용 요리를 물리쳤다.

왜냐하면 올리브나무의 약진은 어디서나 확인되며, 세기가 지나는 동안 지속되었기 때문이다. 1540년 퐁테의 올리브나무 재배는 거의 제로였다. 땅의 2.4퍼센트만이 올리브나무를 함께 심은 밭이었다. 1605년에 그 비율은 34.5퍼센트에 이르러 광대한 올리브나무 재배지가 경작지의 3분의 1을 뒤덮었다. 1552년에 라가마스에서는 9퍼센트의 땅에서만 올

---

36) 특히 AC Gignac, CC 6, 1534년 이후의 변화, f°s 47 v°, 387 v°, 571 v° 등등. 앞에서 소개한 개간자인 이자벨 드 레름도 이 재배자들 가운데 한 명이다.

리브를 단독으로 또는 밀과 함께 재배했다. 그러던 것이 1601년에는 60퍼센트에 달했다! 매해 열리는 정기시(定期市)와 아그드의 항구가 확실한 판로를 열어준 몽타냐크에서도 1547년에는 16퍼센트의 땅만이 올리브 재배지였으나 1625년에는 39퍼센트에 이르렀다. 루장에서는 1540년에 15퍼센트의 땅에 올리브를 단독으로 또는 밀과 함께 재배했으나 1625년에는 28퍼센트에 이르렀다(이곳에서는 혼합밭이 우세했다).[37]

그러므로 공통분모는 16세기에는 식용유 생산 나무가 공세를 취했다는 사실이다. 어느 곳에서는 경작지를 조금씩 잠식했는가 하면, 어느 곳에서는 올리브나무를 빽빽이 심었다.

콩푸아의 증언은 놀랍도록 일관적이다. 그렇지만 콩푸아는 연대표가 지나치게 느슨하다는 비난을 받을 만하다. 그러니 십일조에 발언권을 건네주기로 하자. 1480～1500년 이래 농업의 변화를 가장 직접적으로 따라서 가장 생생하게 증언해주는 장기적인 십일조 자료들을 심문해보자. 매해 나르본과 그 주변 마을(퀴자크, 무상, 그뤼상)에서는 생-쥐스트의 참사회원들이 올리브 추수 며칠 전에 올리브유 십일조 징수 임차권을 최고가 응찰자에게 넘겨주었다. 낙찰받은 임차인은 경작 비용을 전혀 들이지 않았으며, 그가 할 일은 단지 열매를 따서 으깨는 일 정도였기 때문에 많은 이익을 얻지는 못했다. 따라서 올리브유, 다시 말해 그가 참사회에 바치기로 약속한 현물 징수 임대료는 참사회의 총수입 가운데 큰 몫을 차지했다. 어쨌든 이 징수 임대료의 변동(1년 단위, 10년 단위, 100년 단위)은 십일조의 액수, 다시 말해 생산량에 큰 영향을 받았다. 많은 수확—많은 십일조—많은 임대료. 또한 그 역도 성립한다.

1479년부터의 나르본과 그뤼상, 1480년부터의 무상, 1498년부터의 퀴자크 등 4개의 곡선을 읽어보자.[38] 그래프에는 많은 구멍과 톱니가 보인다. 그것은 그 시기에는 올리브나무가 휴경되었음을 의미한다. 그

37) 날짜가 명기된 마을들의 콩푸아상의 필지를 셈한 것.

38) Gr. 29.

래서 2년마다 수확을 거두었을 뿐이다. 지력이 고갈되었지만 거름이 없었기 때문에 이듬해에 한 해 쉬었다가 다시 시작했다.[39] 도표상의 톱니 모양은 거기서 비롯된 것이다. 구멍이 생긴 것은 수확을 완전히 망쳤거나(된서리, 기생충), 임대가 없었거나(참사회원들은 임대를 주지 않고 자기들이 직접 십일조를 걷기도 했다), 마지막으로 서기의 태만 때문이었다.

사소한 문제가 없진 않지만, 곡선의 의미는 분명하다. 곡선들은 16세기에, 특히 대생산지(그뤼상, 무상)에서는 기름 생산이 증가했음을 말해준다. 이 두 교구에서는 십일조 징수 임대료가 내전(內戰) 직전에 20 샤르주까지 올라가는 등 1500년에서 60년 사이에 배로 늘어났다.[40] 이 60년 동안, 올리브 재배가 드문 나르본과 퀴자크의 경우, 오름세는 약했지만 그래도 뚜렷했다. 16세기의 상승을 나타내는 오드 지방의 십일조는 에로 지방의 콩푸아를 확인해준다. 1709년까지 그렇게 중요했던 나르본의 올리브 재배가 형태를 갖추기 시작한 것은 16세기 초였다.

1560~70년 이후 내전의 마지막 30년 동안 올리브유 십일조 수입이 줄어들었다. 이는 생산 자체가 줄어서인가? 아니면 농민들이 은밀하게 진행한 십일조 납부 거부 운동의 결과인가? 우리는 차후 이 문제를 다시 언급할 것이다. 우선 지금은 모든 자료가 일치를 보이는 16세기 초반에 머물기로 하자. 경제가 부흥하면서(1500~60), 올리브가 늘어났다. 1560년경, 올리브 재배는 전성기를 구가했다. 어떤 재배자도 그 무서운 겨울(1565~73)을 예상하지 못했다. 이 4년 동안 동해 피해를 입은 랑그도크의 올리브나무에는 죽거나 검게 쪼그라진 해골 형상의 올리브 열매만 남아 있었다.

옛날의 장부들을 뒤지다 보면 르네상스기의 이 재배자들을 어디서나 만날 수 있다.[41] 1533년, 베지에의 밧줄 제조공인 베르나르 포메롤——

39) 몽펠리에 농업학교의 올리브 재배 전문가인 르노(J. Renaud) 교수의 말.

40) 기름의 샤르주(charge)는 나르본에서는 186리터였다.

41) ADH, G 194, f° 131 v°; f° 199 v°, 9-2-1538; f° 233(1541); G 194, f° 238,

그는 한 발은 항상 과수원에 두고 있었기 때문에 시간제 장인이라고 해야 옳다——은 참사회원들을 위해서 12스타카(staca: 올리브나무 묘목)를 심었다. 참사회원들은 묘목을 공급하고, 밧줄 제조공에게 일당을 주었다. 베르나르는 식목 비용을 부담하며, 도시락을 싸갔다. 그뿐만 아니라 그는 물을 주고, 땅을 갈고, 재배하고, 묘목 주변의 땅 고르기를 했다. 나는 공증인의 문서에서 유사한 다른 재배자들을 종종 발견했다. 1530~50년경, 농가마다 임차인은 자기 비용으로 1년에 묘목 10그루 내지 12그루를 심을 수 있었다. 보통의 영지에서 1세기에 1,000그루다. 이렇듯 평지에서 빈 땅의 축소, '땅에 옷 입히기', 즉 밭에 올리브나무를 심는 것이 크게 늘어난 것은 어렵지 않게 설명된다.

그러한 노력에 힘입어 재배의 북방한계선이 북쪽으로 올라갔다. 꼼꼼한 지리학자인 세르는 그 사실을 기록했다. 한 세기가 지나는 동안 올리브나무는 '바다에서 물러났다.' 과거에는 '추위' 때문에 생장이 어렵다고 평가된 많은 지역에서도 이제 올리브를 생산했다.[42] 이 북부로의 행진은 16세기 이후에도 계속되었다. 1552년, 리옹에서 론 강 좌안을 따라 내려가던 펠릭스 플라터는 피에르라트에서 최초의 올리브나무를 발견했는데, 거기에는 이미 익어서 아주 쓴맛이 나는 빨간색, 파란색, 검은색 올리브 열매가 잔뜩 달려 있었다. 3세기 후, 플라오는 위도상으로 10킬로미터 더 북쪽에 자리 잡은 비비에에서 올리브나무 과수원을 만났다. 론 강 우안에서는 세기의 차이가 더 분명하게 느껴진다. 1595년, 토마 플라터에 따르면 북부의 한계는 부르그-생-앙데올이었다. 그러던 것이 1886년에는 상류 지방으로 33킬로미터 올라갔다! 10년에 1킬로미터씩, 세기에 10킬로미터의 속도로 북상한 것이다.[43] 물론 방향은 뒤집어질 수 있었다. 1709년 이후, 특히 19세기와 20세기에는 반전 현상이

---

f° 297 r°(25-9-1546); G 195, f° 64, v°; G 138(20-9-1545) 등.

42) Serres, VI, 26.

43) Platter, 1878(Pierlat, wo ich zum ersten die Ölbeum saah, 178쪽, 독일어 원본); Durand, Flahault, 1886(지도와 해설).

일어났다. 오늘날 최대 수익성이라는 기준은 한계재배지역(랑그도크, 프로방스)에 붙어 있는 북부 올리브 밭의 가치를 떨어뜨렸다. 올리브 재배의 패권은 에스파냐, 튀니지, 그리스로 넘어갔다.

그러나 16세기, 정확하게 1552년으로 돌아가자. 펠릭스 플라터는 퐁-생-테스프리에서 몽펠리에로 여행했다.[44] 그는 여관집 주인에게 도둑을 당하면 어쩌나, 여인숙 아가씨들에게 농락을 당하면 어쩌나 하는 걱정 때문에 진땀을 흘렸다. 그렇지만 그는 관찰했다. 길에는 올리브나무가 두 줄로 늘어서 있었다. 몽펠리에에 도착한 후 무서움은 배로 늘어났다. 그는 인간의 사지가——아직도——올리브나무에 매달려 있는 것을 목격했다.[45] 그곳은 처형자들의 야외 공동묘지였던 것이다. 마침내 하룻밤 잠을 자다가 갑자기 잠에서 깼다. 창을 가진 강도떼에 놀라서 깬 것이다. 그러나 알고 보니 그들은 단지 올리브 열매를 털기 위해 고용된 일꾼들이었다. 그들은 장대를 들고 있었고, 회색 또는 갈색 옷을 입고 있었으며, 새벽 3시에 일을 시작하고, 하루에 여섯 끼(차라리 여섯 차례의 간식)를 먹었다. 갑자기 올리브에 매혹된 플라터와 그의 동생*은 그 후 한참 뒤에 올리브유의 전 과정을 기술했다. 일단 올리브 열매를 따

---

44) Platter, éd. 1892, 23, 55, 201쪽(물레방아).

45) Castelnauw: 〔……〕 ettliche Vierthel von Menschen, die gericht an Ölbeumen hüngen(Platter, 1878, 187쪽).

* 여기에는 모두 세 명의 플라터가 나온다. 토마 플라터(Thomas Platter, 1499~1582)는 거지와 목동 생활을 거쳐, 바젤에서 헤브라이어를 가르친 스위스의 인문주의자다. 그의 아들 펠릭스 플라터(Felix Platter, 1536~1614)는 몽펠리에에서 의학을 공부하고 바젤에서 개업한 의사이자 박물학자다. 펠릭스의 어린 동생 토마 플라터(Thomas Platter, 1574~1628) 역시 형과 마찬가지로 몽펠리에에서 의학을 공부한 의사였으며 뛰어난 라틴 학자였고 훌륭한 성서 학자였을 뿐만 아니라 역사, 문학, 식물학, 법학 등에 관심이 많았다. 이 책의 저자인 에마뉘엘 르 루아 라뒤리는 이들 삼부자에 대한 책을 썼다. 『플라터의 세기 1499~1628』(*Le siècle des Platter*), 2권(t. 1: 『거지와 교수』; t. 2: 『토마 플라터의 여행 1595~99』), Fayard, 1995(1권), 2000(2권). 이 플라터 부자에 대한 소개로는 김응종, 「플라터 부자의 삶」, 『프랑스사 연구』, 2003이 있다.

면, 사람들은 방앗간을 소유한 영주(속인이건 성직자이건)에게 그것을 가져가며, 영주는 임차인에게 그것을 빻게 했다(사실 16세기에는 거의 어디에나 '기름 짜는 방앗간'이 있었다.[46]) 크리스마스에서 4월까지 방앗간은 밤낮으로 돌아가면서 꿀처럼 부드러운 순수한 기름을 생산해냈다. 그런 다음에 2차 압착을 하여 얻은 기름은 염소 가죽으로 만든 부대에 담아 멀리 외지로 내보냈다. 방앗간지기는 6개월 동안 잠을 거의 자지 못했다. 낮이나 밤이나 방울 달린 큰 마차를 끌고 올리브를 찾아다녀야 했던 것이다. 그는 이른 새벽부터 올리브 판매자들을 깨웠다. 방앗간 일꾼들 역시 선 채로 잠을 잤다. 그들은 언제나 음식이 차려진 식탁 옆에서 밤낮으로 일했으며, 잠이 부족했기 때문에 대신 쉴 새 없이 먹었다. 이 얼마나 고된 나날인가! 15시간, 18시간? 이렇게 고되게 일하다 보니, 의사들에 따르면, 일꾼들은 소화불량에 걸렸다. 이따금 더 이상 견딜 수 없어 그들은 땅에 엎드려 압착기가 돌아가는데도 잠깐 눈을 붙였다. 그들은 기름으로 품삯을 받았는데, 아주 형편없었다. 그래서 그들은 '지옥'이라고 부르는 구멍에 내버린 올리브 '찌꺼기'를 주워서 물로 깨끗이 씻어 챙김으로써 부족한 품삯을 보충했다. 간단히 말해, 방앗간지기와 그의 영주가 방앗간의 임금을 조였다. 기름 짜는 방앗간의 백인 천민들, 설탕 짜는 방앗간의 흑인 천민들. 자유 노동자들에게나 노예에게나 방앗간은 옛날의 산업 체계에서는 도형장과 다르지 않았다.

16세기에 올리브 산업이 발전한 것은 랑그도크뿐만 아니라 지중해 지역의 현상이었다. 프로방스, 콩타, 안달루시아, 튀니지의 사헬* 역시 프랑수아 1세, 카를 5세, 카이레딘 바르브루스 시대**에는 올리브나무로

---

46) 예컨대 ACM, VII, 기록 390, 9-10-1551: "기름 짜는 방앗간을 최근에 건축했다." 방앗간을 소유한 영주에 대해서는 Appolis, 1951, 184쪽; Aude, G 29 이하 참조: 참사회원들의 올리브 방앗간 임대.

* 북아프리카 연안 지방의 언덕 .

** 1476~1546. 오토만 제국 술탄의 가신으로서 카를 5세에 대항하던 프랑수아 1세와 동맹을 맺었다.

덮여 있었다.[47] 이러한 확산의 기저에는 도처에서 지중해 요리와 그 지역 소비자들의 수요 증가가 깔려 있었을 것으로 추정할 수 있다. 올리브유를 가미한 야채 수프, 대구와 가자미에 올리브유를 쳐서 먹는 끝도 없는 사순절…… 이러한 것들은 버터를 이용하는 스위스 요리를 좋아한 몽펠리에의 불쌍한 플라터를 절망시키기에 충분했다.[48] 이어 양모와 비누 제조업의 인력(引力)이 느껴졌다.[49] 지중해의 대도시들에서 수요가 늘어났는데, 예컨대 제노바는 1557~60년경에 아그드에서 수많은 바리크*에 가득 실려 들어오는 올리브유를 피스톨 금화로 지불했다. 또한 멀리 파리, 브리스톨, 노르망디 같은 북부의 시장에서도 수요가 있었다. 그뿐만 아니라 키오스, 콘스탄티노플, 알렉산드리아에서도 수요가 있었다. 마지막으로 수단의 금을 받고 아프리카로 판매했을 것으로 예상할 수 있다. 19세기에 올리브유는 대상(隊商)들을 통해 다섯 곳의 중계지를 거쳐 톰북투까지 진출했다. 수송 비용 때문에 그곳에서는 가격이 얼마나 비쌌던지 사치나 긴급한 필요에 또는 여성들의 화장용이나 상처 치료용으로 아주 조금씩만 사용했다.[50]

아무튼 16세기에 올리브나무는 양지를 차지했다. 기후와 향(向)이 좋으면 영예로운 자리를 올리브나무에게 주었다. 1552년, 님-알레스 교구의 토지대장을 보면 올리브나무가 곡물과 포도 다음 자리를, 밤나무와 거의 대등한 자리를 차지했다.[51] 그러나 이 교구의 남쪽에서는, 올리브

---

47) 안달루시아: Birot, Dresch, 1953, I, 217쪽. 프로방스: Nicod, 1956; H.C.M., II, 647쪽(15세기 말 살롱-드-프로방스에 올리브유 출현); AD Vaucluse, B 412, B 413: 1537년 모르나에 올리브나무가 출현했는데, 15세기에는 없었다; 튀니지의 사헬: Despois, 1940, 184~188쪽; Ganiage, 1959, 143~145쪽.

48) Platter, 1892, 39, 270쪽.

49) PV, 1709년 11월.

* barrique: 200~250리터들이 큰 통.

50) ADH, II E, 1-48, f°s 43 v°, 47 v°, 185(1557~58): 제노바나 리비에라 해안 지방에서 랑그도크의 올리브유 판매. 다른 국제적인 시장에 대해서는 H.C.M., III, 227, 414쪽; 사하라에 대해서는 Émerit, 1941 참조.

51) 이 책, 제1권, 386쪽 참조.

재배지가 가치 면에서는 전체 경작지의 거의 3분의 1을 차지했다. 말하자면 그곳은 기후 조건이 좋았을뿐더러 선적을 위한 항구가 아주 가까이 있었던 것이다. 아를, 에그모르트는 올리브 교역 전문 항구였다. 그러나 올리브 재배의 발전이 실제적이었기는 해도, 그것은 분명히 국지적인 것이었다. 왜냐하면 1552년에 올리브는 교구 전체 식물 생산량에서는 4위를 차지했지만, 가치로 보면 교구 전체 생산의 6퍼센트에 불과했기 때문이다. 그리고 위제스 교구에서는 거의 없었다.[52]

*

여기에는 올리브나무, 저기에는 대청나무.[53] 16세기의 팽창은 몇몇 농업적인 부활로 가득하다. 이런 조건에서 포도재배는 어떻게 되었나?

콩푸아를 보면, 세기 초에는 이따금 포도재배가 활발했다는 인상을 받는다. 강(에로 강)을 통해 가까운 항구(아그드)로 연결되어 있는 넓은 평야 마을 베상을 보자.

베상의 콩푸아: 토지 가운데 포도밭의 비율

1502년	19퍼센트
1523년	32퍼센트

작은 연안 항구, 세리냥. 1521년, 일꾼들은 그곳에 계단식 밭을 조성한 다음 구덩이를 파고 묘목을 심었다(어린 포도나무).[54] 그로부터 30년 후인 1550~62년에도 이 본당 사목구에서는 포도나무의 공격이 여전히 힘차게 계속되었던 것 같다. 포도나무는 부차적인 땅, '황야' '빈

52) 이 책, 제1권, 366쪽; An. 9.
53) Caster, 1962.
54) AC Sérignan, 1521년의 콩푸아, f° 94 r°; cf. 마찬가지로 AC Narbonne, BB 55, 3-3-1488.

땅' '석회암 고지'를 공략했다. 이제 왕년의 미개간지에는 어린 포도나무가 가득 들어섰다. 포도밭은 때로는 어찌나 넓게 조성되었던지 10세스테라드(4헥타르)에 이를 정도였다. 그곳의 영주는 이 기회를 놓치지 않았다. 그는 토지세나 새로운 아캅트를 받기로 하고 황야를 임대해줌으로써 별 볼일 없는 그 땅을 처분할 수 있었던 것이다. 농민들은 농민들대로 거기에 포도나무를 심을 수 있어서 좋았다.

그러나 한 마리의 제비가 봄을 실어오는 것은 아니다. 이 같은 몇몇 유실수 재배는 경제적인 기상이 좋았음을 말해주는 징후일지 모른다. 그러나 그 정도로는 대단위 포도밭이 조성되는 데 충분하지 않았다. 세리냥의 장기적인 콩푸아들은 혼합 재배의 실제적인 규모가 어떠했는지를 총량의 차원에서 평가할 수 있도록 해준다. 그것은 제한적이었으며, 금방 제동이 걸렸다. 1521년의 콩푸아에서는 토지의 17퍼센트가 포도밭이었으며, 그중 절반이 넘는 전체의 11퍼센트가 묘목 상태였다. 같은 시기 베상에서처럼 포도나무들이 아직 어린 상태에 있었다는 말이다. 나머지 11퍼센트는 올리브나무, 72퍼센트는 밭이었다. 포도밭은 역동적이었지만 그러나 지배적이지는 않았다.

1550년의 콩푸아에 따르면 66퍼센트가 밭이고, 11퍼센트가 올리브나무, 3퍼센트가 올리브가 함께 심어진 밭, 20퍼센트(19.56퍼센트……)가 포도밭이었다. 1520년에서 50년 사이에 포도재배가 늘어난 것은 사실이지만, 정도는 미미했던 것이다.[55] 게다가 그것은 곧이어 내전으로 저지되었다. 내전으로 이 본당 사목구의 올리브 재배지와 포도밭이 위축되었던 것이다. 1603년의 콩푸아는 11퍼센트가 포도밭, 8퍼센트가 올리브 밭, 81퍼센트가 밭이었음을 알려준다.

세리냥은 전형적인 사례다. 산발적인 자료들은 그곳에서 포도재배가

---

55) 1550년의 콩푸아에 포도나무 재배에 대한 언급(AC Sérignan, CC 1), f° 7 r°, (item VI ce stairados de terro 93 a rompudos et plantat ung malhol 〔……〕 93 cfront 〔……〕 de cers los terros vacans); 같은 자료, f° 139, 258, 274과 여러 곳.

도약했음을 시사해준다. 그러나 종합적이고, 집단적이며, 전체적인 자료인 콩푸아는 이 확산이 차분하게 일어났음을 보여준다. 또한 해상교역의 영향으로 이 두 본당 사목구의 포도밭이 활기를 띠었다는 점을 지적할 수 있다. 사실 16세기에 마르세유의 상인들은 세리냥, 프롱티냥, 에그모르트 같은 작은 연안 항구들을 답사하고 다녔다. 그들은 이곳에 와서 제노바, 피사, 리부르노, 아작시오로 갈 포도주를 선적했다. 이 먼 바다의 부름이 연안 마을 포도재배자들을 부추겨 미개간지를 포도밭으로 바꾸게 만들었다.[56] 동일한 영향이 몽펠리에 교구에도 미쳤다. 이곳에서는 1500~20년부터 프롱티냥 주위의 몇몇 본당 사목구를 중심으로 연안 포도밭이 조성되었다. 프랑수아 1세 시대에 이 지방의 포도밭 면적은 곡물 재배지 면적에 육박하거나 넘어섰다.

몽펠리에: 1520년의 교구 콩푸아		포도밭
연안 마을	곡물재배지	
비크	827카르테라드	493카르트
프롱티냥	509 -	1434 -
미르발	646 -	398 -

그러나 이것은 예외적인 경우다. 연안의 다른 마을이나 내륙으로 들어가면, 오늘날은 온통 포도밭인 이 교구에서 포도재배지는 대체로 곡물경작지 면적의 10분의 1, 많아야 5분의 1 정도를 차지할 뿐이다. 벽지로 가면 1퍼센트 내지 2퍼센트 정도에 불과하다.[57]

전체적으로 보면, 시간적으로든 공간적으로든 포도의 부흥은 매우 짧

56) H.C.M., III, 186, 420, 421쪽; Platter, éd. 1892; 마찬가지로 ADH, B 24, 26-6-1596, f° 33 v°: "밀을 생산하기에 적합하지 않은 메마르고 척박한 연안 마을은 수입의 대부분을 포도에서 얻었다. 그들은 해상 교역이 아니고는 판로를 얻지 못했다."

57) ADH, B 1031, 1032.

았다. 앞에서 살펴보았듯이, 올리브나무들이 포인트를 얻은 몇몇 마을에서는 포도나무가 제자리걸음을 하거나 뒷걸음질쳤다.

지냐크 콩푸아: 전체 토지 가운데 포도밭의 비율	
1462년	37퍼센트
1519년	28퍼센트
1534년	12퍼센트
1596년	18퍼센트

이곳에서 자크 쾨르와 루이 11세 시대에 크게 번성한 포도밭은 이후에는 올리브나무의 기세에 밀려나고 말았다.

마지막으로 콩푸아의 증언에 따르면, 16세기의 포도밭은 이따금 역동적이기도 했지만 대부분은 혼수상태에 빠져 있었다. 십일조는 무슨 말을 하는가?

별로 하는 말이 없다. 16세기에는 포도밭의 십일조에 관한 자료가 별로 좋지 않다. 장기적인 좋은 자료는 1600~50년에 가야 나타난다. 그렇지만 베지에, 아그드 같은 작은 도시에서 간단한 언급을 찾아볼 수 있다. 1560년 8월 30일, 베지에에서 위그노들 때문에 아직은 골탕을 먹지 않은 참사회원들은 그 고장 포도주의 경우 포도주는 50뮈, 막포도주는 10뮈로 '대십일조' 징수 임대계약을 맺었다.[58] 이는 1615~50년의 높은 임대료에 비하면 아주 낮은 수준이다. 이렇게 적은 포도 십일조는 17세기 말 최악의 포도 흉년이 든 몇 해에나 볼 수 있는 아주 적은 양이었다.

이듬해(1561)의 아그드도 마찬가지였다. 십일조 납부를 방해하는 위그노의 풍파는 아직 밀려오지 않았다. 아그드가 콩데파(派)*에 가담하

58) ADH, G 197, f° 197, 30-8-1560. 베지에에서 위그노의 소란은 1561년 7월에 시작된다(Devic, 1872~92, XI, 352쪽, 주 3). Gr. 31을 보라.

는 것은 1562년이 돼서였다. 참사회원들은 1561년 8월 17일 자유롭게 '포도주 십일조'를 정했다. 그해 참사회원들은 114뮈를 거둬들였다.[59] 이는 내전으로 수확이 아주 좋지 못해서 십일조가 70~80뮈로 떨어졌을 때보다는 낫지만 포도밭이 비약적으로 발전하던 1625~50년의 양에는 못 미친다. 당시 리슐리외와 마자랭 시대에는 포도 십일조가 200뮈에 이르러 1561년의 거의 배였다.

십일조와 콩푸아는 이렇게 상호보완적이다. 중부 랑그도크 지방(몽펠리에-베지에)의 경우, 인구가 증가하고 여기저기서 해상교역의 승리의 함성이 들리는데도 16세기에 포도재배가 무기력 상태를 벗어나지 못했다. 중부 랑그도크의 현실은 그러했다. 님, 코트 뒤 론 같은 동부 랑그도크도 마찬가지였을까? 쇼보는 11세기와 13세기 말의 포도재배 물결이 밀려가고 난 다음 16세기에 이 고장의 모든 지역에서 새로운 시도가 나타났음을 지적했다. 1493, 1532, 1558…… 어떤 부르주아는 공증인에게 가서 돈이나 거세된 수탉으로 토지세를 받거나 추수의 일부를 받기로 하고 자기의 거친 땅에 포도나무를 심도록 했다. 임차인은 석공일 때도 있고, 자갈 언덕에 계단식 밭을 조성하는 전문가일 수도 있다. 요컨대 16세기에 님 근처에 포도나무를 심었다는 말이다.[60] 그러나 포도나무의 고향이라고 할 수 있는 그 고장에 포도나무를 심지 않은 세기가 있었을까? 진정한 질문은 다음과 같은 질문이다. 대차대조표가 플러스로 나타나는가? 면적 면에서 16세기의 포도재배는 쇠퇴해가던 옛날의 포도재배를 능가했는가?

콩푸아를 손에 들고, 이 질문에 답해보기로 하자. 오늘날 좋은 포도

---

* 위그노, 즉 프로테스탄트파.

59) ADH, II E, 2-12, f°s 194~198, 17-8-1561, 생트-크루아-드-모랑에서 50 뮈, 생-미셸에서 40뮈, 생-루에서 24뮈, 이렇게 아그드의 세 군데 십일조 징수 구역에서 모두 114뮈. 1562년 아그드에서 발생한 위그노들의 소요에 대해서는 Devic, éd. 1872~92, XI, 396쪽. 또한 Gr. 31을 보라.

60) 쇼보 자료집, 5960.

단지가 있는 보나주 지방의 랑글라드(님 근처)를 보자. 1500년에 155헥타르의 곡물 경작지, 50.2헥타르의 평지 포도밭, 29헥타르의 올리브 재배지가 있다. 그러다가 토지대장상의 리브르로만 수치를 확인할 수 있는 1552년, 그 비율은 포도나무에 불리하게 나타난다. 18리브르 5수 10드니에의 밭, 5리브르 6수 11드니에의 포도밭, 3리브르 8수 6드니에의 올리브 재배지. 1576년의 콩푸아에서는 포도밭 면적이 1500년에 비해 줄어들었다. 포도밭은 50헥타르에서 35헥타르로 줄어들었는데, 이는 지난 세기의 4분의 3에 해당한다. 이 같은 포도밭의 쇠퇴는 땅이 넓어지고 인구도 늘어난 시점에서 일어났다는 점에서 더욱 의미심장하다! 랑글라드의 주민이 포도주 생산을 외면하던 바로 그 시기에 주민 수는 늘어나고 있었던 것이다. 경작지 수는 공중분해를 한 듯 많아졌다(1500년에 812필지였던 것이 1576년에는 1,694필지). 1500년과 76년 사이에 개간자들은 황야에 40헥타르의 땅을 개간했다(그중 포도밭은 40아르에 불과했으니, 참으로 형편없는 비율이었다).[61]

사실을 말해주는 지표인 것 같다. 16세기에 이 마을에서 포도를 재배하던 사람들은 오늘날의 포도재배자들과는 달리 '포도인(人) 근성'이 있는 사람들이 아니었다. 인구 압박에 짓눌리고 생계 요구와 곡가 앙등에 시달리던 16세기의 농민들이 염두에 두고 있던 것은 단 한 가지였으니, 곡물을 재배해야지, 또 곡물을 재배해야지, 그리고 더 많은 곡물을 재배해야지 하는 것이었다. 그러기 위해 그들은 인구가 적었던 전(前)세기의 산물인 평원의 포도밭을 주저 없이 희생시켰다. 그리고 그들이 돌밭을 개간한 것은, 적어도 보나주 지방에서는, 포도나무를 심기 위해서가 아니었다(이같이 메마른 지역에서는 포도나무를 심는 것이 적절한 선택이었겠지만 말이다). 그것은, 상식과는 달리, 지나치게 건조하지만 않으면 자갈밭에서라도 최소한의 곡물이나마 보장해주는 곡물 재배를 위한 것이었다.

61) Barry, Le Roy Ladurie, 1962에서 인용한 수치.

님 교구의 콩푸아(1552)는 이 점을 확인해준다. 토지대장에 나와 있는 수백 개의 본당 사목구 땅을 모두 합산한 지루한 계산 결과가 여기 있다. 교구 전체를 보면, 곡물 토지는 4,252리브르, 포도밭은 '밀'에 훨씬 못 미쳐서 1,204리브르로 나타난다. 이 포도밭의 뒷자리는 밤나무밭(568리브르)과 초지(514리브르)가 차지한다. 다음 순위는 늘푸른떡갈나무 숲이 드문드문 있거나 완전히 헐벗은 미개간지(505리브르), 올리브 재배지(457리브르), 채원(153리브르) 등이 차지한다. 전체적으로 건물이 들어서지 않은 7,653리브르의 교구 땅 가운데 포도밭은 1,204리브르로 16퍼센트에 해당하는 넓이다. 면적 비율은 이보다 더 낮았을 것이다. 왜냐하면 1552년 님 교구의 경우, 6헥타르의 포도밭은 그 가치로 볼 때 10헥타르의 곡물밭에 해당했기 때문이다. 따라서 가치로는 16퍼센트였지만 면적으로는 10퍼센트 정도에 불과했다.[62)]

사실 님 교구의 풍경은 이 같은 전반적인 통계가 말해주는 것보다 덜했다. 왜냐하면 포도밭은 도시 주변에 집중적으로 새롭게 조성되었기 때문이다. 1532, 1537……의 님에서도 마찬가지였다.[63)] 알레스 자작령(8개 공동체)에서도 4분의 3 이상의 포도밭(78리브르 가운데 60리브르)이 중심지인 알레스에 집중돼 있었다. 농촌의 7개 본당 사목구는 5퍼센트에도 못 미치는(가치로 볼 때) 땅에 포도를 재배할 뿐이었다. 마찬가지로 소미에르 자작령(14개 공동체)에서도 포도밭의 절반 이상(66리브르 중 35리브르)이 작은 도시 소미에르에나 외곽의 본당 사목구(빌비에유)에 조성되었으며, 나머지 12개 마을은 하찮은 정도였다.

그러므로 16세기 님 지방의 포도재배는 침체되었거나 축소되었는데, 어쨌든 대단치 않았다. 그러면 좀더 북쪽으로, 퐁-생-테스프리에서 위제스 공령(公領)에 이르는 랑그도크의 코트 뒤 론 지방은 어떤가? 마찬가지인가? 1550년경 위제스 교구의 콩푸아는 이에 대한 총체적인 답을

62) An. 9.

63) 쇼보 자료집, 5960, 47쪽에서 참고한 AC Nîmes, QQ 53(새롭게 조성된 포도밭 확인).

준다. 그것은 앙리 2세가 즉위하던 시기에는 론 강 유역의 포도밭이 20세기의 대규모 포도단지의 옹색한 조상이었음을 말해준다. 이 자료에 따르면, 심지어 도시——위제스, 퐁-생-테스프리, 바뇰——의 토지조차도 (남쪽에 위치한 작은 도시들, 예컨대 이미 대단위 포도재배지가 된 알레스, 프롱티냥, 소미에르와는 달리) 대부분 곡물을 재배했다. 18세기부터 코트 뒤 론의 특산주를 자처한 로크모르, 로뎅, 코돌레, 오르상, 쉬스클랑 같은 다섯 본당 사목구의 상황도 낫지 않았다. 16세기에 이 다섯 지방에서 포도밭이 차지한 면적은 극히 미미했다. 포도밭, 3,666스테레는 밭 1만 5,300스테레의 4분의 1에도 못 미치는 면적이었다. 그리고 다섯 본당 사목구의 포도밭의 가치는 일반 밭의 가치에 비해 한푼도 더 나가지 않았다.[64] 이는 포도재배가 극히 미진했음을 증명해주는 것이다. 면적, 질, 가치 등 어느 모로 보나 포도재배는 형편없었다.[65]

18세기에 포도단지로 각광을 받는 위제스 교구의 전반적인 상황은 더욱 초라했다. 1552년에는 곡물밭이 18만 2,521스테레인 데 반해, 포도밭이 2만 7,771스테레(밭의 6분의 1), 올리브가 1만 8,500스테레였으며, 나머지는 넓은 황야, 공지, 초지, 도토리산지, 황무지, 헐벗은 목장, 앙상한 떡갈나무 숲 등이었다. 곡물 재배지와 미개간지가 포도밭을 압도했던 것이다.

베지에, 아그드, 몽펠리에, 님, 위제스…… 간단히 말해, 16세기에는 이렇다 할 포도밭의 확장이 없었다. 나중에 살펴보겠지만, 그것은 앙리 4세와 루이 13세 시대의 일이었다. 프랑수아 1세, 앙리 2세 시대에 포도밭은 15세기 수준을 유지했으며——규모가 작았던 것은 아니다——해

64) 이 모든 것은 위제스 교구의 콩푸아를 토대로 내가 계산한 것이다. Gard, G 1335.

65) 1554~60년경 로마로 수출(Dion, 1959, 329쪽)하지 않은 것은 아니지만 말이다. 밭 1만 5,300스테레는 5만 9,584콩푸아 리브르(*실제 가치가 아니라 콩푸아상에 기록된 가치)에 해당한다; 포도밭 3,666스테레는 1만 4,988리브르. 대체로 스테레당 4콩푸아 리브르다.

상교역 덕분에 연안 지방에서 그리고 작은 도시 주변에서 조금 번성했다. 이곳에서 장인들은 자기의 포도주를 생산하려고 했다. 그러나 다른 지역에서는 쇠퇴했는데, 그것은 특히 올리브와의 경쟁 때문이었다. 전체적으로 보면 얻은 것이 잃은 것보다 별로 많지 않았다. 포도재배는 정체했다. 왜? 이 문제를 제기하는 것은 16세기의 포도주 시장 문제를 제기하는 것이다.

우선 지방 시장을 보자. 지방 시장은 아마 넓었던 듯하다. 1480년, 농업 노동자들이 하루에 마시는 순(純)포도주의 양은 1.71리터였다.[66] 이러한 소비 습관은 전체 토지 면적의 10퍼센트에 해당하는 포도밭의 존재를 설명하고 정당화시켜준다.

이러한 서민들의 소비는 별다른 탄력성을 보이지 않았다. 16세기에 개인의 소비량은 증가하지 않았다. 루이 11세 시대에 이미 일꾼들은 하루에 2리터가량 마셨다. 그들은 앙리 2세 시대에 포도재배를 촉진시키기 위해서 4리터를 마시지는 않을 것이다! 그리고 우리가 알고 있듯이 랑그도크 사람들은 음주벽이 없었다.

음유시인들은 이미 그 점을 말하고 있다. 술꾼들은, 어린아이들을 죽이는 사람들은, 북프랑스인들이었다.[67] 1566년 몽펠리에에 있던 술꾼들은 모두 독일인이었다고 플라터는 심각하게 말했다. 그들 가운데, 독일 여행을 하면서 두 가지 독일 악습——루터주의와 음주벽——에 물든 반타작 소작농 앙투안을 제외하면 현지인은 한 명도 없었다. 하도 술을 마셔대서 가재처럼 붉은 얼굴을 하고, 포도주를 머리에 붓던 독일인들. 익살맞은 친구들이 수염을 잘라서 가슴팍에 쑤셔넣는 동안에도 바지에 오줌을 싸고 있던 만취한 독일인들…… 플라터는 몽펠리에에 살던 자기 동포들의 음주벽과 현지인들의 절도 있는 생활을 비교하는 데 적절한 표현을 찾지 못했다. 1595년의 바르셀로나에 대해서도 마찬가지로

66) 피케트*는 제외. 이 책, 제1권, 450쪽과 Gr. 33 참조.
 * piquette: 포도주 찌꺼기에 물을 타서 만든 막포도주.

67) Anglade, 1927에 인용된 Peire Cardinal 등.

언급했다. 항구의 누옥들에는 창녀가 수두룩했지만 술주정뱅이는 한 명도 없었다.[68)]

사실 16세기의 상황은 무슨 금주제도를 시행하지 않았나 싶을 정도다. 1480년에서 1580년 사이에 나르본 부근에서 농업 노동자들에게 제공된 포도주 양이 줄어든 것을 보라. 랑그도크 지방의 포도주 소비세*는 무거웠다. 그러나 1500년과 60년 사이의 인구 증가와 가격 상승에 비해 징세액은 별로 늘어나지 않았다.[69)] 전체적으로 지방의 포도주 시장은 규모는 상당했지만 별다른 신장은 없었다. 그것은 포도 생산의 현저한 증가를 촉진하지 못했다. 지방 시장의 무기력뿐만 아니라 외부 시장도 주춤해서 기껏해야 제노바인이나 마르세유인이 연안 마을의 포도주를 가져가는 정도였다. 선박을 이용하는 것이 노새나 마차를 이용하는 것보다 수송 비용이 덜 들었던 것이다. 그들에게는 그렇게 하는 것이 자기들의 후배지에서 생산된 포도주를 비싼 비용을 치르고 들여오는 것보다 차라리 이익이었다.[70)] 그러나 16세기에 랑그도크 포도주가 외부 시장으로 진출하는 것은 연안에서 몇 킬로미터 정도로 한정되었다. 거기에는 충분한 이유가 있다. 바-랑그도크의 포도주는 수송 비용, 특히 너무 비싼 육상 수송 비용을 감당할 수 없었던 것이다. 수송 가치가 없었는데, 왜냐하면 포도주가 무가치했을 뿐만 아니라 저장이 안 되었기 때문이다(달콤한 포도주인 사향포도주는 예외였다).

이 문제에 대해서는 의심할 여지가 없다. 플라터 형제를 읽어보기만 하면 된다. 그들의 기록에 따르면, 몽펠리에에서 포도주는 옮겨 담지 않기 때문에 사육제만 지나면 그해를 넘기지 못하고 시어졌다. 쉬멘(세벤 지방)에서 랑그도크 지방을 위해 만든 통은 작았으며, 독일에서 만든 것

---

68) Platter, 1892, 48, 75, 77, 87, 88, 427쪽.

* Equivalent de Languedoc: 랑그도크의 등가(等價)라는 뜻으로, 포도주나 고기 소비세를 말한다.

69) Gr. 42; 이 책, 제1권, 450쪽 참조.

70) 이 책, 제1권, 362쪽 참조; Braudel, Romano, 1951.

보다 훨씬 작았다. 이유는 간단하다. 랑그도크의 포도주는 빨리 시어지기 때문에 오랫동안 저장할 큰 통을 만들 이유가 없었던 것이다.[71] 사실 세르 같은 개명된 랑그도크 사람들은 1년을 넘기지 못하는 자기네 포도주에 대해, 특히 포도주 저장고에 대해 부끄러워했다. 특히 황을 태운 연기를 쏘여서 '미세한 숨구멍'도 차단하는, 어둡고 선선한 당시의 독일의 저장고와 자기들의 저장고를 비교할 때 더욱 그랬다. 그들의 포도주 통은 물을 충분히 써서 닦은 다음 소독 처리했으며, 그들의 포도주는 딸의 출생에서 결혼까지 12년, 20년, 30년 가도록 변함이 없었다…… 그러나 세르는 거기에 찬사를 보내면서도 모방은 하지 않았다. 그의 저장고에는 쥐들이 득실거렸으며, 포도주 통에는 썩은 시체의 악취가 뱄다. 1556년의 부(父)카틀랑*을 보자. "포도주가 1년도 지나지 않아 시어지니" 자신의 지하실에 크게 기대하지 않았던 그는 열쇠를 아무렇게나 관리했다. 그 결과, 그 집에 유숙하던 독일 유학생들은 지하실에 내려가 정신을 잃을 정도로 술을 마셨다. 사람들은 술통 밑에 빠져 있는 그들을 끌어내기 위해서 발을 잡아당겨야 했다.[72]

이렇게 저장이 안 되는 랑그도크의 저질 포도주는 다른 고장으로 나가지도 못했으며, 아주 적은 양을 제외하면 수출도 되지 않았다. 지하 저장고에만 책임이 있을까? 지나치게 이른 포도수확도 책임이 있다. 랑그도크의 포도재배자들이 늦은 포도수확의 비결을 알아낸 것은 17세기, 특히 18세기에 이르러서였다. 그때에야 비로소 그들은 포도의 당분 함유량을 높이고, 결국에는 알코올 도수를 높일 수 있게 된 것이다. 그때부터 저장이 용이해진 그들의 포도주는 시장을 점령할 수 있었다.

16세기에는 아직 거기에 이르지 못했다. 이미 디종, 콩테 지방, 스위스, 구(舊)카스틸랴에서는 포도수확을 일정하게 10월에 했던 반면, 랑

---

71) Platter, 1892, 39, 198, 279, 282쪽; Dion, 1959, 323, 324쪽.

* 몽펠리에의 마라노 출신 약제사. 몽펠리에 의대에 유학했던 펠릭스와 토마 형제는 이 집에서 살았다.

72) Serres, III, 6, 7; Platter, 1892.

그도크와 콩타의 포도수확자들은 포도가 막 익기 시작하는 9월 초에 포도송이를 따버렸다. 농학자들이 "포도주를 좀더 잘 보관하려면 열매가 완전히 익기를 기다려야 한다"고 아무리 권고해도 소용없었다.[73] 포도재배자들은 귀가 없는 듯했다. 그들은 포도가 먹을 만해지면 벌써 포도수확을 위해 달려가곤 했다. 1530년과 62년 사이, 론 강의 좌안에서나 우안에서나 포도수확은 항상 9월 첫 두 주(그레고리오력*으로 수정하지 않으면 8월)에 있었다. 수도자의 자질로 볼 때 좀더 세심했을 것으로 예상되는 아비뇽의 프란체스코회 수도자들조차도 다른 사람들과 다름없이 서둘렀다.

여름이 끔찍하게 서늘했던 1528년, 바-론 지방의 포도수확은 10월 9일에 있었다(과거 달력으로 9월 30일). "이런 일은 본 적이 없다"고 공증인은 썼다. 그렇다. 그러나 그런 일은 포도재배자들이 좀더 신중해지고, 포도의 숙성도와 질을 염려하게 되는 18세기 내내 다시 보게 된다. 1520년이나 1550년대에 베지에, 몽펠리에에서도 조기수확에 대해 언급했다. 그 시대의 포도수확은 18세기의 포도수확에 비해 거의 3주 정도 빨랐다.

르네상스기에 지중해 연안 프랑스 포도재배자들은 이렇게 서투르고 태평스러웠는데, 그것은 이미 그 시대부터 만기 수확의 경향을 보이던 대서양 연안 남부 프랑스의 포도재배자들의 태도와 아주 대조적이었다.[74] 전자는 시고 맛없는, 그래서 시장성이 없는 삼류 지방 포도주만 생산한 반면, 후자는 타른 강, 아두르 강, 가론 강을 통해 브르타뉴, 플랑드르, 피카르디, 노르망디, 잉글랜드, 스코틀랜드, 가스코뉴, 비고르 등

---

73) Serres, 앞의 책.

* 1582년 로마 교황 그레고리우스 13세가 종래의 율리우스력을 개량하여 제정한 태양력으로, 지금 사용하는 양력을 말한다. 교황은 니케아 공의회가 열린 325년의 춘분 날짜에 맞추기 위해, 1582년 10월 4일의 다음날을 10월 15일로 조정했다.

74) 이 모든 연대에 대해서는 An. 1, Gr. 1, T.C. 1과 Angot, 1883 참조.

지의 상인들과 애주가들에게 육로로든 바다로든 아무리 오랜 여행을 해도 상할 염려가 없는 진하고 강한 고급 포도주를 수출했다.[75] 게다가 1550년경부터 보르도 사람들은 북부의 술꾼들이 일찍부터 즐겨 찾던 증류주*를 제조했다. 그들 역시 늦은 수확으로 알코올 도수와 당도를 높일 수 있었다.[76] 한편 바야돌리드 주민들은 에스파냐 궁정의 까다로운 입맛에 맞추어져 있었다. 랑그도크보다 훨씬 남쪽에 있는 그들은, 그럼에도 1500년과 60년 사이에 베지에, 오랑주 또는 몽펠리에보다 보름 정도 늦게 수확하는 여유를 누렸다.[77]

간단히 말해서, 16세기 지중해 지역 랑그도크의 포도재배지는 고객도 없고 원칙도 없는 낮은 수준의 포도재배지였다. 물론 2세기 뒤에는 부르고뉴나 기엔 같은 경쟁 지역 수준으로 향상된다. 그리고 그들 역시 이들과 마찬가지로 포도수확일자를 더 이상 여름의 끝이 아니라 가을로 고정시킴으로써 자기들의 성숙함을 선포했다. 그러나 이곳은, 16세기에는, 양적으로든 질적으로든 심지어 경멸적으로든 모든 의미에서 여전히 낙후된 포도재배지였다.

*

세벤 지방의 사례: 밤, 숯, 생사(生絲)

펠릭스 플라터는 여기에 대해서도 잘 기록해놓았다. 16세기의 랑그도

---

75) Féral, 1957에 있는 "16세기에 렉투르의 상업 활동," 7쪽; Dion, 1959, 390쪽; Mollat, 1950; L. de Santi, A. Vidal, 1896, 338~346쪽, 1486년에서 1593년까지의 텍스트, 예컨대 1509년 갈라크의 회의록.

* eau-de-vie: 포도주를 증류하여 만든 코냑 같은 브랜디를 말한다.

76) *Inv. Arch. Jurade de Bordeaux*, t. V, 1쪽, 26-8-1559에 최초의 텍스트: "보르도 시에서는 뜨거운 음료 제조 금지, 단 생트-크루아, 생트-윌랄리와 도미니크 수도회 영내는 제외하고." 반대로 동부 랑그도크에서 증류는 1550년경에도 여전히 약제사들의 일이었다(Platter, 1892, 81쪽).

77) 이 모든 것에 대해서는 T.C.에 있는 포도수확일자표를 참조.

크 사람들은 주요 도시에서조차 그리 대단한 애주가는 아니었다. 그들은 그보다는 밤의 소비자였다. 젊은 처녀들은 겨우내 불가에 앉아 밤을 구워 먹었다. 하도 많이 먹어서 배탈이 날 정도였다. 소비는 재배를 부른다. 밤나무는 규토질 땅에 심어졌으며, 황야와 관목의 희생 위에 퍼져 나갔다. 이따금 콩푸아에는 그것의 조용한 전진이 나타난다. 주로 곡물을 재배하던 어떤 마을의 경우,[78] 전체 토지 가운데 밤나무를 심은 곳이 1526년에는 11퍼센트였다. 그러다가 1566년에는 16퍼센트로 상승했다. 반면 17세기에는 바로 그 본당 사목구에서 그와 같은 상승률이 안정되면서 1649년에는 17퍼센트에 머물렀다.

1552년에 님의 토지측량사들은 토지대장상의 수입을 예측하기 위해 세벤 지방의 대규모 밤나무 단지를 둘러보며 그 면적을 측량했다. 그들은, 매우 자주, 밤이 많이 열리는 나무 옆에, 최근에 투자한 모판에서 갓 가져왔기 때문에 아직 열매를 맺지 못하는 어린 밤나무들을 표시해두었다. 이 같은 새로운 재배는 산맥의 한중앙에 나타났다. 그러나 어떤 것들은, 그때까지 밤나무 재배를 무시하던 지방에서, 밤나무 숲의 북-서와 남-서 가장자리에 심어졌다.[79] 최근의 이 같은 반전에는 그럴 만한 이유가 있었다. 1540~50년의 식민(植民)은 결국 식목(植木)을 촉발한 것이다. 인구가 급증하자 사람들은 합리적으로 먹을 것을 생산하도록 해주는 유일한 식물을 심음으로써 차가운 땅을 경작지로 둔갑시켰다.

산간 지방의 인구와 산업의 중심지인 세벤의 밤나무 단지를 좀더 둘러보자. 이 지방에 프로테스탄티즘과 더불어 강한 혁명의 기운이 느껴지던 1550년경, 세벤 지방은 경제적 활력을 과시했다. 우선, 이 활기 찬 산간 지방은 "도피네, 오트-프로방스, 랑그도크의 일부, 비바레, 제보당, 블레, 그리고 오베르뉴, 리무쟁, 페리고르, 기옌의 몇 지역"[80] 등 세

78) Platter, 1892; 생-주니에-드-바랑살의 해당 연도 콩푸아.

79) 이 모든 것에 대해서는 Gard, C 1852(님-알레스 교구의 콩푸아). 발로그와 생-마르셀-드-퐁풀루즈의 북서쪽과 생-쥘리엥-드-라-노, 몽다르디에, 생-로망-드-코디에르의 남서쪽 가장자리에 어린 밤나무 심기.

르가 정의한 16세기 프랑스의 밤나무 지역――중부와 남부――에 포함된다. 달리 말하면, 이 지역들은 중앙 산악 지대에 남아 있고 남부 알프스의 신생 습곡 지방에 다시 생긴 르와르 강 이남의 고생대 지역이다.

랑그도크의 경우, 피상적인 분석은 밤나무 숲을 낮게 평가하기 쉽다. 위제스 교구(1550년경의 교구 콩푸아)에서는 밤나무 숲이 발견되지 않는다. 님-알레스 교구에서는 밤나무 숲이 568리브르뿐이다. 이는 목초지(514리브르)를 겨우 넘어서는 정도이며 포도밭의 절반, 경작지의 8분의 1에 불과한 수치다. 가치로 보면 전체 교구 땅의 7퍼센트다.[81)]

그러나 여기서의 통계는 기만적이다. 밤나무 숲의 지리(地理)는 목초지의 지리와 아무런 공통점이 없기 때문이다. 목초지를 표시하는 파란 점들은 각 피나주 내의 경작지와 포도밭 속에 '작은 덩어리'로 흩어져 있다. 목초지는 어디에나 있지만 지배적이지 않다. 반대로 밤나무 숲은 큰 덩어리로 분할되어 있다. 그것은 평지와 큰 계곡에는 전무하다. 1552년, 그것은 세벤 산맥의 측면, 알레스-비강을 축으로 하는 이쪽저쪽에서, 산에 연결된 어둡고 두터운 지대를 형성하는데,[82)] 그 주위에는 밤나무 숲이 전혀 없어 큰 대조를 이룬다. 이는 아마도 16세기 랑그도크 지방에서 단종 재배라 할 수 있는 유일한 사례일 것이다. 90퍼센트 이상의 밤나무 숲(토지대장상의 568리브르 가운데 521리브르)이 사실상 43개 마을에 집중되어 있다. 그 당시에 교구는 179개 마을을 포함하고 있었다. 그리고 알레스에서 비강으로 이어지는 선에 모여 있는 43개 마을에서 밤나무는 다른 여러 재배 식물 가운데 하나가 아니었다. 그것은 진정한 왕이었으며, 땅의 주인이었으며, 때로는 유일한 점령자였다.

물론 지질학적으로 그곳은 밤나무 재배에 특별히 좋은 곳이었다. 사실 밤나무 지대는 코스와 황야 사이에 끼어 있는 세벤의 고생대 지역과 일치한다. 더 정확하게 말하면, 밤나무 지대는 생-장-뒤-가르에서 수

80) 특히 오트-기엔 지방(루에르그). Serres, VI, 26을 보라.
81) 이 책, 제1권, 386쪽 참조.
82) An. 9.

도르그와 망다구로 이어지는 대규모 화강암 암반 지대와 일치한다. 곡물을 파종한 밭——주로 호밀, 왜냐하면 이곳은 산성 토양이어서 밀이 잘 자라지 못하므로——은 많지 않다. 그것은 1552년에 측량된 43개 마을의 콩푸아에 152리브르로 나타났는데, 이는 밤나무 밭의 토지평가가치(521리브르)의 3분의 1(29.2퍼센트)에도 못 미치는 수준이다. 이곳은 다른 곳에서는 일반적이었던 곡물의 절대권력이 실패한 유일한 지역이다. 말할 것도 없이, 이 추운 지역에서 올리브나무와 포도나무는 좀처럼 기를 펼 수 없었다.

그러므로 밤나무 가꾸기는 이 산간 지방의 큰일이었다. 땅주인들은 땅 파고, 가지 치고, 접붙이고 하는 일에 신경을 많이 썼다. 예컨대 1586년 1월, 그리고 5월에도 많은 일꾼들이 둘씩 짝을 지어 로제르 지방과의 경계 부근에 있는 바르자크의 영주의 밤나무 밭에서 가지치기와 접붙이기에 매달렸다. 다른 일꾼들은 메마른 경사지 위에 있는 계단식 밭의 축대를 세우거나 수리했다. 일꾼들은 돼지비계와 그 지방 서민들의 고유 식량인 흰 밤을 보수로 받았다. 성주 부인——가스크의 마님——의 식단은 밀, 포도주, 돼지비계와 밤이 기본이었다. 밤나무가 잘되면 반타작 소작농도 잘되었다. 1586년, 크리스토프 드 바르자크는 그의 누이인 온느 부인에게 이렇게 썼다. 그에 따르면, 그해에는 모든 것이 순조롭다. 여자아이들이 잘 자라고, "아주 쾌활하다." 밤도 잘됐기 때문에 잘 팔리기만 하면 프나리에(반타작 소작농)는 부자가 될 것이다. "왜냐하면 그는 밤이 많고 일도 열심히 하기 때문이다."[83)]

16세기에 세벤의 밤은 모든 목적에 쓰이는 과일이었다. 이따금 그것을 이탈리아와 랑그도크의 도시에 수출했다. 밤은 특히 "세벤 사람들의 주식이었다." 생밤이든 잘 까서 말려 익힌 밤이든, 아니면 가루로 빻아서 만든 석탄처럼 검은 빵이든. 밤은 (갑상선종을 앓는) 산간 지방 사람

---

83) ADH, 1F, 14(바르자크 가족의 기록), f°s 233 v°, 238, 239 v°, 269(바르자크의 편지는 1586년 8월에 발송된 것인데, 시기적으로 1585~86년의 곡물 기근이 끝난 직후다).

들이 의사에게 치료비로 지불하는 돈이었다. 1595년에는 그랬다.[84]

르네상스와 종교 개혁기의 세벤 지방은 그후로도 오랫동안 영양실조에 허덕이던 '빵 없는 땅'이었으며, 이러한 차원에서 에스트레마두라*의 산간 지방에서 리무쟁과 사부아의 산간 지방에 이르는 광범위한 빈곤과 밤나무 인터내셔널의 일부였다. 이 지역은 세벤 지방과 동일한 궁핍, 동일한 전통, 때로는 동일한 표현까지도 공유했다. 예컨대 에스파냐의 라스 우르데스나 구체제의 랑그도크에서 만날 수 있는 유명한 castanos los de tu padre** 같은 것 말이다.[85]

비참하긴 했지만 체념하지는 않았다. 세벤 지방이 루에르그나 라스 우르데스와 다른 점은 거기에 있다. 버림받은 차가운 땅을 부쳐 먹고 사는 르네상스기 세벤 지방의 농민들은 광산과 산업에서 보충적인 생계 수단을 찾았다. 대규모 밤나무골 가운데 하나인 쉬멘 부근에 살던 그 지방의 농민들은 16세기 내내 금의 열기에 빠져든 비참한 사람들이었다. 그들은 많은 비용을 들여 노란 진흙을 팠으며, 파낸 흙을 흐르는 물에 씻어서 이따금 나뭇잎 같은 가느다란 금 조각을 찾아냈는데, 시험을 통과한 금은 리옹의 시장으로 팔려 나갔다.[86] 한층 더 진지했던 사람들은 세벤의 광부들이다.[87] 15세기에 그들의 활동은 그랑콩브의 광산들이 돼지기름 한 캥탈에 임대되면서 극히 부진했다. 그러나 1528년부터의 산림 개간은 그들에게 새로운 기회를 부여했다. 사실 그해는 알레스의 황야를 제빵업자들이, 특히 건설업 종사자인 석회 제조공들이 완전히 황폐하게 만든 해다. 이제 나무값 상승으로 석탄이 우위를 점했다. 1553

---

84) Platter, 1892, 285쪽과 여러 곳; Alméras, 1960, 110, 111쪽.

* 에스파냐의 서부 지방.

** 너의 아버지의 밤나무.

85) Gard, C 1852(곡물 재배는 거의 하지 않은 채 밤나무를 심은 마을: 생-마르셀-드-퐁풀루즈, 생-폴-드-라-코스트, 수스텔 등등, An. 9 참조); Legendre, 1927, 152쪽; Duthil, 1911, 189쪽과 여러 곳.

86) Platter, éd. 1892, 283쪽; Spooner, 1961.

87) Bardon, 1898, 11, 17, 18쪽과 여러 곳.

년, 알레스와 인접한 땅에서는 어디에서건 채탄 구멍이 뚫렸다. 1560~70년대, 새로운 광산, 새로운 농민-광부 직업이 생-펠릭스, 생-탕데올-드-로비아크에 생겨났다. 1552~62년경, 상드라의 수도원장은 자기의 밤나무(139소마드)와 알레스의 상인인 필리프 보렐에게 임대해준 지하 탄광에서 나는 석탄에 의존해서 생계를 이어갔다. 파리의 하수구처럼 무질서하게 뚫린 갱도들은 마침내 서로 교차하기에 이르렀다. 1581년, 뒤마제름이라는 광부는 동료 광부 다르다용에게 "다르다용이 일하는 갱도 위로는" 갱도를 파지 않기로 공증인 앞에서 서약했다. 붕괴 위험이 컸던 것이다.

석탄이 전부는 아니었다. 생-세바스티앵, 제네라르그, 미알레, 코르베, 앙뒤즈, 상드라…… 등 많은 밤나무 마을이나 이따금 석탄 마을들은 황철광 표층도 가지고 있었다. 계곡물을 따라 '제철방아'가 돌았는데, 1552년의 교구 콩푸아는 세벤 지방의 밤나무 숲, 특히 알레스 근처, 수스텔, 생-폴-드-라-코스트, 상드라 등지에 그것들이 있었음을 알려준다. 그 가운데 적어도 하나는 정확히 경제 부흥기에 세워진 것이다. 1487년 9월 3일, 제빵업뿐만 아니라 제철업을 겸하고 있던 알레스의 제빵업자 기욤 프티는 맨발로 가르동 강에 들어가 한동안 더듬었다. 그런 다음, 거기에다가 후일 둑을 쌓고 광석 방앗간을 세울 자리를 돌더미로 표시해두었다. 그때 서기도 강에 들어가 그 장소의 소유를 구두로 선언하고 문서에 서명했다. 개울의 주인인 포르트의 영주에게는 사용료를 지불했다. 이제 방앗간 건설을 시작할 수 있다.

이렇게 1550년부터 알레스의 검은 석탄은 세벤 지방을 흐르는 급류의 하얀 석탄으로 보충되었다. 사실 방앗간은 무수히 많았다. 님-알레스 교구에서 확인된 방앗간의 3분의 1(397개 가운데 137개)이 전체 마을의 4분의 1(179개 마을 가운데 43개 마을)도 안 되는 밤나무 밭에 들어서 있다. 생각보다 자율적인, 이상한 에너지의 지리(地理) 때문에 올리브나무가 없는 본당 사목구에는 기름 방앗간이 세워졌고, 밤나무만 키울 뿐 곡물을 재배하지 않는 마을에는 곡물 맷돌이 설치되었다. 그밖

에도 나사, 철, 종이 등을 무두질하는 방앗간도 있었다.[88]

나무는 나무대로 산업의 활성화에 한몫 거들었다. 밤나무 밭 주인들은 밤나무를 베어 물통이나 술통을 만들었다.[89] 매해 3월이면 시골 사람들은 통의 원료인 야생 밤나무 덤불숲을 공격했다.[90] 그들은 통을 만든 다음 바퀴 모양으로 쌓아서 내다 팔았다. 작은 마을에서는 통을 만드느라 두드려대는 망치 소리가 끊이지 않았다. 1490~1600년 사이, 쉬멘의 통 제조업자들은 랑그도크 전역, 마르세유에 제품을 팔았으며, 그곳으로 팔려나간 통은 포도주를 담거나 참치, 멸치, 소금 절인 정어리를 저장하는 데 쓰였다. 쉬멘, 생-로망, 라살 같은 세벤의 본당 사목구들은 마르세유에 테, 통, 바구니 들을 완제품 아니면 프로방스의 통 제조공장에서 조립될 원재료 상태로 팔았다.[91]

그것은 새로운 산업이었다. 1242년 그리고 1340년에도 여전히 랑그도크의 행정관들은 보케르의 세네샬에게 '포도주를 부패시키는' 밤나무 통을 더 이상 만들지 못하게 해달라고 청원했다. 두 세기 후, 떡갈나무가 패소했다. 일반인들은 다시 밤나무 편을 들었다. 밤나무는 "포도주에 아무런 냄새도 배게 하지 않는다"는 것이며, 반면에 "떡갈나무에 저장된" 포도주는 "누가 맡아도 고약한 냄새가 난다"는 것이었다. 13세기와 14세기는 떡갈나무 통의 시대였고, 16세기는 밤나무 통의 시대였다.[92]

목재 산업은 밤나무밭의 고도를 넘어섰다. 1595년, 플라터는 세벤의 정상 아주 가까이에 있는 에스페루 마을에서 수많은 목수들을 보았다. 그들은 판자와 상자를 만들어 도심에 내다 팔았으며, 그렇게 해서 산간

---

88) 이 모든 것에 대해서는 Bardon, 1898; Gard, C 1852(인용된 해당 마을); An. 9; 무두질 방앗간에 대해서는 Pellas, 1723, 'masso' 'paradou' 항목 참조.

89) AC Le Vigan, BB, 13-4-1561: "통을 만들기 위해 밤나무를 베었다."

90) Bardon, 1896, 373, 374쪽(15세기의 텍스트).

91) Platter, 1892, 282쪽; H.C.M., III, 133, 134쪽.

92) ACM(『출간된 목록』*Inventaire imprimé*; t. I(『큰 고문서집』*grand chartrier*, 81쪽, n°s 943-944-945: 1242년과 1340년의 텍스트; Serres, III, 6과 비교하라.

마을에 정화(正貨)를 공급했다.[93)]

16세기의 세벤은 이렇게 모든 활동이 유기적으로 결합된 역동적인 단위처럼 보인다. 빵나무는 광산, 직물 산업, 방앗간, 목재 산업 그리고 피혁 산업(피혁 산업에 대해서는 나중에 다시 언급할 것인데, 이 산업은 세벤에서 위그노파가 확장되는 데 결정적인 역할을 한다)에서 일하는 수많은 농부와 광부들에게 양식을 제공했다. 또 놀라운 것은 인구밀도다. 1552년, 님-알레스 교구에서 알레스, 앙뒤즈, 비강 등 밤나무 밭이 있는 세 개의 자작령에는 모두 82개의 공동체——마을과 촌락——와 1만 774가구가 있었는데, 교구의 179개 공동체에는 2만 3,710가구가 있었다. 산간 마을도 님의 평야 지대만큼 인구가 많고 인구밀도가 높았던 것이다. 마을마다 132가구, 즉 600명 내지 700명의 주민이 살고 있었다. 16세기에는 차갑고 메마른 땅에 그렇게 많은 사람이 붙어살았다. 산간 지방에 평야 지대와 같은 수의 사람이 살고 있었다는 것은, 고지대의 빈약한 농경 자원을 생각하면 산간 지방으로서는 인구 과잉이었다.[94)]

1552년, 세벤의 인구밀도는 형편없이 낮은 생활수준과 건강 상태를 고려할 때 지나치게 높으며 암담하기까지 한 것이었다. 16세기의 의사들은 에로 지방의 사금채집자들이 앓고 있던 질병, 애구알과 에스페루의 사람들이 앓고 있던 끔찍한 갑상선종, 직물 산업이 들어선 마을에서 직조공들을 괴롭히던 연주창에 대해 기록했다. 연주창 환자들은 자기네끼리만 결혼해야 했으며, 병을 치료하려면 보케르의 샘으로 가거나 프랑스 왕의 '손대기'*를 받아야 했다…… 유리를 만들던 귀족들은 옷은 잘 입었지만 돈은 없어 보였다. 그들은 벨벳 옷과 타프타 조끼를 입은 채 화덕 바로 앞에서 직접 유리를 불어 만들었다.[95)]

---

93) Platter, 284쪽.

94) Gard, C 1852.

* 중세 프랑스의 왕은 연주창 환자의 환부에 손을 대어 병을 고친다고 중세인들은 믿었다.

95) Platter, éd. 1892, 269, 283, 327쪽과 여러 곳.

16세기의 세벤은 이러했다. 가난한 사람들, 갑산선종을 앓는 사람들, 연주창 환자들, 비단 옷을 입은 귀족들…… 비단은 범상치 않은 풍요를 상징하는 특별한 경우다. 그리고 비단은 밤나무 숲에 황금의 나무인 뽕나무가 끼어 있음을 상기시킨다. 세벤의 밤나무 숲은 프랑스 양잠업의 가장 오래된, 가장 활발한 중심지가 아니었던가?

1234년, 생사(生絲)를 생산하여 마르세유에 수출하던 산업이 확인된다. 1296년, 온통 밤나무 숲으로 에워싸인 앙뒤즈의 주민 레몽 드 고사르그는 그곳에서 제사(製絲)업을 했다. 누에고치에서 실을 뽑아 생사를 만든 것이다.

프랑스에서 이 분야 최초의 중요한 텍스트. 이 텍스트는 프랑스 양잠업의 진정한 출발 시점을 확인해줄 뿐만 아니라 아마도 이탈리아에서 수입되었을 것으로 추정되는 누에가 1296년 세벤 지방에서 최초로 사육되었음을 증명한다.

14세기, 앙뒤즈의 제사업자들의 길드는 번창했으며 확고히 자리 잡았다. 루카, 파리, 알레스, 몽펠리에, 로잔, 프리부르크 등지의 상인들은 그들에게 와서 생사를 사갔다. 알레스의 양잠업자들은 제사공들을 고용해서 누에의 실을 뽑아냈다. 앙뒤즈는 세벤과 비바레까지(1361년부터) 전파된 새로운 양잠 기술의 선구적 중심이었다. 1360~75년경, 앙뒤즈의 상인인 스귀레 게랑은 이웃 마을(생-장-뒤-가르, 미알레)의 농민들 집에 누에알을 앉혔다. 그런 다음 그는 농민들에게서 누에고치를 사다가 제사공들을 고용하여 실을 뽑았는데, 임금으로 밀을 주었다. 게랑은 그렇게 해서 얻은 생사를 샬롱의 시장에서 파리에 거주하는 루카의 상인들에게 팔았다.[96] 사실 이 일은 그가 하는 많은 일 가운데 하나에 불과했다. 게랑은 밭, 포도밭, 올리브 재배지, 밤나무 밭, 소, 염소, 나귀를 소유하고 있었다. 그는 고리대금업과 전당포업을 했으며, 보릿고개 때

96) 이 모든 것은 H. Chobaut, 1940에 인용된 가르 고문서 참조; Bozon, 1961, 132쪽을 보라.

는 밀을 비싸게 팔았고, 포도주 지방세 징수를 임차하기도 했다…… 세벤 지방 생사(生絲)의 원조라 할 수 있는 앙뒤즈의 생사는 지방 경제에서 미약한 위치, 부수적 위치에 머물러 있었다.

게다가 이 같은 앙뒤즈의 최초의 주기는 1400년경에 막을 내린 것 같다. 완전히 사라진 것은 아니지만, 앙뒤즈의 생사 생산은 알레스의 석탄 생산처럼 앞에서 살펴보았듯이 산간 지방의 척박한 땅에서 특히 자주 확인되는 15세기의 '버려진 마을들'과 함께 사라졌다. 1400년 이후 누에알이나 제사업자들에 대한 언급은 앙뒤즈의 공증인들에게서 현저하게 줄어들었다. 1440년 이후 비약적으로 발전한 아비뇽의 견직물 산업은 15세기에 오직 이탈리아, 아라곤, 카탈루냐, 발렌시아, 무르시아의 생사만을 사용했다.

그러나 1497년 이후 산골짜기 생사라고 부르던 앙뒤즈의 생사가 아비뇽의 시장에 다시 나타났다. 장식끈 제조업자와 타프타 제조업자들은 앙뒤즈의 생사를 알아주었다. 1510년부터는 세벤 지역에 바르자크(가르), 생-테티엔-발레-프랑세즈(로제르) 같은 이차 양잠 센터가 생겨났다. 세벤 지방 밖에서는 1494년 이후에 프로방스 지방에 양잠단지들이 생겨났다. 그리고 콩타 지방의 몽텔리마르 근처에는 알랑의 영주 덕분에 양잠단지가 조성되었는데, 그는 샤를 8세를 따라 나폴리에 갔다가 거기에서 자기의 본당 사목구를 위해 하얀 뽕나무를 구입했다.[97)]

검은 뽕나무, 하얀 뽕나무. 16세기의 성장 국면은 나무의 선택에 영향을 주었다. 사실 15세기까지 랑그도크의 누에들은 (마지못해) 검은 뽕나무 잎을 먹을 수밖에 없었다. 원산지 페르시아에서 오래전에[98)] 프로

97) Chobaut, 1940에 있는 공증인 문서들과 쇼보 자료집의 '뽕나무' 문서; Serres, V, 15.

98) 투르*에 따르면 검은 뽕나무는 5세기에 아를에 들어왔다. 1240년에 콩플랑에 들어온 것에 대해서는 Chobaut, 1940; Brutails, 1891, 21쪽 참조.

* Grégoire de Tours(538~594): 『프랑크족의 역사』를 쓴 연대기 작가로 프랑스사의 아버지로 불린다.

방스와 루시용에 수입된 검은 뽕나무는 누에에게는 형편없는 음식이었다. 그 잎을 먹으면 질기고 무거운 '거친' 실을 만들어낼 뿐이었다. 성장도 더뎠다. 그것이 가진 장점이라고는 질기다는 것 하나밖에 없었다. 반면에 원산지가 중국인 하얀 뽕나무는 중국산 누에가 정말 좋아하는 안식처였다. 뽕나무 열매는 "기근이 들었을 때 걸신들린 여자들이나 먹을까" 정말 먹을 수 없는 것이었다. 그러나 그 잎은 "섬세하고, 가볍고, 하늘하늘한" 실을 만들어주었다. 중요한 것은 그것이었다. 누에보다(1296) 2세기 늦게, 하얀 뽕나무가 남부 프랑스에 상륙했다(1494). 대번에 프랑스의 양잠 산업은 마침내 질 좋은 생사를 생산할 수 있게 되었으며, 누에는 누에대로 입맛에 맞는 뽕잎을 양껏 먹을 수 있게 되었다.

적어도 콩타에서는 그랬다. 다른 곳에서는 타성에 젖은 과수원이 어쩔 수 없이 유지될 뿐이었다. 세벤 지방에서 16세기의 양잠업의 팽창은 오래된 검은 뽕나무 단지를 토대로 이루어졌다. 1600년에도 "앙뒤즈, 알레스 그리고 랑그도크의 세벤 지방 쪽의 다른 지역에서는 검은 뽕나무에서 생산된 생사가 많이 팔려나갔다." 전통적인 중심지인 앙뒤즈는 이렇게 세르의 구태의연한 가르침을 실행에 옮겼다. "만약 당신의 땅이 이미 검은 뽕나무로 뒤덮였거든, 하얀 뽕나무로 대체할 생각을 하지 말고 거기에 매달리시오." 앙뒤즈는 '가치가 떨어지는' 싸구려 생사의 생산지로 남는다. 반대로 1500년경에 생겨난, 그래서 세벤보다 두 세기나 젊은 콩타 지방의 신생 양잠단지는 처음부터 '신흥 국가들'이 대체로 그렇듯이, 가장 근대적이고 혁명적인 해법을 모색했다. 하얀 뽕나무를 사용할 때만 가능한 화려한 품질을 추구한 것이다. 말하자면 콩타는 제로에서 출발했기 때문에 뭐든 심고 싶은 것을 심을 수 있었던 것이다. "이런저런 뽕나무가 아무것도 없는 상태에서 양잠을 하고, 제일 좋은 것을 심어야겠으면, 하얀 뽕나무를 심는 것이 좋다."[99]

하얀 뽕나무든 검은 뽕나무든, 뽕나무에 대한 첫 번째 열기는 1540~

---

99) Chobaut, 1940; Serres, IV, 15.

50년부터 느껴진다. 몽펠리에(1546~48), 나르본(1553), 로데브 그리고 언제나 아비뇽 시장에 물건을 내다 파는 세벤 지방의 앙뒤즈에도 뽕나무가 심어졌다. 콩타에서는 1527년부터 양잠업자들에게 하얀 뽕나무 묘판을 보급했다. 바-비바레, 프로방스, 엑스와 살롱 사이에는 1만 그루 이상이 심어졌다. 생사와 뽕나무에 대한 이 같은 광기는 1540년부터 사치를 실어온 아메리카 은의 유입과 일치한다.[100]

당연한 일이지만, 생산품의 대중화(물론 이는 상대적인 것이다)는 그 세기가 지나는 동안 생사의 실질 가격을 하락시켰다. 1501년, 아비뇽의 직조업자들은 앙뒤즈 시장에서 산간 지방의 생사를 1파운드당 2리브르 10수 내지 2리브르 13수에 생산자에게서 직접 사들였다. 45년 후, 1543년과 48년 사이의 많은 공증인 증서는 '산간 지방의 생사' 또는 '세벤'의 생사가 파운드당 평균 3리브르 2수에 매매되었음을 보여준다. 간단히 말해서 45년 사이에 생사 가격은 리브르당 52수에서 62수로 오른 것이다(+19퍼센트). 그런데 같은 기간 몽펠리에의 시장에서 밀 가격은 거의 배가 올랐다. 1558년의 밀 가격은 1510년의 밀 가격에 비해 배가 넘었다. 반면 앙뒤즈의 생사는 4리브르 3수로 높은 오름세였지만 아직 배를 넘지 못했다.[101]

이렇게 장 보댕이 기록하고 있듯이 비단은 16세기에 대중화되면서 가치가 떨어졌다. 아무도 비단 양말을 신고 다니지 못하던 루이 12세의 시대*와는 거리가 멀었다. 한 유명한 텍스트가 말하고 있듯이, 비단이 금의 무게로 팔리던 아우렐리우스 황제 시대(270~275)와는 더더욱 그러했다. 1540년대, 세벤의 비단은 같은 무게 금 가격의 100분의 1일 뿐이

---

100) ACM(『인쇄 목록』), t. IX, 1546, 250쪽; Gard, E 733(Jacques Ursi 원본) 18-4-1548; AC Narbonne, BB 57, 26-10-1553: 뽕나무 가격표; Chobaut, 1940; Spooner, 1961.

101) 쇼보 자료집, 5900; 몽펠리에의 곡물시세표(An. 24); 그 지방의 파운드는 410그램이다.

* 1498~1515.

었다. 조금 길지만 매우 간단한 계산에 따르면, 정확히 비단 1킬로그램은 7.86리브르 투르누아*에 팔렸는데, 이는 금 11.48그램의 값이었다. 여기서 대조적인 두 개의 서부 지중해 세계를 발견할 수 있다. 하나는 로브 노르** 와 파미르 고원의 대상(隊商)들이 비싼 값을 치르고 들여온 중국산 비단에 열중한 로마 시대의 지중해이고, 다른 하나는 값싼 운송 수단인 평범한 노새를 이용해서 앙뒤즈의 생사를 가까운 아비뇽의 시장에 내다 판 근대의 지중해다. 또한 두 가지 거부를 대조시킬 수 있을 것이다. 아우렐리우스는 지혜롭게도 자주색 비단 팔리움***을 멀리했는데, 금값과 맞먹었으니 그럴 법도 했다. 앙리 2세는 "왕국에서 비단 양말을 신는 것이 보편화되었을 때,"[102] 별 이유도 없이, 비단 양말을 금지시켰다. 아우렐리우스는 현자인 반면, 앙리 2세는 시대에 뒤떨어졌던 것이다.

뽕나무가 얼마나 보급되었는지 조사해볼 필요가 있다. 이전 세기의 쇠퇴에 비하면 상당하지만, 그러나 앞으로 있을 보급에 비하면 대단치 않았다. 이 점을 확인하기 위해서 님, 알레스, 위제스 교구의 콩푸아(1550~52)를 살펴보자. 이 콩푸아들의 뽕나무에 대한 침묵은 무언가를 얘기해주고 있다. 이들 방대한 토지대장에서는 목록 작성 노력이 끊임없이 계속되었다. 마을마다 일반 밭과 경작지, 과수원, 포도밭, 올리브 재배지, 대마밭, 메마른 초원 또는 관개 초원, 목초지, 황야, 자갈밭 등을 꼼꼼히 구분했는데도, 17세기의 콩푸아에서는 자주 볼 수 있는 뽕나무에 대한 언급은 단 한 번도 나타나지 않았다. 프랑스 양잠업의 요람

* tournois: 국왕의 화폐주조소가 있는 투르에서 주조된 화폐.

** 중국 신장 지방에 있는 호수.

*** 외투.

102) Homo, 1904, 193쪽, 주 4); 근대적인 계산의 토대: 생사 1파운드는 410그램이고 1543~48년에는 3리브르 2수였다; 1533년과 50년 사이의 1리브르 투르누아는 순금 1.46그램이었다(Guibal-Laconquié, 혁명력 7년, 84쪽 이하; N. de Wailly, 1857, 182쪽; Spooner, 1956, 130쪽, 주 2)와 135쪽, 주 3); 앙리 2세에 대한 일화: Serres, éd. de 1629, 399쪽.

인 앙뒤즈에서도 마찬가지였다. 어쩐 일인가? 미스터리? 근시안적 사고? 탈세? 질 카스테르는, 아키텐의 대청(大靑) 재배업자들이 전성기를 구가하던 1550년경, 툴루즈의 임대차계약서에는 대청껍질이 나타나지 않았다고 지적했다. 우리가 알기로는 이 사치성 작물이 분명히 재배되었음에도 텍스트상에는 언급조차 되지 않은 이유가 무엇일까?[103)]

르네상스기의 가르 지방의 뽕나무에 대한 답변은 아주 간단하다. 그곳에서 뽕나무는 '집단 재배' 작물과 달리 일반 밭이 아니라 채원에서 재배되었다. 예컨대 님의 원예가들은 화단에 그 나무를 심었다. 알레스에 있는 몽모랑시의 아름다운 과수원을 보자. 레몬나무의 통로, 석반석(石盤石) 테이블이 있는 정자, 수로, 양어장, 400걸음 정도 길이의 하얀 뽕나무길(이 길은 원수元帥의 아들이 여자들과 놀던 미로와 연결된다). 특히 앙뒤즈에서 뽕나무가 가득한 정원은 가치가 높게 나갔는데, 예컨대 1550년의 토지대장에 따르면 다른 곳의 세 배였다.[104)]

요컨대 뽕나무는 부차적인 역할을 했을 뿐이다. 정원에서 재배되는 뽕나무는 세벤의 몇몇 마을에서 돈벌이가 되기도 했다. 그러나 그 이상은 아니었다. 1550~60년, 뽕나무는 아직 경제의 기본 구조를 바꾸지 못했다.

이렇게 해서, 다시 한 번 더, 16세기 랑그도크의 팽창의 한계를 특징적으로 확인한다. 이곳에서 올리브 재배지가 늘어나긴 했지만 대단한 규모는 아니었다. 그리고 그것의 역할은 그 지방의 요리를 위한 부차적인 공급에 머물러 있었다. 그런가 하면 포도밭은 미미했으며 가사 상태

103) Caster, 1962.

104) Gard, E 782, 3-1-1592, 17-1-1592, 19-1-1592, E 785, 24-10-1593: 님의 정원에서 뽕나무를 심고 가꾸기(최초의 언급); Platter, 1892, 374쪽; 앙뒤즈에서 1558년의 정원은 전체 토지 가치의 3퍼센트 가까이 되었다(108리브르 11수 7드니에 가운데 2리브르 15수 7드니에). 반면, 위제스와 님에서는 단지 각각 1.5퍼센트(9,600리브르 가운데 153리브르)와 1퍼센트(1,153리브르 가운데 12리브르 7수)였다. Gard, C 1335, C 1852 참조. 모든 수치는 토지대장상의 수치다.

에 빠져 있었다. 마지막으로 뽕나무는 지중해식 정원의 좁은 울타리 안에서 숨이 막힐 지경이었다. 대부분의 농업 생산은 양분은 없지만 에너지를 주는 식량, 다시 말해 탄수화물 공급을 위한 것이었다. 예컨대 규석질 토질의 고장에서는 밤나무를, 대부분의 다른 곳에서는 곡물을 생산했다. 고기, 알코올, 직물, 사치성 물품이나 도시 시장을 위한 물품들은 아직 경시되었다. 거기에 대한 증거가 필요할까? 땅에서 나는 작물을 주영양분별로 분류한 다음 도표가 어느 정도 그것을 밝혀줄 것이다.

<table>
<tr><th colspan="10">1550~58년</th></tr>
<tr><th rowspan="2">세목</th><th colspan="2">탄수화물</th><th colspan="2">지질</th><th colspan="2">동물성 단백질</th><th rowspan="2">포도
—
포도밭</th><th rowspan="2">기타
—
정원</th><th rowspan="2">계</th></tr>
<tr><th>땅에서 나는 곡물 재배지</th><th>밤나무 재배지</th><th>식물성
—
올리브 나무 재배지</th><th>동물성
—
도토리 나무 숲 (돼지용)</th><th>목초지</th><th>황야</th></tr>
<tr><td>항목</td><td>4252x</td><td>568x</td><td>457x</td><td>178x</td><td>514x</td><td>327x</td><td>1204x</td><td>153x</td><td>7653x</td></tr>
<tr><td>큰 항목</td><td colspan="2">4820x</td><td colspan="2">635x</td><td colspan="2">841x</td><td>1204x</td><td>153x</td><td>7653x</td></tr>
<tr><td>%</td><td colspan="2">63%</td><td colspan="2">8.3%</td><td colspan="2">11.0%</td><td>15.7%</td><td>2%</td><td>100%</td></tr>
</table>

토지대장상의 리브르: 주로 탄수화물, 지질(脂質), 단백질 식품 생산을 목적으로 한 님 교구(179개 마을과 도시)의 땅의 가치(A. D. Gard, C. 1852의 자료에 의존)*

이 도표는 물론 몇 가지 단순화된 가정에 의존하고 있다. 곡물을 재배하는 땅은 글루텐을 주성분으로 하면서 식물성 단백질도 함유하고 있는 농산물을 생산한다. 오직 밤만이 비(非)질소질, 순수 탄수화물 식품이다. 목초지(prats)와 황야(herms)에서 자라는 양들은(여름 3개월 동안은 태양에 그을린 휴경지에서 방목된다) 동물성 단백질을 제공할 뿐만 아니라 양모와 지방도 제공한다. 거꾸로 도토리나무 숲에서 자라는 돼

* x는 리브르를 의미함.

지들은 단순한 돼지기름 덩어리가 아니다. 돼지들은 지방뿐 아니라 동물성 단백질도 제공한다.

위와 같은 수정이 필요하지만, 도표는 여전히 대체적으로는 유효하다. 경제적으로 다양화되지 않은 것은 아니지만 그 지역의 3분의 2에 해당하는 면적, 토지의 63퍼센트(가치로 볼 때)가 1552년만 해도 빵과 밤의 생산, 가장 투박한 기본 식량인 탄수화물의 생산을 위한 것이었다.

말하자면 일부 유익하지만 얼마 안 되는 창의적인 시도(올리브나무, 뽕나무)를 하였지만, 근본적으로 16세기의 팽창은 식량 생산 경제의 테두리 내에서 이루어졌다. 그것은 유실수 재배나 환금 작물 재배 등과 같은 투기적인 농경이 아니었는데, 이 같은 변화는 랑그도크와 콩타에서는 19세기에 일어난다. 올리브와 포도나무를 심고, 목초지가 드문드문 조성되었지만, 농촌의 풍경은 무엇보다도 곡물 경작과 수확이 대종을 이루었다.

이러한 식량 생산 농업은 원했던 목표에 도달했을까? 점점 늘어만 가는 주민들의 생활수준을 유지할 수 있었을까? 아니면 맬서스의 등식*에 담겨 있는 냉혹한 경향에 의해 조절되었을까? 인구와 식량의 경주, 빵과 인간의 경주에서 어느 쪽이 이겼을까? 우선 총생산의 차원에서 문제를 제기한 다음, 소득의 차원으로 옮겨가는 것이 옳을 듯하다.

II. 고난을 향해

밀의 비극

밀의 생산(또는 적어도 그것의 경향이나 추세)에 대해서는 곡물 십일조 곡선을 참조하기로 하자. 1478~99년경, 생-쥐스트의 참사회원들은 여기저기 흩어져 있는 대표적인 마을의 밀 십일조를 현물로 받는 조건으로 그 징수권을 임대해주었다. 살리에스, 크레상, 우베양, 무상, 페피외.

* 인구는 기하급수적으로 늘어나는 반면 식량은 산술급수적으로 늘어난다.

뛰어난 자료: 임대계약은 매년 6월 초 수확 직전에 체결되었는데, 예상 수확량이나 겉보기와 함수관계에 있었다. 십일조 징수율은 시간이 흘러도 변함이 없어서, 예컨대 어떤 땅은 2세기가 지나도록 13분의 1로 고정되어 있었다.[105)]

징수 임차인의 선취액은 미미했다. 사실 이 사람은, 이미 기름 항목에서 살펴보았듯이, 경작 비용을 전혀 들이지 않았기 때문이다. 추수 비용(밀을 거둬서 타작마당에 운반해오는 일)과 타작 비용 정도가 그의 부담이었다. 결국 그는 이 비용과 이익으로 십일조 곡물의 11퍼센트 내지 15퍼센트를 공제했다.[106)] 나머지, 그러니까 85퍼센트 내지 89퍼센트는 참사회원들에게 돌아갔다. 이 급부가 말하자면 십일조 징수 임대액이다. 매년 이 임대액의 변화는 십일조 및 나아가 수확량의 변화를 대변해준다.

그래프를 검토해보면 소비 요구가 점차 늘어났다는 점*을 생각할 때 일견 다행스러운 사실을 확인하는데, 그것은 곡물 생산이 1480~1500년 이후 늘어났다는 사실이다.

자료는 단편적이지만 일치를 보인다.[107)] 페피외에서 상승 추세는 1499년에서 1519년까지 분명하게 나타난다. 크레상에서 참사회원들은 1480년경 70스티에를 거두어들였다. 그후 그들은 1515~20년경에는 100스티에 이상을 거두었다. 살리에스도 15세기의 침체기 이후 같은 경향을 보인다.

---

105) 이 모든 것에 대해서는 An. 29, Gr. 30 참조. 십일조율의 고정: 라 바스티드-르동드 농장의 십일조는 1586년에 13분의 1이었는데(Aude, G 34, 31-5-1586), 1741년에도 여전히 13분의 1이다(Aude, G 50, 1741년, 라 바스티드-르동드의 임대계약서—반타작 소작—에 나와 있는 정보).

106) 십일조 징수 임차인이 하는 일은 십일조를 징수할 밭에서 곡식단을 빼내고(이것의 보수는 곡물의 19분의 1이다. Aude, G 33, 24-5-1567, 2-6-1568), 타작하여 곡물을 참사회원들에게 넘기는 것이다(타작의 보수는 곡물의 16분의 1 내지 20분의 1. Gr. 32 참조).

* 인구 증가로 인한.

107) Gr. 30.

그러나 1500년과 60년 사이에 가장의 수가 배로 늘어난 상황에서 이 정도의 곡물 생산 증가로는 충분하지 않았던 것으로 여겨진다. 가장 연속적이고 가장 확실한 크레상의 자료에서 십일조와 수확량은 1480년의 간조와 1520년의 만조 사이에 겨우 절반 정도만 상승했을 뿐이다. 어느 곳에서도 15세기의 최소 수확량과 그 이후 세기들(1520~30년과 1640~60년)의 최대 수확량 사이에 배의 차이는 나타나지 않는다.

더 심각한 사실은 이 상승 추세가 유지되지도 않았다는 점이다. 1530년 이후에는 어디서든 퇴조 현상이 나타났다. 이 시기 이후 크레상에서나 살리에스에서나 곳간에 보관된 곡물의 양은 줄어들었으며, 1550~60년부터는 15세기의 낮은 수준으로까지 떨어졌다. 나르본에서는 1520년 이후에 마리냐노* 시기의 풍성한 십일조 수입을 회복하지 못했다.

물론 암암리에 시작된 십일조 납부 거부 파업이 이 같은 쇠퇴에 일단의 책임이 있는 것은 아닌지 생각해볼 수 있다. 그러나 그 파업은 기름과 마찬가지로 밀에 1560년 이후에나 실질적으로 영향을 끼친다. 따라서 십일조 파업만으로는 1530~60년 시기부터의 곳간 입고 곡물 곡선상의 하락을 설명할 수 없다.

사실 우리가 고려해야 할 것은 십일조를 넘어서 수확량 그 자체다. 곡물의 팽창은 1525~30년 이후 분명히 '깨졌다.' 아마도 생산은 파업 초기에 둔화된 십일조 곡선이 보여주는 것만큼 줄어들지는 않았을 것이다. 그러나 적어도 세기 초반의 아름다운 상승은 수확의 침체에 자리를 내주고 말았다. 밀의 비극이 시작된 것이다. 밀 생산이 헐떡거림 증상을 보이는 동안 인구는 마치 말이 뜀박질하듯이 늘어났다[108]…… 1520~30년까지는 증가 추세에 있던 식량이 늘어가는 인구의 요구를 그럭저럭 뒤늦게나마 따라갈 수 있었다. 세기 중반이 되면 모든 낙관주의는 이제

---

* Marignano: 이탈리아의 롬바르디아 지방에 있는 도시. 1515년 프랑수아 1세는 이곳에서 밀라노 공작의 스위스 연합군에게 승리를 거두었다.

108) 이 책, 제1권, 335쪽, Gr. 6 특히 아니안, 베상, 퐁테, 지냐크, 로데브, 뤼넬, 몽펠리에, 세리냥 등.

불가능해진다. 유명한 가위 현상이 시작된다. 인구는 뛰어가는 반면 밀 생산은 제자리걸음한다.

왜 제자리걸음인가? 작물들의 경쟁 때문인가? 그러나 작물간의 경쟁은 미미했다. 게다가 17세기에 밀, 포도주, 기름은 생산 곡선에서 이따금 동시 상승했다. 또 다른 설명을 경기 변동에서 도출할 수 있다. 16세기에 특히 강하게 나타난 밀 가격의 세기적인 상승 곡선상에, 15년 또는 20년간(1530~45)의 정지, 단층, 어쨌든 둔화된 상승이 나타난다. 그 현상은 1528~30년의 곡물가 급상승 이후에 나타난 현상이다. 이 일시적인(1530~45) 헐떡거림 현상, 이 둔화된 가격 상승의 '간주기'*[109]는 수확 정체에 책임이 있는가? 부분적으로는 그럴 것이다. 그렇지만 그것이 모든 것을 설명해주지는 못한다. 그 증거를 들어보자. 1545년 이후 밀 가격은 다시 즐거운 상승 기류를 탔다. 그러나 밀 가격의 상승이 수확량의 상승을 동반하지는 못했다. 그 시기 이후에도 밀의 수확량은 낮은 수준에 머물렀으며, 1515~25년경보다 훨씬 형편없었다.

사실 1530년 이후 밀 생산이 헐떡거린 것은 단순한 가격의 움직임보다 더 깊은 근본적인 이유 때문이었다. 그리고 그 이유는 지중해의 농업 구조를, 그리고 지중해 지역에서 진행된 개간사업의 성격 자체를 문제 삼는다. 세기가 바뀌어도 수확량이 거의 늘지 않은 것은 사실, 곡물 생산 증가라는 어려운 책임을 개간사업에 부과했기 때문이다.

그런데 16세기 랑그도크에서 개간된 땅은 어떤 땅들인가?

건강에는 해롭지만 비옥한 연못이었을까? 연못은 앙리 4세 시대에 가서야 비로소 국지적이 아닌 대대적인 방식으로 개간되었다. 흙이 단단해 갈기는 어렵지만 기름진 숲? 랑그도크에서는 그런 경우를 보기가 어렵다. 이곳에서는 서부 프랑스의 근대식 개간에 비견될 만한 개간이 전혀 이루어지지 않았다.[110]

---

* 10년 정도 주기의 사이클.

109) Gr. 12.

110) G. Debien, 1952.

지중해 지역 랑그도크에서 개간이 가능했던 땅이라고는 자갈밭, 소택지, 황야, 목초지 등이 고작이었다.[111] 그뿐만 아니라 고통스럽고 비용이 많이 드는 개간은 언제나 수익성의 하락이라는 냉혹한 한계에 문자 그대로 부딪히고 말았다.

님 근처에 있는 랑글라드 본당 사목구의 예는 이 사실을 '계량적으로' 확인시켜준다. 16세기에 이곳에서 진행된 개간에 대해서는 잘 알려져 있다. 이미 15세기 말부터 평지가 아니라 경사면과 고지대에서 개간이 이루어져 밭, 포도밭, 올리브 재배지 등의 풍경은 루이 12세*에서 앙리 4세**에 이르는 기간에 거의 변하지 않았다.[112]

1500년의 콩푸아와 1576년과 97년의 콩푸아들 사이에 늘어난 개간지들은 모두 황야에 자리 잡고 있다. 그래서인지 개간지의 이름도 꽤 처량하다. 태양에 그을린 봉우리, 염소에게나 좋을 듯한 울퉁불퉁한 땅, 주거지에서 멀리 떨어진 땅 또는 털가시나무 언덕.

이런 조건에서 개간은 불합리하고 장려한 면모를 지녔다. 특히 개간은 강박관념으로 짓누르고 있던, 일상의 양식인 빵의 생산만을 겨냥하고 있었던 만큼 더욱 그랬다. 1500년까지도 처녀지였던 78헥타르의 황야를 1597년에 개간했는데, 68헥타르가 곡물 생산에 쓰이고 10헥타르만이 그 야생성이나 건조한 기후에 대한 저항성으로 볼 때 황야에 더 잘 어울리는 포도나 올리브 재배지로 쓰였다.

곡물 생산을 위한 그 같은 개간은 별로 생산적이지 못했다. 왜냐하면 기름지고 싱싱한 평야의 수확고와 깡마른 황야의 수확고는 차이가 컸기 때문이다. 평생을 밀 재배에 바친 들뢰즈라는 19세기의 한 랑그도크 역사가는 그 사실을 힘주어 강조했다. 그의 밭에서 그는 "파종한 종자보다 평균 4배 내지 5배의 곡물을 수확했다. 그러나 다른 땅에서는 배를

---

111) Gard, C 1852.

* 1498~1515.

** 1589~1610.

112) Le Roy Ladurie, Barry, 1962의 표와 지도.

수확할 뿐이었다."[113] 종자의 두 배! 코(Caux)나 캉브레지 같은 충적토 지방의 농학자에게는 말도 안 되는 수치였다. 그러나 황야를 자세히 조사해본 사람이라면 누구도 그 보잘것없는 수치에 놀라지 않는다.

다게소 역시 1670년의 조사에서 이 같은 수확의 '부채꼴'을 강조했다. 토양의 차이가 그다지 크지 않은 툴루즈 교구에서는 부채꼴의 폭이 줄어들었다. 땅에 따라 밀 하나에 6, 7, 8개(파종밀 포함)를 소출했다. 그러나 황야와 충적토를 동시에 갖고 있던 몽펠리에 교구라도, 좋은 땅에서는 6, 7배를 소출했는가 하면, 나쁜 땅에서는 3, 4배를 소출했을 뿐이다. 님 교구도 마찬가지였다. 좋은 땅에서의 소출이 6, 7배였던 반면 나쁜 땅에서는 그것의 3분의 2나 4분의 3에 불과했다.[114]

게다가 몽바양이 몽펠리에 교구에서 수행한 연구에 따르면, 1520년부터 수확의 부채꼴이 넓게 벌어졌다.[115] 몽바양과 파견관들은 교구의 콩푸아를 작성하는 책임을 맡았다. 그들은 이참에 곡물 수확에 대해서도 문의했다. 그들의 조사에 대한 답변 가운데 일부는 소실되었다. 어떤 마을에서는 주민들이 "조사에 응하려고 하지 않았다." 그렇지만 조사에 응한 16개 본당 사목구의 농민들은 단위 면적당 생산된 곡물의 양(카르테라드당 스티에)으로 토지의 평균 수확고를 답변했다. 그들이 제시한 수치는 형편없으며, 아마도 낮게 평가된 듯하다. 그러나 1520년 당시 토지들간의 상대적 차이는 주목할 만하다.

1520년의 조사에 따르면, 이 16개 마을의 평균 수확은 좋은 땅이 카르테라드당 4스티에로 헥타르당 5.1캥탈이었다. 몇몇 좋은 마을에서는, 그중에는 해안 평야 마을도 있는데, 수확이 훨씬 높아서 어떤 마을은 카르테라드당 5스티에(5개 마을이 여기에 속하며 그중 해안 마을은 3개다)였고, 어떤 마을은 카르테라드당 6스티에(2개 마을이 여기에 속하며 그중 해안 마을은 한 개)로, 각각 헥타르당 6.5와 7.8캥탈에 이르렀다.

113) Deleuze, 1881.
114) 툴루즈 시립도서관의 Ms. 603.
115) ADH, B 1031, 1032.

반대로 16개 마을 중 '좋지 않은' 4개 마을은 겨우 3스티에로 헥타르당 3.9캥탈이었다. 이 가운데 한곳(완전한 황야를 포함하는 땅)의 주민들은 카르테라드당 2 내지 3스티에라는 아주 적은 양을 수확했다고까지 말했다.

이 같은 절대적인 수치는 비판의 여지가 있다. 중요한 것은 1520년에 평야 마을에서 관찰된 수확고와 황야 마을에서 얻어진 수확고 사이의 차이, 깊은 고랑을 확인하는 것이다. 평야 마을이 40퍼센트(헥타르당 65캥탈과 39캥탈) 더 많았다.

신중을 기하기 위해 나는 루이 16세 시대 랑그도크의 위임대리인들처럼 이 차이를 줄이는 데 동의한다. 이 관리들은 지방에서의 조사를 마친 후 평야의 수확을 1카르테라드당 4스티에로, 나쁜 토지에서의 수확을 1카르테라드당 3스티에로 조정했다.[116] 이 25퍼센트의 차이는 최저 차이로 16세기의 몽바양, 17세기의 다게소, 19세기의 들뢰즈 등이 평야와 황야 사이에서 공통적으로 확인한 차이를 밑도는 수치다.

이제 잘 알려진 보나주 지방의 랑글라드로 돌아가보자. 1500년에는 평야가 150헥타르 있었다. 여기에 1576년의 황야 개간으로 40헥타르가 늘어났으며, 1597년에는 이 개간지가 68헥타르로 늘어났다. 즉 곡물을 생산하는 평야와 황야는 1576년에는 196헥타르였고, 낭트 칙령* 직전에는 218헥타르였다. 그러나 이 면적은, 명목화폐가 그렇듯이, 명목상의 가치밖에 없다. 왜냐하면 1헥타르의 황야는 총소득으로 볼 때 기껏해야 평야의 0.75헥타르에 지나지 않기 때문이다. 그러니 균형을 맞춰보자. 모든 헥타르를 평야의 헥타르로 바꿔보자. 그러면 이런 수치가 나온다.

---

116) Duthil, 1911, 146쪽.

* 1598년.

'평야의 헥타르'로 환산된 랑글라드의 토지(황야 1헥타르=평야 0.75헥타르)

1500년: 150헥타르

1597년: 201헥타르

이 작은 표는 16세기의 한창때에도 곡물 팽창이 더디게 진행되었음을 드러내준 밀 십일조의 증언을 명확히 해준다. 이 같은 십일조의 가사 상태는 기본적으로 토지의 낮은 탄력성 때문이었다.

가장 잘 알려진 랑글라드의 경우, 한 세기 동안 곡물-토지의 실질적인 확장은 최대로 잡아 33퍼센트였다. 그에 비해 인구는 훨씬 많이 늘어났다. 같은 기간 중 배로 증가했다고 봐도 과언이 아니다. 16세기 동안에는 경작 기술과 동일 토지에서의 수확고가 향상되지 않았기 때문에, 맬서스가 세운 식량의 법칙이 가차 없이 작용했음을 확인하게 된다. 인구(P): +100퍼센트. 토지에 비례하여 늘어난 식량(S): +33퍼센트. P가 S보다 67퍼센트 더 많다. 이 모델은 황당한 것 같지 않다.

게다가 17세기에 랑글라드 지방 사람들은 자기의 조상들이 르네상스와 종교 개혁기에 황야에서 행한 곡물 생산용 개간사업이 무분별한 것이었음을 인정한 최초의 사람들이다. 메마른 자갈땅에서 밀을 경작하다니! 정신나간 착상이라고 개간자들의 후손들은 말했다. 그들은 할 수만 있으면, 시장이 준비되기만 하면 '전환'을 행할 것이며, 지난 세기에 영웅적으로 조성된 곡물 생산용 개간지에 포도를 심을 것이다. 1597년의 조사에 나타난 68헥타르의 곡물 생산용 개간지 가운데 겨우 11헥타르만이 1652년의 콩푸아에 남아 있다. 나머지는 모두 포도밭으로 전환된 것이다. 터무니없이 적은 곡물 수확만을 고집한대서 무슨 좋은 일이 있을까? 포도주를 생산하는 편이 훨씬 낫다. 석회질 경사면에 조성된 포도밭 위로 쏟아지는 뜨거운 햇볕에 달구어진 황야의 질 좋은 포도주. 포도 생산만으로도, 이제 사람들은 포도주를 팔아서, 포도밭으로 조성되기 전의 바로 그 자갈밭에서 생산해낸 밀보다 훨씬 많은 밀을 살 수 있게 된 것이다. 훌륭한 계산인데, 필요한 이론적인 뒷받침은 100년 뒤에

프랑수아 케네가 제공한다.[117)]

*

이 단락의 마지막이니 전체적인 결산을 해보자. 여러 가지 지표들은 이구동성으로 '인간의 번식'이 '생존 수단의 생산'[118)]을 능가한 사회의 모습을 보여준다. 한편에서 인구는 말이 뛰어가듯 늘어난 반면, 다른 한편에서 생산은 신중한 발걸음을 하거나 심지어는 제자리걸음을 했다. 시장을 위한 생산이 그러했는데, 정체되었거나(포도) 아니면 역동적인 면이 없지는 않았지만 너무 미미했거나 국지적이었다(올리브나무, 뽕나무). 생존을 위한 생산 역시 그러했는데, 경작지의 확대는 밤나무 밭의 화강암에서나, '밀밭'으로 조성된 황야의 석회암에서 척박한 땅의 수확체감 법칙에 부딪혔다.

이 같은 전체적인 조망을 통해 16세기의 성장 왜곡 또는 적어도 불균형을 하나의 작업 가설로 제기할 수 있다. 요컨대 인구 증가와 경제 발전 사이에, 늘어난 인구의 생존을 위한 필요와 여기에 부응하지 못한 생산물의 공급 사이에 하나의 차이가 있지 않았나 하는 것이다. 이러한 차이는 성장의 건강한 조화를 위협했다. 물론 총생산량은 조금 늘어났다. 그러나 개개인이 처분 가능한 생산량은 그렇지 않았다. 극단적인 경우, 이 같은 상황은 인구의 인플레이션이 식량 생산의 지나치게 느린 증가를 넘어섰기 때문에 개인 소비 감소에 의한 대중의 '빈곤화'를 초래할 위험성이 있다.

*

117) Quesnay, éd. 1958.

118) Marx.

이러한 경향은 매우 분명하게 나타났다. 그러나 제시된 '모델'은 기초적인 모델에 불과하다. 걷잡을 수 없이 늘어나는 사람들은 그들의 필요를 충분히 공급해주지 못하는 곡물 주위로 밀려들었다. 정당한 이미지인가? 아니면 투박한 이미지인가? 사실 생산과 소비 사이에는 일련의 경제적 · 사회적 조정이 이루어진다. 즉 가격과 시장의 전체적 조정, 분배의 개별적 조정이다. 바로 이 같은 조정들을 살펴봄으로써 우리는 16세기의 불균등 발전 속에서 진행된 것이 부유화(富裕化) 과정인지 아니면 빈곤화 과정인지 생생하게 파악할 수 있을 것이다.

실질 소득의 정돈(停頓)

한 해의 총수확물은 종류와 용도가 상이한 소비재의 총량을 구성한다. 곡물, 양모, 나무, 가축, 밤, 포도주, 기름 등등. 다행히 공통분모는 있다. 각각의 생산물에는 가격이 매겨지기 때문에 어느 수확물이든 화폐가치가 있다. 그리고 이렇게 '한데 묶은' 전체 가치는 어떤 지방의 한 해의 총농업 수입이 된다. 해가 바뀌면 이 총수입은 변한다. 그것은 증가하기도 하고 제자리걸음을 하기도 하고 감소하기도 한다. 이러한 전체적인 변동은 대단히 중요해서 그것은 농민 세계에서의 개인당 수입의 형성과 변화에 영향을 미친다.

물론——이 지적은 아주 중요한 것인데——16세기에 이 총수입이 항상 '현실화'된 것은 아니었다. 농민 가족의 가내 소비는 생산물의 상품화를 크게 제한했기 때문이다.

그리고 교환이 있어도 많은 경우 물물교환의 형태를 취했다. 곡물 자루와 노새를 교환한다든지, 수확의 일부를 받는 조건으로 추수를 한다든지……

그렇지만, 역설적일지는 모르지만, 이 총농업 수입——이는 이론적인 총체로서 여전히 절반 정도만 사실이다——은 그런데도 옛날의 진지하고 체계적인 통계의 대상이었다.

사실 모든 생산을 한데 묶어 산정한 총가치는 대략적이기는 해도 일정한, 십일조 징수인들의 계산이나 작업의 토대가 되었다.

십일조 징수에 있어서, 위치 좋은 일부 비옥한 토지의 경우, 참사회원들은 술통과 항아리, 곳간 등에 포도주, 기름, 밀을 곧바로 부어 넣게 했다. 이 같은 현물 십일조는 고려에서 제외하자. 이 경우의 통계는 불완전하다. 거기에서도 '쌓아놓기'는 있었으나 화폐로 측정하지는 않았기 때문이다. 1500년 이후 이러한 현물 십일조는 예외적인 것이 된다. 대부분의 농촌 본당 사목구에서 십일조 징수 기관(참사회, 수도원……)은 밀, 포도주, 기름, 꿀, 수송나물, 어린 양, 양모, 목초지, 채원 등에 대해 한 마을에서 납부해야 할 십일조의 징수를 전부 묶어서 때로는 1년, 그러나 대체로는 3년 또는 5년 단위로 최고가 응찰자에게 징수권을 임대해주었다. 그러면 낙찰을 받은 임차인은 매년 일정액의 돈을 지불하기로 약속했다. 수많은 사례 가운데 하나를 들어보자. 1560년, 한 부르주아는 에그모르트 성직자회가 권리를 가지고 있는 말레스펠의 밭, 포도밭, 과수원의 모든 십일조를 현물로, 그리고 자기에게 이익이 되도록 징수한 후 참사회에 매년 308리브르씩 5년간 지불할 것을 제안했다. 그의 제안이 가장 유리했다. '최고 응찰가'에 낙찰. '촛불이 꺼졌다.'* 임대계약이 체결되었다. 이제 말레스펠의 십일조 징수 임차인은 매년 308리브르에 5년간 임차했다.[119)]

이 현금 임대액은 무엇을 나타내는가? 그것은 입찰 당시 임차인이 다른 후보자들을 물리치기 위해 꼼꼼히 계산한 결과다. 계산의 근저에는 좀 투박하기는 하지만 예상 수확량이 놓여 있을 것이다. 우선 평년에 토지에서 생산되는 모든 수확물을 생각할 것이다. 더 정확하게 말하면 지방에 따라 여기서는 13분의 1 저기서는 11분의 1 하는 십일조가 전체적으로 어느 정도 되는지를 생각할 것이다. 두 번째로 임차인은 이 십일조

* 경매가 끝났음을 의미.

119) Gard, G 1089, 말레스펠 임대계약, 1560년. Gr. 17에서 Gr. 25까지의 도표는 ADH, Gard와 Aude, G 계열에서 뽑은 이 같은 유형의 임대계약서 수천 개를 토대로 만들어진 것이다(Sources를 보라).

수확물의 판매를, 다시 말해 시장에서의 명목 가격과 총판매량을 생각할 것이다. 임차인은 모두 현금으로 지불해야 하기 때문에 자기가 현물로 징수한 십일조 수확물의 일부를 내다 팔지 않을 수 없다. 말레스펠의 임차인이 기대한 현금 수입이 342리브르라고 가정하자. 이제 세 번째 생각이 이어진다. 그는 이 돈에서 자기의 비용과 이익을 공제한다. 다른 경쟁 입찰자들의 압박 때문에 비용과 이익은 많지 않다. 그것은 16세기의 텍스트에 따르면 십일조 총수입의 10분의 1 정도였다(왜냐하면 십일조 징수 임차인은 농장 차지농과 달리, 마소 비용이나 경작 비용도 들지 않았고, 얼마 안 되는 추수 비용과 타작 비용만 지불했기 때문이다). 그러므로 대충 10퍼센트 정도를 임차인은 자기 수중에 넣는 것이다. 말레스펠의 임차인은 34리브르. 나머지 90퍼센트는 초과액 또는 순수입으로 참사회원들에게 지불되는 십일조 징수 현금 임대액이다. 바꿔 말하면, 이것은 십일조 징수 임대계약 시 미리 약정된 금액이다. 말레스펠의 경우, 342리브르−34리브르=308리브르다.

이 십일조 현금 임대액을 우리는 거의 3세기 동안 추적해보았다. 그것은 어떻게 변하는가? 기본적으로 임차인의 매우 적은 선취액 때문에 임차인이 거두어들인 십일조 수확물을 팔아 현금화한 십일조 현금 수입의 90퍼센트로 연동되어 있다. 한편 이 십일조 현금 수입은 토지의 총농업 수입의 일부다(지방마다의 십일조 징수율에 따라 10분의 1, 11분의 1, 13분의 1). 결국 이론적 실제이지만 중요한 실제인 이러한 총농업 수입은 다음과 같이 정의할 수 있다.

$$A = Rp + R'p' + R''p'' \cdots + R^n p^n.$$

A는 여기서 총농업 수입을 말하며, R, R′, R″는 밀, 포도주, 기름, 양모 등 그해에 수확된 농산물들의 양이고 p, p′, p″ 등은 각각의 생산물의 가격이다. 농업 수입을 나타내는 A는 케네의 '경제표'의 용어로 말하면 '연간 재생산량'이다.[120] 이것은 총수확량의 총가치로서, 농민은 일

부를 판매하기 위해 내놓고, 일부는 자기 가족이 소비하며, 나머지는 땅으로 되돌아간다. 간단히 말해 십일조 징수 현금 임대액(C)은 장기적으로 볼 때 십일조 현금 수입(B)에 따라 변하며, 이 십일조 현금 수입은 농업 현금 수입(A)에 따라 변한다.

우리는 1년 동안이건 또는 몇 년 동안이건 A의 절대 가치를 결코 알 수 없을 것이다. 그러나 그것은 중요하지 않다. 적어도 여기에서 중요한 것은 변동, 추세, '통시적인 것'('공시적인 것'이 아니라)이다. C(십일조 징수 현금 임대액)의 움직임을 통해 우리는 B(십일조 현금 수입)의 움직임의 어림치(90퍼센트)를 구할 수 있으며, 마지막으로 구체제의 통계에서 A(어떤 한 마을 토지의 이론적 농업 수입의 시가)의 동향에 대해 가장 근사할 뿐만 아니라 유일한 수치를 구할 수 있다. 그런데 아주 멀리에서일망정 A의 움직임에 접근하는 것은 중요한 역사적 실제에 접근하는 것이다. 다시 말해 상이한 수확물 각각의 개별 가격의 전체적인 움직임에 의해 균형 잡힌 수확물 전체의 움직임에 접근하는 것이다.

*

십일조 징수 현금 임대액을 출발점으로 해서 계산해낸 농업 수입 추세에 대한 이 같은 어림 계산은 광범위한 지리적 통계 자료에 근거하는데, 그것은 우리가 랑그도크의 고문서에서, 그것이 교회의 것이건 공증인의 것이건, 활용할 수 있는 가장 방대한 자료들 가운데 하나다.

이제 구체적으로 살펴보자. 지중해 지역 랑그도크의 다섯 개 대규모 십일조 징수 기관, 즉 다섯 개의 빛나는 자료가 연구를 밝혀준다. 그곳은 서쪽에서 동쪽으로 나르본, 베지에, 몽펠리에, 에그모르트, 님이다. 각각의 도시에서 성당참사회——또는 성직자회——는 수십 개의 마을

120) 『프랑수아 케네와 중농주의』(*François Quesnay et la physiocratie*), éd. 1958.

에 있는 대부분의 평야에서 십일조를 거두어들였다. 참사회에는 사자(獅子)의 몫*이 돌아가고, 본당 사제들에게는 최소 생활비가 돌아갔다. 예컨대 나르본의 생-쥐스트 참사회원들은 오드 강의 충적지, 연안 연못들, 클라프의 황야, 미네르부아나 코르비에르의 구릉이나 야산 등 자연 그대로의 지방에 흩어져 있는 31개 마을에서 십일조를 거둬들였다. 베지에의 생-나제르 참사회원들은 22개 마을에서 십일조를 걷었다. 22명의 징수 임차인들은 5년 또는 3년간 십일조를 직접 거두어들인 다음 현금으로 임대료를 지불했다. 붉은색 점토질 언덕과 자갈밭, 작은 강변 평야, 오늘날 세계에서 가장 큰 포도단지가 조성되어 있는 이 평야가 바로 베지에 지방의 십일조 징수 대상 토지들이었다.

몽펠리에 교회 참사회에서, 모든 기록이 깨졌다. 여기서는 70개가 넘는 피나주**가 특히 부유하고 지대를 많이 받는 참사회원들에게 십일조를 냈다. 코스와 세벤에서부터 연안의 진흙질 지방과 황야 지방에 흩어져 있는 70개 마을. 님 주변에 있는 43개 마을은 이 도시의 참사회에 십일조를 내는데, 이 고장들은 보나주, 코스티에르, 바스-세벤, 프티 카마르그 등 님 지방의 다양하고 대조적인 자연 그대로의 지방에 펼쳐져 있다. 마지막으로 15개 고장이 에그모르트 참사회 관할이다. 이 마을들은 모두 서쪽에 있는 론 강의 델타와 인접한 지방에 자리 잡고 있다. 1505년부터 그곳의 농민들은 흙이 두터운 땅에서 3년마다 휴경을 실시하여 그 전염병 취약 지역을 곡창으로 바꾸어놓았다.

나르본, 베지에, 몽펠리에, 님, 에그모르트의 총 175개 피나주에서 십일조를 징수했다.[121] 대부분 20세기의 대단위 포도단지의 조상 격인 아주 규모가 큰 마을들이다. 지도상에서 론 강과 오드 강 사이에 있는 175

* part du lion: 라퐁텐의 우화에 나오는 강자의 횡포.

** 본당 사목구나 재판 관할 구역.

121) An. 28에 있는 마을 리스트를 보라. 카마르그의 3년 윤작에 대해서는 Gard, G 1089, 1505년과 1551~58년, 슬라리에와 프살모디의 토지 임대계약서: "3분의 1의 땅이 휴경"; 또는 120스티에가 넘는 영지에서 "40스티에가 휴경."

개 지점에서 3년이나 5년마다 참사회원들과 징수 임차인들은 현금 십일조 수입액(이것은 농업 수입에 따라 변한다)의 임대액 책정을 놓고 입씨름을 벌인 다음 계약을 체결했다. 근대(17세기)에 본당의 수가 570개에 달한 넓은 지역에서 175개 마을이 알려진 것이다.[122] 이 통계 표본은 오늘날의 까다로운 통계 기준으로 볼 때도 놀랄 만큼 많은 수치다. 대표성이 높은 표본인 것이다. 1955년, 인세*는 우리가 문제 삼고 있는 바로 그 지역(나르본에서 카마르그까지)에서 랑그도크의 포도밭에 대한 과학적인 연구를 수행한 적이 있다.[123] 연구자들은 10분의 1(10개 마을 가운데 한 마을)에서만 조사하는 정도로 만족했다. 그리고 각 마을에서도 추첨을 통해 (십일조는 원칙적으로 본당 사목구의 모든 경작지에 다 부과되는데도) 선정된 일부 경작지만을 조사하는 데 그쳤다. 그러니까 랑그도크의 참사회원들이나 그들의 조사관인 십일조 징수 임차인들은 그렇게 하려고 의도한 것은 아니겠지만 아주 철저하게 조사를 한 셈이다. 175개가 570개를 대표하고 있는 것이다. 10퍼센트가 아닌 30퍼센트의 나무랄 데 없는 조사!

최종적으로 얻은 다양한 곡선은 십일조 징수 현금 임대액의 변동을 말해주는데 그것들 사이의 일치 또한 이 조사의 가치를 증명해준다. 단번에 얻어진 장기적인 움직임(왜냐하면 십일조 징수 현금 임대는 3년이나 5년마다 갱신되기 때문에 곡선의 1년마다의 움직임은 문제가 되지 않는다), 현금으로 표시된 십일조의 장기적인 움직임은 수세기 동안 대단위 농경 지역에서 비슷하게 나타났다. 서로 이웃한 지방인 나르본과 베지에 사이의 세기적인 일치는 완벽하다. 조금 떨어져 있는 님과 나르본 사이의 일치도 만족스러운 수준이다. 중요한 4개 지역의 곡선(님, 나르본, 베지에, 몽펠리에)——그 각각의 곡선은 수십 개 마을을 종합한 것인데——은 동일한 기울기를 가진다.[124] 유일하게 에그모르트만이

122) An. 28.

* I.N.S.E.E.: 통계청.

123) "Structure et rendement……," 1955.

1560년까지는 표준에서 벗어나지만 그 이후에는 일치한다. 그 이유에 대해서는 나중에 논할 것이다. 예컨대 방법론적으로 매우 설득력이 있으며, 곡선들이 빈틈없이 이어지기 때문에 균열이 없는 17세기를 보자. 명목상의 십일조 수입은 1600년에서 50년 사이에 어디서나 올라간다(1630년경 아주 가벼운 하락이 있지만). 반대로 1650년 이후는 모두 수평이다. 여기에서 그래프들이 일치한다는 것은 자료들이 증거 가치가 높다는 것을 말한다. 그리고 기초가 되는 자료들(십일조 징수 현금 임대 계약서들)은 1640년에서와 마찬가지로 1540년에서도 동일한 성격을 지닌 것으로 보아, 하류는 상류의 가치를 보증해준다고 말할 수 있다. 17세기의 수많은 연속 곡선들 사이를 지배하는 전반적인 일치성과 지속성은, 수가 많지 않고 때로는 단절적이기도 한 16세기의 십일조 징수 현금 임대액 곡선들에게 일관성과 가치를 부여한다. 16세기의 십일조 징수 현금 임대액 곡선들의 자료적 토대는, 비록 더 좁기는 하지만, 이미 루이 13세 시대의 믿을 만한 자료에 비견된다.

방법론이 세워졌으니 이제 16세기(1500년에서 60년경까지[125])로 돌아가자. 농업 생산과 관계된 좀더 광범위한 움직임을 가리키는 십일조 현금 수입의 움직임을 그려볼 필요가 있다. 자료는 과다하지 않지만 충분하다. 우리 지역의 서부와 동부를 포함하는 나르본과 에그모르트의 곡선들은 1500년에 시작한다. 베지에의 곡선들은 1525년에 시작한다. 그러나 님과 몽펠리에의 도움은 당장은 기대하지 말아야 한다. 그곳에서는 완전한 자료가 1560년 이후에나 나오기 때문이다. 이 점에서 놀랄 것은 하나도 없다. 님과 몽펠리에 참사회의 고문서들은 1560~61년 위그노들의 승리의 화톳불에 불타버렸기 때문이다. 양피지에 붙은 불이 꺼지고 나서 1561년이나 1570년 이후에야 이 고문서들은 연속 자료로서의 가치를 회복한다.

---

124) 이 모든 구절에 대해서는 Gr. 25.

125) 1560년에서 1600년까지의 곡선은 십일조 파업 때문에 혼란스럽다. 우리는 이 문제에 대해 다시 논할 것이다.

그러므로 1560년 이전의 십일조에 대한 정보는 나르본, 베지에, 에그모르트에 의존한다. 나르본의 경우, 31개 마을에서 계약된 십일조 징수 현금 임대액 계약 곡선 31개를 토대로 산정된 중간(médian) 십일조 수입 지수(1610~40년 사이의 평균 징수 임대액을 100으로 한다)는[126] 1500~1505년은 14.5이고, 1555~60년은 35이다. 1500년에서 60년까지——14.5의 지수에서 35의 지수에 이르기까지——곡선의 상승은 끊기지 않는다. 대단하지만 제한적인 상승: 현금으로, 더 정확하게 말하면 명목 화폐(리브르 투르누아)로 계약된 십일조 임대액은 1500년에서 60년 사이에, 즉 두 세대가 지나는 동안 배 이상 늘어났다.

베지에에서도 상승률은 마찬가지다.[127] 물론 일관성 있는 자료는 1525년에야 시작된다. 그러나 명백하게 여기서도 역시 대단한 상승을 볼 수 있다. 중간 십일조 수입 지수(22개 마을의 십일조 징수 현금 임대액. 1610~40년의 평균 임대액을 지수 100으로 한다)는 지속적으로 상승했다. 1525~30년의 지수는 24이었다가, 1555~60년에 이르면 40으로 상승했다. 이러한 리듬으로 베지에의 중간 십일조 수입은 반세기 만에 배로 늘어났다. 나르본에서보다 변동이 더 뚜렷하다.

그러나 잊지 말아야 할 것은 상승하는 그래프상에 기입된 이들 십일조 징수 임대액들은 명목 화폐(리브르 투르누아)로 계약되었다는 사실이다. 그러므로 상승은 명목상의 상승이다. 따라서 그것의 실질적인 수준을 측정하려면 이 명목 수입 지수를 명목 가격 지수와 비교해야 한다. 모든 임금 소득자들은 다 아는 사실이지만, 수입이나 임금이 올라도 가격이 같은 비율로 오르면 아무 소용이 없기 때문이다.

세 가지 이론적 가능성을 제기할 수 있다.

a. 십일조 수입의 명목 상승(H)이 가격의 명목 상승(H′)보다 큰 경우

---

126) Gr. 17, Gr. 18, Gr. 25.

127) Gr. 19.

$$H > H'$$

이는 가격이 불변이라고 볼 때 십일조의 실질 수입이 증가했음을 의미한다. 십일조는 수확량에 비례하기 때문에 이는 다시 수확량의 상승세, 다시 말해 총농업 생산의 실질적인 증가를 의미한다.

b. 십일조 수입의 명목 상승(H)이 가격의 명목 상승(H′)과 동일한 경우

$$H = H'$$

이는 본전치기다. 이 경우, 십일조 현금 수입은 자동적으로 가격 상승을 따라간다. 그러나 수확량의 일정 비율로서의 십일조의 양은 변화가 없다. 실질(현물) 농업 수입은 정체 상태다. 가격은 올랐지만 수입은 변함이 없다.

c. 마지막으로, 어쩌다 그렇겠지만, 십일조의 명목 수입이 명목 가격보다 느리게 상승하는 경우

$$H < H'$$

이 느린 상승이 의미하는 것은 한 가지밖에 없다. 십일조의 실질 수입이 줄어드는 추세에 있다는 말이다. 물가는 오르지만 수입은 덜 오른다. 왜냐하면 십일조 징수자가 곳간에 쌓아놓는 양이 줄어들고 있기 때문이다. 가격의 강한 상승, 수입의 더딘 상승. 이는 십일조 양, 즉 수확량이 하락했음을 말해주는 것이다.

이 세 가지 가설 가운데 어느 것이 맞는가? 이를 알아내려면 명목 가격의 동향을 알아야 한다.

몽펠리에 곡물시세표에는 1477년부터 17세기 초까지 밀의 가격이 기록되어 있다.[128] 곡물시세표는 예외없이 매년 2번, 3번, 4번 또는 그 이상 가격을 매겨놓았다. 그 시점은 일정하지 않아서 1월, 4월, 12월…… 등 다양하다. 아주 짧은 기간의 경우에는 불충분하지만, 그럼에도 이 곡물시세표는 장기적으로는 가격의 세기적 변동 추세를 잘 가늠하게 해준다. 사실 16세기에는 해마다 두세 차례 시세표를 작성했다. 그러므로 우리는 문제의 100년에 대한 연속 자료를 얻을 수 있으며, 5년마다의 중간값은 세기적인 추세를 보여준다.

게다가 몽펠리에의 자료는 1549년부터 64년까지의 밀의 가격 변동을 보여주는 나르본의 공증인 자료와 일치하기 때문에 다시 한 번 그 견고성이 입증된다. 마찬가지 평행 경사의 사이클이 두 도시에서 그려진다. 1557년까지의 뚜렷한 상승, 그 이후의 완만한 상승.[129]

그러니 몽펠리에의 곡물시세표를 신뢰하기로 하자. 그것은 16세기에 유고슬라비아에서 카탈루냐에 이르는 지역의 모든 자료처럼 물가의 상승을 보여준다. 특히 지역적인 국면에 대한 훌륭한 증인이다. 모든 지방에서 밀을 수입하는 시장인 몽펠리에의 가격은 랑그도크의 가격과 같다.

자료와 곡선을 손에 쥐고 있는 우리는 이제 명목 가격과 십일조 명목 수입을 비교할 수 있게 되었다.[130] 아주 흥미로운 대질을 해보자. 1500~1505년부터 1555~60년까지 투젤(가장 좋은 밀)은 스티에당 16수 6드니에에서 34수로 올랐다. 1610~40년의 지수를 100으로 놓을 때, 지수로는 19.8에서 41.0으로 오름으로써 두 세대 사이에 밀의 가격은 배 이상 올랐음을 알 수 있다. 그런데 이 상승 리듬은 같은 기간에 지수가 14.5에서 35로 상승한 나르본의 십일조 수입의 상승 리듬과 거의 같지 않은가. 두 곡선은 실제로 겹칠 수 있을 정도다. 여기서 한 가지 결론이 도출된다. 불변 가격으로, 또는 같은 얘기지만, 기본 양식인 곡물 가격

---

128) AC Montpellier, 기록 404, 서랍 C(조프르 목록 조사의 분류). An. 24 참조.
129) An. 24.
130) 인용된 부록, Gr. 25.

으로 평가해볼 때 실질 농업 수입을 반영하는 실질 십일조 수입은 1500년과 60년 사이에 거의 오르지 않았다. 가격과 수입의 두 곡선은 동일한 속도와 동일한 각도로 동반 상승했다.

베지에는 나르본의 자료를 확인해준다. 베지에의 경우, 자료의 시점(始點)인 1525년부터 1555~60년까지 농업 수입의 축소판이라 할 수 있는 십일조 수입은 지수 24에서 40으로 올라갔다. 그런데 같은 기간 밀 가격은 지수 29에서 41로 올라갔다. 그러니까 베지에에서 수입의 명목 상승은 가격의 명목 상승보다 별로 높지 않았다. 다시 말해 곡물의 헥토 리터나 스티에로 표기된 실질 농업 수입은 16세기 중반에는 거의 늘어나지 않았거나 제자리걸음을 했던 것이다.

이러한 결론은 우리가 현물 십일조에서 그리고 토지대장상의 개간지에서 도출한 결론과 일치하며, 그 결론을 확대하고 일반화시켜준다. 16세기의 랑그도크에서, 인구는 거의 배로 많이 증가한 반면, 생산은 열기와 탄력성이 전혀 없었다. 수정된 가격(불변가격이라고 가정된 가격)으로 계산해보면, 실질 농업 수입은 정체하였거나 아주 약하게 상승했다. 이 추론은 터무니없어 보이기는 하지만 나무랄 데 없는 정상적인 추론이다. 인구는 많이 증가하고 총수입은 매우 적게 늘어났기 때문에 개인의 몫(총실질 수입/인구), 다시 말해 개인당 평균 실질 수입은 필연적으로 줄어들 수밖에 없어서 '빈곤화' 과정이 예상되는 것이다.

이상은 최초의 지표들이다. 물론 지리적인 차원에서의 수정이 필요하다. 여기서 에그모르트의 사례는 아주 많은 것을 밝혀준다. 16세기에 에그모르트는 모기들이 들끓고 실직자들이 모여들던, 카마르그의 늪지에 버려진 볼품없는 항구였다.[131] 그러나 그곳은 동시에 놀라운 농경 개간지의 중심이었다. 향신료 자루나 면(棉) 보따리들은 더 이상 이 진창투성이 부두까지 들어오지 않았다. 그 대신 곳간은 곡물로 넘쳤다. 왜냐하면 땅은 깊었고, 물도 풍부했으며, 햇볕도 부족함이 없었기 때문이다.

---

131) Platter, éd. 1892, 263쪽.

일단 관개에 성공한 땅은 수확이 좋았다. 십일조를 보자. 16세기에 에그모르트의 카마르그에서 십일조는 문자 그대로 뛰어올랐다. 1500년과 60년 사이, 나르본의 (명목상의) 십일조 수입의 중간값이 배 이상 오를 때 에그모르트는 3배 이상 올랐으며, 1560년대에는 거의 4배까지 올랐다. 1500~1505년의 지수는 28이었다. 1555~60년의 지수는 105로 나타났다. 가격 상승보다 훨씬 빠른 이 같은 활발한 상승은 에그모르트의 참사회원들이 십일조를 징수한 늪지대의 토지 덕분이었다. 카마르그 접경 비두를의 충적토 위에 펼쳐진 노트르-담-뒤-테양, 카마르그의 바깥에 있지만 또 다른 연안 연못에 인접해 있는 루피앙 구역, 전형적인 늪지대라 할 수 있는 에그모르트. 테양은 1500년에서 60년 사이에 수입이 거의 3배에 가까운 268퍼센트 증가했다(이 기간에 징수 임차인이 지불한 십일조 임대액은 95리브르에서 350리브르로 늘어났다). 루피앙은 같은 기간에 거의 10배 증가했다(7리브르에서 650리브르로). 마지막으로 에그모르트에서는 십일조 징수 임대액이 3배(100리브르에서 300리브르로) 증가했다. 이 모두 대단한 상승이다. 곡물 가격의 상승은 한참 뒤에 처져 있다. 그것은 곡물로 표시된 농업 수입의 엄청난 실질 증가를 의미하는 것이다. 에그모르트는, 일단 가격 폭등 때문에 비롯된 허구적 상승을 제거하고 나면, 즉 불변 가격으로 표시하면 십일조를 징수한 토지의 실질 농업 수입은 문제의 그 기간에 적어도 50퍼센트는 상승한 것 같다.[132)]

그러나 에그모르트는 소수의 예, 말하자면 통칙을 확인해주는 예외가 아닐까? 십일조 자료, 예컨대 생-쥐스트 참사회가 십일조를 징수하던 나르본의 31개 마을을 더 자세히 들여다볼 필요가 있다.[133)] 전체적으로 16세기에 이곳에서의 실질 농업 수입의 비탄력성은 비참해 보인다. 그렇지만 나는 소수이기는 하지만 한두 토지에서 1500년에서 60년 사이

132) 에그모르트에 대해서는, Gr. 22, Gr. 25 참조.

133) Gr. 17, Gr. 18.

에 리브르 투르누아로 표시된 명목 수입뿐만 아니라 곡물로 표시된 실질 수입 역시 증가했음을 발견했다. 에그모르트에서처럼 여기에서도 그뤼상과 코니아크 같은 연안 마을이 그러했다. 이 두 마을은 모두 늪지대에, 16세기 사람들이 건조시키려고 노력한 그뤼상 연못의 충적토 위에 자리 잡고 있다.

	십일조 징수 임대액	
	1500년	1560년
그뤼상	15리브르	80리브르
코니아크	50리브르	200리브르

밀의 가격은 배 오르는 데 그친 반면, 수입은 4배 내지 5배 올랐다. 사정은 이렇다. 습기를 제거한 이 땅에서 마침내 사람들은 지중해 농경을 꼼짝달싹 못하게 얽어맨 악순환의 고리, 그 마술의 테에서 벗어날 수 있었던 것이다. 황무지를 개간하는 것이 아니라 늪지를 건조시킨 것이다. 소득을 향상시키지는 못한 채 비용만 더 잡아먹는 해골 같은 땅을 정복하는 대신, 기름진 땅에서 남은 물을 빼냄으로써 단번에 깊은 땅을 늘린 것인데, 이로써 몇 년 지나지 않아 피나주 내의 십일조 실질 수입은 배로 증가했다.

그러나 16세기에는 그러한 노력이 매우 드물었다. 그 수익성은 놀라운 것이었지만 인간의 희생이 너무 컸기 때문이다. 소택지를 공격하고 관개 수로를 건설하는 것은 학질모기 군단을 건드리는 것이며, 음료수조차 썩어버린 죽음의 지대에 사람들을 이식하는 것이었다. 황야를 개간하는 것은 수확 감소의 벽에 부딪혔는가 하면, 습지를 건조시키는 것은 일꾼들의 희생이 너무 컸기 때문에 차츰 그만두었다. 16세기에 그런 일은 극히 국지적인 일이었다. 그래서 카마르그도 주변만 개간되었을 뿐 중심부는 여전히 위험한 궤양지구로 남아 있었다. 17세기 초에 늪지 개간을 좀더 확대한 것은 사실이다. 연안 평야가 대규모 농업 생산단지로 바뀌는 것은 키니네와 위생이 도입된 19세기가 되어서다.

16세기에 연안 지역의 농업은 수입의 증가와 역동성에도 불구하고, 지역 경제의 차원에서는 극히 미미한 덧붙이기에 불과했다. 에그모르트의 습지 같은 습지대에 위치한 참사회의 수입은——십일조의 붐이 일었지만——건강한 지대의 풍부한 수입에 비하면 형편없었다. 최초로 종합적인 회계장부를 갖추게 된 1597년과 1607년 사이, 에그모르트에 토지를 가지고 있는 성직록 보유자들은 모두 합해 1년에 5천 리브르 내지 8천 리브르의 수입을 올렸다. 그러나 카마르그 습지를 떠나서 산기슭, 언덕 또는 건조하고 건강한 평야로 가보자. 1600년경의 님에서 수도원들의 십일조 총수입은 평균 1년에 2만 5천 리브르였다. 에그모르트의 4배인 것이다. 그런가 하면 몽펠리에는 4만 5천 리브르, 베지에는 1만 4천 리브르, 나르본은 2만 리브르였다.[134)]

그러므로 16세기의 대종을 이루는 전형적인 예는 습지 평야의 그 가느다란 가장자리가 아니라 지중해 지역 랑그도크를 대표하는 나르본과 베지에 지방에서 찾아야 한다. 농업 발전의 가능성이라고는 없는, 빈틈없이 경작된 건강한 평야들의 잡동사니, 개간의 가능성은 있지만 메마른 황야…… 평야와 황야가 뒤섞여 있는 그곳에서, 실질 농업 수입은 절망적인 한계에 부딪혔다. 실질 십일조 수입은 이 같은 정돈(停頓)을 충실히 반영하고 있다.

어떤 사람들은 십일조 수입의 정돈을 설명하기 위해 위그노의 영향으로 부풀어오른 부분적인 십일조 파업을 들먹일지도 모른다. 1560년 이후는 물론 그렇다. 우리도 그것에 대해서는 다시 언급할 것이다. 그러나 1560년 이전을 파업으로 설명하는 것은 전혀 근거가 없지는 않다 하더라도 불충분하다. 왜냐하면 프랑수아 1세, 앙리 2세 시대에 실질 십일조 수입을 동결시킨 것이 십일조 납세자들의 파업이었다면, 그 파업은 이미 16세기 중반에 칼뱅파로 돌아섰던 에그모르트의 토지에도 영향을 주

134) Gard, G 1094, 1095; 일반적으로 An. 31, Gr. 18~Gr. 22.

었어야 한다. 파업은 십일조 곡선의 상승을 단절시켰어야 옳다. 그러나 사실은 그렇지 않아서, 에그모르트의 경우처럼 농업 수입의 실질적인 증가는 즉시 아무런 어려움 없이 곡선상에 십일조 수입의 실질적인 증가로 나타났다.

이렇듯 연안의 몇몇 열병 지역을 제외하면, 전체적으로 성장을 거부한 것은 십일조 납세자들이 아니라 십일조 부과 대상 생산물, 다시 말해 실질 농업 수입이었던 것이다. 농업 수입은 천장에 부딪혔고, 농업 인구는 천장을 뚫었다. 따라서 농민의 일인당 평균 수입은 줄어들 위험이 컸다. 이러한 위험한 현실, 점증하는 고난의 현실을 가늠하려면 생산에 이어 생산물의 분배 문제를 고려해야 한다.

제3장 분할, 집중, 빈곤화

인구는 불어나는데, 나눌 생산물은 거의 늘어나지 않았다. 이렇게 해서 분배의 문제가 아주 중요해졌다. 나는 우선 농업 분배의 첫 번째 시기를 연구할 것이다. 토지 소유 구조의 추세에 따라, 각자의 소유지에 비례하여 한 마을의 토지 생산을 나누던 시기 말이다.

랑그도크의 16세기, '아름다운 16세기'는 소유지 집중의 시대였나 아니면 폭발의 시대, 분쇄(粉碎)의 시대였나? 프랑스 북부와 서부에서 실시된 연구들, 즉 라보나 메를 등의 연구는 이미 르네상스기부터 영주와 부르주아들의 수중에 토지가 집중되었음을 강조했다.[1] 그러면 랑그도크도 마찬가지였는가? 반대로 토지 분할이라는 가정을 배제할 수 없다. 인구 증가에 대해, 그리고 이 지역의 모든 사회 계층에서[2] 변함없이 행해진 분할상속에 대해 생각해보라. 여러 가지 가정을 할 수 있다. 사실(事實)에, 즉 콩푸아에 발언권을 넘겨주기로 하자.

방법. 토지 소유의 문제는 면적('헥타르' 또는 옛날에 사용된 '스테레')과 토지대장상의 가치(토지대장 리브르)라는 두 측면에서 차례로 고찰해야 한다. 그러면 우리는 최대 근사치에 도달할 수 있다. 게다가 이 두 접근 방법은 상호보완적이다. 면적에 의한 평가는 가장 정확하고 시사적이다. 그러나 여기에서는 토지 가치의 불균등성(진흙땅과 황야)

1) Raveau, 1926; Merle, 1958; 그러나 Fourquin, 1964는 이 같은 연대를 수정하면서 토지 집중은 1550~60년 이후에 가서야 심해졌다고 본다.

2) 귀족도 포함되며, 장자에게는 몇 가지 혜택이 부여되었다. de Charrin, 1961.

이 바로잡아지지 않았다.[3] 또한 면적에 의한 평가는 너무 뜸하게 제작되는(50년 또는 100년마다) 콩푸아에만 의존하기 때문에 시간적으로 불연속적이다. 예컨대 1500년과 60년의 토지 소유 세대들을 알아보려면 1492년의 콩푸아에서 측량된 면적과 1607년에 제작된 그다음 콩푸아에 기록된 면적을 비교하는 수밖에 없는데, 간격이 너무 넓다.

반대로 콩푸아에 기록되었고 후속 타유세 대장들에서 정기적으로 갱신된, 토지대상상의 가치로 균형이 잡힌 평가는 어떤 한 시기를 아주 가까이에서 바라볼 수 있게 해주고, 심지어는 한 걸음 한 걸음 따라가 볼 수 있게 해준다. 그 덕분에 우리는 1500년과 60년 사이의 토지 소유 구조상의 변화를 10년 단위로 살펴볼 수 있다.

면적에서는 확실한 지표와 최초의 정보를 찾을 수 있으며, 가치에서는 섬세하고 균형 잡힌 검증과 정교한 연대표를 찾을 수 있다.

헥타르 또는 스테레

우선 면적을 보자. 레스피냥의 토지 콩푸아가 두 개 있다. 하나는 1492년에, 다른 하나는 1607년에 작성된 것이다. 1492년에는 103명의 타유세 대상자가, 1607년에는 174명의 타유세 대상자가 있다. 16세기의 전형적인 인구 증가의 한 예이지만, 여기서는 비교적 완만하다. 그러나 이 본당 사목구는 1560년 이후의 내전과 연속적인 재해 때문에 피를 많이 흘렸을까? 나는 앞 장(章)에서 이 마을의 두 콩푸아, 시기적으로 매우 멀리 떨어져 있는 1492년의 콩푸아와 1653년의 콩푸아를 대략적으로 비교해본 적이 있다. 마자랭 시대의 토지들은 15세기 말의 넓고 잘 통합된 영지들에 비해 극단적으로 조각난 것처럼 보인다. 이 분쇄 과정에서 16세기가 역할을 했는지, 만일 했다면 무슨 역할을 했는지 살펴보자. 이를 위해서 1492년의 콩푸아와 1607년의 콩푸아를 비교해보자.[4]

---

3) Baehrel, 1961; 또한 Jacquart, 1960에 있는 P. de Saint-Jacob의 말.

4) An. 23(Lespignan).

우선 피나주의 전반적인 변화를 추적해볼 필요가 있다. 콩푸아들은 안정 또는 미미한 증가라고 대답한다. 경작된 토지[5]는 1492년에 4,984 스테레였다. 1607년에는 5,605스테레. 그러니까 115년에 621스테레가 늘어난 것이다. 15퍼센트도 못 되는 증가율이다. 16세기의 황무지 개간이나 소택지 개간은, 비록 무시할 수 없는 정도이기는 했지만, 다른 곳과 마찬가지로 여기서도 피나주의 생산 용량을 별로 높이지 못했다. 그러나 전체 생산량은 거의 늘어나지 않았다 하더라도, 땅과 거기서 나는 생산물의 분배는 마치 땅이 꺼지기라도 하듯이 근본적으로 변했다.

사실을 확인하기 위해서는, 소유지들을 0에서 1천 스테레 이상의 순서로 도수분포도나 빈도수 다각형으로 배열한 다음, 1492년과 1607년을 비교해보아야 한다. 그러면 우리는 변화의 총체적 현상을 읽어낼 수 있다.

두 도수분포도는 서로 아주 다르다. 간단히 인상을 말하면, 작은 소유지나 큰 소유지가 늘어난 반면, 중간 크기의 소유지는 줄었다. 작은 토지, 중간 크기 토지 그리고 큰 토지들 사이의, 그리고 역동 또는 퇴보라는 서로 다른 역사적 반응을 보인 집단들 사이의 경계 또는 구획의 문제다. 경계선은 도표를 비교해 그어졌다. 그리하여 상호 대조된 도수분포도들은 연구 단계에서 결정적인 역할을 한다. 그것은 장차의 발견을 도와주는 역할을 한다. 도수분포도들은 단순한 예시의 역할을 하는 정도로 그치지 않는다.

도표들을 대조해보면, 임계점——변화의 추세가 방향을 바꾸는——은 이 마을의 경우 20스테레와 110스테레에 자리 잡고 있음을 알 수 있다. 면적으로 볼 때, 20스테레부터 110스테레까지의 땅은 줄어든 반면, 20스테레 이하 또는 110스테레 이상의 면적을 가진 땅은 늘었다. 사다리의 양끝에 위치한 난쟁이들과 거인들은 발전한 것이다.

---

5) 이 마을에 있는 귀족의 재산(아주 작은)은 측량되었다. 개간되지 않은 황무지나 소택지만 측량되지 않았다.

그룹 I(110스테레 이상): 1492년, 110스트레 이상의 큰 땅덩어리를 소유한 5명의 지주들이 1,854스테레의 땅을 나눠 가졌다. 1607년, 그들의 수는 12명으로 늘어났으며, 2,708스테레의 땅을 나눠 가졌다. '110스테레 이상'의 땅을 소유한 사람들은 15세기 말에는 땅의 40퍼센트를 소유했는데, 앙리 4세 치세 기간*에는 땅의 절반 가까이를 차지했다.[6)]

그룹 II(20스테레에서 110스테레까지): 면적 사다리에서 중간에 있는 이들의 수는 크리스토퍼 콜롬버스 시대**에는 59명이었다. 당시 그들은 2,765스테레를 차지하고 있었다. 비교의 끝인 쉴리의 시대***에 그들은 44명에 불과했고 2,066스테레를 소유했다. 토지 소유 구조상의 중간 계층이 줄고 있었던 것이다.

그룹 III(20스테레 이하 최소 토지 소유자들): 그들은 39명으로 365스테레를 소유했다. 그러나 난쟁이들이 증가함으로써 115명으로 늘어나 831스테레에 빽빽하게 들어찼다.[7)]

토지 소유 구조는 가운데가 오목해지고 양끝이 강화되었다. 중간 소유지는 두 개의 전선에서 공격을 받았다. 그것은 도수분포도의 왼쪽에서 인구 증가로 잠식당했다. 인구 증가는 토지 분할을 촉진시켰는데, 실제로 5헥타르 이상의 영지 15개를 파열시켜 더 작은 단위의 토지들을 만들어냈다. 그것은, 오른쪽에서는, 토지통합자들에게 잠식당했다. 이들은 브리 지방이나 푸아투 지방에서처럼 자기들이 16세기에 이룩한 부를 이용하여 빚에 쪼들리는 농민들의 조각땅을 차지한 것이다.

우리는 여기서 하나의 '모델'을 제안할 수 있다. 이 토지의 조건에 잘 부합하는 '총'곡물 수확량 모델이 그것이다. 1헥타르당 10헥토리터(괜찮은 평원의 수확량)의 비율로 2년 윤작을 하면, 레스피냥은 1490~

---

* 1589~1610.

6) 1653년, 그들의 수는 줄어든다; 이 책, 제1권, 280쪽.

** 1451~1506.

***Sully: 1560~1641.

7) 레스피냥의 스테레는 24아르다.

1500년경에, 평균 6천 헥토리터를 생산하게 되며, 1600~10년경에는 6,726헥토리터를 생산하게 된다. 미미한 증가로 이는 수확량과 실질 농업 수입의 '상한'에 해당하는 수준이다.

간단하게 나눗셈을 해보면, 1492년에는 지주 개인당 60헥토리터를, 1607년에는 40헥토리터를 나눠 가졌다. 16세기에 육체 노동자 1인당 1년 식량이 5.6헥토리터인 점을 감안하면 여유가 있었다. 1492년과 1607년에도 중간 규모 지주는 가족을 부양할 수 있었을 뿐만 아니라 곡물을 팔 수도 있었다.

이 같은 이상적인 지주는 현실과 거리가 멀다. 사실 총수입을 분해하는 프리즘인 도수분포도 덕분에, 우리는 수확량의 실질적인 '배분'에 대해 알 수 있다. 1492년, 6명의 대토지 소유자는 각각 평균 72헥타르의 영지를 소유했으며, 각각 밀을 360헥토리터씩 생산했다. 다수의 지주들—그룹 II에 속하는 59명—은 영지당 평균 55헥토리터라는 괜찮은 몫을 나눠 가졌다. 마지막으로 소수의 사람들—그룹 III의 39명은 일인당 11.2헥토리터를 수확하거나 낟알을 주워왔는데, 이는 두 사람 몫의 식량에 해당하는 양으로 한 가족을 먹여 살리기가 힘들었다. 아이들을 부양해야 할 뿐만 아니라 사람은 빵만으로는 살 수 없지 않은가. 결과적으로 이들 영세 지주들은 식량을 구입해야 했다. 그리고 그들의 영지만으로는 사는 데 충분하지 않았다.

정확히 말하면, 이들 '난쟁이들'은 1492년에는 소수였으나 17세기 초에는 다수가 되었다. 1607년, 12명의 마을 유지는 영지당 평균 270헥토리터를 생산했다. 44명밖에 되지 않은 중간자들(그룹 II)은 15세기의 수적 다수의 지위를 상실한 채, 계속 지주당 55헥토리터의 비율로 살아갔다. 그러나 이제부터는 그룹 III에 속하는 가난한 사람들이 마을 지주들 가운데 대다수를 차지한다(171명 중 115명). 수가 너무 불어난 소토지 소유자들의 작은 땅뙈기는 9헥토리터밖에 생산해내지 못했다. 아이들이 딸린 가족의 두 사람 몫도 안 되었다.

즉각적인 결산. 1492년, 대다수의 지주들은 곡물을 팔았으며, 그 돈으로 생활필수품을 살 수 있었다. 그들은 '최저 자립 수준' 이상을 유지하며 살았다.[8] 1607년에, 대다수는 생계를 위해 곡물을 구입했다. 왜냐하면 그들은 생계를 유지하기에는 너무 작은 소유지로 살아갔기 때문이다. 여기에서 우리는 왜 토지 소유 구조가 가운데가 가라앉고 양끝이 불어난 양극화 현상이 일어났는지 더 잘 이해할 수 있다. 독립성을 상실한, 자급자족할 수 없는 이들 영세지주는 대영지에서 할 일을 찾았다. 그들은 풍부한 노동력을 대토지에 제공했다. 그런 식으로 노동의 문제를 해결하게 된 대토지는 세기가 흐르는 동안 더욱 커져만 갔다. 상호보완적인 공동 성장이었다. 소토지를 소유한 날품팔이들은 마침내 대토지 소유자들에게 유용하게 쓰인 것이다. 미세한 땅뙈기들은 토지 노동자들에게 실업 기간에 생계 유지를 가능하게 해주었으며, 최대한의 계절적 일거리를 기다릴 수 있게 해주었다. 대토지 소유자는 "날품팔이들에게 돈의 즐거움을 맛보게 했다."[9] 16세기에 대토지 소유자들과 소토지 소유자들이 중간 크기 토지 소유자들을 희생시켜 함께 성장한, 모순적이지만 그러나 변증법적 필요에 의해 생겨난 과정이다.

또 다른 예로, 몽펠리에의 북서쪽에 자리 잡은 생산성 낮은 황야 마을 아르젤리에를 보자. 16세기의 초반, 이 본당 사목구는 지주-목축업자들의 마을이었다. 1531년의 토지 콩푸아에 따르면 그들의 수는 31명이었고 1만 7,537스테레를 나눠 가졌다. 타유세 대상자 일인당 100헥타르 정도였다.[10] 이 넓은 영지는 그 광활함으로 (헥타르당) 낮은 생산성을 상쇄했다. 종종 넓은 영지는 세르의 이상대로 하나로 통합되었다. 마을 바깥, 벽촌 또는 외딴 농가 주위에는 일종의 목장이 있었는데, 그것은 배사면에서 산봉우리에 이르는 방대한 양목장이었다.[11] 토지의 10분의 9 이상이 미경작지로 양의 방목지였다. 경작 토지는 1,205스테레에 불

---

8) Baehrel, 1961.

9) Serres, I, 6.

10) An. 23(Argelliers). 스테레는 18아르다.

11) 푸그라, 프라, 콩브자크, 팔라의 농가.

과했으며, 대부분 곡물 경작지였고 포도밭은 무시할 만했다.

1664년의 두 번째 콩푸아를 보자. 두 콩푸아 사이의 간격은 너무 넓다. 경지 면적은 프랑수아 1세에서 콜베르 시대까지 거의 변한 것이 없다. 토지대장에 기록된 토지는 1만 7,391스테레(부수적으로 이는 콩푸아의 사실성을 확인해준다)로 1퍼센트의 차이에 지나지 않는다. 그러나 경작지(밀, 포도)는 조금 늘어나 1,494스테레였는데, 그 대부분은 여전히 곡물 경작지였다(10분의 9). 1531년보다 300스테레 정도 늘어난 셈이다. 그러나 이 정도 늘어나서는 식량 생산의 현저한 개선을 기대할 수 없었다.

따라서 아무런 경제 혁명도 없었다. 그러나 반대로 인구 혁명, 사회적 혼란은 있었다. 타유세 대상자는 아주 정확하게 배로 불어났다. 그들의 수는 전에는 30명에 불과했는데, 이제는 60명에 달했다. 그러나 새로운 지주들은 부자가 아니었다. 도수분포도를 한번 비교해보는 정도로 충분하다. 한 세기에서 다음 세기로 건너가는 동안 120스테레, 즉 22헥타르의 임계점 또는 천장 아래의 소유지들이 불어났다. 그러나 황야의 보잘것없는 수확성을 고려할 때(진흙땅 지방으로 가면 이야기가 달라진다) 22헥타르 미만——많은 경우 이보다 훨씬 작다——은 매우 적었다. 1531년, 이 소토지(22헥타르) 그룹에 속하는 극빈자는 세 명에 불과했다. 30명 가운데 3명(전체의 10퍼센트)이었다. 적어도 지주들 세계에서는 '사회적 문제'가 없었다. 1664년에는 그들의 수가 34명으로, 60명 중 34명(60퍼센트)이었다. 지리적인 상황은 완전히 다르지만, 앞의 마을에서와 마찬가지로 영세 지주들은 일단 소수를 이루다가 성장의 끝무렵에 가서는 과반수가 넘는 다수가 되었다. 이들 역시 최저 생계 수준 이하로 떨어졌다. 전체 타유세 대상자 가운데 60퍼센트에 달하는 사람들이 전체 토지의 5퍼센트밖에 소유하지 못했다.

총 743스테레, 개인당 21스테레다. 그뿐만 아니라 이 743스테레 가운데 곡물 경작지는 202스테레(그리고 37스테레가 포도재배지)에 불과했다. 이렇게 볼 때 영세 지주들——아르젤리에의 전형적인 지주——은 극히 작은 땅뙈기(4헥타르)를 소유했다. 4분의 3은 미개간지나 목초지이고, 4분의 1만 밀 경작지인데, 그나마 2년마다 휴경을 해야 했다! 따라서 그들은 매년 평균 1헥타르도 못 되는 땅을 경작했다. 거기서 생산할 수 있는 양은, 비가 충분히 온 해라 할지라도, 8헥토리터로 이는 노동자 두 사람의 식량도 안 되는 양이었다. 지주임에는 틀림없으나 아주 형편없는 지주였다. 이렇게 볼 때 근대의 인구 증가는 영세 지주들을 반(半)프롤레타리아로 만들었다.

도수분포도를 비교하여 정한 120스테레의 임계점 위에는 토지 분할을 면한 부유한 지주들이 있다. 그들은 1531년에 27명으로서, 1만 7,448스테레를 차지했다. 1664년에 그들은 26명이었으며, 거의 같은 면적의 땅을 차지했다. 그들이 '소토지 소유자들'의 작은 땅뙈기 형성에 기여한 경미한 희생은 무시할 만한 정도다. '대토지 소유자들'은 경작을 집약적으로 하고, 몇몇 목초지를 경작지로 개간함으로써 손실을 만회했다. 결국 토지 분할은 대토지 소유자들에게 해를 끼치지 않은 셈이다. 오히려 그들은 그 과정에서 이익을 얻었다. 자급자족이 불가능해진 소농 계급은 자기들의 노동력을 팔지 않을 수 없었기 때문이다. 대농가에게 이들은 농번기나 큰일을 할 때에 필요한 노동력의 저장소였다.

토지대장상의 리브르

면적 다음으로 살펴볼 것은 토지대장상의 가치다. 그것은 16세기의 인구 폭발이 토지 구조에 가져다준 결과를 촘촘한 연대표로 가까이에서 관찰할 수 있게 해준다.

조사는 10개 마을을 대상으로 수행되었다. 이 마을들은 자료의 보존이라는 우연으로 선택되었다. 이렇게 선택된 마을들은 다행히도 지리적으로 분산되어 있다. 그 가운데 5개 마을은 충적토건 경사면이건 연안 평야 지방에 있고,[12] 나머지 5개 마을은 황야 또는 산간 지방에 있다.[13]

---

12) 세리냥, 빌뇌브-레-베지에, 베상, 몽타냐크, 지냐크.

우선 간단히 요약하면, 이들 10개 마을은 모두 16세기에 토지 분할이 진행되었고 영세 소유지들이 증가했음을 분명히 확인해준다. 10개 마을 가운데 3개 마을에서는 토지 분할이 어찌나 강하게 나타났던지 어떤 토지 통합 시도도 마비시켰다. 그것은 중간 크기 토지뿐만 아니라 대토지까지도 해체시켜 땅을 양도하게 만들었다. 나머지 7개 마을에서는 토지 분할이 물론 분명히 있었지만 그럼에도 토지 사다리의 다른 한쪽 끝에서는 토지 통합 움직임이 더불어 진행되었다. 이 두 번째 마을 군(群)에서 가장 큰 희생자는 물론 중간 크기 토지다. 어디에서나 그랬듯이 중간 크기 토지는 분할의 정면 공격을 받음과 동시에 토지를 통합하려고 하는 사람들의 후면 공격을 받았다. 이렇게 이중의 전선에서 싸움을 벌인 중간 크기 소유지는 당연히 지리멸렬해질 수밖에 없었다.

완전히 분할된 세 마을

베상.[14] 1502년의 콩푸아(127명의 타유세 대상자)는 내전 직전에 작성된 1559년의 타유세 대장(263명의 타유세 대상자로서 2배가 훨씬 넘는다)과 비교하면 훌륭한 출발점이 된다.

첫 번째 자료(1502)에서의 '과세표준'은 4,460토지대장 리브르이고, 상실된 1550년의 콩푸아에서 나온 두 번째 자료(1559)에서 참고한 마을 전체의 과표는 7,100토지대장 리브르다. 베상의 토지대장 리브르가 모든 시대를 통해 얼마나 내재가치를 지녔는가 묻는 것은 완전히 헛일이다(두 번째 콩푸아가 상실되었기 때문에라도).* 사실 1502년과 1559년 직전에 측량사들이 토지 가치를 평가하기 위해서 사용한 토지대장 리브르로 표시된 평가액은 실거래된 토지 매매 가격과 근접한 것일지도 모른다. 이러한 이유로 토지평가액의 상승(4,660리브르에서 7,100리브르로)은 1500년과 50년 사이의 토지 가치의 상승과 관계가 있을지도 모

13) 루장, 네피에, 생-길렘-르-데제르, 종셀, 퐁테.

14) An. 23(Bessan).

* 토지대장 리브르(콩푸아상에 기록된 리브르)는 실제 가치가 아니다.

른다. 그러나 여기에 대해 확신할 수는 없다.

이러한 경우에 유일하게 견고한 방법은 토지대장상의 가치 백분율을 비교하는 것이다. 또는 같은 말이 되겠지만, 전체 토지 수입에서의 백분율을 비교해보는 것이다. 이를 위해서 소유지(토지평가액)를 상대적인 가치가 작은 것에서부터 큰 것 순으로 배열해보자. 도수분포도의 왼쪽에서 오른쪽으로 가장 작은 것부터 큰 것까지, 콩푸아의 전체 토지대장상의 가치의 4천분의 1, 2천분의 1, 1천분의 1 그리고 1천분의 2, 1천분의 3, 1천분의 4를 소유한 사람들에서부터 각각 '토지대장상의 총가치', 즉 '콩푸아'의 10분의 1을 차지하는 최고액 타유세 대상자까지.[15] 1502년, 콩푸아의 1천분의 1을 소유한 사람은 자신의 카드, 토지평가액 또는 '콩푸아 목록'(manifeste)에 총 4리브르 12수로 평가된 재산을 가진 사람이다(1502년도 마을의 총평가액인 4,660토지대장 리브르의 1천분의 1). 같은 수준의 사람이 1559년에는 7리브르 2수의 토지평가액을 가지고 있다(7,100리브르의 1천분의 1).

1502년과 1559년의 백분율을 대조함으로써 우리는 비교할 수 있는 것만을 확실히 비교할 수 있다. 이 60년 동안 토지대장 리브르가 인플레이션을 겪었지만(이 인플레이션은 전반적인 물가 상승과 모든 화폐 단위의 가치 하락을 반영한다), 우리는 곡물로 표시된 이 토지의 실질 농업 수입이 거의 늘어나지 않았음을, 다른 자료를 통해 알고 있다. 이는 1502년과 59년 사이에 베지에의 다른 마을들의 경우와 마찬가지다. 개간으로 늘어난 경작 가능 토지는 겨우 10퍼센트 정도다. 포도재배는 잠깐 반짝했을 뿐이다.[16] 1550~60년경, 이 토지의 실질 총수입은 1500~

---

15) 앞의 자료. 흔히 옛날 랑그도크 사람들은 "콩푸아상에 평가된 토지의 토지대장상의 가치"를 말하기 위해 '콩푸아'라는 용어를 사용했다. "콩푸아의 10리브르를 소유하다"(토지대장상의 10리브르의 영지라는 표현이 나오는 것은 이런 이유 때문이다. '콩푸아'라는 말이 이런 의미로 사용될 때 나는 그것을 " "로 묶어놓았다.

16) 개간사업: 토지대장상의 토지는 1535년에는 4,680스테레였고, 1558년에는 4,860스테레였다(베상에 있는 한 서기의 언급으로 1523년의 콩푸아 마지막

10년경의 실질 총수입을 거의 넘어서지 못했다. 따라서 두 세대에 걸쳐 거의 제자리걸음을 한 이 같은 수입이 어떤 비율로 지주들 사이에 분배되었는지 살펴보는 것은 정당하다. 생산은 답보 상태에 있었으므로 우리의 흥미를 끄는 것은 분배다.

도수분포도를 비교해보면, 단절점은 토지대장상의 가치로 마을 전체의 0.6퍼센트(1천분의 6)에 해당하는 소유지에 있다.[17] 가치가 한계점인 0.6퍼센트에 못 미치는 토지들은 내전*이 있기 전인 16세기에 엄청나게 불어났다. 이들 작은 소유지들의 수는 1502년에는 84개였다가 1559년에는 235개로 3배나 불어났다! 전체적으로는 약간(+10퍼센트) 늘어났지만 더 많고 더 작은 소유지로 쪼개진 토지―퍼즐의 위험한 분쇄였다. 반대로 이 임계점을 넘어선, 다시 말해 0.6퍼센트 이상의 좀더 큰 소유지들은 이러한 분할 과정에서 희생당했다. 1502년에는 '큰' 단위가 43개로 파악됐으나, 1559년에는 28개밖에 헤아려지지 않는다. 우리의 처음 연구 대상이었던 레스피냥과는 대조적으로, 여기서는 더 큰 영지들조차도 분할의 칼날을 피하지 못했다. 1502년의 콩푸아에서, 나는 마을 전체 가치의 6퍼센트 또는 그 이상을 소유한 네 명의 고액 타유세 대상자들을 만났다. 그들 네 명에게 4분의 1의 토지가 돌아갔다.

그러나 60년 뒤 이 네 명의 대토지 소유자들 역시 사라져버렸다. 최고액 타유세 대상자는 그의 카테고리에서 단 한 사람인데 마을 전체의 3퍼센트만을 소유했다.

요컨대 1502년에서 59년까지 전체적으로 토지는 거의 불어나지 않은 상태에서 토지 소유자는 두 배, 소토지 소유자들은 세 배로 불어난 것이다. 땅이 공중분해된 것이다.

예외적으로 풍부한 조세 자료를 갖고 있는 퐁테에서는 1500년에서

부분에 덧붙여져 있다). 포도재배에 대해서는 이 책, 제1권, 360쪽을 보라.

17) 면적상으로, 토지의 1천분의 6은 1559년에는 약 6헥타르였다. 베상의 스테레의 가치에 대해서는 Fort, 혁명력 13년, Guibal-Laconquié, 혁명력 7년.

* 1562년 이후의 종교전쟁.

80년까지 토지 분할의 역사를 아주 꼼꼼하게 추적할 수 있다. 자, 1504년을 보자. 오늘날에는 사라진 옛 콩푸아의 아들인 타유세 대장에는 총 2,379토지대장 리브르(이것은 마을의 총 알리브르망이다)가 기록되어 있다. 1505년, 다시 작성된 콩푸아 역시 사라졌지만, 그것의 가장 가까운 자식이라 할 수 있는 1505년의 타유세 대장은 남아 있다. 그것은 방금 전에 작성된 콩푸아에 근거해서 대상자들의 납세액을 정했다.

새로운 총 알리브르망은 2,010토지대장 리브르였다. 이 콩푸아에서 비롯된 타유세 대장들 가운데 1505년의 것(이미 인용했음), 1533, 1539년의 것이 보존되어 있다. 소유권 이전은 잦았지만 아주 잘 기록돼 있다. 카드놀이는 계속되어 카드는 재분배되었지만, 당연히 그러하듯이, 전체 가치는 변함이 없다. 1533년에는 2,017리브르, 1539년에는 2,021리브르였다. 1539년과 43년 사이에 새로운 콩푸아가 만들어졌다. 이때의 총 알리브르망은 1,025토지대장 리브르였다(여기서 잠깐 언급하면, 1540년의 토지대장 리브르는 1505년의 토지대장 리브르의 두 배 가치가 있다. 디플레이션인가? 아니다. 사실 이 마을에서 채택된 단위는 절대 가치로 표현된 완전히 임의적인 것이다. 1505년이나 1540년의 측량기사들에게 단지 중요했던 것은 같은 면적의 땅에서, 좋은 땅, 중간 땅 또는 나쁜 땅 사이의 상대적인 가치의 차이를 측정하고 균형을 잡는 데 그것이 편리했다는 점이었다).

1540년의 콩푸아는 잦은 소유권 변동 때문에 '누더기'기가 되긴 했지만 그래도 살아남았다. 그것의 후손인 수많은 타유세 대장들 가운데 둘은 전혀 손상되지 않은 채 잘 보존되었는데, 1543년과 1581년의 대장이 그것이다. 이렇듯 16세기에 풍부한 일련의 타유세 대장들은 80년(1505~81) 동안의 사회적 변화 과정에 있어서의 각각의 단면을 보여준다.[18]

여기서 두 계열의 비교가 필요하다. 상이한 그룹에 속하는 타유세 대

---

18) An. 23(Fontès).

장들 사이의 비교(백분율 비교), 공통의 눈금을 가진 동일한 그룹에 속하는 타유세 대장들 사이의 비교(토지대장 리브르의 비교). 이는 점검과 확인을 가능하게 해주는 이중 읽기다.

1505년과 33년 사이의 비교는 아주 쉽다. 두 타유세 대장은 동일한 콩푸아의 아들이다. 도수분포도들을 대질하여 얻은 임계점은 30토지대장 리브르('콩푸아'의 1.5퍼센트)다. 이 경계선의 '오른쪽'에서는 폭발로 영지의 숫자가 23에서 18로 감소했다. 가장 큰 영지조차도 이 과정에서 희생당했다. 1505년의 대토지 단위 세 개 가운데 1533년에는 오직 하나만이 남아 그 지위를 유지했다. 반면 20토지대장 리브르*의 임계점 '왼쪽'에서는 급격히 늘어났다. 이 크기의 작은 땅뙈기는 1505년에는 82개이다가 1533년에는 118개가 되었다. 이 시점 이후에도 분할의 경향은 지속되었다. 1543년과 1581년의 타유세 대장을 보라. 둘 다 1540년 콩푸아의 아들이다. 1543~81년에도 토지 와해는 계속되어, 대토지 및 중간 크기의 토지뿐만 아니라 심지어는 이전 세대의 분할 과정에서 혜택을 입은 가장 작은 토지들 가운데 괜찮은 토지들에도 영향을 미쳤다.

사실 임계점은 1505~33년보다 훨씬 낮아졌다. 그것은 이제 토지대장상의 총가치의 1퍼센트가 아니라 0.4퍼센트에 있는데, 1540년 콩푸아에서의 4콩푸아 리브르에 해당한다. 그 같은 임계점을 넘어선 사람들(그들의 숫자는 73명인데, 1543년의 토지평가액이 4토지대장 리브르가 넘은 사람들)은 분할의 피해자가 되었다. 그들의 수는 1581년에 65명밖에 되지 않았다. 거꾸로 1543년에 117명이었던 '영세 타유세 대상자들'(4토지대장 리브르 미만)은 1581년에는 186명으로 늘어났다.

이제 대토지에 대한 세기적인 결산을 해보자. 3세대도 지나지 않아(1505~81) 대토지는 끝장나버렸다. 1505년, 마을의 유지 8명이 토지대장상의 총가치의 3퍼센트 문턱을 넘었다. 그들 8명이 마을 전체 토지

* 30토지대장 리브르의 오식이 아닐까.

의 4분의 1을 차지했다. 그러던 것이 1581년에는 단 한 명만이 이 3퍼센트의 숙명적인 문턱을 넘었다. 그러나 그의 몫은 마을 전체 재산의 20분의 1밖에 되지 않았다. 소단위 경작의 물결이 마을을 뒤덮은 것이다. 대토지는 17세기가 되어서야 힘을 회복한다.

대토지와 중간 크기 토지의 이러한 증발 현상은 일련의 타유세 대장에서 확인된 사실이다. 그것은 또한 가족들의 개인사(個人史)를 통해서도 확인된다. 1504년과 1505년, 앙투안 에브라르와 피에르 페송이라는 마을 유지를 보자. 이들은 둘이서 토지대장상의 가치로 마을 토지의 15퍼센트에 해당하는 토지를 소유했다. 1504년의 타유세 대장에 따르면, 피에르의 토지 재산은 133토지대장 리브르로서 마을 전체의 5.6퍼센트였다(총 2,379토지대장 리브르). 게다가 피에르는 418마리의 염소와 양을 소유했는데, 이는 마을 전체 2,948마리의 14.1퍼센트였다. 피에르는 1505년과 33년 사이에 죽었다.

그의 유산 상속자인 길렘 페송은 1543년의 타유세 대장에 따르면 가족의 지위를 계속 유지했다. 1543년에도 그는 여전히 마을 토지의 5퍼센트(총 알리브르망 1,025리브르 가운데 51토지대장 리브르)를 소유했다. 그러나 그후 길렘은 죽는데, 1581년의 타유세 대장에서는 조상 피에르의 유산이 해체된 것으로 나타난다. 페송의 네 아들 장, 프랑수아, 즈앙 쥔, 앙투안이 케이크를 나눠 먹은 것이다. 장남인 장은 10토지대장 리브르(마을 전체의 1퍼센트), 앙투안은 2토지대장 리브르, 그리고 나머지 둘은 각각 3토지대장 리브르를 받았다. 전체 유산 중 일부가 누락된 것으로 보이는데, 이는 아마 팔렸거나 사위의 손에 넘어간 것으로 보인다. 토지 재산이 파열한 많은 예 가운데 하나다.

16세기, 빌뇌브-레-베지에에서도 분할 추세는 거침없이 진행되었다. 이 시기의 조세 자료는 없다. 그러나 다른 조세 자료들은 150년 사이(1490년의 타유세 대장과 1644년의 콩푸아)의 토지 재산을 정확히 묘사하며 커다란 변화를 부각시킨다.[19] 여기에서의 비교는 장기적인 비교로 등가의 토지대장 리브르로 표기된 공동의 사다리가 없기 때문에 백분율로 이루어졌다.

1490년과 1644년 사이에 아주 강한 도약이 일어났다. 1490년에는 179명이던 타유세 대상자가 1644년에는 515명으로 늘어났다. 그 결과, 분할은 중간 크기의 땅들을 공략했을 뿐만 아니라 대토지들이 주도한 토지 통합 시도를 무산시켰다. 여기서 임계점은 토지대장상의 총가치의 0.8퍼센트다. 1490년에는 43개 소유지가 이 문턱을 넘었다. 그러던 것이 1644년에는 19개뿐이었다. 대토지와 중간 크기 토지 쪽에서 토지 구조의 근간이 무너진 것이다. 그러나 도표의 왼쪽인 '작은 토지들'(도수분포도들을 비교해볼 때, 경험적으로 '토지대장상의 가치의 0.8퍼센트 이하'에 자리 잡은 토지들)에서는 참으로 엄청난 분출이 있었다. '1콩푸아 수'*만을 소유한 소토지 소유자들이 1644년에는 얼마나 복작거리는가! 채원 경작자, 소규모 포도재배자, 작은 전답 경작자들…… 그들의 땅은 노동력을 모두 소화시킬 수 없었을뿐더러 자녀들을 먹여 살릴 수도 없는 땅이어서, 재산이 많은 다른 농가에 품을 팔아야 할 형편이었다. 1490년에는 136명이던 영세 지주들(0.8퍼센트 이하)이 1644년에는 488명에 이르렀다. 토지의 민주화인가? 아마 그럴지도 모른다. 그 같은 현상은 대토지들이 늘어나는 1650년 이후에는 중단된다. 그러나 이 민주화는 어느 정도의 무산계급화를 동반했다. 왜냐하면 베지에의 나머지 모든 지역에서 그랬던 것처럼 여기에서도 수적으로 세 배나 늘어난 사람들이 조금 늘어난 농업 소득을 나누는 바람에 분배가 더욱 악화되었기 때문이다.

분할지들의 압축

이제까지 나는 가난한 사람들에게 가장 이로운 가정에 머물러 있었다. 그것은 분할이 일방적으로 진행되었다는 가정, 민주화라는 것이 토

---

19) An. 23(Villeneuve).

* 콩푸아상에 표시된 수(sou).

지를 전염시켰다는 가정이다.

그러나 이 같은 가정은 소수의 경우에만 유효하다. 좀더 일반적으로 보면, 언제나 강력했고 어디서나 확인되는 이 분할 과정은 상대적으로 아주 좁은 면적에 제한적으로 나타났다. 중간 크기의 땅들을 희생시키면서 진행될 때는 유효하다가 재산으로 무장한 단단한 땅을 만나면, 확장 중에 있는 대토지 덩어리와 만나면, 힘을 상실하고 무너져내렸다.

생-길렘-르-데제르의 경우, 비약적인 발전의 시기를 폭넓게 포함하고 있는 1442년과 1570년의 타유세 대장을 비교하는 것은 매우 유익하다.[20] 1442년에는 타유세 대상자가 115명이던 것이 1486년에는 125명으로, 1570년에는 210명으로 늘어났다. 이 같은 비교를 통해 즉시 '임계점'이 도출된다. 그것은 마을 전체의 0.8퍼센트다.

다시 말하면 1442년에는 321리브르 가운데 2.6리브르이며, 1570년에는 84리브르 16수 가운데 0.68리브르다. 이 문턱의 바로 아래에 '작은 토지들'의 카테고리인 증식의 카테고리가 자리 잡는다. 이러한 토지들을 'a형 토지'(a는 0.8퍼센트 이하)라고 명명하자. 그들의 수는 자크 쾨르 시대에 68명이었다. 그러던 것이 종교전쟁 초기에는 169명으로 늘어났다. 반대로 'b형 토지'인 상층 카테고리(b형의 토지평가액은 토지대장상의 가치의 0.8퍼센트에서 5퍼센트에 해당한다. 더 간단히 말하면 0.7퍼센트〈 b≤5퍼센트)에서는, 하층 카테고리에서의 영세 토지 단위들의 분할과 구성에 대한 보상으로 타유세 대상자의 수가 줄어들었다. b형 토지는 1442년에는 47명이다가 1570년에는 38명이 되었다. 중간 크기 토지의 퇴조다.

그러나 이 분할 과정이 토지의 민주화를 의미하는 것은 아니다. 왜냐하면 큰 토지들은 분할은커녕 오히려 그 세력을 더욱 확장했기 때문이다. 1442년에는 어떤 토지도 토지대장상의 가치로 마을 전체의 5퍼센트를 넘지 않았다. 그런데 1542년의 도표에는 텅 비어 있던 이 범주(우리

20) An. 23(Saint-Guilhem).

는 이 범주를 c 범주로 명명한다. c 〉 5퍼센트)에 조금씩 사람이 들어왔다. 1570년에는 각자 토지대장의 5퍼센트 이상을 소유한 고액 타유세 대상자가 세 명이었다. 첫 번째 사람인 마르틸리올로는 신참자로서 마을의 84리브르 가운데 14리브르를 차지했다. 두 번째 사람(84리브르 가운데 7리브르 10수)인 보르보가는 조상이 이미 1486년의 타유세 대장에 중간 크기 토지 소유 지주(그의 토지평가액은 1486년 마을의 세액 총액인 37리브르 10수 가운데 1리브르 2수였다)로 올랐던 사람이다. 세 번째 사람인 귀는 15세기 이래 꾸준히 신분 상승한 구(舊)가문의 사람이었다. 사실 이 이름을 가진 두 사람은 1398년의 콩푸아에서는 영세 타유세 대상자(각각 총 47리브르 가운데 0리브르 4수와 0리브르 1수)였다. 1442년에 세 명의 귀가 나타나는데, 이 가운데 두 명은 가장 부자는 아니라도 중간층의 유복한 지주(그들의 토지평가액은 마을 전체 321리브르 가운데 3리브르 19수와 6리브르였다)로 분류된다. 1486년에 이미 피에르 귀와 앙투안 귀는 마을에서 가장 큰 영지를 공동 소유했다(총 37리브르 10수 가운데 6리브르의 토지평가액). 마지막으로, 그들의 유일한 상속자인 귀는 1570년에 혼자서 그 큰 영지(총 85리브르 중 10리브르의 토지평가액)를 소유했다.

이 본당 사목구의 세 유지는 모두 평민이었으며, 그중 한 명은 새로운 인물이었다. 마르틸리올로, 귀, 보르보가는 생-길렘으로 순례를 떠난 사람들 덕분에 부자가 된 상인인가 아니면 농민인가? 술집 주인인가? 아니면 수도원의 차지농인가? 그것을 알 수는 없다. 다만 확실한 것은 그들 셋의 토지평가액이 마을 전체 액수인 85리브르 가운데 32리브르였다는 사실이다. 그들 셋이서 마을 전체의 37퍼센트를 소유했던 것이다. 1442년과의 차이는 뚜렷하다. 그때만 해도 이 같은 대토지는 형성되지 않았으며 개인당 토지평가액이 마을 전체의 1~2퍼센트 정도인 중간 크기의 지주들이 지배적이었다.[21)]

---

21) 같은 자료.

국지적 결산. 어디서나 그렇듯이 15세기의 옛 구조들은 모래알 같은 소지주들의 출현으로 파열되었다. 그러나 더 특별한 사실은 토지의 3분의 1 이상이 몇몇 대토지로 통합되었고, 이들 대토지들은 작은 땅뙈기의 '주인들'에게 일거리와 임금을 지급하게 되었다는 점이다.

세리냥에서의 연대적인 진행 과정은 더 복잡하다.[22] 그러나 최종 결과는 아주 유사하다. 1453년의 타유세 대장에는 125명의 타유세 대상자가 있다. 그리고 두 개의 콩푸아가 있는데, 1521년의 콩푸아에는 207명의 타유세 대상자가 있고, 1550년의 콩푸아에는 268명이 있다. 베지에 지방에서 뚜렷이 나타난 인구 팽창을 확인하는 것이다. 그러나 토지 구조의 변화를 통해 유추할 수 있는 사회적 변화는 훨씬 덜 동질적이다. 처음에는 모든 것이 아주 민주적으로 진행되었다. 인구 과소 시대인 1453년에서 출발해보자. 지주들은 꽤 넓은 땅을 소유했다. 4명의 대토지 소유자 가운데 2명이 각각 마을 전체 토지의 5퍼센트를 소유했다. 그들 4명이 차지한 토지는 전체의 4분의 1이었다. 그들은 소택지에서 대규모 목축을 했다. 그들 4명 가운데 한 명은 800마리의 양, 105마리의 축우, 노새 한 마리, 30마리의 말에다 마차 한 대와 압착기 하나를 가지고 있었다. 4명 가운데 한 명은 부르주아인 장 코르부아다(14콩푸아 플로린 또는 마을 전체의 5.6퍼센트). 칭호가 없었던 나머지 3명은 부농일 듯싶다.

넉넉한 타유세 대상자들(그러나 위의 4명의 타유세 대상자 수준에는 못 미치는) 가운데 몇몇은 '수륙양서류'다. 그중 한 사람은 5콩푸아 플로린(전체 토지 가치의 2퍼센트)의 땅을 소유했으며, 가축으로는 700마리의 양, 14마리의 살찐 가축들, 수말 한 마리(그리고 마차 한 대……)를 소유했다. 그뿐만 아니라 배 3척, 큰 그물 2개, 작은 그물 1개에다가 곤돌라 한 척까지 가지고 있다. 소떼를 못 가까이 끌고 가서 목축을 하는가 하면 물위에 배를 띄워놓고 고기를 낚기도 하던 이 사람은

22) An. 23(Sérignan).

위험을 두 개의 바구니에 나눠 담는 양다리 걸치기를 했다.

균형 잡힌 구조는 16세기에 불어온 성장의 거센 바람에 무너졌다. 어디에서나 마찬가지로 초기에는 소농들에게 유리한 쪽으로 분할이 진행되었다. 왜냐하면 대토지—1453년의 4개의 대영지—는 해체되고, 부서지고, 사라졌기 때문이다. 1521년, 최고액 타유세 대상자는 마을 전체의 4퍼센트를 겨우 차지했을 뿐이다. 이는 상속지 분할 풍조와 함께 자연스럽게 끼어든 일종의 농지 개혁이었다. 큰 토지들의 파열로 마을 전체의 20분의 1, 즉 5퍼센트도 안 되는 많은 소토지가 등장하여 기존의 5퍼센트 범주에 덧붙여졌다. 농민들, 어부들, 포도재배자들의 민주주의가 조그만 항구 주변으로 번져나갔다.

다음 세대—이들의 토지 결산표는 1550년의 콩푸아에 기록되었다—는 이전 세대보다 훨씬 혜택을 누리지 못했다. 물론 인구 증가는 계속되었다. 그리고 소토지는 수도 늘고 사회적 비중도 높아졌지만 실질적인 경제적 중요성에서는 그렇지 않았다. 왜냐하면 이제 분할은 극히 낮은 단계에서 진행되었기 때문이다. 1520년과 50년 사이에는 1450~1520년처럼 5퍼센트(마을 전체의 20분의 1)가 아니라, 0.2퍼센트(즉 마을 전체의 1천분의 2) 이하에서 진행되었다. 이 영세 지주(0.2퍼센트 미만)들은 1521년에는 77명이다가 1550년에는 149명으로 불어났다. 이제 그들을 과연 지주라는 이름으로 불러도 괜찮을지 의심스러울 정도로 그들이 소유한 땅뙈기가 작아졌다. 이전 세대의 합리적인 분할은 끝난 것이다.

토지의 0.2퍼센트와 5퍼센트 사이에 있는(0.2퍼센트 〈 x 〈 5퍼센트) '합리적인' 카테고리는 1450~1520년 사이에 대토지들의 유해(遺骸) 덕분에 부유해졌고 수적으로도 늘었다. 그러나 1520년 이후부터는 이때까지 그 카테고리의 발전을 확실하게 해준 동일한 과정에 의해 희생당했다. 분할은 마침내 제 살을 깎아먹는 지경에 이르러, 1450~1520년 사이에 형성된 토지 단위는 다음 세대에는 토지의 끝없는 분쇄 과정과 인구 증가에 희생되었다. 간단히 말해 '0.2퍼센트~5퍼센트'의 카테고리는 1500년경에는 번성했지만, 1521년에서 50년 사이에 완전히 파산하고 말았다. 30년 사이에 34단위가 줄었다. 매년 중간 크기 토지가 하나씩 없어진 것이다.

이 마을에는 믿을 수 없는 분할을 증명하는 텍스트가 또 있다. 1550년에 뒤랑 루르는 면적은 4분의 1카르트, 가치는 1콩푸아 수(sou)에 불과한 자기의 유일 재산인 조그만 채원을 분할해서 네 명의 자녀, 길렘, 잔, 뒤랑, 카타린 루르에게 나눠 주었다. 각자의 몫은 4분의 1카르트의 4분의 1, 즉 3콩푸아 드니에였다![23]

그러나 분할된 토지들이 작은 덩어리로 압축되어 있는 것은 인구의 급증 외에 다른 이유로도 설명된다. 왜냐하면 1520년에서 50년 사이의 도수분포도의 오른쪽을 보면 대영지('마을 유지')의 증가를 응결되고 있는 성운처럼 확인할 수 있기 때문이다. 1520년에는 이 같은 대규모 농가가 없었으나, 1550년이 되면 그 하나로도 전체 토지 가치의 15퍼센트 가까이를 차지한다. 이는 (총 2,500토지대장 리브르 가운데) 353콩푸아 리브르다.

여기서 중간 크기 토지는 두 전선에서 공격을 당했다. 왼쪽에서는 분할로 해체되었고, 오른쪽에서는 토지 통합자들에게 덥석 물린 것이다.

1460년과 1570년 사이에 인구 폭발의 영향을 받은 에로 지방의 마을 지냐크에서, 2개의 타유세 대장은 팽창의 마지막 세대인 1540~70년 세대의 토지 소유 구조를 상세히 연구할 수 있도록 해준다. 사실, 1534년의 콩푸아는 일련의 모든 타유세 대장뿐만 아니라 심지어는 그다음 콩푸아인 1595년 콩푸아의 모태가 되었다.[24] 이 타유세 대장들은 1534년 콩푸아의 여백에 기록된 소유권 이전 사항을 고려하여 업데이트된 것으로, 1541년(471명의 타유세 대상자들)과 1572년(627명의 타유세 대상자들[25])의 것이 남아 있다. 동일 가계에 속하는 이 두 자료는 1534년의

---

23) AC Sérignan, CCI, 1550년의 콩푸아, f° 260: 고유명사(Roure)의 철자는 확실하지 않다. An. 23.

24) 이것은 엄청난 기록이다, AC Ginac, CC 6으로 분류.

콩푸아를 제작한 이후 7년과 38년 만에 재정비한 것이다. 총 알리브르 망은 1541년 2,880리브르, 1572년 3,111리브르로 거의 변함이 없다. 약간 늘어난 것은 1541년 이후 개간된 토지의 측량과 평가 때문이다.

이 자료들을 근거로 작성된 두 도수분포도는 16세기 말에 인구가 거의 3천 명에 달한 아주 큰 농촌 마을과 관계된 것이기에 더욱 흥미롭다. 우리는 여기서 토지평가액의 '많은 수'를 가지고는 아니라 할지라도 적어도 꽤 광범위한 통계적 표본을 가지고 검토해보려 한다.

도수분포도를 비교해보면 이보다 작은 다른 마을들에서 이미 확인된 토지 소유 구조의 변화에서 두 가지 독특한 단절이 드러난다. 작은 땅뙈기들에서 큰 농가에 이르기까지 소유지들은 0리브르 0수 1드니에에서 110콩푸아 리브르에 이르기까지 늘어서 있다.

첫 번째 임계점은 15토지대장 리브르에 있다. 이보다 토지평가액이 낮은 토지들(15토지대장 리브르 미만)은 급증한다.

15토지대장 리브르 미만의 평가액

연 대	타유세(토지세) 대상자의 수	이 카테고리에 속한 토지평가액 총액
1541	414	1319리브르
1572	587	1947리브르

반대로 14에서 45토지대장 리브르 사이의 토지 소유 구조는 압박을 당하면서 마이너스 파동을 그린다. 토지세 대상자 수가 내려간 것이다. 1,276토지대장 리브르(1541)를 부담한 53명의 타유세 대상자가, 792 토지대장 리브르(1572)를 부담한 35명의 타유세 대상자로 줄었다. 중간 크기 토지소유자들의 카테고리는 한편으로는 작은 땅 덩어리로 흐트

25) AC Gignac, CC 33, 1541년의 타유세 대장('베지에 교구'의 주둔지에 있는 무장군인들과 보병들을 위한 특별 세금); CC 34: 1572년의 타유세 대장. An. 23(Gignac) 참조.

러지고 다른 한편으로는 더 큰 토지 단위들로 통합되면서 형편없이 쪼그라든 것이다. 45토지대장 리브르 이상, 그리고 도수분포도의 오른쪽 끝(최대 토지평가액은 110토지대장 리브르)까지의 대토지들은 분할을 이겨냈다. 오히려 수에 있어서나 크기에 있어서나 늘어났다. 1541년에는 4명의 타유세 대상자가 285토지대장 리브르, 1572년에는 5명의 타유세 대상자가 372토지대장 리브르를 부담했다.

물론 부자들의 약진은 제한적이었다. 1572년, 이 상위 카테고리(45토지대장 리브르에서 110토지대장 리브르까지)는 상대가치로 환산할 때 마을 전체의 12퍼센트만을 차지했을 뿐이다. 그러나 이렇게 늘어난 안정적인 대영지들은 분할이 진행되는 공간을 제한하고 농촌 인구 압력이 미치는 토지 공간을 압축하는 완충지대 역할을 했다.

왜냐하면 지냐크의 자료를 보면 분할 사례가 넘쳐났기 때문이다. 예를 들면 위크 가족이 있다. 1541년 그들은 둘이었다. 라몽과 아르망은 각각 '콩푸아'의 6리브르 4수와 7리브르 17수를 소유했다. 이처럼 처음에 두 개였던 위크의 재산은 1572년에 4개로 나뉘면서 훨씬 작아졌다. 1534년 콩푸아의 여백에 기입된 토지 소유권 이전에 관한 사항들, 갈겨썼다 지운 흔적들은 1534년 이후에 발생한 내용을 기록한 것인데, 상속지의 수많은 '유사(有絲)분열'을 암시해준다. 집터의 반, 올리브밭의 반, 포도밭의 반, 밭의 3분의 1……, 밭의 4분의 1, 목초지의 4분의 1, 작은 올리브밭의 4분의 1……[26] 이러한 분할 과정에서 제석 작업 중에 나온 돌로 가운데에 쌓은 돌담은 공격적인 재산권의 상징으로서 버섯처럼 자라났다. 이미 더 나눌 수 없을 정도로 작은 밭뙈기들도 수가 늘어나면서 더 작아지고 오그라들었다. 1534년과 1596년에 각각 밭 400개를 대상으로 실시된 대규모 조사는 영세 잡동사니 밭들이 16세기 초의 넉넉한 밭들을 대체했음을 보여준다.

---

26) AC Gignac, CC 6, 1534년, f°s 48, 158, 228, 384 r°, 389 r°, 571, 577 r°와 v°, 578 r°와 여러 곳.

이 자료들을 보면 토지 구조의 중앙이 파여 있고, 중간 크기 땅들의 희생 위에 소토지와 대토지가 번성한 것을 알 수 있다. 이러한 현상은 산기슭과 황야 마을인 루장에서도 1525년의 타유세 대장과 1604년의 콩푸아의 비교를 통해서 확인된다.[27] 그것은 또한 인구 급증이 특히 두드러졌던 네피에에서도 확인된다.[28] 이 마을에서는 타유세 대상자 수가 1535년에는 97명이었다가 1624년에는 233명으로 배 이상 불어났다. 그러나 토지평가액이 마을 전체 토지평가액의 1퍼센트(이 지방의 임계점)에 미치지 못하는 영세 지주의 수는 1535년에는 60명에서 1624년에는 208명으로 세 배 이상 불어났다. 반대로 이 1퍼센트의 경계선 위에 있는 안락한 사람들에게 16세기의 인구 급증은 지푸라기 쪼가리나 작은 땅뙈기만을 남길 뿐 모든 것을 휩쓸어간 대재난이었다. 1535년, 그들의 수는 37명으로 비교적 많은 편이었다. 그들은 각자 1퍼센트 이상을 소유했는데 그들 가운데 몇몇은 2~3퍼센트를 소유했다. 가장 큰 토지를 소유한 사람(본당 사목구의 유지)은 7리브르 5수의 세금을 냈는데, 그 액수는 마을 전체 토지평가액의 4퍼센트였다. 1624년, 이 카테고리는 강력한 분할에 희생되어 대부분 사라졌다. 3퍼센트나 4퍼센트의 카테고리에는 이제 하나도 없다. 2퍼센트의 카테고리에는 넷만 남아 있는데, 1535년에는 8개였다. 재산들은 상속지 분할에 희생당했다.

그뿐만 아니라 그것은, 1624년의 도수분포도 오른쪽에 나타나듯이, 대영지의 구성에 의해서도 희생당했다. 물론 그것은 유일한 것이기는 했지만 비교적 넓은 것이었다. 그것은 16세기의 가장 넓은 토지보다 더 넓었다. 귀족의 수중에 들어간(그렇지만 타유세 대상자였다) 토지는 1624년에 마을 전체 토지의 5.2퍼센트를 차지했다(1624년 마을 전체 576리브르 가운데 30리브르의 토지평가액). 여기에서도 그것은 분할이 협소한 땅에서만 진행되도록 완충지 역할을 했다. 그리하여 확장에 제

27) An. 23(Roujan).

28) An. 23(Neffiès).

동이 걸린 분할은 더욱 집약적이 되었다.

종셀에서는, 두 콩푸아(1537년과 1651년)가 근대의 첫 번째 인구 증가를 분명히 보여준다. 이곳의 인구 증가는 대단치 않았다. 타유세 대상자 수는 1537년에 164명이었다가 1651년에는 199명으로 늘어났다. 종셀은 에스캉도르그 산의 척박한 땅에 자리 잡고 있기 때문이다. 두 콩푸아에서 포도밭은 대단히 적은데, 두 번째 콩푸아에는 첫 번째 콩푸아보다 더 적다.[29] 미개간지는 많았고 인구밀도는 높지 않았다. 1537년에서 1651년까지 헥타르당 소득의 실질적인 증가는 없었다. 인구는 흩어져 있었는데, 그중 소수의 사람들이 마을에서 살았을 뿐 대다수는 벽촌의 농가에 흩어져 살았다. 작은 부락 또는 대규모 목축 농장에서. 이 고장은 특별한 흥미를 불러일으킨다. 이때까지 우리는 인구 증가와 분할 현상이 지중해 유형의 집단 거주지에 미친 현상만을 살펴보았다. 그러나 이곳의 지리적 구조는 다르다. 이곳은 이미 중앙 산악 지대의 차가운 땅과 대규모 목축 지대의 특징이 나타나는 분산 거주지인 것이다.

그런데 사회적 변화는 아주 유사하여, 여기서도 우리는 다른 곳에서와 마찬가지로 분할—통합의 이항식을 보게 된다. 폭발 과정은 특히 벽촌 지역에 영향을 미쳤다. 외딴 농가는 극단적인 경우다. 이곳은 원(原)가족의 분할에 의해 옛날의 지주—경작자의 후손들이 모여 사는 촌락으로 변했다. 라 블라퀴에르 농가의 경우가 그렇다. 1537년의 콩푸아에 따르면 이 농가는 종셀에서 가장 넓은 농장으로서 30콩푸아 리브르, 즉 피나주의 3.6퍼센트(총 838토지대장 리브르 가운데)를 차지했다. 거주하고 있던 지주는 갈라브라라는 사람이었다. 한 세기 뒤인 프롱드 난의 시기에도 라 블라퀴에르 농가의 토지는 변함이 없다. 땅은 여전히 마을 전체 토지의 3.6퍼센트를 점했다(1651년 종셀의 총 알리브르망 655토지대장 리브르 가운데 24리브르). 그러나 사회적인 폭발은 대단했다.

---

29) 에스캉도르그 산기슭에 있는 포도밭의 오랜 침체에 대해서는 Appolis, 1951, 418쪽을 보라. 이 종셀 마을과 관계된 모든 것은 An. 23(Joncels) 참조.

한 사람의 주인이 네 명의 거주 경작 지주로 바뀌었다. 하나뿐이던 대농가가 여러 명의 소경작자의 촌락으로 바뀌었다. 커다란 원(原)세포의 이 같은 분열은 여러 세대에 걸쳐 일어났다. 1615년의 4명의 지주——기욤의 아들인 피에르 갈라브룅은 5콩푸아 리브르, 베르토미외의 아들인 피에르 갈라브룅은 6콩푸아 리브르, 자크 갈라브룅은 5리브르 10수, 장 로크피올은 6리브르 10수——가운데 세 명은 1537년경의 유일한 주인이었던 길렘 갈라브룅의 후손이다. 그는 그의 후손들보다 네 배는 부유했다. 여기서 분할 상속, 인구 증가 그리고 토지 세분화의 효과가 결합하여 나타났음이 분명하다.

1537년, 종셀에 있는 에스카비엘 농가의 유일한 소유자인 길렘 노가레는 2리브르 10수(피나주의 총 알리브르망 가운데 0.3퍼센트)를 소유했다. 1651년, 이제는 노가레 농가라고 이름이 붙은 이 농가에서 나는 적어도 다섯 명의 가족 구성원을 확인했다. 그들은 자크, 기욤, 장 그리고 직계 상속인들인 피에르 노가레다(이 둘은 프레레슈를 이루었다). 이들 4명의 토지평가액은 극히 미미해서 각각 0리브르 5수로 1651년의 알리브르망 가운데 0.04퍼센트를 차지했을 뿐이다. 그러니까 노가레 가족은 조상의 땅에서 바글거리고 살았던 것이다. 그리고 그 구성원들은 서로 땅을 나눠 가진 결과로 가난해지고 지위가 떨어졌다. 가족 구성원의 증가로 벽촌 농가가 콩가루가 된 것이다. 라 플레시에르 농가도 마찬가지다. 1537년 2명의 타유세 대상자가 확인된다. 그들은 각각 15콩푸아 리브르, 즉 마을 전체 토지의 1.8퍼센트(또는 둘이서 3.6퍼센트)를 소유했다. 그러던 것이 1651년에 이르면 이 농가의 지주, 타유세 대상자는 6명이다. 6명 중 가장 큰 지주가 8리브르(마을 전체 토지의 1.2퍼센트)밖에 소유하지 못했다. 6명에 대해 대표성을 가지는 중간 토지평가액은 콩푸아의 0.15퍼센트인 1리브르로 떨어졌다. 가리 농가도 사정은 마찬가지다. 여기서는 최고액 타유세 대상자가 7리브르 10수로서 1537년에 콩푸아의 1퍼센트 정도였다. 1651년 가리 농가의 최고액 타유세 대상자는 겨우 2리브르로 0.3퍼센트였다. 16세기 초에 개간된 것으로 보이는 누(Nou) 농가의 경우, 1537년에는 2명의 타유세 대상자가 있었는데, 본당 사목구의 평균에 비해 괜찮은 편이었다. 종셀의 전체 토지 가운데 1퍼센트에 해당하는 7리브르와 9리브르였다. 그러나 1651년에, 누 농가의 타유세 대상자는 5명이며, 1537년의 조상에 비해 훨씬 가난했다. 이들 가운데 가장 높은 토지평가액은 겨우 2리브르(1651년의 전체 알리브르망 가운데 0.3퍼센트)였고, 중간 토지평가액은 1리브르 15수(0.26퍼센트)였다.

외딴 농가의 특수한 경우들. 우리는 이 같은 사례를 소토지의 증가, 중간 크기 토지의 증발, 몇몇 대토지의 부상이라는 세 가지 특징을 지닌 종셀 마을의 전반적인 변화 속에서 살펴보아야 할 것이다.

소토지의 증가. 도수분포도들의 비교를 통해서 임계점은 마을 전체 토지평가액의 0.09퍼센트(1537년의 15수, 1651년의 0리브르 11수 8드니에)에 있다. 이 한도 아래에서는 작은 토지평가액 토지가 엄청나게 늘어났다. 1537년에 비해 1651년에는 이 카테고리에서 43개가 더 확인된다.

중간 크기 토지(요먼)의 증발 현상은 도수분포도의 중앙 부근, 즉 콩푸아의 0.09퍼센트와 3.5퍼센트 사이에서 일어났다. 1537년에 비해 1651년에는 중간 크기 토지 가운데 9개가 사라졌다. 중간 크기 토지들은 아마 분할로 희생됐을 테지만, 또한 몇몇 대토지에 통합됨으로써도 희생당했다. 1537년에는 앞에서 언급한 길렘 갈라브라의 영지만이 전체 토지의 3.5퍼센트를 넘었다. 이는 관할 구역 내에서는 기록적인 수치다. 그러다가 그것도 작은 땅뙈기들로 분해되었다. 갈라브라 농가는 하나의 마을이 되었다. 그러나 이렇게 잠식당했지만 '3.5퍼센트를 초과하는' 카테고리는 늘어났다. 1651년에는 두 영지(1537년에는 하나였는데)가 마을 전체 토지평가액의 3.5퍼센트를 초과했다. 이 두 토지 통합자 가운데 한 명은 술랑 농가의 농민이고(1651년 24리브르), 다른 한 명은 종셀의 영주인 테장이었다(1651년 29리브르). 1651년에 '3.5퍼센트를 초과하는' 상위 범주는 전체 655리브르 가운데 53리브르를 차지했는데, 이는 전체 토지의 거의 10분의 1이었다. 반면 1537년에는 그들이 차지하는 몫이 20분의 1도 못 되었다. 대단한 집중화라고 할 수는 없지만 어쨌든 상당한 것이었다. 그것은 1651년 도수분포도의 다른 쪽 끝에서 일어난 분할과 짝을 이루면서 중간 크기 토지의 쇠퇴에 마침표를 찍었다.

에로 지방의 평원에 있는 몽타냐크는 오늘날에는 대단위 포도재배지다. 그런데 16세기와 17세기에 몽타냐크는 비옥한 경작지였으며 중앙 산악 지대의 상인들이 즐겨 찾던 큰 시장이었다. 몽타냐크의 1520~21년 타유세 대장과 1660년의 콩푸아는 장기적인 증가 추세뿐만 아니라 토지 소유 구조의 양극화 현상을 잘 보여준다.

1521년의 타유세 대상자는 331명이었다. 160년 뒤인, 1660년의 콩푸아 원본은 타유세 대상자를 499명으로 조사해놓았다. 프랑수아 1세의 호시절과 루이 14세의 즉위 사이에 늘어난 토지세 납세자들 속에는 농민과 농업 노동자 외에 장인들도 많이 포함되어 있다. 구두 제조공, 대장장이, 노새 몰이꾼, 통 제조공, 마구 제조인, 모자 제조인…… 이들이 만든 모자는 리옹에까지 수출되었다.[30)]

분할의 물결과 함께 근대에 토지 소유의 민주화가 뿌리 내렸다. 토지의 운명이 갈리는 임계점은 도수분포도를 비교해보면 마을의 알리브르망의 0.26퍼센트에 있다.[31)] 콩푸아의 이 비율에 못 미치는 가치의 토지는 1520년에는 218개이던 것이 1660년에는 422개로 늘어났다. 분할 과정에서 이보다 넓은 땅들도 희생되었다. 이 카테고리(마을 전체의 0.26~8퍼센트)에서 토지세 대상 토지의 수는 1520년에 105에서 1660년에는 76으로 떨어졌다. 그리고 우리는 이러한 분할의 거센 파도를 면한 대토지의 전형적인 사례를 확인했다. 대토지는 오히려 확장의 길을

30) 이 책, 제1권, 238쪽(정기시); Platter, 1892(모자의 수출); 몽타냐크의 토지사(土地史)에 대해서는 An. 23(Montagnac) 참조.

31) 1520년 총 380리브르의 과세기준 가운데 1리브르; 1660년 콩푸아의 7,600리브르(토지대장) 가운데 20리브르.

걸었다. 사실 도수분포도의 오른쪽에 있으며 마을 전체 토지의 8퍼센트 이상을 소유한 행복한 카테고리에 속하는 사람은 1520년에는 한 명도 없었다.[32] 당시의 토지 소유 구조는 매우 느슨했지만 전혀 과두적이지 않았던 것이다. 그런데 1660년에는 도포의 이 칸(8퍼센트 이상)에 한 칭호 보유자가 들어오는데, '성'에 거주하는 그는 과장된 칭호를 가진 인물이었다. "플로라크와 여러 곳의 남작이며 영주이고 프랑스와 몽펠리에 조세구의 재무관인 장 드 미르망 경." 그는 농경지, 목초지, 포도밭, 올리브 재배지, 건물 등 마을 전체 토지 7,600리브르 가운데 600리브르를 소유했다. 그는 재무관으로서 활동하고 국가의 돈을 잘 굴려 장만한 돈으로 영지를 구입한 것이다. 그는 납세자들의 돈을 잘 관리하여 몽타냐크의 땅을 샀으며, 그의 가족은 낡은 시골풍의 매력적인 루이 13세식 계단을 만들었는데, 그것은 현재 몽펠리에 미르망 호텔의 정원에 있다.

*

10개 지방에 대한 세부 연구는 지루하기는 하지만 불가피하다. 연구의 결과, 어디에나 나타나는 공통분모가 있다. 맨 아래에서는 넘실거리는 파도 같은 분할이 진행되어, 상속지의 분할이라는 불가항력적인 움직임 속에서 토지를 분해했다. 그런 다음, 다소 온건한 두 번째 현상이 진행되었는데, 대영지로의 토지 집중이다. 그러나 이 현상은 자주 나타나기는 했지만 어디에서나 나타나지는 않았다. 희생자는 중간 크기 토지였다. 그것은 어느 곳에서나 분할도 분해되었으며, 어떤 곳에서는 토지 통합자들의 취득으로 해체되었다.

두 번째 현상인 자본주의적인 토지 통합은 하나도 신비스러울 것이

---

32) 1520년의 380리브르 가운데 30리브르; 1660년의 7,600리브르 가운데 600리브르.

없다. 프랑스 안팎에서 수십 명의 연구자들이 그것을 분명히 밝혀놓았기 때문이다. 물론 마르크 블로크가 있다. 그러나 그밖에도 부르고뉴에 대해서는 루프넬, 푸아투에 대해서는 라보, 드비엥, 메를, 파리 지역에 대해서는 베나르와 자카르가 연구했다.

통합자들은 누구인가? 물가 상승으로 부자가 된 부르주아들인가?[33] 유산을 불리지 못해 안달하던 영주들인가?[34] 베나르가 일-드-프랑스의 경우에 강조한 관료 계급인가? 랑그도크에서는 이 모든 사회 집단이 16세기부터 이미 준비되어 있었다. 토지가 몽펠리에 같은 사법 도시에 가까운 근교에 있고 비옥하면 그들의 공세, 특히 법관들과 재무관들의 공세는 특히 공격적이었다. 나는 평원 마을(라트)에서 그러한 사실을 증명해보인 바 있다.[35] 위에서 상세히 소개한 콩푸아 자료들은 종셀의 테장 경이나 몽타냐크의 미르망 영주처럼 왕실 재정에 관여한 귀족들의 행동을 잘 보여준다.

그렇지만 이들 두 영주는 17세기와 더 깊은 관계가 있다. 그리고 그들의 행동 자체도 제한적이었다. 왜냐하면 그것은 도시 근교에서 일어나지 않았기 때문이다. 귀족 자본과 조세 자본으로 무장된 테장과 미르망 같은 토지 통합자들은 마을 전체 토지의 3퍼센트 내지 8퍼센트밖에 차지하지 못했다. 그들은 같은 시기에 부르고뉴, 푸아투, 브리 또는 잉글랜드에서 이루어진 엄청난 토지 통합(영주의 또는 부르주아의)에는 미치지 못했다.

사실 이 장에서 16세기의 자료만으로 국한한다면, 우리는 농민 출신 마을 유지들의 역할을 강조할 수밖에 없다. 이미 살펴보았듯이, 생-길렘-르-데제르에서 토지 통합은 부유한 지주일 뿐인 비세크 드 라퀴드 같은 영주들이 아니라 보르보가, 마르틸리올로, 귀 같은 아무런 귀족 칭호를 갖지 못한 평민들의 일이었다. 세리냥, 루장, 지냐크에서도 마찬가

---

33) Raveau, 1926.

34) Merle, 1958.

35) Le Roy Ladurie, 1957.

지였다. 도수분포도의 오른쪽에 있는 토지 통합자들은 그 지방 '가문' 출신의 부르주아들도 아니었다. 만일 부르주아들이었다면, 그들은 비록 귀족에 붙는 소사*는 아니더라도 노블(noble), 메스트르(Mestre), 무셍(Moussen), 몽시외르(Monsieur) 같은 칭호는 부여받았을 것이다. 콩푸아는 그런 호칭에 결코 인색하지 않았기 때문이다. 이들 마을의 신흥 부자들은 졸부여서, 그들의 신에는 여전히 흙이 붙어 있었다. 그들은 부유한 농민이거나 농촌 상인이었던 것이다.

이는 랑그도크나 지중해권에만 해당하는 국지적 현상인가? 자유 보유지와 소액 토지세 납부 소작지로 이루어진 랑그도크의 토지 구조는, 귀족이 토지와 인간을 더욱 확실하게 장악한 프랑스 서부의 토지보다 농민들의 상승에 유리했을 것이다. 그러나 좀더 일반적인 이유가 있다. 다음에 살펴보겠지만, 16세기의 경제 성장은 농민에게 이롭게 작용했다. 그것은 도시의 부르주아지와는 분명히 구분되는 투박한 농촌 부르주아지의 상승을 자극했다. 이렇게 해서 농민 분화가 생겨났다. 소수의 마을 유지들은 경작 이익과 영지의 확장을 통해 부자가 되었다. 대다수는 보유지 분할 때문에 빈곤의 나락으로 떨어졌다.

그러니 16세기 이 지방의 가장 중요한 현상인 분할로 되돌아가지 않을 수 없다. 그것은 토지 통합(랑그도크 지방에서는 1630년이나 1680년 이후에야 우세해진다)이라는 반대 현상보다 사회적으로 훨씬 집단적이고 보편적 현상이었다. 농업 자본주의의 기원에 대해 관심이 많은 역사가들은 '소규모 경작'이 행해지던 시대와 지역의 특징이라고 할 수 있는 상속지의 가속적인 분할이 제기한 문제에 별 관심을 보이지 않았다. 그러나 소규모 경작지의 바다라 할 수 있는 16세기 남부 프랑스를 이해하기 위해서는 이 문제를 간과할 수 없다.

---

* 小辭: 전치사, 접속사같이 변화하지 않는 단어. 여기서는 de를 말함.

상속지의 축소: 상속자들의 빈곤화

기본적인 문제: 그 시대 그곳에서, 농촌에서의 토지 분할은 농민들의 빈곤화를 의미하는가? 2,000년 전, 지중해 지역을 잘 알고 있던 헤시오도스처럼 생각해야 할 것인가? 그리스의 시인은 노래했다. "부모의 집을 보존하고, 집안의 부를 증대시키는 독자(獨子)여."[36] 16세기의 인구 증가로 발생한 상속지 분할은 그렇지 않아도 수가 많았던 농가(農家)의 부를 감소시켰을까?

이 질문에 답하기 위해 가장 좋은 방법은 추론 관계를 뒤집어보는 것이다. 토지 분할이 보편적이었다면, 토지 분할이 빈곤화로 이어지지 않으려면 어떤 조건들이 필요했을까?

첫 번째로 경작지의 절대적인 분할. 이것은 콩푸아가 연속적으로 작성되어 토지 면적(헥타르)의 비교가 가능한 마을과 관계가 있다. 이런 유형의 연구에서 우리는 15세기보다는 16세기 말이나 17세기 초에 땅뙈기가 수적으로 훨씬 많고 또 작았음을 발견한다. 이 경우 지주들의 빈곤화를 피하기 위해서는, 곡물 수확의 증대가 개인 토지의 면적 축소를 보상할 수 있어야 한다. 그러나 반복하건대, 그러한 수확 증대의 흔적은 보이지 않았다. 경작, 윤작, 경작 방법 등은 이전 세기나 이후 세기나 별로 변하지 않았다. 사실 1750년 이전에는 영지의 수가 극단적으로 늘어나는 바람에 영지가 마치 오돌토돌한 가죽처럼* 줄어든 지주들의 빈곤화를 막을 수 있는 최후의 수단이 있었다. 그것은 바로 유실수 재배였다. 올리브나무, 특히 포도나무나 뽕나무로 '토지에 옷을 입히면' 헥타르당 소득은 크게 올라갔다. 1600년의 2헥타르에서 생산된 유실수의 곡물 구매력은 1500년의 4헥타르에서 생산된 곡물과 맞먹었다. 그러나 그

---

36) A. Landry, 1936, 9쪽에 인용된 Hésiodos, 『노동과 일(日)』(*Les travaux et les jours*), 376, 377쪽.

* la peau de chagrin: 발자크의 소설 『슬픔의 가죽』(*La peau de chagrin*)에서, 주인공의 소망을 이루게 해주는 신기한 힘을 가진 가죽은 이용할 때마다 점점 줄어든다.

러한 현상은 19세기에나 가능해진다. 포도 단종 재배 덕분에, 작은 영지를 가진 1860년의 포도재배자는 훨씬 넓은 영지를 가진 1760년의 다종 곡물 재배자보다 월등히 높은 생활수준을 유지하게 된다. 16세기는 전혀 그와 같지 않았다. 유실수 재배가 없던 것은 아니었지만, 몇몇 흥미로운 노력이 있었음에도 규모는 제한적이었다.[37] 유실수 재배로 인한 헥타르당 소득의 미미한 증가는 중간 크기 토지의 면적 축소를 보상해주지 못했다. 다른 한편으로 십일조 징수 임대료는 1500년에서 60년까지의 총농업 수입이 정체했거나 별로 늘지 않았음을 확인해준다. 1500년에서 1650년까지도 사실상 마찬가지였다. 이것은 땅의 소유자들이 세대를 거듭할수록 개별 보유지가 점점 작아지는 것을 보상하기 위해 수확을 더 많이 올렸거나 수익성이 더 높은 작물을 생산했거나 하지 못했음을 알려주는 지표다. 그러한 상황에서 빈곤화 추세는 갈수록 심해져, 농촌 왜소증과 소규모 경작의 문제를 악화시켰다. 르네 뒤몽이 적절히 지적했듯이, "경작지는 너무 좁고, 인구는 너무 많아 인간 에너지가 과도한 비율을 차지했다."[38]

두 번째로 토지 분할의 측정이 헥타르가 아니라 토지대장 리브르('리브르 리브랑트' 또는 동일 계통의 조세 자료의 콩푸아 리브르)나 마을의 토지 가치에 대한 백분율로 이루어질 때——분할된 땅의 면적이 헥타르로는 얼마인지 알지 못한다——에 대해 살펴보자. 여기서도 역시 분할된 토지를 소유한 지주들의 개별 소득이 그들보다 수적으로도 적고 또 넓은 땅을 소유했던 조상들에 비해 줄어들지 않으려면, 마을의 총수입이, 같은 얘기지만, 마을의 모든 과세 토지들의 '백분율'(퍼센트) 각각의 총수입이 충분히 증가해야 할 것이다. 전형적이면서도 아주 간단한 경우를 보자. 하나의 토지가 두 개의 콩푸아나 타유세 대장(1500, 1580)에 기록되어 있다. 이 구역에 거주하는 지주들의 수 또는 토지세

37) Dumont, 1951, 147쪽.
38) 같은 책, 282쪽.

납세자들의 수는 16세기의 두 시기 사이에 배로 늘어났다. 두 배 증가는 앞에서 보았듯이 흔한 일이었다. 동시에, 토지세의 도수분포도에 나타난 소유지의 평균 크기는 1500년과 80년 사이에 마을 전체 토지에 대한 백분율로 절반이 줄었다. 1520년에는 중간 크기 토지가 마을에서 과세된 토지의 2퍼센트였으나 1580년에는 1퍼센트였다. 마을의 전체 토지에 대한 백분율상의 이 같은 하락이 한 세대에서 다음 세대로 이어지는 동안 지주들의 개별 실질소득이 하락하지 않으려면, 확장적인 방법(개간)을 통해서건 집약적인 방법(수확 증가 또는 유실수 재배)을 통해서건 토지의 총실질소득이 같은 기간 중에 배로 늘어나야 한다. 그러면 토지 명목상의 명백한 토지 분할(19세기처럼)에도, 빈곤화는 결코 일어나지 않을 것이다. 왜냐하면 분할되는 것은 한창 늘어나고 있는 소득의 역동적인 세계일 것이기 때문이다. 이 경우 하나는 다른 하나를 보상한다. 땅을 차지한 사람들이 배로 늘어났어도, 나눠야 할 토지 소득 역시 배로 늘어났기 때문이다. 본전치기 장사. 개별 지주의 소득은 변함이 없다. 빈곤화도 없다.

그러나 모든 자료는 행복하지 않은 방향으로 변화했다는 것을 말해준다. 사실 수확의 증대는 형편없는 수준이었다. 유실수 재배와 개간사업은 대단치 않았으며 지엽적이었다. 총실질소득은 상한점에 도달했다. 그러나 사람 수가 늘어난 만큼 그들의 경작지는 작아졌고, 그들의 개별 소득 역시 줄었다. 농민들의 실질적인 빈곤화가 진행된 것이다.

또 하나의 마을이 있다. 등가의 곡물로 환산된 1500년의 실질소득은 3,000캥탈이었고, 1560년의 실질소득은 3,600캥탈이었다. 그런데 같은 기간에, 이 마을의 전형적인 영지인 중간 크기 토지는 분할 때문에 전체 토지의 1퍼센트에서 0.5퍼센트로 떨어졌다. 이 전형적인 토지의 수입은 1500년에는 30캥탈에서 1560년에는 18캥탈로 떨어짐으로써 12캥탈만큼 가난해진 것이다. 그래서 우리는 뒤몽처럼 다음과 같은 결론에 도달할 수 있다. "농민의 수를 늘리는 것은 농업 소득의 분배에 참여하는 사람들의 수를 늘리는 것이다."[39]

이제까지 우리는 순수한 분할에 대해서만 생각해보았다. 그러나 사실 대부분의 토지에서 분할은 대영지들에 의한 통합을 동반했다. 이러한 변형에서 그 수가 많아진 소토지들은 더욱 곤경에 처하게 되었다. 언제나처럼 소토지는 정체 상태에 있는 총소득을 서로 나눠 가져야 했다. 거의 정체되어 있는 총소득에서 대토지가 차지하는 몫은 전보다 더욱 커졌다. 자체의 수적 증가로 희생당한 소토지 지주들의 빈곤화는 대토지의 몫이 커짐에 따라 더욱 심해졌다.

---

39) 앞의 책, 282쪽.

제4장 임금, 지대, 이익: '토지 노동자들'의 빈곤화

이제까지 분배의 문제를 '수평적' 복잡성 안에서 연구했다. 처음에 총 토지 수입의 분배를 결정한 것은 토지 소유 구조의 자장(磁場)과 소유지의 분할이었다. 이제 분배의 두 번째 사이클이 나타나는데, 그것은 '수직적' 복잡성 안에서 연구될 것이다. 위계적이고 중층적인 세 층위에서의 분배. 농업 부문이 분배하는 사회적 소득의 세 카테고리에서의 분배, 즉 지대, 이익, 임금이다.

실질임금의 하락

우선 임금을 보자. 옛날의 경제에서 가장 전형적인 임금은 전액을 현물로 지급하는 것으로, 중요한 농사일의 경우에 널리 시행되었다. 예컨대 추수를 보자. 1570년 5월 21일, 코르비에르의 주민인 토마 델 롱주는 나르본 근처에 있는 라 바스티드-르동드 농장의 주인인 참사회원들과 계약을 맺었다. 그는 자기의 이름으로 그리고 12명의 동료 '일꾼들'의 이름으로, 밀은 땅 위 약 6인치 정도에서 잘 베어 묶겠다고…… 적당한 때에 아직 이삭이 남아 있는 볏단을 잘 만들겠다고, 밀과 곡물은 거두고, 외양간에는 바닥을 깔겠다고…… 약속했다. 작업팀의 임금은 타작마당에서 타작된 곡물의 12번째 스티에, 즉 '12스티에 중 하나'(수확의 8.2퍼센트)였다.[1)]

사실 앞에서 보았듯이, 15세기 말에 추수자는 여전히 10번째 스티에를 받았는데, 이는 아주 좋은 보수로서 십일조 징수자의 몫과 같았다. 그런데 16세기에 십일조의 비율은 변하지 않았는데 추수자의 몫은 줄어들었다. 앞 장에서는 극단적인 몇 시점만을 다루었지만 이제 이 현상의 정확한 연대표를 작성해보자.[2] 이 연대표는 논의할 여지가 없는 분명한 연대표인데, 왜냐하면 한 세기 동안 동일한 농경지를 다룬 것이기 때문이다. 1525년부터 라 바스티드와 베딜랑의 추수자들은 각각 실질소득의 10퍼센트를 상실했다. 그들은 10번째 스티에(수확의 10퍼센트) 대신 11번째 스티에(수확의 9퍼센트)를 받게 된 것이다. 1546년부터는 한 걸음 더 밀려서 12번째 스티에(8.2퍼센트)를 받는다. 이 같은 형태의 임금 소득은 전(前)세기 말에 비해 18퍼센트가 줄어든 것이다. 1560년 이후 이러한 하락은 파국적인 속도로 가속한다. 1600~30년경에는 최저점으로 떨어져, 18번째 스티에(추수의 5.5퍼센트)다. 샤를 8세에서 루이 13세에 이르는 기간에 45퍼센트(극단적인 경우)의 빈곤화.

혼합 임금——식량과 돈——의 변화 속에서, 경작 책임자인 십장의 경우를 다시 살펴볼 필요가 있다. 십장은 전통적인 자작 영농을 시행한 임금노동자였다. 16세기의 십장들이 지닌 특징에 대해서는 텍스트에 꽤 생생하게 나와 있다. 예컨대 1570년에 앙투안 다리외(나르본 출신)와 그의 아내는 라 바스티드-르동드 농장의 십장과 십장 부인이었다.[3] 앙투안은 네 명의 상시 고용 일꾼을 거느렸는데, 그중 둘은 짐수레를 끌 줄 알았다. 그러나 앙투안 본인이 가장 힘든 일을 감당했다. 왜냐하면 주인들은 다른 일꾼들을 못 믿었기 때문이다. 앙투안은 "직접 모든 경작지의 밀을 파종해야 하며, 타작마당에 볏단을 직접 쌓아야 했다." 땅갈기도 그의 몫이었다. 아주 바쁜 때에만 그는 "시간을 절약하기 위해 다른 사람에게 자기의 일을 대신 하도록" 시켰다. 십장은 "읍내에 오고 가기 위해, 먹을 것을 실어 나르기 위해, 또는 레유(쟁기 보습)나 다른 것

1) Aude, G 34, 1570년 5월 21일, "priffait des segues de La Bastide-Redonde."
2) Gr. 32.
3) Aude, G 34, 9-1-1570.

을 갈기 위해 당나귀 한 마리를 기른다." 전체적으로 십장은—그의 당나귀가 잘 먹지 못하는 것처럼 충분한 임금을 받지 못했다—농업 노동자 집단에 속했다. 그의 일은 지시하는 것이 아니라 집행하는 것이며, 그의 임금은 단순 마차꾼의 임금에 비해 별로 나은 것이 없었다. 1566년, 십장은 그에게 딸린 독신 마차꾼이 15리브르를 받은 데 비해 자신과 아내의 몫으로 24리브르를 받았다.[4] 앞 장에서 시작한 십장의 임금에 대한 연구는 옛날의 농업에서 '노동 조건'이 어떠했는지 잘 알려줄 것이다.[5]

1480년경, 십장이 받은 돈은 임금으로 24리브르 12수,[6] 개인 피탕스로 2리브르 9수 2드니에였다. 1년에 모두 27리브르 12수 12드니에를 받은 것이다. 그리고 이 임금은 1480년에서 1551년까지 실질적으로 변하지 않았다! '곡선'은 거의 수평선처럼 그어진다. 몽펠리에에서 밀의 가격은 거의 두 배 오른 데 반해, 십장의 현금 임금은 27리브르에 막혀 있었다. 1540년에는 일시적이긴 하지만 25리브르 10수로 떨어졌다. 왜냐하면 밀의 가격이 떨어지자 참사회원들이 그것을 핑계로 임금을 낮췄기 때문이다.[7] 그러나 1549년 임금은 다시 1480~1535년 수준인 27리브르로 돌아왔다.

1557년, 마침내, 참사회원들은 '노력하기로' 결정했다. 왜냐하면 물가가 통화 팽창으로 된서리를 맞아 급상승하는 바람에 15세기의 낡은 임금을 더 이상 유지할 수 없게 되었기 때문이다. 나르본에 거주하는 장

---

4) Aude, G 33, f° 272, 2-2-1566.

5) Gr. 33.

6) 라 바스티드-르동드 농장에서; 베딜랑에서는 24리브르.

7) Aude, G 31, f° 211, 25-9-1540의 증서: 라 바스티드-르동드의 새로운 십장인 피에르 만 드 무상은 자기와 자기 부인의 임금으로 1년에 23리브르를 받았다(1480년 이후엔 보통 24리브르였다). 그와 그의 부인, 그리고 세 명의 상시일꾼과 한 명의 어린 상시일꾼 등 모두 여섯 명의 식량을 위해 그는 피탕스로 15리브르를 받았는데 1534년에는 20리브르였다(일인당 3리브르 3수 대신 2리브르 10수). 그의 전체 임금은 전임자의 1534년 임금인 27리브르 3수가 아니라 25리브르 10수였다(Aude, G 31, f° 133, 25-9-1534의 문서 참조).

베르지에라는 새로운 십장의 현금 임금은 28리브르 10수로 올라갔다.[8] 그렇지만 이 정도의 인상으로 오랫동안의 임금 동결이 사실상 해제되었다고 볼 수는 없다. 왜냐하면 1480년에서 1560년까지 그 지방의 밀 가격은 두 배 이상 뛰었기 때문이다. 십장이 받은 현금 임금의 구매력은 현저히 떨어졌다. 그런데도 임금의 하락은 끝나지 않았다.

이는 의심할 여지가 없다. 현물—현금 혼합 임금에서 실질 화폐 임금은 현저히 줄어들었다. 그러면 현물 임금은 어땠을까? 현물 임금은 그래도 잘 유지되었지만, 그것 역시 어떤 때는 양이, 어떤 때는 질이 떨어졌다. 사실 확인은 이미 끝났기 때문에,[9] 나는 16세기가 지나는 동안 그 양상이 어떻게 변했는지를 연대적으로 확인하는 정도로 그치겠다.

1530년까지 나르본 농가의 십장들과 그들의 상시일꾼에게 지급된 식량은 15세기 말의 높은 수준을 유지했다. 이 시기(1530) 이후부터는 하락의 징후들이 여럿 나타났다. 그해의 계약서에서는 소금의 지급 양이 1인당 1년에 1카르티에에서 0.8카르티에로 줄었음을 확인한다. 랑그도크에서도 소금 지급양이 줄었는데, 이 같은 지급 제한으로 앙구무아와 기엔에서는 염세(鹽稅) 폭동(1537, 1548)이 일어났다.

기름 지급양 역시 줄었다. 농업 노동자들의 계약서를 보면, 1478년에서 1534년까지 기름 지급양은 일인당 14리터, 즉 12.8킬로그램으로 고정되어 있었다. 1540년의 계약서에 따르면 그 양은 11.6리터, 즉 10.6킬로그램으로 떨어졌다. 그 비율은 16세기 말까지 그리고 그 이후로도 한참 동안 변하지 않았다. 심지어는 1850년에도, 가스파랭은 보클뤼즈와 카마르그에 있는 자기의 영지를 가꾸는 노동자들에게 일인당 1년에 10킬로그램의 올리브 기름을 지급했다.

---

8) Aude, G 33, f° 14 v°, 11-10-1557; 십장의 개인 임금은 24리브르였다; 그러나 여섯 명의 피탕스는 20리브르에서 27리브르로, 즉 일인당 4리브르 10수로 높아졌다. 따라서 베르지에가 받은 임금은 24리브르+4리브르 10수=28리브르 10수다.

9) 이 책, 제1권, 317쪽; Gr. 33.

고기를 보자. 서민들의 생활수준을 가늠하는 좋은 척도인 고기 지급양은 비교적 늦게, 그러니까 1540년 이후에 줄었다. 그해에 피에르 만이라는 새로운 십장은 농장의 일상적인 식량으로 "암퇘지는 한 마리도 없이 수퇘지만 세 마리"[10] 키웠다. 1549년, 농가에는 여전히 여섯 명의 장정이 있었다. 그러나 그들이 먹기 위해 키울 수 있는 돼지는 두 마리뿐이었다. 이러한 계약 조건을 1562년까지 유지했다.[11] 1566년 다시 한 번 타격을 입는데, 먹기 위해 키울 수 있는 돼지는 한 마리뿐이었다.

고기나 돼지비계를 사는 데 사용되는 돈으로, 종종 단순히 공증인 문서의 '고기 구매' 항목에 기재된 피탕스 또는 콩파나주에 대한 연구는 이를 잘 보여준다. 일시에 현금으로 지급된 이 돈은 농장의 일꾼들에게 균등하게 분배되었다. 우리는 이 돈을 양고기 구매력(우리는 나르본의 푸줏간에서 팔린 가격을 안다)으로 환산해서 표기해볼 수 있다.

나르본의 농가에서 1년에 지급하는 식량 구입비의 일인당 양고기 구매력[12]

1480	39.5킬로그램
1533~34	40.9킬로그램
1549	32.7킬로그램
1551	38.2킬로그램
1562	35.0킬로그램
1563	30.0킬로그램

1583년 양고기 구매력은 거의 20킬로그램으로 떨어졌다. 15세기의 절반 수준이다. 앙리 2세 시대*의 농업 노동자는 일인당 연간 77킬로그램의 고기를 푸짐하게 지급받던 몽모랑시 부대의 단순 보병들과 비교하

10) Aude, G 31, f° 211, 25-9-1540.

11) Aude, G 32, f° 144 v°.

12) cf. Gr. 33.

* 1547~59.

면 천민에 해당한다.[13] 서민들이 고기 소비상의 위기. 1530년부터의 축산의 쇠퇴에 대해서는 나중에 다시 언급할 것이다.

사실 1530~40년대는 임금노동자들이 빈곤해지는 전환기였던 것 같다. 포도주의 지급양을 보자. 1530년에도 여전히 15세기의 표준 양에 충실하여 포도주 지급양은 변하지 않았으니, 5인 기준으로 포도주 5뮈와 막포도주 2뮈, 그러니까 일인당 포도주 1뮈, 막포도주 0.4뮈였다. 다시 말해 일인당 1년에 포도주 625리터, 막포도주 250리터, 그러니까 노동자의 경우 하루에 2리터였다. 간경화 같은 것은 아직 염려하지 않아도 되었다. 왜냐하면 술의 도수가 약했기 때문이다. 1534년에는 약간의 변화가 있다. 참사회원들은 여섯 번째 일꾼을 고용했다. 그런데 그들은 전체 포도주 지급양을 올려주는 것을 '잊어버렸는지' 5뮈로 계약했다. 그 결과, 개인당 포도주 지급양은 521리터로 줄었다. 위로할 겸 주인들은 질을 양으로 보상해주었다. 개인당 막포도주의 지급양은 연간 250리터에서 416리터로 늘어났다. 이 비율은 1585년까지 변함이 없다. 그러면 빵의 지급양은 어떠했는가? 빵의 질적 저하, 즉 이미 말했듯이 색깔이 검어지는 현상은 16세기 말에 가서 일어났다. 1560년까지 15세기 말의 특징인 순(純)밀의 지급양은 일시적으로 감소했지만 대체로 지켜졌다. 일인당 연간 순밀의 지급양은 1475~85년 나르본의 농가에서는 8스티에(5.6헥토리터)로 올라갔다.[14] 그러다가 1500~10년경에는 양이 약간 줄었다(7스티에, 즉 4.9헥토리터). 1519년부터 그 양은 다시 15세기의 수준(5.6헥토리터)을 회복했다. 1540년에 처음으로 다소 거친 곡물이 여기에 보태졌다. 일꾼들은 밀 외에도 0.8헥토리터의 호밀을 지급받았다. 일꾼들의 식단에 호밀이 잠깐 비친 것이다. 그러나 그것은 잠시였다. 1551년 다시 순밀로 돌아온다. 거기다가 일인당 연간 지급양이 10스티에(7헥토리터)로 이는 어느 때보다도 많은 양이었다.

---

13) ADH, B 22359, f° 20(1577년 몽모랑시 부대의 회계서), 보병들에게 고기 지급: 하루에 2분의 1파운드, 즉 205그램(랑그도크에서의 1파운드는 410그램).

14) 나르본에서 1스티에는 70리터 내지 71리터.

사실 거칠고 검은 곡물인 호밀은 16세기의 오랜 빈곤화의 끝에 가서야, 다시 말해 내전이 발발한 이후에나 강요된다. 호밀의 최종적인 승리는 일꾼들에게 제공된 곡물이 밀 10분의 7, 호밀 10분의 3으로 혼합된 1580~90년의 계약서에서 확인된다.

일꾼들의 빈곤화를 정확히 측정하려면 15세기와 16세기 말을 비교해봐야 한다. 원인이야 어떻든——임금 상승을 넘어선 가격 인플레이션, 노동 가격을 붕괴시키고 생필품 가격을 오르게 만든 인구 증가, 내전으로 야기된 궁핍과 기근 등——결과는 아주 폭넓게 나타났다. 다양한 비교가 가능하다.[15]

우선 생산의 양 또는 무게로 비교해보자.[16]

	연간 지급량	
	1480	1580~90
빵	순 밀 560리터	곡물 700리터 (7/10은 밀, 3/10은 호밀)
포도주	포도주 625리터, 막포도주 250리터	포도주 521리터, 막포도주 416리터
고기	39.5킬로그램	18.2킬로그램
기름	14리터	11.6리터

15) Gr. 33을 보라.

16) 다시 한 번 말하건대, 개인당 식량 지급양은 최대치다. 십장, 즉 경작 감독의 가정에 있는 아이들은 그만큼 성인 임금노동자들에게 지급된 식량 임금의 양을 감소시켰다. 각자의 지급양을 줄일 위험이 있는 이 같은 어려움에서 벗어나기 위해 십장은 다 자란 자식들을 자기가 관리하고 있는 농장에 고용했다. 그들은 경작 하인이나 마차꾼으로 일했으며, 그래서 성인의 식량 지급양을 받았다(예컨대 Aude, G 38, f° 543, 22-9-1643, 라 바스티드-르동드 농장 참조: 십장인 장 리외세크의 식량 지급양; 그의 아들인 마차꾼 자크와 경작꾼 앙드레; 그리고 기타 일꾼들의 식량 지급양).

이를 칼로리로 환산하면[17]

	1480		1580~90	
	cal	%	cal	%
빵	3,531	84.6	4,417	89.9
포도주-막포도주	133	3.2	153	3.1
고기 지급양	186	4.6	86	1.7
기 름	313	7.6	261	5.3
총 계	4,163	100	4,917	100

연간 가치(1.t*와 1.t의 10분의 1)의 비교[18]

(※x는 리브르)

	1480		1580~90	
		%		%
빵	7.8x	45.6	54x	53
포도주	6.4x	37.4	39.1x	38.4
고기	2.5x	14.6	6.1x	6
기름	0.4x	2.3	2.6x	2.6
현물 임금의 총가치	17.1x	100	101.8x	100
개인당 현금 임금	24x		36x	
혼합 임금의 총가치	41.1x		137.8x	

어쨌든 첫눈에도 1590년의 일꾼은 별로 불만이 없었을 것 같다. 그들은 오늘날 저개발국가의 사람들보다 잘 먹으며 1480년의 조상들과 같

17) 칼로리 수치는 J. Hamburger, *Petite encyclopédie médicale*, Paris, 1950, 496쪽에 있는 '음식 성분표'에서 구한 것이다.

* 리브르 투르누아.

18) 가치는, 이 책의 「부록과 도표」에 제시된 가격을 토대로 계산한 것이다; 15세기 말 기름 가격은 평균, 리터당 0.54수(sou) 투르누아였다(ACM, 『인쇄목록』, XI, 137쪽; AD Pyr. Or., B 298; AC Fontès, CC, 올리브 기름으로 징세된 타유 대장).

은 수준이거나 더 많은 칼로리를 섭취했다. 또 매해 반 톤 이상(최대)의 빵을 먹어 치웠으며, 반 톤 이상의 포도주를 마셔 없앴다. 매일 빵 2킬로그램, 포도주 2리터 정도를 소비한 것이다. 그러나 이 칼로리는 차츰 줄어들고, 식단의 균형이 깨지면서 단백질과 지방질 결핍증이 15세기 말부터 뚜렷이 나타났다. 단백질 면에서 보면 연간 20킬로그램의 고기는 샤를 8세 시대보다 배나 적은 양이고, 푸짐한 식사를 하던 사람들의 육류 소비량보다 3배 적은 양이다. 1788년의 파리 사람들, 1955년의 파리 사람들은 연간 62 내지 63킬로그램의 고기를 소비했다.[19)]

보상책으로 빵의 지급양(검어지기는 했지만)은 증가했다. 그러나 '탄수화물'이 많아졌다고 해서 육류의 부족을 완화시킬 수는 없다. 사실 "각각의 음식 체계에서 균형을 잡아주는 요소는 단백질의 양이다. [……] 단백질의 부족은 음식 체계 내에서 기름(지방질)이나 설탕(탄수화물)의 초과 섭취로 조절될 수 없다. 그것의 결핍은 회복이 불가능하다. 결과는 즉각적이다. 생물학적으로 훨씬 약해져서 전염병에 쉽게 감염된다. 그 결과 사망률이 즉각적으로 올라간다. 이러한 단백질 부족 현상은 오늘날의 저개발국가들과 옛날 특정 시대의 영양 상태의 특징이었다."[20)] 여기서 강조해야 할 것은 사망률에 대한 암시다. 1500~60년대의 활발한 인구 증가 현상에 종지부를 찍은 주요 요인들 가운데 하나는 음식 체계의 악화, 특히 육식 체계의 악화에서 찾아야 하지 않을까? 사실 신성동맹시대의 랑그도크의 일꾼들에게는, 개인이 연간 77킬로그램의 고기를 먹어 치우고 영양 상태가 좋아서 싸움도 잘하던 몽모랑시의 군인들처럼 빵의 양은 절반으로 줄이더라도 고기의 양은 세 배로 늘리는 편이 더 좋았을 것이다.

지질(脂質)과 탄수화물을 보면, 당시 균형 잡힌 식단으로 좋은 영양 상태를 유지하던 베지에의 부르주아들과 균형 잡히지 못한 식단의 나르

---

19) Philippe, 1961b,

20) Philippe, 1961a, 550, 551쪽.

본 노동자들을 직접 비교해볼 수 있다. 여기 로콜 가족의 식탁에 대한 가계일지(미간행)가 있다.[21] 1583~90년, 과부, 두 딸 그리고 하녀가 가족 구성원이었다. 이들 넷이서 1년에 양질의 포도주 3뮈, 즉 개인당 495리터를 마셨다. 과부, 하녀, 딸 들이 많이 마신 것은 사실이다. 그러나 이들은 연간 521리터의 포도주와 416리터의 막포도주를 마신 동시대의 프롤레타리아보다는 적게 마셨다. 포도주는 북유럽에서는 부자 계급과 사치의 상징이었지만, 포도를 재배하는 남부 프랑스에서는 가난한 노동자들이 먹는 자극성의 저(低)에너지 음식이었다.

빵도 마찬가지였다. 로콜 집안의 여자들은 연간 27스티에의 밀, 개인당 하루에 1킬로그램의 빵을 먹었다.[22] 이는 상당한 양이다. 그러나 이 양 역시 나르본의 일꾼들에게 지급된 하루분의 빵 1.7킬로그램에는 훨씬 못 미친다. 빵과 포도주의 지급양이 이렇게 로콜 집안의 여자들에게만 적었던 것인가? 아니다. 왜냐하면 16세기에 농가의 하녀는 남자 일꾼처럼 연간 검은 빵을 반 톤 이상, 그러니까 연간 630킬로그램, 하루에 1.7킬로그램 이상을 소비했기 때문이다.[23]

로콜의 여자들이 신포도주나 막포도주를 적게 마시고 빈약한 음식인 빵을 적게 먹었던 것은 여자였기 때문이 아니었다. 대신 그녀들은 풍부한 음식인 고기와 기름을 훨씬 더 많이 먹었기 때문이다.

네 명이 소비한 올리브 기름의 양은 상당히 많은데 연간 76리터, 개인 연간 19리터, 하루에 47.2그램이었다. 잘 먹지 못하던 당시 나르본의 농업 노동자의 배에 해당하는 양이었고, 1480년의 잘 먹던 농업 노동자보다 많았으며, 1960년의 마르세유인들보다 많았다. 물론 1960년의 북부 프랑스인(하루 70그램의 지방)보다는 적었지만, 올리브 기름은 북부 프

---

21) ADH, G 837.

22) 베지에의 뮈는 660리터. 베지에의 스티에는 66리터.

23) Aude, G 38, f° 543, 22-9-1543, (라 바스티드-르동드 농장) 하인 일인당 연간 곡물 지급양: 밀 5스티에, 호밀 5스티에; 하녀에게는, 밀 5스티에, 호밀 5스티에(나르본의 스티에는 70리터 내지 71리터).

랑스의 요리에 사용된 버터, 마가린, 비계보다 칼로리가 높았다.

베지에의 이들 부르주아 여인들은 당시의 농업 프롤레타리아들보다 고기를 훨씬 더 많이 먹었다. 로콜 집안 네 명의 '가계 예산'은 연간 100리브르 이상으로서 대부분 고기를 구입하는 데 썼다. 왜냐하면 여기에는 옷값, 신발값, 하녀 월급, 밀, 포도주, 기름, 돼지가 포함되지 않았기 때문이다. 이것들 가운데 어떤 것은 별도로 계산했으며, 어떤 것은 반타작 소작농에게서 현물로 지급받았다. 나르본의 일꾼 여섯 명의 식비가 연간 27리브르(1580)나 35리브르(1590)였던 데 비해, 그들 네 명의 여인들은 고기를 구입하는 데 거의 100리브르를 썼다.

농업 노동자들의 운명은 잘 먹을 뿐 아니라, 특히 올리브 기름을 넉넉히 소비한 이들 부르주아 여인들과 비교해볼 때, 그다지 밝지 못하다. 우리는 로콜 집안에 살찐 주인 아주머니——오늘날의 이탈리아 여자나 에스파냐 여자 같은——와 튼튼한 딸들이 있었을 것으로 상상해볼 수 있다. 왜냐하면 단백질을 섭취해서 칼로리를 공급하는 것은 성장기의 필수 요소이기 때문이다.

바꿔 말하면, 노동자의 식사는 에너지는 높지만(빵), 과도한 탄수화물 비율 때문에 빈약했고 불균형했다.

*

이제 가치(혼합 임금의 경우)와 그것의 비율에 대한 전체적인 결산을 해보자. 1480년에 십장의 혼합 임금은 다음과 같다.

  17.1리브르 = 현물로 지급된 생산물의 가치
+ 24.0리브르 = 현금으로 지급된 임금
―――――――――
  41.1리브르   임금의 총가치

1590년, 동일한 두 요소로 구성된 그의 총임금은 101.8리브르+36리브르=137.8리브르였다.

명목 가치인 리브르 투르누아로 환산해본 십장의 임금은 세 배 조금 더 오른 셈이다. 그런데 같은 기간(1480~1590), 랑그도크 시장에서의 밀 가격은 헥토리터당 1.6리브르에서 8리브르로 올랐다. 따라서 밀로 환산된 십장의 총실질임금은 31헥토리터*에서 17.2헥토리터로 떨어졌다. 다시 말하면 일꾼들의 연간 곡물 식량 할당량은 4.5인분에서 2.5인분으로 떨어졌다는 것이다.** 수직 하락이다. 16세기에는 현금 임금의 빈곤화가 진행되었다는 해밀턴의 결론[24]은 논란이 많았지만 이렇게, 그리고 처음으로 옛날의 임금 체계에서 가장 전형적인 체계인 혼합 임금의 경우에도 적용된다.

*

게다가 이 혼합 임금의 구조 자체가 근본적으로 변했다. 1480년에만 해도 그것은 혼합 임금이라 할 만했다. 현금이 24리브르, 현물 임금이 17리브르로 현금의 몫이 상당했기 때문이다. 그러나 1590년이 되면 상황은 완전히 바뀌어 현물 임금이 101리브르, 현금 임금이 36리브르였다. 십장은 주머니 돈을 부수적으로 받는, 먹여주는 일꾼으로 전락했다. 임금 하락은 현금 임금 부분을 비극적으로 깎아먹었다. 그런데 때는 카스틸랴의 인도***에서 귀금속이 밀려 들어오던 시기였다. 임금의 '철칙'(鐵則)은 화폐의 풍부함이라는 그럴듯한 외양보다 더욱 강했던 것이다.

현물 임금 부문에서, 우리는 비(非)곡물 임금의 하락도 확인할 수 있다. 이 같은 유형의 임금 체계에서, 빵은 샤를 8세의 치세와 앙리 4세의

* 41.1을 1.6으로 나누면 실제로는 25.7이 나온다.

** 4.5인분은 25.7헥토리터를 560리터로 나눈 몫이고, 2.5인분은 17.2헥토리터를 700리터로 나눈 몫이다.

24) Hamilton, 1936.

***아메리카 대륙.

즉위 사이에 몫이 늘어났다. 1480년의 빵 지급분은 7.8리브르로 평가된다. 그것은 가치로 볼 때 현물 임금의 45.6퍼센트나, 전체 임금(현금+현물)의 19퍼센트(5분의 1)에 불과하다. 그런데 16세기 말이 되면 빵(54리브르)은 현물 임금의 53퍼센트, 전체 임금의 39퍼센트를 차지한다. 빵의 몫이 '사자(獅子)의 몫'이 된 것이다. 그것은 전체 임금의 20퍼센트에서 40퍼센트, 다시 말해 5분의 1에서 5분의 2로 늘어났다. 빵(그리고 포도주)에 대한 이 같은 욕구는 다시 한 번 가난의 지표 구실을 하며, 특히 고기의 결핍을 말해준다. 임금노동자는 벌이의 절반을 값싼 곡물의 칼로리 구매에 씀으로써 고기의 결핍을 보충했다(고 생각했다).

올리비에 드 세르가 묘사한 주인들의 술책은 16세기 말 농가의 일꾼들에게 공통된 빵 강박증을 증언해준다. "가난한 집에서는 〔……〕 딱딱한 상태로 빵을 먹었다. 〔……〕 몇 주일이 지나면 굳어졌다. 〔……〕 그래서 가계에는 보탬이 되게도 빵은 오래갔다." 사실, 소와 염소를 치는 목동들이 먹은 빵은 나무처럼 단단했다. 플라터는 그런 빵을 먹다가 이를 부러뜨렸다.

다른 방법도 있다. 세르는 '한 사람의 식사분'에 맞게 빵을 작게 만들었다. 그러면 조상들의 큰 빵을 먹을 때 그랬던 것처럼 자기의 분량 이상을 먹을 위험이 없어졌다. 게다가 단단한 빵은 검은 빵이었다. 텍스트들은 1540~60년부터 일꾼들의 빵이 검어졌음을 증언한다. 그리고 농학자들이 이를 확인해준다. 그들 중 한 명은 세 종류의 빵을 만들라고 말했다. 하나는 주인들이 먹는 빵, 다른 하나는 일꾼들이 먹는 빵, 나머지 하나는 개가 먹는 빵이었다. 에티엔과 리에보 역시 거기에 대해 아주 분명히 말했다. 흰 빵(껍질을 벗긴)은 "한가로운 사람들, 공부하는 사람들, 수도자들, 참사회원들 같은 세련된 사람들"을 위해 보관해두시오. 일꾼들, 농사꾼들, 무덤 파는 사람들, 짐꾼들, 그밖에 항구적인 노동에 종사하는 사람들에게는 거칠고 검은, 잘 부풀지 않은, 진득진득한, 무거운 그리고 '멜랑콜릭한' 호밀 빵이면 족했다. 이 빵을 먹는 사람들이 건강하지 않은 것은 아니었다. '리옹의 여자들'을 보라. "그들은 호밀 빵밖에 먹지 못했지만 그 덕분에 더 아름다웠다. 피부도 좋았으며 몸도 단단하고 통통했다."[25]

랑그도크의 임금노동자들은 수세기 동안 많은 빈민에게 공통적이었던 행동을 취하지 않으면 안 되었다. 그들은 소금, 고기, 기름기 음식을 절제해야 했다. 그런데 그러한 음식을 줄인다는 것은 적절한 영양 상태를 유지하지 못한다는 표시였다.[26] 아마 그들은 술이나 옷도 절약했을 것이다. 그들은 누더기를 수선해 입음으로써 최후의 만찬 이래 가난한 지중해 지역 사람들의 기본 식량인 빵과 포도주 소비를 유지할 수 있었을 것이다. 그러나 이 부분에서도 질은 떨어졌다. 1580~90년경 가난한 사람들의 빵은 검어졌으며, 포도주는 막포도주로 변했다.

*

현물 임금, 그리고 현물-현금 혼합 임금 이후에 오는 것은 근대적인 유형의 임금이라 할 수 있는 현금 임금이다. 현금 임금은 토지와 수공업장에서 일하는 일일 노동자들의 넓은 카테고리와 관계 있다. 몽펠리에 시(市) 회계장부에는, 생-텔루아 병원 포도밭 일꾼들, 토목인부들, 벽돌공이나 건축 잡역부 같은 막일꾼들이 자주 나타난다. 그런데 그들의 임금은 공통의 법칙을 따르며 평행적인 경사각을 가졌다. 1480~1500년, 한 건축 기술자는 통상 하루에 0리브르 4수 또는 그 이상을 벌었다. 그의 동료 목수도 그 정도 벌었다. 지방 시장에서 하루에 버는 4수는 밀 3분의 1 스티에,[27] 즉 16리터로 15킬로그램의 빵을 만들 수 있는 액수였다. 이는 일꾼 8명의 하루 식량으로서 상당한 벌이였다. 이 벽돌공은 별 어려움 없이 가족을 먹이고, 입히고, 부양할 수 있었다. 이 벽돌공을 돕

25) Platter, 1892(Saint-Paul-et-Valmalle의 염소 치는 목동 방문); Serres, VIII, 1과 여러 곳; 『농학자』, 1764; Estienne, *Liébault*, éd. 1645.

26) Moscovici, 1961, 275쪽.

27) 몽펠리에의 스티에는 49리터다.

는 비숙련 잡역부는 하루에 3수(11킬로그램의 빵 분량으로, 일꾼 6명의 식량)를 벌었다. 토목인부는 하루에 3수 6드니에를 벌었는데, 이는 13킬로그램의 빵 분량으로, 7인분 식량이었다.

상당한 보수였다. 그러나 이것은 가격 인플레이션과 특히 노동시장의 포화로 무너진다. 그러한 일은 1530~50년부터 벌어졌다. 이 20년 동안 명목임금은 세기 초에 비해 별로 오르지 않았다. 1530~50년의 벽돌공은 하루에 5수를, 토목인부는 3수 10드니에를, 포도나무 가지치기를 하는 포도밭 일꾼이지만 농업 노동자는 하루에 3수 4드니에를 벌었다.

과거의 풍요는 어디 갔는가? 1530~50년, 벽돌공의 일당 5수는 15세기 말의 15킬로그램과는 터무니없이 차이 나는 9킬로그램의 빵 분량밖에 되지 않았다.[28] 일꾼 8인분 하루 식량이 5인분 식량으로 줄어든 것이다. 1530~50년의 포도밭 일꾼은 더욱 나빠졌다. 밀 가격이 1스티에에 23수 하던 시기에 그는 하루 3수 3드니에를 벌었다. 그의 임금은 밀 7리터 또는 빵 6.6킬로그램에 해당하는 것으로 3인분을 약간 넘어서는 정도였다.

이 같은 빈곤화 경향은 세기 말까지 이어졌다. 밀 가격은 1480~1500년과 1585~1600년 사이에 여섯 배로 뛰었다. 그런데 현금 임금(벽돌공, 목수, 농업 노동자)은 같은 기간 중에 세 배로 오르는 정도에 그쳤다. 그러니까 밀로 환산해보면, 현금 임금을 받은 일일 노동자의 실질임금은 현저히 하락한 것이다.

그러나 포도밭 노동자와 벽돌공을 구분 없이 연구하는 것으로 충분할까? 농업 임금에 특별히 더 떨어지지 않았을까?

이를 알려면 옛날의 경제에서의 농촌 임금의 구조를 조명해봐야 한다.

우선 농업 부문의 임금의 위계는 도시에서의 그것과 같지 않았다는 것을 확인해야 한다. 이 점에 대해서는 남부 지중해 지역의 자료가 아주 시사적이다. 그것은 1594년에 콩타의 신분회가 공포한 보수표다.[29] 나

---

28) 이하 모든 것에 대해서는 Gr. 34 참조.

는 그 텍스트가 한눈에 들어오도록 표로 만들어보았다.

	1594년 일일 노동자의 임금	
	수공업 부문	농업 부문
'고' 임금	식사 제공 없는 벽돌공 겨울: 10수 다른 계절: 하루에 15수	
'중' 임금	식사 제공 없는 비숙련공 겨울: 하루에 5수 다른 계절: 7수	식사 제공 없는 날품팔이나 포도밭 일꾼 겨울: 7수 다른 계절: 8수
'저' 임금	식사 제공 없는 여성 비숙련공 겨울: 3수 다른 계절: 4수	식사 제공 없는 여성 잡역부 겨울: 3수

노동자 세계에 대한 옛날의 사회학의 초보적인 시도라 할 수 있는 이 표에 따르면 산업 임금의 위계는 3등급이다. 숙련 노동자(10수~15수), 비숙련 잡역부(5수~7수), 여성 비숙련 잡역부(3수~4수). 반면 농업 부문에서의 위계는 두 등급만으로 되어 있다. 날품팔이나 포도밭 일꾼(7수~8수)과 여성 잡역부(3수). 동시에 하나의 차이가 드러난다. 농업 프롤레타리아의 상위 계층은 산업 임금노동자의 중간층 수준에 속한다. 바꿔 말하면, 숙련 농업 노동자(추수꾼, 포도나무 가지치기 일꾼)의 보수는 숙련 건축 노동자에 비해 훨씬 적다는 것이다. 그는 비숙련 벽돌공이나 토목공 수준이다.

16세기의 노동자에 대한 자료들은 한결같이 아비뇽의 법학자들이 정리한 위의 분류표를 확인해준다. 예컨대 1530년대 몽펠리에의 생-텔루아 병원이 포도밭 정지와 포도나무 가지치기를 위해 고용한 노동자들은

29) AD Vaucluse, B 1517, 1594년.

하루에 3수 4드니에를 벌었다.[30] 이것은 같은 시기 토목공(3수 9드니에)이나 비숙련 벽돌공(0리브르 3수)의 임금이었으며, 장인 벽돌공의 하루 임금(0리브르 5수)보다는 훨씬 적은 액수였다.

1580~90년경 베지에도 같은 등급을 보여준다.[31] 사다리의 맨 위에는 장인 벽돌공과 목수가 있는데, 이들은 하루에 10~12수를 받았다. 가운데에는 비숙련 벽돌공들이 있는데, 하루에 6~7수를 받았다. 로콜 집안의 포도밭 일꾼들 역시 하루에 6~7수를 받았다. 맨 아래에는 여자 건축 잡역부들(하루에 3수)과 로콜 집안에서 밀밭의 김을 매고 올리브를 채취하고 포도나무 가지 올리기 등을 하면서 하루에 2수 6드니에 또는 최고로 벌 때는 3수를 번 가난한 여자들이 있다.

그러니까 16세기에 몽펠리에(1530), 베지에(1580), 아비뇽(1594)의 산업 부문은 낮은 단계(여자들), 중간 단계(비숙련공들), 높은 단계(장인 벽돌공, 목수, 숙련 노동자)의 3단계로 나누어 임금을 지급했으며, 농업 부문은 낮은 단계(여자들)와 중간 단계(막일꾼들)로 나누어 지급했다. 농업 부문에서는 고임금이 없었다.

임금의 실제 액수는 변할 수 있다. 그러나 진정한 임금표라 할 수 있는 이 같은 구조는 오랫동안 지속되었다. 그리고 농업 부문은 중간 단계와 하급 단계의 임금 체계만을 가지고 있기 때문에 그 세기에 진행된 빈곤화는 농업 부문에서 특히 가혹하고 비극적인 양상을 띠었다.

그런데 두 등급(비참한 등급: 여자들, 가난한 등급: 남자 노동자들)으로 이루어진 농업 노동자들의 세계에서 어떤 사람들이 수적으로 강세를 보였는가? 포도재배에서는 가지치기나 묘목심기를 위해 고용된 남자들이 그러했다. 여자는 포도수확 때에만 다수였다. 그러므로 17세기 이래 포도재배가 확산된 것은 노동자들의 생활수준 향상과 관계가 있는데, 왜냐하면 포도재배는 높은 수준의 남자 임금을 지불했기 때문이다.

---

30) AC Montpellier, D, 기록 611, 614; Gr. 34 참조.

31) ADH, G 837(Rocolles의 회계서), G 831(베지에 참사회의 수입과 지출, 1586~87), G 886, G 901; Gr. 34.

그러나 16세기에 랑그도크의 포도재배는 소수 분야였고, 곡물 재배와 낡은 다종 재배에 파묻힌 채 별로 확장되지 못했다. 그런데 전통적인 곡물 분야에서 성별에 따른 임금의 분할은 뚜렷했다. 1년 계약의 가내 하인은 남자가 다수를 이루었다. 하녀 한 명에 소 모는 일꾼 네 명의 비율이었다. 그러나 곡식으로 보수를 받은 계절 노동자들 사이에서는 벌써 여자 노동자의 역할이 더 중요해졌다. 추수 때는 두 명의 남자가 베고 한 명의 여자가 단을 묶었다. 낟알떨기에서는 10명 가운데 9명이 여자였다. 마지막으로 내가 관심을 가지고 있는, 현금으로 보수를 받은 날품팔이꾼들의 경우, 여자의 일이 다수였다. 여자들의 임금은 수적으로 (임금 액수가 아니라) 남자들을 압도했다.

예컨대 1580년경 베지에의 부르주아인 로콜을 보자. 농업 경영자로서(곡물과 올리브는 그의 토지 수입의 80퍼센트를 차지했다) 그가 2년 동안 지급한 519일분의 임금은 다음과 같다.[32)]

파종을 위해 고용된 남자들	29일
밀의 김을 매기 위해 고용된 여자들	301일
올리브 채취를 위해 고용된 여자들	189일
여자들의 노동 일수	490일

그러니까 여자들이 95퍼센트를 차지했다. 카트린 비레트, 나달, 과부 푸아즈, 테세르의 하녀, '작은 엘릭스', 양 치는 여자, 가바셰트* 등 여자들은 중요한 조력자로서 일인당 하루에 2수 9드니에를 받았다. 여자들은 로콜이 1년에 20리브르로 고용한 남자 하인들의 작업을 그날그날 도

32) 포도재배: 이 책, 제2권, 180쪽 참조; 1년 고용 하인들, Aude, G 38, f° 243, 22-9-1543: 라 바스티드-르동드에는 네 명의 하인과 한 명의 하녀가 있었다. 수확: ADH, G 880, 생-피에르의 회계서와 데 살의 회계서. Rocolles: ADH, G 901.

* 지롱드 지방에서 외국인 여자를 가리키는 속어.

우러 왔다.

포도와 곡물이 아닌 부분에서의 일용 잡역에 여자들이 우세를 보이는 것은 18세까지 계속되었다.[33)]

	임금 지급 일수	
	여 자	남 자
생-피에르	2,150	1,063
아밀라크	478	250
레 살	341	173
하루 임금(수)	8	25~30

베지에의 농가들, 1773~74.
비(非)포도재배 부문(곡물, 개자리속屬, 강낭콩 등).

이 표를 결산해보면 값싼 여자 노동 이틀에 비싼 남자 노동 하루. 많이 벌지는 못했지만, 여자 노동은 수적으로 다수를 차지했다.

이렇게 풍부하고 값싼 여성 인력의 역할은 옛 랑그도크의 전통적인 (비〔非〕포도재배) 경제에서 중요해졌다. 심지어 1년 계약의 하인들보다 더 중요해졌다. 베지에의 농가에서 1년 계약 하인의 노동 일수는 300일이었던 데 비해 대부분 여자로 채워졌던 일용 잡역의 노동 일수는 540일이었다.

세르가 16세기 말에 이처럼 하인들에 비해 날품팔이꾼들이 수적 우위를 점한 것을 충분히 인식하고 있었다는 것을 땅 주인에 대한 충고로 알 수 있다. "1년 계약보다는 날품팔이꾼들을 많이 쓰시오." 그리고 "1년 단위로 계약하는 하인들을 너무 많이 두지 마시오. 〔……〕 대신 그 돈으로 날품팔이꾼들을 써서 일을 진척시키시오."[34)]

33) An. 8 참조.
34) Serres, I, 6. 또한 R. Dumont, 1951, 296쪽(옛날의 농촌 임금 구조에 대해)을 보라.

여성 노동자들의 어려움

농학자의 훌륭한 계산. 16세기의 빈곤화는 농업 날품팔이꾼들에게, 특히 그들 가운데 대다수인 값싼 임금을 받는 여자들에게 세차게 밀려왔다. 이를 이해하려면 같은 일을 하던 여자의 보수와 남자의 보수 사이의 비(比)가 어떻게 변했는지를 살펴보는 정도로 충분하다.

이 문제와 관련된 랑그도크의 연속 자료는 1349~50년경 시작된다.[35] 그해 포도수확을 하던 여자들은 남자 임금의 9분의 8 또는 5분의 4를 받았다. 사실 이 같은 '좋은' 대우는 페스트 때문에 노동력이 부족했기 때문이었다. 노동력의 기근은 임금 체계에 거짓말 같은 전복 현상을 불러일으켰다. 랑그도크의 고용주들은 여자에게도 거의 남자 수준의 임금을 지불했으며, 이탈리아에서 농업 노동자들이 받은 임금은 도시 장인들의 임금에 육박했거나 따라잡았다![36]

이후 1367년부터 그리고 15세기 내내 랑그도크의 남녀 임금 비(比)는 50퍼센트라는 낮은 수준에서 동결되었다. 예컨대 툴루즈에서의 포도수확에서 남자는 하루에 2그로를 받은 반면 여자는 1그로를 받았다. 님에서도 마찬가지였다. 1420년의 임금표에 따르면 여자의 임금은 남자 임금의 절반으로 고정되었다. 일손이 달리는 때(곡물 수확이나 포도 수확)라 해도 기껏해야 8분의 5 정도였다. 이렇게 남녀가 함께 일할 때 여자가 절반의 임금을 받은 것은 수세기에 걸쳐 변함이 없었다. 1524년 베지에의 참사회는 포도수확 여자들(포도따기)에게 식사 제공 조건으로 일인당 하루에 10드니에를 지급했다. 반면에 양조통에 담는 일을 하는 남자들에게는 식사 제공이라는 동일한 조건에서 여자의 배인 일인당 하루 20드니에를 지급했다. 1536년 시몽 라발, 로프 형제들 그리고 앵베르 앙글라드 등 5명의 남자와 조나 도미나, G. 캉탈로바, 조나 코스

35) An. 32.

36) Carpentier, 1962.

타, 조나 코탈로, 이자벨 지니에자, 조나 앙젤리나 등 6명의 여자는 베지에 인근 생-피에르 숲에서 토목 일을 했다. 그들은 식사 제공 없이, 남자는 하루에 40드니에, 여자는 20드니에를 받았다.

그런데 16세기 후반에 여자의 임금은 더 낮아졌다. 200년 된 50퍼센트 규칙은 폐지되었다. 1579년, 베지에의 참사회원들은 포도따기 여자들에게는 일인당 1수 3드니에를, 양조통에 담는 일을 하는 남자들에게는 4수 또는 5수를 지불했다. 1585년, 지독한 노랭이 로콜은 포도수확에 고용된 일꾼들 가운데 여자에게는 하루에 1수, 남자에게는 4수를 지급했다. 같은 해에 땔감 일을 하는(나뭇단을 매고 나르는) 여자들은 2수 6드니에, 남자들은 8수를 받았다. 이렇게 16세기 말에 이르면 여자는 16세기 초 또는 중세 말에 남자 농업 노동자나 비숙련 토목공의 50퍼센트 대신 겨우 37퍼센트 정도를 받았다. 더 나아가 1601년에 베지에의 포도수확에서 남자는 하루에 5수를 받은 반면 여자는 1수 6드니에를 받았다.

여성의 빈곤화는 아버지나 남편들의 빈곤화보다 더욱 심했다. 아메리카에서 귀금속이 밀려 들어오고 인플레이션이 극심하던 세기에, 여자 포도수확 일꾼의 명목 임금(식사 제공)은 1536년에 10드니에에서 세기 말에는 15 또는 18드니에로 올라갔다. 그런데 같은 기간에 물가는 몇 배 올라갔다.

이런 관점에서 1550년대는 하나의 과도기로 보인다. 그때까지는 별로 두드러지지 않았던 여성의 빈곤화가 그 시기에 터를 잡더니 한동안 계속되었다. 젖병으로 아이를 키우기 이전에 강력한 여성 동업조합이었던 유모들의 임금 자료──이것은 1500~1600년 동안 완벽하고 연속적인 유일한 여성 임금 자료다──에 의거하여 이 과도기를 연구해보자.

랑그도크에 거주하던 로지에 수도원장은 자기의 사전에서 이상적인 유모에 대해 이야기했다. 그는 얼굴빛, 가슴, 허리에 대해 도취한 듯 길게 기술했다. 이 여자들은 중요했다. 16세기에 이들은 시(市)의 고용인이었다. 몽펠리에 시는 이 여자들에게 '헛간에서 발견된' 잔(Jehane)이나 다른 아이들에게 젖을 먹이도록 했다(1575). 또 시는 그녀들에게 임금을 주고 지방 명사들(주교, 시 행정관 등등)의 사생아를 맡겼다.

농촌의 유모들("이 유모들의 젖먹이들은 많은 고통을 겪었다. 왜냐하면 여자들은 밭일도 해야 했기 때문이다")이나 도시의 유모들은 돈을 얼마나 받았을까? 이 부분에 대해 알려주는 시 당국의 회계장부에는 공증 증서상의 약속이 아니라 도시의 유지가 실제로 지급한 액수가 기록되어 있다. 임금표는 수유를 하고 돌보는 여자와 젖이 말랐기 때문에 "젖은 주지 않고 아이만 돌보는" 여자의 두 등급으로 나뉘어 있다.[37]

1480년, 수유를 하는 유모는 한 달에 17수 6드니에를 받는 반면, 젖이 마른 유모는 12수 6드니에만을 받았다. 유지들의 회계장부 덕분에 우리는 17세기까지 매년 지급된 임금을 추적할 수 있다.[38] 그런데 좀처럼 믿어지지 않는 사실이지만, 수유하는 유모는 한 달에 17수 6드니에, 그렇지 않은 유모는 12수 6드니에라는 수치는 1562년까지 변하지 않았다. 이미 드 댕빌도 자신의 『조사 목록』에 그러한 사실을 기록해놓았다. 나는 필사본에서 그것을 일일이 확인해보았는데, 의심할 여지가 없었다. 수십 명의 여자들에게 매달 지급된 유모의 임금은 가격 혁명이 시작된 80년 동안 변함이 없었다. 곡선은 1563년부터야 비로소, 게다가 매우 둔하게 올라갔다. 그것은 훨씬 앞서 나간 밀의 곡선을 따라잡지 못했다.

이 사실로 심각한 빈곤화를 확인할 수 있다. 1480년 지수 100에 있었던 유모의 임금은 밀 가격이 1480년의 지수 100에서 1560년의 지수 250으로 오르는 동안 동결되어 있었던 것이다.

그런데 이것은 어떤 체제에서든 급여가 좋지 못한 '공공 고용인'의 경우여서 그렇다고 말할 수 있을까? 그렇지 않다. 사실 이 도시 당국의 자료는 높은 대표성을 지닌다. 사적으로 고용된 유모도 도시가 고용한 유모와 똑같은 임금을 받았다. 예컨대 1582년 11월 3일, 가브리엘 드 로

---

37) Rozier, 1785, '유모' 항목. ACM(조프르 조사 목록), 유지들의 회계장부, 기록 645, 1575년; 기록 688, 1560, f° 111 v°; 농촌의 유모들에 대해서는 Béral, 1899, 89쪽에 인용된 텍스트(Legendre, 1927, 333쪽과 비교하라).

38) Gr. 35.

콜 참사회원은 자기의 어린 조카—형의 유복자 아들—를 위해 1년에 20리브르를 지급하기로 하고 유모를 고용했다.[39] 그러나 그 유모는 "젖이 나오지 않아 해고되었다." 이어 생-퐁스의 마르그리트를 1년에 22리브르를 주기로 하고 고용했다. 1년에 20 내지 22리브르는 몽펠리에 도시 당국의 임금과 정확히 일치한다. 1582년에 유모들이 이곳에서 받은 월 임금 30수 내지 40수는 1년에 평균 21리브르이기 때문이다. 도시 당국의 자료는 정확하며 신뢰할 만하다.

유모의 임금 곡선은 나뭇단을 묶거나 포도를 따는 여자 노동자들의 곡선을 확인해준다. 여성 임금의 누적 지체는 16세기에 특히 심했다. 여성은 빈곤화의 가장 큰 희생자였던 것이다. 아마도 여자가 버는 돈은 경기가 나쁘면 억제해도 괜찮은 보조 임금 정도로 경시되었기 때문일 것이다.

이러한 사실들 때문에 16세기의 여성사에 관심을 갖게 되었다. 디안, 마르그리트, 가브리엘 같은 사람들의 좋은 팔자가, 착취당하던, 그리하여 돈 몇 푼 벌기 위해 유혹에 빠질 수도 있었던 여성 노동자들의 슬픔을 가려서는 안 된다. 우리는 16세기의 지중해 세계에 만연하던 매춘을 모르지 않는다. 아비뇽에서 로데브, 나르본, 바르셀로나까지 '방탕한 여인들'은 도시 입구에, '홍등가'나 다리 위에 진을 쳤다.[40] (플라터가 인용한 당시의 한 시가는 "아비뇽의 다리 위에 가면 언제나 두 명의 수도자와 두 마리의 당나귀와 두 명의 창녀를 만나리"라고 노래했다). 창녀들은 안락의자에 앉아 루트를 불고, 이 세상만큼이나 오래된 장난을 걸며, 지나는 행인의 모자를 벗기면서, 그들을 방으로 끌어들이려고 했다. 처벌은 드물었다. 새로운 병이 발생했다는 소식에 놀란 시행정관들이 '창녀촌'을 폐쇄시킨 1570년까지 처벌의 흔적은 보이지 않는다. 게다가 폐쇄 조치는 효력이 없었다. 1594년 그 '부끄러운 장사'는 어느 때보다

39) ADH, G 901. 이 날짜.
40) Devic, éd. 1872~92, IX, 1165, 1166쪽; AC Narbonne, BB 5, 3-7-1594; Platter, éd. 1892, 118, 425쪽과 여러 곳; Martin, 1900, I, 207, 208쪽.

도 번창했다. 포주는 자기네 마을에서 올라온 순진한 하녀와 식모를 노렸다. 여성 임금의 하락이라는 경제적인 동기가 이러한 현상을 만들어낸 것은 물론 아니지만, 적어도 그것의 확산을 돕지는 않았을까?

*

여성 임금이건 남성 임금이건, 농촌 임금, 농업 임금, 도시 수공업 임금 등 모든 임금은 밀의 실제 구매력 면에서 볼 때 하락했다. 현물 임금이건 현금 임금이건 혼합 임금이건, 모든 자료는 언제나 매우 인상적이다. 현물 임금의 경우, 추수자의 몫은 1500년에서 1600년 사이에 10퍼센트에서 6퍼센트로 떨어졌다. 현금 임금은 지수 100에서 지수 54로 떨어졌다. 그리고 마지막으로 경작 책임자에게 지급된 혼합 임금은 밀로 환산해보면, 31헥토리터에서 17헥토리터로 하락했다. 비교 가능한 하락이며, 공통된 경향이다.

이 같은 랑그도크의 빈곤화는 좀더 광범위한 현상의 국지적인 양상일 뿐이다. 해밀턴은 1500년과 1600년 사이 에스파냐의 임금의 빈곤화를 증명한 바 있다. 임금노동자들의 '큰 고통'은 노르망디, 푸아투, 라 로셸 등의 대서양 연안 프랑스의 경제에서도 보이는 16세기의 공통된 현상이었다.[41]

무엇이 원인일까? 우선 인플레이션을 들 수 있다. 가격 상승이 임금을 앞질러 흐름을 주도해갔다. 그러나 또한 지적할 수 있는 것은 수확에 비례하여 모두 현물로 받던 임금 역시 빈곤화로 줄어들었다는 점이다.

그러므로 우리는 일시적인 통화 현상을 넘어서 16세기의 인구 급증으로 야기된 사회 구조의 근본적인 혼란을 고려해야 한다. 1500년 이후의

---

41) Earl J. Hamilton, 1936; Raveau, 1926, 1931; Trocmé, Delafosse, 1953, 183, 184쪽; Plaisse, 1961. 경제적인 팽창이 훨씬 더 활발하게 진행된 네덜란드에서는 임금 생활자들의 빈곤화가 훨씬 제한적이었던 것 같다(H. Van der Wee, 1963).

인구 증가는 이때까지 노동자 편이던 노동 시장을 뒤집어놓았다. 그것은 농촌 프롤레타리아 내에 실질적이거나 잠재적인 실업자 예비군을 만들어냈으며, 그들의 수는 피고용 노동자들의 수입을 압박했다. 이들 예비군은 대규모 계절 노동의 최일선에만 고용되었는데, 세르는 끔찍한 상황을 몇 줄로 잘 묘사해놓았다. 이들 "가난한 비숙련 노동자들"은 "누추한 집에서 제대로 먹지도 못하며" "오직 날씨가 좋은 날에만 일을 해서 돈을 만질 뿐 나머지 날은 날씨를 욕하며 소일했다." 랑그도크의 신부들이 계산한 바에 따르면 구체제의 경제 체제에서, 장소에 따라 다르기는 하지만, 영구적인 실업이든 일시적인 실업이든 실업 기간은 1년 중 4개월이나 8개월이었다.[42] 그것만으로도, 16세기 프랑스 남부 지중해 세계에서 농민들의 유랑을 대부분 설명할 수 있다. 1569년 2월~3월, 2천 명의 일꾼들이 마르세유 부르주아들의 포도밭 가지치기에 고용되었다. 겨울이 지나가고 전지 작업이 끝났다. 4월, 이제 일꾼들이 더 이상 필요 없게 되었다. 마르세유의 시행정관들은 이제 '할 일이 없는' 이 사람들을 유랑자라고 선포한 후, 제분공인 발타자르 가르니에가 항의했지만 그들을 몰아냈다.[43] 3월에는 일꾼, 4월이면 유랑민, 이것이 랑그도크 사람이든 프로방스 사람이든 날품팔이 노동자의 운명이었다.

노동의 기회가 줄어들고, 개인의 실질소득이 줄어든 임금노동자들의 빈곤화는 소유지가 조각나고 줄어든 농민들의 빈곤화와 조우했다. 대부분 동일한 사람들—이들은 노동자이면서 동시에 조그만 땅뙈기의 주인이었다—에게 영향을 준 이 같은 이중적 빈곤화의 기원에는 공통의 움직임이 있으니 바로 허기였다. 땅에 대한 허기, 소득에 대한 허기, 식량에 대한 허기, 고용에 대한 허기. 이러한 허기는 급속히 늘어난 인구를 괴롭혔다. 더욱이 당시는 토지, 식량, 고용의 공급이 거의 침체 상태였거나 미미하게 늘어나던 시대였다.

---

42) Serres, I, 6; Montaugé, 1869, 64쪽(18세기에 로라게의 신부들이 조사한 것).
43) H.C.M., III, 185쪽.

*

타작마당에서, 밭에서, 농가의 식탁에서, 주인의 주머니에서, 임금노동자에게 돌아갈 몫은 점점 작아졌다. 그러면 누가 이익을 본 것인가?

우선 문제의 기본 상황을 한번 짚어보자. 실질임금은 하락했다, 토지의 총소득(실질적인)은 정돈(停頓)되었다, 따라서 1500년부터 1560~90년까지 소득 단위별 임금노동자들의 수가 증가하지 않았다면(우리는 이 문제에 대해 다시 언급할 것이다) 주인이나 고용주의 실질적인 몫이 증가했을 것이다.

그렇지만 도식처럼 그렇게 간단한 것은 아니다. 옛날의 농업 경제에서 게임은 둘 사이가 아니라 셋 사이에서 이루어졌다. 임금노동자, 경작자(차지농), 지주. 또는 소득의 용어로 바꿔 말하면 임금, 농업 경영 이익, 지대가 그것이다.[44]

실질 지대의 지속적인 정돈

이러한 조건에서 앞 구절에서 확인한 실질임금의 하락이, 필연적으로, 농업 경영 이익의 상승으로 이어진 것은 아니다. 그 같은 이론적인 상승은 지대의 동반 상승에 흡수될 수 있기 때문에, 그 경우 경작자는 중개자의 역할을 하는 것으로, 다시 말해 그가 자기 노동자들의 임금 하락에서 정당하게 기대할 수 있었던 이익을 자기의 지주에게 '돌려주는' 정도로 그치고 만다.

이 문제는 실제적인 문제다. 지대와 이익이라는 추상적인 범주들 뒤에 도사리고 있는 것은 사회 계급들의 운명이기 때문이다. 한 계급은 지대의 수혜자인 귀족, 성직자, 도시의 신흥 부르주아지며, 다른 한 계급

---

44) 여기에서 지대(rente foncière)란 종속 관계의 인정을 뜻하는 얼마 안 되는 토지세(cens)가 아니라 단기 임대료다. 이것은 토지를 소유하지 않은 순수 경작자에게 영지를 임대함으로써 발생한다.

은 이 토지의 경작을 떠맡은 농촌의 농민이다. 이 두 그룹 중 누가 16세기에 불어난 노동자들을 유리하게 이용할 것인가? 요컨대 여기서 문제되는 것은 상이한 두 사회구성체들 간의 경쟁이다. 농업 경작자들의 신생 농촌 자본주의와 지대를 먹고사는 지주들의 삶 사이의 경쟁 말이다(왜냐하면 도시 부르주아지는 '지대 취득자'의 역할에 완전히 안주함으로써, 자본가 계급으로서의 역할을 포기한 채 '아무 일도 하지 않고 귀족적으로 살아가는' 귀족적인 생활양식에 동조하기 때문이다).

물론 몇몇 전형적인 영지에서 소득이 지대, 이익, 임금으로 어떻게 분배되었는지 그 동향을 알려주는 16세기의 자료는 없다. 그렇지만 16세기에 지대의 실제 움직임이 어떠했는지를 알 수는 있다. 다니엘 졸라가 한 흥미로운 저서에서 했던 것처럼, 대규모 교회 공동체들의 총화폐 수입을 출발점으로 해서 알 수 있는 것은 아니다.[45] 왜냐하면 그러한 유형의 수입은 '수도원 부속 농장'이나 본당 사목구에서 징수한 십일조가 대부분이기 때문이다. 그러한 수입은 지대와 연동되어 있기보다는 농업수입의 반영인 십일조 수입과 연동하고 있다.

순수한 지대를 알려면 지나치게 포괄적인 졸라의 방법을 버려야 한다. 경계가 분명한 경지, 진정한 농업 경작 단위에서 얻어지는 소작료 자료를 정리해봐야 한다. 십일조에서 가장 분명한 수입을 얻는——몇몇 포도밭이나 채원은 별도로 하고——'수도원 부속 농장들'은 고려하지 말아야 한다. 교회의 자료는 지속성이 있기 때문에 중요한 자료임이 틀림없지만, 그러나 십일조에 의한 총화폐 수입 너머로 가야 한다. 회계문서나 임대계약 문서들 가운데 공동체나 성당참사회에 속하는 영지나 경작지에 관계된 것들을 따로 추려내야 한다. 그리고 농업 부문에 대한 일련의 세부적인 연구를 해야 한다. 이것이 바로 우리의 방법이다.

교회 자료와 공증인 자료 덕분에 나는 13개의 영지에 대한 13개의 연속 자료를 구성해낼 수 있었다.[46] 이 연속 자료들이 다루는 시기는——

45) D. Zolla, 1893.

물론 간극이 없는 것은 아니지만——16세기와 17세기다.

13개 영지는 지리적으로 분산되어 있다. 그들 가운데 6개는 베지에 지방에 있으며, 베지에 성당참사회 소유다. 생-피에르, 르 비알라, 아밀라크, 샹 델 쥐츠, 몽타댕, 레 살. 나머지 6개는 나르본 성당참사회 소유다. 빌마주르, 베딜랑, 크레상 영지, 라 바스티드-르동드, 콩다민 드 로몬, 몽타댕의 모퉁이 땅들. 그러나 이들 6개 가운데 4개만이 실제로 나르본 지방에 있으며, 나머지 둘은 베지에 지방에 있다(크레상과 몽타댕). 그리고 마지막으로 가장 큰 영지인 모랭은 몽펠리에 부근에 있는데, 이 도시의 생-피에르 참사회 소유다.

이러한 교회 영지의 연속 자료들이 지니는 장점은, 영구 재산은 언제나 그러하듯이, 세대가 아무리 바뀌어도 이들 토지 단위들은 고정적이라는 점이다. 여기서는 상속에 의한 토지 분할이 없으며, 적어도 이들 13개 토지는 통계상의 표본 가치를 뒤집어엎을 정도로 토지가 늘어나거나 줄어드는 구매나 매각이 없었다. 물론 16세기에 나르본 참사회와 베지에 참사회가 토지 구매와 양도를 하지 않은 것은 아니다. 그러나 그때 문제가 되었던 것은 13개 영지 이외의 작은 경작지나 임대지였기 때문에 이들 13개 영지의 안정성은 흔들리지 않았다. 그러나 이따금 참사회는 한두 개 밭뙈기를 덧붙여 영지(레 살, 1550~1660)를 늘리기는 했다. 이 경우, 땅의 획득과 거기에서 오는 지대의 증가분은 농장의 일반 계약서에 기록되었다.

게다가 13개의 임대차 계약서는 상호 일치성을 지니고 있어서 유효성을 최대로 보장해준다. 물론 그것은 가격 곡선이 보여준 거의 완전한 일치성에는 미치지 못한다. 농장마다 농가든 밭이든 나름대로의 역사가 있어서 지대 곡선상에 어떤 특징을 드러내기 때문이다. 차지농이 성실하거나 게으름에 따라(또는 그가 죽는 경우) 그것만으로도 곡선은 상승

46) 통계적인 참고 자료: Gr. 38, An. 33. 13개 영지에 대해 기술할 때 나는 최종적으로 이 자료를 참조했다.

하거나 하락할 수 있다. 동해(凍害)나 홍수는 어떤 땅을 몇 해 동안 망칠 수 있다. 그러나 이러한 국지적 분산에도 불구하고 우리는 세기적인 공통 추세들을 다양한 곡선상에서 읽어낼 수 있다. 도표가 거의 간극 없이 그려졌고, 또 그렇기 때문에 더욱 비교가 수월한 17세기를 보자. 지대는 거의 어디에서나 1650~70년경까지는 상승하다가 그 이후에는 정체했다. 이는 적어도 몇몇 세부 사항을 제외하면, 내가 연속 자료들을 작성한 영지, 농장, 농가, 밭 들이 알려주는 것이다. 십일조 수입과 마찬가지로, 하류(17세기)의 자료들이 갖는 이 같은 훌륭한 일치는 상류(16세기)의 더욱 파편적인 자료들의 유효성을 추정할 수 있도록 해준다.

마지막으로, 이 영지들의 연속 자료를 연구하는 사람에게 유리한 것은 13개의 영지 가운데 12개에서 곡물로 지대가 납부되었다는 점이다. 이것은 명목적인 화폐 단위로 표시된 수입이 아니라 실질 수입이다. 그렇지만 한 경우(빌마주르)에, 영지는, 16세기 이래 리브르 투르누아로 약정된 지대를 납부하는 조건으로 임대되었다. 그래서 나는 이 화폐수입을 (16세기의 곡물시세표에 나와 있는 가치를 이용하여) 동일 가격의 곡물로 환산했다. 그런데 이 환산 작업을 통해 얻은 곡선도 지주에게 직접 곡물로 지대를 납부한 농장들의 곡선과 비슷한 추세를 보여준다.

방법 다음에는 결과를 보자. 16세기는 몇몇 측면에서는 18세기에 비견될 팽창의 시대이니만큼 지대가 빠르고 지속적으로 상승하지 않았을까 예상할 수 있다. 그러나 16세기는 (거의) 그렇지 않았다. 우리가 연구한 13개의 영지 가운데 두 군데에서만 지대가 올랐다. 1500년과 60년 사이에 나머지 영지에서는 토지의 주인들이 현물로 거둬들이는 실질 임대료가 아주 조금 오르거나 정체하거나 심지어는 다소 하락하기까지 했다. 16세기에는 18세기에서와 같은 지대 상승이 전혀 나타나지 않았다.

우선 지대가 상승한 두 경우를 보기로 하자. 베지에 인근 레 살 농장은 2년 윤작제로 경작했다.[47] 그곳의 토지는 40헥타르가 넘었다. 1528

47) ADH, G 194, f° 11, 레 살의 임대, 10-2-1531의 임대계약서: "임차인은 좋은

년, 땅의 반은 밀, 4분의 1은 호밀, 12퍼센트는 보리, 12퍼센트는 귀리를 파종했다. 1531년, 완벽한 자료가 있는 것은 아니지만, 경작용 마소로는 붉은 소 두 마리, 노새 두 마리(하나는 검은색, 하나는 회색), 장비가 갖춰진 쟁기 두 대 그리고 총 78파운드(1파운드는 410그램이다)의 철제 레유 7개가 있었다.[48] 1531년의 계약에 따르면 임차인은 1년에 밀 120스티에, 귀리 10스티에를 납부하기로 돼 있다. 1545년, 새로운 차지농인 앙기에 형제는 더 많은 액수를 제시했다. 그들은 밀 158스티에, 호밀 10스티에, 귀리 10스티에를 내기로 하고 농장을 맡았다.[49] 게다가 참사회원들이 최근에 블레즈 디외에서 땅을 획득함에 따라 농장이 넓어졌다. 늘어난 부분에 대해 그들은 50스티에의 밀을 추가로 납부하기로 했다. 1555~60년, '레 살 블레즈 디외'의 전체 지대는 밀 231스티에, 호밀 10스티에, 귀리 10스티에로서 모두 곡물 165헥토리터였다. 그러나 레 살의 애초의 토지만 보면 밀 170~180스티에다.

이렇게 레 살의 지대는 같은 크기의 땅에서 30년 사이에 밀 120스티에에서 175스티에로 오른 것이다.

그러므로 지대는 올랐다. 그러나 1555~60년의 이 최대치는 다음 시기보다는 훨씬 적다. 1660~80년경, 레 살의 소작인들은 1560년의 지대──이미 무거운──보다 훨씬 무거운 지대를 냈다. 수치를 비교해보자. 1696~1700년에 실시된 두 차례 토지 측량에 따르면 레 살의 면적은 76.5헥타르였다.[50] 1550년과 1700년 사이에 토지 취득은 없었다. 그런데, 1555~60년, 레 살은 165헥토리터의 곡물(그중 90퍼센트가 밀), 그러니까 헥타르당 2.2헥토리터를 냈다. 그러던 것이 1658년에는 290헥토리터, 즉 헥타르당 3.8헥토리터(그중 50퍼센트가 밀이다)를 냈다. 앙

토지건 나쁜 토지건 땅의 절반에만 파종하고, 나머지는 휴경해야 한다."

48) 1528년의 임대계약서: 종자 표; 그리고 같은 자료, G 194, f° 112.

49) ADH, G 196, f° 149.

50) 478스테레: 격년으로 "절반은 휴경, 절반은 경작"; 1스테레는 16아르(ADH, G 779).

리 2세 시대의 차지농은 젊은 루이 14세 시대의 차지농보다 행복했던 것이다.

훌륭한 평야 지대인 빌뇌브-레-베지에에 있는 샹 델 쥐츠의 경우는 흥미롭다. 그것은 농경의 기본 단위인 필지의 역사를 2세기 이상에 걸쳐 전해주고 있기 때문이다. 이 땅은 1531년에는 20스테레, 그러니까 3.2헥타르였다.[51] 1560년경, 돈이 궁해진 베지에의 참사회원들은 교회 재산을 좋아하는 한 부르주아에게 땅을 팔았다. 1619년, 그들은 내란 중에 양도된 교회 재산의 회복 과정에서 그것을 다시 사들였다. 이 시기까지 밭은 변하지 않았다. 땅의 넓이는 한결같이 20스테레였다. 1645, 1663, 1677년에도 여전히 20스테레였다.[52] 그러므로 우리는 이상적이고 희귀한 자료를 가지게 된 것이다. 계속 임대했는데도 필지는 변함이 없다. 또한 땅의 경작도 변함이 없이 곡물, 2년 윤작이다.[53] 지대의 상승은 농경 기술의 개선과 수확 증대로 설명할 수 없을 것이다.

1531년, '빌라노바'의 뤼도비크 뱅상은 이 밭을 1년에 양질의 밀 7스테레, 그러니까 4.62헥토리터를 내는 조건으로 3년 동안 임차했다.[54] 헥타르당 1.4헥토리터의 조건으로 임차한 것이다. 그후 지대가 올랐다. 1534년 8스테레(이것은 5.28헥토리터로서 헥타르당 1.7헥토리터), 1539년 9스테레, 1547년에는 12스테레(헥타르당 2.5헥토리터)까지 오르다가 1554년과 1560년에는 10스테레(2.1헥토리터)로 고정되었다. 지대는 1530년에서 60년까지 오른 것이다.

그러나 같은 넓이의 같은 밭에 대해 17세기의 참사회원들이 요구한 지대에 비하면 이러한 오름세는 미미한 것이었다. 1619년과 1624년에

---

51) 베지에와 빌뇌브의 스테레는 0.16헥타르; ADH, G 194, 8-2-1531, f° 109 r°: "샹 델 쥐츠의 비어 있는 밭"의 측량 면적은 20스테레다.

52) ADH, G 201, f° 160 r°, 1-2-1619; G 204, f° 151 r°(1645); G 176, f° 265; G 178, f° 499.

53) 샹 델 쥐츠의 임차인은 밭의 절반을 휴경지로 남겨두었다(1619, 1642년의 임대계약서 등등. 위의 각주들 참조).

54) 베지에와 빌뇌브의 스티에는 0.66헥토리터.

는 밀 22스티에, 1629년에는 26스티에, 1635년에는 28스티에로서 각각 헥타르당 4.5헥토리터, 5.4헥토리터, 5.8헥토리터였다. 당시의 수확은 헥타르당 9~11헥토리터로 2년 윤작제를 감안하면 그 절반밖에 되지 않기 때문에 이 같은 엄청난 액수는 17세기 후반에 들어서면서 금방 무너질 수밖에 없었다. 물론 샹 델 쥐츠는 기름진, 그래서 무거운 지대를 감당할 수 있는 밭으로서 극단적인 경우였다. 1635년의 차지농은 곡물은 주인에게 거의 다 주고 자기는 밀짚, 과외로 심은 과실수의 과일, 그리고 목축이나 간작(間作) 같은 휴한지의 소득 등을 차지했다. 1619~40년의 엄청난 액수에 비하면 상대적으로 16세기 지주들은 경작자들에 대해 온건했음을 알 수 있다. 1560년의 지주들은 헥타르당 최대 2헥토리터를 받았는 데 반해 1635년의 지주들은 같은 땅에서 두 배, 세 배를 요구했던 것이다.

이제 다른 11개의 영지를 살펴보자. 이곳에서도 역시 1500~60년의 지대는 17세기 초반의 대단히 높은 지대에 비해 볼 때 아주 낮았다. 그러나 새로운 사실은 1500년에서 60년 사이의 지대는 거의 안정적이었으며, 변해도 아주 약간 변했을 뿐이라는 점이다. 이렇듯 1560년 이전까지는 토지의 반격이 나타나지 않았다. 16세기에, 적어도 내전(內戰)까지, 이들 11개 영지를 경작하던 차지농들은 행복한 얼굴을 했다.

2세기 반에 걸친(1535~1769) 이들 커다란 농경 단위지에 대한 분명하고 세부적인 연구부터 다시 한 번 시작해보자. 대상 영지는 콩다민 드 로몬이다.[55)]

이 땅은 쿠르상(오드 지방)에 위치한 양질의 토지로서 나르본 성당 참사회 소유였다. 땅의 크기는 1535, 1636, 1640…… 1769년에 이르기까지의 평가와 측량이 보여주고 있듯이 변함이 없어서 8모자드, 또는 27스테레, 다시 말해 약 5헥타르였다. 1535, 1548, 1551, 1559년, 다양한 임차인들이 그 땅을 나르본의 단위로 매년 7스티에를 내는 조건으

55) 달리 말하면, 보시(布施)의 밭.

로, 다시 말해 정확히 5헥토리터를 내는 조건으로 임차 계약했다.[56] 이는 헥타르당 1헥토리터로, 16세기부터 18세기까지 아주 엄격하게 2년 윤작제를 시행했다는 점을 고려할 때 수확량이 헥타르당 5헥토리터에 육박했다는 점에서 상당히 합리적인 조건이었다.[57] 지주는 5분의 1을, 최대로 가져간다고 해도 4분의 1을 가져간 것이다. 17세기와 비교해볼 때 얼마나 큰 차이가 있는가. 1611년, 쿠르상의 에티엔 아르나이는 이 콩다민*을 매년 밀 15스티에(헥타르당 2.1헥토리터)의 조건으로 계약했다. 이는 내전 전 임대료의 배였다. 아르나이는 수확이 나쁠 때는 지대를 낮춘다는 유리함은 없이 반타작 소작(그는 실제로 수확량의 절반을 지주에게 바쳤다)의 불리함을 겪었다.

그러나 16세기에는 지대가 가벼웠다. 그리고 1헥타르당 1헥토리터라는 값싼 지대는 이곳 나르본의 콩다민에만 해당되는 예외가 아니었다. 헥타르당 1 또는 1.5헥토리터는 1550년과 65년 사이 나르본의 수많은 소(小)차지농들이 지불한 일반적인 임대료였다. 당시의 미터법을 쓰자면 '1모자드당 1 또는 1.5스티에', 해마다 평균 4분의 1을 낸 것이다. 이 문제에 대해서는 나르본의 시(市)고문서를 참고할 수 있다.[58] 이 일관된 비율을 차지농에게 불리하게 인상한 것은 17세기 초였다.

16세기에 지대가 경미하게 인상되었음을 말해주는 일부 농경 단위 토지들을 보았으니 이제는 큰 농장, 완벽한 영지들을 살펴보자.

---

56) 나르본의 스티에는 70이나 71리터. 쿠르상의 모자드는 3스테레. 쿠르상의 스테레는 몽펠리에의 단위로 488평방 칸(canne), 다시 말해 0.1927헥타르 또는 12아르(새로운 분류 체계에서 B 10960으로 분류된 ADH, 기록 B 1151에 의거)다. 따라서 1모자드는 0.6헥타르다. 콩다민 드 로몬의 측량과 평가에 대해서는 Aude, G 31, f° 3200, 1-3-1535(octo modias); Aude, G 39, f° 278, 19-4-1636; Aude 638, f° 420 v°, 1640년; Aude, G 51, 21-10-1764.

57) 예컨대 "매년 밭의 절반에는 씨앗을 뿌리고 절반은 휴경한다"(Aude, G 38, f° 1420 v°, 27-9-1640, 콩다민 드 로몬의 임대계약서; (1535년에서 1769년까지 이 밭의 모든 임대계약서에는 유사한 규정이 들어 있다).

* 비옥한 땅.

58) An. 33(나르본 시에 속하는 땅의 임대계약서).

라 바스티드-르동드의 영지는 대규모 경작의 표본적인 예다. 1535년 10월, 226모자드의 경작 가능 토지 가운데 1년간의 휴경을 마치고 파종을 하게 된 115모자드에 5~6회의 쟁기질(레크)을 했다. 그리고 111.5모자드는 라스톨(1535년 6~7월 수확 이후 이곳의 그루터기는 가축들을 방목하는 데 이용되었다)로서 휴경에 들어갈 차례였다.[59] 게다가 이들 각각 68헥타르의 두 경지 외에도 농장은 목초지와 '숲'을 관리했다. 정말 이 농장은 당시의 기준으로 보거나 심지어는 오늘날의 기준으로 보거나 대단위였다. 그것은 어떤 해에는 십장(직접 경작하는), 어떤 해에는 차지농, 때로는 반타작 소작농에 의해서이긴 하지만, 어떤 경우이든 한 명의 임차인이 경작했기 때문이다. 큰 바둑판에 넓은 필지들이 있다. 1535년의 조사 목록에 따르면 필지의 수는 21개로 하나의 넓이가 평균 6.5헥타르였다. 이들 필지 가운데 가장 큰 것은 콩다민 뒤 부스케로서 19.5헥타르(33모자드)였다. 대단한 크기였다.[60]

1535년 10월, 나르본의 앙리 사바티에가 이 농장을 5년 동안 임대했다. 지주인 나르본의 참사회원들은 그에게 16마리의 황소와 2마리의 노새를 빌려주었는데, 물론 계약이 끝나면 반환해야 했다. 그는 자기 소유 가축들에다 이 가축들을 보태 경작할 것이었다. 그가 지불하기로 한 지대는 1년에 밀 340스티에, 귀리 100스티에로 헥타르당 2.26헥토리터였다.[61] 이 시기에 지대가 오른 것은 아마도 땅이 비옥했고 목축으로 추가 수입이 발생했기 때문일 것이다. 아무튼 16세기에 이 비율을 넘어선 곳은 3년 윤작제가 시행되어 수확성이 높았던 론 강 유역의 충적토뿐이었다. 이곳의 지대는 1558년에 헥타르당 3헥토리터로 올라갔다.[62]

---

59) 68헥타르의 두 윤작지.

60) 이 모든 것은 Aude, G 31, f° 331, 5-10-1535.

61) 136헥타르에서, 밀 238헥토리터+귀리 70헥토리터.

62) Gard, G 1089, 1558년 슬라리에의 토지 임대: 차지농은 땅의 3분의 1을 휴경하며, 지대로 카르테라드당 2스티에의 밀을, 다시 말해 3헥타르분의 헥토리터를 낸다(미터법의 환산은 포르, 혁명력 13년, 귀발, 혁명력 7년에 의거; 그리고 다게소, 필사본 603, 툴루즈 시립도서관).

17세기에 라 바스티드의 경지 면적은 거의 변하지 않았다. 1617년 당시 파종을 하는 토지와 휴경을 하는 토지는 각각 69헥타르였다. 1535년 이후 실질적인 변화는 없었다. 윤작(2년제)은 변하지 않았으며, '연속 경작'은 금지했다.[63] 상속불능제도(맹모르트*)로 고정된 토지의 구조도 여전해서 필지는 20개였다. 차지농들은 1535년처럼 여전히 법복 부르주아지와 인척 관계에 있는 나르본 지방 대농들의 사회 집단에 속했다. 예컨대 피에르 비귀에는 쿠르상의 부르주아였으며, 장 비기에는 나르본의 의사이자 변호사였다. 1630년, 이들은 라 바스티드를 임차했다.[64] 장 비귀에는 이렇게 쟁기에 소송(訴訟)을 결합시킴으로써 부르주아적 담보를 제공한 것이다.

16세기의 임대계약 이래 유일한 대변화는 지대였다. 1630년, 비귀에 형제는 참사회원들에게 1년에 밀 490스티에, 귀리 100스티에, 호밀 100스티에를 냈다. 곡물 690스티에, 즉 헥타르당 3.5헥토리터였다. 수확량이 헥타르당 10헥토리터이지만 2년마다의 휴경으로 50퍼센트가 잘려나간다는 점을 감안하면 아주 무거운 임대료였다. 이를 해결하기 위해 비기에 형제는 아침 일찍 일어나 열심히 경작해야 했으며, 숲에서 가축을 키우고 휴한지에서는 개자리나 잠두를 재배해야 했다. 1535년의 소작인인 앙리 사바티에는 걱정을 덜했는데, 지대가 훨씬 싸기 때문이다.

크레상의 땅들은 나르본 참사회의 또 다른 영지였다. 100스테레의 이 땅은 적어도 1540년에서 1716년 사이에는 2년 윤작을 시행한 것으로 확인된다. 1505년에서 대혁명**까지 살펴보면, 이 땅의 지대 곡선은 아주 전형적이다. 16세기의 지대는 변함없이 낮으며, 심지어 하강세를 보

63) '라 바스티드 농장의 보고서,' Aude, G 37, f° 207, 23-10-1617. 금지: 같은 자료, f° 201, 18-9-1617의 임대계약서.

* mainmorte: 죽은 손이라는 뜻. 중세 프랑스 농노가 상속자 없이 죽으면 그의 재산이 영주에게 귀속되는 제도.

64) Aude, G 38, f° 98, 21-7-1630.

** 1789년.

이기도 한다. 영지는 1년에 60 내지 70스티에의 곡물과 기름 2샤르주를 지주에게 안겨주었을 뿐이다. 그러다가 17세기에는 지대가 오름세를 보인다. 1650년경의 지대는 밀 100스티에, 기름 2샤르주를 돌파했다. 오늘날의 미터법으로 환산하면, 1540년에 크레상을 임차한 장 블로리크는 1헥타르당 밀 1.32헥토리터, 기름 0.14헥토리터를 지불했다. 한참 뒤에 역시 5년간 임차한 피에르 카잘롱은 1665년에 1헥타르당 정확히 밀 3헥토리터, 기름 0.14헥토리터를 지불했다. 평균 수확량을 헥타르당 5 내지 6헥토리터로 본다면(격년 휴경을 감안하여) 선취액이 4분의 1에서 2분의 1로 변한 것이다. 그러므로 차지농의 고행은 17세기에 시작된다.[65]

지대는 생산의 장기적인 변동과 무관한 자율적인 변수처럼 움직였다. 우리는 크레상의 지대의 움직임(문제가 되고 있는 영지를 통해)과 마을 전체 생산량의 움직임(크레상의 수도원 부속 농장에 들어온 현물 십일조를 통해)을 동시에 안다. 그런데 1630~70년경의 곡물 생산량은 1510~30년경의 최대 수준을 넘어서지 못한 채 한계에 부딪힌 반면, 17세기 중반의 지대는 16세기 초에 비해 훨씬 높았다.[66] 그러니까 지대의 권리자인 지주는 생산량에 비례하여 자기의 몫을 요구하는 것에 더 이상 만족하지 못했던 것이다. 17세기에 그는 단호하게 다른 사람들을 희생시키고 자기 몫을 증대시켰다. 16세기 초, 지대가 불변하는 동안 실질 생산의 증가와 실제적인 임금 하락에서 오는 반사이익을 챙긴 사람은 경작자였다. 그러다가 17세기에는 지주가 그것을 차지한다. 16세기에 초과 생산은 초과 이익으로 돌아갔지만 17세기에는 인상된 지대를 납부

65) 크레상의 땅은 2년 윤작을 시행했다. 예컨대 Aude G 31, f° 206, 10-4-1540, 수확 이후에 재파종 또는 연속 경작 금지; 마찬가지로 G 38, f° 639 v°(연속 경작 금지; 땅의 절반을 휴경할 것). 면적: 100스테레(Aude, G 49, 17-9-1716 등에 따르면 9월에 휴경지였던 45 내지 51스테레에 세 번 쟁기질할 것). 마찬가지로 Cambon, 1951에 따르면 102스테레(크레상에 있는 나르본 참사회의 소유지). 크레상의 스테레는 25아르고, 크레상의 스티에는 66리터다.

66) Gr. 30(Cressan)과 Gr. 38(Cressan)을 비교하라.

하는 데 쓰였다.

앙세륀의 산기슭 아래 펼쳐진 몽타디 또는 몽타댕의 땅을 소유한 사람들은 베지에의 참사회원들과 나르본의 참사회원들이었다.

나르본의 사제들은 메마른 수로가 지나가는 얕은 밭고랑을 따라 펼쳐진 둥그런 배수지 안에 있는 크고 작은 '모퉁이 땅' 총 27스테레, 다시 말하면 6.7헥타르를 소유했다. 1524년, 레스피냥의 자크 브델은 이 모퉁이 땅을 1년에 밀 12스티에, 즉 헥타르당 1.2헥토리터를 주는 조건으로 5년간 임차했다. 1633년은 지대의 황금기였다. 장 푸아와 가브리엘 망스 드 콜롱비에는 1년에 21스티에를 주는 조건으로 이 모퉁이 땅을 5년간 임차했다. 이는 헥타르당 2.1헥토리터로서 1500년에 비해 거의 배가 오른 것이다.

이 몽타댕의 땅에 있는, 베지에 참사회의 영지는 장기적인 연속 자료를 제공해준다. 1526년에서 1600년까지, 3년 단위 또는 5년 단위의 임대계약에서 소작료는 1년에 밀 50스티에였다. 그것은 1535년과 50년 사이에 45스티에로 떨어졌다. 당시 이 땅의 면적은 147스테레, 즉 37헥타르였기 때문에, 소작인은 헥타르당 평균 0.88헥토리터의 지대를 지불한 것이다. 낮은 임대료였다. 1650~60년경, 영지가 약간 불어나 46헥타르가 되었다. 그러나 같은 시기에 지대는 훨씬 더 올라갔다. 최소한으로 잡아도 두 배는 올랐기 때문에 1년에 밀 100 내지 110스티에가 되었다. 헥타르당 0.88헥토리터 하던 한 세기 전의 지대가 1.6헥토리터로 오른 것이다.[67]

---

67) 몽타댕 또는 몽타디의 모퉁이 땅들의 면적은 24스테레+2스테레였다. Aude, G 35, f° 392 v°, 2-11-1607; G 37, f° 91 v°, 26-6-1613 등등. 몽타댕의 스티에는 66리터이고, 스테레는 0.25헥타르다. 몽타댕에 있는 베지에 참사회의 영지는 1515년에는 147스테레(ADH, G 198)였고, 1645년에는 352스테레(같은 자료, 1645년 몽타댕의 조사)였다. 그러나 이 353스테레 가운데 1643년에 생-지니에의 영주에게서 1년에 600리브르를 내는 조건으로 임차한 167스테레는 빼야 한다(이 문제에 대해서는 ADH, G 75, G 174, f° 12 v°, G 176, f° 191 v°: 23-9-1643, 28-3-1654, 14-12-1661의 임대차 계약서). 따라서

오르브 강 좌안에는 15세기에 세워진 거대한 생-피에르 농장이 우뚝 솟아 있다. 1542년에 커다란 건물 안에는 포플러나무로 만든 식탁(한 판의 나무로 만들어진)이 있는 나지막한 방, 부엌, 화덕, 참사회원들이 미사를 드리는 기도실 등이 있었다. 그리고 '소 여물통'이 있는 외양간, 여섯 개의 기둥이 널따란 지붕을 떠받치고 있는 양 우리, 임대 가축인 돼지들을 위한 돼지 우리도 있었다. 이러한 가축들에도 불구하고, 또는 이러한 가축들 덕분에, 농장은 언제나 곡물을 생산하는 공장이었다. 1775년에도 여기에서의 포도주는 수입의 10퍼센트에도 못 미쳤다.

전체 면적은 154헥타르로 강 건너에 있는 레 살 농장의 76헥타르에 비해 위압적이었다. 이 두 농장의 주인인 베지에 참사회원들은 엄청난 힘이 있었다.

토지 규모가 크면 경작자도 큰 법이다. 1530~50년경, 앙투안 보네 같은 베지에의 제분업자나 상인이었던 차지농들은 참사회가 분노하는데도 나무를 자르고 숲속에 조를 심는 등 생-피에르 농장을 독단적으로 경영했다.

그렇지만 소작료 부담은 가벼웠다. 1527년에는 양질의 밀 300스티에, 호밀 25스티에로서, 헥타르당 지대는 1.40헥토리터였다. 아주 적은 양이었다. 1532년에서 60년까지 지대는 약간 올랐으나 아직은 낮았다. 파종할 종자만큼도 안 되었다. 1550년대에 지대는 모두 합쳐서 헥타르당 1.8헥토리터로 올랐다. 그러나 17세기, 18세기의 과도한 지대와는 얼마나 대조적인가! 1603년, 부주교를 우두머리로 하는 참사회원들은 생-피에르를 헥타르당 3.3헥토리터의 조건으로 차지농에게 내주었다. 18세기(1706, 1718)가 되면, 임대료는 밀과 호밀을 반반씩 섞어 헥타르당 5 내지 6헥토리터로 올라간다. 이제 차지농은 자기가 수확한 거의 모든 곡물을 주인에게 바쳐야 했다. 그는 포도주, 강낭콩, 옥수수, 올리브, 꿀, 생사, 목축, 나무 같은 부차적인 수확물만을 차지할 뿐이었다.[68]

1645년 당시 몽타댕의 순수한 영지는 185스테레, 즉 46헥타르였다.

르 비알라는 베지에 참사회 소유의 또 다른 대농장이었다. 17세기의 측량에 따르면 경지 면적은 142헥타르인데, 2년 윤작을 시행했기 때문에 절반은 휴경지이고 절반은 경작지였다. 경작용 마소는 강력했다. 1535년, 참사회원들은 차지농(차지농 역시 자기의 마소를 가지고 왔다)에게 11마리의 경작용 황소, 검은 털 암소 한 마리, 붉은 털 암소 한 마리를 빌려주었다. 그리고 부엌에는 조즈와 캉베트를 갖춘 3개의 쟁기, 5개의 당탈, 개당 5킬로그램 나가는 5개의 레유 등이 가득했다. 1535년에서 60년에 이 영지는 곡물 152헥토리터에 임대되었는데, 그중 밀이 132헥토리터이고 나머지는 호밀, 보리, 귀리 같은 부차적인 곡물로 균등하게 나뉘었다. 그러므로 헥타르당 1헥토리터를 약간 상회하는 양을 낸 셈이다. 1630~60년경, 지대는 곡물 500스티에, 즉 320헥토리터를 넘어섰는데, 그중 밀은 170헥토리터, 나머지는 호밀, 보리, 귀리로 납부했다. 헥타르당 곡물 2.2헥토리터로, 이는 16세기보다 두 배 늘어난 양이다. 행복한 16세기여![69]

아밀라크 영지를 보면 주인들은 같지만 크기는 훨씬 작다. 영지의 크기는 1500년에서 1790년까지 거의 변함이 없어서 40헥타르(16세기), 46헥타르(18세기)로 안정되어 있었다. 1527년의 지대는 71헥토리터였다. 1543년, '성실한 지대 납부자'인 에티엔 르비에르는 125스티에(79헥토리터, 즉 헥타르당 2헥토리터)를 당당하게 지불했다. 1560년에도 지대는 변함없이 120스티에를 유지했다.

120 내지 125스티에의 지대는 (1380년의) 곡물 140스티에나 1391년의 160스티에에 임대되던 14세기보다 약간 적은 양이었다. 그렇지만 그것은 17세기의 무거운 지대에 비하면 훨씬 적었다. 1620년과 75년 사이

---

68) ADH, G 199, 1542년의 조사 목록; G 880(1775년의 조사). 면적: 961스테레(1스테레는 16아르), ADH, Q 1100; 16세기의 소작인들에 대해서는 An. 3과 G 138, 17-2-1542, 23-6-1545.

69) ADH, G 780: 1697년의 측량(889스테레); G 194, f° 167, 22-9-1535의 임대 계약서; G 199, 21-8-1565의 조사 목록.

에 아밀라크 농가는 계약서에 따라 다르기는 하지만, 1년에 곡물 220 내지 250스티에, 즉 144 내지 165헥토리터를 지불했다. 이는 헥타르당 4헥토리터로 16세기에 비해 통상 배에 해당하는 양이었다.[70] 몽펠리에 참사회원들은 연안 평야 지방에 위치한 모랭에 대규모 단지를 소유했다. 커다란 건물로 구성된 성(城), 1613년의 평가에 따르면 격년 휴경제로 경작된 360헥타르의 경작지. 이 거대한 곡물 기계('거대한'이라는 표현은 남부 프랑스의 일반적으로 협소한 경작지에 비해 그렇다는 말이다)는 그에 상응하는 경작용 마소가 필요했다. 1686년, 25쌍의 경작용 소. 여기에 '천여 마리의 양떼'를 더해야 한다. 농경 괴물: 부유한 영주들마저 이 땅의 차지농이 되겠다고 나서기를 주저하지 않았다. 1550년 1월 7일, 회계청 감사관인 귀족 자크 드 사레가 나섰다. 그의 지주들은 그를 쥐어짜지 않았다. 내전 전인 1558년, 모랭에서의 헥타르당 지대는 겨우 1.8헥토리터였던 것이다. 지대 관련 연속 자료가 다시 시작되는 프롱드 난 이후, 지대는 거의 배가 올라 헥타르당 3.3헥토리터였다. 경작자의 생활이 훨씬 어려워졌다.[71]

성(城) 주위에 있는 빌마주르 영지는 84헥타르였으며 격년 윤작되었다. 1586년의 임대계약에 따르면, 경작용 마소는 소 8쌍으로 한 쌍의 소

---

70) 아밀라크: 1500년과 60년 사이에 252스테레(타유가 면제된 땅은 제외)(ADH, G 55, f° 55 이하); 1790년에 290스테레(Cambon, 1951). 에티엔 르비에르에 대해서는 ADH, G 138, 21-3-1548.

71) 모랭에 있는 경작용 가축은 소 20 내지 25쌍이다. 몽펠리에 참사회의 회의록, 10-9-1686; ADH, 성당 공증인들의 자료집, 공증인 파주의 기록, 10-6-1641, f° 586 v°; 같은 자료, Rosselli, 책 n° 82, 1612~15: 모랭에 있는 '천여 마리의 양'과 'un aras ou équitade'(1-3-1613의 임대계약서). 모랭의 면적, 같은 자료: "임차인인 이사크 고슈는 600스테레를 휴경해야 한다"; 그런데 모랭은 격년 윤작으로 경작되었다(Fages, 앞에서 인용한 기록, 10-6-1641: "임차인이 2년 계속 파종하는 것은 허용하지 않는다." 따라서 모랭의 경작지 면적은 600×2=1,200스테레다. 스테레 또는 카르테라드(Lattes 마을)는 0.15헥타르(포르와 귀발의 착오)가 아니라 0.30헥타르다(Vfct. 1734, 그리고 ADH, B 4, 1058~84). 1,200스테레는 경작지 360헥타르다.

가 10헥타르를 경작한 셈인데, 이 비율은 브리 지방이나 보스 지방의 강력한 바퀴 달린 쟁기에 비하면 우스꽝스럽지만 이곳에서는 흔한 비율이었다.[72] 나르본의 참사회원들은 빌마주르의 성주들이었으며 영지의 지주들이었다. 16세기에 지대를 현금으로 납부했는데, 이는 대농장에서 예외적인 경우였다. 그것을 등가의 밀로 환산해보면, 지대는 1510년경에는 곡물 70헥토리터, 1540년경에는 50헥토리터였다. 각각 헥타르당 0.8헥토리터, 0.6헥토리터로 반 캥탈에 해당한다. 비록 땅이 척박하긴 했지만 대수롭지 않은 양이었다. 이런 조건의 임대계약이었기 때문에 빌마주르의 영주들은 차지농의 지위를 마다하지 않았던 것이다. 성(城), 매우 낮은 지대, 높은 이익, 이 정도라면 부농의 지위로 약간 추락한다 해도 한번 해볼 만한 가치는 있었다. 몽르동의 귀족인 베르나르는 1504년과 1513년에, 그리고 몽페르 영주는 1552년과 1557년에 빌마주르를 임차했다.

17세기에 나르본의 참사회원들은 지대를 직접 곡물로 받는 조건으로 빌마주르를 임대했다. 지대는 헥타르당 1.25헥토리터로 미미했다. 그렇지만 다른 모든 곳에서와 마찬가지로 여기에서도 지대는 전(前)세기에 비해 두 배 올랐다.

나는, 16세기의 낮은 지대라는 규칙을 위반한 것으로 보이는 명백한 예외는 마지막을 위해 남겨두었다. 이 유일한 '위반'은 나르본의 참사회원들에게 중요한 영지인 베딜랑에서 벌어졌다. 베딜랑을 직접 경작할 때에는 한 명의 십장과 네 명의 상시 일꾼을 고용했다. 그러다가 임대를

72) 빌마주르 영지의 면적: 경작지 280스테레(Aude, G 42, f° 25 v°, 5-10-1659, 빌마주르 토지 보고서: 여기에서 140스테레는 휴경. 그런데 Aude, G 41, 24-8-1659의 임대계약서에 따르면 연속 경작이 금지되어 있다; 따라서 빌마주르는 격년 윤작을 시행했다. 그래서 경작지는 140×2=280스테레다). 그 지방의 스테레는 몽펠리에의 단위로 768평방 칸(ADH, B 1088에 의거), 즉 0.30헥타르이기 때문에, 280스테레는 84헥타르다. 빌마주르의 경작지에 대해서는 Aude, G 34, 19-11-1586의 반타작 소작 조건부 임대계약서(4쌍의 소는 참사회원들이 제공하고, 4쌍의 소는 경작자가 가지고 온다).

줄 때(1560) 임대료는 밀 280 또는 310스티에, 귀리 100스티에였다. 그런데 17세기의 임대 조건은 이 액수에 가까이 가기는 했으나 미치지는 못했다. 1600년 이후 가장 높은 지대는 밀 271스티에, 호밀 150스티에, 귀리 50스티에였다. 그러므로 베딜랑은 규칙(12경우)을 위반한 예외(한 경우)인 것이다.

그렇지만 규칙은 확인했다. 왜냐하면 베딜랑은 1586~88년부터 분할되었기 때문이다. 이제 가장 비옥한 땅들, 영지의 영광스런 밭들은 별도로 임대했다. 농장의 토지가 크게 잘려나갔는데도 지대는 거의 내려가지 않았던 것이다. 그래서 면적이 같다고 보면 지대는 16세기에서 17세기로 가면서 오른 것이다.[73)]

종합해서 결산해보면 16세기의 가장 큰 희생자는 임금 생활자였다. 그렇다고 지주가 이 희생의 수혜자였던 것은 아니다. 경작을 거부한 채 귀족적으로 사는 한, 그는 형편없는 고정 지대로 만족해야 했다. 물론 그에게 승리의 트로피가 주어질 것이지만, 그것은 1600년 이후의 일이다.

물론 지주가 궁핍했던 것은 아니다. 임금 생활자와 달리, 지주는 시대가 아무리 어려워도 결코 가난해지거나 빈곤에 빠지지 않았다. 왜냐하면 지주들은 대부분 현물 지대를 징수했기 때문이다. 그런데 16세기가 흐르는 동안 현물 지대가 내려가는 일은 (크레상을 제외하면) 드물었다. 일반적으로 지대는 1500년에서 60년까지 약간 올라갔다. 어쨌든 지대는 안정을 유지했다. 이는 아주 중요한 사실이다. 왜냐하면 밀의 시장 가치인 현금으로 환산할 경우, 실질적이고 안정적인 이 곡물 수입은 가격 곡선을 뒤따라갔기 때문이다. 지대는 선도 가격인 밀의 가격에 자동으로 연동했던 것이다. 낮지만 확실한 지대. 16세기의 전형적인 지대는 토지 가격의 3퍼센트를 유지했다. 공증인들과 법률가들의 평가에 따르

---

73) 베딜랑의 분할에 대해서는 Aude, G 31, f° 329 v°, G 32, f° 386, 16-6-1535와 17-12-1553(비옥한 밭들을 농장의 전체 임대계약서의 맨 앞에서 언급한다)와 Aude, G 34, 26-11-1587과 18-10-1588, f° 430과 여러 곳(농장은 여전히 직영된 데 반해 비옥한 밭들은 별도로 임대했다)을 비교하라.

면, 적어도 1543년에서 61년까지는 그랬다. 이들은 지대가 토지 자산 대비, 30드니에당 1드니에(3.3퍼센트) 또는 몇몇 극단적인 경우에, 아무리 많아도 20드니에당 1드니에(5퍼센트)며, 대금(貸金) 이자는, 빌려준 화폐 자산 대비, 10드니에당 1드니에(10퍼센트) 또는 최소 12드니에당 1드니에(8.3퍼센트)라고 평가하는 데 일치를 보였다.[74)]

이렇듯 현금 대여는 단기적으로는 가장 수익성이 높았지만, 그 시대의 인플레이션에 조금씩 잠식당했다. 반대로 현물 지대는 미미하고 정체적이었지만, 장기적으로는 물가지수와 연동했기 때문에 안정적이었다. 그것은 16세기에는 급속한 부를 보장하지는 않았어도, 가장들의 투자*였다.

이제 총생산과 그것의 분배에 대한 단순한 '모델'을 머릿속에 그려보자.[75)] 실질 총생산의 세기(世紀) 곡선은 아주 미미한 오름세를 보인다. 실질임금 곡선은 아주 강한 내림세다. 그리고 실질 지대 곡선은 수평으로 나타난다. 지주의 생활수준은 변함이 없지만 임금 생활자의 생활수준은 떨어졌다.

우리는 데이비드 리카도가 『정치경제학 원론』에서 기술한 상황과 아주 가까운 고전적인 상황에 와 있다.[76)] 인구는 팽창하지만, 부유화(富裕化)의 국면에는 진입하지 못한 상황. 이곳에서 임금은 '철칙'에 의해 억제되었고, 지대는 아직 안정적이었다. 그래서 우리가 리카도의 분석을 믿는다면, 이익은 필연적으로 올라갈 수밖에 없었다.

---

74) 프랑스에서 토지 재산 소득은, 1561년에는 퐁투아즈 신분회의 법률가들에 의해 30드니에당 1드니에(Laferrière, 1905, 116쪽에 인용된 Tiers의 텍스트)로, 1543년에는 베지에에서 20드니에당 1드니에로 평가되었다(400리브르에 구입되어 1년에 20리브르로 임대된 올리브 재배지: ADH, G 138, 6-6-1543). 화폐 이자는 10드니에나 12드니에당 1드니에였다(Laferrière, 1905, 117쪽; Gr. 39).

* 확실하고 안전한 투자.

75) 이 책, 제1권, 497쪽과 Gr. 37에 제시된 이 '모델'의 개념은 다시 논할 것이다.

76) Ricardo, éd. 1847.

그러면 생산의 미미한 증가, 임금의 뚜렷한 감소, 지대의 안정에서 비롯한 늘어나는 초과 생산을 과연 누가 '먹을' 것인가? 농업 경영 이익이라기보다는 더 정확히 말해 농업 경작자의 순(純)수입에 해당하는 그것을 누가 과연 취할 것인가?

이익의 승리

'아웃사이더': 십일조, 토지세, 타유세

왜냐하면* 십일조는 무관하기 때문이다. 십일조는 무거웠지만 그러나 그것의 상대적인 무게는 늘어나지 않았다. 16세기에 십일조 징수율은 관습적인 수준에 묶여 있었다. 요컨대 현금 십일조 곡선은 가격 곡선을 충실히 따라갔을 뿐 결코 추월하지 않았다.

따라서 세기의 잉여가치를 먹은 것은 십일조 징수자들**이 아니었다. 영주도 아니었다. 자유로운 토지 보유농들이 살던 이 지방에서 영주의 선취액은 어쨌든 터무니없이 적지 않았을까? 16세기에 수천 채의 집, 밭, 포도밭이 있던 베지에의 드넓은 땅에서, 영주권 또는 성당참사회의 '사용권'***은 모두 합쳐 1년에 100리브르의 수입을 거두어들였을 뿐이다.[77] 시골의 조그만 수도원 부속 농장이라 해도 1년에 300리브르로 임대되었는데 말이다.[78]

불쌍한 영주들! 그들은 최소한의 '영주 반동(反動)'도 하지 못할 정도로 무력했다. 인플레이션은 드니에나 잔돈으로 지불되는 영주들의 사용권을 우습게 만들어버렸다. 예컨대 몽펠리에 주변에서 그랬다. 1480년

* 십일조가 아웃사이더인 것은.

** 교회.

***usage: 농민들이 영주의 숲에서 나무를 한다든지 방목을 하는 등의 대가로 영주에게 지불하는 돈(또는 현물이나 용역).

77) ADH, G 194, 10-5-1543 f° 266 v°과 여러 곳.

78) 같은 자료, f° 292 v°, 9-5-1546(코의 수도원 부속 농장) 등등.

경, 1헥타르의 땅에 대한 영주권 또는 토지세(cens)는 평균 6수였다. 이를 등가의 밀로 환산하면 헥타르당 25리터로 총수확의 5퍼센트였다.[79] 그러나 물가 상승이 최고조에 달해 밀 1스티에가 80수이던 1570~80년에도 같은 땅에 대한 영주권은 여전히 헥타르당 6수였는데, 이는 밀 4리터로 수확의 1퍼센트에도 못 미치는 양이었다. 그러므로 현금 토지세의 경우, 인플레이션은 장원제를 거의 청산해버린 셈이다. 나르본이나 베지에 같은 다른 도시 주변에서도 동일한 과정이 진행되었다. 현금을 신뢰하던 순진한 시민인 15세기의 영주들은 종종 '의무'를 현금으로 전환시켜 증서를 작성했던 것이다.

그 순진함은 다행스런 것이었다. 그 덕분에 가격 혁명 말기에 이르면 도시 외곽 지대는 장원제에서 사실상 자유로워졌다.

그러나, 평원 지대에서, 영주권은 종종 현물로――주로 곡물로――징수되었다. 이 경우, 영주의 선취액은 실질 가치를 유지했다. 그리고 그것의 시장 가치는 가격과 연동해 있었지만 오르지는 않았다. 그리고 어쨌든 한 시대가 지나도록 그것은 미미했다. 헥타르당 몇 줌의 곡물, 일반적으로 보리로 지불되었는데, 보리는 대체로 밀 가격의 반도 안 나가는 중세의 골동품 곡물이었다.

여기, 지방 영주들――크로잘의 봉토인 카상의 성가대 선창자인 푸를랑과 '코(Caux)에 있는 그의 동료(sic)'――의 사용권이 인정된 베지에의 한 본당 사목구가 있다. 이곳에는 1353년에서 18세기까지 일련의 자료가 아주 훌륭하게 남아 있다. 보리나 드니에로 내는 부과조의 액수는 변하지 않았다. 그러나 토지세 장부는 토지의 소유권 이전 내용을 반영하기 위해 종종 재작성되었다. 1441년에 한 보유농은 1스테레의 땅에 보리 한 줌을 내야 했다. 그의 세 아들이 땅뙈기를 분할했다. 1480년, 그들은 각각 그것의 3분의 1씩을 부담했다. 1440, 1506, 1540년, 부과조는 조각땅에 따라 헥타르당 보리 2리터에서 30리터까지 다양했다. 평

79) 이하 모든 것에 대해서는 An. 39 참조.

균 12리터. 이는 아주 미미한 양이었다. 헥타르당 밀 또는 호밀 5헥토리터(2년 윤작제)를 생산하는 땅에서, 이것의 무게는 총생산량의 2.4퍼센트에 불과했으며, 가치로는 싸구려 곡물인 보리이기에 더욱 미미했다.

보리로 지급받은 영주는 드니에로 받은 동료들보다는 그래도 덜 불쌍했다. 그는 보리로 16세기의 인플레이션을 버텨냈기 때문이다. 그러나 1590년에도, 1650년에도 그는 여전히 싸구려 곡물로 총생산의 1퍼센트나 2퍼센트를 받았을 뿐이다. 그의 얼마 안 되는 부과조는 고정되었기 때문에 그 역시도 16세기의 잉여가치를 독차지할 수 없었다.

보리로 받든 드니에로 받든 르네상스 시대의 영주권은 비참했다. 베지에에서 참사회원들이 맡긴 '사용권' 징수 임대료는 1500년에서 60년 사이에 100리브르로 동결되었던 반면, 같은 기간 십일조의 명목 수입은 세 배로 늘어났다. 그래서 프랑수아 1세, 앙리 2세의 치세 기간 중에 일어났던 것은 영주의 반동이 아니라 반(反)영주적인 반동이었다.

사실 16세기의 토지세 위기에 대해서는 더 이상 증명할 필요가 없다. 그것은 많은 학자들의 관심을, 어찌 보면 너무 많은 관심을, 끌어왔다. 왜냐하면 1500년 이후 엄밀한 의미의 영주 지대는 대체로 미미했으며 취약했기 때문이다. 16세기의 인플레이션은 늙은 유령을 몰아냈을 뿐이다.

인정 토지세*인 이 같은 화석화된 지대의 초라한 종말 이상으로 중요한 것은, 앞에서 살펴보았듯이, 자기의 영지를 임대해준 지주가 실제로 받은 지대의 정돈(停頓)이다. 한 줌의 보리, 장갑 한 켤레, 또는 물 한 컵을 받고 자기의 보유지를 임대해주는 정도였던 영주들은, 오래전부터 이 민주적인 남부에서는 그림자의 왕국**에서 사는 것과 다름없었다. 적어도 그들이 자기 소유의 직영지를 가지고 있지 못했다면 말이다.

* 토지세(cens)의 납부 의무가 있음을 인정한(recognitif) 토지세.

** 저승.

*

십일조 징수자들과 영주들은 어쨌든 혐의를 벗었다. 그러면 16세기의 농경에서 발생한 실질적인 잉여가치를 차지한 사람은 왕, 세금, 타유세인가? 이 질문은 던져볼 가치가 있는 질문이다. 왜냐하면 이 지방에서 세금은 그 같은 독식을 하기에 좋은 위치에 있었기 때문이다. 랑그도크에서 타유세는 무엇보다도 농업의 부(富)에 부과되었다. 타유세는 물적인, 가혹할 정도로 물적인 조세였다. 주요 도시들(몽펠리에)에서도 '토지' 콩푸아는 과세의 핵심 부분을 떠맡았다. 산업, 상업, 부동산업자의 소득에 대한 과세장부인 '카발'* 콩푸아는 타유세의 극히 작은 부분을 차지했을 뿐이다. 법관, 상인, 고리대금업자의 도시인 몽펠리에는 하나의 거대한 농촌 마을처럼 부과되었다. 1534년, 3,500리브르의 타유세 가운데 토지분(부동산)은 3,404리브르 투르누아였고, '카발' 부분은 96 리브르로 3퍼센트에 불과했다. 아주 미미한 비율이었다.

그런데도 이 비율은 더욱 줄어들었다.[80] 18세기에 몽펠리에의 카발은 정확히 토지분의 2퍼센트(1734년에 5만 리브르 중 982리브르)로 줄었다. 대도시가 이럴진대, 토지 재산이 직접세의 거의 전부를 차지한 농촌의 본당 사목구들은 볼 것도 없다.

개인의 회계장부를 참조해보면, 농업이 세금에서 차지하는 몫이 얼마나 큰지 다시 한 번 확인할 수 있다. 앞에서 보았던 베지에의 공증인 로콜 집안을 보자. 1590~92년, 그들이 징세원들에게 낸 돈은 다음과 같다.[81]

---

* 카발(cabal)은 랑그도크 언어로 가축이라는 뜻이다. 여기에서는 동산을 가리킴.

80) AC Montpellier, 기록 n° 48(『인쇄 목록』의 t. II에 소개됨). 1734년에 대해서는 Vfct. 1734 참조, 몽펠리에 항목 참조. 1550년경 랑그도크의 신분회가 동산과 사람들이 타유의 3분의 1을 부담하고 부동산이 3분의 2를 부담할 것을 요구한 것은 현실과는 동떨어진 이상적인 권고였다는 것을 알 수 있다(Dognon, 1895, 297쪽).

81) ADH, G 837.

	수확 연도	
	1590~91	1591~92
산업, 동산 타유	13리브르 4수	16리브르 12수
토지 타유	289리브르 0수	363리브르 0수

로콜 집안의 땅은 집안의 세금 중 95퍼센트를 차지했다. 동산 수입(이 경우에는 공증인으로 활동하여 얻은 수입)은 겨우 5퍼센트다. 놀라운 불균형이다. 왜냐하면 로콜 집안의 현금 수입 가운데 땅에서 나오는 수입은 연간 700리브르 투르누아인 데 비해, 사업 수입(공증서류 작성, 대금업)은 800리브르 투르누아였기 때문이다.[82] 그러므로 동산 수입은 사실상 세금이 면제된 셈이었다(800리브르 중 16리브르). 반대로 현금 토지 수입은 타유세에 의해 절반 정도, 즉 700리브르 중 363리브르가 탈취되었다.

그러나 생산물의 판매를 통해 얻은 현금 토지 수입은 영지의 총생산 가운데 일부에 불과했다. 사실 총생산은 대부분 로콜 집안의 주인들, 일꾼들에 의해 또는 파종을 위한 비축용으로 '자가 소비'되었기 때문이다. 그러면 우리가 여기에서 연구 대상으로 삼은 영지의 총생산 가운데 타유세가 차지한 몫은 얼마나 될까?

로콜 집안의 회계장부는 1582~92년의 11년이라는 완전한 경제 사이클을 망라하고 있다. 실질 가치를 구하기 위해 애덤 스미스의 조언을 따라가자. 수확, 수입, 세금을 지방 시장의 가격에 따른 등가의 밀로 환산해보자. 로콜 집안은 1년에 평균(매해의 실제 수치에 아주 가까운 평균) 31헥토리터의 밀을 타유세로 납부했다. 실질 가치로 평가된 이 타유세는 경작지(60~70헥타르), 포도밭, 올리브 재배지, 목초지 또는 도시의 가난한 사람들(우베르타리의 장 같은 농민, 피에르 마튀랭 같은 목수,

82) 로콜의 현금 농업 수입(생산물 판매, 토지 임대료): 1590~91년에 731리브르, 1591~92에 644리브르.

또는 자크 부케르 같은 단순 막일꾼들)에게 매년 약간의 리브르 투르누아를 받고 세를 준 집들(차라리 작은 오두막들) 등 베지에 주변에 산재한 모든 토지 재산에 매겨진 세금이다.

이 모든 부동산 재산의 총생산을 밀로 환산하면, 보통 다음과 같다.

경작지－곡물	300헥토리터
포도밭과 올리브 재배지	106헥토리터
동물 생산	81헥토리터
집	12헥토리터
합계	499헥토리터

여기에서 타유세는 31헥토리터(499헥토리터 가운데), 즉 6.2퍼센트를 차지했다. 이는 16분의 1인 소(小)십일조와 같은 액수다. 2차적이고 추가적인 십일조인 셈이다. 화폐 수입의 차원에서 보면 6.2퍼센트는 큰 몫이다. 그러나 총수입을 생각하면 견디기 힘든 정도는 아니다.

그러면 1580~90년경, 6.2퍼센트의 이 세율은 예를 들면 15세기 말에 비해 동일한가, 낮아졌나, 높아졌나? 사실, 중요한 문제다. 16세기가 지나는 동안 세율이 올랐다면 바로 그 조세가 생산, 지대, 실질임금의 오랜 변화 과정에서 발생한 농업 잉여가치를 부분적으로나마 차지할 것이다. 반대로 조세 비율이 정체하거나 내려간다면, 이제 경기장에 유일하게 남아 있는 경작자의 이익이 바로 그 잉여가치를 차지할 것이다. 누가 이길 것인가? 왕과 그의 신하들? 경작자와 그의 아이들? 답부터 보면 16세기에서 게임의 승리자는 세금이 아니라 이익이었다.

물론 랑그도크에서의 세금은 명목 가치로 볼 때 16세기 동안 많이 올랐다. 그래서 적지 않은 훌륭한 역사가들은 거기에 넘어가 끔찍스러운 용어로 그 같은 조세 증가를 기술했다.[83)]

---

83) Dognon, 1895; F. de Dainville, 몽펠리에 코뮌 고문서의 『인쇄 목록』의 제2

그러나 그들이 그린 어두운 그림들의 의미는 무엇일까? 타유세의 명목적인 상승은 그 자체로는 아무런 의미가 없음이 명백하다. 실제적인 가치가 있는 질문은 이들 예민한 역사가들이 거의 제기하지 못한 다음과 같은 것이다. 세금은 물가보다 빨리 올랐는가, 느리게 올랐는가, 아니면 같은 속도로 올랐는가? 이를 알아보기 위해서는, 부분적으로 발표되었을 뿐인 신분회의 회계장부를 검토하는 정도로는 충분하지 않다. 사실 성채 도시에 대한 지원금, 숙영비, 나르본의 병참 지원금 등과 같이 국왕이 지방의회의 동의 없이 직접 징수할 수 있는 돈은 매우 많았다. 또한 왕만 그런 것이 아니었다. 지방, 교구들, 공동체들(도시들, 마을들)이 각각의 세금을 떼어갔다. 한 본당 사목구의 징세원이 콩푸아상의 개인별 평가액에 따라 납세자들에게 요구한 전체 타유세는 이 모든 조세를 합한 것이다.

가장 낮은 차원인 마을이나 도시의 회계장부에 세금의 세기적인 변화를 가장 잘 파악할 수 있다. 이 같은 국지적인 회계장부는 신분회가 불변의 세율에 따라 교구들로 그러고 나서 공동체들로 자동 분배한 국세를 충실하게 반영했다. 또한 회계장부는 지방세, 교구세, 도시세 등을 통합했다. 이 점에서 도시의 고문서와 마을의 고문서 사이에는 근본적으로 차이가 없다. 그러나 잘 보관된 도시의 고문서들은 세기에 걸친 연속 자료를 빠짐없이 구성할 수 있도록 해준다.

우리는 몽펠리에의 1446년에서 18세기까지의 직접세 곡선을 그려내어, 그것을 가격 곡선과 비교할 수 있다. 몽펠리에의 타유세와 몽펠리에의 밀 가격, 이보다 쉽게 비교할 수 있는 것이 어디 있을까? 어떤 자료가 이보다 더 동질적일까? 대수자를 사용하여 두 도표를 비교해보면, 그 동일한 경사각에 의해 비례적으로 유사한 증가를 읽어낼 수 있다. 두 그래프를 대조해보면 그 의미가 첫눈에 들어온다.[84]

권 「서문」.

84) Gr. 41.

세금이 물가를 따라가지 못한 것은 명백한 사실이다. 세금의 지체는 세기가 흐르는 동안 뚜렷하게 나타났다. 대략 말하자면, 1480년에서 1560년 사이 몽펠리에에서 세금은 두 배 조금 더 오른 데 비해 물가는 거의 세 배 올랐다. 1475~85년경, 밀은 1스티에에 13수였는 데 반해 타유세는 1년에 5천 리브르에서 오르내렸다. 1520~30년, 타유세는 1년에 약 6천 리브로로 약간(20퍼센트 정도) 올랐다. 그런데 이때 밀은 이미 1스티에에 24수로 배나 뛰었다. 그러므로 실질 세금은 루이 11세 이래 많이 내린 것이다. 그후 국왕이 신분회에 파견한 위임관들은 그 간극을 채우려고 시도했다. 지방의회의 의례적인 신음이 없지 않았다. 1555년경, 몽펠리에의 타유세는 1년에 1만 3천 리브르로, 15세기 말의 세액에 비해 배가 올랐다. 그러나 밀은 스티에당 30수로 최대 격차를 여전히 유지했다. 1555년에 몽펠리에는 1480년보다 인구도 많아졌고 부유해졌지만 실질 가치로는 오히려 가벼운 세금을 냈던 것이다. 기이한 뒤틀림이다. 우리의 곡선상에서 세금은 1585년에 가서야 비로소 가격 곡선을 따라잡는다. 세금이 가격을 진정으로 추월하는 것은 리슐리외 시대부터다.

결론적으로 세금 압박은 루이 11세의 죽음 이후 한 세기 동안 무겁지 않았다. 프랑수아 1세 때는 일시적이나마 가벼워지기도 했다. 그런 다음 16세기 말에 이르러서야 15세기 말의 수준을 회복했다. 전체적으로 세금은 아직 팽창주의적인 성격을 띠지 않았다. 또한 세금은 농업 경영 이익이 실질적인 잉여가치와 최대 마진을 독차지할 수 있도록 자유롭게 놔두었다.

랑그도크에서 순수 경작자인 농업 경영자들은, 적어도 법적으로는, 세무관청에서 극진한 대접을 받았다. 땅을 임대하면, 임차인이 아니라 땅주인이 타유세를 물었다. 1600년 이전, 나는 차지농이 주인 대신 타유세를 납부한 경우를 하나밖에 보지 못했다. 아밀라크 농가의 1548년 계약을 보면 '차지농이 타유세를 납부'하기로 돼 있다.[85] 그러나 다른 곳의 경작자들은 모두 세금에서 자유로웠으며, 지주만 타유세 납세자였다. 베지에의 로콜 집안도 그랬다. 1580년경 그들은 그들의 소유지에 대해 무거운 세금을 냈다. 세금 낼 돈을 마련하기 위해 그들은 임대료로 받은 곡물을 내다 팔았다. 반면 그들의 차지농은 징세원들에게 아무것도 내지 않았다. 로콜 집안은 남부 프랑스의 전형적인 경우다. 세르는 그 사실을 확인해주며, 그것에 유감을 가졌다. 그는 다음 세대의 지주들은 차지농에게 세금을 떠넘기기를 기원했다.[86)]

시행정관들과 징세원들은 '동산' 콩푸아에 의거해서 마을의 대규모 차지농들에게 세금을 물리는 정도였다. 그러나 동산에 대한 세금은 도시에서와 마찬가지로 극히 미미했다. 1505년 퐁테에서는 기름 몇 병이 고작이었다.[87)]

그런 의미에서 16세기의 조세는 실질적인 역동성뿐만 아니라 유효성도 결여했던 것으로 보인다. 그것은 과녁을 빗나갔다. 한참 올라가는 '이익'에 세금을 매기지 않고, 정체 중인 무기력한 지대만 무겁게 내리누르며 으깨고 있었던 것이다.

포도주와 고기에 부과하는 소비세인 『랑그도크의 등가(等價)』의 연속 자료로 판단하건대, 간접세 역시 무기력하기는 마찬가지였다. 밀의 가격 곡선이 뜀박질할 때 간접세 징수 임대 곡선은 기어갔다.[88)] 1512년, 임대액은 지방 전체로 볼 때 11만 3천 리브르였으며, 1557년에는 14만 5천 리브르, 1602년에는 17만 리브르였다. 같은 시기에 밀 가격은 스티에당 각각 14수, 40수, 80수로 올랐다. 간접세는 흐름을 따라가지 못했다. 가격 혁명에 속아넘어간 지하실의 쥐*의 관용 덕분에 사적인 농업 경영은 자유롭게 그 이익을 증대시킬 수 있었다.

---

85) ADH, G 195, f° 111 v°, 20-4-1548(증서의 여백에 기록).

86) Serres, I, 8.

87) AC Fontès, 1504~1505년의 타유세 대장; An. 37 참조.

88) Gr. 42.

* rat de cave: 지하실의 술창고를 조사하는 징세원을 말함.

*

농업 경영자와 그의 수입

16세기에 농업 경작자는 유리한 상황에 있었다. 그는 가격 상승과 노동시장의 포화 상태를 동시에 자본화했다. 그러나 실질소득, 실질 세금, 실질 지대, 실질임금, 실질 이익 그리고 실질 잉여가치에 대해 말하기로 하자. 명목 가치는 무시하자.

만일 우리의 주인공이 지주 경작자라면, 그의 수입은 조금 오른 반면 그가 지불한 임금은 감소했고 그가 납부한 세금도 감소하거나 변함이 없었다. 그래서 그는 세기가 변화하면서 발생한 절대적 잉여가치(생산의 가벼운 상승)와 상대적 잉여가치(임금의 뚜렷한 감소)를 모두 자기 수입으로 돌렸다. 다른 사람의 땅을 경작한 순수 경작자도 같은 처지였다. 그는 세금을 면제받았다. 그가 주인에게 낸 지대도 무겁지 않았으며, 자기의 일꾼들에게 지급한 임금 역시 얼마 되지 않았거나 더 줄어들었다.

지주이건 차지농이건 경작자의 승리였다. 임금의 절정기(15세기 말)와 지대의 황금기(17세기 초) 사이에 위치한 이익의 황금기가 16세기에 점차 그 윤곽을 드러냈다. 바꿔 말하면 이 시기에는 임금을 받은 쪽이 패자였고 이익을 챙기는 쪽이 승자였다. 그리고 지대를 받은 쪽과 세금을 받은 쪽——국왕의 조세건 십일조건——은 승패가 없었다.[89] 이들은 명목 가격과 실질 이익의 팽창 앞에서 그럭저럭 자리를 유지해나갔다.

*

이제 이러한 변화를 계량화해서 하나의 모델을 만들어볼 차례다.[90]

---

89) 1560년 이후의 십일조 파업에 대해서는 차후에 기술할 것이다.
90) 이 '모델'의 그래프는 Gr. 37 참조

16세기 랑그도크의 한 대규모 농가를 보자. 이 농가는 곡물을 심는 140헥타르의 경작지를 가지고 있다. 물론 이것은 규모가 크긴 하지만 예외적인 것은 아니다. 1년에 헥타르당 10헥토리터, 그러니까 격년 윤작을 감안하여 헥타르당 5헥토리터로 계산하면, 이 영지는 1년에 700헥토리터의 곡물을 생산한다. 반은 밀을, 반은 부차적인 작물을 심는데, 1480년경에는 보리와 귀리이고 1580년경에는 호밀이다. 이러한 부차적인 작물의 가치는 같은 양의 밀의 가치의 60퍼센트에 지나지 않는다. 부차적인 작물을 밀로 환산하면 210헥토리터다. 따라서 밀로 환산된 이 농장의 실질 생산량은 진짜 밀 350헥토리터와 밀로 환산된 부차적인 작물 210헥토리터, 총 560헥토리터다.

그러나 농가는 곡물 생산 공장에 그치지 않는다. 농가는 포도주, 기름, 포도나무 햇가지, 꿀, 나무 등을 생산하는가 하면 팔기도 한다. 그렇지만 경제는 전통적이어서 곡물이 지배적이며, 포도주는 부수적이다. 로콜 집안의 회계서, 교구의 콩푸아 등에 따르면,[91] 농가의 비곡물적인 식물 생산은 전체 곡물 생산의 4분의 1, 즉 140헥토리터로 계산된다.

따라서 영지의 전체 식물 생산량은 밀로 환산하면, 560+140=700헥토리터다.

또한 동물 생산이 있다. 휴경지, 목초지 그리고 드베스(울타리를 친 황야)에서 풀을 뜯는 소, 특히 양. 도살 전 가축, 털, 가죽, 비둘기, 계란과 닭, 늙은 노새, '깡마른 작은 염소들'의 생산 영역. 이 영역은 이웃이나 고객의 짐을 운반해주거나 경작해줌으로써 수익이 발생한다. 옛날의 대농장의 회계서 가운데 현존하는 것을 가지고 판단하건대,[92] 이 같은 동물 생산은 식물 생산의 5분의 1, 즉 140헥토리터로 평가된다. 그러므로 영지의 식물 생산과 동물 생산의 총량은 밀로 환산하면 700+140=840헥토리터다.

---

91) 이 책, 제1권, 386, 493쪽.

92) An. 8.

그러면 분배는 어떠한가? 곡물 생산의 4분의 1인 140헥토리터——이는 적은 비율이다——는 파종에 쓰인다. 곡물에는 무겁게, 다른 생산물에는 가볍게 선취된 십일조는 가감하면 총생산량의 14분의 1, 즉 840/14=60헥토리터다. 종자와 십일조를 합하면 총 200헥토리터다.

차지농이 땅주인에게 지불하는 지대를 계산해보자. 그것은 일반적으로 곡물 경작지 1헥타르당 1.7헥토리터이니, 총 240헥토리터다.

부수적으로 이 땅에 대해 지주는 국왕에게는 타유세를, 영주에게는 토지세를 바친다. 타유세는 총생산의 6.2퍼센트(52헥토리터)다. 농토에 과세되는 토지세는 식물 생산의 2퍼센트, 즉 14헥토리터다. 왕과 영주에게 바치는 이 조세 부담은 앞에서도 보았거니와 1485년이나 1585년이나 사실상 같은 수준이다.[93] 이것들은 지대에서 나가기 때문에 당장은 순수 경작자의 순소득 계산에 영향을 미치지 않는다. 결국 종자, 십일조, 지대는 고정비용의 총체로서 총생산 840헥토리터 가운데 440헥토리터, 즉 52퍼센트를 차지한다. 나머지 400헥토리터(총생산의 48퍼센트)는 땅을 경작한 사람들, 다시 말해 차지농 자신과 임금노동자의 몫이다.

임금 부분에서는 우선 수확 비용과 낟알 떨기 비용이 곡물 수확량에서 몇 퍼센트를 차지하는지 살펴보자. 1480년, 이 비용은 곡물 수확량의 16.5퍼센트(베기 10퍼센트, 탈곡 6.5퍼센트)로 92헥토리터다. 1590년에는 11퍼센트로 61헥토리터에 불과했다.

하인들의 임금을 알아보기 위해 상시 일꾼을 세 사람으로 가정하자. 이들은 각각 현물과 현금으로 보수를 받으며, 그것은 밀로 환산할 때 1480년경에는 24.5헥토리터, 1590년에는 15.3헥토리터다.[94]

마지막으로 일용 막일꾼을 보자. 상시 일꾼이 셋인 농가에서 임시 노동력이 수행하는 추가 노동 일수는 우리가 알고 있는 회계서에 따르면,

---

93) 이 가정에서 토지세는 현물로 납부했다.

94) 그러므로 이들 셋은 농가의 총생산에서 1480년에는 73.5헥토리터, 1590년에는 45.9헥토리터를 받는다.

4년 반으로 계산되며, 그 가운데 3분의 2는 여자들이 공급한다. 1480년경, 일당 1수 3드니에를 받는 여자들의 노동 일수는 1,094일, 일당 2수 6드니에를 받는 남자들의 노동 일수는 548일이다. 총노동 일수의 노동 비용은 136리브르인데, 이는 밀 104헥토리터에 해당한다. 1590년에는 같은 노동 일수이지만 남자는 8수, 여자는 3수에 고용되어, 1년 비용은 383리브르, 즉 밀 48헥토리터에 해당한다. 절반 이상의 하락은 여성 임금의 특히 두드러진 하락으로 설명된다.

전체적인 임금 부분(베기와 탈곡, 하인, 일용 막일꾼)

1480	92 + 73 + 104 = 269헥토리터
1590	61 + 46 + 48 = 155헥토리터
차이	-114헥토리터

이렇듯 한 세기 동안 진행된 임금의 빈곤화로 차지농은 밀 114헥토리터에 해당하는 이익을 챙겼다. 세력 관계를 수정하는 상당한 초과이익이었다. 1480년, 경작자의 수입(130헥토리터)은 지대(240헥토리터)와 임금(269헥토리터) 사이에 끼여 꼼짝할 수 없었다. 반대로 1590년에 지대는 240헥토리터, 임금은 115헥토리터인 데 반해 경작자는 245헥토리터에 해당하는 '사자(獅子)의 몫'을 차지했다. 임금은 추락했고 지대는 제자리걸음을 했다. 경작자의 수입은 거의 배로 올랐다. 동시에 그의 저축 능력과 투자 능력이 늘어났다. 반복하면, 1480년에 130헥토리터의 고유한 수입을 올린 차지농은 부자가 아니었다. 차지농은 그 수입을 가지고 철제 레유, 쟁기, 계가(繫駕) 등을 위해 목수, 대장장이, 마구 제조인에게 돈을 지불해야 했다. 또한 그 안에는 경작 책임자의 가족 임금이 포함되어 있었다. 그리고 그 돈으로 가축(소와 노새)을 먹이고 필요하면 교체해야 했다. 이런 조건에서 저축하고 투자할 것이 남겠는가? 수십 헥토리터나 남았겠는가? 그러나 16세기 말에 이르면, 같은 조건의 차지농의 잠재적 저축 능력은 100헥토리터 이상으로 올라갔다. 차지농

의 상승: 차지농의 저축 능력은 크게 늘어나, 어느 면에서는 자본가의 가능성에 가까워졌다.

상대적으로 덜 뚜렷하기는 하지만, 지주 경작자도 상승했다. 귀족처럼 사는 순수 지주는 상당하지만 실질 가치가 고정된 지대를 받은 반면, 지주 경작자는 안정된 지대에다가 증가하는 이익을 더 챙겼다. 땅주인이 중간 경작자 없이 자기 손과 눈으로 직접 관리하는 형태의 영지를 가정해보자. 이 지주 경작자는 1480년에도 1590년에도 자기의 총수입에서 종자, 십일조, 타유세 그리고 영주권(그는 영주에게 세금을 부담해야 한다는 것을 잊지 말자) 등을 내야 한다. 그러면 그가 공제해야 할 액수는 140+60+52+14=266헥토리터다. 1480년에 그가 지불하는 임금은 269헥토리터였다. 그러므로 15세기 말 그에게 남는 것은 305헥토리터다.*

16세기 말에 종자, 조세, 영주세, 십일조는 총 266헥토리터로 변함이 없었다. 그러나 임금은 155헥토리터로 내려갔다. 지대의 안정성과 이익의 팽창성을 함께 누린 지주 경작자는 이제 419헥토리터, 즉 자기 영지의 총생산의 정확히 반을 자기 몫으로 차지했다.

물론 그의 수입 향상은 등가의 같은 땅을 일구는 것으로 가정한 차지농의 그것에 비해 화려하지 않다. 차지농의 수입은 또는 장차의 차지농들의 수입은 사실 1480년의 130헥토리터에서 1590년에는 245헥토리터로 115헥토리터(+88.5퍼센트)가 늘어났다. 반면 지주 경작자의 수입은 경제적으로나 사회적으로 매우 높은 수준에서 출발했다. 1480년에는 305헥토리터였다. 그러나 그후 상승 속도는 상대적으로 느리다. 지주 경작자의 수입도 419헥토리터로 늘어나 114헥토리터를 더 얻게 되지만 백분율로 보면 37.7퍼센트 증가하는 데 그쳤다. 상승률은 지주의 행복한 경쟁자인 차지농에 비해 절반도 안 된다.

이렇듯 경제적 · 사회적 역동성의 순서에서, 16세기는 순수 차지농을

---

* 840−266−269=305.

맨 윗자리에 놓았다. 그다음 자리는 지주 경작자 또는 젠트리(gentleman-farmer)가, 세 번째 자리는 순수 지주가, 마지막 자리는 세기의 패자인 농업 노동자가 차지했다.

*

온갖 종류의 경작자들의 추가 저축은 어디로 갔을까? 우리는 이 부분의 사용처를 짐작할 수 있다. 부유한 지주들은 귀금속, 은 제품, 향신료, 리브르 등으로 축재(蓄財)를 하거나 낭비를 했을 것이며 소작인들은 가축에 투자, 지주 경작자들은 건축에 열광했을 것이다.

사실, 투자 결정은 가장 손쉬운 해결책으로 향하는 것 같다. 노동력의 과잉 공급 상황에서 그것은 새로운 노동력을 고용하는 방향으로, 추가 노동력을 충원하는 방향으로, 또한 경작용 가축을 추가 확보하는 방향으로 나아갈 것이다. 라 바스티드와 베딜랑 같은 나르본의 농장들은 전형적인 사례였다. 16세기에 이들 농장은 규모나 면적은 늘어나지 않았지만 고용은 계속 늘어났다. 15세기 말과 16세기 초에 두 농장은 각각 책임 경작자 외에 세 명의 상시 일꾼만을 고용했다. 1535년 이후 네 번째 상시 일꾼을 고용했다. 1551년, 다섯 번째 일꾼을 고용하지만, 1년 중 3개월, 즉 고된 일이 많은 4월, 5월, 6월에 한했다.[95] 지주 경작자인 나르본의 참사회원들이 일꾼들의 양식인 돼지의 숫자를 줄이기로(세 마리에서 두 마리로) 한 1557년의 계약서에서도 우리는 처음으로, "먹을 것과 그밖의 다른 것들을 나르기 위해" 말 한 필을 구입한 내용을 볼 수 있다.[96] 1570년, 참사회는 "파종과 낟가리를 하는 동안" 쟁기를 끌 보조 농부를 고용했다.[97] 그밖에 이것도 처음 있는 일이지만, 수확을 돕거나 감독할 일꾼을 고용했다. 그리고 포도나무 가지치기를 도울 일꾼

95) Aude, G 32, f° 242 v°, 6-9-1551.

96) Aude, G 33, f° 14 v°.

97) 같은 자료, G 34, 9-1-1570.

도 한 명 고용했다.

그러니까 새로운 저축분은 고용과 일자리를 창출했다. 그러나 이렇게 노동력에 투자하는 것이 수익성이 있었고 진정으로 생산적이었나? 사실 세 명의 상시 일꾼이 고용된 농가에서 네 번째, 다섯 번째 일꾼을 고용하는 것은 생산이나 기술의 수정 없이 노동력을 토지에 집중시키는 것이며, 수익성 또한 빠르게 떨어졌다. 그것을 유지하려면 더욱 생산적인 윤작 체제를 일반화시키거나 포도처럼 수지 맞는 작물을 재배해야 했다.

요컨대 16세기에 농업 경작자들의 신생(新生) 자본주의는 역동적인 인구가 공급하는 풍부한 노동력을 이용했다. 신생 자본주의는 그 덕분에 임금을 낮출 수 있었으며, 그렇게 저축된 돈으로 거의 늘어나지 않은 면적의 땅에 새로운 노동자를 고용했다. 그리하여 생산의 증가는 변변치 않았다. 왜냐하면 신생 자본주의는 형편없는 기술과 생산성에 만족하고 말았기 때문이다. 저축이 항상 성장으로 이어지는 것은 아니었다.

*

그러나 한 가지 중요한 점이 있다. 16세기에 토지 소유는 이익을 자동으로 늘려주는 신권(神權)이 아니었다. 지주로 태어나는 것만으로는 충분하지 않았다. 부유해지려면 토지 소유와 경작, 경영, 토지의 효과적인 관리 등이 결합해야 했다. 바로 이러한 것들이 초과 생산과 초과 이익의 열쇠였다. 거꾸로, 순수 농업 경영은 절약을 통해 토지 소유를 가능하게 해주었다. 어떤 때는 신참자라도 단번에 중간 또는 대규모 토지 소유자가 될 수 있었다. 왜냐하면 농업 경영을 통한 저축은 노동력으로뿐만 아니라 토지로도 전환될 수 있었기 때문이다.

간단히 말해 이 경우, 16세기는 지주 집안의 아들로 태어남으로써 요람에서부터 아무런 근심 걱정 없이 땅을 소유하게 된 사람들에게만 혜택을 주지는 않았다. 그것은 땅 없이 출발했지만 자수성가한 사람들에게도 어느 정도 유리했다.

여기까지 우리는 필수적인 추상화의 수준에 머물렀다. 이제 사회 집단들, 그러니까 통계적인 모델의 숫자 뒤에 숨어 있는 사람들을 구체적으로 바라보자.

먼저 차지농을 보자. 그들이 상대적으로 유리한 처지에 있었음을 말해주는 여러 지표가 있다. 우선, 소작료를 손쉽게 지불한 것으로 보아 그들은 안정적이었다. 세르비앙에 사는 에스티엔 르비에르는 아밀라크 농장(17세기에는 20번이나 차지농이 바뀐다)을 1538년부터 63년까지 계속 임차했다. 말하자면 그는 "성실하고 지대 잘 내는 사람"이었다.[98] 1600년 이후에는 끊임없이 마모될 거대한 기계인 비알라 농장은 기욤 포아사크, 그리고 그가 죽은 다음에는 그의 처가 1549년부터 70년까지 21년간 임차 경작했다.[99] 그러나 다음 세기에는 달라진다. 비알라의 차지농들은 계속 바뀌다가 결국 1685년에는 차지농들이 최종적으로 파산하고 만다. 이후 황폐해진 경작지는 지주 직영 체제로 전환된다.

생-피에르에서 앙투안 보네는 15년간(1542~57) 임차계약을 유지했는데, 이는 차지농이 5년, 6년 또는 10년마다 바뀌던 17세기에서는 찾아볼 수 없는 기록이었다. 17세기는 착취당하고 빚에 허덕이던 임차인과 임대인을 대립시킨 진정한 계급투쟁, 격렬한 논쟁, 분쟁이 빈번했던 시대였다. 1560년 이전의 참사회원들의 회의록에서는 이 같은 투쟁의 흔적을 거의 찾아볼 수 없다.

정반대로 16세기에, 특히 내전* 이전에는 차지농이 종종 주인의 부러움을 샀다. 주인은 차지농에게 빚을 지기도 했는데, 그것은 말할 수 없이 큰 굴욕이었다. 1544년, 차지농인 에티엔 노즈랑은 자기의 지주인 콜롱비에가 그에게 진 빚을 아주 적나라하게 기록해놓았다. 노즈랑이 콜롱비에의 성에 건축한 문과 도랑, 주인이 노즈랑에게 제공해야 하지만 우선은 노즈랑이 자기의 가축과 자기의 주머니에서 감당할 수밖에

98) ADH, G 138, 21-3-1548.

99) 같은 자료, G 195 ; G 139.

* 1562년.

없었던 암소, 황소, 통, 수백 마리의 양들…… 콜롱비에는 이 모든 것을 그냥 내버려둔 채 하늘나라로 가지는 못할 것이다.[100] 지주는 부채를 잔뜩 짊어지고 있었으며, 차지농이 그의 채권자였다.

16세기의 랑그도크의 차지농들은 지주들을 안달나게 할 수 있었다. 세르는 분을 삭이며, 부유한 차지농들의 오만함, 불손함, 자신감, 너무 싼 지대에 대해 기록했다. 의심할 여지가 없다. 그들과 함께 경작자 계급이 형성되거나 재형성되었다. 15세기에는 분할 경작되던 대토지가 1500~20년부터 한 명의 거대 경작자의 권위 하에 통합되었다.[101] 이들은 150헥타르, 4~5명의 상시 일꾼, 8쌍의 황소, 수십 명의 계절 또는 일용 일꾼을 관리했다. 1533년, 라 바스티드-르동드의 차지농인 장 레사크가 그러했다. 모든 것이 그의 책임이었다. 지주인 나르본의 참사회원들은 경작은 건들지 않고 지대만 받는 정도로 만족했다. 이러한 관리 책임을 확보하기 위해 레사크는 기술적인 경험, 가축, 나아가 일꾼들에게 임금을 지불하거나 종자를 빌리는 데 필요한 자본, 신용 등이 필요했다. 즉 "땅은 없지만 돈을 벌 수 있는 수단"을 가진 자본가로서의 자질이었다.[102]

이렇듯 일-드-프랑스에서처럼 랑그도크에서도, 비록 그 정도는 덜하지만, 16세기의 낮은 지대와 낮은 임금으로 자본가적 차지농들의 농촌 부르주아지가 구성되거나 재구성되었다.

*

자본임(任)(Monsieur le Capital)**과 토지임**(Madame la Terre)[103]

16세기에는 이들과 마찬가지로 경영 이익의 상승으로 한몫 챙긴 소수

100) ADH, G 882, 1544년.

101) 이 책, 제1권, 309쪽.

102) Serres, I, 8.

103) Lukacs, éd. 1960, 123쪽에 인용된 Marx.

의 총괄 차지농* 집단이 이들 위에 있었다. 그들은 수도원이나 대영주를 위해 일하는 사업가였다. 출납부, 공증인 자료는 이따금 그들의 모습을 보여준다.

기욤 마장크스는 1495년경 서부 랑그도크 지방에 있는 카스텔노-드-몽미라일의 지주, 상인, 사제, 단순 농부, 반타작 소작농 집안에서 태어났다.[104] 카스텔노의 사제인 아저씨 앙투안은 그에게 교육을 약간만 시켰다. 기욤은 프랑스어도 라틴어도 몰랐다. 그는 시골 억양이 섞인 오크어를 말했다. 그가 도시의 우아한 로망어를 말할 수 있게 된 것은 겨우 만년이 돼서였다. 그 이후에야 그는 오베르뉴식으로 '아' 발음을 '오' 발음으로 바꿔서, 예컨대 '모달르나'(Modalena)를 '모달르노'(Modaleno)로 바꿔 발음하게 된다. 그의 철자법에 대해서는 말하지 않는 편이 낫다. 그것은 16세기 가야크 지방 사람들의 별로 까다롭지 않은 맞춤법으로도 어찌할 수가 없었다. 그러나 지적으로는 부족하지만 기욤은 사업가의 감각이 있었다.

1516년, 그는 가야크의 생-피에르 기사령 가운데 일부를 소작하고 있던 한 차지농의 딸과 결혼했다. 기욤은 그의 장인과 함께 살았다. 1518년부터 그는 관리권을 쥐고, 임대차계약 당사자가 되었으며 장인, 장모, 처남을 지휘했다. 이들은 그를 위해 일꾼들을 감독하고, 포도주와 밀을 팔고, 지대와 토지세를 징수했다. 1530년, 수완을 인정받은 기욤은 두 번째 기사령(스누이아크)의 소작 책임을 맡았다. 그는 그곳을 장모에게 맡겼다. 1535년, 세 번째 기사령의 소작 책임을 맡음과 동시에 그는 기사령의 집사인 총괄 차지농이 되었다. 그가 지불하는 지대는 비교적 가벼웠다. 그 증거로 그는 자기가 임차한 땅을 반타작 소작이라는, 자기에게 유리한 조건으로 재임대할 수 있을 정도였다.

---

* fermier général: 일반적으로 총괄 징세 청부인을 말하나, 여기에서는 총괄 차지농을 말함.

104) 산티와 비달이 1896년에 펴낸 『기욤 마장크스의 일지』(*Livre de raison de Guillaume Masenx*).

'본원적 축적'의 전형적 자본가인 마장크스는 자기의 이익을 재투자했으며, 모든 것에서 돈을 벌었다. 우선 그는 밀이나 돈을 단기로 몇 주일씩, 한 달씩 또는 일주일씩 빌려주었다. 또 아주 잔인하게도 그는 "매일 매일 자기 뜻대로 일수를 찍는" 고리대금업도 했다. 그는 자신의 반타작 소작농(파종할 종자도 없는)에게 딸이나 누이의 결혼 자금까지 빌려주었다. 그는 돈, 청색 옷감이나 회색 옷감, 오래된 포도주, 밀, 결혼식 피로연에 쓸 양고기까지 빌려주었다. 토지를 담보로 빌려준 것이다. 후일 빚더미에 앉은 채무자의 밭은 마장크스의 땅을 넓혀준다.

차지농-고리대금업자인 마장크스는 교회에서 금지하는데도 이따금 자기의 회계장부에 이자를 기록했다. 예컨대 그는 보르에 사는 망드레의 아들에게 밀을 14퍼센트의 이율로 12일 동안 빌려주었다. 이는 1년에 400퍼센트의 이자율이다. 그렇지 않으면 그는 글씨로 장난을 쳐서 이자를 위장했다. 1542년 마장크스는 앙드라드 농가의 농부인 칼베(일명 아리코)에게 50수에 달하는 10캥탈의 꿀을 빌려주었다. 한 달 뒤 그는 54수를 돌려받았다. 한 달에 8퍼센트, 1년에 96퍼센트의 이자율이다. 때맞춰 지웠지만 잘못 지워서 상환 흔적이 남아 있다. 마장크스는 양심의 가책을 느낀 것일까 아니면 추적을 두려워한 것일까? 또 다른 경우에는 의도적인 실수로 높은 이자를 물리기도 했다. 드니에는 수로, 리브르 투르누아는 에퀴로 둔갑했으며, 1538년에는 빌려준 3캥탈의 꿀을 1539년에 어찌 된 일인지 5캥탈로 되돌려받았다. 회계장부는, 신기한 '우연'이지만, 언제나 마장크스에게 유리하게 작용한 이 같은 부정확성 또는 계산 '착오'로 가득하다.

차지농이자 현금 대여자인 우리의 주인공은 곡물 대여자이기도 했다. 그에게는 자금을 배로 불리는 방법이 수도 없이 많았다. 나는 이와 관련하여 400퍼센트의 이자율을 말한 바 있다. 마장크스는 가족에게는 다소 관대해서, 1541년 사촌인 귀로 마장크스에게 1스티에의 밀을 빌려준 뒤 3개월 후 1.10스티에를 받았는데 이는 '합리적인' 30퍼센트 이자율이다.

꾀 많은 마장크스는 보리, 호밀, 귀리 또는 꿀을 빌려준 다음 같은 양의 밀로 돌려받았다. 또는 가격 차이를 완전히 날조하기도 했다. 1545년, 그는 밀 1스티에당 4리브르 10수의 가격으로 빌려주었다. 이듬해 그는 1스티에당 2리브르의 가격으로 (현물로) 되돌려받았다. 그렇게 해서 채무자는 자기가 빌린 곡물의 배를 갚게 된 것이다. 이보다 더 파렴치할 수 없다. 왜냐하면 같은 무렵 그는 자기의 밀을 1스티에당 5리브르 6수를 받고 가야크의 시장에 내다 팔았기 때문이다. 상습적으로 그는 밀을 시가의 절반 정도로 쳐서 갚게 함으로써 빌려준 양의 배를 되돌려받았음을 보여주는 사례가 한둘이 아니다.

마장크스의 부인은 좋은 선생의 가르침을 받은 학생이었다. 부인은 부인대로 밀로 대여업을 했다. 그녀는 밀 가격이 아주 높을 때인 수확 전에 밀을 꾸어준 다음, 추수 후 밀 가격이 아무것도 아닐 때 돌려받았다. 꾸어준 현물에 대한 명목 가치로 되돌려받음으로써 그녀는 꾸어준 곡물보다 훨씬 많은 곡물을 받은 것이다. 1540년, 그런 방법으로 마장크스 부인은 대장장이 타유페르에게서 120퍼센트의 이자를 갈취했다.

밀, 포도주, 돼지 등은 하나같이 그런 일에 좋은 소재였다. 2리브르 나가는 한 통의 포도주를 돌려받고도 마장크스 부인은 그것을 1리브르로 간주했다. 앙투안 데스타비알은 빚 독촉에 시달리다가 마장크스에게 두 마리의 돼지를 갚고 말았다. 그런데 그녀는 돼지 한 마리를 정상 가격인 3리브르가 아니라 21수*로 계산한 것이다.

이따금 마장크스는 후회나 두려움에 사로잡혔다. 그는 애초의 대여 내용(1스티에)에다가 두 달 후에 받은 이자(1카르티에르)를 가필했다. 그렇게 하면 150퍼센트의 고리를 숨길 수 있을 것으로 생각했던 것이다. 그러나 화학의 발전으로 진실이 복원되었다. 가필한 검은 잉크는 적황색으로 변한 원문의 잉크와 대조되기 때문에 속임수를 고발했다.

대여자 마장크스는 연금 수입자**이기도 했다. 서민들과 농민들에게

---

* 1리브르는 20수니 3분의 1 가격.

돈을 빌려주고 이자나 고리대를 받는 전형적인 방식을 보자. 예컨대 어떤 땅의 지주는 부자(여기서는 마장크스)에게서 돈을 받고 대신 그 땅에 대한 현금 지대나 많은 경우 현물 지대 징수권을 팔았다. 1535~39년경 마장크스의 돈을 빌린 장 라 로크의 땅을 보자. 라 로크는 그 땅에서 생산되는 밀의 일부를 기사령의 차지농***에게 연금으로 지불했다.

마장크스가 이러한 연금으로 챙긴 이자는 어느 정도일까? 그의 회계장부는 이 점에 대해 말이 없다. 그러나 다른 자료들——랑그도크의 공증인 장부——은 그 규모가 어느 정도 되는지를 시사해준다. 예컨대 1557년경, 몽펠리에의 변호사들——투이용, 다비드, 카리에르——은 인근 농민들——프뤼네, 라발, 파브르——에게 돈을 빌려주었다. 그 대가로 이들 농민은 자기들이 소유한 땅 가운데 하나를 담보로 곡물이나 기름으로 지대를 내는 데 동의했다. 1557년의 곡물 가격을 볼 때 이 같은 '연금'의 이자율은 18퍼센트였다. 그리고 이 이자율은 그 세기의 인플레이션에도 불구하고 유지되었다. 왜냐하면 빌려준 자금은 평가절하되었어도, 곡물로 상환되는 지대는 가격 곡선과 연동해 있었기 때문이다. 담보로 잡힌 땅의 경우, 2년 윤작과 파종용 종자 비축을 고려하면 사실상 수확 곡물의 거의 전부를 지대로 낸 셈이다. 1557년, 곡물 연금의 비율은 1헥타르당 3.7헥토리터로 계산되었다.[105)]

마장크스는 표본적인 예다. 사업가, 변호사 또는 대차지농 등 당시의 수천 명의 사람들처럼 그 역시 곡물 고리대를 했던 것이다. 또한 그는 필요하면 노동을 담보로 잡기도 했다. 1535년, 브뤼 농가의 폴 브뤼는 마장크스에게서 1캥탈의 꿀을 샀다. 그는 값을 돈도, 곡물도 없었다. 그러나 상관없었다. 그는 쟁기질을 하루 해주기로 했다. 피에르 툴루즈도 마찬가지였다. 1535~36년, 그는 마장크스에게서 밀, 호밀, 꿀, 오래된

** l'homme des pensions annuelles: 연금 수입자라고 번역했으나 여기에서의 구체적인 의미는 이자 수입자다.

*** 마장크스.

105) 이 모든 것에 대해서는 An. 38; 또한 Bennassar, 1960; Combes, 1944 참조.

포도주를 빌렸다. 빚을 갚을 수 없게 되자 그는 노동으로 갚았다. 궁핍한 다른 채무자들은 추수를 해주기도 하고, 도랑을 치기도 하고, 짐을 운반하기도 하고, 기욤 선생*네 집 지붕을 수리해주기도 했다. 마장크스의 사전에 공짜란 없었다.

간단히 말해 우리의 주인공은 차액을 노리는 사람이었다. 차지농으로서 그는 토지 자본의 매우 낮은 이자(3퍼센트……)와 가벼운 지대를 이용했다. 반대로 돈을 빌려줄 때는 정상적인 무거운 이자(10드니에당 1드니에), 아니면 과도한 고리대 이자를 받았다. 그가 돈을 빌려줄 때의 이자율은 30드니에당 1드니에였다. 그가 받을 때의 이자율은 최소 10드니에당 1드니에였다. 이것이 그가 부자가 된 비결들 가운데 하나였다.

다른 방법도 있다. 왜냐하면 그는 재투자했기 때문이다. 우선 상업에 재투자했다. 그는 기사령의 주인들 집에서 장사를 했다. 직물상으로서 그는 농민들에게 신발, 외투, 이불, 신부 옷 등을 팔았다. 그는 모든 것을 조금씩 취급했다. 말 안장, 신부용 패물, 도시의 성문을 수리하는 데 쓰는 참나무 널판지, 대들보, 마루.

일종의 삼투작용으로 농업 경영과 고리대로 불어난 자본은 산업으로 흘러들어갔다. 그의 기사령 소작지인 생-제롬 농장에, 마장크스는 통 제조공장을 하나 세우고, 조카에게 맡겼다. 그는 자신의 땅에서 수집한 나무와 버들가지를 가지고 통과 테를 만들었다. 가야크의 포도주를 담은 그 술통은 잉글랜드까지 갔다. 또한 그는 벽돌공장을 세웠는데, 여기에서 생산된 벽돌과 기와는 16세기에 '붉은색 도시들'의 건축 열기가 뜨거웠던 이 돌 없는 지방에서 사용되었다.

마침내 순환이 완료되었다. 땅에서 출발한(경작) 돈은 땅으로 되돌아왔다(소유). 자본가적 경영자는 토지 소유의 영광을 꿈꾸었을까? 지대가 지주에게 주는 안전성을 꿈꾸었을까? 어쨌든 한 덩어리로 된 영지는 없지만, 그는 네 본당 사목구 이곳저곳에 마치 기이한 퍼즐처럼 산재한

* 마장크스.

땅뙈기들을 장만했다. 마장크스는 충적토의 밭과 풀이 풍부한 목초지, 대마나 야채를 풍부하게 재배할 수 있는 우묵한 땅을 사들였다.

여기서도 토지 이전을 도운 것은 부채였다. 마장크스의 이웃인 라몽 파브르는 그에게서 외상으로 천을 샀다. 1531년 4월, 보릿고개의 봄, 그는 그에게서 밀을 빌렸다. 7년(1532~39)이 지나도록 마장크스는 빚 독촉을 하지 않았다. 1539년, 파브르는 다시 여러 곳의 땅을 담보로 곡물을 빌렸다. 이후 그 땅은 마장크스에게 '연금'을 지불하게 된다.

결국 그는 르살에 있는 땅을 팔아 기욤 선생에게 진 곡물 빚을 갚았다(1545). 기근의 해인 1546년, 동일한 시나리오가 전개되었다. 4월 8일, 파브르의 집에는 먹을 곡식이 하나도 없었다. 다시 한 번 라몽은 마장크스의 집 대문을 두드렸다. 이번에 문을 열어준 사람은 그의 동생인 장이었다. 그는 굶주린 라몽에게 밀 1.20헥토리터를 빌려주었다. 그것으로 일가족 몇 명은 다음 추수 때까지 연명했다. 레몽* 파브르는 목 앞에 들이댄 단도의 위협을 받고 있었다. 그의 부채는 '대여자가 원하면' 언제라도 갚아야 하는 부채였기 때문이다. 빚을 갚기 위해 그는 마지막 남은 땅을 팔게 되었다. "땅을 팔아 갚아라." 마장크스는 그의 일기에 냉정하게 적었다.

1546년, 땅으로 빵값을 지불했다. 파브르 집안 사람들은 이후 마장크스의 반타작 소작농으로 전락하여 과거 그들의 조상이 소유했던 땅을 경작했다.

마장크스는 안 해본 게 없는 사람이다. 자본가적 선구자로서 그는 부르주아 사업가들 사이에 퍼진, 그리고 그의 삶의 스타일과 맞는 새로운 사상에 접근했다. 1537년 7월 26일, 그는 가야크의 유지 세 명(목재상 한 명과 관리 두 명)과 함께, 그곳에 은밀히 들어와 종교개혁을 전파하던 목사들의 환영 집회를 열었다. 그들의 숙식비를 제공한 사람이 바로 기욤 선생이었다.

---

* 라몽이 아닐까?

자료상의 우연에 의해 결정된 것이기는 하지만, 탐욕스러운 사업가인 마장크스의 성격을 규정해보면, 우리는 그에게서 한 유명한 텍스트에 정의된,[106] 자본의 '본원적 축적'의 생생한 상징을 볼 수 있을 것이다. 가격 혁명기의 차지농인 그는 한편으로는 일꾼들에게 지급하는 임금에서, 다른 한편으로는 지주에게 내는 지대에서 이익을 챙겼다. 여기에다가 고리대 자본, 토지 자본, 상업 자본, 산업가의 진취적인 기질, 경영 정신 그리고 개혁 정신을 합친 마장크스는 중간 매개인이었다. 그는 16세기의 이로운 국면에 편승하여 토지를 소유한 영주들과 농민 대중 사이에 경영 자본주의를 도입했다. 그리고 그는 잉여가치 가운데 최선의 몫을 챙겼다.

기욤 마장크스 다음으로 자크 르 발루아가 있다. 서부 랑그도크 다음에는 동부 랑그도크다. 이곳 론 강의 낮은 계곡에는 비옥하고 질퍽한 땅, 염전, 커다란 상업 구역이 있다. 경작지, 염전, 수도원, 솔밭 등으로 이루어진 프살모디의 수도원 영지는 17세기 초에 4천 리브르의 지대를 요구했다. 부유한 차지농에게는 매력적인 사업이었다.

1542년, 님의 상인인 르 발루아는 프살모디의 모든 땅과 수입을 통째로 임차했다. 그는 6,650리브르를 사업에 투자했는데, 그중 4,264리브르는 말로베르의 영주이자 트루아의 상인인 동업자 장 페스튀오에게서 빌린 것이다.

그 이름으로 봐서 파리나 북부 출신일 듯싶은 르 발루아는 땅과 바다에 관심을 갖는 일종의 '양서류' 자본가였다. 1542년, 농촌 소작 계약이 처음 이루어진 바로 그해에 이집트 알렉산드리아에 있는 그의 대리인은 그가 밑바닥을 개조한 배에 마르세유로 싣고 갈 계피를 선적했다. 르 발루아는 그가 싣고 온 향신료를 정기적으로 샹파뉴의 상인들에게 팔았다. 마르세유와 리옹을 거쳐 동방의 상품들이 올라오던 론 강은 16세기에 활기를 되찾은 유럽 루트였는데, 그는 그 길목을 지키고 있던 많은

106) Marx, éd. 1955, I, 751쪽 이하, 특히 784쪽, 주 229).

사람들 가운데 한 사람이었던 것이다. 또한 바로 그 길을 통해 르 발루아는 거꾸로 오말과 노르망디의 천을 님까지 내려보냈다. 그리고 그는 자신이 채무를 지고 있던 리옹의 정기시에서 트루아와 부르주의 상인들을 만났다.

르 발루아는 땅과 상업으로 이루어진 론 강 유역의 사업에 자연스럽게 소금을 포함시켰다. 그는 페케에 있는 국영 염전 관리인이었다. 마지막으로 그는 법복 부르주아지와 관계가 있다. 그의 아버지는 영지 감독관이었던 것이다. 그의 사례에서 우리는 상품, 땅, 관청 사이에서 일어난, 옛날의 자본의 고전적인 삼투 현상을 재확인한다.

얼마 안 있어, 르 발루아는 프살모디의 임대차계약에서 임차인의 자리를 동업자이자 트루아의 상인인 말로베르의 페스튀오에게 양도했다. 페스튀오는 상파뉴에서 향신료와 천을 가져다 카마르그 지방에 파는 상인이었다. 그 역시 대차지농이라는 직업에 흥미가 있었다. 1547년에 그는 자기가 경작한 수도원 영지에서 생산된 곡물과 소금을 님의 다른 상인들과 함께 판매했다. 16세기의 도시 자본주의가 소작을 통해 땅에 뿌리를 내린 것이다.[107]

상인들만큼 법관들도 많은 재산을 가졌던 몽펠리에에서 생-장-드-브다의 영주이자 회계청 감사관인 귀족 자크 드 사레는 지주 집안 출신이었다. 쿠세르그에서 그의 동생 장은 땅 160헥타르, 양 1,200마리, 황소 20쌍, 말 35마리를 관리했다. 1550년, 자크는 생-장에 있는 자기의 장원에 몽펠리에 참사회원들이 소작을 준 모랭의 땅 360헥타르와 경작용 소 25쌍을 보탰다. 법관이자 영주이고, 사업가인 사레 역시 당시의 사상을 수용했다. 그는 자신의 장원에 신교를 받아들였다. 1561년, 그는 수

107) 프살모디 수도원의 토지 수입에 대해서는 Gard, H 131과 133; E 700, 14-12-1613; Expilly, 1762, 프살모디 항목. 르 발루아와 페스튀오에 대해서는 Gard, E 728, 7-1-1542, 13-5-1542, 3-6-1542, 28-6-1542, 6-7-1542, 7-7-1542과 여러 곳; E 729, 13-11-1543; E 767, f°s 173, 174 v°, 221: 27-8-1547, 28-8-1547, 28-9-1547.

백 명의 소모직공, 여관 주인, 구두 제조공과 함께 몽펠리에 최초의 칼뱅파 집회에 참석했다.[108)]

요컨대 마장크스, 르 발루아, 페스튀오, 사레 집안의 돈은 땅을 구입하는 데만큼이나 그리고 그 이상으로 경영에 투자되었다. 그들은 자본을 땅에 묻는 대신 자본으로 일을 하게 만들었다. 17세기에 만연했던 토지 심리학은 1600년 이전에는 아직 완전히 발전하지 않은 상태였다. 예컨대 마장크스는 임종 시 자기의 유동 자본과 가축들을 상속자에게 물려주었다. 그러나 고리대금과 부부 공동 취득 재산으로 모은 땅은 가까운 수도원에 양도했다. 신앙심의 증거? 자신의 도둑질에 대한 가책? 아니면 토지에 대한 무관심? 아무튼 광적인 지주들의 시대는 지대가 마침내 오르기 시작하는 1600년 이후에나 도래한다.

*

이렇게 농업 이익의 혜택을 누린 '총괄 차지농' 같은 사업가 귀족의 아래에는 농업 경영자들 같은 단순 차지농들의 투박한 부르주아지가 있으며, 맨 아래에는 반타작 소작농들인 평민이 있다.

그들의 상황은 복잡하다. 지주들에게 있어서, 반타작 소작 방식은 직접 경영과 유사한 혼합적인 해결 방식이었다. 왜냐하면 이 경우, 지주는 경작과 수확에 필요한 수고와 비용의 반을 부담했기 때문이다. 단순 막일꾼과 진정한 차지농의 중간에 있었기 때문에 사회적 잡종이라 할 수 있는 반타작 소작농들의 운명은 16세기에 어떠했을까? 그들은 빈곤화의 피해를 입었을까 아니면 고정 지대를 내던 경작자들의 부유화(富裕化)에 가담했을까?

반타작 소작농은 차지농에 비해 가난했다. 1544년의 나르본 지방에

---

108) ADH, G 1766, f° 5, 7-1-1550(모랭의 임대계약서); 또한 Chéron, Sarret, 1963, 21쪽과 여러 곳 참조; Sarret 고문서, 1503년과 1569년의 조사 목록; L. Guiraud, 1918~19, I, 151, 371쪽; II, 368쪽.

서처럼 주인은 그에게 파종 종자의 절반, 때로는 소와 쟁기 같은 일체의 경작 마소를 제공했다.[109)]

그들의 가난을 알려주는 좋은 일화가 있다. 1571년, 리구리아에서 카탈루냐에 이르는 리옹 만 연안 전 지역이 참담한 피해를 당했고, 기근이 맹위를 떨쳤다. 1557년 이래 생-피에르를 소작해온 앙드레 벨펠과 앙투안 벨펠 부자는 파산해서 1567년의 임대계약서에 약정된 지대 곡물을 낼 수 없게 되었다.

그들에게 남은 유일한 출구는 반타작 소작농이라고 하는 암담한 계층으로의 사회적 강등뿐이었다. "생-피에르의 차지농인 벨펠은 소작지의 파종과 경작을 허락받았지만 너무 가난해서 파종할 밀이 없었다." 그리고 한참 뒤에는 "올해 큰 참해를 입은 생-피에르의 반타작 소작농 벨펠"이라고 씌어 있다.[110)] 여기에서 반타작 소작은 훗날 아키텐 지방이나 아일랜드에서처럼 가난 그 자체였다. 1544년, 비알라의 반타작 소작농인 페타뱅은 부채에 짓눌려 불쌍한 지경에 이르렀지만, 주인들은 "그의 재산을 처분"해버렸다.[111)]

그러나 그림을 지나치게 어둡게 그려서는 안 된다. 16세기의 반타작 소작농은, 그 용어의 모든 의미에서 볼 때, 전환기의 존재였기 때문이다. 그의 과거의 행복은 이제는 한낱 추억에 지나지 않는다. 15세기에는 그렇게도 흔하던 3분의 1, 4분의 1, 5분의 1의 소작 계약이 1500년 이후 드물어지더니 1540년 이후에는 아예 사라져버리고, 반타작 소작 계약만 남았다. 그러나 아직 최악의 상황은 도래하지 않았다. 왜냐하면 1600년 이전의 반타작 계약은 아직 철저하지 않았기 때문이다. 반타작

---

109) 지주들은 반타작 소작농들에게 "필요한 소와 〔……〕 에스테바, 캉베타 레유 그리고 기타 쟁기에 필요한 모든 부품을 쟁기와 함께 빌려준다"고 계약한다 (Aude, G 31, f° 242 v°, 라 바스티드-르동드의 반타작 소작 임대계약서, 24-11-1544).

110) ADH, G 140, 13-10-1571과 10-11-1571.

111) ADH, G 138, 18-8-1548과 28-6-1552.

소작농은 포도주, 올리브나무, 포도나무 덩굴, 짚더미와 나뭇단, '목초지' 등 영지의 사소한 이익들을 아직 자기 몫으로 지킬 수 있었다. 곡물만 반반씩 주인과 경작자가 나눠 가졌던 것이다. 그렇지만 반분하기 전에 주인은 십일조 징수자, 추수자, 탈곡자의 몫을 전체에서 덜어냈다. 파종할 종자 역시 먼저 덜어낸 다음에 주인과 반타작 소작농의 몫을 반분했다.

그런데 17세기 중반에 이르면, 지대 상승으로 욕심이 생긴 주인은 더 까다로워졌다. 그는 비용 부분을 소작농에게 떠넘길 속셈으로 아예 비용(파종 종자 등)을 공제하기 전에 몫을 나누려고 했다. 그는 특히 탈곡 부분에서 그리고 때로는 파종할 종자 부분에서 소기의 목적을 달성했다. 이리하여 17세기에는 완전히 자기 비용으로 파종을 하는, '파종 종자를 잃어버린' 반타작 소작농들이 들고일어선다.

그뿐만 아니라 1650년경, 주인들은 1550년까지 일반적인 방식이었던 곡물의 반타작만을 요구하는 것이 아니라 모든 작물에 대한 반타작을 요구하기에 이르렀다. 이제 그들은 마지막 나무 한 단까지, 포도주와 기름 마지막 한 방울까지 똑같이 나누었다.

오래전부터 준비된 변화였다. 이미 1598년부터 작물 절반 분배의 자칭 '영주'측 대변인인 세르는 남부 프랑스(도피네, 랑그도크, 프로방스)에서 일반적으로 시행되던 지나치게 관대한 반타작 소작제를 비판했다. 그는 서부 프랑스에서 시행되던 엄격한 반타작 소작제를 희구했다. 모든 수확물은 절반으로 나누고, 모든 비용은 반타작 소작농이 부담하던 그 제도 말이다. 후일 그의 소원은 부분적으로 실현된다. 그러나 16세기에 세르는 아직은 외로운 선구자였다.[112]

*

112) An. 34.

농민 부르주아와 젠틀맨-파머

종합해서 평가하면 16세기에 경작자의 수입은 넉넉한 수준을 유지했다. 이런 조건에서 땅과 지대의 소유자인 지주들의 반응은 어떠했을까?

그들은 논리적인 반응을 보이는데 땅을 직접 경작하고, 이익을 차지하고, 소작 계약을 끊어버리고, 스스로 차지농이 된다. 그렇게 해서 지대(안정적인)와 이익(증가하는)을 한꺼번에 거머쥔다.

물론 16세기에 직접 경작의 규모(통계적)를 제대로 알기는 어렵다. 영지 관리는 공증인이 끼어들 필요가 없는 개인적인 성격의 행위였다. 단지 교회 문서만이 장기적인 비교를 가능하게 해줄 뿐이다.

교회 문서는 다음과 같은 점을 시사해준다. 16세기에 직접 경작은 토지를 포기한 때문에 지대가 거의 제로로 떨어졌던 1380~1480년경보다 보편적이지 않았다. 그럼에도 르네상스의 시기와 내전(內戰)의 시기에 지주의 토지 직접 관리는 큰 비중을 차지하고 있었다. 푸짐한 지대 때문에 신이 난 지주들이 모든 일을 차지농에게 맡기고 쟁기 끌기를 직접 감독하던 일에서 벗어났던 1630~50년경보다 훨씬 더 큰 비중을 차지했다.

커다란 농촌 마을인 나르본에서 16세기 말까지의 참사회원들은 반은 농민이라고 할 수 있었다. 그들은 참사회의 땅이 도시에서 멀지만 않으면 직접 관리했다. 라 바스티드 농장은 소작이 절정에 이른 1630년부터 고정 지대와 단기 계약으로 지속적으로 소작 임대되기 시작했다. 16세기에는 직접 경작(십장에 의한)이나 반(半)직접 경작(반타작 소작에 의해)만이 시행되었을 뿐이다. 1524~35년경, 생-쥐스트의 성직록을 받던 장 투르니에나 생-폴 수도원장이었던 피에르 독시용 같은 나르본의 성직자들 집에 들어가보자. 방, 거실에는 이따금 기사도 소설 몇 권이 뒹굴기도 했지만 연장, 곡괭이, 부지깽이, 갈퀴 들뿐만 아니라 돼지머리, 곡물 자루, 통테, 기름 단지 들로 가득했다.[113]

---

113) Aude, G 31, f° 57 v°, 131(사후 재산 목록 조사).

이들 참사회원들은, 당시의 모든 부자들이 그랬듯이, 자기들의 자본을 고전적인 투자처인 땅을 구입하는 데뿐만 아니라 농업 경영에도 투자하는 것을 당연하게 여겼다. 직접 관리 같은 총괄 경영이든 탈곡 같은 부분적인 경영이든 말이다. 1570~75년경, 생-폴 참사회나 생-쥐스트 참사회 등 나르본의 모든 참사회원은 타작 일을 했다. 트렌토 공의회*가 예견하지도 처방하지도 않았던 기이한 사업 활동이었다. 마필 중개상과 손을 잡은 생-쥐스트의 사제들은 많은 재산 덕분에 수십 마리의 암말과 망아지가 있는 진짜 마구간을 소유했다. 관리자와 경영자와 그의 조수는 철이 되면 타작마당 주변에서 '종마'들을 뛰놀게 했다. 생-폴의 사제들은 이 분야에서 생-쥐스트의 동료 사제들과 경쟁을 벌였다. 그들 역시 종마 한 마리를 가지고 있었는데, 1570년에 그 종마는 곡물의 16분의 1을 받고 이집 저집에 가서 타작을 했다.

근엄한 성직자들이 이웃집으로 수확—타작의 '사업'을 하러 다니는 것을 오늘날에는 상상이나 할 수 있을까? 그러나 무엇보다도 망탈리테의 문제였다. 그리고 또한 당시의 상황에서는 이익의 문제였다. 낟알떨기의 먼지 뒤에는 자본의 힘이 있었다. 플라터에 따르면, 각각의 타작마당에서는 8마리의 말이 하루에 100캥탈의 밀을 타작했다. 1570년에도 이 사업이 약속해준 이익은 타작한 곡물의 5.5퍼센트 내지 6.5퍼센트, 그러니까 수확량의 16분의 1 내지 18분의 1이었다.

그러나 17세기에 이르면 다른 경작 이익과 마찬가지로 낟알떨기에서 얻는 이익 역시 하락했다. 심한 경우 수확의 3퍼센트로 떨어졌다. 그러자 너무 작은 잉여가치에 불만을 느낀 참사회원들은 사업가의 정신을 버리고, 대신 보상적으로 늘어난 지대의 즐거움에 흠뻑 빠졌다. 이제 그들은 암말을 사는 대신 땅을 샀다.[114)]

---

* le Concile de Trente: 프로테스탄트들이 야기한 교리상의 혼란을 바로잡고 가톨릭교회를 개혁하기 위해 1545~47, 1551~52, 1562~63년 세 차례에 걸쳐 개최된 로마 가톨릭교회의 19차 보편 공의회.

114) 참사회원들의 낟알떨이용 종마에 대해서는 Aude, G 34, 15-6-1570, 29-11-

*

교회의 유력 인사들처럼, 그리고 그들 이상으로 16세기의 부르주아들도 자기들의 토지를 직접 경작하는 데 주저하지 않았다. 이들도 무기력한 지대보다는 증가하는 이익에 자극받은 것이다.

장 드 로콜은 베지에의 평범한 공증인이자 부유한 농민이었다. 1550년부터 시작하는 그의 일지는 그가 농민으로서 열심히 일했음을 증명한다. 장은 좋은 밀을 정성스럽게 파종했다. 미신적인 그는 포도나무는 그믐날에, 버드나무는 신월에 가지를 쳤다. 1558년 4월, 시간에 쫓기자 그는 포도밭에 삽질을 하려고 부인과 아이들을 데리고 농장으로 갔다. 그는 자기가 만든 포도주를 직접 팔았으며, 포도주 한 통을 기와 100장과 교환했다. 모든 사람과 마찬가지로, 그는 100퍼센트 또는 200퍼센트의 밀 고리대를 했다. 그는 돈을 빌려주었으며, 받을 때는 실제 가격의 3분의 1로 계산한 밀로 받았다. 그는 자기의 초라한 집들을 일꾼들에게 빌려주었다. 그는 자기 땅에 인접한 땅의 십일조 징수를 임차했다. 공증인, 고리대금업자, 지주, 경작자, 징세 청부인을 겸한 그는 수지를 맞추기 위해 작은 이익들을 끌어모았다. 그는 1568년에 죽었다.[115)]

그의 아들 가브리엘은 참사회원이었다. 그의 딸 잔은 약사인 오베르와 결혼했다. 또 다른 아들 기욤은 죽은 아버지의 재산과 일을 계승했다. 공증인으로서의 일이 없을 때면 기욤은 아버지처럼 자기의 땅(50헥타르의 경작지 외에도 포도밭과 올리브 재배지)을 경작했다.[116)] 그는 수백 일씩 날품팔이 일꾼을 고용했다. 그는 밀밭의 김을 매고, 올리브 열매를 따고 포도덩굴을 채취하기 위해 인근의 여자들, 하녀들, 양치는 여자들을 불러모았다. 그는 포도밭의 땅파기와 가지치기를 시켰다. 그

1570, 10-6-1572와 31-10-1572, 22-6-1575; Gr. 32.

115) 장 드 로콜의 일지, ADH, II E, 94-10; 또한 ADH, G 147, 23-5-1566 참조, 생-장-도레양의 십일조 징수를 장 드 로콜에게 임대하다.

116) ADH, G 901; G 837.

는 주인다운 안목이 있었다. 그는 관리인도 고용 십장도 없이 직접 이 모든 일을 했다(노르망디의 구베르빌 경처럼). 그의 후손들도 당분간은 그렇게 할 것이다.

우리는 알려진 모든 자료를 가지고 이 영지를 재정적으로 결산해볼 수 있다.

우선 로콜 집안 사람들은 농장의 하인들을 직접 부양했다. 그들은 많이 먹고 많이 마셨다. 가족과 농장 하인들은 포도주, 기름 그리고 1년에 밀 94스티에를 소비했는데,[117] 이는 남자 일꾼 10명 또는 여자 일꾼 14명분에 해당한다. 소비하는 것 이상으로 그들은 시기가 좋으면, 즉 '가격이 가장 높은 4월과 5월'의 기근 달에는 판매를 했다. 1584년에 99스티에, 즉 66헥토리터의 밀을 팔았다. 로콜 집안 사람들은 자기들이 경작한 부차적 곡물, 포도주, 기름도 판매했다. 이 땅은 집안 전체를 먹여살리는 동시에 판매 덕분에 적잖은 수입을 안겨주었다. 가격이 낮은 해였던 1583~84(수확 연도)에 776리브르. 776리브르는 그해의 타유세(235리브르), 임금과 농사 비용의 현금 부분('급료' '포도주 양조 용구 수선 비용' '말에 편자를 박는 비용' 등) 227리브르, 마지막으로 고기와 의복 구매 같은 가족 생계비 중 현금 비용 271리브르를 감당했다.

이 경우, 직접 경작한 그들의 땅은 경작비, 세금, 부르주아 가족의 여유 있는 삶을 유지하는 데 필요한 비용을 모두 조달해주었다. 공증인 수입(1년에 400리브르), 집세(46리브르), 이자 수입(154리브르) 같은 추가 수입은 토지 구입(1583~84년, 80리브르)과 대부(411리브르) 등의 투자에 사용했다. 토지 소유, 직접 경작, 공증 업무 등을 통해 로콜 집안 사람들은 넉넉한 시민의 생활수준을 유지했다. 그 자체로 흑자를 기록한 토지 경작으로는 일상적인 생계비를 충당했다. 이자 수입, 집세, 공증인 수입 등은 투자를 가능케 해주었다. 이렇게 한 가족은 여유 있게 살고 화려하게 죽었으면서도 자본을 축적할 수 있었다(기욤 드 로콜의

117) 베지에의 스티에는 66리터.

장례식에는 143리브르의 비용이 들었는데, 이 돈은 농장 관리인 네 명의 일 년치 현금 임금에 해당했다).

그러나 1585년에는 상황이 바뀌었다. 로콜은 1583년 8월 1일에 죽었다. 참사회원인 그의 동생 가브리엘이 부인과 아들들의 후견인으로 지정되었다. 그러나 가브리엘은 농업 경작을 할 시간도 없었고 흥미도 없었다. 그의 생각은 토지는 지키되 경작은 처분하자는 것이었다. 1585년에, 그는 목적을 달성했다. 베지에의 피나주에 흩어져 있는 로콜 집안의 땅을 넷으로 나누어 장 아시에르, 마들렌 지네스트, 자크 쥘리앵, 장 페롱이라는 네 차지농에게 단기 고정 지대로 임대했다. 임대계약서에 약속된 네 곳의 지대 총액은 1년에 밀 147스티에, 호밀 24스티에였다.

로콜은 전에는 직접 경작자였다. 그러나 그의 부인은 이제 땅의 지대 취득자에 그쳤다. 로콜은 지대와 이익을 동시에 얻었다. 그러나 그의 부인은 땅과 건물에서 나오는 지대 수입밖에 없었다. 물론 이 지대만으로도 살아갈 수는 있었다. 심지어 그녀는 소작료로 받은 곡물을 팔기도 했다. 그러나 토지에서 얻는 생산물 전부를 가족이 관리하던 전보다는 훨씬 작아진 양이었다. 소작료만 받게 된 첫 해인 1586년, 곡물 판매 수입(포도주는 더 이상 팔지 않았다)은 1584년의 776리브르에서 295리브르로 떨어졌다.[118] 그리고 두 해 사이에 물가가 올랐다. 1584년에는 세금을 내고도 500리브르가 넘는 수입이 있었지만, 1586년의 타유세 232리브르는 얼마 되지 않는 수입을 거의 모두 가져가버렸다.

그 결과 로콜 집안은 절약하지 않으면 안 되었다. 왜냐하면 현금 수입은 적었고, 그나마 그중에서 큰 몫을 차지한 것은 땅에서 얻는 형편없는 소작료가 아니라 1년에 50리브르를 주고 고용한 서기 앙도크가 관리하는 공증인 권리에서 나오는 수입이었기 때문이다.

긴축해야 했다. 예컨대 의복 부분에서는 가혹했다. '농업의' 광채가 아직은 꺼지지 않았던 1583~84년만 해도, 로콜 부인은 이를랑데, 에스

118) 이 판매액은 다음 몇 년 동안은 조금 올라간다.

파나크, 탈라뱅, 구아, 사르트르, 롤랑, 가리그 등 도시의 여러 상인들에게서 옷감을 구했다. 그녀는 자기 자신과 딸들, 유모들의 옷을 하는 데, 그리고 아들 장의 조끼와 외투를 장만하는 데 1년에 72리브르를 사용했다. 그러나 가족이 소작료로만 근근이 살아가야 했던 1586년에, 이 비용은 35리브르로 떨어졌으며, 주문도 탈라뱅과 마뉘엘에게 두 번 했을 뿐이다.[119)]

로콜은 16세기의 표본적인 예다. 세르의 글을 다시 읽어보자. "만약 당신의 땅이 자리를 잘 잡고 있으면, 만약 당신의 부인이 성격이 좋고 건강하면, 그래서 '살림을 잘할 여자 같으면' 당신이 직접 경작하시오. 영지 가운데 먼 곳에 있는 부분은 차지농에게 맡기지 말고 반타작 소작을 주거나 반(半)직영 방식으로 관리하시오. 만약 당신이 병이 들었다거나, 당신의 부인이 아무 일도 못한다거나 생각이 없다거나, 낭비벽이 심하다거나 하는 등의 불행한 경우에만 차지농에게 주시오."[120)]

로콜 집안의 불행이나 세르의 경고와 마찬가지로 경작에 대한 통계적인 연구는 16세기의, 토지에서 수입을 올리던 부자들이 기회만 되면 지대와 이익을 합하려고 하던 그 16세기의 장기지속적인 심리(心理)로 우리를 안내한다. 르네상스 시대에 랑그도크에서 농업 경영자의 자식들이 순수 지대 취득자로서 귀족처럼 살아가기 위해서는 지대의 승리——지대는 최종적으로 17세기에 크게 늘어난다——와 이익의 실패가 필요했다. 그러나 16세기는 '상승하는 이익의 물결에 고무되어' 도시에서나 농촌에서나 '위험을 무릅쓰는' 모험 정신과 진취적인 사업 정신이 퍼져가던 시대였다.[121)]

---

119) ADH, G 837.

120) Serres, éd. 1629, 47~51쪽.

121) Tawney, 1951, 18쪽에 인용된 E. Labrousse.

제5장 전체적 조망

이제 '수평적으로는' 토지 소유 구조에 대해, '수직적으로는' 수입의 주요 형태에 대한 분석의 조사 결과를 구체적으로 종합해볼 필요가 있다.

빈민들의 세계

사회 계층의 맨 아래에 있는 절대 다수의 서민들에게 두 가지 빈곤화가 닥쳤다. 하나는 토지 분할로 수가 급증했지만 그 같은 토지 축소를 단위당 실질소득의 실질적인 증가로 보상받지 못한 소지주들을 강타한 빈곤화이고, 다른 하나는 실질임금의 감소 때문에 임금 생활자들이 겪은 빈곤화이다. 많은 경우, 동일한 사람들, 동일한 집안이 두 과정의 희생자였음이 분명하다. 많은 농민은 임금과 땅뙈기 수입, 즉 혼합 소득으로 살아갔기 때문이다. 공증인 서류를 그냥 뒤져보아도 이는 충분히 입증된다. 1555년경, 세벤의 한 마을에서,[1] 많은 임금노동자는 산기슭에 조그만 땅뙈기와 "황소 한 쌍의 절반"(sic)을 가지고 있었다. 물론 순수 임금노동자가 존재하지 않은 것은 아니었다. 그러나 그들은 마을의 날품팔이꾼이라기보다 농장의 하인이었다.

이 같은 이중적인 빈곤화는 결국, 맬서스의 딜레마에 대한 역사의 과격한 해결책이 아니면 무엇이겠는가? 인구는 증가하고 생산은 제자리

1) ADH, 강주의 공증인들의 자료, 마케 공증인 사무실, 기록 15, f°s 10 v°, 11, 13, 21.

걸음을 했다. 그러자 개인당 할당액은 이중으로 줄었다. 하나는 농사 지을 땅이 줄어드는 토지 할당의 감소이고, 다른 하나는 현금 할당의 감소다. 주인들은 상황을 기분 좋게 받아들여 임금을 점점 적게 지급한 것이다. 이 이중적인 제한의 희생자인 서민들의 생활수준은 밑바닥까지 내려가, 점점 최저생계비에 접근했다. 이렇게 해서 생계 위기가 가중되었다.

사실 흉작(이 메마른 고장에 2, 3년에 한 번)은 인구가 희박하여 널찍한 땅을 경작하고 임금도 많이 받던 1480~1500년에는 별다른 영향을 주지 않았다. 그러나 그것의 피해는 인구 증가, 토지 축소, 임금 감소와 동일한 속도로 커져갔다. 1550~90년경, 흉작은 이미 쇠약해지고 빈곤해진 사람들을 공격했다. 그리하여 극심한 기근, 심지어는 기아를 일으켰다.

만약 앞 장에서의 토지에 대한 분석과 임금에 대한 분석이 정확하다면, 그 세기의 처음부터 끝까지 기근과 기아가 빈번히 그리고 점점 더 심하게 발생했을 것이며, 동일한 리듬으로 정부의 식량 정책도 수정했을 것이다.

실상은 가정을 확인시켜준다.[2] 1460년에서 1560년까지의 한 세기(이 이후에는 내전이 기아를 인위적으로 악화시키면서 실험 조건들을 어지럽힌다)는 대략 세 기간으로 나뉜다. 식량이 넉넉하던 기간(1460~1504), 최초의 어려운 기간(1504~26), 심각한 위기(1526년 이후). 세 기간을 지나며 상태는 악화되었다. 인구 증가의 파도는 농업 생산의 허약한 방파제를 휩쓸고 지나간 것이다.

우선 1460~1504년의 편안했던 시기를 보자. 이 시기는 식량이 풍부했던 시기로 랑그도크의 신분회도 그것을 알고 있었다. 신분회 대표들이 취한 태도는 1506년 이후, 특히 1526년 이후에 그들이 취한 소심한

2) 이하 모든 기술(곡물 관련 사건)에 대한 1460년에서 1560년까지의 참고 자료는 An. 27에 있다; 또한 Gr. 12와 Larenaudie, 1952 참조.

보호무역주의적인 태도와는 거리가 멀었다. 그들은 지방 밖으로의 곡물 반출에 제동을 걸지 않았다. 오히려 정반대였다. 그들은 곡물 반출을 장려했으며, '뇌물을 주는' 특별한 친구들에게만 곡물 반출 허가증을 발급하면서 반출을 억제하던 국왕 관리들에 대해 불만을 토로했다. 랑그도크 신분회가 1492년에 관구 사령관(gouverneur)이었던 샤반 경을 견책한 것도 바로 그런 이유에서였다. 첫 번째 시기에 지방의회가 반출을 금한 것은 1496, 1498, 1501년의 세 번뿐이었다. 보통 이 지방은 식량 초과를 기록했다. 고요와 놀라운 평온이 곡물 시장에 감돌았다. 1485년과 1500년 사이, 몽펠리에의 곡물 시장에서 가격 변동폭은 50퍼센트를 넘지 않았다. 반대로 1528년 이후에는 동일 시장에서의 시세가 두 배, 세 배의 차이를 보인다.

기근의 연대기에 따르면 1460년에서 1504년의 시기는 폭풍이 거의 지나가지 않은 밀의 호시절이었다. 사람이 너무 많고 기아가 반복되던 14세기 초(1348년 이전)와는 얼마나 다른가!

그러나 몇 차례의 시련은 있었다. 우선 1474년 툴루즈에서 발생한 기근을 보자. 이 기근은 지중해 연안 랑그도크에는 피해를 주지 않았다. 그러나 냉해와 강우로 인한 1482~83년의 기근은 루아르 강 이남 전역을 강타했다. 몽펠리에의 구제원들마다 거지들로 만원이었다. 그들은 같은 해에 발생한 페스트 환자들과 마찬가지로 300개의 빵을 배급받았다. 그런 다음 막이 내렸다. 15년이 지나는 동안 아무 일도 일어나지 않았다. 아무런 경보도 울리지 않았다. 이 전례 없이 곡물 사정이 좋았던 기간에 오래전부터 잉태되어온 랑그도크 지방의 인구 팽창은 적절한 때가 되면 부활하듯이 솟아오를 것이었다.

1495~96년, 특히 1497년의 흉작은 최초의 불협화음을 들려주었다. 기근, '각박한 삶.' 도시는 늑대처럼 배회하는 부랑자들과 난동꾼들로 득실거렸다. 제노바인들은 곡물을 사고 싶어했다. 그러나 신분회는 모든 항구를 봉쇄했다. 비참한 루에르그 등 남부 중앙 고원의 모든 산간 마을에서 노새 몰이꾼들이 노새를 몰고 내려왔다. 그들은 연안 지방의

얼마 남지 않은 곡물을 쓸어가려는 것이었다. 그들이 배고픔에 아우성치는 모습을 보는 것은 가슴 아픈 일이었다.

몇 차례의 경보, 1501년의 빈약한 소출과 함께 약간의 가격 상승이 있은 후 다시 조용해졌다. 전체적으로 이 44년 동안에는 기근이 드물었다.

두 번째 기간(1504~26). 1504년의 빈약한 수확으로 고난의 국면이 시작되었다. 그해 겨울, 신분회는 곡물 반출을 금지했다. 그들은 제노바, 피렌체, 도피네 등 곡물 부족에 허덕이는 인근 지역의 고객들에게조차 곡물 반출을 거절했다. 신분회 대표인 22명의 주교는 교황에게 가기로 되어 있던 밀 200샤르주를 몰수하기까지 했다. 신분회는 200스티에의 밀을 반출해가려는 왕에게 세금을 안 내겠다고 위협했다. 온건한 루이 12세는 협박에 굴복했다. 밀 반출을 묵인한 항구 세관원은 정직 처분을 당했다. 겨우내(1504~05) 참사회들, 수도원들, 기사령들은 들끓는 거지들에게 동냥을 주기 바빴다. 1505년 수확 후에도 긴장은 여전했다. 가을에는 기근과 매점(買占)이 판을 쳤다. 1506년의 수확도 거의 나아지지 않았다. 1507년 1월, 신분회는 대책 마련에 부심했다. 그들은 밀 반출을 금했다. 1507년 수확 후에도 동일한 조치를 취했다. 아라곤 지방으로든 어느 곳으로든 밀 반출을 금지했다. 왕국 밖으로 팔아넘기지 않는 조건으로, 나르본에서 프롱티냥으로 연안 항로를 통해 곡물을 수송하는 것만 허용했다. 교구에서는 젊고 멀쩡한 거지들을 쫓아냈다. 곡물이 부족하기는 마찬가지였던 보르도는 사람들을 보내, 동부와 서부에서 요청이 빗발치던 로라게 지방의 바닥난 곡물 창고에서 밀을 얻어내려 했지만 헛수고였다. 불행의 연속이었다. 1509년 봄, 파견관들이 세네쇼세*에서 세네쇼세로의 곡물 유통을 저지한 것으로 보아, 1508년 역시 실망스러운 해였음이 분명하다.

우리의 호기심을 불러일으키는, 곡물이 드물던 국면(1504~1508). 몽펠리에의 가격 곡선상에 나타난 높은 가격이 그것을 알려준다. 신분

---

* 왕의 관리인 세네샬이 통치하던 프랑스 남부의 사법 구역.

회는 신분회의 역사상 처음으로 이때까지 꾸준히 지켜온 자유무역주의를 깨고 두 해 심지어 세 해 거듭 곡물 반출을 금지했다. 수확이 양호하거나 충분하자(1509, 1510, 1511, 1512), 가격이 떨어지고 불만 소리도 잠잠해졌다. 그러나 1513년에 상황이 다시 나빠졌다. 님에서 모인 신분회는 11월부터 '거래'(반출)를 금지했다. 언제나 그랬듯이, 기근은 가난한 사람들을 거리로 내몰았다. 그들을 도시에서 몰아내기 위해 매질을 하기도 했다. 이듬해인 1514년의 수확은 또다시 '그 고장에 곡물 결핍 사태'를 몰고 왔다. '도둑과 악한들'이 들끓었다. '거래'는 금지되었다. 1515년의 수확은 더 나빴다. 다시 반출을 금지했다. 1515~16년의 겨울은 '곡물이 부족하고 기아와 빈민이 속출한' 배고픈 겨울이었다.

그러므로 1504년 이전에는 상상할 수도 없었던 치명적인 국면이 1504~1508년 이후 이어졌다. 3년간의 궁핍한 시기(1513~15). 그리고 이번에는 분명했다. 곡물 공급자로서의 랑그도크의 지위가 큰 손상을 입었다. 밀 시장에 탈이 났다. 5년, 10년, 15년 동안 '기근'이라는 단어를 발설한 적이 없고, 예외적으로 오직 한 차례 있었던 곡물 반출 금지도 해를 넘긴 적이 없던 행복한 15세기 말은 이제 완전히 끝나버린 것이다. 사실 시장 구조가 바뀐 것은, 경제 공간에 패쇄된 지역 단위의 칸막이가 쳐진 것은 1500년경의 인구 증가로 늘어난 소비자들이 곡물의 수요와 공급 등식에서 수요 부분에 압박을 가해, 품귀 현상을 만들어냈기 때문이다.

돌이킬 수 없는 상황이었고 갈수록 악화되었다. 1517, 1519, 1520, 1522, 1524년, 곡물 반출 금지. 이후부터는 기근이 잠복해 있다가 마치 휴경처럼 2년마다 찾아왔다. 1526년부터 밀의 비극이 본격적으로 시작되었다. 거듭되던 어려움은 대재앙의 무거운 분위기에 자리를 물려주었다. 신분회의 자유방임주의는 이제 하나의 추억에 불과했다. 15세기의 자유로운 시장은 완전히 죽었다. 10년 연속(1526~35) 신분회는 곡물 반출을 금지했다.

심층의 위기

1526년, 수확이 변변찮았다. 1527년 재해. 강력한 열대성 저기압(여름에는 많은 비, 겨울에는 극히 온난한 날씨 등으로 파종한 종자가 썩어나갔다)이 유럽과 지중해를 몇 해 동안 강타했다. 1527년의 수확은 없는 것이나 마찬가지였다. 8월부터 신분회는 거래를 금지시켰으며, 곡물을 팔라고 간청하는 프로방스, 피렌체, 루카, 제노바 사람들을 거부했다. 그렇지만 너무 총애를 받기 때문에 특별 배려를 하지 않을 수 없는 아니안의 수도원장 같은 거물들은 비싼 값을 받고 이익을 많이 붙여 반출할 수 있었다. 1528년, 랑그도크에 기근이 닥쳤다. 이제 마르세유에서 해상으로 밀을 사들여야 할 판이었다. 그것을 도시에서는 2리브르 10수에 팔았고, 언제나 후순위인 농촌에서는 3리브르에 팔았다. 페스트가 겹쳤다. 기근을 견디고 살아남은 부유하고 풍채 좋은 사람들은 빈민들이 퍼뜨린 전염병으로 죽고 말았다.

고리대금업자는 환호성을 질렀다. 그들은 귀한 곡물을 산기슭의 가난한 사람들에게 비싼 값으로 대여했다. 그 흉흉하던 1528년 4월 세벤 지방의 수많은 직조공들에게서 간청을 받은 카를랑카 경이 바로 그런 일을 한 사람이었다.

1528년 6월, 새로운 수확이 좋지 않았다. 배고픔은 지속되었고, 식량 재고는 늘어나지 않았다. 1528년 8월, 11월: "그 어느 때보다도 곡식이 귀하고 비쌌다." 가격 곡선은 1525년 이래 가파르게 올라갔다. 지방간의 경계는 여전히 차단되어 있었다.

따라서 1529년 봄은 극심했다. 툴루즈 고등법원은 마침내 유지들에게 간청했다. "제발, 곳간을 열고 당신네 곡물을 시장에 내시오. 당신들의 가격을 낮추시오." 그러나 '기근'이었다. 냉혹한 명령이 이어졌다. "부랑자들, 외지인들을 몰아내시오."

1529년의 수확은 궁핍을 몰아내지 못했다. 11월, 한 대형 구제원의 회의실에서 열린 신분회는 리옹, 아비뇽, 아를 등지의 곡물 요청을 물리쳤다. 그럼에도 수요는 늘어났고 재고는 바닥났기 때문에 1530년의 수확으로 충분하지 않았다. 1530년 9월, 외지에 거주하는 곡물 구매자에게 제한을 가했다. 11월엔 반출 금지. 1531년 봄, 기근뿐만 아니라 기아도 발생. 밀의 은닉 사실을 고발하는 자에게 상금을 주었다. 5월, 견딜 수 없을 정도로 곡물 품귀 현상이 심해지고, 빈민들의 수가 나날이 걷잡을 수 없을 정도로 늘어나자, 곡물을 징발하거나 가격을 지정했다. 그래도 몽펠리에에서 1529년과 1531년의 계절적인 최고가격은 가격 곡선상의 기록을 깼다. 그 같은 기록적인 가격은 1545년에야 다시 볼 수 있다. 새로운 반출 금지 명령이 1531, 1532, 1533년, 극심한 한발로 파종한 종자가 말라버린 1534년, 그리고 마지막으로 1535년에 공포되었다.

랑그도크의 유지들이 자유무역주의자의 태도에서 보호무역주의자의 이기심으로 바뀐 것은 분명하다. 물론 금지 조치를 내렸지만 여기저기서 곡물은 반출되었다. 지방간의 경계가 제대로 차단되지 않았기 때문이다. 그러나 제동을 건 것 자체가 기초적인 경제 의식과 심리적인 변화를 의미하는 것이다. 30년 전에는 곡물의 풍부함이 정상이었지만 이제는 곡물 품귀 현상이 만성적이었다. 이제 먹일 입은 너무 많고, 돌아갈 빵은 충분하지 않았다.

이 궁핍의 10년(1526~35)에 오랫동안 멈춰서야 한다. 무엇보다도 이 기간은 랑그도크의 신분회가 취한 곡물 정책상에 일대 전환을 보여주기 때문이다. 이 지방 의회는 다른 부분, 예컨대 포도주 같은 부분에서는 15세기의 자유주의를 유지했다. 포도주는 부족한 적이 없었기 때문에 자유롭게 반출했다. 그러나 밀은 수확이 아주 좋은 해(1536, 1542, 1547, 1549, 1554, 1556)에만 예외적으로 반출을 허가했다. 금지는 반사 행동처럼 거의 자동적이었다. 1537~41, 1543~46, 1548, 1550~52, 1554~55, 1558~60년, 지방 외부로 나가는 모든 반출을 신분회가 (이론적으로) 금지시켰다. 1526년 이후 랑그도크의 밀은 이따금 풀려나지만 감시를 받는 수인(囚人)과 매한가지였다.

게다가 1526~35년의 이 위기는 사회적 전환기였다. 부랑민들이 재해에 비례하여 갑자기 많아지면서 거지들에 대한 조직적인 탄압이 처음으로 이루어졌다. 5년 동안의 곡가 앙등이 있은 후인 1532년, 이 지방은 부랑민들과 "시도 때도 없이 살인을 저지르는 살인범"으로 들끓었다. 신분회에 따르면, 주민들은 더 이상 밭에 나갈 엄두도 못 낼 정도였다! 1533년, 님 지방은 "얼마 전부터 극심해진 빈곤 때문에 생겨난 거지들로 감염되었다."

의례적인 불평? 그러나 실제는 훨씬 덜 의례적이었다. 1533년, 지나치게 많은 빈민을 더 이상 참을 수 없게 된 랑그도크의 신분회는 역사상 처음으로 강제력을 동원하여 빈곤을 추방하기로 결정했다. 그들은 왕에게 문서를 올렸다. 너무 많은 빈민이 랑그도크로 몰려오고 있습니다. 그들은 대부분 일은 하지 않고, 교회로 몰려다니면서 성사를 방해하고 있습니다. 그들은 성체를 거양하는 순간까지 소란을 피워 신도들의 집중을 방해하고 있습니다. 그들이 퍼뜨리는 질병에 대해서는 말할 필요도 없습니다.

프랑수아 1세는 이 요청을 받아들여, 콩피에뉴에서 다음과 같은 칙령에 서명했다(1534년 4월 15일). 랑그도크 지방에서 '얼마 전부터' 거지 행각을 벌이는 건장한 자들은 모두 잡아들일 것이다. 그후 1560년까지 거의 매해 이 빈민들, '도둑, 사기꾼, 부랑민들', '매일매일 도시, 밭, 거리, 골목을 누비는 기생충들'의 문제는 신분회와 툴루즈 고등법원의 불안스러운 회의 안건으로 등장했다.[3]

랑그도크에서 인구 급증으로 초래된 오랜(1526~35) 식량 궁핍 현상은 빈민들의 유랑 그리고 그에 대한 행정 당국의 탄압을 일으켰다. 이것은 또한 유럽의 현상이었다. 서부 유럽 전역에서, 빈민 문제는 인구 증가, 계속적인 기근, 밀 가격의 앙등으로 1525~30년경에 시작되었다.

---

3) ADH, PV, 1533년 11월, 미분류 기록, f° 233과 여러 곳; Ménard, 1744, IV, 128쪽; ACM, D, 기록 615, f° 3, 19-4-1535; Devic, 1872~92, XI, 244쪽; PV, 1538년 10월; HGB 32, f° 224, 10-3-1539; Ménard, IV, 189쪽; PV, 1544년 12월, 1545년 11월~12월, 1555년 10월, 1556년 9월~10월; ACM(『조사 목록』, t. II), 기록 n° 390, 19-6-1559.

1525년, 츠빙글리는 취리히의 빈민 구호 계획을 세웠다. 1526년, 후안 루이스 비베스는 루뱅과 옥스퍼드에서 구상한 『빈민 구호론』을 출판했다. 1530년, 헨리 8세는 최초의 거지 금지법을 공포했다. 왕명으로 사람들은 부랑민들을 수레에 묶거나, 피가 터지도록 매질을 하거나, 한쪽 귀를 자르거나, 목매달았다. 1537년, 카를 5세도 네덜란드에서 그렇게 했다. 고전주의 시대의 특징적인 망탈리테인 빈자들의 '대감금'이라는 꿈이 바로 이 시기에 조심스럽게 움트기 시작했다.[4)]

영지와 토지에 대한 세부 연구인 '미시적' 관찰은 16세기의 빈곤화를 증명한다. 그러나 권력과 대중들에 대한 거시적 관점은 16세기의 두 번째 세대, 즉 1530년의 위기와 함께 빈곤화가 전반적으로 도래했음을 확인해준다. 이 두 현상은 사회 전체의 저변을 흐르는 움직임과 연결되어 있듯이 상호 명백히 연결되어 있다. 인구의 소리 없는 증가는 총생산이라는 파트너의 증가를 동반하지 못했다. 인구 증가는 랑그도크의 곡물 반출량을 고갈시켰다. 그것은 '슬픔의 가죽'처럼 점점 작아지는 땅뙈기에서 농민들이 먹고살기 힘들게 만들었다. 또한 그때까지 억제되어 있던 물가가 갑자기 뜀박질을 시작하는 1525년 이후, 특히 임금 생활자들을 빈곤하게 만들었다.

바로 이 모든 것이 대중의 구매력을 곡물에 집중시키면서 간혹, 기근이 들면 최소한의 식량조차 극빈자들의 손에 미치지 못하게 만들었다. 실업이 증가하고, 계절적인 휴직자나 영구 휴직자 같은 노동자 예비군이 늘어나면서 땅과 일자리를 상실한 공격적인 부랑민들이 거리로 밀려나왔다. 당국이 그 결과는 알았지만 원인은 알지 못했던 바로 이 모든 요인이 작용하여 랑그도크의 신분회는 곡물을 지방 안에 가두고 빈민들을 교구 밖으로 몰아내기로 결정한 것이다.

---

4) Tawney, éd. 1951, 111, 112쪽; Marx, éd. 1955, I, 773쪽 이하; Cole, 1939, I; Foucault, 1961.

*

그러므로 1526년의 위기는 '성장의 위기', 그러나 '나쁜 성장'의 위기였다. 그것은 서민 생활의 여러 영역, 즉 맛없는 음식인 곡물과 빵뿐 아니라 대중의 넉넉한 삶의 상징으로서 그 어떤 것과도 바꿀 수 없는 목축과 고기에도 영향을 미쳤다.

1530년(대략적인 연대)은 목축의 쇠퇴, 고기 소비의 감소, 소리 없이 진행되는 영양 부족으로의 대전환이 일어난 해다. 나는 임금에 대한 세부 연구를 토대로 개인적인 소비에서 그러한 일이 일어났음을 지적했다. 그 같은 현상은 총생산의 차원에서도 광범위하게 찾아볼 수 있다.

가격만 보아도 시장의 혼란을 감지할 수 있다. 밀의 가격은 1480년에서 1580년 사이에 6배 또는 그 이상 뛰었다. 그런데 고기 값은 같은 기간에 4배밖에 오르지 않았다. 밀과 고기의 두 곡선은 독일에서나 남부 프랑스에서나 '가위' 모양으로 벌어졌다.[5] 고기 수요의 감소는 축산업의 쇠퇴로 이어질 것인가?

소득에 대한 연구는 상황이 더욱 심각했음을 확인해준다. 16세기에는 농촌 마을이나 도시 외곽 지역(나르본, 베지에)의 수많은 가축에 대한 십일조(carnencs) 자료가 잘 남아 있다. 일반적으로 이 십일조의 징수는 징수권자인 참사회에 의해 매년 임대되었다. 개인적인 비용이 얼마 들지 않는 징수 임차인들은, 양털은 '털을 깎을 때', 어린 양, 염소 새끼들은 '성 마르코의 날*에 10분의 1 비율로', 그리고 돼지는 한 배 새끼 돼지들 가운데 한 마리씩을 떼어내는 책임을 맡았다.[6] 가축 십일조 징수 임대계약에 대한 연속 자료들이 재구성하는 것은 동물 생산의 총량이 아니라 그것의 명목 소득의 동향이다. 많은 지방의 곡선을 종합한 중간 곡선은 문제의 동향을 간단히 보여준다.[7]

---

5) Abel, 1955.

* 4월 25일.

6) Segondy, 1949, 729쪽.

시작은 좋았다. 1475년과 1515년 사이에 '동물 수입'은 명목 가치로 두 배 이상, 거의 세 배 올랐다. 그것은 지수 30에서 지수 80으로(1610~40년의 지수를 100으로 볼 때) 올라갔다. 그런데 이 첫 번째 시기에 가격은 안정적이거나 거의 오르지 않았다. 수입의 증대는 동물 생산의 실질적인 증대와 일치했다. 가축의 수가 증가하여 인간의 수적 증가를 동반하고 앞지르기까지 했다. 그러므로 1490~1500년경에 시작된 인구 증가의 '점화'는 아주 훌륭한 영양 상태에서 시작된 것이다. 단백질 공급량은 잉여 인구를 감당하기에 충분했다. 인간이 넘쳐났지만 가축도 넘쳐났다. 이것은 랑그도크의 사실이지만 프로방스, 도피네, 노르망디에도 적용된다.[8] 1500년경 축산의 발전은 전반적이었고, 그것은 어디서나 인구 증가를 용이하게 했으며, 질소 함유 식품의 충분한 섭취로 인해 기운찬 사람들의 팽창을 촉진했다.

그러나 이 같은 첫 번째 시기는 오래가지 못했다. 1515~20년부터, 랑그도크의 축산업은 쇠퇴하기 시작했다. 그것은 곧 파국적인 리듬으로 진행되었다. 1525~30년경, 동물 생산은 글자 그대로 파멸이었다. 가축 십일조의 명목 수입은 지수 80에서 지수 40으로 떨어졌다. 그런데 물가는 급상승했다. 가축이 궤멸한 것이다. 종교전쟁기까지 다시 찾아볼 수 없는 엄청난 위기였다.

원인을 보자. 1529~30년경에 있었던 인간 세계의 기근이나 전염병과 동시에 발생한 수역 때문이었을까? 그랬을 수도 있다. 다른 원인으로는 수요의 변화가 있다. 1530년경에는 곡물이 너무 비쌌으므로 일반 서민의 모든 구매력이 곡물에 집중되면서 고기는 버려졌고, 그래서 그 여파로 가축이 무시당했는지도 모른다.

마지막으로 이 목축의 위기에 대해서는 세 번째 요인을 생각해보지 않을 수 없는데 그것 역시 사회의 전반적 움직임과 불가분의 관계에 있

---

7) Gr. 16; Gr. 26; Gr. 27.

8) Plaisse, 1961, 342, 343쪽; Sclafert, 1959.

다. 개간은 방목지를 줄였다. 유실수 재배(올리브나무, 밤나무……), 계단식 밭, 돌담 등은 공동 방목이 허용되었던 개방 경작지를 축소시켰다. 이런 모든 이유 때문에 축산은 한계에 부딪혔고, 떨어지기 시작한 것이다. 사료 작물을 알지 못하거나, 알아도 고작해야 채원에서만 재배하던 옛날의 농업에서 동물 생산과 식물 생산을 동시에 증가시키기는 불가능했다. 양측의 요구는 상호 모순적이었다. 왜냐하면 이들은 아직은 비어 있지만 나날이 줄어드는 땅을 서로 차지하기 위해 다투었기 때문이다. 축산업자들의 이익을 보호하는 에스파냐의 메스타* 같은 조직이 없는 상황에서, 팽창 중인 전통 사회에서의 축산의 발전은 머지않아 희생당하고 만다.

여기서도 전환기는 1520~30년경이었다. 이때까지 축산업자들에게 집단 지역권(공유지, 공동방목지)**은 완전히 보장했다. 1445년에서 1519년 사이, 툴루즈 고등법원은 이러한 오랜 관습의 수호자였다. 1520년에, 이에 반하는 텍스트가 처음으로 발견된다. 당시 붐을 이루었던 유실수 재배와 관련하여 고등법원의 태도가 변한 것이다. 그해 툴루즈 법원은 지나크(에로 지방)의 주민들이 포도밭이나 올리브나무 밭에서 가축을 방목하지 못하게 했다. 툴루즈 법원이 이런 식으로 행동한 것은 그때가 처음이었다. 1528년, 뤼넬의 주민들에게도 마찬가지 금지 조치를 내렸다. 이 문제에 대해 여론이 모아지기 시작했다. 축산과 유실수 재배 사이에서 가능한 선택이 내려졌다. 여론은 동물을 식물에, 집단적 지역권을 경작자의 사적인 이익에 희생시켰다. 1530년에, 역사상 처음으로, 그리고 또다시 1531~32년에 신분회에 모인 지방의 유력 인사들은 포도밭, 올리브 재배지, 목초지, 숲, 덤불숲, 과수원 등에 울타리를 설치하고, 지주의 허가 없이는 이 구역 내에서의 집단 방목을 금지할 것을 요구했다. 1533~34년, 툴루즈 고등법원은 울타리치기(인클로저) 지지자

---

*Mesta: 12세기부터 나타난 목축업자들의 조합.

** servitude collectif. 집단 지역권(地役權). 공익을 위해 소유지에 부과되는 권리 제한.

들을 지원하는 쪽으로 기울었으며, 일련의 법령으로 신분회의 입장을 확인해주었다. 페즈나에서도 마찬가지였다. 1533년에, 처음으로 유실수 재배지에서의 집단 방목을 금하는 금지 조치를 부활했다. 이 조치들은 1306년에 이미 포고되었지만 가축이 제왕의 자리를 차지했던 1350~1500년의 '버려진 마을들'의 시기에 폐지되었다.[9] 인구의 과잉, 땅에 대한 굶주림은 옛날의 법령들('버려진 마을들' 이전에, 다시 말해 인구 과잉, 유실수 재배, 토지 개인주의 등의 이전以前 사이클에서 이미 포고된 바 있는 법령들)을 되살아나게 한 것이다.

상황의 압력으로 공권력의 망탈리테는 1520~30년경에 백팔십도로 변했다. 곡물 자유주의와 집단 방목을 동시에 포기하거나 제한했다. 이제 모든 관심과 배려는 귀중한 곡물, 몇몇 유실수 재배에 기울어졌으며, 가축들은 백안시되었다. 목동들의 지배가 끝난 것이다.

랑그도크의 축산은 1530년의 위기에서 회복되지 않았다. 16세기 초와 내전 사이에 가축 십일조의 명목 수입은 지수 60에서 지수 100으로 올라갔다. 명목적인 상승, 그러나 실질적인 감소였다. 왜냐하면 같은 기간에 죽은 가축의 가격은 130퍼센트가 올랐기 때문이다. 가축 십일조의 실질소득이 이렇게 줄어든 것은 가축의 수가 감소했음을 의미한다. 인구가 배로 불어나고, 식물 생산이 약간 늘어나거나 현상 유지를 하는 동안 축산업은 붕괴됐고, 그리하여 서민들의 고기 소비——임금노동자들의 또는 과세된——가 감소한 것이다.[10]

1526~35년에 위기는 더 심해졌다. 그것은 사회의 변화에서, 사회의 내적 모순에서 솟아올랐다. 또한 생물학적인 토대와 심리학적인 상부구조에까지 영향을 미쳤다.

---

9) 공동 방목의 문제나 1520~30년의 전환에 대한 문제와 관련된 텍스트와 참고자료는 An. 11. 이 '인클로저' 현상은 15세기 영국에서와는 전혀 다른 경제적 · 인구적 결과를 낳았다는 점을 지적할 수 있다.

10) Gr. 16; Gr. 26; Gr. 27; '임금노동자들'의 소비에 대해서는 이 책, 제1권, 448쪽; '과세된' 고기의 소비에 대해서는 Gr. 40 참조.

생물학을 보면, 기아와 영양실조 위에서 급격하게 번진 1530년의 페스트는 16세기의 가장 맹렬한 페스트들 가운데 하나였다(그러나 장기적으로 16세기 남부 프랑스에서 페스트의 재앙은 약해졌다). 1530년, 몽펠리에 시는 모든 수입을 사실상 전염병을 치료하는 데 사용했다. 즉 환자들의 격리 비용, 의사들의 진료비, 페스트 환자들의 수의, 사망자 명단 작성, 보건소장용 말 수레 등에. 이 같은 일은 이 도시의 재정의 역사에서 거의 유례가 없는 경우였다. 그것은 전염병이 심각했음을 의미한다.[11)]

심리학을 보자. 1526년 이후 종교 개혁의 선전 문구는 물질적 곤궁 때문에 성이 난 사람들, 부유한 성직자들을 시샘하는 사람들에게서 강력한 메아리를 만났다. 종교 개혁이 비바레와 랑그도크에 뿌리를 내린 시기는 바로 1527년의 대림절,* 1528년의 끔찍한 사순절** 같은 배고픈 겨울과 봄이었다. 이제까지는 이단의 불모지였던 이 지방에서 프란체스코회 수도자들이 전율하는 군중들을 향해 최초의 이단적인 설교를 한 것도, 종교 개혁의 선전자들에 대한 최초의 기소가 있었던 것도 이때였다. 1528년 11월, 이른바 '악마에의 기원과 저주스러운 신성모독'을 지니고 다닌다고 알려진 루터파가 툴루즈에서도 확인되었다. 장차 거점이 될 농촌적인 세벤 지방은 이미 '전염된' 상태였다.

1529년, 북부의 재세례파와 동시대인들인 리옹의 르벤***의 폭도들은 기아를 견디다 못해 봉기해서, 밀 창고를 털고, 수도원을 공격하고, 교회와 수도원을 약탈하고, 반(反)십일조 폭동을 일으켰다. 르벤의 영향은 남동부 전역에서 감지되었으며, 복잡한 상업망을 통해서 리옹의

11) HGB 22, f°s 573, 600, 626, 636, 708; HGB 23, f°s 292; 특히 ACM(조프르 조사 목록), D, 기록 611, f°s 5, 6 v°과 여러 곳.

* 예수 그리스도의 강림을 기다리고 준비하는 기간인 성탄절 전 4주간.

** 부활절 전 46일.

***Rebeine: 1529년 리옹에서 발생한 폭동. 이들은 도시 정부를 무너뜨리고 '가난한 사람들의 세상'을 세우려 했다.

센터와 연결되어 있었다. 1530년부터 당나귀 귀를 가진 수도자의 머리를 풍자하는 주제가 랑그도크의 미장이들에 의해서 마치 장식의 모티프처럼 퍼져나갔다. 농민들도 전염되었다. 1532년, 바-론 지방에서는 주민 대표, 교사, 신부를 중심으로 온 마을 사람들이 개혁 종교로 돌아섰다. 또한 1532년은 툴루즈에서 이단들에 대한 최초의 화형식이 벌어진 해였다.[12)]

이렇듯 종교 개혁은 사회적 위기가 고조되었을 때 이식되어 깊이 뿌리내렸으며 위대한 미래를 약속받았다. 1537~38년부터는 더 이상 신자들의 수를 헤아릴 수 없게 되었다.

*

1526~35년은, 후일 다른 지역에서 다른 상황에서 일어난 프롱드 난이 그러하듯이, 전환기의 위기, 사회사(社會史)의 교차점이었다. 추상적인 지표들——성장의 불균형, 조각 땅과 임금에 대한 분석——은 이 위기로 구체적 의미를 획득했으며, 서민 세계의 대혼란 속에서 구체화되었다. 위기는 충분한 경제 성장을 동반하지 않은 과도한 인구 증가에서 첫 번째 교훈을 끌어냈다. 위기와 함께, 위기 이후 서민들과 농민들은 '이전처럼 살 수 없게 되었으며,' 이전처럼 일하고, 먹고, 기도하고, 생각하고, 죽을 수도 없게 되었다. 인구 팽창의 두 번째 세대가 시작될 무렵인 1530년의 위기는 행복한 시대가 황혼에 이르렀음을, 편안한 시대가 끝났음을 말해준다.

---

12) Mours, 1949, 22쪽(Vivarais); Cantaloube, 1949(Cévennes); 당나귀 귀의 주제: Febvre, 1912, 545쪽; 1530년, Lagrasse(Aude)의 집에 비슷한 그림이 그려졌다; 1528년부터 툴루즈와 몽펠리에에서 최초의 탄압: HGB 22, f°s 22, 200, 239, 292 v°, 304, 446; Guiraud, 1918~19, II, 331~359쪽; Imbart de La Tour, 1905~14, III, 374, 385, 402, 403쪽; L. de Santi, A. Vidal, 1896, 122, 123쪽; Hauser, 1896.

랑그도크만 그런 것은 아니었다. 20~30년대 에스파냐, 독일, 네덜란드, 잉글랜드에서 옛 유형의 프롤레타리아의 굶주림, 농민들과 빈민들에 대한 탄압을 시작했다. 이탈리아에서 1520년대, 특히 1528~29년의 특징은 베네치아의 엄청난 기아였다.[13] "이 어려운 시기에 사라진 것은 그 화려한 꽃을 피우던 첫 번째 르네상스였다."[14]

자본주의의 유산(流産)

빈곤과의 대질 속에서 이익과 부(富)의 역사, 즉 승리자의 역사를 생각해보아야 한다. 이 경우에도 땅의 역사와 소득의 역사, 수평적인 분석과 수직적인 분석이 "그것들의 자승(自乘)적인 복잡성 속에서, 그것들의 상관관계들의 상호성 속에서" 비교되고 융합되어야 한다.[15]

빈민들의 세계에서 이 두 관점의 결합은 수렴적이고 축적적인 결과에 다다랐다. 임금 생활자의 빈곤화와 토지 생활자의 빈곤화는 상호 상승작용을 일으켰다. '소인'(小人)은 두 번 빈곤해졌다. 임금 생활자로서, 그리고 소토지 소유자로서.

그러나 이익과 부의 세계인 상층에서는 다르게 전개되었다. 여기에서 두 관점, 즉 토지적 관점과 사회적 관점, '수평적 관점과 수직적 관점'은 상호 보완적이 아니라 상충적인 것으로 나타났다. 수입의 유형과 수준에 의한 수직적 관점에서 볼 때 지대는 유지되었고 이익은 올라갔다. 자, 그러면 농촌 자본주의가 발전했나?

어느 정도는 그랬다. 그러나 그것은 비좁은 한계에 끼여 있었다. 왜냐하면 그것이 얻은 잉여가치는 1750년이나 1850년 이후의 사례가 그러하듯이 총생산의 급속한 성장에서 나온 것이 아니기(아니면 극히 일부만 나왔기) 때문이다. 이번만은 에피날의 그림이 옳다.* 이 잉여가치는

---

13) Braudel, 1949, 273~278쪽; Léonard, 1961, I, 93쪽; Engels, éd. 1929; Marx, éd. 1955, I, 773, 774쪽; Chaunu, 1961, 803쪽.

14) Braudel, 1949, 373쪽.

15) Sartre, 1960.

빈곤해진 노동자들의 땀방울에서 조금씩 나왔으며, 이익의 행복은 임금의 불행을 바탕으로 했다. 이런 식의 '부유화'는 커다란 제한을 받을 수밖에 없다. 왜냐하면 머지않아 빈곤화는 더 이상 내려갈 수 없는 최저 수준에 도달하기 때문이다.

잉여가치를 내는 광대한 원천을 끌어내려면 18세기에 이웃 카탈루냐에서 그러했듯이[16] 생산이 크게 증가해야 한다. 그러나 16세기의 랑그도크에서는 그 같은 풍요화의 과정이 확실히 시작되지 않았다.

이익의 또 다른 곤경은 토지 소유 구조, 그리고 그것의 독특한 변화에서 발생했다. 16세기에 농업 경영 수익이 늘어난 것은 사실이다. 그러나 그것은 일정한 영지에서 그러했으며, 그 면적은 늘어나지 않았다. 이 과정이 대규모로 진행되기 위해서는 자본가 계급이 토지를 집중시키고 자기들의 토지적 토대를 넓혀야 한다. 대영지, 강력한 지주, 대규모 경작자들이 늘어나야 한다. 요컨대 토지의 재통합이 대규모로 진행되어야 한다.

그러나 전혀 그렇지 않았다. 몇몇 토지 집중화의 시도가 없었던 것은 아니지만 그것은 주변적인 현상이었다. 토지대장에 대한 세부 연구는 그것을 확인해준다. 그리고 1532년에 사망한 가야크의 욕심 많은 사제 외트로프 파브르의 사례도 그러하다. 평생 절약하면서 그는 대여섯 개의 땅뙈기를 마치 천쪼가리 봉합하듯이 성공적으로 통합하여 7헥타르의 땅을 만들어냈다. 대단한 사업이었다. 그러나 그 땅은 크게 늘어난 종손(從孫)들에 의해 산산이 흩어졌다.[17]

---

* l'image d'Épinal: 에피날은 프랑스의 알자스 로렌 지방에 있는 보주 도의 도청소재지다. "에피날의 그림"이라는 표현은, 에피날 출신 출판업자인 장 샤를 펠랭(Jean Charles Pellerin, 1756~1836)이 제작 판매한 그림들을 말한다. 직원이 150명이나 된 그의 인쇄소에서는 수많은 대중적인 그림들(성인들과 유명인사들의 초상화, 종교적이고 역사적인 장면들)이 제작되어 프랑스 전국에서 판매되었다.

16) P. Vilar, 1962, II.

17) L. de Santi, A. Vidal, 1896.

그러므로 16세기의 대변화는 다른 곳에서, 즉 자본가적 이익을 낼 수 있는 토지 단위를 탈구시킨 토지 분할에서, 그리고 영세 지주 계급의 증가에서 찾아야 한다. 이들로 이루어진 조각 땅들의 바다는 대영지들의 고립된 열도에 부딪히고 때로는 침식해 들어갔다.

농촌 자본주의는 노동자들의 희생 위에 '수직적으로' 자기의 몫을 증대시켰지만, 충분한 면적의 증가를 통해 그것을 '수평적'으로 늘리지는 못했다. 그것은 작은 땅들을 먹어치우지 않았다. 16세기에 농촌 자본주의가 소토지를 먹는 데 성공한 곳은 다른 지역, 즉 파리 주변과 런던 주변이다. 님, 몽펠리에, 나르본은 거의 그렇지 못했다. 1490~1600년, 남부는 토지 통합자들에 대해 아주 반항적이었다.

잉여가치를 우려내는 데에는 세 가지 방법, 즉 생산성 향상, 땅뙈기의 통합, 임금 삭감이 있다. 16세기 랑그도크의 토지 자본주의가 탐색한 방법은 가장 투박하고 가장 비인간적 방법인 세 번째 방법이었다. 이런 상황에서 그것은 미미하고 제한적인 발전밖에 이루어낼 수 없었다. 노동자들의 희생이 컸지만 랑그도크의 경제는 사회 관계의 지배적인 체제로서의 자본주의를 분비할 수 없었다. 자본주의는 가난 위에 세워지지 않기 때문이다.

랑그도크와 카탈루냐

16세기의 랑그도크와 18세기의 카탈루냐를 비교해볼 필요가 있다.[18] 공통점이 아주 뚜렷하다. 두 곳 모두 인구는 한 세기도 안 돼 두 배로 늘어났다. 지중해 지역 인구의 엄청난 이동성이 나타났다. 인구는 빈곤과 전염병에 밀려 심연으로 가라앉았다가 다시 그 깊은 구렁에서 솟구쳐 올라왔다. 또 하나의 특징은 인구의 파고가 높아지는 리듬에 맞추어 토지 분할이 가속되었다는 점이다.

그러나 비교는 여기에서 멎는다. 카탈루냐에서는 생산이 인구 증가를

---

18) Vilar, 1962, II, III.

뒤따르고, 심지어 추월까지 했다. 정교한 수력 정책은 토지 소득을 10배로 올려놓았으며, 휴경을 폐지시키고, 땅에 마술을 걸어 목초지, 기름진 관개 평야, 비옥한 농토로 둔갑시켰다. 대마, 옥수수, 쌀, 개자리, 토끼풀, 채소가 자랐다. 드넓은 포도밭을 단 한 사람이 경작했다. 양떼가 번식하고, 바퀴 달린 쟁기가 바퀴 없는 쟁기를 몰아냈다. 인구 증가는 부를 증가시켰다. 모든 것이 한꺼번에, 그리고 가격보다 훨씬 빠른 속도로 상승했다. 십일조 총수입, 생활수준, 지대, 이익, "그리고 조수(潮水)는 모든 배를 물위로 떠오르게 했다." 임금은 더 이상 팽창의 파리아*가 아니었다. 임금은 가격 곡선을 붙잡고 늘어졌다. 임금은 뜀박질했으며, 프랑스 혁명**의 호시절에는 그것을 추월하기도 했다. 이미 근대적인 형태의 이 같은 진정한 성장은 도시적이고 산업적인 자본주의로 탈바꿈하고 있었다. 농민들의 저축과 멕시코의 피아스터***에 힘입어 인구 10만의 항구는 팽창을 계속했다. 바르셀로나는 옛 경제의 균형을 깨고 산업 성장의 시동을 걸었다.

1550년 당시 랑그도크는 전혀 그렇지 않았다. 슬프게도, 인구 증가라는 한 가지 요인만이 지배했다. 생산적인 망탈리테는 얼어붙은 그대로였다. 인구와 생산, 농업과 목축, 임금과 가격 등 맬서스의 '가위'는 어디서나 벌어졌다. 임금과 토지를 제한했다. 임금을 쥐어짜서 실현시킨 농촌의 빈약한 저축은 대규모 농업 투자를 어렵게 했다. 또한 그것은 도시의 발전을 자극할 수 없었다. 1550년경, 지중해 지역 랑그도크에서 가장 큰 도시인 님과 몽펠리에의 인구는 각각 2천 가구, 즉 만 명 정도였으며, 그중 4분의 1이 농민과 막일꾼들이었다.[19] 땅에 붙잡힌 두 도시

---

* paria : 버림받는 사람.

** 1789년.

*** 돈.

19) Gard, C 1852 : 1558년 님에는 1,676가구가 있었으며, 성밖 외곽 구역에는 354가구가 있었다. 몽펠리에에 대해서는 GR. 8(타유세 과세 대상자 전체 숫자) 참조; 1595년경 나르본의 인구는 '1만 명'(AC Narb. BB, 해당 연도).

는 초라했다.

계몽주의 시대*에 카탈루냐의 팽창은 개인의 부를 창출해낸 근대적인 유형의 성장이었다. '르네상스' 시대의 랑그도크의 팽창은 가난을 증폭시킨 고대적 유형의 발전이었다.

---

* 18세기.

찾아보기

인명

지명

ㅁ

ㅅ

ㅇ

ㅌ

ㅍ

ㅎ

지은이 에마뉘엘 르 루아 라뒤리

에마뉘엘 르 루아 라뒤리(Emmanuel Le Roy Ladurie, 1929~)는 프랑스 북서부 노르망디 지방에서 태어났다. 레지스탕스의 일원이었던 아버지의 영향으로 열다섯 살이라는 어린 나이에 레지스탕스 활동을 하기도 한다. 중국이 공산화되던 해인 1949년에 공산당에 가입하고, 그해 9월 고등사범학교에 입학한다. 1953년 교원자격시험(아그레가시옹)에 합격해 1955년부터 몽펠리에의 한 중등학교(리세)에서 교편을 잡는다. 그해 11월 소련의 헝가리 침공 소식을 듣고 공산당원증을 반납한다. 그 후 통합사회당(P.S.U.)에 가입하여 활동하나, 1963년에 브로델의 추천으로 고등연구원 제6국의 조교수로 옮겨가면서 탈퇴한다. 1955년, 르 루아 라뒤리는 지리학자인 레몽 뒤그랑의 권유를 받아들여 랑그도크 지방에 많이 남아 있는 콩푸아라는 토지대장을 가지고 학위논문을 쓰기로 결심한다. 토지의 집중과 분할 과정을 추적함으로써 자본주의의 기원을 밝힐 수 있으리라는 기대 때문이었다. 5년간 연구 후에 모습을 드러낸 『랑그도크의 농민들』은 경제사라는 좁은 테두리에 갇히지 않고, 지리 · 경제 · 사회 · 정치 · 문화 · 심리를 두루 포함하는 전체사의 성과를 보여주었다. 그는 1960년에 박사학위 논문을 발표하고, 1963년 고등연구원 조교수로 임명되어 파리로 올라온다. 1968년에는 새롭게 개편된 『아날』의 공동 편집인이 되며, 1970년에는 소르본 대학 교수, 그 이듬해에는 파리 7대학 교수가 된다. 1973년에는 브로델의 뒤를 이어 콜레주 드 프랑스의 근대문명사 담당 교수가 된다. 취임 강의 제목인 '움직이지 않는 역사'는 역사학의 본질과 관련해 많은 논쟁을 불러일으킨다. 저서로는 『랑그도크의 농민들』을 비롯하여 『랑그도크의 역사』 『역사가의 영역』 『천 년 이후 기후의 역사』 『몽타이유』 『로망의 사육제』 『자스맹의 마녀』 『랑그도크 지방에서의 돈, 사랑, 죽음』 『플라터의 세기』 『생-시몽 또는 궁정 체제』 등이 있다.

옮긴이 김응종 · 조한경

김응종(金應鍾)은 서울대학교 서양사학과를 졸업하고 프랑스 프랑쉬 콩테 대학교에서 「뤼시앵 페브르와 역사」로 박사학위를 받았다. 지금은 충남대 사학과 교수로 있다. 저서로는 『아날학파』『아날학파의 역사세계』『서양의 역사에는 초야권이 없다』『페르낭 브로델』『서양사 개념어 사전』『오늘의 역사학』(공저) 등이 있다. 역서로는 퓌레와 리셰의 『프랑스 혁명사』, 뤼시앵 페브르의 『16세기의 무신앙 문제』, 퓌스텔 드 쿨랑주의 『고대도시』 등이 있다. 그밖에 「존 로크와 피에르 벨의 관용론—관용을 넘어 양심의 자유로」「근대 무신론의 철학적 기원—베네딕투스 데 스피노자와 피에르 벨을 중심으로」 등 다수의 논문이 있다.

조한경(趙漢卿)은 서울대학교 불어불문학과를 졸업하고 같은 대학 대학원에서 「디드로 소설연구: 서술기법과 현실인식」으로 문학 박사학위를 받았다. 연암재단의 지원으로 프랑스 리옹 3대학에서, 한국학술진흥재단의 지원으로 캐나다 토론토 대학에서 교환교수로 연구했다. 지금은 전북대 프랑스어학과 교수로 있다. 저서로는 『변혁의 시대와 문학』『서양문예사조』『한국어한자-불어사전』『라모의 조카』『프랑스 현대문학의 이해』 등이 있다. 역서로는 한국어를 불어로 번역한 책으로 『열두 띠 이야기』『쥐돌이는 화가』 등이 있다. 불어를 한국어로 번역한 책은 바타유의 『저주의 몫』『종교이론』『에로티즘의 역사』『에로티즘』, 스퐁빌의 『미덕에 관한 철학적 에세이』, 들뢰즈와 가타리의 『소수집단의 문학을 위하여』, 뿔레의 『비평과 의식』, 뒤플레시스의 『초현실주의』 등이 있다. 그밖에 「절대인간 사드—부정의 극단, 극단의 부정」「미술비평가 디드로와 비평적 태도」「바타이유와 에로티즘」「리베르탱 소설연구: 에로티즘 또는 허무주의 철학」 등 다수의 논문이 있다.

한국학술진흥재단 학술명저번역총서

서양편 ● 62 ●

'한국학술진흥재단 학술명저번역총서'는
우리 시대 기초학문의 부흥을 위해
한국연구재단과 한길사가 공동으로 펼치는
서양고전 번역간행사업입니다.

랑그도크의 농민들 1

지은이 · 에마뉘엘 르 루아 라뒤리
옮긴이 · 김응종 조한경
펴낸이 · 김언호
펴낸곳 · (주)도서출판 한길사
등록 · 1976년 12월 24일 제74호
주소 · 413-756 경기도 파주시 교하읍 문발리 520-11
www.hangilsa.co.kr
E-mail: hangilsa@hangilsa.co.kr
전화 · 031-955-2000~3
팩스 · 031-955-2005

상무이사 · 박관순
영업이사 · 곽명호
편집 · 배경진 서상미 신민희 황은주 백은숙
전산 · 한향림 김현정 노승우
마케팅 및 제작 · 이경호 이연실
관리 · 이중환 문주상 장비연 김선희

출력 · 지에스테크 | 인쇄 · 현문인쇄 | 제본 · 일광문화사

제1판 제1쇄 2009년 12월 20일

값 30,000원
ISBN 978-89-356-6107-7 94920
ISBN 978-89-356-5291-4 (세트)